Dieter Wolf

Der dialektische Widerspruch im Kapital

Dieter Wolf ist frei tätiger Wissenschaftler und Softwareentwickler.
Tätigkeitsschwerpunkte: Zusammenwirken von biologischer und kultureller Evolution unter besonderer Berücksichtigung der Entstehung menschlichen Bewusstseins.
Veröffentlichungen:
Hegel und Marx. Zur Bewegungsstruktur des absoluten Geistes und des Kapitals (Hamburg 1979),
Hegels Theorie der bürgerlichen Gesellschaft (Hamburg 1980).

Der vorliegende Text ist die durchgesehene Neuauflage des 1985 unter dem Titel »Ware und Geld« erschienenen Buches.

Dieter Wolf

Der dialektische Widerspruch im Kapital

Ein Beitrag zur Marxschen Werttheorie

VSA-Verlag Hamburg

www.vsa-verlag.de

Druck und Buchbindearbeiten: Arno Brynda GmbH, Offsetdruckerei, Berlin
ISBN 3-87975-889-1

Inhalt

Einleitung

1. Vorbemerkung

Bei der vorliegenden Untersuchung handelt es sich um eine Interpretation der ersten drei Kapitel des »Kapital«. Diese wird unter dem Titel des dialektischen Widerspruchs vorgenommen. Der Widerspruch, um den es sich handelt, ist der Widerspruch zwischen dem Gebrauchswert und dem Wert. Dieser Widerspruch soll als »Triebkraft« der Entwicklung der unterschiedlichen Formen des Werts als ebenso vielen gesellschaftlichen Formen der Arbeit nachgewiesen werden. Der Gebrauchswert der Waren ist die Vergegenständlichung der konkret-nützlichen und der Wert der Waren die »Vergegenständlichung« der abstrakt-menschlichen und in dieser Form gesellschaftlich-allgemeinen Arbeit. Bei der Bedeutung des Widerspruchs zwischen dem Gebrauchswert und dem Wert wird es folglich auch um die Bedeutung des »Doppelcharakters der Arbeit« als dem »Springpunkt der Kritik der Politischen Ökonomie«[1] gehen.

Marx bringt diese Bedeutung des dialektischen Widerspruchs abstrakt und zusammenfassend zum Ausdruck, indem er analog zur Rede vom »Doppelcharakter der Arbeit« als dem »Springpunkt der Kritik der Politischen Ökonomie« den »Hegelschen Widerspruch« die »Springquelle aller Dialektik«[2] nennt. Dies soll hier nicht nur erwähnt werden, um die Bedeutung des Widerspruchs zu unterstreichen, sondern auch, um deutlich zu machen, dass trotz aller erst noch auszuweisenden Berechtigung der Berufung auf Hegel der Widerspruch zwischen dem Gebrauchswert und dem Wert aus der bürgerlichen Gesellschaft selbst und nicht etwa aus Hegels Philosophie zu erklären ist. Was hierunter zu verstehen ist, soll im Folgenden näher betrachtet werden.

2. Zweifache Einschränkung der Rede vom »Hegelschen Widerspruch als der Springquelle aller Dialektik«

Die Frage, warum Marx vom »Hegelschen Widerspruch« sagt, er sei die »Springquelle aller Dialektik«, lässt sich überhaupt erst beantworten, wenn bereits erklärt worden ist, warum und auf welche Weise der die gesellschaftliche Arbeit in ihrer

[1] Karl Marx, Das Kapital, 1. Bd., in: Marx-Engels-Werke (MEW), Bd. 23, Berlin 1968, S. 56 (im Folgenden zitiert als: Das Kapital, MEW 23).

[2] Ebd., S. 623, Fn. 41.

historischen Spezifik kennzeichnende Widerspruch zwischen dem Gebrauchswert und dem Wert die »Triebkraft« der Entwicklung der gesellschaftlichen Formen der Arbeit ist. Um von vornherein der Vorstellung einer aus der Kantianisierung, Hegelianisierung usw. des »Kapital« bestehenden Anwendung bereits vorhandener Widerspruchskonzeptionen zu begegnen, soll die zitierte Stelle über den »Hegelschen Widerspruch« auf zweifache Weise eingeschränkt werden:

1. Zunächst soll davon abgesehen werden, dass Marx vom »Hegelschen Widerspruch« redet, so dass auch davon abgesehen wird, warum und in welcher Weise der Widerspruch *für Hegel* als »die Wurzel aller Bewegung und Lebendigkeit«[3] und als das »Prinzip aller Selbstbewegung«[4] die »Springquelle« der Dialektik des ewig sich in die Natur und den endlichen Geist entäußernden und ewig zu sich zurückkehrenden absoluten Geistes ist. Bei allen grundlegenden Unterschieden zwischen dem Widerspruch im Kapital und dem Widerspruch im Lebensprozess des absoluten Geistes gibt es Gemeinsamkeiten, die Marx veranlasst haben, dem »Hegelschen Widerspruch« die Bedeutung einer »Springquelle aller Dialektik« zu geben. Mit dem Hinweis auf den »Hegelschen Widerspruch« soll es in dieser Einleitung vor allem um eine Kritik an der in der Literatur weit verbreiteten These gehen, Marx habe die Hegelsche Philosophie, insbesondere die Hegelsche Widerspruchskonzeption auf die bürgerliche Gesellschaft angewandt. Inhaltlich ausführlicher wird der »Hegelsche Widerspruch« dann behandelt, wenn die Widerspruchskonzeption des jungen mit derjenigen des späten Marx verglichen wird. Erst nachdem Marx mit dem Begreifen und Darstellen des Widerspruchs zwischen dem Gebrauchswert und dem Wert seine einseitige Auffassung des dialektischen Widerspruchs als einem »wirklichen Gegensatz« überwunden hat, war er in der Lage, der Komplexität des »Hegelschen Widerspruchs« gerecht zu werden. Es wird zu klären sein, warum der späte Marx zu einer Wertschätzung des »Hegelschen Widerspruchs« als der »Springquelle aller Dialektik« kommt, ohne seine bereits in der »Kritik des Hegelschen Staatsrechts« vorgetragene Kritik an dem »Hegelschen Widerspruch« preiszugeben.

Wenn nicht ausdrücklich auf Hegel eingegangen wird, dann ist in dieser Untersuchung nur vom dialektischen Widerspruch die Rede, der aus dem Widerspruch zwischen dem Gebrauchswert und dem Wert besteht. Was der dialektische Widerspruch in diesem eingeschränkten Sinne ist, wird inhaltlich verbindlich aus dem erklärt, was er innerhalb ganz bestimmter ökonomisch-gesellschaftlicher Verhältnisse ist, bzw. aus der Art und Weise erklärt, in der er die Entwicklung und die Struktur dieser Verhältnisse bestimmt. Bei dem einfachsten Verhältnis zweier Waren zueinander, bei dem Austausch der einfachen, noch nicht preisbestimmten Waren,

---

[3] Georg Wilhelm Friedrich Hegel, Wissenschaft der Logik II, in: G.W.F. Hegel, Werke in 20 Bänden, Bd. 6, Theorie Werkausgabe, Frankfurt/Main 1969, S. 75 (im Folgenden zitiert als: Hegel, Wissenschaft der Logik II, Bd. 6).

[4] Ebd., S. 76.

dessen Resultat der doppelseitig-polarische Gegensatz von Ware und Geld ist, und schließlich beim Kapital in all seinen Formen, die ihm im Gesamtreproduktionsprozess der bürgerlichen Gesellschaft anschießen, handelt es sich um unterschiedlich entwickelte ökonomisch-gesellschaftliche Verhältnisse, deren Struktur damit gegeben ist, dass in ihnen der Widerspruch zwischen dem Gebrauchswert und dem Wert ebenso sehr gesetzt wie gelöst ist.

Die Behandlung des dialektischen Widerspruchs von Gebrauchswert und Wert in Form einer Interpretation der ersten drei Kapitel des »Kapital« hat für den Charakter der vorliegenden Untersuchung folgende Bedeutung: Es werden weder allgemeine noch inhaltsleere Vorstellungen über den dialektischen Widerspruch und seine Bedeutung für die materialistische, sich auf die Natur- und Menschengeschichte beziehende Dialektik entwickelt. Ebenso wenig werden aus den unterschiedlichen theoretischen Unternehmungen der Theorie- und Philosophiegeschichte Widerspruchskonzeptionen aufgegriffen und mit den allgemeinen Vorstellungen über den Widerspruch im »Kapital« verglichen, die unter Vernachlässigung ihres Resultatcharakters anhand der Stellen im »Kapital« gewonnen werden, an denen Marx sich mehr oder weniger abstrakt-allgemein über den Widerspruch auslässt.

2. In der hier vorliegenden Untersuchung kann nicht auf die Dialektik als die Wissenschaft von den einzelnen Bereichen der Wirklichkeit und ihren inneren Zusammenhang eingegangen werden. Daher wird auch nicht untersucht, warum für Marx der »Hegelsche Widerspruch« die »Springquelle *aller* Dialektik« ist. Über den dialektischen Widerspruch in dieser die Natur- und die Menschengeschichte umfassenden Bedeutung etwas Konkretes aussagen zu können, setzt den inhaltlich verbindlichen Nachvollzug des Setzens und Lösens des Widerspruchs zwischen dem Gebrauchswert und dem Wert voraus. Dies muss für Marx so sein, weil für ihn die in ihrer historischen Spezifik durch das Setzen und Lösen des Widerspruchs zwischen dem Gebrauchswert und dem Wert gekennzeichnete gesellschaftliche Arbeit das entscheidende Vermittlungsglied zwischen Mensch und Natur und damit der Ausgang für das Begreifen und Darstellen des inneren Zusammenhangs von Natur- und Menschengeschichte ist.

Wenn in der vorliegenden Untersuchung der dialektische Widerspruch zwischen dem Gebrauchswert und dem Wert der Waren behandelt wird, dann geht es erstens nur um die Dialektik eines Bereichs der Wirklichkeit, nämlich der Menschengeschichte, und zweitens um diese auch nur, insofern sie aus dem kapitalistischen Gemeinwesen besteht, und drittens schließlich geht es in der für sich betrachteten Warenzirkulation nur um eine Seite dieses Gemeinwesens – kurz, es geht nur um einen Teilbereich eines Teilbereichs der Wirklichkeit.

An einer Stelle[5] im »Kapital« schreibt Marx über den im Austauschprozess der Waren eingeschlossenen Widerspruch zwischen dem Gebrauchswert und dem Wert,

[5] Vgl. Das Kapital, MEW 23, a.a.O., S. 118.

dass die Entwicklung der Ware diesen Widerspruch nicht aufhebt, aber die Form schafft, worin er sich bewegen kann. Marx verallgemeinert dann diesen Sachverhalt so, dass er als Beispiel für die Bewegungsform eines Widerspruchs die Ellipse angeben kann.[6] Hieraus lässt sich schließen, dass Marx an eine Dialektik der Natur denkt, für die der Widerspruch zwischen unterschiedlichen Seiten der Natur ebenso sehr den Charakter einer »Springquelle« besitzt wie der Widerspruch zwischen dem Gebrauchswert und dem Wert für die Dialektik des Kapitals. Welche Bedeutung für die Geschichtlichkeit der Natur sowohl das Setzen und Lösen von Widersprüchen wie auch ihr Entstehen und Vergehen besitzen – für den nur eine Phase der Menschengeschichte kennzeichnenden Widerspruch zwischen dem Gebrauchswert und dem Wert gilt abstrakt-allgemein betrachtet: Zum einen besitzt er eine hier nicht zu betrachtende, an das Vorhandensein der Warenzirkulation gebundene Bedeutung im historischen Werden des kapitalistischen Gemeinwesens, zum anderen besitzt er für das sich auf seinen eigenen Grundlagen reproduzierende Kapitalverhältnis die in der vorliegenden Untersuchung zu erklärende Bedeutung der »Springquelle« der Dialektik im Sinne der »Triebkraft« der Entwicklung der gesellschaftlichen Formen der Arbeit, und drittens besitzt er in allen, sich im Widerspruch zwischen Produktivkräften und Produktionsverhältnissen zusammenfassenden, über seine abstrakte Gestalt der Warenzirkulation hinausgehenden und in Krisen eklatierenden Gestalten die Bedeutung der materiellen Grundlage für die historische Vergänglichkeit bzw. für die praktische Abschaffung des Kapitalverhältnisses.

Die Krise erschüttert als »*Entschiedenheit wirklicher* Gegensätze (und) ... Entzündung zur Entscheidung des Kampfes«[7] solange die bürgerliche Gesellschaft, als dieser Kampf noch nicht die praktische Abschaffung des Widerspruchs zwischen dem Gebrauchswert und dem Wert und seiner Bewegungsformen mit sich gebracht hat: »Es handelt sich also nicht um eine Hegelsche ›negative Einheit‹ von zwei Seiten eines Gegensatzes, sondern um die materiell bedingte Vernichtung einer bisherigen materiell bedingten Daseinsweise der Individuen, mit welcher zugleich jener Gegensatz samt seiner Einheit verschwindet.«[8] In den Bewegungsformen des Widerspruchs zwischen dem Gebrauchswert und dem Wert, welche die Warenzirkulation auszeichnen, ist die Krise nur der Möglichkeit nach eingeschlossen, während sie in den gegenüber der Warenzirkulation weiterentwickelten Bewegungsformen des Widerspruchs, die sämtlichst Bewegungsformen des Kapitals sind, der Wirklichkeit nach eingeschlossen ist. Bleibt der Widerspruch aber z.B. im doppelseitig-polarischen Gegensatz von preisbestimmter Ware und Geld erhalten, dann

[6] Vgl. ebd., S. 118f.

[7] Karl Marx, Kritik des Hegelschen Staatsrechts, in: MEW, Bd. 1, Berlin 1970, S. 293 (im Folgenden zitiert als: Kritik des Hegelschen Staatsrechts, MEW 1).

[8] Karl Marx, Friedrich Engels, Die Deutsche Ideologie, in: MEW, Bd. 3, Berlin 1962, S. 229 (im Folgenden zitiert als: Die Deutsche Ideologie, MEW 3).

ist dies nicht nur die Bedingung dafür, dass in ihm die Krise der Möglichkeit nach eingeschlossen ist; vielmehr ist dies zuerst und zugleich auch die Bedingung dafür, dass der Widerspruch weiterhin die »Triebkraft«, die »Springquelle« der Entwicklung der Formen des Werts als ebenso vielen Formen der gesellschaftlichen Arbeit ist. So ist das Kapital die Lösungsbewegung des Widerspruchs zwischen dem Gebrauchswert und dem Wert, der in dem gegen die Warenzirkulation verselbständigten Geld enthalten ist und in der Form des Widerspruchs zwischen der Qualität und der Quantität des Geldes erscheint.

Wie innerhalb eines jeden Stadiums im Kreislauf des Kapitals der Widerspruch zwischen dem Gebrauchswert und dem Wert erhalten bleibt, so ist er auch im ganzen Kreislauf des Kapitals enthalten, der seine allgemeine, entwickeltste Lösungsbewegung ist. Gibt es nun von den im Stadium der Produktion eingeschlossenen immanenten Widersprüchen aus zu erfassende Gründe dafür, dass die »äußerliche Verselbständigung der innerlich Unselbständigen, weil einander ergänzenden, bis zu einem gewissen Punkt fort(geht)«,[9] dann macht sich sowohl innerhalb eines Stadiums als auch innerhalb des Kreislaufs die Einheit von Gebrauchswert und Wert, von Ware und Geld, von Arbeits- und Verwertungsprozess und schließlich die Einheit aller Stadien selbst »gewaltsam geltend durch eine – Krise«.[10] »Die einzelnen Momente, die sich also in diesen Krisen zusammenfassen, müssen also in jeder Sphäre der bürgerlichen Ökonomie hervortreten und entwickelt werden, und je weiter wir in ihr vordringen, müssen einerseits neue Bestimmungen dieses Widerstreits entwickelt, anderseits die abstrakteren Formen desselben als wiederkehrend und enthaltend in den konkreteren nachgewiesen werden.«[11]

Die Lösungsbewegung des Widerspruchs zwischen dem Gebrauchswert und dem Wert besitzt folgenden für das Begreifen der historischen Vergänglichkeit der bürgerlichen Gesellschaft wichtigen Doppelcharakter: Zum einen bleibt der Widerspruch in den Lösungsbewegungen als ebenso vielen Formen, worin er sich bewegt, erhalten; zum anderen ist dies auf die oben angedeutete Weise die Bedingung dafür, dass der Widerspruch in den Krisen eklatiert, die sich gegen die Lösungsbewegung des Widerspruchs selbst bis hin zu ihrer praktischen Abschaffung richten.

---

[9] Das Kapital, MEW 23, a.a.O., S. 127f.

[10] Ebd., S. 128.

[11] Karl Marx, Theorien über den Mehrwert, 2. Teil, in: MEW, Bd. 26.2, Berlin 1967, S. 510 f. (im Folgenden zitiert als: Theorien über den Mehrwert, MEW 26.2)

3. Die bürgerliche Gesellschaft und ihre wissenschaftliche (dialektische) Darstellung

Die oben vorgenommene doppelte Einschränkung der Rede vom »Hegelschen Widerspruch als der Springquelle aller Dialektik« soll nun nach der Seite betrachtet werden, nach der sie sich gegen die übliche Manier der Theoretiker richtet, die je nachdem, wie weit ihre Auseinandersetzung mit dem »Kapital« reicht, eine Anwendung von aus der Hegelschen Philosophie stammenden Bewegungsstrukturen auf die gesellschaftliche Arbeit praktizieren. In dem Maße, in dem diese Theoretiker keine ausreichende Einsicht in die Erkenntnis als einen geschichtlichen und gesellschaftlichen Prozess haben, fehlt ihnen auch die Einsicht in den Zusammenhang, der zwischen dem aus der bürgerlichen Gesellschaft bestehenden Gegenstand und seiner in Form der wissenschaftlichen Darstellung existierenden gedanklichen Reproduktion besteht.

»Das Kapital« von Marx befindet sich nicht, wie z.B. Hans Friedrich Fulda glaubt, in einem »Gegensatz«, der »das Verhältnis der Darstellung zum Dargestellten kennzeichnet«.[12] In einen solchen Gegensatz würde eine verkehrte Darstellung der bürgerlichen Gesellschaft geraten, deren Verfasser den Charakter dieser Darstellung als ideellen Ausdruck der ökonomisch-gesellschaftlichen Wirklichkeit noch nicht durchschaut hat. Nur dann, wenn ein Theoretiker den Gestaltungen des Scheins an der Oberfläche der bürgerlichen Gesellschaft verhaftet bleibt, wird sich seine Theorie auch gegen seinen Willen in dem Maße gegen die in ihr dargestellte Wirklichkeit verselbständigen, in dem er keinen Zugang zu dem an der Oberfläche verkehrt erscheinenden inneren Zusammenhang der ökonomisch-gesellschaftlichen Verhältnisse hat.

Ein Unterschied, der die Darstellung und die in ihr dargestellte Wirklichkeit betrifft, versteht sich von selbst, insofern die Darstellung als gedankliche, im Kopf des Autors oder des Lesers seiner Werke sich abspielende Reproduktion der Wirklichkeit nicht diese Wirklichkeit selbst ist. Ein anderer Unterschied ist darin zu sehen, dass eine bestimmte Reihenfolge der Kategorien eingehalten werden muss, die durch die kontemporäre Geschichte der bürgerlichen Gesellschaft bestimmt ist. Das, was in der praktischen Realität in einem Nach- und gleichzeitigen Nebeneinander existiert und zusammengehört, wird analytisch in unterschiedliche, auf unterschiedlichen Abstraktionsstufen zu behandelnde Teile auseinander gelegt, so dass die ökonomisch-gesellschaftliche Wirklichkeit als ein Zusammenhang von sowohl sich unterscheidenden als auch wechselseitig sich voraussetzenden und ineinander greifenden Prozessen erklärt werden kann. Die für sich betrachteten Teilprozesse der bürgerlichen Gesellschaft existieren natürlich nicht für sich ge-

---

[12] Hans Friedrich Fulda, Dialektik als Darstellungsmethode im »Kapital« von Marx, in: ajatus, Heft 37, Helsinki 1978, S. 197.

nommen, sondern *als* Teilprozesse des Ganzen *reell*. So existiert die Warenzirkulation reell nur als Moment des kapitalistischen Produktionsprozesses bzw. als sich durchhaltende allgemeine Grundlage der durch Kapital-Zins, Boden-Grundrente, Arbeit-Arbeitslohn in ihrer Struktur charakterisierten Oberfläche der bürgerlichen Gesellschaft. Deren Darstellung als reell existierendem Ganzen hat sich im Interesse einer adäquaten gedanklichen Reproduktion an jene, durch die dialektische Struktur des Ganzen bedingte Reihenfolge der Kategorien zu halten, die nicht bzw. nur ausnahmsweise mit der Reihenfolge der Kategorien identisch ist, wie sie historisch aufeinander folgen.[13]

Auch und gerade dieser zweite Unterschied muss berücksichtigt werden, wenn man begreifen will, inwiefern das »Kapital« als gedankliche Reproduktion der Anatomie der bürgerlichen Gesellschaft »das Ideelle«[14] ist, das nichts anderes ist als das »im Menschenkopf umgesetzte und übersetzte Materielle«.[15]

Marx stellt im »Kapital« das in einem langwierigen Forschungs- und Darstellungsprozess freigelegte Entwicklungsgesetz der bürgerlichen Gesellschaft dar. So ist z.B. der doppelseitig-polarische Gegensatz von preisbestimmter Ware und Geld als Resultat einer in der ökonomisch-gesellschaftlichen Wirklichkeit sich durchsetzenden dialektischen Entwicklung zugleich der Prozess, worin der im Austausch der einfachen, noch nicht preisbestimmten Waren gesetzte Widerspruch zwischen deren Wert und Gebrauchswert gelöst wird. Welcher Stellenwert immer auch dem »Kapital« innerhalb der nicht nur auf die ökonomisch-gesellschaftlichen Verhältnisse beschränkten materialistischen Dialektik als Wissenschaft vom Gesamtzusammenhang von Natur, Gesellschaft und Denken zukommt – als Darstellung einer durch dialektische Prozesse (Lösungsbewegungen des Widerspruchs zwischen dem Gebrauchswert und dem Wert) gekennzeichneten ökonomisch-gesellschaftlichen Wirklichkeit besitzt es selbst einen dialektischen Charakter.

Für Marx ist auch die Dialektik nicht, wie H.F. Fulda behauptet, lediglich »der Titel für eine Methode, den Stoff der bürgerlichen Ökonomie zu behandeln«, so dass sie für Marx nur »wichtig« sei »als Darstellungsmethode«, die sich aus einer bestimmten Art der Erkenntnis ergibt. Fulda behauptet, die Dialektik sei bei »Marx *nicht die Eigenbewegung der Gegenstände* (Hervorhebung – D. W.), sondern nur die Art, sich das Konkrete anzueignen«.[16] Marx kritisiert an Hegel, dass dieser die Art, sich das Konkrete anzueignen, mit dessen Entstehungsprozess selbst verwechselt.

Marx beschränkt aber die Dialektik nicht auf die »Darstellungsmethode«. Der Entstehungsprozess eines Konkreten, wie es die bürgerliche Gesellschaft ist, und

---

[13] Vgl. Karl Marx, Grundrisse der Kritik der politischen Ökonomie (Rohentwurf) 1857–1858, Berlin 1953, S. 26 f., insbesondere S. 28 (im Folgenden zitiert als: Karl Marx, Grundrisse).

[14] Das Kapital, MEW 23, a.a.O., S. 27.

[15] Ebd.

[16] H.F. Fulda, Dialektik als Darstellungsmethode ..., a.a.O., S. 182.

das Konkrete selbst, nämlich die auf den historisch entstandenen Grundlagen sich reproduzierende bürgerliche Gesellschaft, besitzen eine dialektische Struktur.

Was allerdings bedacht werden muss, ist, dass diese dialektische Struktur *nicht unmittelbar* in Gedanken reproduziert werden kann. Hierzu ist unter Berücksichtigung von dem, was oben über die Reihenfolge der Kategorien gesagt worden ist, allgemein gesehen die von Marx in der »Einleitung zu den Grundrissen« beschriebene Prozedur erforderlich, auf Basis des in der Forschung geklärten Zusammenhangs zwischen dem Konkreten und dem Abstrakten vom Letzteren aus zum Ersteren aufzusteigen. Das Denken, um *adäquater* ideeller Ausdruck der Wirklichkeit zu sein, hat eine systematische Organisation der Kategorien vorzunehmen, die, abgesehen von der ungeheuren Komplexität, aufgrund der realen Verkehrungsprozesse geradezu der Organisation entgegengesetzt ist, wie sie auf der unmittelbar widergespiegelten Oberfläche der bürgerlichen Gesellschaft gegeben ist.

4. Zur Bedeutungslosigkeit des Widerspruchs zwischen dem Gebrauchswert und dem Wert in den Interpretationen des »Kapital«

Mit einer nicht mehr zu überbietenden Gleichgültigkeit gegenüber dem, was im »Kapital« inhaltlich über die bürgerliche Gesellschaft ausgeführt wird, glaubt H.F. Fulda: »Alle erwähnten Spezifika der Marxschen Auffassung von Dialektik lassen sich gewinnen, wenn man – mit einer *gewissen Kenntnis* (Hervorhebung – D. W.) des ›Kapital‹ ausgestattet – die programmatischen Äußerungen zur Umstülpung der Hegelschen Dialektik interpretiert im Licht der frühen Hegel-Kritik, die Marx noch im Stadium seines Feuerbachianismus formulierte.«[17] Fuldas »gewisse Kenntnis« des ›Kapital‹ schützt ihn davor, den für die materialistische Dialektik und die Bestimmung ihres Verhältnisses zur idealistischen besonders wichtigen Tatbestand anzuerkennen, dass die in ihrer Dialektik durch das Setzen und Lösen des Widerspruchs zwischen dem Gebrauchswert und dem Wert strukturierten ökonomisch-gesellschaftlichen Prozesse der bürgerlichen Gesellschaft *reell* existieren.

Fulda rekurriert an keiner Stelle auf Bewegungsstrukturen des Kapitals als Lösungsbewegungen des Widerspruchs zwischen dem Gebrauchswert und dem Wert und er geht auch nicht darauf ein, inwiefern gerade diese Lösungsbewegungen die Grundlage für die prosaisch-reellen Mystifikationen abgeben. Wenn Fulda ausdrücklich auf den Widerspruch zu sprechen kommt, dann lässt er die ökonomischen Formen links liegen, und wenn er auf diese eingeht, dann hat er den Widerspruch vergessen und beschränkt sich auf allgemeine Überlegungen über das verkehrte Erscheinen der gesellschaftlichen Zusammenhänge in »eine harmonische Einheit«.[18]

---

[17] Ebd., S. 202.
[18] Ebd., S. 211.

»Es wird aufgefallen sein, daß im Zusammenhang der Ausführungen zur ›Begriffsentwicklung‹ zwar von Schein und von Verkehrung der wirklichen Verhältnisse die Rede war, *nicht aber vom Widerspruch.* Wäre Hegels Methode zu charakterisieren gewesen, so ließe sich eine solche Unterlassung nicht entschuldigen; anders bei Marx. In der Tat verhält es sich bei Marx so, daß die sogenannte Begriffsentwicklung von der einen ökonomischen Form zur nächsten überleiten kann, *ohne daß in ihrem Verlauf ein wirklicher Widerspruch aufgedeckt werden müßte*, und sei's auch nur im Sinn des umschriebenen Begriffs von Widerspruch als einer zur System-Instabilität beitragenden Dysfunktionalität. *Nicht die Aufdeckung und Überwindung eines Widerspruchs gibt uns* – wie bei Hegel – *allemal den Begriff der neuen Form.*«[19] (Hervorhebungen – D. W.)

Fuldas Vernachlässigung des Widerspruchs beginnt mit dem einfachsten Verhältnis zweier Waren zueinander, das er nicht als Lösungsbewegung des in einer Ware eingeschlossenen Widerspruchs zwischen dem Gebrauchswert und dem Wert zu fassen bekommt. Fulda vermag dann auch nicht mehr zu sehen, dass die Äquivalentform, die er selbst richtig als eine harmonische, mystische Verkehrungen mit sich bringende Einheit bezeichnet, zu dieser Lösungsbewegung gehört. Daher glaubt Fulda, nicht das Setzen und Lösen des Widerspruchs zwischen dem Gebrauchswert und dem Wert, sondern »der harmonistische Schein und die Differenz von Erscheinung und Wesen, innerhalb deren der Schein sich bildet«, seien »für die Darstellung und ihren Stoff konstitutiv«.[20]

Marx beginnt die Darstellung der Anatomie der bürgerlichen Gesellschaft mit der Ware und deckt, ausgehend von dem zwieschlächtigen Charakter der in ihr steckenden Arbeit, den der Ware immanenten Widerspruch zwischen dem Gebrauchswert und dem Wert auf, der im einfachsten Verhältnis zweier Waren zueinander seine erste Lösungsbewegung findet. So geht es auf allen für eine Darstellung der Warenzirkulation notwendigen Abstraktionsstufen um den Widerspruch zwischen dem Gebrauchswert und dem Wert, je nachdem, was jeweils auf ihnen von der Warenzirkulation erfasst wird. In der bürgerlichen Gesellschaft gibt es nicht, wie Fulda meint, zwei Widersprüche, einen »unmittelbaren oder immanenten Widerspruch« der verdeckt, unwirklich ist und einen anderen äußerlich sichtbaren »unverdeckten oder wirklichen Widerspruch«.[21] An die Stelle des Widerspruchs und seiner Lösungsbewegung hat Fulda zwei Sorten von Widersprüchen gesetzt, weshalb weder der eine noch der andere für die Entwicklung der gesellschaftlichen Formen der Arbeit konstitutiv ist.

In der kritischen Auseinandersetzung mit der hier skizzenhaft angedeuteten Art und Weise, die Bedeutungslosigkeit des Widerspruchs zwischen dem Gebrauchs-

---

[19] Ebd., S. 214.
[20] Ebd.
[21] Ebd., S. 215.

wert und dem Wert nachzuweisen,[22] kommt es vor allem darauf an zu erkennen: Es ist ein und derselbe Widerspruch zwischen dem Gebrauchswert und dem Wert der Ware, der stets reell existiert, also ein wirklicher ist, und der nur dann, wenn eine Ware für sich genommen betrachtet wird, ein unmittelbarer Widerspruch ist. Hieran ändert sich auch nichts, wenn man sich in den Austausch bzw. dessen Ausgangssituation hineinbegibt. Der Widerspruch ist in den Waren enthalten, die sich in der Ausgangssituation des Austauschs als bloße Einheiten von Gebrauchswert und Wert gegenüberstehen. Der Austausch ist der gesellschaftliche Prozess, worin sich der allen Waren immanente Widerspruch überhaupt erst entwickelt bzw. worin der allen Waren immanente Widerspruch nicht nur gesetzt, sondern auch gelöst wird: »Die Waren gehn zunächst unvergoldet, unverzuckert, wie der Kamm ihnen gewachsen ist, in den Austauschprozeß ein. Er produziert eine Verdopplung der Ware in Ware und Geld, *einen äußeren Gegensatz*, worin sie *ihren immanenten Gegensatz von Gebrauchswert und Wert darstellen*. In diesem Gegensatz treten die Waren als Gebrauchswerte dem Geld als Tauschwert gegenüber.«[23] (Hervorhebungen – D. W.)

5. Die gesellschaftlich-geschichtlichen Bedingungen der »Kritik der Politischen Ökonomie«

Mit der Vernachlässigung oder gar Leugnung der aus dem Setzen und Lösen des Widerspruchs zwischen dem Gebrauchswert und dem Wert bestehenden »Eigenbewegung« einer solchen ökonomisch-gesellschaftlichen Realität wie der Warenzirkulation verraten Theoretiker wie Fulda, dass sie die bürgerliche Gesellschaft als den darzustellenden Gegenstand nicht ernst nehmen, geschweige denn die dem »Kapital« voraus- und zugrunde liegende Forschung, in der Marx sein eigenes und das Wissen anderer über die bürgerliche Gesellschaft bereichert, verwandelt und vollendet hat. Im Verlaufe seines wissenschaftlichen Werdegangs, worin sich unterschiedliche Etappen der Forschung jeweils in unterschiedlichen Darstellungsversuchen niedergeschlagen haben, kommt gerade Marx dazu, die bürgerliche Gesellschaft ihrer inneren ökonomischen Struktur nach sehr viel weiter zu erfassen, als dies für Hegel und auch noch für die klassischen Ökonomen möglich war.

Hängt jeder Fortschritt der Erkenntnis der gesellschaftlichen Arbeit unter Berücksichtigung der Auseinandersetzung der Theoretiker mit ihren jeweiligen Vorgängern von der Entwicklung der gesellschaftlichen Arbeit selbst ab und bestimmt diese Entwicklung die geschichtliche Kontinuität der Theorien, dann wird diese Kontinuität in Marx' »Kritik der Politischen Ökonomie« als eine durch die vollent-

[22] Vgl. Teil 3, Kapitel 2.2 der vorliegenden Untersuchung.
[23] Das Kapital, MEW 23, a.a.O., S. 119.

wickelte bürgerliche Gesellschaft historisch bedingte Theorie fortgesetzt. Zum gesellschaftlich-geschichtlichen Charakter der Erkenntnis gehört es also wesentlich, dass sie von der geschichtlichen Entwicklung des ihr vorausgesetzten Gegenstandes – hier der gesellschaftlichen Arbeit – abhängt. Erst an einem bestimmten Punkt der Entwicklung der gesellschaftlichen Arbeit, an dem sie eine bestimmte, dieser Entwicklung entsprechende einheitliche, in unterschiedlichen Formen des Werts auseinander fallende, gesellschaftliche Form angenommen hat, konnte sie zum ersten Mal als solche und in ihrer grundlegenden Bedeutung für den Zusammenhang von Natur- und Menschengeschichte erkannt werden.

Marx nimmt mit seiner Theorie keinen von der Geschichte der Theorien unabhängigen Standpunkt ein, von dem aus er die Theorien seiner Vorgänger aus den Angeln hebt. Wie ein Blick auf die Genesis des wissenschaftlichen Sozialismus zeigt, ist sie vielmehr eine historisch-gesellschaftliche Bewegung, in der Marx in Auseinandersetzung mit den vorangegangenen Theorien und den weiterentwickelten ökonomisch-gesellschaftlichen Verhältnissen *durch diese Theorien hindurch auf die gesellschaftliche Arbeit als die ihnen ebenso gemeinsame wie unbewusste Grundlage vorstößt.*

6. Die Einheit von Darstellung und Kritik in der »Kritik der Politischen Ökonomie«

Von der gesellschaftlichen Arbeit aus gilt es im Sinne von Marx die Verdrehtheit aufzudecken, in der z.B. noch Philosophen wie Kant und Hegel die Einheit von Natur und Geschichte begreifen. Die »Kritik der Politischen Ökonomie« ist die positive Darstellung der gesellschaftlichen Arbeit, d.h. des inneren Zusammenhangs der gesellschaftlichen Formen der Arbeit. Da die gesellschaftliche Arbeit in ihrer historisch-spezifischen Form der Ausgangspunkt für die Erklärung des Zusammenhangs von Natur und Geschichte ist, ist die »Kritik der Politischen Ökonomie« von der ersten bis zur letzten Zeile immer auch die Kritik an den mit der gesellschaftlichen Arbeit selbst und mit der Einheit von Natur und Geschichte beschäftigten Theorien.

Da der Gegenstand mehr ist als die ihm äußerliche, aber um seiner Erkenntnis willen auf ihn angewandte philosophische Methode Hegelscher Provenienz, wird die bürgerliche Gesellschaft in dem Maße verkehrt begriffen, in dem ihr die angewandten Methoden und Bewegungsstrukturen äußerlich sind. In dem Maße wie der Gegenstand wird auch die Erkenntnisproblematik verfehlt. Der Zusammenhang der Erkenntnis mit ihren eigenen gesellschaftlichen und geschichtlichen Bedingungen wird stark vernachlässigt, wenn nicht gar ausgespart.

Auch Michael Theunissen weicht einer dem »Kapital« vergleichbaren Auseinandersetzung in die innere Struktur der bürgerlichen Gesellschaft aus. Im Zusammenhang mit seinen Überlegungen über die Einheit von Darstellung und Kritik schreibt er: »Die Marxsche Theorie gibt eine kritische Darstellung der Kategorien, deren die bürgerliche Ökonomie sich bedient.«[24] Entgegen dem verkürzten methodologischen Selbstverständnis, das Theunissen hier Marx unterstellt, ist die »Kritik der Politischen Ökonomie« keine bloße Kritik der Kategorien, deren sich die klassische Ökonomie bedient; vielmehr ist sie als Darstellung der bürgerlichen Gesellschaft zugleich deren Kritik, d.h. eine Kritik der bürgerlichen Gesellschaft, die nicht von außen an diese herangetragen, sondern durch die Darstellung ihres nach allen Seiten hin widersprüchlichen inneren Zusammenhangs geleistet wird. Bei der Entwicklung der gesellschaftlichen Formen der Arbeit geht es Marx im »Kapital« um Folgendes: Bei allem, was den Individuen in ihrem Verhalten zueinander bewusst ist, bleibt ihnen der die gesellschaftlichen Formen der Arbeit erklärende Entstehungs- bzw. Vermittlungsprozess unbewusst. Was von den gesellschaftlichen Formen der Arbeit im Bewusstsein der Individuen erscheint, ist also sehr viel weniger, als diese in der von den Individuen geschaffenen ökonomisch-gesellschaftlichen Wirklichkeit sind.

Marx hat sich in seinem Forschungsprozess mit der klassischen Ökonomie auseinander gesetzt. Sie hat einen großen Anteil an seiner Einsicht in die bürgerliche Gesellschaft. Dies kann aber nicht, wie Theunissen das tut, so gewendet werden, als sei das »Kapital« die kritische Darstellung der bürgerlichen Ökonomie, wobei dann »auch die reale Basis der kapitalistischen Gesellschaftsformation zugänglich wird«,[25] vielmehr ist und bleibt das Umgekehrte richtig: Die Darstellung und Kritik der kapitalistischen Gesellschaftsformation, durch die diese nicht nur irgendwie »zugänglich« wird, sondern ihrer inneren Struktur nach vollständig erfasst wird, ist zugleich die »Kritik bürgerlicher Ökonomiewissenschaft«.

Wie wenig Theunissen bei einer solchen Einschätzung der Einheit von Darstellung und Kritik behaupten kann, Marx habe die in dieser Einheit eingeschlossene »Methodenproblematik ... auch ... nicht bewältigt«,[26] zeigt sich in aller Deutlichkeit dann, wenn er sich inhaltlich mit der durch die Ware, das Geld und das Kapital in ihrer historisch-spezifischen Form gekennzeichneten gesellschaftlichen Arbeit auseinander setzen muss; denn hierbei legt er eine solche Kenntnis an den Tag, die nicht einmal ausreicht, verständlich zu machen, was »unmittelbare« und was »vermittelte« Gesellschaftlichkeit der Arbeit heißt, geschweige denn deren Unterschied festzuhalten.[27]

Auch wenn Theunissen, auf die Einheit von Kritik und Darstellung abhebend, »die Hegelsche Logik ... nach der methodischen Idee, die ihr zugrunde liegt,« als

---

[24] Michael Theunissen, Sein und Schein. Die kritische Funktion der Hegelschen Logik, Frankfurt/Main 1980, S. 16.
[25] Ebd.
[26] Ebd., S. 19.
[27] Vgl. Teil 5, Anhang der vorliegenden Untersuchung.

»Einheit von Kritik und Darstellung der Metaphysik« kennzeichnet, dann denkt er vorschnell an die Kritik des vergangenen und gegenwärtigen philosophisch und nicht-philosophisch gebildeten Bewusstseins. Er berücksichtigt unzureichend, dass es in Hegels »Logik« um Folgendes geht: Hegel hebt, was sowohl die Genesis seiner Philosophie wie auch die spätere systematische Gliederung seines »Systems der philosophischen Wissenschaften« anbelangt, nicht sofort und nicht unmittelbar auf die im Medium des Denkens sich vollziehende Kritik der Denkbestimmungen ab. Den entscheidenden Ausgangspunkt bildet vielmehr die durch die Erzeugung des Gegensatzes von Natur und Geschichte bestimmte Darstellung des inneren Zusammenhangs von Natur-, Gesellschafts- und Denkformen in der mystisch-idealistischen Gestalt der Einheit des die wechselseitige Gleichgültigkeit der Seiten einschließenden Gegensatzes von »Natur« und »Geist«. Hegel bemüht sich um die inhaltlich bestimmte Entfaltung und Vermittlung dieses Gegensatzes, worin die Denkformen in ein Verhältnis gesetzt sind zu einem von ihnen auch verschiedenen Gegenstand, zu einer auch von ihnen verschiedenen Welt.

An einem bestimmten Punkt der Entwicklung seiner Philosophie löst Hegel diesen Gegensatz nach der Seite des Denkens auf. Er verwandelt den absoluten Geist unter der Hand aus einem naturwüchsigen Resultat der durch den Gegensatz bestimmten verkehrten Auffassung von der Wirklichkeit in das diesen Gegensatz ursprünglich produzierende und damit die ganze Welt in sich vereinigende selbständige Subjekt. Aber auch jetzt handelt es sich um einen durch den Nachvollzug der Erzeugung des Gegensatzes von Natur und Geschichte aus den bestimmten materiell-gesellschaftlichen Verhältnissen heraus inhaltlich auszuweisenden Prozess. Aufgrund seines verkürzten Begreifens der gesellschaftlichen Arbeit in den Bestimmungen von »Arbeit« und »Tausch« erzeugt Hegel den Gegensatz von Natur und Geschichte in Form des Gegensatzes von »Natur und Geist«, ein Gegensatz, von dem Hegel, ohne seine wahre Herkunft zu kennen, sagt, dass er gemacht werden müsse.[28] Die Art und Weise, in der Hegel diesen Gegensatz erzeugt, bringt ihn dazu, diesen nach der Seite des Denkens, d.h. in den absoluten Geist als das über Natur und endlichen Geist übergreifende, beiden Extremen gemeinsame Dritte hinein aufzulösen. Hegel erkennt, dass das Begreifen der Wirklichkeit in der Bestimmung der Einheit des Gegensatzes von »Natur« und »Geist« zu schon mit der Descartes'schen Philosophie einsetzenden Auflösung des Gegensatzes nach der Seite des Denkens führt. Die Selbstbewegung der Wirklichkeit gelangt als die Entfaltung und Vermittlung des Gegensatzes von »Natur« und »Geist« im »absoluten Geist« als das den beiden Seiten gemeinsame Dritte an ihr Ziel. Darin muss Hegel

---

[28] G.W.F. Hegel, Enzyklopädie der philosophischen Wissenschaften III, in: G.W.F.Hegel, Bd. 10, Theorie Werkausgabe, Frankfurt/Main 1970, S. 48 (im Folgenden zitiert als: G.W.F. Hegel, Enzyklopädie III, Bd. 10); vgl. hierzu: Dieter Wolf, Hegel und Marx. Zur Bewegungsstruktur des absoluten Geistes und des Kapitals, Hamburg 1979, Kapitel 2, insbes. S. 52ff. (im Folgenden zitiert als: D. Wolf, Hegel und Marx)

die Bedingung dafür sehen, dass es dann doch eine von aller weltlich-inhaltlichen Gestaltung des Gegensatzes befreite Gestalt der Wissenschaft gibt, in der es nur noch um die Formentwicklung des Denkens geht.

Im Medium des »Dritten«, d.h. im Medium des »absoluten Geistes«, lässt sich nach Hegel die Entfaltung und Vermittlung des innerweltlich ablaufenden Entfaltungs- und Vermittlungsprozesses von »Natur« und »endlichem Menschengeist« zusammenfassen. Nur als die im Medium des Denkens sich wiederholende Lösungsbewegung des Widerspruchs zwischen »Natur und Geist« ist Hegels »Logik« auf mystisch-idealistische Weise mehr als irgendeine auch im Rahmen der materialistischen Dialektik mögliche Untersuchung des Denkens jemals für sich beanspruchen könnte.

Als die Form, in der Hegel den inneren Zusammenhang von Natur, Gesellschaft und Denken begreift, kann die »Logik« nach Hegel den Anspruch erheben, allen weltlichen Inhalt in sich aufgehoben zu haben. »Sie enthält den *Gedanken, insofern er ebensosehr die Sache an sich selbst ist*, oder *die Sache an sich selbst*, insofern sie *ebensosehr der reine Gedanke ist.*«[29] In diesem Sinne hebt Marx an Hegels philosophischem Geschäft rühmlich hervor, dass er seit Aristoteles wieder der Erste sei, der den Forminhalt der Schlussformen zum Gegenstand der wissenschaftlichen Untersuchung gemacht hat.[30]

Hegels »Logik« ist nicht nur die Untersuchung von Denkformen und Denkgesetzen auf Basis einer vorangegangenen Untersuchung der natürlich-gesellschaftlichen Prozesse, durch die das Denken determiniert ist; vielmehr ist sie darüber hinaus in einem materialistisch nicht mehr zu rechtfertigenden Sinne eine systematische Entwicklung von Denkformen, worin das ganze, die Natur und den Menschen umfassende Universum seinem Gehalt und seiner Bewegungsstruktur nach erfasst wird. Will eine Kritik ernst genommen werden, so muss sie sich auf den Anspruch des zu kritisierenden Autors einlassen. So will auch Hegels »Logik« als Kernstück seines ganzen »Systems der philosophischen Wissenschaften« daran gemessen werden, ob in ihr die Natur und die Menschenwelt als solche und in ihrem inneren Zusammenhang begriffen worden sind. »Die Logik ist sonach als das System der reinen Vernunft, als das Reich des reinen Gedankens zu fassen. *Dieses Reich ist die Wahrheit, wie sie ohne Hülle an und für sich selbst ist.* Man kann sich deswegen ausdrücken, daß dieser Inhalt *die Darstellung Gottes* ist, *wie er in seinem ewigen Wesen vor der Erschaffung der Natur und eines endlichen Geistes ist.*«[31]

---

[29] Georg Wilhelm Friedrich Hegel, Wissenschaft der Logik I, in: G.W.F. Hegel, Bd. 5, Theorie Werkausgabe, Frankfurt/Main 1969, S. 43 (im Folgenden zitiert als: G.W.F. Hegel, Wissenschaft der Logik I, Bd. 5).

[30] Karl Marx, Das Kapital. Kritik der politischen Ökonomie, Erster Band, Hamburg 1867, in: Marx-Engels-Gesamtausgabe (MEGA), Zweite Abteilung, Bd. 5, Berlin 1983, S. 32, Fn. 20 (im Folgenden zitiert als: Das Kapital, 1. Auflage, MEGA II/5).

[31] G.W.F. Hegel, Wissenschaft der Logik I, Bd. 5, a.a.O., S. 44.

Hegel hat das Bewusstsein von dem Gegensatz von Natur und Geist und von seiner Auflösung in den absoluten Geist nur vermittelt darüber gewinnen können, dass er mehr an der Wirklichkeit, d.h. vor allem mehr von der gesellschaftlichen Arbeit begriffen hat als die alte Metaphysik. Hegels Kritik an ihr hat eine sie übersteigende positive Darstellung des inneren Zusammenhangs von Natur- und Menschengeschichte zur Basis.

Hinter der Einschränkung der Hegelschen »Logik« durch ihre Kennzeichnung als eine Einheit von Darstellung und Kritik der Metaphysik verbirgt sich der Versuch, eine Kritik an Hegels Philosophie bzw. an Hegels »Logik« dadurch zu desavouieren, dass man sie aus dem weltimmanenten Zusammenhang von Natur- und Menschengeschichte, der ihr erklärter Gegenstand ist, herausreißt, um sie der Konfrontation mit der gesellschaftlichen Arbeit als einem Bereich der Wirklichkeit zu entziehen, von dem aus jede, in ihrem Erkenntnisanspruch ernst zu nehmende Kritik auszugehen hat.

Den Zuständigkeitsbereich der »Logik« auf bestimmte Bereiche der Wirklichkeit einzuschränken, hat mit dem, was Hegel von seiner »Logik« hält, nichts zu tun, sondern entspringt dem Bemühen der »Logikinterpreten«, etwas zu entwickeln, das sich für ihr eigenes Weltverständnis aktualisieren lässt.

7. Zwei Weisen, Marx als Anwender von Bewegungsformen der Hegelschen »Logik« auszugeben

Mit der Behauptung, Marx methodologische Verfahrensweise zeichne sich dadurch aus, dass er sich der Hegelschen Methode bediene, indem er Bewegungsformen der »Logik« auf die gesellschaftliche Arbeit anwende, hat man sich auf eine plumpe, die Erkenntnisproblematik übergehende Weise die folgenden Möglichkeiten der Kritik an Marx erschlichen:

1. Am einfachsten haben es solche Theoretiker, die in der Hegelschen Philosophie ein wenig ernst zu nehmendes Unterfangen sehen, weil die sich durchhaltenden Grundstrukturen – die Einheit des Gegensatzes, die Vermittlung, die Versöhnung der entgegengesetzten Extreme, die Verwandlung des einen Extrems in die beide Extreme zusammenfassende Mitte, die Weiterentwicklung des einen Extrems zu einem automatischen Subjekt, das sich über die beiden Extreme mit sich selbst vermittelt usw. – durch und durch mystisch-irrationalistisch sind, weil es sich bei ihnen um Vermischungen von kontradiktorischen und konträren Gegensätzen und damit um Vermischungen der unterschiedlichen Extreme handelt. »Zum andern aber wird man, um die Frage nach der Herkunft des Marxschen Gegensatzbegriffs beantworten zu können, auf Marxens Mentor in Sachen dialektischer Philosophie, auf G.W.F. Hegel, verweisen müssen. ... Es ist nämlich so, daß Marx die Legitimation dafür, die in Gestalt des Gegensatzes von Gebrauchswert und Wert eingestan-

dene Irrationalität zur positiven Warendefinition zu machen, nur und ausschließlich aus seinem positiven Verhältnis zur Hegelschen Dialektik schöpft. Allein diese hat – allerdings auf der Basis der gesamtidealistischen Ich-Spekulation – Verhältnisse von Gegensatzbestimmungen konstruiert, die, indem sie sich wechselseitig ausschließen, zugleich und in allem positiv bestehen.«[32]

Da die Bewegungsstrukturen der Hegelschen Philosophie nicht dadurch ihren irrationalistisch-mystischen Charakter verlieren würden, wenn Marx sie auf Bereiche der gesellschaftlichen Arbeit anwendet, die Hegel noch entgangen sind, so komme bei Marx' Darstellung der bürgerlichen Gesellschaft nicht mehr heraus, als dass er diese Bereiche mit Hilfe der Hegelschen Dialektik mystisch-irrationalistisch verfälschen würde. So gibt es für W. Becker keine »›objektive Widersprüchlichkeit‹ der Wertform«.[33] Diese kommt »erst als Projektion einer *theoretischen* Widersprüchlichkeit«[34] zustande. Auch für Lucio Colletti ist der Widerspruch bei Marx in all seiner Komplexität, in der er über die Kantsche Realopposition, Realrepugnanz hinausgeht, einer Wirklichkeit zuzurechnen, die Colletti irreal[35] nennt.

2. Andere Theoretiker wie D. Henrich, H.F. Fulda, M. Theunissen, G. Göhler usw. halten bei aller kritischen Distanz das in Hegels Philosophie niedergelegte Weltverständnis mehr oder weniger für akzeptabel und aktualisierbar. Ihrer Meinung nach verlässt Marx deswegen den Boden einer gerechtfertigten Kritik an Hegel und wird zum Verfälscher sowohl der Wirklichkeit wie auch der Hegelschen Philosophie, weil er die Bewegungsstrukturen der idealistischen Dialektik auf die gesellschaftliche Arbeit als auf einen solchen Gegenstand anwendet, für den jene nicht geschaffen wurden.

Ausgehend vom »gesellschaftlichen Sein das Bewusstsein« zu begreifen, heißt für Henrich »Begriff und Wirklichkeit in einer Einheit von jener Struktur zu denken, die zum ersten Male von Hegel entwickelt worden ist«.[36] Hierbei reproduzieren sich nach Henrich die Strukturen der Hegelschen Philosophie deswegen in Marx' Theorie, weil dieser sie bei der Ableitung des Bewusstseins anwenden kann,[37] denn Marx sei vor die Notwendigkeit gelangt, »für den Gegensatz von Begriff und Welt ein anderes Subjekt als den Hegelschen Geist anzugeben, das aber die Funktion erfüllt, den Gegensatz von Bewußtsein und Wirklichkeit in sich aufzuheben«.[38] Hegel erscheint als Idealist, insofern er das Gegensatzverhältnis von Natur und Geist auflöst, indem er das Denken in Form des absoluten Geistes zum mystischen Träger der Vermittlung der Extreme macht. Marx wird dann von Henrich in einen

---

[32] Werner Becker, Kritik der Marxschen Wertlehre, Hamburg 1972, S. 65ff.

[33] Ebd., S. 58, Fn. 18.

[34] Ebd.

[35] Lucio Colletti, Marxismus und Dialektik, in: Marxismus und Dialektik, Frankfurt/Main-Berlin-Wien 1977, insbes. S. 27ff. und 35f.

[36] Dieter Henrich, Hegel im Kontext, Frankfurt/Main 1972, S. 193f.

[37] Ebd., S. 197.

[38] Ebd.

»auf den Kopf gestellten Idealisten«, d.h. in einen »groben Materialisten« verwandelt. Henrich braucht ihm nur zu unterstellen, er löse dasselbe Verhältnis nicht, so wie Hegel, nach der Seite des Denkens, sondern nach der diesem äußerlich gegenüberstehenden Seite des »Seins« auf. Daher kommt es, dass für Henrich einerseits die Dialektik an ein solches Subjekt wie den absoluten Geist gebunden ist, andererseits die Umkehrung der Hegelschen Philosophie so vorgestellt werden muss, als würde Marx den Begriff bzw. das Denken unmittelbar aus einem Sein ableiten, das in seiner sachlich verkehrten, die gesellschaftlichen Vermittlungszusammenhänge auslöschenden Form für das Sein schlechthin ausgegeben wird.

Henrich gibt unter der Hand Hegels und seine eigene Auffassung vom gesellschaftlichen Sein für die Marxsche aus: Zwischen Marx und Hegel besteht dann nur noch der Unterschied, dass Hegel die Wirklichkeit aus dem Begriff und Marx umgekehrt aus dem mit seiner realen Verkehrung verwechselten Sein den »Begriff« ableitet. Hierdurch wird dieses Sein zu einem ebenso mystischen Subjekt der Vermittlung des Gegensatzes von Natur und Geschichte gemacht wie der Hegelsche absolute Geist. Was aber immer innerhalb des einmal erzeugten Gegensatzes von Natur und Geschichte (Geist) als Subjekt der Vermittlung erscheint, jedes Mal handelt es sich um eine mystisch-irrationale Vermittlungsgestalt, die Marx, um die in ihr vollzogene Vermischung der Extreme zu kennzeichnen, als »das hölzerne Eisen«[39] bezeichnet.

Da Henrich davon ausgeht, dass die Dialektik überhaupt und uneingestandenermaßen auch für Marx an den Begriff des »absoluten Geistes« gebunden sei, muss er sich natürlich Sorgen darüber machen, ob denn die Hegelsche Philosophie der von Marx als Umkehrung apostrophierten Behandlung zugänglich sei. Was im Einzelnen immer unter der Umkehrung zu verstehen ist, sie wird von Henrich zu einer bloß äußerlichen herabgesetzt, weil eine ihrem Wesen nach an den absoluten Geist gebundene und somit in ihrem Innersten unveränderte Dialektik auf neuer, für Henrich verkehrter materieller Grundlage etabliert wird: In dieser »Rede von der Umkehrung der Hegelschen Philosophie ... ist noch nicht zu erkennen, ob überhaupt und wie sich Hegel als einer solchen Umkehrung zugänglich erweist und welche Züge seine Lehre annimmt, wenn sie auf verkehrter Grundlage beruht.«[40]

Mit der oben angedeuteten Erhebung der Einheit des Gegensatzes von Sein und Denken zum Maßstab für die Beurteilung dessen, was in der Philosophie Idealismus und Materialismus heißt, hat Henrich nichts anderes getan, als ein Schema konstruiert, mit dem er die Marxsche Theorie so zurechtstutzt, dass sie, ihres revolutionären und rationalen Gehaltes beraubt, an irgendeinem Platz in der Philosophiegeschichte abgestellt werden kann. »Von Hegel aus gesehen erscheint der Marxismus zwar als eine naturalistische Theorie, die sich in den Aporien der Philo-

---

[39] Kritik des Hegelschen Staatsrechts, MEW 1, a.a.O., S. 288.
[40] Dieter Henrich, Hegel im Kontext, a.a.0., S. 188.

sophie vor Kant verfängt. Hat man aber den Weg der philosophischen Entwicklung von Karl Marx verfolgt, so kann man verstehen, wieso er wenigstens für sich zu der Meinung kommen konnte, seine materialistische Position sei der vollendete Hegel selbst.«[41]

Wer wie Marx die Hegelsche Philosophie auf eine verkehrte materielle Grundlage anwendet, macht einen doppelten Fehler: Zum einen verfälscht er Hegels Philosophie, indem er sie nach Maßgabe ihr fremder ökonomisch-gesellschaftlicher Tatbestände zurechtstutzt, zum anderen verfälscht er die ökonomisch-gesellschaftlichen Tatbestände, indem er sie in ihr fremde Bewegungsstrukturen der Hegelschen Philosophie presst. Von einem »Kapital«, worin auf wechselseitig sich bedingende Weise die ökonomisch-gesellschaftliche Wirklichkeit und die Hegelsche Philosophie verfälscht werden, lässt sich, wie Henrich das tut, leicht sagen, Marx habe sich in Erkenntnisaporien der vorkantischen Philosophie verstrickt.

Eine Variante dieser stellvertretend von Henrich konstruierten marxistischen Dialektik als dem Resultat der Anwendung der Hegelschen Dialektik auf die bürgerliche Gesellschaft liefert H.F. Fulda: Nachdem er hinsichtlich der Bedeutung des »Hegelschen Widerspruchs als Springquelle aller Dialektik« eine hieran gebundene, von Marx selbst so gesehene Gemeinsamkeit mit Hegel kritisiert, schreibt er: »Nur gleichsam beiseite gesprochen möchte ich die Vermutung äußern, daß Marx in einem Irrtum befangen war, sofern er meinte, zwischen Hegels Dialektik und der von ihm selbst im Zuge der Hegel-Kritik intendierten Dialektik bestehe ein Verhältnis praktischer Unverträglichkeit. Marx hat nicht gesehen, daß von den beiden Dialektik-Modellen einzig das Hegelsche ein Schema für rationale Entscheidungen von Rechts-Kollisionen an die Hand zu geben verspricht, und daß Hegels Dialektik nicht zuletzt zu diesem Zweck konzipiert war.«[42]

Fulda argumentiert hier vollständig an der Hegelschen Philosophie vorbei, denn diese erhebt den Anspruch, die Struktur von Natur und Gesellschaft sowie deren inneren Zusammenhang dargestellt zu haben. Wie seine eigenen ebenso intensiven wie umfangreichen Forschungen auf dem Gebiete der sich mit der gesellschaftlichen Arbeit beschäftigenden Politischen Ökonomie beweisen, hat Hegel seine Dialektik nicht von vornherein für einen bestimmten Bereich der Wirklichkeit konzipiert. Er glaubt vielmehr, dass er in den Kategorien von »Arbeit« und »Tausch« auch die ganze bürgerliche Gesellschaft ihrer ökonomischen Struktur nach erfasst hat.

Hätte man Hegel vorgeworfen, er habe eine solche gesellschaftliche Form der Arbeit wie das Geld nicht begriffen, dann hätte er nicht geantwortet, dass dies nicht so wichtig sei und seine Philosophie nicht in ihrem Innersten berühren würde, weil sie nur für den »Geist«, die »Kommunikation«, die »Rechtsverhältnisse« usw. zu-

---

41 Ebd., S. 202.
42 H.F. Fulda, Dialektik als Darstellungsmethode ..., a.a.O., S. 19f.

ständig sei. Hegel müsste vielmehr selbst zugeben, dass seine für den »Geist« zuständige, untrennbar mit dem »Lebensprozess des absoluten Geistes« verquickte Dialektik für die Erkenntnis der Wirklichkeit nicht weit genug reiche und daher so nicht zu halten sei. Wie Fulda zu sagen, Hegels Dialektik sei »für rationale Entscheidungen von Rechts-Kollisionen« konzipiert, nicht aber für das Begreifen der ökonomisch-gesellschaftlichen Wirklichkeit, spricht den philosophischen Anstrengungen Hohn, die Hegel von den frühen Systementwürfen an macht, um die gesellschaftliche Arbeit in den Bestimmungen von Wert, Geld, Tausch usw. zu begreifen. Die Entwicklung von dem, was Geld ist, fällt für Hegel in eine Philosophie des Geistes. Und Hegel begreift das Geld nicht deswegen verkehrt, weil es etwa für den Geist ohne Bedeutung ist und er sich nur so nebenher mit dem Geld auf eine Weise beschäftigt, bei der es nicht darauf ankommt, wie weit man es oder wie weit man es nicht begriffen hat. Nach Hegel ist es für die Entfaltung und Vermittlung des Gegensatzes von Natur und Geist notwendig, dass der Geist im Geld eine sinnlich-gegenständliche Daseinsweise erhält. Damit hat Hegel das Geld auf eine Weise begriffen, die für die Erzeugung des Gegensatzes von Natur und Geist, d.h. die für den inneren Aufbau der ganzen Philosophie ausschlaggebend ist.

Wenn Hegel die ökonomisch-gesellschaftlichen Verhältnisse mit den Rechtsverhältnissen vermischt oder sie ausdrücklich als solche ausgibt, dann liegt das nicht daran, dass er den Unterschied zwischen den Rechtsverhältnissen und ökonomisch-gesellschaftlichen Verhältnissen kennt und sich unter Abstraktion von den letzteren nur auf die ersteren beschränken will. Dies liegt vielmehr daran, dass Hegel die durch das Kapital in ihrer historisch-spezifischen Form bestimmte gesellschaftliche Arbeit verkehrt und äußerst unvollständig begriffen hat. Hegel stellt die bürgerliche Gesellschaft und den Staat als unterschiedliche Gestaltungen des objektiven Geistes übergreifend unter dem Titel einer Rechtsphilosophie dar. Dies beruht nicht darauf, dass sich Hegel von vornherein auf »rationale Entscheidungen von Rechts-Kollisionen« beschränkt, sondern darauf, dass er die bürgerliche Gesellschaft in allem, was sie als eine historisch-spezifische Organisationsform der gesellschaftlichen Arbeit ist, nicht anders als im Zeichen von Rechtsverhältnissen interpretieren kann. Dies hat – worauf hier nicht näher eingegangen werden kann[43] – seine Ursache darin, dass Hegels verkehrtes Begreifen der ökonomisch-gesellschaftlichen Verhältnisse identisch ist mit der Erzeugung des Gegensatzes von Natur und Geist. Daher zeichnet sich die in den Bestimmungen von »Arbeit« und »Tausch« begriffene bürgerliche Gesellschaft als eine bestimmte weltimmanente Entwicklungsstufe des »absoluten Geistes« dadurch aus, dass in ihr auf eine bestimmte Weise der Gegensatz von Natur und Geist entfaltet und vermittelt wird.

---

[43] Vgl. hierzu: Dieter Wolf, Hegels Theorie der bürgerlichen Gesellschaft. Eine materialistische Kritik, Hamburg 1980, insbes. Teil 2 (im Folgenden zitiert als: D. Wolf, Hegels Theorie der bürgerlichen Gesellschaft).

Zwischen den ökonomisch-gesellschaftlichen Verhältnissen und den Rechtsverhältnissen gibt es derart einen notwendigen Zusammenhang, dass die letzteren, deren »Form der Vertrag ist, ob nun legal entwickelt oder nicht, ... ein Willensverhältnis (sind), worin sich das ökonomische Verhältnis widerspiegelt«.[44] Daher ist es auch unvorstellbar, dass Hegel auf unverkürzte und rationale Weise die Rechtsverhältnisse erfasst, d.h. ist es unvorstellbar, »daß das Hegelsche Dialektik-Modell« ein Schema »für rationale Entscheidungen von Rechts-Kollisionen an die Hand zu geben verspricht«.

Der systematische Charakter der bürgerlichen Gesellschaft und damit des »Kapital« als deren gedankliche Reproduktion ergibt sich daraus, dass, angefangen vom einfachsten, jedes ökonomisch-gesellschaftliche Verhältnis sich in seiner Struktur dadurch auszeichnet, dass in ihm der Widerspruch zwischen dem Gebrauchswert und dem Wert gesetzt und gelöst ist. In seinem Buch »Die Reduktion der Dialektik durch Marx«[45] unterstellt Gerhard Göhler dagegen, Marx versuche »in der ›Kritik‹ und im ›Kapital‹ das System-Postulat Hegels in der Erfassung des Systems des Kapitalismus materialistisch einzulösen«.[46]

Hegel glaubt, die Abfolge der Kategorien, die bei der Darstellung des Lebensprozesses des absoluten Geistes eingehalten werden muss, sei durch diesen Lebensprozess, d.h. durch die darzustellende Sache selbst festgelegt. Marx ist unabhängig davon, wieweit Hegel die Sache begreift, und unabhängig vom Einlösen irgendeines theoretischen Anspruchs hinsichtlich der bürgerlichen Gesellschaft derselben Auffassung wie Hegel. Hieraus folgt aber nicht, dass Marx Hegels »System-Postulat« einzulösen gedenkt. Marx gewinnt die Einsicht in die Bewegungsstruktur der bürgerlichen Gesellschaft als eine solche, die durch das Setzen und Lösen des Widerspruchs zwischen dem Gebrauchswert und dem Wert bestimmt ist. Auf diese Weise zur Erkenntnis der systematischen Gliederung der bürgerlichen Gesellschaft gelangt, kann es nur noch darum gehen, diese durch die oben bereits angesprochene, an eine bestimmte Reihenfolge der Kategorien gebundene systematische Darstellung adäquat im Denken zu reproduzieren.

Wie bereits angekündigt, wird ein Ergebnis der vorliegenden Untersuchung sein, dass nicht Hegels »Logik« den Maßstab für den systematischen Charakter der Darstellung im »Kapital« liefert, sondern die in ihrer historisch-spezifischen Form durch das Kapital bestimmte bürgerliche Gesellschaft selbst. Dies würde bedeuten, dass die in gewisser Hinsicht bestehende Gleichheit der Bewegungsstrukturen nicht dadurch zustande gekommen ist, dass Marx den Versuch gemacht hat, Hegels »System-Postulat ... materialistisch einzulösen«. Warum es jene Gleichheit

---

[44] Das Kapital, MEW 23, a.a.O., S. 99f.

[45] Gerhard Göhler, Die Reduktion der Dialektik durch Marx: Strukturveränderungen der dialektischen Entwicklung in der Kritik der Politischen Ökonomie, Stuttgart 1980.

[46] Ebd., S. 25.

der Bewegungsstrukturen überhaupt gibt und worin sie im Einzelnen besteht, kann nur vom Kapital als der historisch-spezifischen Organisationsform der gesellschaftlichen Arbeit aus erklärt werden, insofern von ihrem Begreifen das Begreifen des inneren Zusammenhang von Natur- und Menschengeschichte abhängt. Als Erstes hat man daher das Kapital daraufhin zu untersuchen, inwiefern es die konkreteste Lösungsbewegung des Widerspruchs zwischen dem Gebrauchswert und dem Wert ist, um dann zu entwickeln, inwiefern es sich hierbei um historisch-gesellschaftliche Bedingungen handelt, die Hegel dazu gebracht haben, Natur- und Menschengeschichte als »Lebensprozess des absoluten Geistes« zu begreifen, der die konkreteste Lösungsbewegung des Widerspruchs zwischen »Natur und Geist« ist.

Um die oben beschriebene systematische Darstellung, die allein der verhandelten Sache gerecht werden kann, hat sich Marx stets bemüht. Innerhalb seines wissenschaftlichen Werdegangs kann es daher nur Unterschiede geben hinsichtlich des Einlösens dieses hohen Anspruchs auf die einzig mögliche gedankliche Reproduktion der ökonomisch-gesellschaftlichen Verhältnisse. Göhler kritisiert Marx nun, er habe das Hegelsche »System-Postulat« nicht eingelöst, sondern stattdessen Hegels Dialektik im »Kapital« mit der Konsequenz reduziert, dass der Widerspruch zwischen dem Gebrauchswert und dem Wert lediglich ein »deskriptiver« sei, der für die Entwicklung der gesellschaftlichen Formen der Arbeit nur eine untergeordnete Rolle spiele.

Göhler nimmt eine Vermischung des dialektischen Widerspruchs zwischen dem Gebrauchswert und dem Wert mit dem Hegelschen Widerspruch vor, indem er die Unmöglichkeit der reellen und rationalen Existenz des ersteren nachzuweisen versucht. Dieser Versuch besteht darin zu beweisen, Marx habe, sofern es ihm im »Kapital« um eine Entwicklung des Widerspruchs und seiner Lösungsbewegungen geht, gar keinen reell in der bürgerlichen Gesellschaft existierenden dialektischen Widerspruch freigelegt. Marx habe stattdessen in letzter, aber entscheidender Instanz einen ebenso reell nicht existenten wie denkunmöglichen *logischen* Widerspruch konstruiert oder die Widersprüchlichkeit seiner mit der ökonomisch-gesellschaftlichen Wirklichkeit nicht fertig werdenden Theorie in jene hineinprojiziert.[47]

Göhler verwechselt das Sich-Gleichsetzen der Waren als Werte mit dem dabei einhergehenden Sich-Darstellen des Werts der einen Ware im Gebrauchswert der anderen Ware. Er vermischt die drei ersten Kapitel des »Kapital«, die er nicht mehr als ebenso viele Abstraktionsstufen begreifen kann, die um einer adäquaten Darstellung der Warenzirkulation willen notwendig sind. Göhler liefert sich so jeweils die Interpretationen des »Kapital«, die er braucht, um behaupten zu können, Marx

[47] Eine ausführliche Kritik des Verfassers an Göhlers Interpretation des Verhältnisses von dialektischem und logischem Widerspruch erscheint demnächst in: Dieter Wolf, Warenzirkulation und Warenfetisch.

habe nicht einmal das »System-Postulat« Hegels eingelöst und sich bereits bei der Darstellung der Warenzirkulation in unauflösliche, die dialektische Darstellung diskriminierende Schwierigkeiten verstrickt.

8. Gemeinsamkeiten, die den Hegelschen mit dem Marxschen Widerspruch verbinden als rationeller Kern des Anwendungsschematismus

Im Folgenden soll kurz darauf eingegangen werden, inwiefern der oben beschriebene Anwendungsschematismus, welcher das »Kapital« in einen Mischmasch aus grobem Materialismus und Idealismus verfälscht, auf Gemeinsamkeiten zurückgeht, die den dialektischen Widerspruch bei Hegel mit demjenigen bei Marx verbinden. Bei diesen die Grundstruktur des dialektischen Widerspruchs auszeichnenden Gemeinsamkeiten handelt es sich

1. um die »innre Notwendigkeit des Zusammengehörigen; und seine gleichgültige Selbständige Existenz gegeneinander«, welche Marx in den »Grundrissen« als die »Grundlage von Widersprüchen«[48] bezeichnet;

2. um das Lösen der Widersprüche, welches dadurch gekennzeichnet ist, dass diese nicht im Sinne eines praktischen Verschwindens aufgehoben werden, sondern eine Form geschaffen wird, »worin sie sich bewegen können«.[49]

Zunächst seien einige Stellen aus Hegels Philosophie zitiert, aus denen hervorgeht, dass er in Übereinstimmung mit Marx abstrakt-allgemein die »innre Notwendigkeit des Zusammengehörigen; und seine gleichgültige Selbständige Existenz gegeneinander« als die »Grundlage« des Widerspruchs ausgibt.

»Die Entgegengesetzten enthalten insofern den Widerspruch, als sie in derselben Rücksicht sich negativ aufeinander beziehende oder sich *gegenseitig aufhebende* und gegeneinander *gleichgültige* sind.«[50] Hinsichtlich des Gegensatzes von »Natur und geistige Welt, Geschichte«[51] schreibt Hegel in der »Enzyklopädie der philosophischen Wissenschaften«: »Der Gegensatz von Seele und Körper muß freilich gemacht werden. Sowie die unbestimmte allgemeine Seele sich bestimmt, sich individualisiert, sowie der Geist eben dadurch Bewußtsein wird – und dazu schreitet er notwendig fort –, so stellt er sich auf den Standpunkt des Gegensatzes seiner selbst und seines Anderen, erscheint ihm sein Anderes als ein Reales, als ein ihm und sich selber Äußerliches, als ein Materielles.«[52] Solange es noch um den in

[48] Karl Marx, Grundrisse, a.a.O., S. 318.

[49] Das Kapital, MEW 23, a.a.O., S. 118.

[50] G.W.F. Hegel, Wissenschaft der Logik II, a.a.O., Bd. 6, S. 77.

[51] G.W.F. Hegel, Vorlesungen über die Geschichte der Philosophie III, in: G.W.F. Hegel, Bd. 20, Theorie Werkausgabe, Frankfurt/Main 1971, S. 455 (im Folgenden zitiert als: G.W.F. Hegel, Vorlesungen über die Geschichte der Philosophie III, Bd. 20).

[52] G.W.F. Hegel, Enzyklopädie III, a.a.O., Bd. 10, S. 48.

subjektiven und objektiven Geist sich unterscheidenden endlichen Geist geht, bleibt das Gegensatzverhältnis des Geistes zur Natur erhalten. Erst im absoluten Geist, in welchem sich Natur und endlicher Geist als von ihm gesetzte Bestimmungen erweisen, ist der Gegensatz aufgehoben. Hegel erkennt den Gegensatz zwischen Natur und Geist an und stellt beide Bereiche zunächst als sich wechselseitig voraussetzende selbständig gegenüber. Angesichts des Strebens der Menschen, die Trennung von natürlicher und geistiger Welt auf der Suche nach ihrem inneren Zusammenhang aufzuheben, findet Hegel die »Frage nach der Möglichkeit der Gemeinschaft der Seele und des Körpers eine ganz natürliche«.[53] Für Hegel haben die Menschen, zumindest seitdem sie philosophisch die Welt begreifen, nichts anderes gemacht, als ausgehend von diesem Gegensatz, die Einheit der Wirklichkeit, d.h. die Wirklichkeit als Einheit des Gegensatzes zu begreifen versucht.

Dem Verstand stellt sich nach Hegel das Verhältnis von Natur und Denken, von Materie und Seele als ein fester und starrer Gegensatz dar und die gegenseitige Beziehung beider Seiten zueinander als »Einwirkung Selbständiger aufeinander«.[54] Das verständige Bewusstsein oder Alltagsbewusstsein weiß die Starrheit des Gegensatzes nicht zu überwinden: »Sind Seele und Körper, wie das verständige Bewusstsein behauptet, einander *absolut* entgegengesetzt, so ist keine Gemeinschaft zwischen beiden möglich. Nun anerkannte aber die alte Metaphysik diese Gemeinschaft als eine unleugbare Tatsache; es fragt sich daher, *wie der Widerspruch, daß absolut Selbständige, Fürsichseiende doch in Einheit miteinander seien, gelöst werden könne.*«[55] (Hervorhebungen – D. W.)

Um der zugrunde liegenden und zu entwickelnden Einheit willen sieht sich Hegel gezwungen, die Selbständigkeit in eine absolute und eine relative aufzuteilen. Sind Natur und Denken absolut entgegengesetzt, so ist jeder um die Lösung des Widerspruchs bemühte Vermittlungsversuch der Extreme überflüssig, da keine der Seiten dahinstrebt, in die andere überzugehen, vielmehr besteht jede Seite aus sich heraus selbständig ohne die andere.

Um zusammen mit dem Gegensatz von Natur und Geist deren Einheit denken zu können, entwickelt Hegel einen Widerspruch zwischen »Natur und Geist«, der weder unauflöslich ist noch sich in Nichts auflöst, sondern eine die Extreme zugleich vermittelnde Lösungsbewegung findet. Um dies zu erreichen, darf man nach Hegel nicht bei der absoluten Selbständigkeit der Extreme stehen bleiben, sondern hat diese vielmehr als eine einseitige Auffassung zu begreifen, welche das verständige Bewusstsein von der Wirklichkeit hat. Durch diese falsche Stellung der Frage, wie denn »absolut Selbständige« doch »in Einheit miteinander« sein können, gerät das verständige Bewusstsein in einen unauflöslichen Widerspruch, der es zwingt,

---

[53] Ebd.
[54] Ebd., S. 46.
[55] Ebd., S. 48.

sich mehr oder weniger unbewusst innerhalb des »Gegensatzes von Natur und Geist« herumzutreiben. Hegel setzt daher an die Stelle der absoluten die *relative* Selbständigkeit, die es erlaubt, einen solchen Widerspruch zu entwickeln, der eine Lösungsbewegung findet und sich hierdurch als dialektischer ausweist.

Die Frage nach der Einheit von Natur und Geist, wie sie vom verständigen Bewusstsein gestellt wird, ist eine »unstatthafte ..., denn in Wahrheit verhält sich das Immaterielle zum Materiellen nicht wie Besonderes zu Besonderem, sondern wie das über die Besonderheit übergreifende wahrhaft Allgemeine sich zu dem Besonderen verhält; das Materielle in seiner Besonderung hat keine Wahrheit, keine Selbständigkeit gegen das Immaterielle. ... Indem aber die Einheit des Materiellen und Immateriellen von den ... Philosophen in Gott, der wesentlich als Geist zu fassen ist, gesetzt wird, haben dieselben zu erkennen geben wollen, daß jene Einheit nicht als ein Neutrales, in welches zwei Extreme von gleicher Bedeutung und Selbständigkeit zusammengingen, betrachtet werden darf, da das Materielle durchaus nur den Sinn eines Negativen gegen den Geist und gegen sich selber hat oder – wie Platon und andere alte Philosophen sich ausdrückten – als das ›Andere seiner selbst‹ bezeichnet werden muß, die Natur des Geistes dagegen als das Positive, als das Spekulative zu erkennen ist, weil derselbe durch das gegen ihn unselbständige Materielle frei hindurchgeht, über dies sein Anderes übergreift, dasselbe nicht als sein wahrhaft Reales gelten läßt, sondern idealisiert und zu einem Vermittelten herabsetzt.«[56]

In dem, was Hegel hier ausführt, ist in groben Umrissen auch all das enthalten, was sich auf die Lösung des Widerspruchs bezieht bzw. auf die Formen, in denen er sich bewegt. »Es ist überhaupt aus der Betrachtung der Natur des Widerspruchs hervorgegangen, daß es für sich noch sozusagen kein Schaden, Mangel oder Fehler einer Sache ist, wenn an ihr ein Widerspruch aufgezeigt werden kann. Vielmehr jede Bestimmung, jedes Konkrete, jeder Begriff ist wesentlich eine Einheit unterschiedener und unterscheidbarer Momente, die durch den *bestimmten, wesentlichen Unterschied* in widersprechende übergehen. Dieses Widersprechende löst sich allerdings in nichts auf, es geht in seine negative Einheit zurück. Das Ding, das Subjekt, der Begriff ist nun eben diese negative Einheit selbst; es ist ein an sich selbst Widersprechendes, aber ebensosehr der *aufgelöste Widerspruch*; es ist der *Grund*, der seine Bestimmungen enthält und trägt.«[57]

Die umfassendste Lösungsbewegung des Widerspruchs zwischen der Natur und dem Geist ist der absolute Geist, insofern dieser in beiden Seiten gegenwärtig und zugleich das ihnen gemeinsame übergreifende Dritte ist. In dieser Eigenschaft existiert der absolute Geist als Natur und endlicher Geist; er ist der Prozess, aus der einen Form in die andere überzugehen, ohne dabei aufzuhören, ein und dasselbe

---

[56] Ebd., S. 48f.

[57] G.W.F. Hegel, Wissenschaft der Logik II, a.a.O., Bd. 6, S. 78f.

Subjekt zu sein. Der absolute Geist setzt Natur und endlichen Geist zu Daseinsformen seiner selbst herab, so dass er über beide sich mit sich selbst vermittelt. Das selbständige Vorausgesetztsein der beiden Extreme von Natur und endlichem Geist hat der absolute Geist aufgehoben und in eine von ihm geschaffene Voraussetzung verwandelt, so dass er sich jenen gegenüber als das allein selbständige Wesen setzt. »Der absolute Geist erfaßt sich als selber das Sein setzend, als selber sein Anderes, die Natur und den endlichen Geist hervorbringend, so daß dies Andere jeden Schein der Selbständigkeit gegen ihn verliert, vollkommen aufhört, eine Schranke für ihn zu sein, und nur als das Mittel erscheint, durch welches der Geist zum absoluten Fürsichsein, zur absoluten Einheit seines Ansichseins und seines Fürsichseins, seines Begriffs und seiner Wirklichkeit gelangt.«[58]

Die Lösungsbewegung des Widerspruchs, in der der absolute Geist von der Natur in den endlichen Geist übergeht, mal diese, mal jene Form annimmt und abstreift und in dieser Bewegung sich erhält, schließt als Bedingung ihrer Existenz den Rückgang in den *Produktionsakt* von Natur und endlichem Geist ein. Nur wenn diese die Produkte des absoluten Geistes sind, kann er reell in beiden existieren und – ohne seine eigene Selbständigkeit aufzugeben – die Selbständigkeit seiner weltimmanenten Daseinsformen anerkennen. Die »wahrhafte Versöhnung des Gegensatzes ist die Einsicht, ... daß das ewige Leben dieses ist, *den Gegensatz ewig zu produzieren und ewig zu versöhnen.*«[59] (Hervorhebung – D. W.)

Die Grundstruktur der gesamten Wirklichkeit als innerer Zusammenhang von Natur und Menschengeschichte ist bei Hegel zum einen durch die einfache Vermittlung im Sinne einer die Gegensätze *zusammenfassenden Mitte* und zum anderen durch die *Selbstvermittlung*, d.h. durch das von beiden Extremen verschiedene, über sie mit sich selbst vermittelnde Dritte bestimmt. Die Stufe der *Vermittlung* zeichnet sich durch den *doppelseitig-polarischen Gegensatz von Natur und endlichem Geist* aus,[60] worin beide Seiten mit ungleicher Gewichtung jeweils die Einheit beider Seiten sind, während sich die Stufe der *Selbstvermittlung* durch den absoluten Geist selbst auszeichnet, der, den Gegensatz produzierend, abwechselnd die Gestalt des einen und des anderen Extrems annimmt und abstreift, ohne sich in diesem Übergehen zu verlieren. Der doppelseitig-polarische Gegensatz und der absolute Geist sind nichts anderes als unterschiedlich entwickelte Bewegungsformen, worin der Widerspruch zwischen Natur und Geist ebenso sehr gesetzt wie gelöst ist. Erstreckt sich die Gemeinsamkeit, die »über die innre Notwendigkeit des Zusammengehörigen; und seine gleichgültige Selbständige Existenz gegeneinander« hinausgeht und den Hegelschen und den Marxschen Widerspruch verbindet, auch auf die Bewegungsform des Widerspruchs? Gibt es als Bewegungs-

---

[58] G.W.F. Hegel, Enzyklopädie III, a.a.O., Bd. 10, S. 31.
[59] G.W.F. Hegel, Vorlesungen über die Geschichte der Philosophie III, a.a.O., Bd. 20, S. 459f.
[60] Vgl. D. Wolf, Hegel und Marx, a.a.O., S. 66ff.

form des Widerspruchs zwischen dem Gebrauchswert und dem Wert den doppelseitig-polarischen Gegensatz, der sich durch eine die Gegensätze von Gebrauchswert und Wert *zusammenfassende Mitte* auszeichnet, und gibt es eine entwickeltere Bewegungsform des Widerspruchs zwischen dem Gebrauchswert und dem Wert, die sich, wie oben für den absoluten Geist beschrieben, durch die *Selbstvermittlung* auszeichnet?

Könnte man nicht von den folgenden Passagen aus den »Grundrissen« annehmen, Marx habe sie aus der Hegelschen Philosophie abgeschrieben, in der der Lebensprozess des absoluten Geistes nachgedacht wird? »Es ist wichtig zu bemerken, daß der Reichtum als solcher, i.e. der bürgerliche Reichtum immer in der höchsten Potenz ausgedrückt ist, in dem Tauschwert, wo er als *Vermittler* gesetzt, als die Vermittlung der Extreme von Tauschwert und Gebrauchswert selbst. Diese *Mitte* erscheint immer als das vollendete *ökonomische* Verhältnis, weil es *die Gegensätze zusammenfaßt*, und erscheint schließlich immer als eine *Einseitig Höhere Potenz* gegenüber den Extremen selbst; weil die Bewegung oder das Verhältnis, das als vermittelnd zwischen den Extremen *ursprünglich* erscheint, dialektisch dazu notwendig fortführt, daß es als *Vermittlung mit sich selbst* erscheint, als das *Subjekt, dessen Momente nur die Extreme sind, deren selbständige Voraussetzung es aufhebt, um sich durch ihre Aufhebung selbst als das allein Selbständige zu setzen.*«[61] (Hervorhebungen nicht nur im Original – D. W.)

Über den doppelseitig-polarischen Gegensatz von Ware und Geld als der Lösungsbewegung des Widerspruchs zwischen dem Gebrauchswert und dem Wert der Ware schreibt Marx in »Zur Kritik der Politischen Ökonomie«: »Im Verkauf W–G, ebenso wie im Kauf G–W, stehen sich zwei Waren gegenüber, Einheiten von Tauschwert und Gebrauchswert, aber an der Ware existiert ihr Tauschwert nur ideell als Preis, während am Gold, obgleich es selbst ein wirklicher Gebrauchswert ist, sein Gebrauchswert nur als Träger des Tauschwerts existiert, und daher nur als formaler, auf kein wirkliches individuelles Bedürfnis bezogener Gebrauchswert. Der Gegensatz von Gebrauchswert und Tauschwert verteilt sich also polarisch an die beiden Extreme von W–G, so daß die Ware dem Gold gegenüber Gebrauchswert ist, der seinen ideellen Tauschwert, den Preis, erst im Gold realisieren muß, während das Gold der Ware gegenüber Tauschwert ist, der seinen formalen Gebrauchswert erst in der Ware materialisiert. Nur durch diese Verdoppelung der Ware in Ware und Gold, und durch die wieder doppelte und entgegengesetzte Beziehung, worin jedes Extrem ideell ist, was sein Gegenteil reell ist, und reell ist, was sein Gegenteil ideell ist, *also nur durch Darstellung der Waren als doppelseitig polarischer Gegensätze lösen sich die in ihrem Austauschprozeß enthaltenen Widersprüche.*«[62] (Hervorhebung – D. W.)

---

[61] Karl Marx, Grundrisse, a.a.O., S. 237.

[62] Karl Marx, Zur Kritik der Politischen Ökonomie, in: MEW, Bd. 13, Berlin 1964, S. 71f. (im Folgenden zitiert als: Zur Kritik der Politischen Ökonomie, MEW 13)

Was bisher hinsichtlich des Vergleichs der Bewegungsstrukturen von absolutem Geist und Kapital für den doppelseitig-polarischen Gegensatz angeführt wurde, gilt, wie aus der oben angeführten Passage aus den »Grundrissen« ersichtlich, auch für das Kapital als dem sich verwertenden Wert bzw. als der gegenüber dem doppelseitig-polarischen Gegensatz von Ware und Geld weiterentwickelten Lösungsbewegung des Widerspruchs zwischen dem Gebrauchswert und dem Wert: »In der Zirkulation G–W–G funktionieren dagegen beide, Ware und Geld, nur als verschiedne Existenzweisen des Werts selbst, das Geld seine allgemeine, die Ware seine besondre, sozusagen nur verkleidete Existenzweise. ... Als das übergreifende Subjekt eines solchen Prozesses, worin er Geldform und Warenform bald annimmt, bald abstreift, sich aber in diesem Wechsel erhält und ausreckt, bedarf der Wert vor allem einer selbständigen Form, wodurch seine Identität mit sich selbst konstatiert wird.«[63]

Trotz dieser Gemeinsamkeiten, welche die Widerspruchskonzeptionen von Marx und Hegel miteinander verbinden, gibt es in der »Kritik der Politischen Ökonomie« keine Anwendung der mystisch-irrationalistischen Bewegungsformen des absoluten Geistes auf die gesellschaftliche Arbeit. Das »Kapital« ist ohne jeglichen Rekurs auf Hegels »Logik« aus sich selbst, d.h. aus dem in ihm dargestellten Gegenstand heraus zu begreifen. Dass es sich so verhält, wird durch die Antworten auf die unten aufgeführten Fragen bewiesen werden.

9. Fragen zum Verständnis des Widerspruchs zwischen dem Gebrauchswert und dem Wert

■ Warum handelt es sich bei der »innren Notwendigkeit des Zusammengehörigen; und seiner gleichgültigen Selbständigen Existenz gegeneinander« um die beiden Bestimmungen, welche zusammengenommen die »Grundlage« des Widerspruchs zwischen dem Gebrauchswert und dem Wert ausmachen?
■ Sind diese Grundlagen mit dem gegeben, was Gebrauchswert und Wert als unterschiedliche Existenzweisen der menschlichen Arbeit sind?
■ Warum ist der Widerspruch zwischen dem Gebrauchswert und dem Wert durch diese Grundlagen zu erklären?
■ Warum geht der Widerspruch zwischen dem Gebrauchswert und dem Wert der Waren weder im konträren noch im kontradiktorischen Gegensatz auf und warum handelt es sich bei ihm genauso wenig um eine Vermischung dieser beiden Arten von Gegensätzen?
■ Warum ist der dialektische Widerspruch zwischen dem Gebrauchswert und dem Wert kein logischer Widerspruch, der die Marxsche Theorie als eine unwissenschaftliche diskriminieren würde?

---

[63] Das Kapital, MEW 23, a.a.O., S. 168f.

- Wie steht es um die unterschiedliche Behandlung des Widerspruchs auf Ebene des ersten und zweiten Kapitels des »Kapital«, eine Behandlung, welche »Kapital«-Interpreten wie G. Göhler und H.F. Fulda in unauflösliche Schwierigkeiten bringt, die sie daran hindern, eine angemessene Erklärung des Widerspruchs zu geben?
- Warum findet der Widerspruch zwischen dem Gebrauchswert und dem Wert Bewegungsformen, worin er sich löst?
- In welcher Weise sind diese Bewegungsformen des Widerspruchs durch dessen Grundlagen festgelegt?
- In welcher Weise bleiben die Grundlagen des Widerspruchs und damit dieser selbst in den ihn verwirklichenden und lösenden Bewegungsformen erhalten?
- In welcher Weise zeichnen sich die Bewegungsformen des Widerspruchs durch eine Gebrauchswert und Wert zusammenfassende Mitte, d.h. nicht nur durch eine Entfaltung, sondern auch durch eine Vermittlung, Versöhnung der Gegensätze aus?
- Warum und auf welche Weise sind das einfachste Verhältnis zweier Waren und der doppelseitig-polarische Gegensatz von preisbestimmter Ware und Geld jeweils Bewegungsformen, worin der den Waren immanente Widerspruch zwischen dem Gebrauchswert und dem Wert ebenso sehr verwirklicht wie gelöst ist?
- Warum ist z.B. das Geld als das eine Extrem des doppelseitig-polarischen Gegensatzes von Ware und Geld die Gebrauchswert und Wert zusammenfassende Mitte, ohne dass beide in ihm – wie dies bei allen von Hegel entwickelten Einheiten, Vermittlungen, Versöhnungen entgegengesetzter Extreme der Fall ist – auf mystisch-irrationalistische Weise miteinander vermischt werden?
- Auf welche unbewusst-bewusste Weise setzt sich das Lösen des den Waren immanenten Widerspruchs zwischen dem Gebrauchswert und dem Wert im Verhalten der Menschen zueinander durch?
- Wie hängt das Setzen und Lösen des Widerspruchs zwischen dem Gebrauchswert und dem Wert mit dem Waren- bzw. Geldfetisch zusammen?
- Warum und in welcher Weise ist der Widerspruch zwischen dem Gebrauchswert und dem Wert die »Springquelle« der Dialektik des »Kapital«, insofern er die »Triebkraft« der Entwicklung der gesellschaftlichen Formen der Arbeit als ebenso vielen Formen des Werts ist?
- Inwiefern ist die systematische Struktur der gesellschaftlichen Arbeit und damit die Systematik des »Kapital« durch die reell existierenden gesellschaftlichen Prozesse bestimmt, insofern in diesen ebenso reell existierende Widersprüche gesetzt und gelöst werden?

Von jetzt an werden in dieser Einleitung Bemerkungen zu einzelnen Teilen gemacht, denen innerhalb der vorliegenden Untersuchung aus unterschiedlichen Gründen eine Sonderstellung zukommt. Gemeint sind die Teile 1 und 5. Beim Teil 5, den Exkursen und den entsprechenden Kapiteln in anderen Teilen handelt es sich um ausführliche Kritiken an einschlägigen »Kapital«-Interpretationen, die sich unter bestimmten Aspekten mit dem dialektischen Widerspruch von Gebrauchswert und Wert auseinander setzen. Diese Aspekte stellen eine notwendige Ergänzung zu dem dar, was in der vorliegenden Untersuchung über jenen Widerspruch ausgeführt wird, und sind für sein Begreifen von großer Wichtigkeit.

10. Zum Vergleich des Widerspruchs zwischen dem Gebrauchswert und dem Wert mit dem »wirklichen Gegensatz« und der »Differenz innerhalb der Existenz eines Wesens« in Marx' »Kritik des Hegelschen Staatsrechts«

Inwiefern Hegels Philosophie einerseits Marx in dem der bürgerlichen Gesellschaft gewidmeten Forschungsprozess große Dienste leisten konnte, andererseits Marx mit dem Begreifen des Setzens und Lösens des Widerspruchs zwischen dem Gebrauchswert und dem Wert weit außerhalb der Reichweite der Hegelschen Philosophie liegende Dimensionen der gesellschaftlichen Arbeit erschließen konnte, und inwiefern schließlich der »Hegelsche Widerspruch als Springquelle aller Dialektik« nur ausgehend von der gesellschaftlichen Arbeit zu begreifen ist, die in ihrer historischen Spezifik durch die Bewegungsform des Widerspruchs zwischen dem Gebrauchswert und dem Wert gekennzeichnet ist – all dies wird in der vorliegenden Untersuchung an Hand einer Kritik an den Aufsätzen von Lucio Colletti, Hans Friedrich Fulda und Peter Furth abgehandelt.

Im 5. Teil geht es um einen Vergleich des Widerspruchs zwischen dem Gebrauchswert und dem Wert mit dem von Marx in seiner »Kritik des Hegelschen Staatsrechts« behandelten »wirklichen Gegensatz«[64] auf der einen und der von Marx an Hegel kritisierten Verwechslung der »*Differenz* innerhalb der Existenz *eines* Wesens« mit dem »*wirklichen* Gegensatz«[65] auf der anderen Seite. Diesem Vergleich kommt in der Literatur insofern eine große Bedeutung zu, als viele Autoren den Widerspruch zwischen dem Gebrauchswert und dem Wert an dem »wirklichen Gegensatz« messen. Von den Extremen eines »wirklichen Gegensatzes« sagt Marx: »Wirkliche Extreme können nicht miteinander vermittelt werden, eben weil sie wirkliche Extreme sind. Aber sie bedürfen auch keiner Vermittelung, denn sie sind entgegengesetzten Wesens. Sie haben nichts miteinander gemein, sie verlangen einander nicht, sie ergänzen einander nicht. Das eine hat nicht in seinem eigenen Schoß die Sehnsucht, das Bedürfnis, die Antizipation des andern.«[66]

Autoren wie Fulda und Furth versuchen den Widerspruch zwischen dem Gebrauchswert und dem Wert in Einklang mit dem »wirklichen Gegensatz« zu bringen, während Autoren wie Colletti erkennen, dass der Widerspruch zwischen dem

[64] Kritik des Hegelschen Staatsrechts, MEW 1, a.a.O., S. 293.
[65] Ebd., S. 293.
[66] Ebd., S. 292.

Gebrauchswert und dem Wert sehr viel komplexer ist als der »wirkliche Gegensatz«. Der Verdeutlichung wegen sei nebenbei bemerkt, dass dieser »wirkliche Gegensatz« – wie Colletti zu Recht bemerkt – im Großen und Ganzen mit dem übereinstimmt, was Kant unter »Realrepugnanz« und »Realopposition« versteht. Colletti versucht zu zeigen, dass der Widerspruch zwischen dem Gebrauchswert und dem Wert in allem, was ihn von dem »wirklichen Gegensatz« unterscheidet, mystisch-irrationalistisch ist.

Die Art und Weise, in der der Widerspruch zwischen dem Gebrauchswert und dem Wert sehr viel komplexer als der »wirkliche Gegensatz« ist, stellt für alle oben genannten Autoren eine Schwierigkeit dar, mit der sie nicht fertig werden. Der Widerspruch zwischen dem Gebrauchswert und dem Wert, der in den ökonomisch-gesellschaftlichen Prozessen der bürgerlichen Gesellschaft ebenso sehr gesetzt wird wie er Formen findet, worin er sich bewegen kann, zeichnet sich, was Marx 1843 noch nicht wissen konnte, durch Folgendes aus: Es handelt sich bei dem Widerspruch um die »Differenz innerhalb der Existenz eines Wesens«, wobei diese Differenz zugleich den Charakter eines »wirklichen Gegensatzes« angenommen hat. Marx hat in seiner »Kritik des Hegelschen Staatsrechts« den »wirklichen Gegensatz« strikt von der "Differenz innerhalb der Existenz eines Wesens« getrennt, um vor allem zu zeigen, dass beide, jeweils für sich genommen, eine rationale Struktur besitzen. Eine irrationale Struktur entsteht erst dann, wenn die »Differenz innerhalb der Existenz eines Wesens« und der »wirkliche Gegensatz« nicht mehr voneinander getrennt werden, sondern stattdessen eine »Verwechslung der Differenz innerhalb der Existenz eines Wesens mit dem wirklichen Gegensatz« vorgenommen wird. In der »Kritik des Hegelschen Staatsrechts« besitzt der »wirkliche Gegensatz« für Marx eine besondere Bedeutung, weil bei ihm die »Bildung zu Extremen ... nichts anderes ist als sowohl ihre Selbsterkenntnis wie ihre Entzündung zur Entscheidung des Kampfes«.[67] Für den jungen Marx kann eine "*Differenz* innerhalb der Existenz *eines* Wesens«, die zugleich ein »wirklicher Gegensatz« ist, nur eine mystisch-irrationalistische Verwechslung bzw. Vermischung sein, welche die Ursache für einen hier nicht näher zu betrachtenden dreifachen folgenreichen »Irrtum«[68] ist.

Für Colletti zeichnet sich der »wirkliche Gegensatz« durch die gleichgültige selbständige Existenz der Extreme aus, während der Widerspruch zwischen dem Gebrauchswert und dem Wert sich für ihn insofern als dialektischer Widerspruch erweist, als mit der unabhängigen selbständigen Existenz der Extreme zugleich ihre innere notwendige Zusammengehörigkeit gegeben ist. Diese deutet Colletti im Sinne der »Differenz innerhalb der Existenz eines Wesens«, die mit dem »wirklichen Gegensatz« unverträglich ist. Colletti kann daher die Kritik, die der junge

---

[67] Ebd., S. 293.
[68] Ebd.

Marx zu Recht an Hegel übte, auf den späten Marx selbst anwenden und ihm vorhalten, er würde eine irrationale »Verwechslung der Differenz innerhalb der Existenz eines Wesens mit dem wirklichen Gegensatz« vornehmen.

In der »Kritik des Hegelschen Staatsrechts« kritisiert Marx diese »Verwechslung« selbst. Fulda und Furth erkennen nicht, dass es sich bei dem Widerspruch zwischen dem Gebrauchswert und dem Wert auf eine rationale Weise um die »Differenz innerhalb der Existenz eines Wesens« handelt, welche zugleich den Charakter eines »wirklichen Gegensatzes« besitzt. Daher halten sich beide Autoren bei der Erklärung des Widerspruchs zwischen dem Gebrauchswert und dem Wert an das, was Marx in der »Kritik des Hegelschen Staatsrechts« über den »wirklichen Gegensatz« ausführt. Colletti erkennt auf verdrehte Weise die Struktur des Widerspruchs zwischen dem Gebrauchswert und dem Wert, die dem »wirklichen Gegensatz« gegenüber komplexer ist, und gibt sie als »irreal« aus. Fulda und Furth dagegen reduzieren, um der vom jungen Marx erstrebten Rationalität willen, den Widerspruch zwischen dem Gebrauchswert und dem Wert auf Kosten der Komplexität seiner Struktur auf den »wirklichen Gegensatz«.

Dies hat, vor allem bei Fulda, zur Konsequenz, dass die große Bedeutung, welche der Widerspruch zwischen dem Gebrauchswert und dem Wert in der ökonomisch-gesellschaftlichen Realität und im »Kapital« als deren gedanklichen Reproduktion besitzt, heruntergespielt wird.

Das Gemeinsame des Widerspruchs zwischen dem Gebrauchswert und dem Wert und dem vom jungen Marx kritisierten Hegelschen Widerspruch besteht darin, dass es sich bei beiden um die »Differenz innerhalb der Existenz« eines aus der menschlichen Arbeit bzw. dem absoluten Geist bestehenden »Wesens« handelt, welche zugleich den Charakter eines »wirklichen Gegensatzes« besitzt. Über dieser Gemeinsamkeit darf der wesentliche Unterschied, der zwischen dem einen und dem anderen Widerspruch besteht, nicht vergessen werden. Dieser Unterschied ist insofern in die Gemeinsamkeit eingeschlossen, als der Widerspruch zwischen dem Gebrauchswert und dem Wert auf eine von dem Widerspruch zwischen Natur und Geist verschiedene Weise die »Differenz innerhalb der Existenz eines Wesens« ist, die den Charakter eines »wirklichen Gegensatzes« besitzt. Im Unterschied zum Hegelschen Widerspruch liegt bei dem Widerspruch zwischen dem Gebrauchswert und dem Wert keine die mystisch-irrationale Vermischung der Extreme nach sich ziehende mystisch-irrationale Vermischung der »Differenz innerhalb der Existenz eines Wesens« mit dem »wirklichen Gegensatz« vor.

Nur wenn man sich um diese Gemeinsamkeit und um den in sie eingeschlossenen Unterschied bemüht, kann man erklären, warum einerseits der junge Marx zu Recht den Hegelschen Widerspruch kritisiert, andererseits der späte Marx im »Kapital« vom »Hegelschen Widerspruch« als der »Springquelle aller Dialektik« reden kann. Gerade weil die Kritik des jungen Marx am Hegelschen Widerspruch ihre Gültigkeit auch nicht für den späten Marx verloren hat, kommt der Gemeinsamkeit, die den Widerspruch zwischen dem Gebrauchswert und dem Wert mit dem Widerspruch zwischen Natur und Geist verbindet, eine große Bedeutung zu.

Wenn erklärt wird, wie der Widerspruch zwischen dem Gebrauchswert und dem Wert mit dem Widerspruch zwischen Natur und Geist zusammenhängt, und wenn erklärt wird, was sie hinsichtlich ihrer Grundlagen gemeinsam haben und was sie voneinander unterscheidet, dann wird auch erklärt, warum es möglich war, dass Hegel mit dem absoluten Geist als Lösungsbewegung des Widerspruchs zwischen Natur und endlichem Geist auf mystisch verdrehte, aber dennoch »in umfassender und bewußter Weise ... allgemeine Bewegungsformen« der Dialektik »dargestellt hat«,[69] die im Großen und Ganzen mit den Hegel unbewusst bleibenden Bewegungsformen des Kapitals als ebenso vielen Lösungsformen des Widerspruchs zwischen dem Gebrauchswert und dem Wert übereinstimmen.

Der im »Kapital« entwickelte Widerspruch zwischen dem Gebrauchswert und dem Wert soll mit dem von Marx in der »Kritik des Hegelschen Staatsrechts« behandelten »wirklichen Gegensatz« verglichen werden, indem folgende Fragen beantwortet werden:

- Handelt es sich bei dem Gebrauchswert und dem Wert der Ware um die »Differenz innerhalb der Existenz eines Wesens« oder um einen »wirklichen Gegensatz«?
- Ist die »Stellung der Extreme« eine gleiche oder hat eines der Extreme einen Vorrang vor dem anderen, so dass eins über das andere »übergreift«?
- Wenn es sich bei dem Widerspruch zwischen dem Gebrauchswert und dem Wert um die »Differenz innerhalb der Existenz eines Wesens« handelt, welche zugleich den Charakter eines »wirklichen Gegensatzes« besitzt – handelt es sich dann um die vom jungen Marx kritisierte mystisch-irrationale »Verwechslung« beider?
- Gibt es einen »Widerspruch der Erscheinung«, den Hegel »als Einheit im Wesen, in der Idee« fasst?
- Gibt es einen »wesentlichen Widerspruch«, der dem »Widerspruch der Erscheinung« zugrunde liegt?

11. Der dialektische Widerspruch und die Irrationalität der Wirklichkeit. Zur Kritik an L. Colletti

Die Kritik an Collettis Interpretation des von Marx im »Kapital« dargestellten dialektischen Widerspruchs zwischen dem Gebrauchswert und dem Wert ist im zweiten Kapitel von Teil 3 enthalten, worin es um die Ausgangssituation des Austauschs und den Warenfetisch geht. Unter dem Titel »Der Warenfetisch und der Widerspruch zwischen dem Gebrauchswert und dem Wert« wird der Zusammenhang behandelt, der für Colletti zwischen dem dialektischen Widerspruch und einer sich

[69] Das Kapital, MEW 23, a.a.O., S. 27.

in ihrer Irrationalität und Scheinhaftigkeit durch den »Waren- bzw. Geld-Fetischismus« auszeichnenden Realität des Kapitalverhältnisses gegeben ist.

Der »wirkliche Gegensatz« Kantscher Provenienz, der für Colletti ein »Gegensatz ohne Widerspruch« ist, existiert in einer Realität, die sich in ihrer Positivität dadurch auszeichnet, dass sie durch und durch rational ist und, frei von jeglichem Fetischismus, einer rational überprüfbaren Einsicht zugänglich ist. Mit dem »wirklichen Gegensatz« ist für Colletti aber der dialektische Widerspruch zwischen dem Gebrauchswert und dem Wert noch nicht in seiner ganzen Komplexität, d.h. noch nicht als ein Widerspruch erfasst, der Bewegungsformen gefunden hat, welche sich zugleich durch die Vermittlung der Extreme auszeichnen. Dieser dialektische Widerspruch, den Colletti einen »Gegensatz mit Widerspruch«[70] nennt, ist für ihn aus dem oben genannten Grund zwar komplexer als der »Gegensatz ohne Widerspruch«; da der dialektische Widerspruch bei Colletti aber untrennbar mit einem falsch verstandenen Warenfetisch verbunden ist, erschließt sich für ihn mit der größeren Komplexität des dialektischen Widerspruchs eine zweite Realität, die in ihrer Irrationalität durch den Fetischismus, die Entfremdung gekennzeichnet ist. Wie die Realitäten, so unterscheiden sich auch die jeweils in ihnen existierenden Gegensätze voneinander: Der als »Realopposition«, als »Realrepugnanz« gefasste »Gegensatz ohne Widerspruch« ist rational und erfüllt alle Anforderungen einer die »positive Realität« rational begreifenden Wissenschaft. Der als »Gegensatz mit Widerspruch« gefasste dialektische Widerspruch ist für Colletti irrational und erfüllt nur die unwissenschaftlichen Anforderungen einer sich mit der in ihrer Irrationalität uneigentlichen Realität auseinander setzenden »Erbauungsphilosophie, d.h. (kaum verschleierten) Religion«.[71]

Insofern sich hinter Collettis Unterscheidung zwischen dem »Gegensatz ohne Widerspruch« und dem »Gegensatz mit Widerspruch« die vom jungen Marx in der »Kritik des Hegelschen Staatsrechts« getroffene Unterscheidung zwischen dem »wirklichen Gegensatz« und dessen »Verwechslung mit der Differenz innerhalb der Existenz eines Wesens« verbirgt, gehört die Kritik an Colletti – wie aus den bereits oben gemachten Ausführungen ersichtlich ist – sachlich auch zu der in Teil 5 geübten Kritik an Fulda und Furth.

12. Zur Kritik an Kapital-Interpreten anhand eingeschobener Exkurse

Die vorliegende Untersuchung enthält also kritische Auseinandersetzungen mit wichtigen Kapital-Interpretationen nicht nur im Teil 5, sondern auch in entsprechenden Kapiteln und Exkursen, die sich in den Teilen befinden, in denen aus-

---

[70] L. Colletti, Marxismus und Dialektik, a.a.O., S. 5ff. und S. 32ff.
[71] Ebd., S. 39.

drücklich die ersten drei Kapitel des »Kapital« interpretiert werden. So enthält z.B. die Entwicklung der unterschiedlichen Wertformen (einfache zufällige, entfaltete und allgemeine Wertform) eine Kritik an dem bekannten Aufsatz von H.G. Backhaus. Dem Verhältnis zweier Waren zueinander unter der Hand das Verhältnis von Ware und Geld unterschiebend, erkennt Backhaus nicht, dass der Übergang von einer Ware zum Verhältnis zweier Waren als der Übergang vom Wert in die Wertform notwendig ist, insofern in dem Verhältnis der beiden Waren zueinander der der ersten Ware immanente Widerspruch zwischen dem Gebrauchswert und dem Wert dadurch gelöst wird, dass sich der Wert der ersten Ware im Gebrauchswert der zweiten Ware darstellt. Backhaus kommt daher zu dem falschen Schluss, im »Kapital« gäbe es »eine mangelhafte Vermittlung von Substanz und Form des Werts« bzw. einen »Bruch«, der »in der Entwicklung des Werts aufweisbar« sei, weil »der Übergang vom zweiten zum dritten Abschnitt des ersten Kapitels als *notwendiger* Übergang nicht mehr einsichtig«[72] sei.

13. Zu Teil 1 und zum Anhang

Zum Schluss dieser Einleitung sollen noch Bemerkungen zu Teil 1 gemacht werden. Wie dem oben vorgestellten Teil 5, so kommt auch dem Teil 1 innerhalb der vorliegenden Untersuchung eine im Folgenden deutlich werdende Sonderstellung zu.

Der Teil 1 ist den anderen Teilen vorangestellt worden, um auf Basis der Einsicht in die bürgerliche Gesellschaft soweit auf deren Unterschied zu nicht-bürgerlichen Gemeinwesen einzugehen, dass deutlich gemacht werden kann, warum es in letzteren keine Entgegensetzung bzw. keinen Widerspruch zwischen der konkret-nützlichen und der abstrakt-menschlichen Arbeit gibt. Hierzu ist es erforderlich zu zeigen, welche unterschiedliche Rolle jeweils die abstrakt-menschliche Arbeit in nicht-kapitalistischen bzw. vor-kapitalistischen und in kapitalistischen Gemeinwesen spielt. Im Zuge der proportionellen Verteilung der Gesamtarbeit auf die einzelnen konkret-nützlichen Arbeiten werden diese in einem nicht-kapitalistischen Gemeinwesen zwar auch als abstrakt-menschliche Arbeit aufeinander bezogen, aber ohne dass diese zu ihrer gesellschaftlich-allgemeinen Form wird bzw. ohne dass diese die Form ist, in der die Menschen unbewusst ihre konkret-nützlichen Arbeiten als gesellschaftlich verausgabte anerkennen. Für die nicht-kapitalistischen Gemeinwesen wird gezeigt, dass in ihnen aufgrund ihres der Arbeit vorausgesetzten naturwüchsigen gesellschaftlichen Zusammenhangs die einzelnen Arbeiten in der Form der konkret-nützlichen Arbeit auch ihre gesellschaftlich-allgemeine Form besitzen.

---

[72] Hans-Georg Backhaus, Dialektik der Wertform. Untersuchungen zur marxschen Ökonomiekritik, Freiburg 1997, S. 43.

Für das kapitalistische Gemeinwesen wird aus dem gesellschaftlichen Zusammenhang, soweit er aus dem Austausch der Arbeitsprodukte besteht, erklärt, warum die abstrakt-menschliche Arbeit die gesellschaftlich-allgemeine Form der einzelnen konkret-nützlichen Arbeiten ist. Hierdurch soll von vornherein die grundlegende Bedeutung herausgestellt werden, welche die »Gegenständlichkeit« des Werts für die eine der beiden Grundlagen des Widerspruchs zwischen dem Gebrauchswert und dem Wert besitzt, die aus der »gleichgültigen Selbständigen Existenz gegeneinander« besteht. Im Austausch werden die konkret-nützlichen Arbeiten in der gegenständlichen Form der Arbeitsprodukte gesellschaftlich so aufeinander bezogen, dass sie als Dinge einander gleichgesetzt werden, an denen nur noch zählt, dass überhaupt in ihnen Arbeit verausgabt wurde. Nur weil auf diese Weise die Arbeitsprodukte gesellschaftlich als Vergegenständlichungen der abstrakt-menschlichen Arbeit gleichgesetzt bzw. aufeinander bezogen werden, ist die letztere auch die gesellschaftlich-allgemeine Form aller einzelnen konkret-nützlichen Arbeiten.

In nicht-kapitalistischen Gemeinwesen werden die konkret-nützlichen Arbeiten zwar auch, nämlich im Zuge der proportionellen Verteilung der Gesamtarbeit, auf die einzelnen Arbeiten als abstrakt-menschliche aufeinander bezogen. Aufgrund des allgemein nicht vorherrschenden Austauschs gibt es aber keinen gesellschaftlichen Zusammenhang, worin durch die Gleichsetzung der Arbeitsprodukte so über den gesellschaftlich-allgemeinen Charakter der in ihnen steckenden konkret-nützlichen Arbeiten entschieden wird, dass die abstrakt-menschliche Arbeit die gesellschaftlich-allgemeine Form aller konkret-nützlichen Arbeiten ist. Die konkret-nützliche und die abstrakt-menschliche Arbeit gehören zwar als unterschiedliche Seiten der gesellschaftlichen Arbeit mit innerer Notwendigkeit zusammen, aber – aufgrund der bestimmten Gestalt des gesellschaftlichen Zusammenhangs, durch den die Arbeiten in ihrer konkret-nützlichen Gestalt gesellschaftlich anerkannt werden – verselbständigen sich die konkret-nützliche und die abstrakt-menschliche Arbeit nicht gleichzeitig gegeneinander.

Daher kann es im nicht-kapitalistischen Gemeinwesen keine Entgegensetzung bzw. keinen Widerspruch zwischen der konkret-nützlichen und der abstrakt-menschlichen Arbeit geben. Nur in der bürgerlichen Gesellschaft herrscht der Austausch bzw. die Warenzirkulation allgemein vor, so dass der Wert die historisch-spezifische Art und Weise ist, den gesellschaftlich-allgemeinen Charakter der konkret-nützlichen Arbeiten auszudrücken. Demzufolge kann es auch nur für die bürgerliche Gesellschaft gelten, dass »*dieselbe* Arbeit verschieden und selbst *entgegengesetzt* (Hervorhebung – D. W.) bestimmt ist, je nachdem sie auf den *Gebrauchswerth* der Waare als ihr *Produkt* oder auf den *Waaren-Werth* als ihren bloß *gegenständlichen* Ausdruck bezogen wird.«[73]

---

[73] Das Kapital, 1. Auflage, MEGA II/5, a.a.O., S. 26f.

Im Zuge der Auseinandersetzung mit den nicht-kapitalistischen und kapitalistischen Gemeinwesen, die geführt wird, um herauszustellen, welche unterschiedliche Rolle jeweils die abstrakt-menschliche Arbeit spielt, wird man auch vor das Problem der unmittelbaren Gesellschaftlichkeit der Arbeit im nicht-kapitalistischen Gemeinwesen und der vermittelten Gesellschaftlichkeit in einem kapitalistischen Gemeinwesen gestellt. Wie die Verselbständigung von Wert und Gebrauchswert gegeneinander als die eine der beiden Bestimmungen, welche die Grundlage des Widerspruchs ausmachen, so kann auch die vermittelte Gesellschaftlichkeit der Arbeit nur daraus erklärt werden, dass der Wert etwas »Gegenständliches«, nämlich die »Vergegenständlichung der abstrakt-menschlichen« und in »dieser Form gesellschaftlich-allgemeinen Arbeit« ist. Ohne seinen gesellschaftlichen Charakter zu verlieren, existiert der Wert z.B. handgreiflich-sinnlich im Geld in der Gestalt eines bestimmten Arbeitsproduktes.[74]

Was auf Basis der Einsicht in die Grundlage und die Bewegungsform des Widerspruchs zwischen dem Gebrauchswert und dem Wert über die vermittelte Gesellschaftlichkeit der Arbeit auszumachen ist, wird im Anhang der vorliegenden Untersuchung anhand einer kritischen Auseinandersetzung mit Michael Theunissen und Ernst Michael Lange behandelt. Beide unternehmen den kläglich gescheiterten Versuch, Marx' »Kapital« aus den Angeln zu heben, indem sie behaupten, Marx habe aufgrund seiner mehr oder weniger offensichtlichen Orientierung an der Feuerbachschen »Unmittelbarkeit« ein völlig unzureichendes, einseitig ablehnendes Verständnis von gesellschaftlicher Vermittlung bzw. vermittelter Gesellschaftlichkeit der Arbeit gehabt.

[74] Siehe: Anhang zu dieser Untersuchung.

Teil 1
Zur gesellschaftlichen Bedeutung der abstrakt-menschlichen Arbeit in nicht-kapitalistischen und in kapitalistischen Gemeinwesen

Kapitel 1
Zur gesellschaftlichen Bedeutung der abstrakt-menschlichen Arbeit in allen Gemeinwesen, unabhängig von ihrer historischen Form

1. Vorbemerkung

Von der Warenproduktion und Warenzirkulation sagt Marx in einer Fußnote im »Kapital«: Sie »sind ... Phänomene, die den verschiedensten Produktionsweisen angehören, wenn auch in verschiednem Umfang und Tragweite. Man weiß also noch nichts von der differentia spezifica dieser Produktionsweisen und kann sie daher nicht beurteilen, wenn man nur die ihnen gemeinschaftlichen, abstrakten Kategorien der Warenzirkulation kennt.«[1] Während die Warenzirkulation in einem kapitalistischen Gemeinwesen allgemein vorherrscht, insofern *alle* Arbeitsprodukte Warenform angenommen haben, weil die Arbeitskraft selbst zur Ware geworden ist, werden in einem nicht-kapitalistischen Gemeinwesen nur eine mehr oder weniger große Anzahl von überschüssigen Arbeitsprodukten in Waren verwandelt.

Im Austausch werden die Arbeitsprodukte als Vergegenständlichungen abstrakt-menschlicher und in dieser Form gesellschaftlich-allgemeiner Arbeit, d.h. als Werte gleichgesetzt. Inwiefern es sich beim Wert um ein historisch-gesellschaftliches Verhältnis handelt, zeigt sich auf dreifache Weise:

1. Der Wert existiert in kapitalistischen und in manchen nicht-kapitalistischen Gemeinwesen, wie z.B. in den antiken Gemeinwesen der Griechen und Römer. Er existiert aber *nicht* in *allen* Gemeinwesen, z.B. nicht in einem »urkommunistischen Gemeinwesen« oder in dem von Marx aus Illustrationszwecken grob skizzierten »Verein freier Menschen«.

2. In nicht-kapitalistischen Gemeinwesen, in denen es eine Warenzirkulation gibt, existieren weder der Wert noch das Geld noch solche Formen des Kapitals wie das Handels- und Wucherkapital als Formen, die die ganzen ökonomisch-gesellschaftlichen Verhältnisse durchdringen und sie in ihrer historischen Spezifik

[1] Das Kapital, MEW 23, a.a.O., S. 128, Fn. 73.

kennzeichnen. Den Wert und seine von ihm verschiedenen Formen gibt es innerhalb einer Warenzirkulation, die neben ökonomisch-gesellschaftlichen Verhältnissen vorkommt, die auf persönlicher Herrschaft und Knechtschaft beruhen und vom Wert völlig unberührt sind.

Auch wenn die Warenzirkulation für sich genommen ein historisch-spezifisches Verhältnis ist, so kann mit ihr doch niemals die Darstellung eines nicht-kapitalistischen Gemeinwesens beginnen, weil dieses überhaupt nicht durch die Warenzirkulation in seiner historischen Spezifik zu erfassen ist. Mit der Feststellung, dass der Wert in nicht-kapitalistischen Gemeinwesen existiert, ist also keine, den Wert in eine ahistorisch gültige Kategorie verwandelnde Übertragung kapitalistischer auf nicht-kapitalistische Verhältnisse verbunden.

3. Herrscht die Warenzirkulation, wie dies für die bürgerliche Gesellschaft zutrifft, allgemein vor, dann heißt dies: Es liegen vollständig vom Wert durchdrungene, d.h. ausnahmslos in Formen des Werts erscheinende ökonomisch-gesellschaftliche Verhältnisse vor. Obwohl auch ein kapitalistisches Gemeinwesen mit dem Wert und seinen in der Warenzirkulation erscheinenden Formen noch längst nicht in seiner historisch-spezifischen Form erfasst ist, fängt aber dennoch dessen Darstellung mit der Warenzirkulation an: Die ökonomisch-gesellschaftlichen Verhältnisse, die der Warenzirkulation zugrunde liegen, sind in ihrer historischen Spezifik durch das Kapital und damit durch solche Formen des Werts gekennzeichnet, in denen sich die in der Warenzirkulation vorhandenen Formen des Werts *weiterentwickelt* haben.

Wenn der Wert der Waren keine ahistorisch gültige Kategorie ist und er auch nicht in allen Gesellschaftsformationen existiert hat, so ist damit nicht ausgeschlossen, dass es bei ihm immer auch um etwas geht, das allen Gesellschaftsformationen gemeinsam ist: Der Wert ist »nur eine bestimmte historische Form von *etwas*, was in *allen* Gesellschaftsformen existiert«[2] (Hervorhebungen – D. W.). Bei diesem »etwas« handelt es sich um die »*Verteilung* der gesellschaftlichen Arbeit in bestimmten Proportionen«,[3] d.h. um die Verteilung der einer Gesellschaft insgesamt zur Verfügung stehenden Arbeitszeit auf die einzelnen konkret-nützlichen Arbeiten. Diese Verteilung wird stets in einem historisch bestimmten gesellschaftlichen Zusammenhang vollzogen, der zugleich über die gesellschaftliche Anerkennung der einzelnen Arbeiten, d.h. über deren historisch-spezifische Form entscheidet. Die »*Notwendigkeit* der *Verteilung«* als »etwas«, das allen Gesellschaftsformationen unabhängig von ihrer historischen Form gemeinsam ist, kann »nicht durch die *bestimmte Form* der gesellschaftlichen Produktion aufgehoben, sondern

[2] Karl Marx, Randglossen zu Adolph Wagners »Lehrbuch der politischen Ökonomie«, in: MEW, Bd. 19, Berlin 1961, S. 375f. (im Folgenden zitiert als: Randglossen, MEW 19)

[3] Brief von Karl Marx an Ludwig Kugelmann, 11. Juli 1868, in: MEW, Bd. 32, S. 552 (im Folgenden zitiert als: Brief an Ludwig Kugelmann, MEW 32).

nur *ihre Erscheinungsweise* ändern. ... Was sich in historisch verschiednen Zuständen ändern kann, ist nur die *Form*, worin jene Gesetze sich durchsetzen. Und die Form, worin sich diese proportionelle Verteilung der Arbeit durchsetzt in einem Gesellschaftszustand, worin der Zusammenhang der gesellschaftlichen Arbeit sich als *Privataustausch* der individuellen Arbeitsprodukte geltend macht, ist eben der *Tauschwert* dieser Produkte.«[4]

In welchem gesellschaftlichen Zusammenhang sich auch immer die proportionelle Verteilung der Arbeit durchsetzt, so fällt es nicht schwer zu erkennen, dass die Menschen zu allen Zeiten verschiedene konkret-nützliche Arbeiten verausgaben mussten, die sich in den unterschiedlichen Gebrauchswerten als ebenso vielen Stücken umgeformter Natur vergegenständlichten, die der Befriedigung einzelner Bedürfnisse dienten. Das »Dasein von Rock, Leinwand, jedem nicht von Natur vorhandnen Element des stofflichen Reichtums, mußte immer vermittelt sein durch eine spezielle, zweckmäßige produktive Tätigkeit, die besondere Naturstoffe besondren menschlichen Bedürfnissen assimiliert. Als Bildnerin von Gebrauchswerten, als nützliche Arbeit, ist die Arbeit daher eine *von allen Gesellschaftsformen unabhängige* Existenzbedingung des Menschen, *ewige Naturnotwendigkeit*, um den Stoffwechsel zwischen Mensch und Natur, also das menschliche Leben zu vermitteln.«[5] (Hervorhebungen – D. W.)

Im Unterschied zu dieser leicht nachvollziehbaren Charakterisierung der konkret-nützlichen Arbeit scheint es nicht mehr so leicht zu sein zu erkennen, ob und in welcher Weise es in jedem Gemeinwesen um die abstrakt-menschliche Arbeit geht, in der von der konkreten Nützlichkeit und damit von der Verschiedenheit der einzelnen Arbeiten abstrahiert worden ist. Gibt es in dem gesellschaftlichen Zusammenhang, worin die Menschen ihre konkret-nützlichen Arbeiten verausgaben einen Vorgang, in welchem die letzteren unter Abstraktion von ihrem konkret-nützlichen Charakter auch als menschliche, d.h. als abstrakt-allgemeine aufeinander bezogen werden? Diesen Vorgang gibt es. Er besteht aus der bereits angeführten Verteilung der gesellschaftlichen Arbeit in bestimmten Proportionen, wie sie allen Gesellschaftsformationen gemeinsam ist. Wenn aus dieser Verteilung erklärt werden kann, warum die konkret-nützlichen Arbeiten auch als abstrakt-menschliche aufeinander bezogen werden, dann handelt es sich auch um einen ahistorischen allen Gemeinwesen zukommenden Sachverhalt. So wie die in jedem gesellschaftlichen Zusammenhang sich durchsetzende Verteilung der gesellschaftlichen Arbeit in bestimmten Proportionen von der historisch-spezifischen Form des gesellschaftlichen Zusammenhangs zu unterscheiden ist, worin sie sich durchsetzt, so ist auch die Beziehung der konkret-nützlichen Arbeiten als abstrakt-menschliche aufeinander von ihrem gesellschaftlich-allgemeinen Charakter, d.h. von ihrer durch die

---

[4] Ebd., S. 552f.

[5] Das Kapital, MEW 23, a.a.O., S. 57.

historisch-spezifische Form des gesellschaftlichen Zusammenhangs bestimmten historisch-spezifischen Form zu unterscheiden.

Wenn also die Beziehung der konkret-nützlichen Arbeiten als abstrakt-menschliche aufeinander eine gesellschaftliche Bestimmung ist, insofern sie auf eine noch zu erklärende Weise in die proportionelle Verteilung der einem Gemeinwesen insgesamt zur Verfügung stehenden Arbeit eingeschlossen ist, so ist sie von der gesellschaftlichen Bestimmung der konkret-nützlichen Arbeiten zu unterscheiden, welche mit deren historisch-spezifischen Form, d.h. mit der Form gegeben ist, in der die Menschen sie sich, wie z.B. in kapitalistischen und vor-kapitalistischen Gemeinwesen, auf eine ihnen unbewusste Weise wechselseitig als gesellschaftlich verausgabte anerkennen. Wenn im Folgenden vom gesellschaftlich-allgemeinen Charakter, von der gesellschaftlichen Allgemeinheit der einzelnen konkret-nützlichen Arbeiten die Rede ist, dann ist stets ihre historisch-spezifische gesellschaftliche Form gemeint.

Mit der gesellschaftlichen Rolle, welche die abstrakt-menschliche Arbeit aufgrund der proportionellen Verteilung der Gesamtarbeit spielt, ist also noch nichts über den gesellschaftlich-allgemeinen Charakter der einzelnen Arbeiten, d.h. über deren historisch-spezifische Form ausgesagt, die sich in demselben gesellschaftlichen Zusammenhang herstellt, in dem sich jene proportionelle Verteilung der Gesamtarbeit vollzieht. So werden in einem nicht-kapitalistischen Gemeinwesen die konkret-nützlichen Arbeiten im Zuge der proportionellen Verteilung der Gesamtarbeit zwar auch als abstrakt-menschliche aufeinander bezogen, ihr gesellschaftlich-allgemeiner Charakter besteht aber gerade nicht aus der abstrakt-menschlichen, sondern auf eine aus der Natur des gesellschaftlichen Zusammenhangs zu erklärenden Weise aus der konkret-nützlichen Arbeit. Wie in den nicht-kapitalistischen Gemeinwesen so werden auch in einem kapitalistischen Gemeinwesen die konkret-nützlichen Arbeiten in der proportionellen Verteilung der Gesamtarbeit als abstrakt-menschliche aufeinander bezogen. Da der gesellschaftliche Zusammenhang, worin sich die proportionelle Verteilung der Gesamtarbeit durchsetzt, aus dem Austausch der Arbeitsprodukte besteht, hat er eine solche Gestalt, dass die Beziehung der einzelnen Arbeiten als abstrakt-menschliche aufeinander deren historisch-spezifische Form ausmacht. Hierbei handelt es sich aber um eine *außergewöhnliche* gesellschaftliche Rolle, welche die abstrakt-menschliche Arbeit nur in einem *einzigen* Gesellschaftszustand spielt. Wenn die einzelnen Arbeiten im Zuge der proportionellen Verteilung der Gesamtarbeit in allen Gesellschaftszuständen als abstrakt-menschliche aufeinander bezogen werden, dann ist dies davon unterschieden, dass diese Beziehung selbst in einem kapitalistischen Gemeinwesen als die spezifisch-gesellschaftliche Form der Arbeiten gilt: »In jeder gesellschaftlichen Arbeitsform sind die Arbeiten der verschiednen Individuen auch als menschliche aufeinander bezogen (Dies ist der Fall, insofern unabhängig von seiner historisch-spezifischen Form sich in jedem gesellschaftlichen Zustand die proportionelle Verteilung der Gesamtarbeit vollzieht – D. W.), aber hier (in der Warenzirkulation – D. W.) gilt diese *Beziehung selbst* als die *spezifisch gesellschaftliche Form* der Arbeiten.«[6]

Im Verlaufe dieser Untersuchung wird noch ausführlich dargelegt, inwiefern der Wert die Vergegenständlichung der abstrakt-menschlichen, auf die bloße Verausgabung menschlicher Arbeitskraft reduzierte Arbeit ist. Im Austausch werden die Arbeitsprodukte unter Abstraktion von dem, was sie als Gebrauchswerte sind, als Vergegenständlichungen der abstrakt-menschlichen Arbeit aufeinander bezogen. Als untereinander gleiche Vergegenständlichungen der abstrakt-menschlichen Arbeit sind die Arbeitsprodukte Werte. Die Arbeitsprodukte, die in der Hinsicht gleichgesetzt werden, in der sie Werte sind und in der Hinsicht ungleich gesetzt werden, in der sie Gebrauchswerte sind, sind die *Waren*.

Oben wurde gesagt, dass in nicht- bzw. vor-kapitalistischen Gemeinwesen die einzelnen Arbeiten ihre gesellschaftlich-allgemeine Form als konkret-nützliche, d.h. in der Form besitzen, in der sie unmittelbar verausgabt werden. Was hierunter zu verstehen ist, wird später noch verdeutlicht. Um keine Missverständnisse aufkommen zu lassen, sei hier nur Folgendes vorausgeschickt: Die konkret-nützlichen Arbeiten besitzen diesen gesellschaftlich-allgemeinen Charakter nicht deswegen, weil er ihnen etwa von Hause aus zukäme; vielmehr erhalten sie diese Form erst durch einen bestimmten, ihnen vorausgesetzten gesellschaftlichen Zusammenhang. Dieser ist die Bedingung dafür, dass die einzelnen Arbeiten in der nicht von ihnen verschiedenen Form, in der sie als konkret-nützliche verausgabt werden, auch ihre gesellschaftlich-allgemeine, d.h. in diesem Fall ihre unmittelbar gesellschaftliche Form besitzen.

Nur weil die Arbeitsprodukte im Austausch als Vergegenständlichungen der abstrakt-menschlichen Arbeit gleichgesetzt werden, ist diese die gesellschaftlich-allgemeine bzw. die historisch-gesellschaftliche Form der einzelnen konkret-nützlichen Arbeiten. Dass die abstrakt-menschliche Arbeit die spezifisch-historische Form der konkret-nützlichen Arbeiten ist, ist also von der mit dem Austausch der Arbeitsprodukte gegebenen *Gegenständlichkeit* nicht zu trennen. Wenn die Arbeitsprodukte im Austausch untereinander als Werte bzw. als Vergegenständlichungen der abstrakt-menschlichen Arbeit gleich sind, dann heißt das: Die in den Arbeitsprodukten verausgabten konkret-nützlichen Arbeiten besitzen den gesellschaftlich-allgemeinen Charakter in der von ihnen verschiedenen Form der abstrakt-menschlichen Arbeit. Als »gesellschaftliche Substanz« des Werts spielt die abstrakt-menschliche Arbeit in der bürgerlichen Gesellschaft die außergewöhnliche Rolle der gesellschaftlich-allgemeinen Form der einzelnen konkret-nützlichen Arbeiten.

In jeder Gesellschaftsformation geht es um die Lösung des Problems, die einzelnen Arbeiten als gesellschaftlich-allgemeine zu setzen bzw. um die Herstellung

[6] Das Kapital, 1. Auflage, MEGA II/5, a.a.O., S. 41.

der gesellschaftlich-allgemeinen Form, in der die einzelnen Arbeiten als gesellschaftlich verausgabte zählen. Wenn in allen vor-kapitalistischen Gemeinwesen und in einem nach-kapitalistischen Gemeinwesen, wie dem »Verein freier Menschen«, die abstrakt-menschliche Arbeit zwar auch eine aus der proportionellen Verteilung der Gesamtarbeit auf die einzelnen Arbeiten hervorgehende gesellschaftliche Rolle spielt, so ist aber der gesellschaftliche Zusammenhang jeweils so strukturiert, dass die einzelnen Arbeiten auch in der konkret-nützlichen Form, in der sie verausgabt werden, gesellschaftlich-allgemeine sind. In diesen Gemeinwesen kann es auch keinen Widerspruch zwischen den unterschiedlichen Seiten der gesellschaftlichen Arbeit geben, d.h. zum einen keinen Widerspruch zwischen der Arbeit als konkret-nützlicher und der Arbeit als gesellschaftlich-allgemeiner, zum anderen keinen Widerspruch zwischen der Arbeit als konkret-nützlicher und als abstrakt-menschlicher.

Nun soll es, was im Folgenden untersucht wird, in dem kapitalistischen Gemeinwesen einen Widerspruch zwischen den unterschiedlichen Seiten der gesellschaftlichen Arbeit, d.h. zwischen der Arbeit als konkret-nützlicher und der Arbeit als abstrakt-menschlicher und in dieser Form gesellschaftlich-allgemeiner geben. Für die oben angeführten nicht-kapitalistischen Gemeinwesen gilt zweierlei:

1. In ihnen gibt es keinen Widerspruch zwischen den einzelnen Arbeiten als konkret-nützlichen und als gesellschaftlich-allgemeinen, weil sich die Arbeiten dank eines bestimmten gesellschaftlichen Zusammenhangs in der einen und der anderen Form nicht voneinander unterscheiden. Gleichwohl gibt es einen Widerspruch zwischen dem gesellschaftlichen Zusammenhang selbst und den einzelnen konkret-nützlichen Arbeiten, d.h. einen Widerspruch zwischen Produktivkräften und den Produktionsverhältnissen.

2. Zwischen den konkret-nützlichen Arbeiten und der abstrakt-menschlichen Arbeit kann es auch keinen Widerspruch geben, weil letztere nur ein in die proportionelle Verteilung der Gesamtarbeit eingeschlossenes Moment ist, das für sich nichts mit der Entscheidung über den gesellschaftlich-allgemeinen Charakter der einzelnen Arbeiten zu tun hat.

Im Austausch der Arbeitsprodukte als der abstrakten Sphäre der bürgerlichen Gesamtreproduktion fallen die proportionelle Verteilung der Gesamtarbeit und die damit einhergehende Beziehung der einzelnen Arbeiten als abstrakt-menschliche aufeinander und die Herstellung des gesellschaftlich-allgemeinen Charakters der einzelnen Arbeiten in der gesellschaftlichen Beziehung der Arbeitsprodukte aufeinander zusammen. Daher wird die abstrakt-menschliche Arbeit aufgrund der Gleichheit der Arbeitsprodukte als deren Vergegenständlichungen zur gesellschaftlich-allgemeinen Form der einzelnen Arbeiten. Indem also in einem kapitalistischen Gemeinwesen die abstrakt-menschliche Arbeit zur gesellschaftlich-allgemeinen Form der konkret-nützlichen Arbeiten geworden ist, ist die Form, in der die einzelnen Arbeiten als konkret-nützliche verausgabt werden, und die Form, in der sie gesellschaftlich-allgemeine sind, voneinander *verschieden*. Bei dieser Verschiedenheit geht es nicht einfach darum, dass die konkret-nützliche Arbeit im Sinne einer allgemeinen Eigenschaft zugleich abstrakt-menschliche Arbeit ist; vielmehr ist in dieser Verschiedenheit die Verschiedenheit der ungesellschaftlich-stofflichen Seite der Arbeit von der unstofflich-gesellschaftlichen Seite der Arbeit eingeschlossen. Ähnlich verhält es sich zwar auch in nicht-kapitalistischen Gemeinwesen hinsichtlich der Verschiedenheit von konkret-nützlicher und abstrakt-menschlicher Arbeit, sofern diese als in die proportionelle Verteilung der Gesamtarbeit eingeschlossenes Moment eine gesellschaftliche Rolle spielt; da diese aber gerade nicht darin besteht, die gesellschaftlich-allgemeine Form der konkret-nützlichen Arbeiten zu sein, geht in die Verschiedenheit von konkret-nützlicher und abstrakt-menschlicher Arbeit auch nicht die Verschiedenheit von konkret-nützlicher Arbeit und gesellschaftlich-allgemeiner Form der Arbeit ein. Da diese Verschiedenheit aber in einem kapitalistischen Gemeinwesen in die Verschiedenheit von konkret-nützlicher und abstrakt-menschlicher Arbeit eingeht, handelt es sich bei ihr auch um eine Verschiedenheit, die so außergewöhnlich ist, wie die gesellschaftliche Rolle, welche die abstrakt-menschliche Arbeit als gesellschaftlich-allgemeine Form der einzelnen Arbeiten spielt.

Diese außergewöhnliche Rolle spielt die abstrakt-menschliche Arbeit in einem kapitalistischen Gemeinwesen nur, weil sie die »gesellschaftliche Substanz« des Werts ist, der als gegenständlicher Ausdruck der abstrakt-menschlichen Arbeit bestimmt ist. Da der Wert die Vergegenständlichung der abstrakt-menschlichen Arbeit ist oder umgekehrt, die abstrakt-menschliche Arbeit gegenständlich im Wert ausgedrückt ist, schließt die Verschiedenheit von konkret-nützlicher und abstrakt-menschlicher Arbeit die Verschiedenheit von ungesellschaftlicher Nützlichkeit und gesellschaftlicher Allgemeinheit der Arbeit ein.

So wie für diese Verschiedenheit der Wert in seiner *»Gegenständlichkeit«* verantwortlich ist, soll diese auch nach Marx die Bedingung sein für den Gegensatz, den Widerspruch zwischen der konkret-nützlichen und der abstrakt-menschlichen Arbeit. »*Dieselbe* Arbeit (ist) verschieden und selbst *entgegengesetzt* (Hervorhebung – D. W.) bestimmt ..., je nachdem sie auf den *Gebrauchswerth* der Waare als ihr *Produkt* oder auf den *Waaren-Werth* als ihren bloß *gegenständlichen* Ausdruck bezogen wird.«[7] Dieser Satz ist als Behauptung zu verstehen, die in dieser Untersuchung durch eine Interpretation des »Kapital« bewiesen werden soll.

Da die abstrakt-menschliche Arbeit ihre außergewöhnliche Rolle der gesellschaftlichen Form der einzelnen Arbeiten nur als »gesellschaftliche Substanz« des Werts spielt und dieser die Vergegenständlichung bzw. der gegenständliche Ausdruck der abstrakt-menschlichen Arbeit ist, geht es bei dem Widerspruch zwischen der konkret-nützlichen und der abstrakt-menschlichen Arbeit um den Widerspruch zwi-

---

[7] Ebd., S. 26f.

schen dem Gebrauchswert und dem Wert. Der Gebrauchswert ist die Vergegenständlichung der konkret-nützlichen und der Wert die Vergegenständlichung der abstrakt-menschlichen und in dieser Form gesellschaftlich-allgemeinen Arbeit. Daher geht es bei dem Widerspruch zwischen dem Gebrauchswert und dem Wert zugleich um den Widerspruch zwischen der konkret-nützlichen und der abstrakt-menschlichen Arbeit.

Der Widerspruch zwischen dem Gebrauchswert und dem Wert als Widerspruch zwischen der konkret-nützlichen und der abstrakt-menschlichen Arbeit, welche unterschiedliche Seiten ein und derselben Arbeit sind, soll in dieser Untersuchung aus dem erklärt werden, was Marx in den »Grundrissen« seine *Grundlagen* nennt: »*Die innre Notwendigkeit des Zusammengehörigen;* und seine *gleichgültige Selbständige Existenz gegeneinander* schon Grundlage von Widersprüchen«[8] (Hervorhebungen – D. W.). Im Austausch der Arbeitsprodukte wie in jedem anderen gesellschaftlichen Zusammenhang wird das Problem gelöst, die einzelnen konkret-nützlichen Arbeiten als gesellschaftlich-allgemeine zu setzen. Es zeigt sich daher, dass die Schwierigkeit nicht so sehr darin bestehen wird zu beweisen, dass und in welcher Weise die konkret-nützliche Arbeit und die aus ihrer gesellschaftlich-allgemeinen Form bestehende abstrakt-menschliche Arbeit mit »innrer Notwendigkeit zusammengehören«, sondern vielmehr darin zu beweisen, dass und in welcher Weise sie gleichgültig selbständig gegeneinander existieren. Die Verschiedenheit von konkret-nützlicher und abstrakt-menschlicher Arbeit beruht auf der außergewöhnlichen Rolle, die die abstrakt-menschliche Arbeit als gesellschaftlich-allgemeine Form der einzelnen konkret-nützlichen Arbeiten spielt, und diese Rolle wiederum beruht darauf, dass die abstrakt-menschliche Arbeit die »gesellschaftliche Substanz« des Werts ist. Damit kündigt sich an, dass der Wert in seiner Gegenständlichkeit, d.h. der Wert als *Vergegenständlichung* der abstrakt-menschlichen Arbeit die Bedingung für die gleichgültige selbständige Existenz von Gebrauchswert und Wert, von konkret-nützlicher und abstrakt-menschlicher Arbeit gegeneinander ist.

Das Begreifen des *Widerspruchs* zwischen dem Gebrauchswert und dem Wert der Ware steht und fällt mit der Einsicht in den Wert als die *Vergegenständlichung der abstrakt-menschlichen* und in dieser Form *gesellschaftlich-allgemeinen* Arbeit.

Wird dieser Widerspruch gelöst, sei es, dass sich der Wert einer Ware im Gebrauchswert einer anderen Ware darstellt, oder sei es, dass der Austausch insgesamt eine Verdopplung der Waren in Waren und Geld produziert, jedes Mal existiert die abstrakt-menschliche Arbeit dem gesellschaftlichen Verhältnis der Sachen zueinander entsprechend als eine besondere Sache neben den anderen verschiedenen besonderen Sachen: »Es ist als ob neben und außer Löwen, Tigern, Hasen und allen andern wirklichen Thieren, die gruppirt die verschiednen Geschlechter, Ar-

[8] Karl Marx, Grundrisse, a.a.O., S. 318.

ten, Unterarten, Familien u.s.w. des Thierreichs bilden, auch noch das *Thier* existirte, die individuelle Incarnation des ganzen Thierreichs. Ein solches Einzelne, das in sich selbst alle wirklich vorhandenen Arten derselben Sache einbegreift, ist ein *Allgemeines,* wie *Thier, Gott* u.s.w.«[9]

Die abstrakt-menschliche Arbeit soll zunächst auf *drei unterschiedlichen Abstraktionsstufen* untersucht werden, um die Rolle, welche sie in der bürgerlichen Gesellschaft spielt, als eine *außergewöhnliche* besser verstehen zu können:

1. Die nicht-kapitalistischen und kapitalistischen Gemeinwesen sind stets gesellschaftliche Verhältnisse in einer *historisch-spezifischen Form.*

2. Unter Abstraktion von dieser historisch-spezifischen Form reduzieren sich die gesellschaftlichen Verhältnisse darauf, dass ihnen allen gemeinsam ist, dass sich die Menschen zueinander und zur Natur verhalten und dabei die proportionelle Verteilung der ihnen insgesamt zur Verfügung stehenden Gesamtarbeit auf die einzelnen Arbeiten vornehmen, ob ihnen dies bewusst ist oder nicht.

3. Abstrahiert man auch noch von dem »gesellschaftlichen Zusammenhang«, worin die Menschen sich in ihren unterschiedlichen Arbeiten praktisch mit der Natur auseinander setzen, dann bleiben nur noch die unterschiedlichen konkret-nützlichen Arbeiten übrig, die in der abstrakt-menschlichen Arbeit eine *allgemeine Eigenschaft* besitzen, die von einem Betrachter gedanklich wiedergegeben werden kann.

In den folgenden Ausführungen wird zuerst auf Punkt 3, dann auf Punkt 2 eingegangen, während der Punkt 1 erst im 2. Kapitel behandelt wird.

2. Die abstrakt-menschliche Arbeit als allgemeine Eigenschaft der konkret-nützlichen Arbeiten

Zunächst sei erläutert, in welcher Weise es auf der oben als dritte aufgeführten Abstraktionsstufe um die abstrakt-menschliche Arbeit geht. Es wird von den konkret-nützlichen Arbeiten ausgegangen, wobei von dem gesellschaftlichen Zusammenhang abstrahiert wird.

Es soll nur darauf ankommen, in der konkret-nützlichen Arbeit einen Umformierungsprozess der Natur zu sehen, der sich in einem Stück geformter Materie vergegenständlicht. Es wird von jeder weiteren Bedeutung abstrahiert, die der Stoffwechselprozess zwischen Mensch und Natur auch dann für die Entwicklungsgeschichte der Menschheit besitzt, wenn man auf das abhebt, was in jenem Prozess allen Gesellschaftszuständen gemeinsam ist. Es soll bei der konkret-nützlichen Arbeit also noch nicht einmal darum gehen, dass sich – wie Marx dies im fünften Kapitel des »Kapital« tut – allgemein feststellen lässt, der Mensch verändere mit

---

[9] Das Kapital, 1. Auflage, MEGA II/5, a.a.O., S. 37.

der ihn umgebenden äußeren Natur auch seine eigene Natur. Was Marx in diesem Sinne über die Arbeit als einem ahistorisch gültigen Prozess zwischen Mensch und Natur sagt, dreht sich auf die entsprechend abstrakt-allgemeine Weise um die Selbsterzeugung des Menschen durch die Arbeit.[10] Unter Abstraktion sowohl von der historisch-spezifischen Form der gesellschaftlichen Verhältnisse als auch von dieser Selbsterzeugung des Menschen durch Arbeit soll sich die Bedeutung der konkret-nützlichen Arbeit zunächst auf den »Bildungsprozess von Gebrauchswerten« beschränken, durch deren Verzehr sich der Mensch als bloßen Naturorganismus am Leben erhält.

In den einzelnen Arbeiten formen die Menschen die Natur zwecks der Befriedigung ihrer unterschiedlichen Bedürfnisse um, so dass sich die einzelnen Arbeiten selbst in ihrer konkreten Nützlichkeit voneinander unterscheiden. Wenn man nun von der Ursache für die Verschiedenheit der einzelnen Arbeiten, d.h. wenn man von ihrer konkreten Nützlichkeit absieht, dann reduzieren sie sich auf das ihnen gemeinsame, bloße Verausgabungen menschlicher Arbeitskraft schlechthin bzw. abstrakt-menschliche Arbeit zu sein. Dies kann als eine von ihrer konkreten Nützlichkeit verschiedene *gemeinsame allgemeine Eigenschaft* der einzelnen Arbeiten bezeichnet werden. Diese Eigenschaft existiert reell, obgleich sie natürlich nicht selbst an den einzelnen konkret-nützlichen Arbeiten erscheint. Der Betrachter, der diese miteinander vergleicht, kann von ihrer konkreten Nützlichkeit abstrahieren und den Begriff der abstrakt-menschlichen Arbeit bilden. Mittels der von diesem Betrachter vorgenommenen Abstraktion wird ideell nur das festgehalten, was unabhängig von dem Betrachter bereits in der Wirklichkeit existiert. Die Arbeiten werden nicht erst durch den ideellen Abstraktionsvorgang zur abstrakt-menschlichen Arbeit. Vielmehr wird von zwei Eigenschaften, welche die Arbeiten besitzen, die eine unter Abstraktion von der anderen gedanklich fixiert. Wird in diesem Sinne, d.h. im Wege einer im Denken vorgenommenen Abstraktion der Begriff der abstrakt-menschlichen Arbeit gebildet, dann handelt es sich auch lediglich um eine gedankliche Wiedergabe, die von der abstrakt-menschlichen Arbeit selbst als der reell existierenden allgemeinen Eigenschaft der einzelnen Arbeiten zu unterscheiden ist.

Es soll hier nur auf die *Begriffsbildung* im Sinne der gedanklichen Reproduktion einer verschiedenen Vorgängen bzw. Dingen *gemeinsamen* und insofern *allgemeinen* Eigenschaft abgehoben werden. Um dies deutlich zu machen, sei eine Anzahl einzelner voneinander verschiedener Stühle betrachtet: Die Eigenschaft, Stuhl zu sein, kann man als die ihnen gemeinsame allgemeine Eigenschaft gedanklich festhalten. Hierbei trägt man dem reellen Sachverhalt Rechnung, dass jedem Stuhl, sei es ein Küchenstuhl, ein Wohnzimmerstuhl, ein Gartenstuhl usw. die Qualität

[10] Vgl. hierzu: Das Kapital, MEW 23, a.a.0., S. 192f. und D. Wolf, Hegels Theorie der bürgerlichen Gesellschaft, a.a.O., S. 164ff.

zukommt, überhaupt ein Stuhl zu sein, unabhängig von seiner konkreten, auf einen bestimmten Verwendungszweck ausgerichteten Form. Jeder bestimmte Stuhl kann wie jede bestimmte Arbeit zum einen unter dem Aspekt der inhaltlichen Besonderheit, zum anderen unter dem Aspekt einer von dieser abstrahierenden allgemeinen Eigenschaft betrachtet werden.

Dass die verschiedenen Stühle die allgemeine Eigenschaft besitzen, Stuhl zu sein, und dass die einzelnen voneinander verschiedenen konkret-nützlichen Arbeiten die allgemeine Eigenschaft besitzen, abstrakt-menschliche Arbeit zu sein, hat nichts mit einer Verselbständigung der abstrakt-menschlichen gegen die konkret-nützliche Arbeit zu tun. Auch die begriffliche Fixierung der allgemeinen Eigenschaft führt nicht zu ihrer Verselbständigung gegen die reell vorhandenen Stühle bzw. Arbeiten. Mit der begrifflichen Fixierung wird diese reell vorhandene Eigenschaft der verschiedenen Dinge nur ideell zum Ausdruck gebracht, ihr aber keine reelle selbständige Existenz neben den Dingen verschafft.

Gehören in der betrachteten Wirklichkeit die konkret-nützlichen Arbeiten und die abstrakt-menschliche Arbeit als ihre allgemeine Eigenschaft mit »innrer Notwendigkeit zusammen«, so fehlt mit dem Austausch der Arbeiten in der gegenständlichen Form der Arbeitsprodukte der aus der Gegenständlichkeit bestehende Umstand, der eintreten muss, damit sich die beiden unterschiedlichen Seiten der Arbeiten widersprechen. Analog fehlt bei der begrifflichen Fixierung der abstrakt-menschlichen Arbeit dieser für den Widerspruch erforderliche Umstand. Als ein zum Denken gehörender Vorgang ist jene begriffliche Fixierung in ihrer Ungegenständlichkeit von den Arbeiten, den Arbeitsprodukten und deren möglicher Beziehung im Austausch aufeinander getrennt. So wie auf dieser Abstraktionsstufe die konkret-nützliche und die abstrakt-menschliche Arbeit erfasst werden, gibt es zwischen ihnen auch keinen Widerspruch, wie das dann der Fall ist, wenn die Arbeitsprodukte durch den Austausch in Waren verwandelt worden sind.

3. Zur Bedeutung der abstrakt-menschlichen Arbeit in allen Gesellschaftszuständen, unabhängig von deren historisch-spezifischer Form

Auf der zweiten jetzt zu betrachtenden Abstraktionsstufe wird berücksichtigt, dass die Menschen sich *innerhalb eines gesellschaftlichen Zusammenhangs* in der Arbeit praktisch die Natur aneignen. Auf die *historisch-spezifische* Form dieses gesellschaftlichen Zusammenhangs wird jedoch *noch nicht* eingegangen.

Bei der Verteilung der gesellschaftlichen Arbeit in bestimmten Proportionen werden die Arbeiten der verschiedenen Individuen als abstrakt-menschliche aufeinander bezogen. Dies soll zunächst für alle Gemeinwesen, unabhängig von der historisch-spezifischen Form ihres gesellschaftlichen Zusammenhangs, gezeigt werden.

Die in bestimmten Proportionen vorgenommene Verteilung der Gesamtarbeit auf die einzelnen Arbeiten enthält eine *qualitative* und eine *quantitative* Seite. Die gesellschaftliche Arbeit wird unter dem Gesichtspunkt ihrer Qualität verteilt, insofern es verschiedene konkret-nützliche Arbeiten gibt, in denen Gebrauchswerte gebildet werden, die unterschiedliche Bedürfnisse der Mitglieder des Gemeinwesens befriedigen. Es darf hierbei nicht an eine bestimmte Qualität der Arbeiten in dem Sinne gedacht werden, in dem man von einer guten oder schlechten Qualität spricht. Vielmehr sollen die einzelnen Arbeiten und die Gebrauchswerte, in denen sie sich vergegenständlichen, als ein »Ganzes vieler Eigenschaften«[11] begriffen werden, welches »daher nach verschiedenen Seiten nützlich sein«[12] kann. Bei der Qualität der Arbeiten und Produkte geht es darum, ob diese dazu taugen, ein bestimmtes menschliches Bedürfnis zu befriedigen, und nicht darum, ob eine bestimmte Arbeit dem Einzelnen größere oder geringere Schwierigkeiten bereitet und wie viel Zeit er in Abhängigkeit davon auf sie verwenden muss.

Wie sieht es nun mit der *quantitativen* Seite der proportionellen Verteilung der Arbeit aus? Die einem Gemeinwesen insgesamt zur Verfügung stehende Arbeit ist beschränkt: Es gibt in ihm nur eine bestimmte von der Bevölkerung abhängige Anzahl einzelner Arbeiten und durch sie gebildete Gebrauchswerte. »Bei Betrachtung der Gebrauchswerte wird stets ihre quantitative Bestimmtheit vorausgesetzt, wie Dutzend Uhren, Elle Leinwand, Tonne Eisen usw.«[13] Die quantitative Seite der proportionellen Verteilung der Arbeit ist aber noch mehr als diese den Gebrauchswerten vorausgesetzte »quantitative Bestimmtheit«. Wie die Gebrauchswerte, so sind auch die menschlichen Bedürfnisse, zu deren Befriedigung sie hergestellt werden, in einer bestimmten Quantität vorhanden. Es kommt aber nicht nur auf das bloße Vorhandensein einer bestimmten Quantität von Bedürfnissen und Produkten an, sondern auch und vor allem auf das Verhältnis beider Quantitäten zueinander. Die Quantität der Produkte muss ausreichen, um die Quantität der menschlichen Bedürfnisse zu befriedigen. Dieses Verhältnis herzustellen bedeutet, die einem Gemeinwesen insgesamt zur Verfügung stehende Arbeitszeit auf die einzelnen Arbeiten zu verteilen. Hierbei macht sich nicht nur die Beschränktheit der Gesamtarbeitszeit geltend, sondern auch die mehr oder weniger großen Schwierigkeiten, die aufgrund bestimmter natürlicher und vom Menschen bereits geschaffener Arbeitsbedingungen bei der Bildung eines Gebrauchswertes als einem »Ganzen unterschiedlicher Eigenschaften« zu überwinden sind.

Die »verschiednen Bedürfnismassen« sollen verschiedenen »Massen von Produkten«[14] entsprechen. Es muss daher irgendwie geregelt werden, welche »quanti-

[11] Das Kapital, MEW 23, a.a.O., S. 49.
[12] Ebd.
[13] Ebd., S. 50.
[14] Brief an Ludwig Kugelmann, MEW 32, a.a.O., S. 552.

tativ bestimmte Massen der gesellschaftlichen Gesamtarbeit«[15] in den einzelnen sich in unterschiedlichen Gebrauchswerten vergegenständlichenden Arbeiten verausgabt werden sollen. In dem, was hiermit als quantitative Seite der proportionellen Verteilung der Arbeit beschrieben wurde, ist die *Beziehung* der konkret-nützlichen Arbeiten als *abstrakt-menschliche* aufeinander enthalten.

In dem gesellschaftlichen Zusammenhang, worin die einzelnen Arbeiten aufeinander bezogen werden, werden auch die Bedingungen hergestellt, unter denen sich die Menschen wechselseitig ihre verschiedenen Bedürfnisse befriedigen, indem sie füreinander unterschiedliche Produkte herstellen. In der proportionellen Verteilung der gesellschaftlichen Arbeit wird daher stets die insgesamt zur Verfügung stehende Arbeitszeit so auf die einzelnen Produktionszweige verteilt, dass die wechselseitige Befriedigung der Bedürfnisse garantiert ist. Also auch dann, wenn die Orientierung an den menschlichen Bedürfnissen Vorrang hat, wird eine Abstraktion von dem konkret-nützlichen Inhalt der einzelnen Arbeiten vorgenommen. So notwendig die Verteilung der Gesamtarbeitszeit auf die einzelnen Arbeiten ist, so notwendig werden diese, was den Menschen – außer in dem »Verein freier Menschen« – unbewusst bleibt, als Glieder ein und derselben Gesamtarbeit gesetzt, in der von der Verschiedenheit der einzelnen Arbeiten abstrahiert wird.

In dem gesellschaftlichen Zusammenhang, worin die einzelnen Arbeiten qualitativ als Glieder der Gesamtarbeit und quantitativ als aliquote Teile der Gesamtarbeitszeit gesetzt werden, werden sie auch als *abstrakt-menschliche* Arbeiten aufeinander bezogen und damit gleichgesetzt. Die Notwendigkeit der Verausgabung der Arbeit in einer bestimmten konkret-nützlichen Form einmal vorausgesetzt, wird in jeder Arbeit ein bestimmtes Quantum der insgesamt dem Gemeinwesen zur Verfügung stehenden Arbeitszeit verausgabt. In ihrer konkreten Nützlichkeit sind die einzelnen Arbeiten zwar von den anderen unterschieden; als aliquote Teile der Gesamtarbeit sind sie aber untereinander gleich. Die konkrete Nützlichkeit ist hierbei nur insofern von Belang, als die einzelnen Arbeiten verschiedene Weisen sind, in denen überhaupt menschliche Arbeit verausgabt wird.

Mit dieser Charakterisierung der zu Gliedern der Gesamtarbeit herabgesetzten einzelnen Arbeiten als den verschiedenen Verausgabungen menschlicher Arbeitskraft soll zum Ausdruck gebracht werden, dass die konkret-nützlichen Arbeiten zugleich als abstrakt-menschliche aufeinander bezogen werden. Die Arbeiten werden qualitativ als Glieder der Gesamtarbeit gleichgesetzt, weil die wechselseitige Befriedigung der menschlichen Bedürfnisse nicht auskommen kann, ohne die einzelnen Arbeiten als quantitativ bestimmte Teile der Gesamtarbeit zu setzen. Bei dieser an der Zeit gemessenen Dauer ihrer Verausgabung zählen die einzelnen voneinander verschiedenen nützlichen Arbeiten nur als Daseinsweisen der ihnen gemeinsamen abstrakt-menschlichen Arbeit. »Die Arbeit, die durch die Zeit, also

[15] Ebd.

durch die Dauer ihrer Verausgabung gemessen wird, ist in jedem Fall abstrakt menschliche, gleiche menschliche Arbeit im Unterschied zu den konkret nützlichen Formen ihrer Verausgabung. Gleiche menschliche Arbeit zu sein, ist eine abstrakte Eigenschaft *gesellschaftlicher* Arbeit, und alle quantitativen Unterschiede besagen, daß es sich um unterschiedliche Quanta der gesellschaftlichen Arbeitszeit handelt.«[16]

Was hier über die einzelnen Arbeiten gesagt wird, gilt natürlich auch für die Produkte, worin sie sich jeweils vergegenständlichen. Als aliquote Teile des gesellschaftlichen Gesamtprodukts werden die Produkte darauf reduziert, in gegenständlicher Form vorhandene Quanta der in diesem Gesamtprodukt verausgabten Gesamtarbeitszeit zu sein. Obwohl der Wert der Ware Vergegenständlichung abstrakt-menschlicher Arbeit ist, sind die Arbeitsprodukte, wie sie innerhalb der proportionellen Verteilung der gesellschaftlichen Arbeit bestimmte gegenständliche Quanta der abstrakt-menschlichen Arbeit sind, *keine* Werte. Die Arbeitsprodukte werden erst in Waren verwandelt, wenn die proportionelle Verteilung der gesellschaftlichen Arbeit sich in einem gesellschaftlichen Zusammenhang durchsetzt, worin der *Austausch der Arbeitsprodukte* allgemein vorherrscht. Denn nur dann, wenn die Arbeiten in der gegenständlichen Form der Arbeitsprodukte aufeinander bezogen und damit gleichgesetzt werden, wird die *abstrakt-menschliche Arbeit* zur *gesellschaftlich-spezifischen Form* der konkret-nützlichen Arbeiten. Nur wenn der Austausch der gesellschaftliche Prozess ist, worin mit der proportionellen Verteilung der Gesamtarbeit auch über den gesellschaftlich-allgemeinen Charakter der einzelnen konkret-nützlichen Arbeiten entschieden wird, und *innerhalb des gesellschaftlichen Verhältnisses der Arbeitsprodukte zueinander* der gesellschaftlich-allgemeine Charakter der in ihnen vergegenständlichten Arbeiten hergestellt wird, besitzen die Arbeitsprodukte über ihre konkret-nützliche Eigenschaften hinaus die gesellschaftliche Eigenschaft des *Werts*.

Wenn im Unterschied zu dem gesellschaftlichen Verhältnis der Individuen das gesellschaftliche Verhältnis der Arbeitsprodukte über den gesellschaftlich-allgemeinen Charakter der einzelnen Arbeiten entscheidet, dann ist dieser mit den Arbeitsprodukten als bloßen Vergegenständlichungen der abstrakt-menschlichen Arbeit gegeben; denn nur als diese aus dem Wert bestehenden Vergegenständlichungen der abstrakt-menschlichen Arbeit sind die Arbeitsprodukte untereinander gleich. Da die einzelnen Arbeiten im Austausch nicht anders als in der gegenständlichen Form der Arbeitsprodukte aufeinander bezogen und damit *gleichgesetzt* werden, ist der gesellschaftlich-allgemeine Charakter der einzelnen Arbeiten in dem ausgedrückt, worin sich die Arbeitsprodukte untereinander gleichen wie ein Ei dem anderen. Dies aber sind die Arbeitsprodukte, insofern sie bloße Vergegenständlichungen abstrakt-menschlicher Arbeit, d.h. Werte sind. Ist die abstrakt-menschliche

[16] Projekt Klassenanalyse, Oberfläche und Staat, Berlin 1974, S. 176.

Arbeit zur historisch-spezifischen Form der konkret-nützlichen Arbeiten geworden, dann ist dies identisch mit der Verwandlung der Arbeitsprodukte in Werte.

Insofern die Verteilung der gesellschaftlichen Arbeiten in Proportionen so betrachtet wird, wie sie allen Gesellschaftsformationen gemeinsam ist, kann überhaupt nicht auf die spezifisch-gesellschaftliche Form der einzelnen Arbeiten eingegangen werden. Wie aus den weiteren Ausführungen noch ersichtlich wird, ist dagegen in allen nicht-kapitalistischen Gesellschaftsformationen die konkrete Nützlichkeit bzw. die Naturalform und *nicht* die abstrakt-menschliche Arbeit die spezifisch-gesellschaftliche Form aller einzelnen Arbeiten.

Wenn in der *allen* Gesellschaftszuständen *gemeinsamen* proportionellen Verteilung der Arbeiten die abstrakt-menschliche Arbeit nicht die spezifisch-gesellschaftliche Form der Arbeiten ist, so darf daraus nicht geschlossen werden, sie spiele etwa *keine gesellschaftliche* Rolle.

Die konkret-nützlichen Arbeiten besitzen auch unabhängig von dem gesellschaftlich bestimmten vielgliedrigen System der Arbeitsteilung die *allgemeine Eigenschaft*, abstrakt-menschliche Arbeit zu sein. Die proportionelle Verteilung der menschlichen Arbeit setzt sich stets in einem bestimmten gesellschaftlichen Zusammenhang und damit in einer durch diesen bestimmten historischen Form durch. In diesem *gesellschaftlichen Zusammenhang, worin die Arbeiten auch den gesellschaftlich-allgemeinen Charakter erhalten* – der in nicht-kapitalistischen Gemeinwesen auch nicht aus der abstrakt-menschlichen Arbeit besteht – *werden sie gleichzeitig als abstrakt-menschliche aufeinander bezogen.* Allein durch diese Beziehung ist die abstrakt-menschliche Arbeit auch dann, wenn sie nicht die gesellschaftlich-allgemeine Form der Arbeiten ist, nicht nur eine allgemeine Eigenschaft aller konkret-nützlichen Arbeiten, sondern darüber hinaus eine allgemeine Eigenschaft der *gesellschaftlichen* Arbeit und damit eine *gesellschaftliche* Bestimmung. Würden die einzelnen Arbeiten im Zuge der proportionellen Verteilung der Gesamtarbeit nicht quantitativ als deren aliquote Teile behandelt, dann spielte die abstrakt-menschliche Arbeit auch keine gesellschaftliche Rolle. Unabhängig vom gesellschaftlichen Zusammenhang wäre sie nur noch die den unterschiedlichen konkret-nützlichen Arbeiten gemeinsame und insofern allgemeine Eigenschaft.

Kapitel 2
Zur gesellschaftlichen Bedeutung der abstrakt-menschlichen Arbeit in nicht-kapitalistischen Gemeinwesen

1. Die proportionelle Verteilung der gesellschaftlichen Arbeit in nicht-kapitalistischen Gemeinwesen

Mit den kommenden Ausführungen wird zu der Abstraktionsstufe übergegangen, die oben als die erste bezeichnet wurde. Auf ihr geht es um die gesellschaftlichen Verhältnisse in ihrer jeweiligen historisch-spezifischen Form. Die proportionelle Verteilung der gesellschaftlichen Arbeit wird nicht nur betrachtet, wie sie unabhängig von den unterschiedlichen historischen Formen ihrer Durchsetzung allen Gesellschaftszuständen gemeinsam ist. Vielmehr werden, wie skizzenhaft auch immer, die historischen Formen selbst behandelt. Die nicht-kapitalistischen gesellschaftlichen Verhältnisse sind ihrer historisch-spezifischen Form nach untereinander und von den kapitalistischen verschieden. Allerdings zeichnen sich die nicht-kapitalistischen gesellschaftlichen Verhältnisse bei allem, was sie voneinander unterscheidet, gegenüber den kapitalistischen durch etwas aus, das ihnen allen gemeinsam ist. In allen nicht-kapitalistischen Gemeinwesen setzt sich die proportionelle Verteilung der Arbeit so durch, dass die Arbeiten in der Form, in der sie unmittelbar als konkret-nützliche verausgabt werden, ihre spezifisch-gesellschaftliche Form besitzen. Die im folgenden betrachteten Gesellschaftszustände kann man sich als »urkommunistisches Gemeinwesen«, als »mittelaltriges Leibeigenschaftsverhältnis«, als »ländlich patriarchalische Industrie einer Bauernfamilie«, als einen »Verein freier Menschen« vorstellen und schließlich als die vielbeschworene Lebensweise des »Robinson(s) auf seiner Insel«.[1] Die proportionelle Verteilung der Arbeit in diesen nicht-kapitalistischen Gesellschaftszuständen wird zunächst ganz allgemein betrachtet. Es wird weder darauf eingegangen, dass die konkret-nützlichen Arbeiten auch als abstrakt-menschliche aufeinander bezogen werden, noch darauf, dass die Arbeiten in der Form, in der sie unmittelbar als konkret-nützliche verausgabt werden, ihre spezifisch-gesellschaftliche Form besitzen. Die

[1] Das Kapital, MEW 23, a.a.O., S. 90–93.

gesellschaftliche Bedeutung der abstrakt-menschlichen Arbeit und der konkret-nützlichen Arbeiten, insofern die letzteren zugleich Arbeiten in der spezifisch-gesellschaftlichen Form sind, werden in den Unterabschnitten 3 und 4 behandelt.

Da immer in gesellschaftlichem Zusammenhang miteinander stehende Individuen sich in ihren Arbeiten praktisch die Natur aneignen, sind diese als voneinander verschiedene konkret-nützliche immer auch Teilorgane bzw. Glieder der von allen Individuen der Gesellschaft geleisteten Gesamtarbeit. Mit dieser geht es auch unter Abstraktion von dem konkret-nützlichen Charakter der einzelnen Arbeiten um die der Gesellschaft insgesamt zur Verfügung stehenden Arbeitszeit, die die Summe der Arbeitszeiten bildet, welche jeweils auf die einzelnen Arbeiten verwandt werden.

In Produktionsweisen, die auf den Gebrauchswert ausgerichtet sind, wird eine an den menschlichen Bedürfnissen orientierte Gewichtung vorgenommen, durch die die gesamtgesellschaftlich zur Verfügung stehende Arbeitszeit auf die einzelnen Arbeiten verteilt wird. Hierbei werden diese auch als bestimmte Quanta Arbeitszeit behandelt. Die »den verschiednen Bedürfnismassen entsprechenden Massen von Produkten (erheischen) verschiedne und quantitativ bestimmte Massen der gesellschaftlichen Gesamtarbeit«.[2]

Auf die unmittelbaren persönlichen Herrschafts-Knechtschafts-Verhältnisse eines nicht-kapitalistischen Gemeinwesens hat die in ihnen vorkommende Warenzirkulation keinen Einfluss. In welcher Qualität und unter welchem Zeitaufwand die Menschen füreinander Produkte herstellen, ist durch einen gesellschaftlichen Zusammenhang geregelt, der einen naturwüchsigen Charakter besitzt (Blutsbande, Stammesverwandtschaft, Familienbande, persönliche Abhängigkeitsverhältnisse usw.).

2. Unterschiedliche Formen, in denen sich die proportionelle Verteilung der Gesamtarbeit durchsetzt

Die proportionelle Verteilung der gesellschaftlichen Arbeit und die Form, in der sie sich durchsetzt, sind in dem Leben, das der auf eine Insel verschlagene *Robinson* führt, am einfachsten und durchsichtigsten. Robinson muss unterschiedliche Arbeiten ausführen, die Glieder der durch seine persönliche Leistungsfähigkeit eingeschränkten Gesamtarbeit sind.

Je nach dem angestrebten Nutzeffekt muss er einen bestimmten Teil der durch diese Gesamtarbeit vorgegebenen Zeit für die einzelnen Arbeitsarten aufbringen. »Bescheiden, wie er von Haus aus ist, hat er doch verschiedenartige Bedürfnisse zu befriedigen und muß daher nützliche Arbeiten verschiedner Art verrichten,

[2] Brief an Ludwig Kugelmann, MEW 32, a.a.O., S. 552.

Werkzeuge machen, Möbel fabrizieren, Lama zähmen, fischen, jagen usw. ... Die Not selbst zwingt ihn, *seine Zeit* genau zwischen seinen verschiednen Funktionen *zu verteilen*. Ob die eine mehr, die andre weniger Raum in seiner *Gesamttätigkeit* einnimmt, hängt ab von der größeren oder geringeren Schwierigkeit, die zur Erzielung des bezweckten Nutzeffekts zu überwinden ist. Die Erfahrung lehrt ihn das, und unser Robinson, der Uhr, Hauptbuch, Tinte und Feder aus dem Schiffbruch gerettet, beginnt als guter Engländer bald Buch über sich selbst zu führen. Sein Inventarium enthält ein Verzeichnis der Gebrauchsgegenstände, die er besitzt, der verschiednen Verrichtungen, die zu ihrer Produktion erheischt sind, endlich der *Arbeitszeit*, die ihm bestimmte Quanta dieser verschiednen Produkte im Durchschnitt kosten.«[3] (Hervorhebungen – D. W.)

Direkt sichtbar ist auch die proportionelle Verteilung der gesellschaftlichen Arbeit in den *mittelaltrigen* gesellschaftlichen Verhältnissen, worin die Leibeigenen auf unterschiedliche Weise persönlich von den jeweiligen Grundherren abhängen. Wie die insgesamt zur Verfügung stehende Arbeitszeit ist die z.B. auf den Feldern des Grundherrn zu leistende Fronarbeit durch die Zeit gemessen, wobei »aber jeder Leibeigne weiß, daß es ein bestimmtes Quantum seiner persönlichen Arbeitskraft ist, die er im Dienst seines Herrn verausgabt. Der dem Pfaffen zu leistende Zehnten ist klarer als der Segen des Pfaffen.«[4]

In der »ländlich patriarchalische(n) Industrie einer *Bauernfamilie* (Hervorhebung – D. W.), die für den eignen Bedarf Korn, Vieh, Garn, Leinwand, Kleidungsstücke usw. produziert«,[5] ist es die *Familienarbeit*, die sich auf die unterschiedlichen Arbeiten der einzelnen Familienmitglieder *verteilt*. Dies geschieht bedingt durch die naturwüchsige Teilung der Arbeit, bei der »Geschlechts- und Altersunterschiede«[6] und »die mit dem Wechsel der Jahreszeit wechselnden Naturbedingungen der Arbeit«[7] die maßgebliche Rolle spielen. Die Arbeit eines jeden einzelnen Familienmitgliedes ist die durch Zeitdauer gemessene Verausgabung eines Teils der der Familie insgesamt zur Verfügung stehenden Arbeitszeit. Die Verteilung der Familienarbeit auf die einzelnen Familienmitglieder ist durch den konkret-nützlichen Inhalt und die geschlechtsspezifischen Familienrollen festgelegt, d.h. durch die Rolle, welche jeweils die Mutter, der Vater, die Kinder usw. spielen.

Wie bei den bisher angeführten Beispielen findet im »*Verein freier Menschen* (Hervorhebung – D. W.) ..., die mit gemeinschaftlichen Produktionsmitteln arbeiten und ihre vielen individuellen Arbeitskräfte selbstbewußt als eine gesellschaftliche Arbeitskraft verausgaben«,[8] eine proportionelle Verteilung der Gesamtarbeit

---

[3] Das Kapital, MEW 23, a.a.0., S. 91.
[4] Ebd.
[5] Ebd., S. 92.
[6] Ebd.
[7] Ebd.
[8] Ebd.

auf die einzelnen Mitglieder des »Vereins« statt. Von ihr sagt Marx, dass sich in ihr alle »Bestimmungen von Robinsons Arbeit wiederholen ... nur gesellschaftlich statt individuell«.[9]

Es soll hier keinem utopischen Ausmalen eines zukünftigen Gesellschaftszustandes Vorschub geleistet werden. Vielmehr soll verdeutlicht werden, inwiefern in unterschiedlichen Gesellschaftszuständen die gesellschaftliche Arbeit proportionell auf die einzelnen Arbeiten verteilt wird. Man kann daher wie Marx »zur Parallele mit der Warenproduktion«[10] voraussetzen, »der Anteil jedes Produzenten an den Lebensmitteln sei bestimmt durch seine Arbeitszeit. Die Arbeitszeit würde also eine doppelte Rolle spielen. Die gesellschaftlich planmäßige Verteilung regelt die richtige Proportion der verschiednen Arbeitsfunktionen zu den verschiednen Bedürfnissen. Andrerseits dient die Arbeitszeit zugleich als Maß des individuellen Anteils des Produzenten an der Gemeinarbeit und daher auch an dem individuell verzehrbaren Teil des Gemeinprodukts.«[11] Auch dem »Verein freier Menschen« steht je nach der Zahl seiner Mitglieder eine bestimmte Arbeitszeit zur Verfügung. Diese wird unter Beteiligung aller Mitglieder planmäßig und bewusst auf die unterschiedlichen Arbeitsarten verteilt. Dies geschieht, indem die Masse der zu befriedigenden Bedürfnisse in ein entsprechendes Verhältnis zu dem bestimmten technologischen und gesellschaftlichen Entwicklungsstand der Produktion gebracht wird. In einem »Verein freier Menschen« vollzieht sich hiermit gesellschaftlich und bewusst, was sich bisher individuell und bewusst (Robinson), gesellschaftlich und im Wesentlichen unbewusst (Urkommunismus, ländlich-patriarchalische Industrie einer Bauernfamilie) durchsetzt.

3. Die Beziehung der konkret-nützlichen Arbeiten als abstrakt-menschliche Arbeit aufeinander in nicht-kapitalistischen Gemeinwesen

Im Folgenden sollen zunächst die bisher betrachteten Gesellschaftszustände daraufhin untersucht werden, inwiefern in ihnen die konkret-nützlichen Arbeiten als abstrakt-menschliche aufeinander bezogen werden. In welcher Weise dies auch immer der Fall sein mag, so geht es zunächst noch nicht darum, ob die einzelnen Arbeiten als konkret-nützliche oder in der von ihnen verschiedenen Form der abstrakt-menschlichen Arbeit ihre historisch-spezifische Form bzw. ihren gesellschaftlich-allgemeinen Charakter besitzen. Die gesellschaftliche Rolle der abstrakt-menschlichen Arbeit beschränkt sich darauf, ein in die gesellschaftliche Durchset-

---

[9] Ebd.
[10] Ebd., S. 93.
[11] Ebd.

zung der proportionellen Verteilung der Gesamtarbeit eingeschlossenes, für alle Gesellschaftszustände gültiges Moment zu sein. Auf diese auch allen nicht-kapitalistischen Gesellschaftszuständen gemeinsame Beziehung der Arbeiten als abstrakt-menschliche aufeinander kommt Marx auch nur zu sprechen, um gerade die historische Besonderheit des kapitalistischen Gesellschaftszustandes herauszustreichen. Wenn man die jeweilige historisch-gesellschaftliche Form untersucht, in der sich die proportionelle Verteilung der Gesamtarbeit durchsetzt, dann muss man nicht unbedingt hervorheben, dass die einzelnen konkret-nützlichen Arbeiten auch als abstrakt-menschliche aufeinander bezogen werden. Wenn aber die Rede davon ist, dass die Menschen wechselseitig sich die einzelnen Arbeiten als gesellschaftlich verausgabte anerkennen, dann ist dies gleichbedeutend mit der sich in ihrem gesellschaftlichen Zusammenhang ereignenden Herstellung des gesellschaftlich-allgemeinen Charakters der einzelnen Arbeiten. Je nachdem, ob es sich um ein kapitalistisches oder ein nicht-kapitalistisches Gemeinwesen handelt, ist dieser gesellschaftlich-allgemeine Charakter der von den Menschen füreinander verausgabten Arbeiten ein anderer.

Worin besteht in nicht-kapitalistischen Gemeinwesen die gesellschaftliche Bedeutung der abstrakt-menschlichen Arbeit, wenn sie nicht, wie in einem kapitalistischen Gemeinwesen darin besteht, die spezifisch-gesellschaftliche Form aller Arbeiten zu sein? Mit der gesellschaftlichen Bedeutung der abstrakt-menschlichen Arbeit ist nicht gemeint, dass sie eine allgemeine Eigenschaft der verschiedenen Arbeiten ist. Vielmehr soll die abstrakt-menschliche Arbeit über diese Eigenschaft hinaus als eine Form angesehen werden, in der die verschiedenen Arbeiten in einem gesellschaftlichen Zusammenhang aufeinander *bezogen* werden.

Was die quantitative Seite der proportionellen Verteilung seiner Gesamtarbeit anbelangt, teilt *Robinson* »seine Zeit genau zwischen seinen verschiednen Funktionen« und hält in seinem Inventarium die Arbeitszeit fest, die ihn bestimmte Quanta der »verschiednen Produkte im Durchschnitt kosten«. Robinson bezieht in dem oben dargelegten gesellschaftlichen Sinne seine Arbeiten als abstrakt-menschliche aufeinander, indem er sie als bestimmte Quanta der ihm insgesamt zur Verfügung stehenden Arbeitszeit behandelt und sie hierdurch durch die Zeit bzw. durch die Dauer ihrer Verausgabung misst. Er *weiß*: »Trotz der Verschiedenheit seiner produktiven Funktionen ..., daß sie nur verschiedne Betätigungsformen desselben Robinson, also nur *verschiedne Weisen menschlicher Arbeit* sind.«[12] (Hervorhebungen – D. W.)

Die von den in die *Leibeigenschaft* gezwungenen *Bauern* verrichtete Fronarbeit wird auch durch die Dauer ihrer Verausgabung gemessen. Dies zeigt sich schlagend in der vor allen Augen sichtbaren Aufteilung der Arbeit in die ohne Gegenleistung zu verrichtende Mehrarbeit (Fronarbeit) und in die zur Befriedigung der ei-

[12] Ebd., S. 91.

genen Bedürfnisse dienende notwendige Arbeit. Die Leibeigenen haben z.B. durchschnittlich drei Tage der Woche auf den Feldern des Gutsherrn gearbeitet und drei Tage auf ihren eigenen Feldern. Die Frauen der Leibeigenen haben darüber hinaus eine bestimmte Anzahl von Tagen in den Werkstätten der Feudalhöfe gearbeitet und dort genäht, gewebt, gesponnen usw. Die insgesamt den Leibeigenen aufgezwungene Fron- bzw. Mehrarbeit, die durch die drei Arbeitstage in ihrer Dauer festgelegt war, verteilte sich in bestimmten quantitativen Proportionen, die durch die unterschiedlichen Bedürfnisse der Herrschenden festgelegt wurden, auf die unterschiedlichen Arbeiten. Wie die insgesamt zu verrichtende Mehrarbeit, so wurden auch die einzelnen Arbeiten als aliquote Teile dieser Mehrarbeit durch die Zeit bzw. durch die Dauer ihrer Verausgabung gemessen. Sie wurden also hiermit auch als abstrakt-menschliche Arbeit aufeinander bezogen, obgleich dies weder in irgendeiner Weise erscheint noch den Menschen selbst bewusst ist. »Die Fronarbeit ist ... durch die Zeit gemessen ..., aber jeder Leibeigne weiß, daß es ein bestimmtes Quantum seiner persönlichen Arbeitskraft ist, die er im Dienst seines Herrn verausgabt.«[13]

Wie bereits gezeigt, gehen die Fronarbeit und ihre Produkte »als Naturaldienste und Naturalleistungen in das gesellschaftliche Getriebe ein«.[14] Die Arbeiten sind spezifisch-gesellschaftliche, insofern sie konkret-nützliche sind und nicht, insofern sie abstrakt-menschliche sind. »Die Naturalform der Arbeit, ihre Besonderheit und *nicht* (Hervorhebung – D. W.), wie auf Grundlage der Warenproduktion, ihre Allgemeinheit, ist hier ihre unmittelbar gesellschaftliche Form.«[15]

Durch die Art und Weise, in der in einer *Bauernfamilie* die Teilung der Arbeit naturwüchsig ist, wirken die »individuellen Arbeitskräfte von Haus aus nur als Organe der gemeinsamen Arbeitskraft der Familie«.[16] Hiermit ist auch die Dauer der Arbeitszeit für die einzelnen Familienmitglieder festgelegt. Die Zeit, die für die Verausgabung der einzelnen Arbeiten aufgebracht werden muss, ist von vornherein gesellschaftlich notwendige. Die abstrakt-menschliche Arbeit, die durch die Zeit bzw. die Dauer ihrer Verausgabung gemessen wird, ist auch durch die in der Bauernfamilie sich durchsetzende proportionelle Verteilung der gesellschaftlichen Arbeit, »eine gesellschaftliche Bestimmung der Arbeiten selbst«.[17]

Dies ändert aber nichts daran, dass die Arbeiten ihre historisch-gesellschaftliche Form in ihrer konkreten Nützlichkeit besitzen.

Durch die Zeitdauer ihrer Verausgabung gemessen zu werden und insofern auf *abstrakt-menschliche* Arbeit reduziert zu werden, ist in dem oben auseinander gesetzten Sinne eine *gesellschaftliche Bestimmung* der konkret-nützlichen Arbeiten.

---

[13] Ebd.
[14] Ebd.
[15] Ebd.
[16] Ebd., S. 92.
[17] Ebd.

Diese gesellschaftliche Bestimmung darf aber nicht mit der historisch-gesellschaftlichen Form der einzelnen Arbeiten verwechselt werden.

Die einzelnen Arbeiten sind zum einen als konkret-nützliche qualitativ voneinander verschieden. Zum anderen aber sind sie z.B. als Teile der einer Familie insgesamt zur Verfügung stehenden Arbeit untereinander als verschiedene Verausgabungen ein und derselben Familienarbeit gleich. Wirken »individuelle Arbeitskräfte von Haus aus nur als Organe der gemeinsamen Arbeitskraft der Familie«, dann ist hiermit zweierlei ausgesprochen: Zum einen sind die konkret-nützlichen Arbeiten aufgrund einer bestimmten naturwüchsigen Teilung der Arbeit von vornherein und damit in ihrer Naturalform als gesellschaftliche Funktionen anerkannt. Zum anderen sind die konkret-nützlichen Arbeiten als Teilorgane der Familienarbeit untereinander gleiche menschliche Arbeiten. Die Teilung der Arbeit ist in ihrer bestimmten Naturwüchsigkeit die Bedingung dafür, dass die jeweiligen auf die einzelnen Arbeiten sich verteilenden Quanta der Gesamtarbeitszeit für die Erhaltung der Familie notwendig sind.

Die proportionelle Verteilung der Arbeit wird in einem *»Verein freier Menschen«* insgesamt und damit natürlich auch ihrer quantitativen Seite nach bewusst und planmäßig geregelt. Dass die einzelnen Arbeiten hierbei wichtig werden unter dem Aspekt der Dauer ihrer Verausgabung und hiermit als abstrakt-menschliche behandelt werden, ist für die »freien Menschen« etwas Selbstverständliches. Sie verausgaben »ihre vielen individuellen Arbeitskräfte selbstbewußt als eine gesellschaftliche Arbeitskraft«.[18] Sie wissen von vornherein, dass die einzelnen Arbeiten Teile der ihnen insgesamt zur Verfügung stehenden Arbeit sind und sie die dafür erforderliche Zeit in gesellschaftlich notwendigen Quanta auf die einzelnen Arbeiten verteilen müssen. Sie wissen damit, dass sie diese über ihre unterschiedliche Qualität hinaus als abstrakt-menschliche aufeinander beziehen und – die konkrete Nützlichkeit zur spezifisch-gesellschaftlichen Form ihrer einzelnen Arbeiten machen.

4. Die konkret-nützlichen Arbeiten sind in nicht-kapitalistischen Gemeinwesen zugleich Arbeiten in spezifisch-gesellschaftlicher Form

Bei der Betrachtung der nicht-kapitalistischen Gemeinwesen muss man hinsichtlich der menschlichen Arbeit Folgendes auseinander halten: Abstrahiert man von dem gesellschaftlichen Zusammenhang, dann ist die Arbeit als Stoffwechsel zwischen den Menschen und der Natur die konkret-nützliche Arbeit, welche die allgemeine Eigenschaft besitzt, abstrakt-menschliche Arbeit zu sein. Mit dem gesellschaftlichen Zusammenhang geht es zum anderen unter zwei nur analytisch auseinander zuhaltenden Gesichtspunkten um die Gesellschaftlichkeit der Arbeit. Der

[18] Ebd.

gesellschaftliche Zusammenhang zeichnet sich dadurch aus, dass in ihm je nach seiner historisch-spezifischen Form sowohl die proportionelle Verteilung der Arbeit durchgesetzt als auch die spezifisch-gesellschaftliche Form der konkret-nützlichen Arbeiten geschaffen wird. Besteht diese selbst aus der Naturalform der Arbeiten, dann ist dies nur möglich vermittels eines bestimmten gesellschaftlichen Zusammenhangs. Die zwei Hinsichten, in denen die konkret-nützliche Arbeit von Bedeutung ist, sind also wie folgt zu charakterisieren: Zunächst ist sie die »von allen Gesellschaftsformen unabhängige Existenzbedingung des Menschen, ... um den Stoffwechsel zwischen Mensch und Natur, also das menschliche Leben zu vermitteln«.[19] In jedem Gemeinwesen sind die einzelnen Arbeiten konkret-nützliche, die sich in konkret-nützlichen Dingen verkörpern, die bestimmte Bedürfnisse der Menschen befriedigen. Die Verausgabung der einzelnen Arbeiten ist eine von der historischen Form des gesellschaftlichen Zusammenhangs unabhängige »Naturnotwendigkeit« des menschlichen Lebens. Darüber hinaus aber handelt es sich in nicht-kapitalistischen Gemeinwesen bei der konkret-nützlichen Arbeit um eine *gesellschaftliche* Bestimmung der Arbeiten. Werden die Arbeiten nämlich in der Form, in der sie unmittelbar als konkret-nützliche verausgabt werden, von allen Mitgliedern des Gemeinwesens auch als *gesellschaftlich notwendig* verausgabte anerkannt, dann *setzt man den gesellschaftlichen Zusammenhang voraus*, der dies allererst möglich macht. Die einzelnen Arbeiten können nur in der Form konkreter Nützlichkeit, in der sie *unmittelbar* verausgabt werden, ihre *historisch-gesellschaftliche Form* besitzen, wenn eine bestimmte historisch-gesellschaftliche *Vermittlung* vorausgegangen ist. Konkret-nützliche Arbeiten zu verausgaben ist eine allen Gemeinwesen gemeinsame »Notwendigkeit«. Etwas historisch Besonderes, nämlich das Resultat eines bestimmten gesellschaftlichen Zusammenwirkens ist es, wenn die einzelnen Arbeiten als konkret-nützlich verausgabte gesellschaftlich anerkannt werden. In diesem Sinne spricht Marx von der konkret-nützlichen Form der Arbeit als ihrer *»unmittelbar gesellschaftliche(n) Form«*.[20] An der historisch-spezifischen Form des gesellschaftlichen Zusammenhangs liegt es, wenn die einzelnen Arbeiten in der Form, in der sie unmittelbar von den Menschen als konkret-nützliche verausgabt werden, ihre historisch-spezifische Form besitzen. Spricht man von der konkret-nützlichen Arbeit als der Arbeit in unmittelbar gesellschaftlicher Form, dann muss dieser Zusammenhang immer mitgedacht werden, durch dessen historisch-spezifische Form vermittelt es sich so und nicht anders verhält. Unter dem Aspekt der Herstellung des gesellschaftlich-allgemeinen Charakters der Arbeiten werden diese in den bisher betrachteten Gesellschaftszuständen bzw. nicht-kapitalistischen Gemeinwesen auch in unterschiedlicher Weise aufeinander bezogen. Für

---

[19] Ebd., S. 57.
[20] Ebd., S. 91.

diese Gemeinwesen ist aber charakteristisch, dass die Arbeiten als konkret-nützliche zugleich gesellschaftlich-allgemeine sind.

Aus der jeweiligen historisch-spezifischen Form des gesellschaftlichen Zusammenhangs, worin sich die proportionelle Verteilung der Arbeit durchsetzt, ist zu erklären, warum die konkrete Nützlichkeit der Arbeiten ihre spezifisch-gesellschaftliche Form ist bzw. warum sie eine »unmittelbar gesellschaftliche Form« erhalten haben. Die einzelnen konkret-nützlichen Arbeiten werden in *jedem* gesellschaftlichen Zusammenhang aufeinander bezogen, insofern die Individuen stets füreinander arbeiten und sich ihre Arbeiten wechselseitig in einer bestimmten Form als gesellschaftlich verausgabte anerkennen müssen. Dies geht nicht, ohne dass die Gesamtarbeit in bestimmten Proportionen auf die einzelnen Arbeiten verteilt wird; was wiederum nicht geht, ohne dass die einzelnen konkret-nützlichen Arbeiten als gleiche menschliche aufeinander bezogen werden. Dies ist auch und gerade dann der Fall, wenn der gesellschaftliche Zusammenhang eine solche *historisch-spezifische Form* besitzt, durch die die *konkrete Nützlichkeit* der Arbeiten ihre *spezifisch-gesellschaftliche Form* ist.

Das Beispiel des auf seiner Insel lebenden *Robinsons* zeichnet sich durch die *individuelle und bewusste* Verteilung der Gesamtarbeit auf die einzelnen für Robinson nützlichen Arbeiten aus. Ob diese für ihn notwendig sind oder nicht, legt Robinson selbst von vornherein fest – sei es aufgrund der Erfahrung, die er in einer ihm ungewohnten Umgebung erst machen muss, sei es aufgrund des aus England mitgebrachten Wissens um die zeitliche Einteilung eines mit den unterschiedlichen Tätigkeiten erfüllten Tages. Alles, worüber Robinson als »guter Engländer« Buch führt, dient ihm dazu, unabhängig von dem Verrichten der einzelnen Arbeiten festzuschreiben, in welcher konkret-nützlichen Form diese die Erhaltung seines Lebens garantieren und wie viel er von seiner Gesamtarbeitszeit auf die einzelnen Arbeiten zu verwenden hat. Jede Arbeit ist daher in der Form, in der sie Robinson dann tatsächlich verrichtet, die *für ihn* notwendige bzw. die individuell notwendige Arbeit. Die *konkret-nützliche Form* der Arbeiten ist auch ihre *individuell notwendige Form*. Der individuell notwendigen Form der von Robinson verrichteten Arbeiten entspricht in einer von vielen Menschen gebildeten Gesellschaft die gesellschaftliche Form der Arbeit.

Robinson trifft vor bzw. getrennt von den konkret-nützlichen Arbeiten in der oben skizzierten Weise die Entscheidung über ihre individuelle Notwendigkeit. Über die konkret-nützlichen Arbeiten lässt sich darüber hinaus nicht mehr sagen, als dass Robinson sie tatsächlich (in actu) verausgabt. Robinson macht dabei neue, unvorhersehbare Erfahrungen, die ihn veranlassen, sowohl die auf eine einzelne Arbeit verwandte Zeit als auch deren Qualität zu verändern. Die neue Erfahrung führt zwar zu einer Korrektur der von ihm individuell und bewusst vorgenommenen proportionellen Verteilung seiner Arbeit, sie ändert aber nichts daran, dass die Arbeiten in der Form, in der sie Robinson konkret verausgabt, auch individuell notwendig sind.

In dem *mittelaltrigen Leibeigenschaftsverhältnis* sind die konkret-nützlichen Arbeiten zugleich Arbeiten in unmittelbar gesellschaftlicher Form. Dies muss daraus erklärt werden, dass die gesellschaftlichen Verhältnisse der materiellen Produktion durch die oben bereits angedeuteten persönlichen Abhängigkeitsverhältnisse charakterisiert sind. Die Leibeigenen werden von den Grundherren als Anhängsel des Grund und Bodens behandelt. Die auf dem Grundeigentum beruhende Macht ihrer Herren zwingt die Leibeigenen, einen großen Teil ihrer Arbeit als Fronarbeit in deren Dienst zu verausgaben. Von der in der Form des Frons zu leistenden Gesamtarbeit müssen die Leibeigenen für die Bedürfnisse ihrer Herren Produkte von unterschiedlicher Qualität und Menge herstellen. Eine bestimmte, für jedermann sichtbare Zeit für einen Herren Fronarbeit zu leisten, bedeutet, dass dieser von vornherein Anspruch auf die Produkte hat. Sie werden ihm aufgrund seiner gesellschaftlichen Stellung von den Leibeigenen nach getaner Arbeit übergeben. Als eine Arbeit, die für die Herrschenden verausgabt wird, ist die Fronarbeit, bedingt durch die persönlichen unmittelbaren Herrschafts-Knechtschafts-Verhältnisse, bereits als gesellschaftliche anerkannt. »Die Naturalform der Arbeit, ihre Besonderheit ... ist hier ihre *unmittelbar gesellschaftliche Form* (Hervorhebung – D. W.).«[21] Bestimmte gesellschaftliche Verhältnisse, die der Arbeit der Leibeigenen vorausgesetzt sind, zwingen diese dazu, eine bestimmte Fronarbeit zu leisten und deren Produkte in Naturalform den Herrschenden zu übergeben. Weder in Bezug auf die Fronarbeit noch auf die Produkte führen die Leibeigenen selbst gesellschaftliche Aktionen aus, die einen Einfluss auf die Gesellschaftlichkeit der Arbeit haben könnten, da jene durch das zugrunde liegende Herrschafts-Knechtschafts-Verhältnis bestimmt ist.

Besteht der gesellschaftliche Zusammenhang aus einer *Bauernfamilie*, dann ist er in seiner historisch-spezifischen Form durch die dieser Familie eigentümliche, oben bereits angedeutete *naturwüchsige* Teilung der Arbeit bestimmt. Die zur Erhaltung der Bauernfamilie notwendigen verschiedenen Arbeiten werden in Abhängigkeit von bestimmten natürlichen Zuständen je nach der Art der Familienzugehörigkeit auf die einzelnen Familienmitglieder verteilt. Die Familie stellt einen gesellschaftlichen Zusammenhang dar, der den einzelnen Arbeiten *vorausgesetzt* ist und durch den bereits feststeht, dass diese für die Erhaltung der Familie notwendig sind.

»Die verschiednen Arbeiten, welche diese Produkte erzeugen, Ackerbau, Viehzucht, Spinnen, Weben, Schneiderei usw. sind in ihrer *Naturalform gesellschaftliche Funktionen* (Hervorhebung – D. W.), weil Funktionen der Familie, die ihre eigne, naturwüchsige Teilung der Arbeit besitzt.«[22]

---

[21] Ebd.
[22] Ebd., S. 92.

Auch in der patriarchalischen Industrie einer *Bauernfamilie* geht es um die *gesellschaftliche Qualität* der Arbeit und um das *gesellschaftlich notwendige Quantum* ihrer Verausgabung. Dass die gesellschaftliche Qualität der verschiedenen Arbeiten in ihrer Naturalform besteht, hat die Bauernfamilie als eine bestimmte *gesellschaftliche Form* des Zusammenlebens zur Voraussetzung.

Schließlich sei auch noch kurz für den *»Verein freier Menschen«* angedeutet, warum auch in ihm, wie in den bisher betrachteten Beispielen, die Arbeiten als konkret-nützliche zugleich gesellschaftlich-allgemeine sind bzw. in ihrer Naturalform ihre unmittelbare gesellschaftliche Form besitzen.

Der gesellschaftliche Zusammenhang, welcher in einem »Verein freier Menschen« der Arbeit *vorausgesetzt* ist und worin über deren gesellschaftliche Allgemeinheit entschieden wird, besitzt einen *gemeinschaftlichen* Charakter. »Ökonomie der Zeit, sowohl wie planmäßige Verteilung der Arbeitszeit auf die verschiednen Zweige der Produktion«[23] kennzeichnen einen gesellschaftlichen Zusammenhang als gemeinschaftlichen, d.h. ist »erstes ökonomisches Gesetz auf Grundlage der gemeinschaftlichen Produktion«.[24] Es findet eine planmäßige Verteilung der insgesamt zur Verfügung stehenden Arbeitszeit statt, die auf die Bedürfnisse der Menschen ausgerichtet ist. Die gegenständlichen Bedingungen der Arbeit gehören allen und werden gemeinschaftlich genutzt. Hierdurch sind die einzelnen besonderen Arbeiten von vornherein als zur Erhaltung des »Vereins« notwendige, d.h. als gesellschaftlich verausgabte anerkannt. Die einzelnen Arbeiten, die verrichtet werden, sind unmittelbar allgemein, weil sie bereits als Glieder einer allgemeinen und gemeinschaftlich organisierten Gesamtarbeit gesetzt sind.

Wie die verschiedenen Arbeiten der »freien Menschen«, so sind auch ihre Produkte unmittelbar allgemein; denn wird die proportionelle Verteilung der gesellschaftlichen Arbeit bewusst und planmäßig betrieben, dann bilden die Produkte ein allen Mitgliedern gehörendes gesellschaftliches Gesamtprodukt, das durch eine wiederum bewusste und das Einverständnis aller einschließenden Verteilung dem Verbrauch zugeführt wird. Wie immer dies im Einzelnen geregelt sein mag,[25] es hat auf jeden Fall »eine Organisation der Arbeit«[26] stattgefunden, »die den Anteil des Einzelnen an der *gemeinschaftlichen* (Hervorhebung – D. W.) Konsumtion zur Folge hat«.[27]

---

23 Karl Marx, Grundrisse, a.a.O., S. 89.
24 Ebd.
25 Vgl. Das Kapital, MEW 23, a.a.O., S. 93.
26 Karl Marx, Grundrisse, a.a.O., S. 89.
27 Ebd.

Kapitel 3
Zur gesellschaftlichen Bedeutung der abstrakt-menschlichen Arbeit in kapitalistischen Gemeinwesen

1. Vorbemerkung

Die Warenzirkulation gehört sowohl den kapitalistischen wie auch den nicht-kapitalistischen Produktionsweisen an. Man kann mit ihren Kategorien, d.h. zum Beispiel mit der preisbestimmten Ware und dem Geld als unterschiedlichen Erscheinungsformen des Werts überhaupt nicht die »differentia spezifica« der unterschiedlichen Produktionsweisen begreifen.[1]

In nicht-kapitalistischen Gemeinwesen ergreift die Warenzirkulation nur die überschüssigen Produkte. Diese werden in einem gesellschaftlichen Zusammenhang hergestellt, der mit den Formen des Werts nichts zu tun hat. Daher wird auch auf eine von der Warenzirkulation unabhängigen Weise sowohl die proportionelle Verteilung der gesellschaftlichen Arbeit vollzogen als auch das Problem gelöst, in welcher Form die einzelnen Arbeiten gesellschaftlich-allgemeine sind. Zwar existiert die Warenzirkulation in einem kapitalistischen Gemeinwesen zugleich mit gesellschaftlichen Verhältnissen, die von ihr verschieden sind. Ihr Zusammenhang mit diesen ist aber ein anderer als in nicht-kapitalistischen Gemeinwesen. Dringt man über die Warenzirkulation hinaus tiefer in den bürgerlichen Gesamtreproduktionsprozess ein, dann stößt man auf die von der Warenzirkulation verschiedene historisch gewordene Bedingung, unter der sie allgemein vorherrscht, d.h. unter der alle Arbeitsprodukte in Waren verwandelt worden sind und die Metamorphose W (Ware) – G (Geld) – W (Ware) durchlaufen. Diese historisch gewordene Bedingung besteht aus dem Kapital und damit aus dem gesellschaftlichen Verhältnis der Eigentümer der Produktionsmittel zu den Eigentümern ihrer eigenen Arbeitskraft. »Was also die kapitalistische Epoche charakterisiert, ist, daß die Arbeitskraft für den Arbeiter selbst die Form einer ihm gehörigen Ware, seine Arbeit daher die Form der Lohnarbeit erhält. Andrerseits *verallgemeinert sich erst von diesem Augenblick die Warenform der Arbeitsprodukte*.«[2] (Hervorhebung – D. W.)

[1] Das Kapital, MEW 23, a.a.O., S. 128, Fn. 73.
[2] Ebd., S. 184, Fn. 41.

Die Warenzirkulation und das die bürgerliche Gesellschaft in ihrer historischen Spezifik kennzeichnende Kapital sind nicht mehr in derselben Weise voneinander verschieden, wie die Warenzirkulation in nicht-kapitalistischen Gemeinwesen von den übrigen nicht in Form des Werts erscheinenden gesellschaftlichen Verhältnissen. Der Unterschied zwischen der Warenzirkulation und dem Kapital ist ein Unterschied zwischen ein und derselben, in Form des Werts erscheinenden Gesellschaftlichkeit der Arbeit. Während die Warenzirkulation in ihrer historischen Spezifik durch die preisbestimmte Ware und das Geld als in ihr erscheinenden Formen des Werts bestimmt ist, zeichnet sich das Kapital in seiner historischen Spezifik durch den »sich verwertenden Wert« aus. Dieser ist eine gegenüber der preisbestimmten Ware und dem Geld ungleich weiterentwickelte Form des Werts. Die Warenzirkulation existiert nicht wie in nicht-kapitalistischen Gemeinwesen mehr oder weniger entwickelt *neben* dem gesellschaftlichen Produktionsprozess, sondern ist in diesen als ein ihm immanentes Moment seiner Dynamik integriert.

Mit den abstrakten Kategorien der Warenzirkulation kann man von den nicht-kapitalistischen Gemeinwesen nur eine Randerscheinung und von den kapitalistischen Gemeinwesen nur ihre abstrakt-allgemeine Grundlage begreifen. »Die Wertform des Arbeitsprodukts ist die abstrakteste, aber auch allgemeinste Form der bürgerlichen Produktionsweise, die hierdurch als eine besondere Art gesellschaftlicher Produktion und damit zugleich historisch charakterisiert wird.«[3]

In nicht-kapitalistischen Gemeinwesen ist der gesellschaftliche Produktionsprozess nicht vom Tauschwert beherrscht. Er ist in ihnen daher auch nicht wie in den kapitalistischen Gemeinwesen sowohl die Form, worin sich die proportionelle Verteilung der gesellschaftlichen Arbeit durchsetzt, als auch die Form, worin der gesellschaftlich-allgemeine Charakter der einzelnen Arbeiten ausgedrückt wird. Der Austausch der Arbeitsprodukte ist in den kapitalistischen Gemeinwesen ein Teil des gesellschaftlichen Gesamtreproduktionsprozesses. Mit dem Austausch hat man die proportionelle Verteilung der gesellschaftlichen Arbeit und die Erzeugung des gesellschaftlich-allgemeinen Charakters der einzelnen Arbeiten daher auch nur zum Teil erfasst.

2. Der Austausch der Arbeitsprodukte als gesellschaftlicher Zusammenhang, worin die abstrakt-menschliche Arbeit als spezifisch-gesellschaftliche Form der einzelnen Arbeiten erzeugt wird

Wird von der Gesellschaftlichkeit eines Gemeinwesens gesprochen, dann ist hiermit stets die Gesellschaftlichkeit der Arbeit gemeint. Mit dieser Gesellschaftlichkeit ist der Zusammenhang angesprochen, innerhalb dessen die Menschen sich

[3] Ebd., S. 95, Fn. 32.

praktisch die Natur aneignen. Da die Menschen verschiedene Arbeiten verrichten, müssen sie sich in diesem Zusammenhang ihre Arbeit als füreinander verausgabte anerkennen. Zusammenfassend lässt sich die Gesellschaftlichkeit der Arbeit wie folgt kennzeichnen: 1. Durch das Verhalten der Individuen zueinander und zur Natur; 2. durch die darin sich vollziehende proportionelle Verteilung der dem Gemeinwesen insgesamt zur Verfügung stehenden Arbeitszeit auf die einzelnen Arbeiten; 3. durch die Erzeugung der spezifisch-gesellschaftlichen Form, in der die einzelnen Arbeiten von den Individuen als gesellschaftlich verausgabte anerkannt werden.

Die vom Austausch verschiedenen nicht-kapitalistischen gesellschaftlichen Zusammenhänge sind auf je verschiedene Weise so strukturiert, dass die Arbeiten in ihrer konkret-nützlichen Form von vornherein als gesellschaftlich verausgabte anerkannt werden. Der aus dem Austausch der Arbeitsprodukte selbst bestehende gesellschaftliche Zusammenhang ist dagegen aber so strukturiert, dass die Arbeiten nicht in ihrer konkret-nützlichen, sondern in der davon völlig verschiedenen Form der abstrakt-menschlichen Arbeit als gesellschaftlich verausgabte anerkannt werden. Die abstrakt-menschliche Arbeit wird zur historisch-spezifischen Form der Arbeiten, weil im Austausch das gesellschaftliche Verhältnis der Menschen durch das gesellschaftliche Verhältnis der Sachen zueinander *gegenständlich vermittelt* ist. Der Austausch der Arbeitsprodukte darf nicht isoliert von dem gesellschaftlichen Verhältnis der Menschen nur als ein gesellschaftliches Verhältnis der Sachen aufgefasst werden. Vielmehr muss man sehen, dass sich in ihm die beiden gesellschaftlichen Verhältnisse wechselseitig bedingen. Es gibt kein gesellschaftliches Verhältnis von Sachen, ohne das gesellschaftliche Verhältnis von Menschen; es sei denn, man halte es für möglich, die Arbeitsprodukte würden sich von allein austauschen.

Verhalten sich die Menschen zueinander, indem sie ihre Arbeitsprodukte austauschen, so ist dies das Resultat eines vorangegangenen historischen Entwicklungsprozesses. Diesem kann sich keiner entziehen, insofern er in der ökonomisch-gesellschaftlichen Wirklichkeit tätig ist. Soweit die bürgerliche Gesellschaft aus der Warenzirkulation besteht, ist in ihr auch das Verhalten der Menschen zueinander durch das Entäußern und Aneignen der Arbeitsprodukte vermittelt. Die Verhältnisse der Menschen sind durch die Verhältnisse der Sachen vermittelt, insofern durch die zuletzt genannten Verhältnisse sowohl die proportionelle Verteilung der gesellschaftlichen Arbeit festgelegt als auch die spezifisch-gesellschaftliche Form der einzelnen Arbeiten erzeugt wird. Alle die historisch-spezifische Form der Gesellschaftlichkeit der Arbeit betreffenden Entscheidungen werden in einer für die Menschen unbewussten Weise im gesellschaftlichen Verhältnis der Sachen gefällt. Die gesellschaftlichen Verhältnisse der Sachen, die in der bürgerlichen Gesellschaft das gesellschaftliche Verhältnis der Menschen vermitteln, entscheiden über die gesellschaftliche Allgemeinheit der Arbeit, wie in den nicht-kapitalistischen Gemeinwesen hierüber die gesellschaftlichen Verhältnisse der Menschen entscheiden, die einen »unmittelbar gesellschaftlichen« Charakter besitzen und den Arbeiten vorausgesetzt sind.

In einem nicht-kapitalistischen Gemeinwesen werden die Arbeiten innerhalb des ihnen vorausgesetzten Verhaltens der Menschen zueinander im Zuge der proportionellen Verteilung der gesellschaftlichen Arbeit auch als abstrakt-menschliche aufeinander bezogen. Diese durchaus gesellschaftlich bedingte Beziehung hat aber weder einen Einfluss auf die Herstellung der spezifisch-gesellschaftlichen Form der einzelnen Arbeiten noch auf die spezifische Form, in der sich die proportionelle Verteilung der gesellschaftlichen Arbeit durchsetzt.

Insgesamt ergibt sich aus den bisher gemachten Ausführungen:

1. Die Arbeit ist eine gesellschaftliche, weil das Verhalten der Menschen zur Natur, worin sie sich praktisch mit dieser auseinander setzen, über ihr Verhalten zueinander vermittelt ist.

2. Zur Gesellschaftlichkeit der Arbeit gehört die in der proportionellen Verteilung der Gesamtarbeit eingeschlossene Beziehung der einzelnen Arbeiten als abstrakt-menschliche aufeinander, eine Beziehung, die in dem gesellschaftlichen Zusammenhang enthalten ist, innerhalb dessen die Arbeit als konkret-nützliche verausgabt wird.

3. Dieser gesellschaftliche Zusammenhang entscheidet sowohl über die historisch-gesellschaftliche Form der proportionellen Verteilung der Gesamtarbeit als auch über den gesellschaftlich-allgemeinen Charakter, d.h. über die historisch-gesellschaftliche Form der einzelnen konkret-nützlichen Arbeiten.

4. Ebenso wenig wie von der proportionellen Verteilung der Arbeit auf die historische Form des gesellschaftlichen Zusammenhangs kann von der Beziehung der Arbeiten als gleiche menschliche zueinander auf deren spezifisch-gesellschaftliche Form geschlossen werden. Denn auch dann, wenn diese Form aus der konkreten Nützlichkeit der einzelnen Arbeiten besteht, werden diese als abstrakt-menschliche Arbeiten aufeinander bezogen.

Zeichnet sich der gesellschaftliche Zusammenhang durch die »unmittelbare Gesellschaftlichkeit« aus, dann ist er sowohl in seiner naturwüchsigen als auch bewusst geplanten Gestalt den einzelnen Arbeiten vorausgesetzt.

Warum ist der gesellschaftliche Zusammenhang, insofern er für die Durchsetzung der proportionellen Verteilung der Arbeit und die Herstellung des gesellschaftlich-allgemeinen Charakters der einzelnen Arbeiten verantwortlich ist, bei weitem mehr als nur die Beziehung der einzelnen Arbeiten als abstrakt-menschliche Arbeit aufeinander? Um diese Frage zu beantworten, soll noch einmal auf die bereits bekannten historischen Beispiele zurückgegriffen werden. In den oben betrachteten Gemeinwesen waren die konkret-nützlichen Arbeiten zugleich gesellschaftlich-allgemeine. Dies hat nichts damit zu tun, dass die einzelnen Arbeiten im Zuge der proportionellen Verteilung der Gesamtarbeit als abstrakt-menschliche Arbeit aufeinander bezogen werden. Der gesellschaftlich-allgemeine Charakter der einzelnen Arbeiten hängt nicht von ihrer Beziehung als abstrakt-menschliche aufeinander ab.

Sein Leben, so weiß *Robinson*, kann er nur erhalten, wenn er sowohl auf Basis der Kenntnis der äußeren Bedingungen seiner Notlage und seiner eigenen Fähigkeiten als auch auf Basis der Auswertung seiner Erfahrungen bestimmte Tätigkeiten ausführt, wie »Werkzeuge machen, Möbel fabrizieren, Lama zähmen, fischen, jagen usw.«.[4] Alles, was ihm dazu dient, unter Berücksichtigung der ihm zur Verfügung stehenden Zeit seine Gesamttätigkeit auf die einzelnen Tätigkeiten zu verteilen, strukturiert das Leben Robinsons so, dass seine Tätigkeiten in der *konkret-nützlichen Form, in der er sie verausgabt, von vornherein »gesellschaftlich-allgemein«* sind bzw. von ihm als für die Erhaltung seines Lebens notwendige *anerkannt* werden.

In der *mittelalterlichen Leibeigenschaft* ist alles das, was sie als persönliches Abhängigkeitsverhältnis bzw. unmittelbares Herrschafts-Knechtschafts-Verhältnis auszeichnet, für die historische Form der proportionellen Verteilung der Arbeit und für die aus der konkreten Nützlichkeit bestehende spezifisch-gesellschaftliche Form der Arbeiten verantwortlich. Die Beziehung der einzelnen Arbeiten als gleiche menschliche aufeinander hat damit nichts zu tun.

Um hierauf abschließend noch einmal auf den *»Verein freier Menschen«* einzugehen, sei dieser der größeren Anschaulichkeit wegen so vorgestellt, als bestünde er aus mehreren Personen, die wechselseitig füreinander verschiedene Produkte herstellen. Bevor diese Personen mit der Produktion beginnen, setzen sie sich zusammen, um eine Diskussion zu führen, in deren Verlauf sie sich einigen, in welcher Weise sie die Gesamtarbeitszeit auf ihre einzelnen Arbeiten verteilen wollen. Die Personen verständigen sich in der Diskussion über ihre Bedürfnisse, über die Art der Produkte, die ihre Bedürfnisse befriedigen sollen, und schließlich darüber, wer für wen ein bestimmtes Produkt herstellt. Direkt an ihren Bedürfnissen orientiert, vergleichen sie die einzelnen Arbeiten miteinander nicht nur unter dem Aspekt des Nutzeffektes, sondern – da ihnen ja nur die festgeschriebene Arbeitszeit zur Verfügung steht – auch direkt unter dem Aspekt der Quantität. Die für ein Produkt aufzubringende Arbeitszeit wird von vornherein auf einem bestimmten Entwicklungsstand der Produktivkraftentwicklung als ein aliquoter Teil der Gesamtarbeit festgelegt. In der Diskussion, in der eine Übereinkunft herbeigeführt wird, machen die Personen die konkrete Nützlichkeit zur spezifisch-gesellschaftlichen Form ihrer einzelnen Arbeiten. Was hierbei die Festlegung der auf ein Produkt zu verwendenden Arbeitszeit und die Herstellung der spezifisch-gesellschaftlichen Form der Arbeiten anbelangt, so würde sich nichts ändern, wenn sich die Personen wechselseitig ein »Arbeitszertifikat« aushändigen. Auf diesem könnte der individuelle

---

[4] Ebd., S. 90.

»Anteil des Produzenten an der Gemeinarbeit« festgehalten werden und der Besitzer »seinen individuellen Anspruch auf den zur Konsumtion bestimmten Teil des Gemeinprodukts«[5] erheben.

Wenn die Personen im Zuge der proportionellen Verteilung ihrer Gesamtarbeit die einzelnen Arbeiten quantitativ durch die notwendige Zeit ihrer Verausgabung messen und als abstrakt-menschliche aufeinander beziehen, dann hat dies überhaupt keinen Einfluss auf die Besonderheit des Zusammenhangs, der sich in seiner Gesellschaftlichkeit durch eine Übereinkunft auszeichnet, die im Verlauf einer Diskussion hergestellt worden ist. Um die »unmittelbare Gesellschaftlichkeit« eines »Vereins freier Menschen« darzustellen, ist es nicht erforderlich, unmittelbar auf die Beziehung der einzelnen Arbeiten als abstrakt-menschliche zueinander einzugehen.

In einem gesellschaftlichen Zusammenhang, der aus dem *Austausch der Arbeitsprodukte* besteht, tritt die Beziehung der einzelnen Arbeiten, die in der Beziehung der Arbeitsprodukte enthalten ist, an die Stelle des in der Diskussion sich realisierenden Verhaltens der Personen zueinander. Diese haben in der Diskussion, die bereits vor und unabhängig von der jeweiligen Verausgabung ihrer Arbeiten stattfindet, über deren spezifisch-gesellschaftliche Form entschieden.

In einem gesellschaftlichen Zusammenhang, der aus dem Austausch der Arbeitsprodukte besteht, verhält es sich umgekehrt. Gehen die Menschen erst vermittels des Austauschs ihrer Arbeitsprodukte einen gesellschaftlichen Zusammenhang miteinander ein, dann tun sie dies erst *nach* der Verausgabung ihrer einzelnen Arbeiten.[6]

Im Austausch der Arbeitsprodukte entscheiden die Menschen erst *nach* der Verausgabung ihrer Arbeiten über deren spezifisch-gesellschaftliche Form. Sie tun dies aber nicht getrennt und unabhängig von den einzelnen Arbeiten. Deren Beziehung aufeinander ist so, wie sie in dem gesellschaftlichen Verhältnis der Arbeitsprodukte eingeschlossen ist, das erste und einzige gesellschaftliche Geschehen, durch das ihr gesellschaftlich-allgemeiner Charakter hergestellt wird. Bevor sich die Menschen als Besitzer von Waren gegenüberstehen, hat zwischen ihnen kein gesellschaftlicher Zusammenhang bestanden, der die proportionelle Verteilung der Gesamtarbeit geregelt und den einzelnen Arbeiten eine gesellschaftlich-allgemeine Form gegeben hätte. Beides vollbringt der Austausch auf eine den Menschen unbewusste Weise, insofern er das von dem gesellschaftlichen Verhältnis der Menschen verschiedene gesellschaftliche Verhältnis der Arbeitsprodukte ist. Neben dieser Besonderheit ist der Austausch ein gesellschaftlicher Zusammenhang wie jeder andere. Wie immer sich daher jene Besonderheit auswirken wird, so steht von vorn-

---

[5] Ebd., S. 109f., Fn. 50.

[6] Da die Warenzirkulation niemals selbständig für sich existiert und ihr stets ein gesellschaftlicher Produktionsprozess vorausgeht, soll später noch ausführlich auf die »Nachträglichkeit« eingegangen werden, durch die sich der Austausch der Arbeitsprodukte in seiner Gesellschaftlichkeit auszeichnet.

herein fest, dass in ihm die einzelnen Arbeiten als abstrakt-menschliche aufeinander bezogen werden. Die in den Arbeitsprodukten vergegenständlichten Arbeiten werden im Austausch auf die gesellschaftliche Gesamtarbeit bezogen, so dass die individuell verausgabten Arbeitszeiten als aliquote Teile der Gesamtarbeitszeit gesetzt werden.

Im Vorgriff auf noch kommende Ausführungen soll auf die abstrakt-menschliche Arbeit eingegangen werden, insofern sie die spezifisch-gesellschaftliche Form der einzelnen Arbeiten ist. Als Vergegenständlichung der abstrakt-menschlichen Arbeit ist der Wert die historisch-spezifische Weise, in der die einzelnen Arbeiten ihren gesellschaftlich-allgemeinen Charakter erhalten haben.

Sagt man vom Austausch, in ihm würden, *wie in jedem anderen gesellschaftlichen Zusammenhang*, die einzelnen Arbeiten als abstrakt-menschliche aufeinander bezogen, dann hat das wohlgemerkt noch nichts mit deren spezifisch-gesellschaftlicher Form zu tun. *Der einzige »Ort«, wo aber in dem gesellschaftlichen Zusammenhang, der aus dem Austausch besteht, die einzelnen Arbeiten überhaupt als abstrakt-menschliche aufeinander bezogen werden, ist gleichzeitig auch der einzige »Ort«, an dem ihre spezifisch-gesellschaftliche Form erzeugt wird.*

Es ist daher der gesellschaftliche Zusammenhang, worin die Menschen sich ihre Arbeiten wechselseitig als *gesellschaftlich* verausgabte *anerkennen.* Mit der Frage nach der Austauschbarkeit der Produkte als Vergegenständlichung der konkret-nützlichen Arbeiten beantwortet man auch die Frage nach dem gesellschaftlich-allgemeinen Charakter, den diese in dem aus dem Austausch bestehenden gesellschaftlichen Zusammenhang erhalten. Die Form, in der die Arbeitsprodukte *austauschbar* sind, ist auch die Form, in der die einzelnen Arbeiten von den Menschen als gesellschaftlich verausgabte anerkannt werden. Im Austauschprozess besteht die Lösung des Problems, wie die einzelnen Arbeiten sich als gesellschaftlich-allgemeine erweisen, aus der Lösung des Problems, in welcher Form die Arbeitsprodukte als Vergegenständlichungen der einzelnen Arbeiten untereinander *gleich* sind.

Die Form, in der die Produkte *austauschbar* sind, ist die Form, in der die einzelnen konkret-nützlichen Arbeiten als *gesellschaftliche anerkannt* werden. Sind die Produkte austauschbar nur, insofern sie Vergegenständlichungen unterschiedsloser menschlicher Arbeit sind, dann ist diese auch die Form, in der die einzelnen Arbeiten den Charakter der gesellschaftlichen Allgemeinheit erhalten. Um als gesellschaftliche anerkannt zu sein, muss sich die einzelne Arbeit auf *sachliche* Weise als ihr abstraktes Gegenteil, nämlich als *abstrakt-menschliche* Arbeit darstellen. Die Produkte der einzelnen Arbeiten müssen sich nicht nur als Gebrauchswerte, sondern zugleich als Vergegenständlichungen der abstrakt-menschlichen Arbeit erweisen. Insofern der gesellschaftliche Zusammenhang mit der Gleichsetzung der Arbeitsprodukte identisch ist, entscheidet er über den gesellschaftlich-allgemeinen Charakter der einzelnen Arbeiten. Dieser besteht daher *nicht* aus der *konkret-*

nützlichen, sondern aus der *abstrakt-menschlichen* Arbeit. Dies ist so, weil die einzelnen Arbeiten im Austausch nicht in einem ihnen vorausgesetzten gesellschaftlichen Zusammenhang, sondern in der gegenständlichen Form der Arbeitsprodukte aufeinander bezogen werden.

Innerhalb des Austauschs ist das Verhältnis der Sachen zueinander das einzige gesellschaftliche Verhältnis, worin die Arbeiten nicht nur ihre spezifisch-gesellschaftliche Form erhalten, sondern auch als abstrakt-menschliche aufeinander bezogen werden. Das ahistorisch gültige, jede Gesellschaftsformation auszeichnende Beziehen der einzelnen Arbeiten als abstrakt-menschliche aufeinander fällt im Austausch mit der Herstellung der spezifisch-gesellschaftlichen Form der einzelnen Arbeiten zusammen. »In jeder gesellschaftlichen Arbeitsform sind die Arbeiten der verschiednen Individuen auch als menschliche auf einander bezogen, aber hier (in der bürgerlichen Gesellschaft – D. W.) gilt diese *Beziehung selbst* als die *specifisch gesellschaftliche Form* der Arbeiten.«[7]

Die Arbeitsprodukte werden im Austausch *gleichgesetzt* und hiermit in Werte bzw. in Vergegenständlichungen der abstrakt-menschlichen Arbeit verwandelt, welche sich damit als die *spezifisch-gesellschaftliche Form* aller Arbeiten erweist.

Auch in nicht-kapitalistischen, sich durch unmittelbare Formen der Gesellschaftlichkeit auszeichnenden Gemeinwesen werden die konkret-nützlichen Arbeiten als abstrakt-menschliche aufeinander bezogen. Der Austausch ist also nur ein historisch besonderer, für die Erhaltung eines Gemeinwesens überhaupt nicht für immer erforderlicher Zusammenhang. Nur im Austausch werden die einzelnen Arbeiten so als abstrakt-menschliche Arbeit aufeinander bezogen, dass diese zur Arbeit in historisch-spezifischer Form wird. Alle die bürgerliche Gesellschaft in ihrer historisch-gesellschaftlichen Form auszeichnenden Weisen, in denen die Arbeitsprodukte füreinander als Werte existieren, sind ebenso viele Weisen, in denen die einzelnen Arbeiten in der von ihnen verschiedenen Form der abstrakt-menschlichen Arbeit gesellschaftlich-allgemeine sind.

In der Ware als Einheit von Gebrauchswert und Wert ist auf gesellschaftlich gültige Weise Folgendes ausgedrückt: Die in ihr vergegenständlichte Arbeit besitzt gesellschaftlich-allgemeinen Charakter nur in der von ihr absolut verschiedenen Form der abstrakt-menschlichen Arbeit. Insofern das Arbeitsprodukt Wert ist, gilt es in der aus der Warenzirkulation bestehenden ökonomisch-gesellschaftlichen Wirklichkeit nur als die Vergegenständlichung der abstrakt-menschlichen Arbeit. Der Wert ist »eine bestimmte gesellschaftliche Manier ..., die auf ein Ding verwandte Arbeit auszudrücken«.[8]

---

[7] Das Kapital, 1. Auflage, MEGA II/5, a.a.O., S. 41.
[8] Das Kapital, MEW 23, a.a.O., S. 97.

3. Die qualitative und quantitative Seite der proportionellen Verteilung im Austausch der Arbeitsprodukte

Im Austausch zeigt sich, in welcher Form die einzelnen Arbeiten gesellschaftlich-allgemeine sind und welche gesellschaftlich notwendige Zeit jeweils auf sie verwandt werden muss. Der Austausch soll im Folgenden daraufhin untersucht werden, wie in ihm die Beziehungen der einzelnen Arbeiten zur gesellschaftlichen Gesamtarbeit bestimmt sind und wie sie zu Gliedern dieser Gesamtarbeit gemacht werden. Entsprechend zu dieser qualitativen Seite, in der es um die spezifisch-gesellschaftliche Form der einzelnen Arbeiten geht, gilt für die quantitative Seite der proportionellen Verteilung der gesellschaftlichen Arbeit: Erst im Austausch der Arbeitsprodukte zeigt sich, in welchem Verhältnis die auf die einzelnen Arbeiten verwandte Zeit zu der Zeit steht, die für die Gesamtarbeit aufzubringen ist. Die einzelnen Arbeitszeiten werden erst *nach* der jeweiligen individuellen Verausgabung der einzelnen Arbeiten im »Stellen- bzw. Händewechsel« der Arbeitsprodukte als aliquote Teile der Gesamtarbeitszeit gesetzt. Aufgrund dieser *»Nachträglichkeit«* des gesellschaftlichen Kontakts stimmen die bereits tatsächlich bei der Herstellung der Produkte verausgabten individuellen Arbeitszeiten nicht oder nur zufällig mit den gesellschaftlich notwendigen Arbeitszeiten überein.

Die qualitative Seite der proportionellen Verteilung der gesellschaftlichen Arbeit ist durch die Verwandlung der Arbeitsprodukte in Waren geprägt. Durch die Austauschbarkeit der Arbeitsprodukte als Werte erhalten die einzelnen Arbeiten in der von ihnen verschiedenen Form der abstrakt-menschlichen Arbeit ihre spezifisch-gesellschaftliche Form. Alles, was dazu gehört, dass sich der Wert als etwas »rein Gesellschaftliches« im Verhältnis der Waren zueinander ausdrückt, ist genuiner Bestandteil der *qualitativen* Seite der proportionellen Verteilung der Gesamtarbeit. Der Wert einer Ware drückt sich z.B. im Gebrauchswert einer anderen Ware aus. Hierdurch befindet sich die zweite Ware in der Form *unmittelbarer Austauschbarkeit, weil der Gebrauchswert der zweiten Ware nur als das gilt, was die erste Ware als Wert ist.* Sie gilt nur als Vergegenständlichung abstrakt-menschlicher Arbeit. »Der Wert der Ware A wird qualitativ ausgedrückt durch die unmittelbare Austauschbarkeit der Ware B mit der Ware A.«[9]

Hat sich der Wert auf diese Weise qualitativ ausgedrückt, dann hat sich im Austausch die proportionelle Verteilung der gesellschaftlichen Arbeit in einer Form durchgesetzt, in der die abstrakt-menschliche Arbeit die spezifisch-gesellschaftliche Form der einzelnen Arbeiten ist. Der Wert muss sich *qualitativ* ausdrücken, weil er selbst nur als *Vergegenständlichung der abstrakt-menschlichen Arbeit eine gesellschaftliche Qualität* ist. Bei allem, was den Wert in seiner Gesellschaftlichkeit qualitativ auszeichnet, geht es um die qualitative Seite der proportionellen

[9] Ebd., S. 74.

Verteilung der Gesamtarbeit, insofern die spezifisch-gesellschaftliche Form der einzelnen Arbeiten hergestellt wird. Diese besteht aufgrund des Austauschs der Arbeitsprodukte aus der abstrakt-menschlichen Arbeit. Die unterschiedlichen Weisen, in denen sich der Wert der Waren qualitativ in deren Verhältnis zueinander ausdrückt, sind nichts anderes als unterschiedliche Weisen, in denen sich ausdrückt, dass die abstrakt-menschliche Arbeit die spezifisch-gesellschaftliche Form aller Arbeiten ist.

Inwiefern es im Wert um die qualitative Seite der proportionellen Verteilung der Gesamtarbeit geht, ergibt sich aus seiner Qualität als der Vergegenständlichung abstrakt-menschlicher und in dieser Form gesellschaftlicher Arbeit. »Ein Gebrauchswert oder Gut hat ... nur einen Wert, weil abstrakt menschliche Arbeit in ihm vergegenständlicht oder materialisiert ist. Wie nun die Größe seines Werts messen? Durch das Quantum der in ihm enthaltenen ›wertbildenden Substanz‹, der Arbeit. Die Quantität der Arbeit selbst mißt sich an ihrer Zeitdauer, und die Arbeitszeit besitzt wieder ihren Maßstab an bestimmten Zeitteilen, wie Stunde, Tag usw.«[10] Die abstrakt-menschliche Arbeit ist die gesellschaftliche Substanz des Werts, insofern sie die Form ist, in der die Menschen im Austausch ihre Arbeiten wechselseitig als gesellschaftlich verausgabte anerkennen. In der bürgerlichen Gesamtreproduktion, deren integraler Bestandteil die Warenzirkulation ist, setzt sich in einer immer auch für die Individuen unbewussten Weise das Quantum der in den Arbeitsprodukten steckenden Arbeitszeit durch, das gesellschaftlich notwendig ist. »Gesellschaftlich notwendige Arbeitszeit ist Arbeitszeit, erheischt, um irgendeinen Gebrauchswert mit den vorhandenen gesellschaftlich-normalen Produktionsbedingungen und dem gesellschaftlichen Durchschnittsgrad von Geschick und Intensität der Arbeit darzustellen.«[11]

Im Wert sind die *qualitative*, auf die spezifisch-gesellschaftliche Form abhebende und die *quantitative*, auf die Dauer der Arbeitszeit abhebende Seite vereinigt. Der Wert muss sich daher im Verhältnis der Waren zueinander nicht nur qualitativ, sondern gleichzeitig auch *quantitativ* ausdrücken. Im Austausch werden die Arbeitsprodukte in Waren verwandelt, indem sie einander als Werte gleichgesetzt werden. Insofern gehört der Austausch auch zu dem gesamtgesellschaftlichen Prozess, worin die unterschiedlichen Arbeitszeiten miteinander verglichen und ihr respektives Gewicht an der gesellschaftlichen Gesamtarbeitszeit festgesetzt wird. Indem der Wert sich quantitativ ausdrückt, werden die einzelnen Arbeitszeiten als aliquote Teile der gesellschaftlichen Gesamtarbeitszeit gesetzt. So ist es z.B. im Verhältnis zweier Waren zueinander »die Austauschbarkeit eines bestimmten Quantums der Ware B mit dem gegebenen Quantum der Ware A«,[12] wodurch der Wert

[10] Ebd., S. 53.
[11] Ebd.
[12] Ebd., S. 74.

quantitativ ausgedrückt wird. Die Zeit, die für die Herstellung eines Produkts gesellschaftlich notwendig ist, erscheint in dem Austauschverhältnis bestimmter Quantitäten von Waren.

In dem Verhältnis der Waren zueinander, worin sich in der beschriebenen Weise der Wert *qualitativ* und *quantitativ* ausdrückt, erhält er auch die *von ihm verschiedene Form des Tauschwerts*, indem er die Form des Gebrauchswerts der zweiten Ware annimmt. Zusammenfassend gilt daher: *»Der Wert einer Ware ist selbständig ausgedrückt durch seine Darstellung als ›Tauschwert‹.«*[13] (Hervorhebung – D. W.)

4. Der Austausch der Arbeitsprodukte als ein gesellschaftlicher Zusammenhang, worin das Verhalten der Menschen zueinander *gegenständlich* vermittelt ist

Bei dem, was bisher übe0r die konkret-nützliche und abstrakt-menschliche Arbeit ausgeführt worden ist, muss Folgendes auseinander gehalten werden:

1. Die konkret-nützliche Arbeit ist ein ewig gültiger Stoffwechselprozess zwischen Mensch und Natur.

2. Die abstrakt-menschliche Arbeit ist eine allgemeine Eigenschaft aller konkret-nützlichen Arbeiten.

3. In allen Gemeinwesen werden die konkret-nützlichen Arbeiten zugleich als abstrakt-menschliche Arbeiten aufeinander bezogen. »In jeder gesellschaftlichen Arbeitsform sind die Arbeiten der verschiednen Individuen auch als menschliche auf einander bezogen«[14].

4. In nicht-kapitalistischen Gemeinwesen, die sich durch Formen »unmittelbarer Gesellschaftlichkeit« der Arbeit auszeichnen, besitzen die einzelnen Arbeiten in ihrer konkret-nützlichen Form zugleich ihre spezifisch-gesellschaftliche Form. »Die Naturalform der Arbeit, ihre Besonderheit ... ist hier ihre *unmittelbar gesellschaftliche Form*«[15] (Hervorhebung – D. W.). (Spezifisch-gesellschaftliche Form der Arbeiten und gesellschaftlich-allgemeine Arbeit sind identische Ausdrücke. Wichtig ist, dass man beide Ausdrücke nicht mit der abstrakt-menschlichen Arbeit gleichsetzt; denn nur in kapitalistischen Gemeinwesen ist diese abstrakt-menschliche bzw. abstrakt-allgemeine Arbeit die *gesellschaftlich*-allgemeine Arbeit bzw. die spezifisch-gesellschaftliche Form der einzelnen Arbeiten.)

5. In den kapitalistischen Gemeinwesen, in denen der Austausch der Arbeitsprodukte allgemein vorherrscht, werden die einzelnen Arbeiten nicht nur – wie in allen anderen Gemeinwesen – im Zuge der proportionellen Verteilung der Gesamt-

---

[13] Ebd., S. 75.
[14] Das Kapital, 1. Auflage, MEGA II/5, a.a.O., S. 41.
[15] Das Kapital, MEW 23, a.a.O., S. 91.

arbeit als abstrakt-menschliche Arbeit aufeinander bezogen; vielmehr ist die abstrakt-menschliche Arbeit gleichzeitig die spezifisch-gesellschaftliche Form aller Arbeiten, weil sich die proportionelle Verteilung der Gesamtarbeit auf historisch-spezifische Weise im Austausch der Arbeitsprodukte durchsetzt. "In jeder gesellschaftlichen Arbeitsform sind die Arbeiten der verschiednen Individuen auch als menschliche auf einander bezogen, aber hier (im Austausch – D. W.) gilt diese *Beziehung selbst* als die *specifisch gesellschaftliche Form* der Arbeiten.«[16]

Die Struktur des gesellschaftlichen Zusammenhangs, die für die abstrakt-menschliche Arbeit als spezifisch-gesellschaftliche Form aller Arbeiten verantwortlich ist, ist durch die gegenständliche Vermittlung gekennzeichnet. Zunächst soll der Austausch der Arbeitsprodukte unter dem Aspekt betrachtet werden, unter dem er ein *vermittelter* gesellschaftlicher Zusammenhang ist im Unterschied zu dem gesellschaftlichen Zusammenhang nicht-kapitalistischer Gemeinwesen, der als *»unmittelbar gesellschaftlicher«* charakterisiert wurde.[17] Jeder gesellschaftliche Zusammenhang – ob er einen naturwüchsigen Charakter besitzt oder sich durch bewusste Planung auszeichnet – stellt eine Vermittlung dar, insofern sich die Individuen in ihm zueinander und zur Natur verhalten. Stets verhalten sich die Menschen mit Hilfe von Gesten, der Sprache, überkommenen Bräuchen, Riten, Kulten, Sachen usw., die irgendwelchen Zwecken dienen und unterschiedliche Bedeutungen haben, als verschiedene Lebewesen zueinander. Unter Vermittlung sei abstrakt-allgemein zunächst nur verstanden, dass sich die Menschen zu dem machen, was sie sind, bzw. sich verändern, wenn sie sich zu etwas anderem verhalten, das von ihnen immer auch verschieden ist. Dies »Andere« können andere Menschen oder alle gegenständlichen Bedingungen der Produktion einschließlich der Natur sein. Im Verhalten zu einem Anderen werden die Menschen anders, als sie ohne dies Verhalten unmittelbar sind.

Es gibt Gemeinwesen, die in der bereits angedeuteten Weise der Arbeit so vorausgesetzt sind und derart eine gesellschaftliche Vermittlung darstellen, dass die einzelnen Arbeiten »von vornherein ... *allgemeine* (sind), d.h. von vornherein als Glied der *allgemeinen Produktion* gesetzt«[18] sind. Die konkret-nützlichen Arbeiten sind eine ewig gültige »Naturvoraussetzung« jedweder Produktionsweise. Der Sachverhalt, demzufolge die konkret-nützlichen Arbeiten zugleich Arbeiten in spezifisch-gesellschaftlicher Form sind, muss aber durch einen gesellschaftlichen Zusammenhang vermittelt sein. Dieser wiederum ist in dem oben auseinander gesetzten Sinne bereits für sich genommen eine Vermittlung. Wenn ein gesellschaftlicher Zusammenhang als ein *unmittelbar* gesellschaftlicher gekennzeichnet ist, dann liegt dies also nur daran, dass er eine solche Vermittlung darstellt, die nicht selber noch

[16] Das Kapital, 1. Auflage, MEGA II/5, a.a.O., S. 41.
[17] Vgl.Teil 5, Anhang der vorliegenden Untersuchung.
[18] Karl Marx, Grundrisse, a.a.O., S. 88.

einmal *gegenständlich* vermittelt ist, sondern bewirkt, dass die Arbeiten in der konkret-nützlichen Form, in der sie verausgabt werden, ihre spezifisch-gesellschaftliche Form besitzen. Wenn man den Austausch der Arbeitsprodukte als einen *vermittelten* gesellschaftlichen Zusammenhang charakterisiert, dann muss er als eine gesellschaftliche Vermittlung ausgewiesen werden, die auf eine eigentümliche, dem Verhalten der Menschen zueinander fremde Weise selbst *noch einmal* vermittelt ist.

Das Spezifische am Austausch ist nicht, dass sich in ihm die Individuen zueinander verhalten, sondern dass in ihm ein »Stellen- bzw. Händewechsel« der Arbeitsprodukte stattfindet. Dass die Menschen erst mittels des Austauschs ihrer Arbeitsprodukte in gesellschaftlichen Kontakt treten, heißt, dass ihr gesellschaftlicher Zusammenhang *gegenständlich* vermittelt ist. Der Austausch schließt so selbstverständlich das Verhalten der Individuen zueinander ein, wie sich die Arbeitsprodukte nicht von allein austauschen können. In kapitalistischen Gemeinwesen ist der gesellschaftliche Zusammenhang vermittelt, weil die Individuen sich nicht nur zueinander, zu ihren Arbeiten und zu ihren Arbeitsprodukten verhalten, sondern weil sie dies erst im Austausch ihrer Arbeitsprodukte tun. Auf eine Kurzformel gebracht, kann man dies so ausdrücken: Im Austausch ist das Verhalten der Individuen zueinander durch das Verhalten der Arbeitsprodukte zueinander vermittelt. Wenn es sich bei dem letzteren um die eigentümliche, dem Verhalten der Menschen zueinander äußerliche und fremde Weise des Vermitteltseins des gesellschaftlichen Zusammenhangs handelt, dann darf dies aber nicht einfach so begriffen werden, als handele es sich dabei um eine den Menschen und ihrem Verhalten zueinander äußerliche Angelegenheit, die man vernachlässigen könnte, indem man sie mit den unterschiedlichen Weisen gleichsetzt, worin die Menschen in allen Bereichen ihres Lebens mit Sachen umgehen.[19]

In nicht-kapitalistischen Gemeinwesen sind die konkret-nützlichen Arbeiten kraft eines eine bestimmte Vermittlung darstellenden gesellschaftlichen Zusammenhangs zugleich Arbeiten in spezifisch-gesellschaftlicher Form. In kapitalistischen Gemeinwesen besteht dieser gesellschaftliche Zusammenhang aus dem Austausch der Arbeitsprodukte, so dass das gesellschaftliche Verhältnis der Menschen durch das gesellschaftliche Verhältnis der Sachen vermittelt ist. Die konkret-nützlichen Arbeiten müssen, um gesellschaftlich-allgemeine zu sein, die von ihnen verschiedene Form der abstrakt-menschlichen Arbeit annehmen. Das vermittelnd zwischen den Menschen tretende gesellschaftliche Verhältnis der Sachen hat schon immer darüber entschieden, in welcher Form die einzelnen konkret-nützlichen Arbeiten gesellschaftlich-allgemeinen Charakter besitzen.

Für die nicht-kapitalistischen und die kapitalistischen Gemeinwesen gilt allgemein, dass in ihnen die Menschen in ihrem Verhalten zueinander und zur Natur über den gesellschaftlich-allgemeinen Charakter der Arbeiten entscheiden. In ei-

[19] Das Kapital, MEW 23, a.a.O., S. 86ff.

nem kapitalistischen Gemeinwesen wird der gesellschaftlich-allgemeine Charakter der einzelnen Arbeiten im Austausch der Arbeitsprodukte hergestellt, der das Verhalten der Menschen zueinander gegenständlich vermittelt. Diese *gegenständliche* Vermittlung ist die Ursache dafür, dass der gesellschaftlich-allgemeine Charakter aus der abstrakt-menschlichen Arbeit besteht. Das gesellschaftliche Verhältnis der Sachen, das im Austausch über den gesellschaftlichen Charakter der in den Sachen steckenden konkret-nützlichen Arbeiten entscheidet, zeichnet sich durch das *Gleichsetzen* dieser Sachen bzw. der Arbeitsprodukte aus. Dieser Gleichsetzung ist geschuldet, dass die abstrakt-menschliche Arbeit zur spezifisch-gesellschaftlichen Form aller einzelnen Arbeiten wird; denn die Arbeitsprodukte sind nur als Vergegenständlichungen der abstrakt-menschlichen Arbeit untereinander gleiche gesellschaftliche Einheiten bzw. Werte.

Dass sich – wie es im Wert zum Ausdruck kommt – der gesellschaftlich-allgemeine Charakter der einzelnen Arbeiten auf eine mit dem Austausch der Arbeitsprodukte gegebene *gegenständliche* Weise herstellen muss, *ist untrennbar damit verbunden, dass er aus der abstrakt-menschlichen Arbeit besteht.* Dies kann auch so umschrieben werden, dass die abstrakt-menschliche Arbeit gegenständlich als gesellschaftlicher Charakter der Sachen (Arbeitsprodukte) existiert. Der gesellschaftliche »Charakter der Gleichheit der verschiedenartigen Arbeiten« erscheint »in der Form des gemeinsamen Wertcharakters dieser materiell verschiednen Dinge, der Arbeitsprodukte«.[20] Die abstrakt-menschliche und in dieser Form gesellschaftlich-allgemeine Arbeit besitzt im Wert ihre gegenständliche Existenz. Die einzelnen konkret-nützlichen Arbeiten werden in der von ihnen verschiedenen Form der abstrakt-menschlichen Arbeit erst durch eine *gegenständliche Vermittlung*, d.h. durch den von ihnen selbst und ihren Produkten verschiedenen *Wert* als gesellschaftlich-allgemeine gesetzt.

Der Wert ist auf zweifache Weise von den konkret-nützlichen Arbeiten verschieden: Zum einen ist er im Unterschied zu diesen etwas »Gegenständliches«. Zum anderen ist es die abstrakt-menschliche Arbeit, die im Wert gegenständliche Form angenommen hat und die von den konkret-nützlichen Arbeiten verschieden ist. Gegenständlichkeit als solche hat der Wert mit den Gebrauchswerten als Produkten der konkret-nützlichen Arbeit gemeinsam. So wie sich abstrakt-menschliche und die konkret-nützliche Arbeit voneinander unterscheiden, unterscheidet sich auch die sinnlich nicht fassbare »Gegenständlichkeit« des Werts als dem gegenständlichen Ausdruck der abstrakt-menschlichen Arbeit, d.h. als »Arbeitsgallerte« von der sinnlich fassbaren Gegenständlichkeit der konkret-nützlichen Arbeit.

Hiermit ist ein Sachverhalt angedeutet, den Marx in den »Grundrissen« mit dem inneren notwendigen Zusammenhang von Ware und Geld zwar richtig benennt, den er aber noch nicht, wie später im »Kapital«, begriffen hat. In den »Grundris-

[20] Ebd., S. 88.

sen« unterscheidet Marx noch nicht streng genug den Wert der Waren von dem Geld als seiner im Austausch produzierten Erscheinungsform. Marx stellt in den »Grundrissen« vollkommen richtig fest, dass die Arbeit auf Grundlage der Tauschwerte die Form unmittelbarer Allgemeinheit »erst durch eine *gegenständliche Vermittlung* erlangt, durch ein von ihm verschiedenes *Geld*«.[21] Marx vermag aber Folgendes noch nicht klar zu sehen: 1. Die gegenständliche Vermittlung durch das Geld gibt es nur, weil bereits der Wert der Waren, der noch keine von deren Gebrauchswerten verschiedene Erscheinungsform angenommen hat, gegenständlichen Charakter besitzt. 2. Der Wert ist es, worin ausgedrückt ist, dass die Arbeiten bereits durch eine gegenständliche Vermittlung eine spezifisch-gesellschaftliche Form erhalten haben. Das Geld ist lediglich die im Austausch produzierte Erscheinungsform des Werts der Waren. Daher ist die Gegenständlichkeit, um deren Vermittlerrolle es geht, in beiden dieselbe. Beide sind nur auf eine noch zu bedenkende unterschiedliche Weise Vergegenständlichungen der abstrakt-menschlichen Arbeit.

Da eine Ware zu Geld wird, indem in ihr alle anderen Waren ihren Wert darstellen, befindet sie sich auch als die so bestimmte Erscheinungsform des Werts im Unterschied zu diesem selbst in der Form der *unmittelbaren Austauschbarkeit*. Das Geld, über das vermittelt die Arbeitsprodukte und die in ihnen steckenden Arbeiten den gesellschaftlich-allgemeinen Charakter erhalten, besitzt diesen unmittelbar selbst. Ist das Geld einmal im Austausch der einfach bestimmten Waren entstanden, dann steht es diesen selbständig als das gegenüber, was sie als Werte sind. Im Unterschied zu den Waren als bloßen Einheiten von Gebrauchswert und Wert ist das Geld die selbständig existierende Gestalt des Werts *aller* Waren und damit die *allgemeine* Ware. Als Gesellschaftlich-Allgemeines qualifiziert zu sein, heißt in der Welt des Austauschs, in der Form des Geldes zu existieren. Während die Waren als Werte lediglich austauschbar sind, ist das Geld als die Erscheinungsform des Werts der Waren *unmittelbar* austauschbar. Nur die im Geld vergegenständlichte Arbeit gilt von vornherein nicht als besondere, sondern als allgemeine Arbeit. Um sich als das Gesellschaftlich-Allgemeine zu qualifizieren, müssen alle anderen Arbeitsprodukte und die in ihnen steckenden konkret-nützlichen Arbeiten erst die gegenständliche, von ihnen verschiedene Form des Geldes annehmen.

Was es im Austausch an »unmittelbarer Gesellschaftlichkeit der Arbeit« gibt, hat die Form der *unmittelbaren Austauschbarkeit* angenommen. Diese ist aber das gegenständliche Resultat einer das Verhalten der Menschen zueinander bedingenden – aus dem gesellschaftlichen Verhältnis der Sachen bestehenden gegenständlichen Vermittlung. Die gegenständliche Form der *unmittelbaren* Austauschbarkeit ist also gerade Ausdruck einer *vermittelten* Gesellschaftlichkeit der Arbeit. Eine unmittelbare Gesellschaftlichkeit, die sich z.B. durch die wirkliche gemeinschaftliche Nutzung der gegenständlichen Bedingungen der Produktion und die bewus-

[21] Karl Marx, Grundrisse, a.a.O., S. 89.

ste Verteilung der Gesamtarbeit auf die verschiedenen Zweige der Produktion auszeichnet, kann also nur im Verlaufe der praktischen Abschaffung des Geldes entstehen, d.h. im Verlauf der Abschaffung der aus dem Kapitalverhältnis bestehenden gesellschaftlichen Bedingungen, unter denen der Austausch der Arbeitsprodukte allgemein vorherrscht.

Die Wertgegenständlichkeit der Arbeitsprodukte ist etwas »rein Gesellschaftliches«: In kapitalistischen Gemeinwesen ist die abstrakt-menschliche Arbeit die Form, in der die konkret-nützlichen Arbeiten in dem gesellschaftlichen Verhältnis der Sachen aufeinander bezogen werden, welches das Verhalten der Menschen zueinander vermittelt. Allein hierdurch wird die abstrakt-menschliche Arbeit über ihre Bedeutung einer bloßen allgemeinen Eigenschaft aller konkret-nützlichen Arbeiten hinaus zu deren *spezifisch-gesellschaftlicher Form.*

Da der Wert die Vergegenständlichung der abstrakt-menschlichen und in dieser Form gesellschaftlich-allgemeinen Arbeit ist, ist er der sachliche Ausdruck einer »gesellschaftlichen Substanz«, die es nur innerhalb des gesellschaftlichen Verhältnisses der Arbeitsprodukte gibt; denn dieses ist im Unterschied zu dem Verhalten der Individuen zueinander für den gesellschaftlich-allgemeinen Charakter der einzelnen Arbeiten verantwortlich. Was der Wert ist, zeigt sich daher auch nur innerhalb dieses gesellschaftlichen Verhältnisses der Sachen. Muss sich der gesellschaftlich-allgemeine Charakter der Arbeiten gegenständlich im Wert ausdrücken, dann können es umgekehrt auch nur diese Gegenstände (Arbeitsprodukte) sein, durch die der Wert in seiner Gegenständlichkeit zur Erscheinung gebracht werden kann. Der Wert ist als etwas »Gegenständliches« zugleich etwas »rein Gesellschaftliches«.[22] Beides kommt daher auch nur in einem über die bloße Gegenständlichkeit hinausgehenden *gesellschaftlichen Verhältnis von Gegenständen* zur Erscheinung: Seiner Gegenständlichkeit gemäß nimmt der Wert in dem gesellschaftlichen Verhältnis von Gegenständen zueinander auch eine gegenständliche Existenz an. So sind bereits im Verhältnis zweier Waren zueinander beide als Werte gleichgesetzt, wobei aber nur der Wert der ersten Ware seiner »Gegenständlichkeit« gemäß in dem Gebrauchswert der zweiten Ware gegenständlich *erscheint. Der Gebrauchswert dieser zweiten Ware, worin der Wert der ersten sich darstellt, gilt in seiner Gegenständlichkeit jetzt nicht mehr als er selbst; vielmehr gilt er nur noch als das, was der Wert der ersten Ware als Vergegenständlichung der abstrakt-menschlichen Arbeit ist.* Der Gebrauchswert der zweiten Ware dient dem in seiner Gegenständlichkeit an der ersten Ware nicht sichtbaren Wert dazu, handgreiflich-sichtbar zu existieren. »Die Waare ist von Haus aus ein *zwieschlächtig* Ding, Gebrauchswerth *und* Werth, Produkt nützlicher Arbeit *und* abstrakte Arbeitsgallerte. Um sich darzustellen als das was sie ist, muß sie daher ihre Form *verdoppeln.* Die Form eines Gebrauchswerths besitzt sie von Natur. Es ist ihre Naturalform. Werthform erwirbt

[22] Das Kapital, MEW 23, a.a.O., S. 62.

sie erst im Umgang mit andren Waaren. Aber ihre Werthform muß selbst wieder *gegenständliche* Form sein. Die einzigen gegenständlichen Formen der Waaren sind ihre Gebrauchsgestalten, ihre Naturalformen. Da nun die Naturalform einer Waare, der Leinwand z.B., das gerade Gegentheil ihrer Werthform ist, muß sie eine *andre* Naturalform, *die Naturalform einer andern Waare* zu ihrer *Werthform* machen.«[23]

Zusammenfassend gilt:

1. Als Vergegenständlichung der abstrakt-menschlichen Arbeit ist der Wert sowohl etwas *Gegenständliches* wie auch etwas *rein Gesellschaftliches*. Dies zeigt sich bereits an der einzelnen Ware, an der der Wert nicht erscheinen kann, weil an dieser gegenständlich nur das erscheint, was sie unmittelbar als Gebrauchswert ist. Die einzelne Ware tritt also unmittelbar als das Gegenteil von dem auf, was der Wert als Vergegenständlichung der abstrakt-menschlichen Arbeit ist.

2. Die einfachste Erscheinungsform des Werts, die er im Verhältnis zweier Waren zueinander erhält, ist, wie er selbst, eine gegenständliche Form. Es ist der Gebrauchswert der zweiten Ware, worin sich der Wert der ersten Ware darstellt, und der daher auch in seiner Gegenständlichkeit nicht als Gebrauchswert, sondern als Wert, d.h. als Vergegenständlichung abstrakt-menschlicher Arbeit gilt. Wert und einfache Wertformen sind innerhalb des gesellschaftlichen Verhältnisses von Sachen bzw. Gegenständen *sachlich* bzw. *gegenständlich* existierende gesellschaftliche Formen der Arbeit.

Warum und wie der Wert in dem gesellschaftlichen Verhältnis der Sachen in der ihm selbst zukommenden sachlichen Weise erscheint, ist prinzipiell im Verhältnis zweier Waren zueinander gelöst, worin der Wert die einfachste, von ihm selbst verschiedene Wertform erhält. Marx bezeichnet sie aus diesem Grunde auch als die »Keimform des Geldes«. Die »Entwicklung des im Wertverhältnis der Waren enthaltenen Wertausdrucks von seiner einfachsten unscheinbarsten Gestalt bis zur blendenden Geldform«[24] kann hier noch nicht im Einzelnen verfolgt werden. Es soll aber kurz plausibel gemacht werden, inwiefern sich die Geldform, was die Gegenständlichkeit des Werts anbelangt, nicht von der Ware unterscheidet, die im Verhältnis der beiden Waren zueinander als Äquivalent funktioniert. Wie sich der Wert der ersten Ware im Gebrauchswert der zweiten darstellt und hiermit eine seiner eigenen Gegenständlichkeit gemäße gegenständliche Existenzweise im Gebrauchswert der anderen Ware erhält, so stellen in der Beziehung aller Waren aufeinander diese gemeinsam ihren Wert in dem Gebrauchswert der ausgeschlossenen Ware dar. Im Verhältnis zweier Waren zueinander hat der Wert der ersten Ware im Gebrauchswert der zweiten eine von der ersten selbst getrennte selbständige gegenständliche Existenz erhalten. Im Verhältnis aller Waren zueinander sieht dies so aus, dass der Wert aller Waren eine von ihren Gebrauchswerten unabhängige,

---

[23] Das Kapital, 1. Auflage, MEGA II/5, a.a.O., S. 32.

[24] Das Kapital, MEW 23, a.a.O., S. 62.

ihnen gegenüber selbständige gegenständliche Existenz im Gebrauchswert der ausgeschlossenen Geldware erhalten hat. So notwendig mit dem Wert der Waren das Geld existiert, insofern der Austausch der Waren das Geld produziert, so notwendig sind Wert und Geld etwas Gegenständliches. Beide sind nichts anderes als Vergegenständlichungen der abstrakt-menschlichen und in dieser Form gesellschaftlich-allgemeinen Arbeit. Während die Waren als Werte aufeinander bezogen sind, ist das Geld als Resultat des Austauschs der einfachen, nicht preisbestimmten Waren die allen Waren gemeinsame Form, worin sie ihren Wert ausdrücken. Als die Gestalt, in der der Wert aller Waren erscheint, ist das Geld die *offiziell anerkannte Vergegenständlichung der abstrakt-menschlichen Arbeit.* Was jede Ware hinter der sachlichen Hülle ihres Gebrauchswerts verborgen für sich genommen als Wert, d.h. als Vergegenständlichung abstrakt-menschlicher Arbeit ist, *ist das Geld für alle Waren.*

Indem die Menschen erst mittels des Austauschs der Arbeitsprodukte gesellschaftliche Verhältnisse miteinander eingehen, liegt eine *»Personifizierung der Sachen«* vor, die sich insofern an den Sachen selbst zeigt, als diese in gesellschaftliche Dinge verwandelt werden: Sie besitzen als Wert eine Eigenschaft, die ihnen niemals als unterschiedlichen Stücken bearbeiteter Natur zukommen kann. Alles das, was sich in dem gesellschaftlichen Verhältnis der Sachen abspielt, ist nicht nur dem Einfluss der Personen entzogen, sondern schreibt diesen auch vor, wie sie sich – sei es unbewusst, sei es bewusst – zueinander zu verhalten haben. Die »Personifizierung der Sachen« ist daher umgekehrt auch eine *»Versachlichung der Personen«.*

Nur in den kapitalistischen Gemeinwesen macht sich im Unterschied zu den oben behandelten nicht-kapitalistischen Gemeinwesen »der Zusammenhang der gesellschaftlichen Arbeit als Privataustausch der individuellen Arbeitsprodukte geltend«. Die Form, worin sich die »proportionelle Verteilung der Arbeit durchsetzt«, ist daher nur in einem kapitalistischen Gemeinwesen der »Tauschwert dieser Produkte«. Mit dem Austausch ist zwar die bürgerliche Gesellschaft noch nicht vollständig erfasst; dennoch ist er eine historisch-spezifische Form eines gesellschaftlichen Zusammenhangs, so wie die patriarchalische Bauernfamilie oder der »Verein freier Menschen«. Der Austausch zeichnet sich dadurch aus, dass die Arbeitsprodukte als Werte gleichgesetzt und damit in Waren verwandelt werden. In allen Gesellschaftszuständen wird die gesellschaftliche Arbeit in bestimmten Proportionen auf die einzelnen Arbeiten verteilt und werden diese als abstrakt-menschliche Arbeit aufeinander bezogen. Der Wert ist nur die »bestimmte historische Form«, in der das geschieht, was allen Gesellschaftszuständen gemeinsam ist. Marx kann daher sagen, dass z.B. in allen »Beziehungen zwischen Robinson und den Dingen, die seinen selbstgeschaffnen Reichtum bilden, ... alle wesentlichen Bestimmungen des Werts enthalten«[25] sind.

---

[25] Ebd., S. 91.

Die proportionelle Verteilung der gesellschaftlichen Arbeit – so sei noch einmal betont –, in der stets die einzelnen Arbeiten als gleiche menschliche Arbeit aufeinander bezogen werden, ist *überhaupt nicht an die Existenz des Werts und damit überhaupt nicht an die Existenz des Austauschs der Arbeitsprodukte gebunden.* Nur in der bürgerlichen Gesellschaft herrscht die Warenzirkulation allgemein vor und ist selbst ein integraler Bestandteil des das ganze Gemeinwesen charakterisierenden gesellschaftlichen Zusammenhangs. Insoweit dieser aus dem Austausch der Arbeitsprodukte besteht, ist deren Wert die spezifisch-historische Form, worin sich die proportionelle Verteilung der Arbeit durchsetzt. Von dieser allen Gesellschaftszuständen gemeinsamen proportionellen Verteilung der Arbeit und von der in ihr eingeschlossenen Beziehung der Arbeiten als abstrakt-menschliche Arbeit aufeinander auf die Existenz des Werts zu schließen, ist vollkommen falsch.

5. Die Bedeutungslosigkeit des Austauschs in nicht-kapitalistischen Gemeinwesen

Im nicht-kapitalistischen Gemeinwesen hat der Austausch der Arbeitsprodukte weder etwas mit der proportionellen Verteilung der Arbeit noch mit der historisch-gesellschaftlichen Form der konkret-nützlichen Arbeiten zu tun. Der allein auf seiner Insel lebende *Robinson* hat ein Bewusstsein von seiner Notlage, seinen Bedürfnissen und von der ihm zur Verfügung stehenden Arbeitszeit. Nachdem er diese bewusst auf die einzelnen Tätigkeiten verteilt hat, bleibt ihm nach deren Verrichtung nur noch übrig, die Produkte je nach ihrem Verwendungszweck zu verbrauchen. Um dies zu tun und um die Qualität und Quantität der in den Produkten vergegenständlichten Arbeiten gesellschaftlich anzuerkennen, bedarf es keines Austauschs der Produkte. »Alle Produkte Robinsons waren sein ausschließlich persönliches Produkt und daher *unmittelbar* (Hervorhebung – D. W.) Gebrauchsgegenstände für ihn.«[26]

Aus dem, was bereits über die proportionelle Verteilung der Arbeit in einem *mittelalterlichen* Abhängigkeitsverhältnis von Grundherrn und Leibeigenen dargelegt wurde, kann gefolgert werden: »Aber eben weil persönliche Abhängigkeitsverhältnisse die gegebne gesellschaftliche Grundlage bilden, brauchen Arbeiten und Produkte nicht eine von ihrer Realität verschiedne phantastische Gestalt anzunehmen. Sie gehn als Naturaldienste und Naturalleistungen in das gesellschaftliche Getriebe ein. Die Naturalform der Arbeit, ihre Besonderheit, und nicht, wie auf Grundlage der Warenproduktion, ihre Allgemeinheit, ist hier ihre unmittelbar gesellschaftliche Form. ... Wie man daher immer die Charaktermasken beurteilen mag, worin sich die Menschen hier gegenübertreten, die gesellschaftlichen Ver-

[26] Ebd., S. 92f.

hältnisse der Personen in ihren Arbeiten erscheinen jedenfalls als ihre eignen persönlichen Verhältnisse und sind nicht (wie im Austausch der Arbeitsprodukte – D. W.) verkleidet in gesellschaftliche Verhältnisse der Sachen, der Arbeitsprodukte.«[27]

Nicht anders sieht es bei der *patriarchalisch* organisierten *Bauernfamilie* aus, »die für den eignen Bedarf Korn, Vieh, Garn, Leinwand, Kleidungsstücke usw. produziert. Diese verschiednen Dinge treten der Familie als verschiedne Produkte ihrer Familienarbeit gegenüber, *aber nicht sich selbst wechselseitig als Waren* (Hervorhebung – D. W.). Die verschiednen Arbeiten, welche diese Produkte erzeugen, ... sind in ihrer Naturalform gesellschaftliche Funktionen, weil Funktionen der Familie, die ihre eigne, naturwüchsige Teilung der Arbeit besitzt so gut wie die Warenproduktion.«[28]

Da sich alle »Bestimmungen von Robinsons Arbeit« in einem *»Verein freier Menschen«* wiederholen, kommt in diesem so wenig der Austausch der Arbeitsprodukte vor, wie im Leben des Robinsons. In der bereits charakterisierten Weise ist das Produkt des »Vereins freier Menschen« ein »gesellschaftliches Produkt«, das auf spezifische Weise unter die Mitglieder verteilt wird, je nach der bestimmten Art »des gesellschaftlichen Produktionsorganismus selbst und der entsprechenden geschichtlichen Entwicklungshöhe der Produzenten«. Die gesellschaftliche Organisation der Arbeit im »Verein freier Menschen« hat also nichts mit der Warenzirkulation zu tun. In Abgrenzung gegen die undurchsichtigen, in gesellschaftliche Verhältnisse von Sachen verkleideten menschlichen Verhältnisse im Austausch der Arbeitsprodukte hält Marx fest: »Die gesellschaftlichen Beziehungen der Menschen zu ihren Arbeiten und ihren Arbeitsprodukten bleiben hier (im »Verein freier Menschen« – D. W.) durchsichtig einfach in der Produktion sowohl als in der Distribution.«[29]

In einem »Verein freier Menschen« besitzt die Produktion einen gemeinschaftlichen Charakter, insofern in einem ihr vorausgesetzten gesellschaftlichen Zusammenhang bewusst und planmäßig über die an den Bedürfnissen der Mitglieder orientierte Nutzung der gegenständlichen Bedingungen der Produktion entschieden wird. Die unterschiedlichen Arbeiten sind von vornherein *»allgemeine* ..., d.h. von vornherein als Glied der *allgemeinen Produktion gesetzt* ... Der gemeinschaftliche Charakter der Produktion würde von vornherein das Produkt zu einem gemeinschaftlichen, allgemeinen machen. Der ursprünglich in der Produktion stattfindende Austausch – der *kein Austausch von Tauschwerten* (Hervorhebung – D. W.) wäre, sondern von Tätigkeiten, die durch gemeinschaftliche Bedürfnisse bestimmt wären, durch gemeinschaftliche Zwecke – würde von vornherein die Teilnahme des Einzelnen an der gemeinschaftlichen Produktenwelt einschließen. Auf der Grundlage der Tauschwerte wird die Arbeit erst durch den *Austausch* als allge-

---

[27] Ebd., S. 91f.
[28] Ebd., S. 92.
[29] Ebd., S. 92f.

mein *gesetzt*. Auf dieser Grundlage (der gemeinschaftlichen Produktion – D. W.) wäre sie (die Arbeit – D. W.) als solche *gesetzt* vor dem Austausch; d.h. der *Austausch der Produkte wäre überhaupt nicht das Medium, wodurch die Teilnahme des Einzelnen an der allgemeinen Produktion vermittelt würde.*«[30] (Hervorhebung bis auf das Wort ›Medium‹ – D. W.)

In einem kapitalistischen Gemeinwesen erhalten die einzelnen Arbeiten in der von ihnen verschiedenen Form der abstrakt-menschlichen Arbeit ihre spezifisch-gesellschaftliche Form. Dies ist durch den gesellschaftlichen Zusammenhang vermittelt, insofern er aus dem Austausch der Arbeitsprodukte besteht. »Vermittlung muß natürlich stattfinden. Im erstren Fall (in einem kapitalistischen Gemeinwesen – D. W.), der von der selbständigen Produktion der Einzelnen ausgeht – sosehr diese selbständigen Produktionen durch ihre Beziehungen zueinander sich post festum bestimmen, modifizieren –, findet die *Vermittlung* statt durch den *Austausch* (Hervorhebungen – D. W.) der Waren, den Tauschwert, das Geld, die alle Ausdrücke eines und desselben Verhältnisses sind. Im zweiten Fall (z.B. in der gemeinschaftlichen Produktion eines »Vereins freier Menschen« – D. W.) ist die *Voraussetzung* (die konkrete Nützlichkeit als die spezifisch-gesellschaftliche Form der Arbeiten, die von vornherein als Glieder der allgemeinen Produktion gesetzt sind – D. W.) *selbst vermittelt*; d.h. eine gemeinschaftliche Produktion ... ist vorausgesetzt. Die Arbeit des einzelnen ist von vornherein als gesellschaftliche Arbeit gesetzt. Welches daher auch immer die besondre materielle Gestalt des Produkts sei, das er schafft oder schaffen hilft, – was er mit seiner Arbeit gekauft hat, ist nicht ein bestimmtes besondres Produkt, sondern ein bestimmter Anteil an der gemeinschaftlichen Produktion. *Er hat darum auch kein besondres Produkt auszutauschen* (Hervorhebung – D. W.). Sein Produkt ist *kein Tauschwert*. Das Produkt hat nicht erst in eine besondre Form umgesetzt zu werden, um einen allgemeinen Charakter für den Einzelnen zu erhalten. Statt einer Teilung der Arbeit, die in dem Austausch von Tauschwerten sich notwendig erzeugt, fände eine Organisation der Arbeit statt, die den Anteil des Einzelnen an der gemeinschaftlichen Konsumtion zur Folge hat. ... (D)er *gesellschaftliche Charakter* (ist) der *Produktion* vorausgesetzt und die Teilnahme an der Produktenwelt, an der Konsumtion, *ist nicht durch den Austausch voneinander unabhängiger Arbeiten und der Arbeitsprodukte vermittelt* (Hervorhebung – D. W.). Er ist vermittelt durch die gesellschaftlichen Produktionsbedingungen, innerhalb deren das Individuum tätig ist.«[31]

In allen Gesellschaftszuständen arbeiten die Menschen *füreinander* und *verteilen* in einer hierdurch bestimmten Weise ihre Produkte *untereinander*. Hieraus darf aber nicht der Schluss gezogen werden, die Menschen würden zu allen Zeiten ihre Arbeitsprodukte austauschen.

---

[30] Karl Marx, Grundrisse, a.a.O., S. 88.
[31] Ebd., S. 88f.

6. Überleitung zu der Auseinandersetzung mit den Grundlagen des Widerspruchs zwischen dem Gebrauchswert und dem Wert der Waren

6.1. Die innere notwendige Zusammengehörigkeit von konkret-nützlicher und gesellschaftlich-allgemeiner Arbeit

In allen Gemeinwesen besteht die gesellschaftliche Arbeit aus unterschiedlichen durch die gesamtgesellschaftliche Arbeitsteilung miteinander verbundenen konkret-nützlichen Arbeiten. Diese erhalten in dem jener Arbeitsteilung entsprechenden gesellschaftlichen Zusammenhang ihre gesellschaftlich-allgemeine Form. Im Zuge der proportionellen Verteilung der Gesamtarbeit werden die einzelnen konkret-nützlichen Arbeiten außerdem in demselben gesellschaftlichen Zusammenhang als gleiche menschliche Arbeit aufeinander bezogen. Wie wenig man das eine mit dem anderen verwechseln darf, zeigt sich darin, dass in nicht-kapitalistischen Gemeinwesen die gesellschaftlich-allgemeine Form der einzelnen Arbeiten sich nicht von der Form unterscheidet, in der sie als konkret-nützliche verausgabt werden. Bei der gesellschaftlichen Arbeit – so sei noch einmal zusammenfassend festgehalten – geht es um Folgendes:

1. um den gesellschaftlichen Zusammenhang der Menschen, der eine bestimmte Arbeitsteilung einschließt, die in ihrem gesamtgesellschaftlichen Charakter nicht mit der Arbeitsteilung innerhalb einer einzelnen Arbeit bzw. innerhalb eines Produktionszweigs verwechselt werden darf;
2. um die einzelnen konkret-nützlichen Arbeiten, die von den in jenem Zusammenhang stehenden Menschen verausgabt werden;
3. um die in diesem Zusammenhang sich durchsetzende proportionelle Verteilung der Gesamtarbeitszeit auf die einzelnen Arbeiten, in der die letzteren auch als abstrakt-menschliche aufeinander bezogen werden;
4. um die in dem gesellschaftlichen Zusammenhang sich auf bestimmte Weise herstellende spezifisch-gesellschaftliche Form der einzelnen Arbeiten – sei es die konkret-nützliche Arbeit wie in einem nicht-kapitalistischen Gemeinwesen, sei es die abstrakt-menschliche Arbeit wie in einem kapitalistischen Gemeinwesen.

Stets in gesellschaftlichem Zusammenhang stehende Menschen sind es, die sich praktisch mit der Natur auseinander setzen, indem sie in ihrem Verhalten zueinander sich durch die Verausgabung konkret-nützlicher Arbeit auch zur Natur verhalten. Dies lässt sich so ausdrücken, dass die konkret-nützlichen Arbeiten und der gesellschaftliche Zusammenhang, in dem sie von den Menschen verausgabt werden, mit »innrer Notwendigkeit zusammengehören«. In nicht-kapitalistischen Gemeinwesen ist der gesellschaftliche Zusammenhang so strukturiert, dass die einzelnen Arbeiten in der Form, in der sie als konkret-nützliche verausgabt werden, auch ihre gesellschaftlich-allgemeine Form besitzen. Die einzelnen Arbeiten, wie sie unmittelbar als konkret-nützliche verausgabt werden, und die einzelnen Arbeiten, wie sie als konkret-nützliche zugleich gesellschaftlich-allgemeine sind, gehören mit derselben Notwendigkeit zusammen, mit der die konkret-nützlichen Arbeiten und ihr gesellschaftlicher Zusammenhang, in dem sie verausgabt werden, mit Notwendigkeit zusammengehören. Aus dem Letzteren geht schon hervor, dass man nicht auf die Tautologie verfallen darf, der zufolge die konkret-nützlichen Arbeiten mit innerer Notwendigkeit mit den konkret-nützlichen Arbeiten zusammengehören; dass die einzelnen Arbeiten, die in jedem gesellschaftlichen Zusammenhang als konkret-nützliche verausgabt werden, aber zugleich Arbeiten in gesellschaftlich-allgemeiner Form sind, ist der historisch-spezifischen Struktur des gesellschaftlichen Zusammenhangs geschuldet. Dieser muss also immer mitgedacht bzw. mitberücksichtigt werden, wenn man von den einzelnen Arbeiten sagt, sie würden auch in der Form, in der sie als konkret-nützliche verausgabt werden, ihre gesellschaftlich-allgemeine Form besitzen. In demselben gesellschaftlichen Zusammenhang, für den dies zutrifft, werden die einzelnen konkret-nützlichen Arbeiten auch im Zuge der proportionellen Verteilung der Gesamtarbeit als abstrakt-menschliche Arbeit aufeinander bezogen. Wie der gesellschaftliche Zusammenhang, so gehören auch die abstrakt-menschliche Arbeit und die konkret-nützlichen Arbeiten mit innerer Notwendigkeit zusammen, wobei es zu berücksichtigen gilt, dass die abstrakt-menschliche Arbeit *nicht* die gesellschaftlich-allgemeine Form der konkret-nützlichen Arbeiten ist.

6.2. Das Fehlen der Verselbständigung von konkret-nützlicher und abstrakt-menschlicher Arbeit unter solchen Bedingungen, unter denen die abstrakt-menschliche Arbeit nicht die gesellschaftlich-allgemeine Form der konkret-nützlichen Arbeiten ist.

Auf der Abstraktionsstufe, auf der zuerst die konkret-nützliche und die abstrakt-menschliche Arbeit betrachtet wurden, ging es lediglich um die gedankliche Fixierung der abstrakt-menschlichen Arbeit als einer allen konkret-nützlichen Arbeiten gemeinsamen und insofern allgemeinen Eigenschaft. Ein und dieselbe Arbeit ist zum einen eine konkret-nützliche, zum anderen eine abstrakt-menschliche. Über diesen der Arbeit immanenten Unterschied hinaus kann von ihr nichts gesagt werden, vor allem nicht, dass sich ihre unterschiedlichen Seiten gegeneinander verselbständigen. Werden die einzelnen konkret-nützlichen Arbeiten in Gedanken als abstrakt-menschliche aufeinander bezogen, dann geschieht dies in einem von ihnen verschiedenen Prozess, der zu dem reell in den Arbeiten vorhandenen Unterschied zwischen der konkret-nützlichen und der abstrakt-menschlichen Arbeit nichts hinzubringt, was die Ursache für die Verselbständigung beider gegeneinander sein könnte. Unter Abstraktion von der konkret-nützlichen Arbeit und im Unterschied zu ihr wird die abstrakt-menschliche Arbeit zwar selbständig im Denken wiedergegeben; es handelt sich aber nicht um eine reell in der Arbeit vorhandene Verselbständigung der abstrakt-menschlichen gegen die konkret-nützliche Arbeit, sondern um den reell vorhandenen Unterschied beider Seiten, der selbständig im Denken wiedergegeben wird. In der Realität findet noch längst keine Verselbständigung der abstrakt-menschlichen gegen die konkret-nützliche Arbeit statt, weil das die Realität wiedergebende Denken in der Lage ist, selbständig für sich die abstrakt-menschliche Arbeit festzuhalten. Für das so verfahrende Denken ist es gleichgültig, ob sich die konkret-nützliche und die abstrakt-menschliche Arbeit nur voneinander unterscheiden oder ob sie sich gegeneinander verselbständigen. Im Denken wird selbständig die abstrakt-menschliche Arbeit fixiert, wenn es darum geht, dass sie sich in der Realität von der konkret-nützlichen Arbeit unterscheidet, und ebenso wird im Denken die abstrakt-menschliche Arbeit selbständig für sich fixiert, wenn es darum geht, dass sich in der Realität die konkret-nützliche und die abstrakt-menschliche Arbeit nicht nur voneinander unterscheiden, sondern in kapitalistischen Gemeinwesen darüber hinaus auch gegeneinander verselbständigen. Für die reell vorhandene Verselbständigung der beiden Seiten der Arbeit gegeneinander reicht es daher auch nicht aus, die abstrakt-menschliche Arbeit selbständig für sich im Denken zu fixieren; vielmehr müssten mit der abstrakt-menschlichen Arbeit auch die noch fehlenden Bedingungen für deren Verselbständigung gegeben sein, Bedingungen, die in einem von den einzelnen Arbeiten selbst noch verschiedenen Prozess reell entstehen.

Unter Abstraktion von dem gesellschaftlichen Zusammenhang, worin die einzelnen Arbeiten verausgabt werden, ist die abstrakt-menschliche Arbeit zwar reell vorhanden, es existiert aber nichts, woraus sich ergeben würde, dass sie sich gegen die konkret-nützliche verselbständigt.

Auf der zweiten eingangs betrachteten Abstraktionsstufe wurde berücksichtigt, dass die konkret-nützlichen Arbeiten stets in einem gesellschaftlichen Zusammenhang verausgabt werden; von der historisch-spezifischen Form dieses gesellschaftlichen Zusammenhangs wurde aber zunächst noch abgesehen. Der gesellschaftliche Zusammenhang stellt sich dann als ein Prozess dar, worin die konkret-nützlichen Arbeiten in der Realität selbst als abstrakt-menschliche aufeinander bezogen werden und darüber entschieden wird, wie ihre gesellschaftlich-allgemeine Form aussieht.

Unabhängig von seiner historisch-spezifischen Form kann aber von dem gesellschaftlichen Zusammenhang nur festgestellt werden, dass im Zuge der in ihm sich vollziehenden Verteilung der Gesamtarbeit auf die einzelnen Arbeiten diese als abstrakt-menschliche aufeinander bezogen werden. Es kann nur festgestellt werden, dass im Unterschied zur ersten Abstraktionsstufe die abstrakt-menschliche Arbeit jetzt eine gesellschaftliche Rolle spielt und ihr Unterschied zur konkret-nützlichen Arbeit in einem reell existierenden praktisch-gesellschaftlichen Prozess gesetzt wird. Die in jedem gesellschaftlichen Zusammenhang sich vollziehende proportionelle Verteilung der Gesamtarbeit kann niemals selbst die Ursache für die Vergegenständlichung von konkret-nützlicher und abstrakt-menschlicher Arbeit sein.

Was nun die von der proportionellen Verteilung der Gesamtarbeit zu unterscheidende Herstellung des gesellschaftlich-allgemeinen Charakters der einzelnen konkret-nützlichen Arbeiten anbelangt, so lässt sich über die Verselbständigung der unterschiedlichen Seiten der Arbeit gegeneinander nichts sagen, weil erst die historisch-spezifische Form des gesellschaftlichen Zusammenhangs darüber entscheidet, in welcher Form die einzelnen konkret-nützlichen Arbeiten gesellschaftlich-allgemeine sind. Es ist offen, ob die einzelnen Arbeiten eine von ihnen verschiedene Form annehmen müssen, um gesellschaftlich-allgemeine zu sein oder nicht.

Auf einer weiteren Abstraktionsstufe wurde die historisch-spezifische Form des gesellschaftlichen Zusammenhangs insoweit berücksichtigt, als er für nicht-kapitalistische Gemeinwesen zutrifft. Es wurde also von Unterschieden abgesehen, die hinsichtlich der historisch-spezifischen Form des gesellschaftlichen Zusammenhangs in nicht-kapitalistischer Gemeinwesen bestehen. Wie bereits gezeigt wurde, ist der gesellschaftliche Zusammenhang eines nicht-kapitalistischen Gemeinwesens so strukturiert, dass in ihm zum einen die einzelnen Arbeiten im Zuge der proportionellen Verteilung der Gesamtarbeit als abstrakt-menschliche aufeinander bezogen werden, zum anderen, dass sie, davon verschieden, in der Form den gesellschaftlich-allgemeinen Charakter erhalten, in der sie auch als konkret-nützliche verausgabt werden. Es kann hier nicht im Einzelnen analysiert werden, was es bedeutet, dass in nicht-kapitalistischen Gemeinwesen der gesellschaftliche Zusammenhang den einzelnen Arbeiten vorausgesetzt ist. Es soll nur aufgenommen werden, dass die einzelnen Arbeiten in dem gesellschaftlichen Zusammenhang aufeinander bezogen werden, insofern er von deren jeweiliger Verausgabung und von ihren gegenständlichen Resultaten verschieden ist. Um dies deutlich zu machen, soll eine Abgrenzung gegen den aus dem Austausch der Arbeitsprodukte bestehenden gesellschaftlichen Zusammenhang ausreichen.

Indem die Arbeitsprodukte ausgetauscht werden, entsteht eine dem Verhalten der Menschen zueinander vorausgesetzte Beziehung zwischen den Arbeiten, die sich auch an den Arbeiten selbst bzw. an ihren gegenständlichen Resultaten – den Produkten – ausdrücken muss. Der gesellschaftlich-allgemeine Charakter der Arbeiten stellt sich erst in der über den Austausch ihrer gegenständlichen Produkte vermittelten Beziehung her. Es handelt sich gleichsam um eine Beziehung der in ihren gegenständlichen Resultaten auftretenden Arbeiten selbst, die festlegt, in welcher Form sie gesellschaftlich-allgemeinen Charakter besitzen. Dass dies so ist, schlägt sich in den Arbeitsprodukten nieder, insofern sie über ihr Dasein als Vergegenständlichungen konkret-nützlicher Arbeiten hinaus zugleich an sich ausdrücken müssen, dass sie Vergegenständlichungen abstrakt-menschlicher Arbeit sind. In ein und demselben, aus dem Austausch bestehenden gesellschaftlichen Prozess geschieht es, dass der gesellschaftlich-allgemeine Charakter der einzelnen Arbeiten sich an den Arbeitsprodukten ausdrücken muss und dass dieser gesellschaftlich-allgemeine Charakter aus der abstrakt-menschlichen Arbeit besteht. Die

Arbeitsprodukte und die in ihnen steckenden Arbeiten unterscheiden sich nicht nur hinsichtlich ihres konkret-nützlichen und abstrakt-menschlichen Charakters; vielmehr müssen sie sich darüber hinaus so verändern, dass an ihnen sichtbar ist, dass sie sowohl das eine als auch das andere sind. So drückt ein Arbeitsprodukt seinen gesellschaftlichen Charakter, Vergegenständlichung abstrakt-menschlicher Arbeit zu sein, dadurch aus, dass irgendein anderes Arbeitsprodukt in seiner konkret-nützlichen Gestalt als diese Vergegenständlichung *gilt*. Ist im Austausch ein Arbeitsprodukt (Geldware, spezifische Äquivalentware) ausgeschlossen worden, worauf sie sich alle als Vergegenständlichungen abstrakt-menschlicher Arbeit beziehen, dann erhalten sie einen Preis. Durch diesen ist an ihnen selbst ausgedrückt, dass sie in der von ihnen verschiedenen Gestalt eines einzigen Arbeitsproduktes Vergegenständlichungen abstrakt-menschlicher Arbeit sind.

In einem nicht-kapitalistischen Gemeinwesen sind die einzelnen Arbeiten schon immer aufeinander bezogen, bevor diese von den Mitgliedern des Gemeinwesens verausgabt werden. Es wird nicht erst nach Verausgabung der einzelnen Arbeiten durch den Austausch der gegenständlichen Produkte eine Beziehung zwischen ihnen hergestellt, die dann den in den gegenständlichen Resultaten steckenden Arbeiten ihren gesellschaftlich-allgemeinen Charakter gibt. Ist, wie in einem nicht-kapitalistischen Gemeinwesen, das Verhalten der Menschen zueinander nicht über das Verhalten der Arbeitsprodukte zueinander vermittelt, dann werden die einzelnen Arbeiten nur in diesem Verhalten der Menschen zueinander, wie naturwüchsig es auch immer sein mag, aufeinander bezogen. Es sind nicht die einzelnen Arbeiten selbst, die sich mittels des Austauschs ihrer gegenständlichen Resultate aufeinander beziehen, sondern es ist das den einzelnen Arbeiten vorausgesetzte gesellschaftliche Verhalten der Menschen zueinander, worin sie aufeinander bezogen werden. Ist der gesellschaftlich-allgemeine Charakter der einzelnen Arbeiten nicht durch ihren Austausch bestimmt, dann kann er auch nicht mehr aus der abstrakt-menschlichen Arbeit bestehen. Im Austausch muss sich an den Arbeitsprodukten selbst zeigen, dass die in ihnen steckenden Arbeiten sowohl konkret-nützliche als auch gesellschaftlich-allgemeine sind. Daher ist es notwendig, dass sich die Produkte in der bereits beschriebenen Weise verändern bzw. Warenform annehmen müssen.

Der gesellschaftlich-allgemeine Charakter der einzelnen Arbeiten zeigt sich dagegen in einem nicht-kapitalistischen Gemeinwesen in dem von den Arbeiten verschiedenen gesellschaftlichen Zusammenhang selbst. Bevor die einzelnen Arbeiten verausgabt werden, ist ihre gesellschaftliche Anerkennung durch die Mitglieder des Gemeinwesens wegen ihres gesellschaftlichen Zusammenhangs bereits garantiert. Was in einem kapitalistischen Gemeinwesen sich hinterher an den Arbeitsprodukten selbst darstellen muss (der gesellschaftlich-allgemeine Charakter der Arbeiten), hat sich in einem nicht-kapitalistischen Gemeinwesen bereits vorher durch den von den Arbeiten verschiedenen gesellschaftlichen Zusammenhang erledigt. Die Arbeiten werden nicht selbst in der gegenständlichen Form ihrer Produkte aufeinander bezogen. Sie müssen sich daher auch nicht dadurch verändern, dass an ihnen ausgedrückt wird, dass sie Vergegenständlichungen abstrakt-menschlicher und in dieser Form gesellschaftlich-allgemeiner Arbeit sind. Diese durch den Austausch verursachte Veränderung an den gegenständlichen Resultaten der Arbeiten und an diesen selbst fällt in dem gesellschaftlichen Zusammenhang eines nicht-kapitalistischen Gemeinwesens weg. Es braucht sich nicht erst im Nachhinein an den Produkten zu zeigen, ob die in ihnen vergegenständlichte konkret-nützliche Arbeit auch eine gesellschaftlich-allgemeine bzw. gesellschaftlich verausgabte Arbeit ist; vielmehr steht dies bereits unabhängig von einer Bewegung der Arbeiten in der gegenständlichen Form ihrer Produkte fest. Diese müssen sich daher auch nicht verändern, um den von ihrer konkret-nützlichen Gestalt verschiedenen gesellschaftlich-allgemeinen Charakter auszudrücken. Dies heißt aber nichts anderes, als dass die einzelnen Arbeiten zum einen als konkret-nützliche verausgabt werden, zum anderen durch die bestimmte Struktur des gesellschaftlichen Zusammenhangs auch unverändert, d.h. in derselben Form als gesellschaftlich-allgemeine gesetzt sind.

Jetzt kann auch erklärt werden, warum die Arbeiten in einem nicht-kapitalistischen Gemeinwesen zwar auch im Zuge der proportionellen Verteilung der Gesamtarbeit auf die einzelnen Arbeiten als abstrakt-menschliche aufeinander bezogen werden, diese aber nicht ihre gesellschaftlich-allgemeine Form ist. Als Teile der gesellschaftlichen Gesamtarbeit zählen die einzelnen Arbeiten unter Abstraktion von ihrem konkret-nützlichen Charakter nur als abstrakt-menschliche, so wie die Arbeitsprodukte als Teile des gesellschaftlichen Gesamtprodukts nur als Vergegenständlichungen der abstrakt-menschlichen Arbeit zählen. Da der gesellschaftliche Zusammenhang, worin die proportionelle Verteilung der Gesamtarbeit vonstatten geht, aber nicht aus dem Austausch der Arbeitsprodukte selbst besteht, muss sich dieser Unterschied zwischen der konkret-nützlichen und der abstrakt-menschlichen, zwischen den Vergegenständlichungen der konkret-nützlichen und den Vergegenständlichungen der abstrakt-menschlichen Arbeit auch nicht an den Produkten selbst ausdrücken. Der Unterschied zwischen konkret-nützlicher und abstrakt-menschlicher Arbeit wird in dem von den Arbeiten verschiedenen gesellschaftlichen Zusammenhang gemacht. Die Arbeitsprodukte bleiben das, was sie als konkret-nützliche Dinge sind, wenn sie in einem von ihnen verschiedenen gesellschaftlichen Prozess als Vergegenständlichungen abstrakt-menschlicher Arbeit aufeinander bezogen werden, und sie es nicht selbst sind, die in ihrem eigenen gesellschaftlichen Verhältnis zueinander sich als diese Vergegenständlichungen abstrakt-menschlicher Arbeit erweisen müssen. Dass ein Arbeitsprodukt im Zuge der proportionellen Verteilung des Gesamtprodukts auf die Vergegenständlichung der abstrakt-menschlichen Arbeit reduziert wird, verwandelt es somit nicht in den Wert. Dieser ist zum einen eine historisch bestimmte Form der Verteilung der gesellschaftlichen Arbeit in bestimmten Proportionen, zum anderen ist er dies nur als die Vergegenständlichung der abstrakt-menschlichen Arbeit, die sich in dem von dem gesellschaftlichen Verhältnis der Menschen verschiedenen gesellschaftlichen Verhältnis der Arbeitsprodukte als die gesellschaftlich-allgemeine Form der einzelnen Arbeiten erwiesen hat. Werden die einzelnen Arbeiten in der proportionellen Verteilung der Gesamtarbeit als abstrakt-menschliche aufeinander bezogen, dann existiert diese dadurch nicht selbständig neben den einzelnen konkret-nützlichen Arbeiten. In der proportionellen Verteilung der Gesamtarbeit geht eine Abstraktion von dem konkret-nützlichen Charakter der Arbeitsprodukte einher, durch die sich – sei es bewusst, sei es unbewusst – die Menschen auf sie als Vergegenständlichungen abstrakt-menschlicher Arbeit beziehen. Hiermit erhalten die Arbeitsprodukte aber als Vergegenständlichungen abstrakt-menschlicher Arbeit keine gegenständliche und selbständige Existenz, wie sie sie als Vergegenständlichungen konkret-nützlicher Arbeit besitzen.

Werden in einem nicht-kapitalistischen Gemeinwesen die einzelnen Arbeiten im Zuge der proportionellen Verteilung der Gesamtarbeit als abstrakt-menschliche Arbeit aufeinander bezogen, dann kann also von keiner Verselbständigung der abstrakt-menschlichen Arbeit gegen die konkret-nützliche Arbeit die Rede sein.

Wenn es in einem nicht-kapitalistischen Gemeinwesen um die abstrakt-menschliche Arbeit geht, dann nicht deswegen, weil sie die gesellschaftlich-allgemeine Form der einzelnen konkret-nützlichen Arbeiten ist. Der gesellschaftliche Zusammenhang ist, wie bereits gezeigt wurde, gerade so strukturiert, dass die einzelnen Arbeiten in der Form, in der sie als konkret-nützliche verausgabt werden, auch ihre gesellschaftlich-allgemeine Form besitzen. Gibt es keinen Unterschied zwischen der Form, in der die Arbeiten verausgabt werden, und der Form, in der sie gesellschaftlich anerkannt sind, dann kann es auch keine den Unterschied voraussetzende Verselbständigung beider Formen gegeneinander geben.

Da es aber einen Unterschied zwischen dem gesellschaftlichen Zusammenhang und den konkret-nützlichen Arbeiten gibt, die in ihm verausgabt werden, kann es zwischen beiden auch eine Verselbständigung geben. Auf diese Verselbständigung, welche in nicht-kapitalistischen Gemeinwesen die Bedingung für den Widerspruch zwischen den Produktivkräften und den Produktionsverhältnissen ist, soll hier nicht eingegangen werden. Denn für die hier besprochenen Probleme kommt es nur darauf an zu untersuchen, was es in einem gesellschaftlichen Zusammenhang mit der abstrakt-menschlichen Arbeit auf sich hat und ob sie sich gegen die konkret-nützliche Arbeit verselbständigt.

Eine Verselbständigung der abstrakt-menschlichen Arbeit gegen die konkret-nützlichen Arbeiten liegt auch dann nicht vor, wenn der gesellschaftliche Zusammenhang aus einem »Verein freier Menschen« besteht, dessen Mitglieder die proportionelle Verteilung der Arbeit bewusst und planmäßig vornehmen und den bei der Herstellung der einzelnen Produkte verbrauchten Arbeitszeiten unter Berücksichtigung von Zeitmaßstäben in Form von »Arbeitszetteln« eine gegenständliche Existenz geben.

In einem nicht-kapitalistischen Gemeinwesen besteht folglich zwischen den jeweils unterschiedlichen Seiten der gesellschaftlichen Arbeit – sei es zwischen den Arbeiten als konkret-nützlichen und in derselben Form gesellschaftlich-allgemeinen, sei es zwischen der konkret-nützlichen und der abstrakt-menschlichen Arbeit – *kein Widerspruch*; denn fehlt die »gleichgültige Selbständige Existenz« der einen gegenüber der anderen Seite, dann *fehlt* eine der beiden Bestimmungen, welche »Grundlage von Widersprüchen«[32] ist.

In einem nicht-kapitalistischen Gemeinwesen kann es einen Widerspruch zwischen den einzelnen konkret-nützlichen Arbeiten und dem gesellschaftlichen Zusammenhang geben, der dafür verantwortlich ist, dass die Arbeiten in der konkret-nützlichen Form, in der sie verausgabt werden, auch als gesellschaftlich-allgemeine gesetzt sind. Der gesellschaftliche Zusammenhang, in dem sich die Menschen mit ihren Arbeiten praktisch die Natur aneignen, ist insofern immer auch von der Arbeit verschieden, als er weder mit der Arbeit als konkret-nützlicher noch mit der Arbeit als abstrakt-menschlicher zusammenfällt. Gerade dadurch, dass die Arbeiten in der Form, in der sie als konkret-nützliche verausgabt werden, auch die Form gesellschaftlicher Allgemeinheit besitzen, wird man von ihnen weg auf einen bestimmten gesellschaftlichen Zusammenhang verwiesen, der hierfür die Bedingung ist. Woraus auch immer die mit dem naturwüchsigen Charakter der vor-kapitalistischen Gemeinwesen zusammenhängenden Ursachen für die Verselbständigung des gesellschaftlichen Zusammenhangs gegen die einzelnen konkret-nützlichen Arbeiten bestehen; es handelt sich um keine Verselbständigung der unterschiedlichen Seiten der Arbeit gegeneinander. Ist die Entwicklung der Produktivkräfte eine Angelegenheit der Entwicklung der konkret-nützlichen Arbeiten und machen die Produktionsverhältnisse den Teil des gesellschaftlichen Zusammenhangs aus, in dem sich die Menschen in ihren Arbeiten praktisch die Natur aneignen, dann gilt Folgendes: In nicht-kapitalistischen Gemeinwesen kann es einen Widerspruch zwischen den Produktivkräften und den Produktionsverhältnissen geben, ohne dass es einen Widerspruch zwischen der ungesellschaftlichen konkret-nützlichen und der abstrakt-menschlichen Arbeit gibt, die aufgrund der proportionellen Verteilung die bereits beschriebene »gesellschaftliche Rolle« spielt. Im Hinblick auf die Unterscheidung zwischen der konkret-nützlichen und der abstrakt-menschlichen Arbeit handelt es sich also nur darum, dass »dieselbe Arbeit (zwar – D. W.) verschieden«, aber *nicht* »entgegengesetzt bestimmt«[33] ist.

---

[32] Ebd., S. 318.
[33] Das Kapital, 1. Auflage, MEGA II/5, a.a.O., S. 26.

In nicht-kapitalistischen Gemeinwesen besteht dann ein Widerspruch zwischen den Produktionsverhältnissen und den Produktivkräften, die beide sich nicht nur wechselseitig bedingen, sondern sich auf historisch gewordener Grundlage gegeneinander verselbständigen.

6.3. Die Verselbständigung von konkret-nützlicher und abstrakt-menschlicher Arbeit im kapitalistischen Gemeinwesen

In einem kapitalistischen Gemeinwesen wird der gesellschaftlich-allgemeine Charakter der einzelnen Arbeiten im Unterschied zu dem nicht-kapitalistischen Gemeinwesen nicht unabhängig von diesem in einem ihnen vorausgesetzten gesellschaftlichen Zusammenhang festgelegt. Soweit der gesellschaftliche Zusammenhang mit dem Austausch zusammenfällt, wird er nicht vor, sondern nach der Verausgabung der konkret-nützlichen Arbeiten hergestellt. Er besteht nach einer Seite hin aus einem unabhängig von den Menschen bestehenden gesellschaftlichen Zusammenhang zwischen den in den Gebrauchswerten vergegenständlichten konkret-nützlichen Arbeiten. Zum einen wird die mit der abstrakt-menschlichen Arbeit gegebene Seite aus einer bloßen allgemeinen Eigenschaft aller Arbeiten in deren spezifisch-gesellschaftliche Form verwandelt. Zum anderen wird der Widerspruch zwischen der konkret-nützlichen und der abstrakt-menschlichen Arbeit als ein Widerspruch zwischen den unterschiedlichen Seiten ein und derselben Arbeit erzeugt. Unter den Bedingungen, unter denen die Arbeitsprodukte getauscht werden, wird die abstrakt-menschliche Arbeit zur spezifisch-gesellschaftlichen Form aller Arbeiten, weil sie sich im Wert als *gegenständlicher* Charakter der Arbeitsprodukte darstellt; denn diese gelten nur als »bloße *Vergegenständlichung*(en) menschlicher Arbeit, als *Verausgabung*(en) *gleicher menschlicher Arbeitskraft*«.[34]

Wenn die Arbeit als konkret-nützliche und als abstrakt-menschliche nicht nur *unterschiedliche* Seiten besitzt, sondern diese sich zugleich *widersprechen*, dann kann dies nur daran liegen, dass der gesellschaftliche Zusammenhang aus dem Austausch der Arbeitsprodukte besteht. Das gesellschaftliche Verhältnis der Menschen ist durch das gesellschaftliche Verhältnis der Sachen vermittelt. Daher spielt sich alles das, wodurch sich ein Produktionsverhältnis auszeichnet (die proportionelle Verteilung der gesellschaftlichen Arbeit und die Festlegung der spezifisch-gesellschaftlichen Form der einzelnen Arbeiten), in dem gesellschaftlichen Verhältnis der Sachen (Arbeitsprodukte) ab. Die gesellschaftlichen Verhältnisse der Menschen erscheinen hiermit in der Form des gesellschaftlichen Verhältnisses der Sachen. Dies kommt darin zum Ausdruck, dass die Arbeitsprodukte in Waren und damit in gesellschaftliche Dinge verwandelt werden. Die abstrakt-menschliche Arbeit wird unter den Bedingungen zur spezifisch-gesellschaftlichen Formen der einzelnen Arbeiten, unter der die Arbeitsprodukte gleichgesetzt werden. Dass die

[34] Randglossen, MEW 19, a.a.O., S. 375.

konkret-nützliche und die abstrakt-menschliche Arbeit nicht nur mit innerer Notwendigkeit zusammengehören, sondern sich gleichzeitig gegeneinander verselbständigen, kann also nur an Folgendem liegen: Die in dem gesellschaftlichen Verhältnis der Gegenstände zueinander zur gesellschaftlich-allgemeinen Form der einzelnen konkret-nützlichen Arbeiten gewordene abstrakt-menschliche Arbeit muss in Gestalt eines Gegenstandes existieren. An den im Austausch gleichgesetzten Arbeitsprodukten muss sich zeigen, dass sie über ihr Dasein als Gebrauchswerte hinaus zugleich Werte, d.h. Vergegenständlichungen abstrakt-menschlicher und in dieser Form gesellschaftlich-allgemeiner Arbeit sind. »*Dieselbe* Arbeit (ist) verschieden und selbst *entgegengesetzt* (Hervorhebung – D. W.) bestimmt ..., je nachdem sie auf den *Gebrauchswerth* der Waare als ihr *Produkt* oder auf den *Waaren-Werth* als ihrem bloß *gegenständlichen* Ausdruck bezogen wird.«[35]

Die sich aus der proportionellen Verteilung der gesellschaftlichen Arbeit ergebende *gesellschaftlich notwendige Arbeitszeit* erscheint als *Größe* des Werts der Waren und die *spezifisch-gesellschaftliche Form* der Arbeiten als die aus dem *Wert* bestehende Vergegenständlichung der abstrakt-menschlichen Arbeit. Hiermit erscheint alles das, wodurch sich ein Produktionsverhältnis auszeichnet, in den Bestimmungen des Werts. Der in dem kapitalistischen Gemeinwesen bestehende Widerspruch zwischen den einzelnen konkret-nützlichen Arbeiten und dem gesellschaftlichen Zusammenhang bzw. zwischen den Produktivkräften und den Produktionsverhältnissen hat nicht nur nebenher etwas mit der Unterscheidung der Arbeiten in konkret-nützliche und abstrakt-menschliche zu tun. Im Wert als der Vergegenständlichung der abstrakt-menschlichen Arbeit existiert das Produktionsverhältnis selbst in gegenständlicher Form. Die »gleichgültige Selbständige Existenz« des Werts gegenüber dem Gebrauchswert ist die auf der Gegenständlichkeit des Werts beruhende Bestimmung, die mit der »innren Notwendigkeit des Zusammengehörigen« die Grundlage für den Widerspruch bildet. Mit dem Widerspruch zwischen dem Gebrauchswert und dem Wert ist auch der Widerspruch zwischen der im Gebrauchswert sich vergegenständlichenden konkret-nützlichen und der im Wert sich vergegenständlichenden abstrakt-menschlichen Arbeit gegeben. Die Produktivkräfte entwickeln sich mit der konkret-nützlichen Seite der Arbeit, während sich die Produktionsverhältnisse mit den gesellschaftlich-allgemeinen Formen der Arbeit als ebenso vielen Formen des Werts entwickeln. Der die bürgerliche Gesellschaft im Ganzen auszeichnende Widerspruch zwischen den Produktivkräften und den Produktionsverhältnissen ist daher eine weiterentwickelte Form des in der Warenzirkulation gesetzten Widerspruchs zwischen dem Gebrauchswert und dem Wert der Waren.

---

[35] Das Kapital, 1. Auflage, MEGA II/5, a.a.O., S. 26f.

Teil 2
Die Wertform als Lösungsbewegung des Widerspruchs zwischen dem Gebrauchswert und dem Wert

Kapitel 1
Die unterschiedlichen Gegenständlichkeiten von Gebrauchswert und Wert

1. Vorbemerkung

In der Warenzirkulation geht es auf historisch-spezifische Weise um die Herstellung der gesellschaftlich-allgemeinen Form der konkret-nützlichen Arbeiten. Die Warenbesitzer wissen weder, dass die abstrakt-menschliche Arbeit diese Form ist, noch dass sie sinnlich-handgreiflich im Geld existiert. Sie wissen nicht, dass sie in der Form des Geldes, gegen das sie ihre Produkte austauschen, die in diesen steckenden konkret-nützlichen Arbeiten als füreinander verausgabte, d.h. als gesellschaftlich-allgemeine anerkennen.

Die einzelnen konkret-nützlichen Arbeiten vergegenständlichen sich in den Gebrauchswerten als ebenso vielen Stücken bearbeiteter Natur, die aufgrund ihrer konkret-nützlichen Eigenschaften den Menschen ihre unterschiedlichsten Bedürfnisse befriedigen. Für die im gesellschaftlichen Zusammenhang sich vollziehende Anerkennung der konkret-nützlichen Arbeiten als gesellschaftlich verausgabte spielen die Gebrauchswerte als deren gegenständliche Resultate im nicht-kapitalistischen Gemeinwesen keine Rolle; denn der gesellschaftliche Zusammenhang wird nicht erst nach Verausgabung der konkret-nützlichen Arbeiten über den Austausch der Gebrauchswerte hergestellt. Für die Herstellung des gesellschaftlich-allgemeinen Charakters der einzelnen konkret-nützlichen Arbeiten wird die Unterscheidung zwischen diesen selbst und den Produkten als ihren gegenständlichen Resultaten erst dann wichtig, wenn der gesellschaftliche Zusammenhang aus der Warenzirkulation besteht, worin das gesellschaftliche Verhältnis der Menschen über das gesellschaftliche Verhältnis der Sachen vermittelt ist. Dass die einzelnen konkret-nützlichen Arbeiten in der gegenständlichen Form ihrer Produkte im Austausch gesellschaftlich aufeinander bezogen werden, ist jetzt nur für die Form entscheidend, in der sie gesellschaftlich-allgemeine sind. Die Bedeutung, die den Gebrauchswerten zukommt, besteht natürlich nicht darin, dass sie in ihrer Gegenständlichkeit etwas über die gesellschaftliche Anerkennung der in ihnen steckenden konkret-nützlichen Arbeiten aussagen würden. Vielmehr besteht ihre Bedeutung darin, dass es ein gesellschaftliches Verhältnis von Gegenständen zueinander ist, worin sich ergibt, in welcher Form die einzelnen konkret-nützlichen Arbeiten gesellschaftlich-allgemeinen Charakter besitzen. Im Austausch werden die Arbeitsprodukte unter Abstraktion von dem, was sie inhaltlich als voneinander verschiedene Gebrauchswerte auszeichnet, gleichgesetzt und darauf reduziert, bloße Vergegenständlichungen abstrakt-menschlicher Arbeit zu sein. Nur weil der gesellschaftliche Zusammenhang aus dem Austausch der Arbeitsprodukte besteht und diese hierin als Vergegenständlichungen abstrakt-menschlicher Arbeit gleichgesetzt werden, ist die letztere auch die gesellschaftlich-allgemeine Form der konkret-nützlichen Arbeiten. Es ist also nicht der Gebrauchswert, durch den der gesellschaftlich-allgemeine Charakter der in ihm steckenden konkret-nützlichen Arbeit ausgedrückt wird. Aber weil die Arbeiten in der gegenständlichen Form des Gebrauchswerts im Austausch aufeinander bezogen werden, gibt es überhaupt den Wert als die vom Gebrauchswert verschiedene Vergegenständlichung abstrakt-menschlicher und in dieser Form gesellschaftlich-allgemeiner Arbeit. Das gesellschaftliche Verhältnis der Gegenstände zueinander entscheidet über den gesellschaftlich-allgemeinen Charakter der in diesen steckenden konkret-nützlichen Arbeiten. Dies bedeutet auch, dass es die Gegenstände sind, die sich sowohl als Vergegenständlichungen konkret-nützlicher wie auch als Vergegenständlichungen abstrakt-menschlicher Arbeit ausdrücken müssen. Der Wert ist als Vergegenständlichung der abstrakt-menschlichen Arbeit ein gesellschaftliches Verhältnis, weil es in der abstrakt-menschlichen Arbeit um die Beziehung der voneinander verschiedenen konkret-nützlichen Arbeiten geht. Im Wert ist auf historisch-spezifische Weise ausgedrückt, in welcher Form die einzelnen Arbeiten gesellschaftlich-allgemeinen Charakter erhalten. Im Unterschied zu ihrer sinnlichen handgreiflich-sichtbaren Gestalt als Gebrauchswerte sind die Arbeitsprodukte nach der Seite, nach der sie ein gesellschaftliches Verhältnis bzw. Werte sind, nicht sinnlich existent, daher nicht handgreiflich-sichtbar. Der Wert als dasjenige, in das sich die Arbeitsprodukte in ihrem gesellschaftlichen Verhältnis zueinander verwandelt haben, muss sich in diesem auch an ihnen selbst zeigen. Da in den Waren nur ihre konkrete Gebrauchswertgestalt sichtbar ist, können sie auch nur das, was sie unsichtbar durch das gesellschaftliche Verhältnis zueinander geworden sind, vermittels ihrer Gebrauchswertgestalten zeigen, wobei der Unterschied zwischen Gebrauchswert und Wert als einem Unterschied zwischen dem Ungesellschaftlich-Stofflichen und dem Übersinnlich-Gesellschaftlichen erhalten bleibt.

Dies ist der Fall, wenn sich der Wert der Ware im Gebrauchswert einer von ihr verschiedenen Ware ausdrückt. Der Gebrauchswert wird hierdurch nicht in Wert verwandelt, sondern stellt in seiner handgreiflichen Gestalt gegenständlich den Wert der anderen Ware dar. Gebrauchswert und Wert sind also auseinander zu halten, auch und gerade deswegen, weil es die »*Gegenständlichkeit*« des Werts ist, auf der die »gleichgültige selbständige Existenz« von Gebrauchswert und Wert gegeneinander beruht, welche zusammen mit der »inneren notwendigen Zusammengehörigkeit« die Grundlage für den Widerspruch zwischen den beiden Faktoren der Ware ist.

2. Die Gegenständlichkeit des Gebrauchswerts

Insofern die Menschen in der konkret-nützlichen Arbeit sich praktisch mit der Natur auseinander setzen und diese umformieren, ist sie ein *lebendiger Prozess.* Der Gebrauchswert ist als gegenständliches Resultat der Arbeit ein Stück bearbeiteter Natur. In ihm befindet sich die konkret-nützliche Arbeit im *Zustand der Ruhe.* Es gehört wesentlich zur konkret-nützlichen Arbeit, dass sie ein lebendiger Prozess ist und in den Gebrauchswerten im Zustand der Ruhe existiert. Dieser Unterschied von konkret-nützlicher Arbeit als Prozess und ruhendem Ding ist ein Unterschied, der mit ihr selbst gegeben und unabhängig von der historischen Form der gesellschaftlichen Verhältnisse besteht.

In der Warenzirkulation geht es nicht unmittelbar um die konkret-nützliche Arbeit, insofern sie eine prozessierende Beziehung zwischen Mensch und Natur ist. Vielmehr werden in ihr die *fertigen* Arbeitsprodukte aufeinander bezogen. Deren Entstehungsprozess ist bereits abgeschlossen, wenn sie in die Warenzirkulation eingehen. »In der einfachen Waare ist bestimmte zweckmässige Arbeit, Spinnen, Weben u.s.w. im Gespinst, im Geweb verkörpert, vergegenständlicht. Die zweckmässige Form des Products ist die einzige Spur, welche die zweckmässige Arbeit zurückgelassen hat und diese Spur selbst kann ausgelöscht sein, wenn das Product die Form eines Naturproducts hat, wie Vieh, Weizen u.s.w. In der Waare erscheint der Gebrauchswerth gegenwärtig, als das Vorhandne, das in dem Arbeitsproceß nur als *Product* erscheint. Die einzelne Waare ist in der That ein fertiges Product, hinter dem sein Entstehungsproceß liegt, worin der Prozeß, wodurch sich besondre nützliche Arbeit in ihm verkörperte, vergegenständlichte, in der That aufgehoben ist.«[1]

Die gesellschaftliche Beziehung der Arbeiten und die darin eingeschlossene Beziehung der Individuen zueinander, zu ihren Arbeiten und zu ihren Arbeitsprodukten ist über den Austausch vermittelt. Es versteht sich daher von selbst, dass in dem Austausch die konkret-nützlichen Arbeiten nicht in der Form aufeinander bezogen werden, in der sie die lebendige, prozessierende Beziehung zwischen Mensch und Natur sind. Sie werden vielmehr in dem Zustand der Ruhe, nämlich als fertige Dinge, die bestimmte konkret-nützliche Eigenschaften besitzen, aufeinander bezogen. Insofern die Waren Gebrauchswerte sind, stehen sie sich in der Warenzirkulation in der Form von Sachen, d.h. als Stücke bearbeiteter Natur gegenüber, an deren zweckmäßiger Form die zweckmäßige Arbeit lediglich eine Spur zurückgelassen hat. Was ihre stoffliche Seite anbelangt, so müssen die Waren, um austauschbar zu sein, gesellschaftliche Gebrauchswerte sein, die jeweils der Befriedigung unterschiedlicher Bedürfnisse dienen. »Wer durch sein Produkt sein *eigenes* Bedürfnis

---

[1] Karl Marx, Resultate des unmittelbaren Produktionsprozesses, Ökonomische Manuskripte (1863–1867), in: MEGA, Zweite Abteilung, Bd. 4, Berlin 1988, S. 56.

befriedigt, schafft zwar Gebrauchswert, aber nicht Ware. Um Ware zu produzieren, muß er nicht nur Gebrauchswert produzieren, sondern Gebrauchswert *für andre, gesellschaftlichen Gebrauchswert.* ... Um Ware zu werden, muß das Produkt dem andern, dem es als Gebrauchswert dient, *durch den Austausch übertragen werden.*«[2](Hervorhebungen – D. W.)

3. Die Gegenständlichkeit des Werts

Der Austausch der Arbeitsprodukte stellt sich zunächst als gesellschaftlicher Prozess dar, worin die konkret-nützlichen Arbeiten in ihrer gegenständlichen Gestalt der Gebrauchswerte aufeinander bezogen, d.h. gleichgesetzt werden. Die konkret-nützlichen Arbeiten sind aber ebenso wie ihre gegenständlichen Verkörperungen voneinander verschieden. Dies ist eine Voraussetzung für den Austausch und kann in ihm auch nicht aufgehoben werden, weil es in ihm überhaupt nicht, wie in der Produktion, um die Entstehung von Gebrauchswerten geht. Werden die Arbeitsprodukte in ihrem Austausch einander gleichgesetzt, dann heißt dies, dass sie nur in einer bestimmten Hinsicht aufeinander bezogen werden; nämlich in der Hinsicht, in der von all dem abstrahiert wird, was sie als untereinander verschiedene konkret-nützliche Dinge auszeichnet. Die Arbeitsprodukte sind untereinander gleich als ihres Inhalts beraubte Gegenständlichkeiten, von denen nur gesagt werden kann, *dass* Arbeit in ihnen verausgabt ist, gleichgültig, um welche Arbeit es sich dabei handelt. Als solche Vergegenständlichung der unterschiedslosen abstrakt-menschlichen Arbeit sind die Arbeitsprodukte *Werte*. Im Wert ist ausgedrückt: Nur in einem gesellschaftlichen Zusammenhang, der nach einer Seite hin aus dem Austausch der Arbeitsprodukte besteht, wird die abstrakt-menschliche Arbeit zur gesellschaftlich-allgemeinen Form der konkret-nützlichen Arbeiten. Indem das Arbeitsprodukt unter Abstraktion von seiner konkret-sinnlichen Gestalt als bloße Vergegenständlichung der abstrakt-menschlichen Arbeit gilt, erscheint diese nicht mehr als gesellschaftlicher Charakter der Arbeit, sondern als gesellschaftlicher Charakter einer Sache.

Sich *zu vergegenständlichen* bzw. in den Gebrauchswerten *gegenständliche* Gestalt anzunehmen, *gehört zum Wesen der konkret-nützlichen Arbeiten*. Dies ist ihnen weder äußerlich noch kommt es ihnen nur unter bestimmten historisch-spezifischen Bedingungen zu. Die *abstrakt-menschliche* und in dieser Form *gesellschaftlich-allgemeine Arbeit* stellt sich aber in einer ihr *fremden*, auch *ihrem Wesen äußerlichen Weise dar*, wenn sie sich im Wert *gegenständlich* als die gesellschaftliche Eigenschaft einer Sache darstellt.

---

[2] Das Kapital, MEW 23, a.a.O., S. 55.

Das Außergewöhnliche an dem gesellschaftlich-allgemeinen Charakter der einzelnen Arbeiten ist, insofern er im Austausch hergestellt wird, die mit dem Wert gegebene »Gegenständlichkeit«.[3] Da diese die Bedingung für die gleichgültige selbständige Existenz des Werts gegenüber dem Gebrauchswert ist, welche eine der Grundlagen des Widerspruchs ist, soll sie im Folgenden ausführlich betrachtet werden.

Werden die in ihrer konkret-nützlichen Gebrauchswertgestalt voneinander verschiedenen Arbeitsprodukte im Austauschprozess gleichgesetzt, dann werden sie auf das reduziert, was ihnen gemeinsam ist. »Sieht man nun vom Gebrauchswert der Warenkörper ab, so bleibt ihnen nur noch eine Eigenschaft, die von Arbeitsprodukten. ... Abstrahieren wir von seinem Gebrauchswert (dem des Arbeitsprodukts – D. W.), so abstrahieren wir auch von den körperlichen Bestandteilen und Formen, die es zum Gebrauchswert machen. Es ist nicht länger Tisch oder Haus oder Garn oder sonst ein nützlich Ding. Alle seine sinnlichen Beschaffenheiten sind ausgelöscht.«[4]

Werden die Arbeitsprodukte unter Abstraktion von ihrem konkret-nützlichen Inhalt gleichgesetzt, so gilt dies auch für die in ihnen gegenständlich existierenden konkret-nützlichen Arbeiten. »Jedoch ist uns auch das Arbeitsprodukt bereits in der Hand verwandelt. ... Mit dem nützlichen Charakter der Arbeitsprodukte verschwindet der nützliche Charakter, der in ihnen dargestellten Arbeiten, es verschwinden also auch die verschiedenen konkreten Formen dieser Arbeiten, sie unterscheiden sich nicht länger, sondern sind allzusamt reduziert auf gleiche menschliche Arbeit, abstrakt menschliche Arbeit. ... Es ist nichts von ihnen übriggeblieben als dieselbe gespenstige Gegenständlichkeit, eine bloße Gallerte unterschiedsloser menschlicher Arbeit, d.h. der Verausgabung menschlicher Arbeitskraft ohne Rücksicht auf die Form ihrer Verausgabung. ... Als Kristalle dieser ihnen gemeinschaftlichen gesellschaftlichen Substanz sind sie Werte – Warenwerte.«[5] Beschreibt Marx die »Gegenständlichkeit« des Werts als »gespenstig«, dann will er nicht sagen, der Wert sei ein unabhängig von der ökonomisch-gesellschaftlichen Wirklichkeit existierendes Phantasieprodukt. Unter Abstraktion von jeglichem gesellschaftlichen Zusammenhang, d.h. unter Abstraktion von ihrem Austausch, sind die Arbeitsprodukte zunächst unabhängig voneinander selbständig existierende konkret-nützliche Dinge. Erst in einem bestimmten gesellschaftlichen Zusammenhang können sie auch als etwas in Betracht kommen, das von ihrer konkret-nützlichen Gebrauchswertgestalt verschieden ist.

Den Arbeiten und ihren Produkten ist diese gesellschaftliche Beziehung nicht vorausgesetzt wie in einem nicht-kapitalistischen Gemeinwesen. Vielmehr besteht

---

[3] Ebd., S. 52.
[4] Ebd.
[5] Ebd.

die gesellschaftliche Beziehung im Austausch zwischen den Arbeitsprodukten, d.h. zwischen den in gegenständlicher Form vorhandenen Arbeiten selbst. Die Arbeitsprodukte sind daher nicht nur konkret-nützliche Dinge, sondern auch das, was sie davon verschieden durch diese gesellschaftliche Beziehung zueinander sind. So reell diese Beziehung ist, so reell sind die Arbeitsprodukte das, wozu sie in ihr gemacht werden. Was die Arbeitsprodukte über ihre Gebrauchswertgestalt hinaus sind, müssen sie in einer durch die Gebrauchswerte mitbestimmten, d.h. gegenständlichen Weise sein. Sie müssen gegenständlich etwas sein, was sie nur durch ihre gesellschaftliche Beziehung aufeinander sind und was von ihnen als selbständig existierende konkret-nützliche Gegenstände verschieden ist. »Aber als solche bloße Gebrauchswerte sind sie gleichgültige Existenzen füreinander und vielmehr beziehungslos.«[6] Die Beziehung der Arbeitsprodukte zueinander geht nun über das hinaus, was sie als selbständig existierende Gebrauchswerte sind. Sie können aber nicht über deren Gegenständlichkeit hinausgehen, weil der Austausch eine Beziehung zwischen ihnen als Gegenständen ist und sie in ihm nicht von außen unter diesem oder jenem Aspekt von einem Betrachter aufeinander bezogen werden. Was die Arbeitsprodukte gegenständlich als Gebrauchswerte sind, ist nicht zu trennen von der nicht gegenständlich existierenden lebendigen konkret-nützlichen Arbeit. Als Gebrauchswerte sind die Arbeitsprodukte Vergegenständlichungen der konkret-nützlichen Arbeit. Geschieht im Austausch der Arbeitsprodukte etwas, das über diese als Gebrauchswerte hinausgeht, dann geschieht in ihm auch etwas, das über die darin sich vergegenständlichten konkret-nützlichen Arbeiten hinausgeht. Bei dem, was im Austausch geschieht, handelt es sich nun, vermittelt über die Gleichsetzung der Arbeitsprodukte, um die Gleichsetzung der in ihnen steckenden konkret-nützlichen Arbeiten als unterschiedslose menschliche bzw. abstrakt-menschliche Arbeit. Gesellschaftlich-allgemeine sind die einzelnen konkret-nützlichen Arbeiten in der Form, die ihnen ein gesellschaftlicher Zusammenhang gibt, der sie aufeinander bezieht. Da dieser gesellschaftliche Zusammenhang aus dem Austausch der Arbeitsprodukte besteht, werden die konkret-nützlichen Arbeiten als abstrakt-menschliche aufeinander bezogen und erhalten in dieser Form auch den gesellschaftlich-allgemeinen Charakter. Der Gebrauchswert, der in den Austausch eingeht, ist durch menschliche Arbeit vermittelt und insofern nicht von der in ihm steckenden konkret-nützlichen Arbeit zu trennen: Was die Arbeit als nicht gegenständliche und als gegenständliche auszeichnet, gehört zusammen. Die Arbeitsprodukte sind unabhängig von ihrem Austausch Vergegenständlichungen konkret-nützlicher Arbeit und besitzen die allgemeine Eigenschaft, Vergegenständlichungen abstrakt-menschlicher Arbeit zu sein. Werden im Austausch der Arbeitsprodukte die in diesen steckenden konkret-nützlichen Arbeiten in Form der abstrakt-menschlichen Arbeit aufeinander bezogen, dann sind sie als Vergegenständ-

[6] Zur Kritik der Politischen Ökonomie, MEW 13, a.a.O., S. 30.

lichungen der abstrakt-menschlichen Arbeit Vergegenständlichungen von etwas, was die einzelnen konkret-nützlichen Arbeiten nur in ihrer gesellschaftlichen Beziehung zueinander sind, nämlich gesellschaftlich-allgemeine.

So nichtsinnlich wie diese ist ihre Gegenständlichkeit, insofern das Arbeitsprodukt als Wert nicht unmittelbar ein konkret-nützliches Ding ist, sondern ein solches Ding, an dem »nur noch« dargestellt ist, »daß in ... (seiner) Produktion menschliche Arbeitskraft verausgabt, menschliche Arbeit aufgehäuft ist«. Die Gegenständlichkeit des Werts wird in ihrer Unsinnlichkeit als Vergegenständlichung abstrakt-menschlicher Arbeit von Marx als »gespenstig« bezeichnet oder mit der Rede von der »bloßen Gallerte« und dem »Kristall« der unterschiedslosen menschlichen Arbeit umschrieben.

Wenn die Ware betrachtet und von ihrem »Körper« gesagt wird, er sei ein Gebrauchswert, dann bezieht sich dies darauf, dass in ihm eine konkret-nützliche Arbeit vergegenständlicht ist, d.h. er mit Hilfe menschlicher Arbeit eine bestimmte Nützlichkeit erhalten hat. Werden Gegenstände als Waren ausgetauscht, dann ist dies nur unter den folgenden beiden Bedingungen der Fall: Zum einen müssen die Waren Produkte unterschiedlicher konkret-nützlicher Arbeiten sein, die Teile eines vielgliedrigen Systems der Gesamtarbeit sind, zum anderen müssen die Waren »Produkte selbständiger und voneinander unabhängiger Privatarbeiten«[7] sein. Um einen Gebrauchswert hervorzubringen, »bedarf es einer bestimmten Art produktiver Tätigkeit. Sie ist bestimmt durch ihren Zweck, Operationsweise, Gegenstand, Mittel und Resultat. Die Arbeit, deren Nützlichkeit sich so im Gebrauchswert ihres Produkts oder darin darstellt, daß ihr Produkt ein Gebrauchswert ist, nennen wir kurzweg nützliche Arbeit. Unter diesem Gesichtspunkt wird sie stets betrachtet mit Bezug auf ihren Nutzeffekt.«[8] In der konkret-nützlichen Arbeit werden die bereits mit dem unbearbeiteten Naturstoff gegebenen körperlichen Bestandteile und Formen aufgelöst und nach Maßgabe des angestrebten Nutzeffekts verändert und umgeformt. Im Unterschied zu einem Naturprodukt sind die körperlichen Bestandteile und Formen mit Hilfe einer bestimmten konkret-nützlichen Arbeit zustande gekommen. Hierin zeigt sich, dass der Mensch sich nicht unmittelbar zur Natur wie zu einem unabhängig von ihm vorhandenen Gebrauchswert verhält, sondern dass er durch die Arbeit einen Stoffwechselprozess mit der Natur eingeht, worin die Veränderung der Natur mit einer Veränderung der menschlichen Bedürfnisse einhergeht. Die durch Arbeit vermittelten Gebrauchswerte drücken aus, dass der Mensch in seinem Verhältnis zur Natur eine Entwicklung durchlaufen hat, die ihn in die Lage versetzt, die Natur seinen Bedürfnissen entsprechend umzuformen.

Obgleich jeder Gebrauchswert, der in den Austausch eingeht, konkret-nützliche Arbeit enthält, ist für ihn entscheidend, dass er ein »Ganzes vieler Eigenschaften«[9]

[7] Das Kapital, MEW 23, a.a.O., S. 57.
[8] Ebd., S. 56.
[9] Ebd., S. 49.

ist, die »menschliche Bedürfnisse irgendeiner Art«[10] befriedigen. Vom Standpunkt des Gebrauchswerts aus ist es – obwohl er durch Arbeit vermittelt ist – gleichgültig, woher die seine Nützlichkeit ausmachenden »körperlichen Bestandteile und Formen«[11] herrühren.

»Ein Ding kann Gebrauchswert sein, ohne Wert zu sein. Es ist dies der Fall, wenn sein Nutzen für den Menschen *nicht durch Arbeit vermittelt ist* (Hervorhebung – D. W.). So Luft, jungfräulicher Boden, natürliche Wiesen, wildwachsendes Holz usw.«[12] Seinem Wesen nach ist der Gebrauchswert – ob er nun durch Arbeit vermittelt ist oder nicht – »ein Ding, das durch seine Eigenschaften menschliche Bedürfnisse irgendeiner Art befriedigt. ... Die Nützlichkeit eines Dings macht es zum Gebrauchswert. Aber diese Nützlichkeit schwebt nicht in der Luft. Durch die Eigenschaften des Warenkörpers bedingt, existiert sie nicht ohne denselben. Der Warenkörper selbst, wie Eisen, Weizen, Diamant usw., ist daher ein Gebrauchswert oder Gut. ... Der Gebrauchswert verwirklicht sich nur im Gebrauch oder der Konsumtion. Gebrauchswerte bilden den stofflichen Inhalt des Reichtums, welches immer seine gesellschaftliche Form sei.«[13]

Die körperlichen Bestandteile und Formen der »Luft, des jungfräulichen Bodens, der natürlichen Wiesen, des wildwachsenden Holzes usw.« machen unbearbeitete Teile der Natur ebenso sehr zum Gebrauchswert wie körperliche Bestandteile und Formen, die solche Teile der Natur besitzen, welche durch die menschliche Arbeit umgestaltet worden sind. Die von der Natur gegebenen Gebrauchswerte werden vermittels der Arbeit in Gebrauchswerte verwandelt, die mannigfacher, verschiedenartiger und zahlreicher sind. Und wird in dem hier angedeuteten Sinne der Gebrauchswert mittels der menschlichen Arbeit weiterentwickelt, dann verändert er damit aber nicht seine Natur bzw. verändert sich nicht das, was ihn als ein »Ganzes vieler Eigenschaften« auszeichnet, die »nach verschiedenen Seiten nützlich« sind. »Der Mensch kann in seiner Produktion nur verfahren, wie die Natur selbst, d.h. nur die Formen der Stoffe ändern. Noch mehr. In dieser Arbeit der Formung selbst wird er beständig unterstützt von Naturkräften. Arbeit ist also nicht die einzige Quelle der von ihr produzierten Gebrauchswerte, des stofflichen Reichtums. Die Arbeit ist sein Vater ... und die Erde seine Mutter.«[14]

Werden die Arbeitsprodukte in ihrem Austausch gleichgesetzt und wird gleichzeitig von ihnen als Gebrauchswerten abstrahiert, dann liegt nur dann kein unauflöslicher Widerspruch vor, wenn sich im Austausch die Arbeitsprodukte noch als etwas anderes erweisen, als das, was sie als Gebrauchswerte sind. Für den Gebrauchswert als ein Ganzes unterschiedlicher Eigenschaften, die unterschiedliche

[10] Ebd.
[11] Ebd., S. 52.
[12] Ebd., S. 55.
[13] Ebd., S. 49 und S. 50.
[14] Ebd., S. 57f.

menschliche Bedürfnisse befriedigen, macht es keinen Unterschied, ob seine körperlichen Bestandteile und Formen von der Natur oder von einer bestimmten menschlichen Arbeit herrühren. Dass der Gebrauchswert durch menschliche Arbeit zustande kommt, ist insofern nicht gleichgültig, als diese Teile des von Natur vorhandenen stofflichen Reichtums so umgeformt hat, dass er ganz bestimmte Eigenschaften besitzt, welche menschliche Bedürfnisse irgendeiner Art befriedigen. Indem der Gebrauchswert der Ware vorausgesetzt ist, ist die besondere Nützlichkeit, die bestimmte Zweckmäßigkeit der in ihr aufgezehrten Arbeit vorausgesetzt. Damit ist aber vom Standpunkt der Ware aus zugleich alle Rücksicht auf die Arbeit als nützliche Arbeit erschöpft.[15] Dass aber überhaupt bei der Entstehung des Gebrauchswerts menschliche Arbeit verausgabt worden ist, ist für die Bestimmung dessen, was einen Gebrauchswert ausmacht, gleichgültig, weil für ihn nur die Existenz jener an eine bestimmte körperliche Gestalt des Gegenstandes gebundenen Eigenschaften zählt, es aber für ihn bedeutungslos ist, woher diese stammen bzw. ob diese nur Produkte der Natur oder auch Produkte der menschlichen Arbeit sind.

Wird von den körperlichen Bestandteilen und Formen des Arbeitsprodukts abstrahiert, dann wird von all dem abstrahiert, was es mit und ohne Vermittlung durch eine bestimmte konkret-nützliche Arbeit ist. Es wird so von den körperlichen Bestandteilen und Formen des Gegenstandes abstrahiert, als wären diese überhaupt nicht durch konkret-nützliche Arbeit zustande gekommen. Umgekehrt bedeutet dies, dass mit der Abstraktion von den sinnlichen Beschaffenheiten auch von dem nützlichen Charakter der menschlichen Arbeit abstrahiert wird. Dies geschieht nicht, insofern eine bestimmte konkret-nützliche Arbeit überhaupt Arbeit ist, sondern insofern sie durch die Umgestaltung der Natur in den körperlichen Bestandteilen und Formen des Gegenstandes als konkret-nützliche gegenwärtig ist.

Wenn an den Arbeitsprodukten von allem abstrahiert wird, was sie als Gebrauchswerte auszeichnet, dann bleibt also noch etwas übrig, was mit dem Gebrauchswert selbst nichts zu tun hat, nämlich der Tatbestand, *dass er vermittels der menschlichen Arbeit zustande gekommen ist.* »Sieht man ... vom Gebrauchswert der Warenkörper ab, so bleibt ihnen nur noch eine Eigenschaft, die von Arbeitsprodukten.«[16, 17]

---

[15] Vgl. ebd., S. 51f.

[16] Das Kapital, MEW 23, a.a.O., S. 52.

[17] In seinem Aufsatz »Gesellschaftskritik und normativer Maßstab«[a)] spricht G. Lohmann von »Marxens Schwierigkeiten, die Wertbestimmung durch abstrakte Arbeit *logisch* stringent durchzuführen. Sie *gilt* nur auf Grund vorausgesetzter Annahmen des Lockeschen Naturrechts über Aneignung von Eigentum durch eigene Arbeit; keineswegs ist sie eine gesellschaftlich unspezifische, allgemeingültige ›Ableitung‹, sondern hängt vom Realitätsgehalt der Lockeschen Voraussetzungen ab.«[b)]Es wurde oben entwickelt, inwiefern die Waren nur in der Hinsicht untereinander gleich sein können, in der sie noch etwas anderes sind als Gebrauchswerte bzw. etwas sind, was mit ihnen als Gebrauchswerten nichts zu tun hat. Da alle Gebrauchswerte, die in den Austausch eingehen, zugleich Arbeitsprodukte sind und die Arbeit etwas ist, was nicht notwendig zum Gebrauchswert gehört, so kann auch in der im Austausch vor-sich-gehenden Abstraktion vom Gebrauchswert nur übrig bleiben, dass diese in der von ihnen verschiedenen Hinsicht untereinander gleiche Produkte von Arbeit sind, gleichgültig in welcher Form diese verausgabt worden ist. Was Marx und Locke hinsichtlich der Wertbestimmung

Der Austausch ist ein gesellschaftlicher Zusammenhang, worin das gesellschaftliche Verhältnis der Menschen zueinander durch das gesellschaftliche Verhältnis der Gegenstände zueinander vermittelt ist, das den gesellschaftlich-allgemeinen Charakter der einzelnen Arbeiten, d.h. die Form festlegt, in der sich die Menschen auf eine ihnen auch immer unbewusste Weise wechselseitig ihre Arbeiten als gesellschaftlich-allgemeine anerkennen. Indem die Arbeitsprodukte ausgetauscht werden, entsteht zwischen ihnen als Gegenständen ein gesellschaftliches Verhältnis, worin sie mehr sind, als außerhalb dieses Verhältnisses; nichtsdestoweniger aber bleiben sie Gegenstände. Der Unterschied zwischen dem, was sie außerhalb und innerhalb ihres gesellschaftlichen Verhältnisses sind, ist in ihnen als Gegenständen enthalten: Wenn im Austausch von ihrem Gebrauchswert abstrahiert wird, dann geht das, was über den Gebrauchswert hinaus von den Waren übrig bleibt,

---

gemeinsam haben, beschränkt sich auf die Feststellung, dass es sich bei den Waren um Gegenstände handelt, in denen menschliche Arbeit enthalten ist. Was Locke darüber hinaus im Sinne seiner Naturrechtskonzeption über das in der eigenen Arbeit gründende Eigentum an der Ware sagt, so hat dies gerade nichts mehr mit einer wirklichen Einsicht in die innere Natur des Austauschs zu tun; vielmehr ist die Auffassung von Locke ein durch die Warenzirkulation erzeugter Schein, weil gerade unter den historischen gewordenen Bedingungen, unter denen die Warenzirkulation allgemein vorherrscht, ein zwar über sie vermitteltes, aber hinter ihr verstecktes Herrschafts-Knechtschafts-Verhältnis – das Kapitalverhältnis – existiert. Was das die ganze Gesellschaft beherrschende Eigentumsverhältnis anbelangt, so stehen sich nicht selbständige Warenproduzenten, sondern in Kapitalisten verwandelte selbständige Warenproduzenten auf der einen und die Arbeiter, die nur Eigentümer ihrer Arbeitskraft sind, auf der anderen Seite gegenüber. »Das Verhältnis des Austauschs zwischen Kapitalist und Arbeiter wird ... nur ein dem Zirkulationsprozeß angehöriger Schein, bloße Form, die dem Inhalt selbst fremd ist und ihn nur mystifiziert. Der beständige Kauf und Verkauf der Arbeitskraft ist die Form. Der Inhalt ist, daß der Kapitalist einen Teil der bereits vergegenständlichten fremden Arbeit, die er sich unaufhörlich ohne Äquivalent aneignet, stets wieder gegen größeres Quantum lebendiger fremder Arbeit umsetzt. Ursprünglich erschien uns das Eigentumsrecht gegründet auf eigne Arbeit. Wenigstens mußte diese Annahme gelten, da sich nur gleichberechtigte Warenbesitzer gegenüberstehn, das Mittel zur Aneignung fremder Ware aber nur die Veräußerung der eignen Ware, und letztere nur durch Arbeit herstellbar ist. Eigentum erscheint jetzt, auf Seite des Kapitalisten als das Recht, fremde unbezahlte Arbeit oder ihr Produkt, auf Seite des Arbeiters als Unmöglichkeit, sich sein eigenes Produkt anzueignen.«[c] Obgleich Marx' »Wertbestimmung durch abstrakte Arbeit« allen Kriterien der Wissenschaft gerecht wird, ist diese Wertbestimmung selbst keine »gesellschaftlich unspezifische, allgemeingültige«. Im Wert ist ausgedrückt, dass es im Austausch auf eine historisch-spezifische Weise um den gesellschaftlich-allgemeinen Charakter der einzelnen konkret-nützlichen Arbeiten geht. Nur unter den historisch gewordenen Bedingungen, unter denen die Menschen mittels des Austauschs ihrer Arbeitsprodukte in gesellschaftlichen Kontakt miteinander treten, ist die abstrakt-menschliche Arbeit zugleich die gesellschaftlich-allgemeine Form der konkret-nützlichen Arbeiten. In diesem von Lohmann überhaupt nicht wahrgenommenen Sinne ist die »Wertbestimmung durch abstrakte Arbeit ... keineswegs« eine »allgemeine gültige ›Ableitung‹«; sie hängt aber deswegen noch lange nicht »vom Realitätsgehalt der Lockeschen Voraussetzungen« ab, die Marx selbst im Zusammenhang der bürgerlichen Gesamtreproduktion als Schein dechiffriert hat. Die »Wertbestimmung durch abstrakte Arbeit« ist so gesellschaftlich-spezifisch, wie es Locke's Gesetz des Privateigentums ist. Der Unterschied ist nur der, dass das eine eine rationale, wissenschaftliche Einsicht in die innere Natur der Warenzirkulation, während das andere ein von dieser erzeugter Schein ist.

[a] Georg Lohmann, Gesellschaftskritik und normativer Maßstab. Überlegungen zu Marx, in: Arbeit, Handlung, Normativität, hg. von A. Honneth und U. Jaeggi, Frankfurt/Main 1980.

[b] Ebd. S. 291f., Fn.36.

[c] Das Kapital, MEW 23, a.a.O., S. 609f.

nicht über sie als Gegenstände hinaus. Wäre dies der Fall, dann würde die Abstraktion vom Gebrauchswert nicht in dem gesellschaftlichen Verhältnis der Arbeitsprodukte selbst vor sich gehen, sondern würde außerhalb von ihnen im bewussten Verhalten der Menschen zueinander vorgenommen. Würden die Menschen die unterschiedlichen Arbeitsprodukte miteinander vergleichen und feststellen, dass diese untereinander gleich sind, sofern sie überhaupt Arbeitsprodukte bzw. Vergegenständlichungen unterschiedsloser menschlicher Arbeit sind, dann hätte dies nichts mit dem Wert als der »gespenstigen« Gegenständlichkeit, der »Gallerte unterschiedsloser menschlicher Arbeit« zu tun. Diese gibt es nur, weil die Abstraktion, die in dem gesellschaftlichen Verhältnis der Arbeitsprodukte vorgenommen wird, in diesen selbst enthalten ist, so dass es in diesen selbst zu einer Unterscheidung kommt zwischen dem, was sie mit und ohne diese Abstraktion sind. Wenn die Arbeitsprodukte im Austausch Gegenstände sind, an denen nur noch dargestellt ist, dass in ihrer Produktion menschliche Arbeit verausgabt worden ist, dann handelt es sich um eine gesellschaftliche Art und Weise, in der die Arbeitsprodukte als Gegenstände aufeinander bezogen werden und als Gegenstände »füreinander da sind«.

Sieht man einmal von der im Wert ausgedrückten historisch-spezifischen Form der gesellschaftlichen Verhältnisse ab, dann ist der Unterschied zwischen dem Gebrauchswert und dem Wert der Ware ein Unterschied zwischen der natürlichen und gesellschaftlichen Welt. Dieser gehört jeder Gesellschaftsformation an; denn im Herausarbeiten des Menschen aus der Natur bilden sich im Unterschied zur Natur gesellschaftliche Beziehungen aus, die immer eine Abstraktion von der Natur einschließen. Sie sind immer etwas Nicht-Natürliches und enthalten wie der etwas rein Gesellschaftliches darstellende Wert »kein Atom Naturstoff«. »Da Tauschwert eine bestimmte gesellschaftliche Manier ist, die auf ein Ding verwandte Arbeit auszudrücken, *kann er nicht mehr Naturstoff enthalten als etwa der Wechselkurs*. ... Dagegen hat die Warenform und das Wertverhältnis der Arbeitsprodukte, worin sie sich darstellt, *mit ihrer physischen Natur und den daraus entspringenden dinglichen Beziehungen absolut nichts zu schaffen*.«[18] (Hervorhebungen – D. W.)

Was hier vom Unterschied zwischen dem Natürlichen und dem Gesellschaftlichen festgehalten wird, muss noch nichts mit deren »selbständiger gleichgültiger Existenz gegeneinander« zu tun haben; denn die Entwicklung der Gesellschaftsformation ist selbst ein naturwüchsiger Prozess, worin die jeweilige Organisation der gesellschaftlichen Beziehungen an die in der Produktion gegebene materielle Basis gebunden und durch diese bedingt ist. Auch wenn die *gesellschaftlichen Beziehungen* der Menschen zueinander in deren körperlicher Organisation und in der materiellen Struktur der Produkte eine natürliche Basis haben, unterscheiden sie sich als etwas Nicht-Stoffliches von allem Stofflichen. In der abstrakt-menschlichen Arbeit wird von dem Inhalt der konkret-nützlichen Arbeiten abstrahiert, den

[18] Ebd., S. 97 und S. 86.

sie als praktische Auseinandersetzung mit der Natur besitzen. Die einzelnen Arbeiten werden in dem gesellschaftlichen Verhältnis der Arbeitsprodukte zueinander als abstrakt-menschliche aufeinander bezogen, so dass diese zu ihrer gesellschaftlich-allgemeinen Form wird. Der Wert ist in seiner reinen Gesellschaftlichkeit nichts anderes als die Vergegenständlichung dieser abstrakt-menschlichen Arbeit, die sich als spezifisch-gesellschaftliche Form der einzelnen konkret-nützlichen Arbeiten ausgewiesen hat. Dies gilt es zu erkennen, wenn der Wert als etwas »rein Gesellschaftliches«[19] begriffen und der »u.a. ... langweilig abgeschmackte Zank über die Rolle der Natur in der Bildung des Tauschwerts«[20] vermieden werden soll.

[19] Ebd., S. 71.
[20] Ebd., S. 97.

Kapitel 2
Die »innere notwendige Zusammengehörigkeit« und die »gleichgültige selbständige Existenz gegeneinander« als »Grundlagen« des Widerspruchs zwischen dem Gebrauchswert und dem Wert

1. Die innere notwendige Zusammengehörigkeit von Gebrauchswert und Wert als die eine der beiden Grundlagen ihres Widerspruchs

Von den beiden Grundlagen des Widerspruchs zwischen dem Gebrauchswert und dem Wert soll im Folgenden die »innere notwendige Zusammengehörigkeit« beider untersucht werden. Gebrauchswert und Wert gehören insofern mit innerer Notwendigkeit zusammen, als die Existenz des einen an die Existenz des anderen gebunden ist: Da die menschliche Arbeit in allen Gesellschaftsformationen unabhängig von ihrer historischen Form als konkret-nützliche verausgabt wird, gibt es auch immer Gebrauchswerte, d.h. also auch dann, wenn es keine Werte gibt. Unter kapitalistischen Produktionsbedingungen hat sich aber die Warenzirkulation verallgemeinert. Wenn die Warenzirkulation auch nur die abstrakte Sphäre der bürgerlichen Gesamtproduktion ist, so zeichnet sie sich dennoch als eine in sich gegliederte Totalität dadurch aus, dass in ihr auf eine historisch-spezifische Weise das allen Gesellschaftsformationen gemeinsame Grundproblem gelöst wird, in welcher Form die einzelnen konkret-nützlichen Arbeiten den gesellschaftlich-allgemeinen Charakter besitzen. Wie in jedem gesellschaftlichen Zusammenhang gehören auch in der Warenzirkulation die nützliche und die gesellschaftlich-allgemeine Seite der Arbeit mit innerer Notwendigkeit zusammen. Die konkret-nützlichen Arbeiten werden nur von Menschen verausgabt, die einen gesellschaftlichen Zusammenhang miteinander eingegangen sind, worin sie auch über den gesellschaftlich-allgemeinen Charakter ihrer konkret-nützlichen Arbeiten entscheiden. In der Warenzirkulation ist der gesellschaftlich-allgemeine Charakter der einzelnen konkret-nützlichen Arbeiten dadurch festgelegt, dass diese in Gestalt ihrer gegenständlichen Produkte aufeinander bezogen, d.h. unter Abstraktion von ihrem konkret-nützlichen Charakter als Vergegenständlichungen abstrakt-menschlicher Arbeit gleichgesetzt werden.

Über die im Austausch sich vollziehende Gleichsetzung der Arbeitsprodukte als bloße Vergegenständlichungen abstrakt-menschlicher Arbeit wird diese zur gesellschaftlich-allgemeinen Form der konkret-nützlichen Arbeit. Ist der Wert nichts anderes als das, was von den Arbeitsprodukten übrig bleibt, wenn im Austausch von ihnen als Gebrauchswerten abstrahiert wird, dann gibt es den Wert auch nur, weil Gebrauchswerte im Austausch in ein gesellschaftliches Verhältnis miteinander treten, die sich dadurch auszeichnen, dass sie durch menschliche Arbeit vermittelt bzw. dass sie Arbeitsprodukte sind. Ist der Wert die historisch-spezifische Weise, in der die einzelnen konkret-nützlichen Arbeiten in der Warenzirkulation ihren gesellschaftlich-allgemeinen Charakter erhalten, dann ist hiermit auch für den aus der Warenzirkulation bestehenden gesellschaftlichen Zusammenhang ausgedrückt, dass es ohne Gebrauchswert keinen Wert gibt. Wenn im Austausch der Arbeitsprodukte die konkret-nützlichen Arbeiten in Form der abstrakt-menschlichen Arbeit gesellschaftlich-allgemeine sind, dann ist dies nicht so zu verstehen, als würden dadurch zwei »Sorten von Arbeit« entstehen. Vielmehr ist es ein und dieselbe Arbeit, auf die es einmal in ihrer konkreten Nützlichkeit und ein andermal unter Abstraktion davon als abstrakt-menschliche Arbeit ankommt. Der Wert hängt in seiner Existenz vom Gebrauchswert ab, nicht nur weil die Arbeitsprodukte im Austausch als Vergegenständlichungen abstrakt-menschlicher Arbeit gleichgesetzt werden, sondern auch, weil eine nutzlose Arbeit, die ein Gegenstand enthält, überhaupt »nicht als Arbeit zählt und folglich auch »keinen Wert«[1] bildet. Damit ein Arbeitsprodukt im Austausch einem anderen Menschen übertragen werden kann, muss es für diesen einen Gebrauchswert besitzen. Ist das Arbeitsprodukt für ihn aber nutzlos, dann dient es niemandem als Gebrauchswert und wird auch niemandem durch den Austausch übertragen, worin es sich als Wert erweisen müsste.

Zur inneren notwendigen Zusammengehörigkeit von Gebrauchswert und Wert in der Warenzirkulation gehört, dass kein Arbeitsprodukt Wert ist, ohne Gebrauchswert zu sein, und kein Arbeitsprodukt Gebrauchswert ist, ohne Wert zu sein. Ob das Letzte genau so wie das Erste zutrifft, soll im Folgenden gezeigt werden.

Zunächst sei noch einmal daran erinnert, dass ein »Ding ... Gebrauchswert sein (kann), ohne Wert zu sein.« Dies gilt für alle Gebrauchswerte, die »nicht durch Arbeit vermittelt« sind, wie die »Luft, jungfräulicher Boden, natürliche Wiesen, wildwachsendes Holz usw.« Wenn jemand in einem nicht-kapitalistischen Gemeinwesen entweder Gebrauchswerte für die Befriedigung seiner eigenen Bedürfnisse oder Gebrauchswerte für andere, gesellschaftlichen Gebrauchswert, produziert, der aber den anderen nicht durch den Austausch übertragen wird, dann gilt: »Ein Ding

---

[1] Das Kapital, MEW 23, a.a.O., S. 55.

kann nützlich und *Produkt menschlicher Arbeit* (Hervorhebung – D. W.) sein, ohne Ware«,[2] d.h. ohne Wert zu sein. Besteht in einem Gemeinwesen der gesellschaftliche Zusammenhang, worin die Gesamtarbeitszeit auf die einzelnen konkret-nützlichen Arbeiten verteilt wird und worin diese ihren gesellschaftlich-allgemeinen Charakter erhalten, nicht aus dem Austausch der Arbeitsprodukte, dann findet auch keine Verwandlung der Arbeitsprodukte in Werte statt. »Der mittelalterliche Bauer produzierte das Zinskorn für den Feudalherrn, das Zehntkorn für den Pfaffen. Aber weder Zinskorn noch Zehntkorn wurden dadurch Ware, daß sie für andre produziert waren.«[3] Wird das Produkt, welches einem anderen als Gebrauchswert dient, in Ware verwandelt, wenn es dem anderen durch Austausch übertragen wird, dann kann es auch nur der Austausch bzw. die Warenzirkulation sein, worin es der Gebrauchswert ist, der nicht ohne den Wert sein kann. Die noch einfach bestimmten, in der Ausgangssituation des Austauschs sich gegenüberstehenden Waren haben für ihre Besitzer selbst »keinen unmittelbaren Gebrauchswert«.[4] Sie würden ihre Waren sonst nicht zu Markte führen. Die Waren haben »Gebrauchswert für andre«.[5] Für sie haben die Waren »unmittelbar nur den Gebrauchswert, Träger von Tauschwert und so Tauschmittel zu sein«. Darum wollen sie ihre Ware für eine andere Ware veräußern, deren Gebrauchswert ihnen »Genüge tut. Alle Waren sind Nicht-Gebrauchswerte für ihre Besitzer, Gebrauchswerte für ihre Nicht-Besitzer. Sie müssen also allseitig die Hände wechseln.«[6] Dieser allseitige Händewechsel, der den Austausch der Waren bildet, ist eine historisch-spezifische Bedingung dafür, dass sich der Gebrauchswert in der Konsumtion verwirklicht. Der Austausch aber bezieht die Waren »als Werte aufeinander und realisiert sie als Werte. Die Waren müssen sich daher als Werte realisieren, bevor sie sich als Gebrauchswerte realisieren können. ... Andrerseits müssen sie sich als Gebrauchswerte bewähren, bevor sie sich als Werte realisieren können. Denn die auf sie verausgabte menschliche Arbeit zählt nur, soweit sie in einer für andre nützlichen Form verausgabt ist. Ob sie andren nützlich, ihr Produkt daher fremde Bedürfnisse befriedigt, kann aber nur ihr Austausch beweisen.«[7]

Dieser für die Ausgangssituation des Austauschs charakteristische Widerspruch zwischen dem Gebrauchswert und dem Wert der Waren soll hier noch nicht als solcher, sondern nur nach der Seite betrachtet werden, nach der er zeigt, inwiefern Gebrauchswert und Wert mit innerer Notwendigkeit zusammenhängen bzw. es nicht nur ohne Gebrauchswert keinen Wert, sondern umgekehrt auch ohne Wert keinen Gebrauchswert gibt. Um das Letztere noch zusätzlich zu verdeutlichen, sei unter-

---

[2] Ebd.
[3] Ebd.
[4] Ebd., S. 100.
[5] Ebd., S. 55.
[6] Ebd., S. 100.
[7] Ebd., S. 100f.

stellt, dass sich jener Widerspruch zwischen Gebrauchswert und Wert in der Verdoppelung der Waren in Waren und Geld gelöst hat und die Waren im Preis ideell ihren Wert in Geld ausdrücken. In der aus W–G–W bestehenden Bewegung des Kaufens und Verkaufens einer Ware zeigt sich jetzt vor aller Augen sichtbar, dass die Waren sich nur dann als Gebrauchswerte verwirklichen können, wenn sie zuvor ihre vom Gebrauchswert verschiedene, im Preis ideell antizipierte allgemeine Wertgestalt auch reell annehmen. Nur unter Umgehung der Warenzirkulation, z.B. durch Diebstahl, kann jemand ohne die Vermittlung durch das Geld an eine Ware herankommen, deren Gebrauchswert sein Bedürfnis befriedigt.

Dass Gebrauchswert und Wert mit »innerer Notwendigkeit zusammengehören«, kann zusammenfassend auch so ausgedrückt werden, dass die Arbeitsprodukte im Austausch *Einheiten von Gebrauchswert und Wert* sind und sich auch im doppelseitig-polarischen Gegensatz von preisbestimmter Ware und Geld als diese Einheit darstellen.

2. Die Verselbständigung des Werts gegenüber dem Gebrauchswert als Grundlage des in der Ware enthaltenen Widerspruchs

Der Übergang vom Wert in die Wertform ist zugleich ein Übergang von der einzelnen Ware zu dem gesellschaftlichen Verhältnis zweier Waren, worin die eine Ware sich als das Doppelte, das sie als Gebrauchswert und Wert ist, auch darstellt. Die von Marx im ersten Kapitel des »Kapital« behandelte Ware ist die aus dem Austausch herausgegriffene, unter Abstraktion vom Geld und vom Preis betrachtete einzelne Ware. Diese ist nicht nur ein Gebrauchswert, ein Warenkörper, sondern zugleich Wert. Würde man von der einzelnen Ware sagen, sie sei nur Gebrauchswert, dann hätte man die Welt des Austauschs verlassen und irgendein Ding oder Arbeitsprodukt unter dem Aspekt seiner Nützlichkeit betrachtet. Nimmt sich Marx die einzelne Ware vor, dann ist der Austausch als der gesellschaftliche Prozess unterstellt, worin jedes Arbeitsprodukt, von seinem Gebrauchswertcharakter abgesehen, durch seine Austauschbarkeit charakterisiert ist. Das Arbeitsprodukt ist nur austauschbar, weil es Wert ist. Als Gebrauchswert ist die einzelne Ware ein »selbständiges Ding« und als Wert ist sie von vornherein »auf alle andern Waren betrachtet«.[8] Wenn der Wert der einzelnen Ware an dieser selbst nicht erscheint, darf das nicht damit verwechselt werden, Marx würde bei der Betrachtung der einzelnen Ware von deren Wert abstrahieren. »Wäre sie (die einzelne Ware – D. W.) nicht selbst Werth, so könnte sie sich nicht auf den Rock als Werth, als *Ihresgleichen*, beziehn.«[9]

---

[8] Zur Kritik der Politischen Ökonomie, MEW 13, a.a.O., S. 29.
[9] Das Kapital, 1. Auflage, MEGA II/5, a.a.O., S. 29.

»Unabhängig von ihrem Austauschverhältniß oder von der *Form*, worin sie als *Tausch*-Werthe *erscheinen*, sind die Waaren daher zunächst als *Werthe* schlechthin zu betrachten. Als Gebrauchsgegenstände oder Güter sind die Waaren *körperlich verschiedne* Dinge. Ihr *Werth*sein bildet dagegen ihre *Einheit*. Diese Einheit entspringt nicht aus der Natur, sondern aus der Gesellschaft. Die *gemeinsame gesellschaftliche Substanz*, die sich in verschiednen Gebrauchswerthen nur verschieden darstellt, ist – *die Arbeit*. Als *Werthe* sind die Waaren nichts als *krystallisirte Arbeit*.«[10]

Bei dem Nachvollzug der von Marx im »Kapital« gegebenen Entwicklung der Wertformen geht es vor allem darum zu erklären, warum die einzelne Ware nicht nur Gebrauchswert und Wert *ist*, sondern warum sie notwendig auch als dies Doppelte, das sie ist, *erscheinen* muss. Nachdem Marx die Darstellung des Übergangs vom Wert in die Wertform mit der Feststellung eingeleitet hat, die Waren seien als Gebrauchsgegenstände bzw. Gebrauchswerte und Wertträger bzw. als Werte ein »Doppeltes«, folgert er: »Sie *erscheinen* (Hervorhebung – D. W.) daher nur als Waren oder besitzen nur die Form von Waren, sofern sie Doppelform besitzen, Naturalform und Wertform.«[11] Einmal vorausgesetzt, dass die Waren als das Doppelte, das sie sind, auch *erscheinen*, ergibt sich aus dem Gebrauchswert und dem Wert der Waren, dass sie in einer *doppelten Form*, nämlich in der Naturalform und in der von dieser und auch noch von dem Wert verschiedenen – aus dem Gebrauchswert der anderen Ware bestehenden Naturalform – Wertform erscheinen.

Die Wertform, d.h. der Tauschwert, der die Erscheinungsform des Werts ist, die von ihm zugleich verschieden ist, wurde von Marx zunächst (am Anfang des ersten Kapitels) als ein quantitatives Verhältnis von Gebrauchswerten aufgegriffen, das sich dann bei näherer Betrachtung als ein von den Gebrauchswerten zugleich unabhängiges Verhältnis erweist. Es konnte von Marx konstatiert werden, dass es einen später sich als Wert erweisenden Gehalt gibt, der im Tauschwert erscheint; er hatte aber noch nicht erklärt, warum ein solcher Gehalt wie der Wert *notwendig erscheinen muss*. Erst wenn der Wert entdeckt und, unabhängig vom Tauschwert, seine Natur begriffen ist, kann aus dieser erklärt werden, warum und in welcher Weise der Wert erscheint. Sind diese beiden zusammengehörenden Fragen beantwortet, dann ist über den Wert hinaus auch seine Erscheinungsform – der Tauschwert – begriffen. Auf die Darstellung der Ware und des gesellschaftlichen Verhältnisses zweier Waren zurückblickend, hält Marx ausdrücklich fest: »Unsere Analyse bewies, daß die Wertform oder der Wertausdruck der Ware aus der *Natur des Warenwerts entspringt* (Hervorhebung – D. W.), nicht umgekehrt Wert und Wertgröße aus ihrer Ausdrucksweise als Tauschwert.«[12]

---

[10] Ebd., S. 19.
[11] Das Kapital, MEW 23, a.a.O., S. 62.
[12] Ebd., S. 75.
[13] Ebd., S. 62.

»Wir gingen in der Tat vom Tauschwert oder Austauschverhältnis der Waren aus, um ihrem darin versteckten Wert auf die Spur zu kommen. Wir müssen jetzt zu dieser Erscheinungsform des Wertes zurückkehren.«[13] Nach der Analyse des Werts der Ware kehrt man nicht deswegen zum Tauschwert als seiner Erscheinungsform zurück, weil man von diesem zuvor ausgegangen war, sondern weil es in der Natur des Werts, d.h. in seinem gegenständlichen und gesellschaftlichen Charakter liegt, dass er im gesellschaftlichen Verhältnis von Ware zu Ware erscheint.

Was von dem Tauschwert vor dem Rückgang zum Wert erfasst wird, ist noch so einseitig und oberflächlich, dass es ihn unerklärt lässt. »Das Gemeinsame, was sich im Austauschverhältnis oder Tauschwert der Ware darstellt, ist also ihr Wert. Der Fortgang der Untersuchung wird uns zurückführen zum Tauschwert als der *notwendigen* Ausdrucksweise oder Erscheinungsform des Werts, welcher zunächst jedoch *unabhängig von dieser Form zu betrachten ist*.«[14] (Hervorhebungen – D. W.)

Dass das Problem des Erscheinens des Werts der Ware sich bereits bei der einzelnen Ware stellt, wird von Marx mit aller Deutlichkeit noch in zwei anderen Texten betont. In den Mehrwerttheorien schreibt Marx: »Geld ist bloß die Form, wie der Wert der Waren im Zirkulationsprozeß erscheint. Wie kann ich aber x cotton in y Geld darstellen? Diese Frage löst sich darin auf, wie kann ich überhaupt eine Ware in einer andren oder Waren als Äquivalente darstellen? Es ist nur die Entwicklung des Werts, *unabhängig von der Darstellung der einen Ware in der andren, die die Antwort gibt* (Hervorhebung – D. W.).«[15] In den »Randglossen zu Adolph Wagners ›Lehrbuch der politischen Ökonomie‹« heißt es: »Hätte er (Rodbertus – D. W.) weiter den Wert untersucht, so hätte er weiter gefunden, daß hierin das Ding, der ›Gebrauchswert‹, als bloße *Vergegenständlichung* menschlicher Arbeit, als *Verausgabung gleicher menschlicher Arbeitskraft*, gilt und daher dieser Inhalt als *gegenständlicher* Charakter der *Sache* dargestellt ist, als ›Charakter‹, der *ihr selbst* sachlich zukommt, obgleich diese Gegenständlichkeit in ihrer Naturalform *nicht* erscheint (was aber eine besondre *Wertform* nötig macht).«[16, 17]

---

[14] Ebd., S. 53.

[15] Karl Marx, Theorien über den Mehrwert, 3. Teil, in: MEW, Bd. 26.3, Berlin 1968, (im Folgenden zitiert als: Theorien über den Mehrwert, MEW 26.3) S. 161.

[16] Randglossen, MEW 19, a.a.O., S. 375.

[17] Dass Marx in den »Randglossen« den Gebrauchswert in Anführungszeichen setzt, hat nichts damit zu tun, dass der Gebrauchswert, der als Wert gilt, etwas anderes sein könnte als der Gebrauchswert, der nicht als Wert gilt. Der Gebrauchswert wird in dem Text, aus dem die angeführte Stelle stammt, schon vorher bzw. schon dort in Anführungszeichen gesetzt, wo es in Auseinandersetzung mit Rodbertus einfach um den Gebrauchswert geht. Die Anführungszeichen machen nur deutlich, dass auch Rodbertus vom Gebrauchswert redet, auch wenn er sich darunter etwas Unsinniges vorstellt, das von Marx kritisiert wird. So setzt Marx den Gebrauchswert auch und gerade dann in Anführungszeichen, wenn er aufdeckt, was als »unsterbliche Entdeckung ... im düstern Hintergrund ... der gespreizten Phrasen« von Rodbertus liegt: Der »Mensch in allen Zuständen essen, trinken etc. muß ...., daß er in allen Zuständen äußere Dinge zur Befriedigung seiner Bedürfnisse fertig in der Natur vorfinden und ihrer sich bemächtigen oder aus Naturvorgefundenem bereiten muß; in diesem seinen

Wenn, was im Folgenden noch zu geschehen hat, aus der Gegenständlichkeit und Gesellschaftlichkeit des Werts der einzelnen Ware erklärt worden ist, warum er überhaupt erscheinen muss, so zeichnet sich auch an der einzelnen Ware bereits ab, wie der Wert erscheinen muss. An einer späteren Stelle im »Kapital« gibt Marx die Aufgabe an, die sich für die einzelne Ware im gesellschaftlichen Verhältnis zweier Waren durch die Darstellung des Werts im Gebrauchswert der anderen Ware löst. »Menschliche Arbeitskraft im flüssigen Zustand oder menschliche Arbeit bildet Wert, aber ist nicht Wert. Sie wird Wert in geronnenem Zustand, in gegenständlicher Form.«[18] Marx hebt zunächst besonders hervor, dass man am Wert Inhalt und Form klar unterscheiden muss und nicht den Fehler begehen darf, den Inhalt, nämlich die aus der abstrakt-menschlichen Arbeit bestehende gesellschaftliche Substanz mit der »Gegenständlichkeit« zu verwechseln. Der Wert ist diese Substanz »in geronnenem Zustand, in gegenständlicher Form. Um den Leinwandwert als Gallerte menschlicher Arbeit auszudrücken, muß er als eine ›Gegenständlichkeit‹ ausgedrückt werden, welche von der Leinwand selbst dinglich verschieden und zugleich mit andrer Ware gemeinsam ist.«[19]

Alles das, was es hinsichtlich der einzelnen Ware bei der Erklärung der Wertform aus dem Wert zu berücksichtigen gilt, lässt sich mit dem in die einzelne Ware unmittelbar eingeschlossenen Widerspruch zwischen dem Gebrauchswert und dem Wert zusammenfassen. Wie unentwickelt der Widerspruch zwischen dem Gebrauchswert und dem Wert auch ist, hierauf wird noch zurückgekommen – wichtig ist, dass er wie seine beiden Grundlagen in der einzelnen Ware enthalten ist, »unabhängig von der Darstellung der einen Ware in der andern«.

Rückblickend deckt Marx nicht nur die Verselbständigung des Werts gegen den Gebrauchswert, sondern auch den Widerspruch zwischen den beiden Faktoren an

---

tatsächlichen Verfahren verhält er sich also faktisch stets zu gewissen äußeren Dingen als ›Gebrauchswerten‹, d.h. er behandelt sie stets als Gegenstände für seinen Gebrauch«. Das Unsinnige an Rodbertus Verständnis des Gebrauchswerts besteht darin, dass er für ihn ein »›logischer‹ Begriff« ist, »aber beileibe nicht ein ›physiologischer‹«.[a] Für das Verständnis des Werts der Ware ist es also ohne jegliche Bedeutung, dass Marx den Gebrauchswert in Anführungszeichen setzt; vielmehr kommt alles darauf an, dass der Gebrauchswert als etwas *gilt*, das er nicht selbst ist, nämlich als bloße Vergegenständlichung menschlicher Arbeit, kurz: als Wert. Im »Kapital« heißt es hierzu: »Diese Dinge *stellen nur noch dar* (Hervorhebung – D. W.), daß in ihrer Produktion menschliche Arbeitskraft verausgabt, menschliche Arbeit aufgehäuft ist. Als Kristalle dieser ihnen gemeinschaftlichen gesellschaftlichen Substanz sind sie Werte – Warenwerte.«[b] Gilt der Gebrauchswert als Wert, dann geht es um den Gebrauchswert nur noch unter dem Aspekt, dass in ihm überhaupt menschliche Arbeit verausgabt worden ist, gleichgültig, um welche Arbeit es sich dabei handelt. Der Gebrauchswert ist ein Arbeitsprodukt, das aufgrund seiner bestimmten physischen Beschaffenheit besondere menschliche Bedürfnisse befriedigende Eigenschaften besitzt. Und nur insofern der Gebrauchswert überhaupt ein Arbeitsprodukt ist bzw. insofern er nur im Austausch als Gegenstand gilt, welcher durch menschliche Arbeit vermittelt ist, hat er einen Wert.

a) Randglossen, MEW 19, a.a.O., S. 375.

b) Das Kapital, MEW 23, a.a.O., S. 52.

18 Das Kapital, MEW 23, a.a.O., S. 65.

19 Ebd., S. 65f.

der einzelnen Ware auf. Warum »der Wertausdruck der Ware aus der Natur des Warenwerts entspringt« bzw. warum eine von der Naturalform der Ware verschiedene Wertform *notwendig* ist, lässt sich so begreifen, dass in der Ware ein Widerspruch zwischen dem Gebrauchswert und dem Wert enthalten ist, der sich löst, indem er eine »Form« findet, »worin« er »sich bewegen«[20] kann. »Der *in der Ware eingehüllte innere Gegensatz* von Gebrauchswert und Wert wird also dargestellt durch einen *äußeren Gegensatz*, d.h. durch das Verhältnis zweier Waren, worin die eine Ware, *deren* Wert ausgedrückt werden soll, unmittelbar nur als Gebrauchswert, die andere Ware hingegen, *worin* Wert ausgedrückt wird, unmittelbar nur als Tauschwert gilt. Die einfache Wertform einer Ware ist also die einfache Erscheinungsform des *in ihr enthaltenen Gegensatzes von Gebrauchswert und Wert.*«[21] (Hervorhebungen – D. W.)

An den entscheidenden Stellen im »Kapital«, an denen Marx auf das Lösen des in den Waren enthaltenen Widerspruchs zwischen dem Gebrauchswert und dem Wert eingeht, spricht er stets davon, dass der in den Waren enthaltene innere Gegensatz von Gebrauchswert und Wert als ein äußerer Gegensatz dargestellt wird. So ist auch der Austauschprozess, worin sich der Widerspruch zwischen dem Gebrauchswert und dem Wert der Waren erst entwickelt, für Marx ein gesellschaftlicher Prozess, der mit der »Verdopplung der Ware in Ware und Geld einen *äußeren Gegensatz* (produziert), worin *sie ihren immanenten Gegensatz* von Gebrauchswert und Wert darstellen«[22] (Hervorhebungen – D. W.).

In der Ware sind nicht zwei Sorten von Arbeit enthalten, sondern ein und dieselbe Arbeit ist in Bezug auf den Gebrauchswert eine konkret-nützliche und mit Bezug auf den Wert, d.h. mit Bezug auf die gesellschaftliche Einheit abstrakt-menschliche Arbeit. Der Widerspruch zwischen dem Gebrauchswert und dem Wert kann auch als Widerspruch zwischen der konkret-nützlichen und der abstrakt-menschlichen Arbeit ausgedrückt werden, insofern man die eine Seite der Arbeit auf den Gebrauchswert und die andere auf den Wert bezieht. In »der Waare (stecken) zwar nicht zwei verschiedene Sorten Arbeit ..., wohl aber (ist) *dieselbe* Arbeit verschieden und selbst entgegengesetzt bestimmt ..., je nachdem sie auf den *Gebrauchswerth* der Waare als ihr *Produkt* oder auf den Waren-*Werth* als ihren bloß *gegenständlichen* Ausdruck bezogen wird.«[23]

Die Natur des Werts, aus dem seine Erscheinungsform bzw. seine Wertform zu erklären ist, besteht aus dem Arbeitsprodukt, insofern es die Vergegenständlichung der abstrakt-menschlichen und in dieser Form gesellschaftlich-allgemeinen Arbeit ist. Die Wertform aus der Natur des Werts zu erklären, heißt also, sie aus der »Gegenständlichkeit« und Gesellschaftlichkeit des Werts zu erklären. »Ihr *Werth*sein

[20] Ebd., S. 118.
[21] Ebd., S. 75f.
[22] Ebd., S. 119.
[23] Das Kapital, l. Auflage, MEGA II/5, a.a.O., S. 26f.

bildet dagegen ihre *Einheit*. Diese Einheit entspringt nicht aus der Natur, sondern aus der Gesellschaft. Die *gemeinsame gesellschaftliche Substanz*, die sich in verschiednen Gebrauchswerthen nur verschieden darstellt, ist – die *Arbeit*.«[24] Die Gegenständlichkeit des Werts ist darin gegeben, dass er diese aus der abstrakt-menschlichen Arbeit bestehende Substanz »in geronnenem Zustand, in gegenständlicher Form« ist. »Als *Werthe* sind die Waaren nichts als *krystallisirte Arbeit*.«[25] Die »Gegenständlichkeit« des Werts kann auch, wie Marx dies im »Kapital« tut, so beschrieben werden, dass man sagt: Die Waren stellen als Dinge »nur noch dar, daß in ihrer Produktion menschliche Arbeitskraft verausgabt, menschliche Arbeit aufgehäuft ist. Als Kristalle dieser ihnen gemeinschaftlichen gesellschaftlichen Substanz sind« die Waren »Werte – Warenwerte«.[26]

Die Passage aus dem »Kapital«, in der Marx den Übergang vom Wert in die Wertform darlegt, lässt sich analytisch in zwei Hälften teilen. In der ersten Hälfte – so sieht es zunächst aus – hebt Marx auf die Gegenständlichkeit des Werts ab: »Die Wertgegenständlichkeit der Waren unterscheidet sich dadurch von der Wittib Hurtig, daß man nicht weiß, wo sie zu haben ist. Im graden Gegenteil zur sinnlich groben Gegenständlichkeit der Warenkörper geht kein Atom Naturstoff in ihre Wertgegenständlichkeit ein. Man mag daher eine einzelne Ware drehen und wenden, wie man will, sie bleibt unfaßbar als Wertding.«[27] In der zweiten Hälfte hebt Marx auf die Gesellschaftlichkeit der Wertgegenständlichkeit ab: »Erinnern wir uns jedoch, daß die Waren nur Wertgegenständlichkeit besitzen, sofern sie Ausdrücke derselben gesellschaftlichen Einheit, menschlicher Arbeit, sind, daß ihre Wertgegenständlichkeit also rein gesellschaftlich ist, so versteht sich auch von selbst, daß sie nur im gesellschaftlichen Verhältnis von Ware zu Ware erscheinen kann.«[28]

Betrachtet man aber die erste Hälfte näher, dann stößt man auch dort nicht nur auf die Gegenständlichkeit des Werts, sondern auch auf seine Gesellschaftlichkeit, d.h. darauf, dass die Wertgegenständlichkeit schon immer etwas Gesellschaftliches ist. Dies zeigt sich auf zweierlei Weise: 1. Wenn Marx davon spricht, dass in die Wertgegenständlichkeit der Waren »kein Atom Naturstoff« eingeht, dann ist dies der Fall, weil die Wertgegenständlichkeit »rein gesellschaftlich« und nicht wie die sinnlich-grobe Gegenständlichkeit der Warenkörper sichtbar ist. 2. Wenn Marx sich auf die Suche nach der Wertgegenständlichkeit macht, d.h. untersucht, ob die Wertgegenständlichkeit an der Ware erscheint, dann hat er die Gesellschaftlichkeit der Wertgegenständlichkeit unterstellt; denn es liegt – was im Folgenden noch zu zeigen ist – in erster Linie an der Gesellschaftlichkeit, dass die Wertgegenständlichkeit erscheint.

---

24 Ebd., S. 19.
25 Ebd.
26 Das Kapital, MEW 23, a.a.O., S. 52.
27 Ebd., S. 62.
28 Ebd.

Wenn es zum Gesellschaftlichen gehört, dass es auch erscheint, und die Wertgegenständlichkeit etwas Gesellschaftliches ist, dann kann man auch die einzelne Ware, die Einheit von Gebrauchswert und Wert ist, daraufhin untersuchen, ob über die sinnlich-grobe Gegenständlichkeit ihres Körpers hinaus auch ihre Wertgegenständlichkeit erscheint. Von der einzelnen Ware zu erwarten, dass der Wert an ihr erscheint, ist nichts, was von außen an die Ware herangetragen wird, sondern ergibt sich vielmehr daraus, dass die Ware als Wert von vornherein auf die anderen Waren bezogen ist. Wenn die Wertgegenständlichkeit, obgleich sie etwas Gesellschaftliches ist, an der Ware nicht erscheint, dann kann dies nicht daran liegen, dass der Wert überhaupt etwas Gesellschaftliches ist, sondern daran, dass er dies auf eine besondere Weise ist. D.h. nur bezogen auf diese spezifische Weise, in der der Wert etwas Gesellschaftliches ist, ergibt sich, warum er an der einzelnen Ware nicht erscheint und warum es »sich auch von selbst ... versteht«, dass sie nur im gesellschaftlichen Verhältnis von Ware zu Ware erscheinen kann«. Warum ist es notwendig, nicht nur das gesellschaftliche Verhältnis der Waren zueinander vorauszusetzen, sondern um des Erscheinens des Gesellschaftlichen willen über die einzelne Ware hinaus dieses Verhältnis von Ware zu Ware selbst zu betrachten? Der Tatbestand, dass es sich um das gesellschaftliche Verhältnis von Sachen handelt, muss die Ursache dafür sein, dass trotz des mit dem Wert der Ware unterstellten Verhältnisses zu anderen Waren der Wert als etwas Gesellschaftliches an der einzelnen Ware nicht erscheinen kann. Das Besondere an diesem rein Gesellschaftlichen als einem Gesellschaftlichen des Werts zeigt sich in dem Sachverhalt, dass es weder an der einzelnen Ware erscheint, obgleich das gesellschaftliche Verhältnis der Waren zueinander unterstellt ist, noch dann an der einzelnen Ware erscheint, wenn es ausdrücklich um das Verhältnis der Ware zu einer anderen Ware geht. Aus dem gesellschaftlichen Verhältnis der Waren als einem gesellschaftlichen Verhältnis von Sachen ist zu erklären, warum das Gesellschaftliche der Ware selbständig neben ihr in der Gestalt des Gebrauchswerts der anderen Ware existiert. Hierbei handelt es sich um eine Besonderheit, die gemeinhin erst dann auffällt, wenn es um die »blendende Geldform«[29] geht. Hiermit ist gemeint, dass die in Äquivalentform stehende Ware als »*Gattungsform* des Äquivalents für alle anderen Waren (erscheint). Es ist als ob neben und außer Löwen, Tigern, Hasen und allen andern wirklichen Thieren, die gruppirt die verschiednen Geschlechter, Arten, Unterarten, Familien u.s.w. des Thierreichs bilden, auch noch das *Thier* existirte, die individuelle Incarnation des ganzen Thierreichs. Ein solches Einzelne, das in sich selbst alle wirklich vorhandenen Arten derselben Sache einbegreift, ist ein *Allgemeines*, wie *Thier, Gott* u.s.w.«[30]

Dieser Sachverhalt muss als ein außergewöhnlicher begriffen werden, der nur innerhalb der Welt des Austauschs und ansonsten weder in der Natur, d.h. weder in

---

29 Ebd.

30 Das Kapital, 1. Auflage, MEGA II/5, a.a.O., S. 37.

den zwischen den Tieren bestehenden sozialen Beziehungen noch in der Menschenwelt, d.h. in den zwischen Menschen bestehenden sozialen Beziehungen anzutreffen ist. Um das Besondere an dem gesellschaftlichen Verhältnis der Waren zu fassen, welches für das Begreifen des Übergangs vom Wert in die Wertform notwendig ist, soll um einer größeren Deutlichkeit willen kurz angedeutet werden, warum es in dem Verhalten der Menschen und auch der Tiere zueinander nicht möglich ist, dass das allen Lebewesen Gemeinsame bzw. dass das Allgemeine der besonderen Lebewesen in Gestalt eines besonderen Lebewesens neben den anderen besonderen Lebewesen existiert.

Es versteht sich von selbst, dass das Gesellschaftliche darin besteht, dass sich Menschen zueinander verhalten und hierbei füreinander etwas von ihrem Körper Verschiedenes sein müssen, das als ihre eigene Beziehung aufeinander erscheint. Wenn jeder Mensch für den anderen Menschen als ein von seinem Körper verschiedenes Wesen da sein muss, dann heißt dies nichts anderes, als dass das Gesellschaftliche in jedem Menschen als etwas von seinem Körper Verschiedenes erscheinen muss. Wenn vom Körper des Menschen gesprochen wird, dann reicht es für das, was es hier zu zeigen gilt, aus, ihn nur nach der Seite zu berücksichtigen, nach der er ein Ding mit physischen Eigenschaften ist. Wie der Körper ein Medium ist, in dem die Menschen als nicht-gesellschaftliche Wesen da sind, so muss es ein von ihren Körpern verschiedenes Medium geben, in dem sie als die von ihren Körpern verschiedene gesellschaftliche Wesen füreinander da sind. Dieses Medium besteht aus den verschiedenen Äußerungsweisen, die sich in dem Verhalten der Menschen zueinander entwickelt haben, wie z.B. Gesten, Laute, mündliche und schriftliche Sprache usw. Jeder Mensch erscheint dem anderen Menschen als gesellschaftliches Wesen in diesen von seinem Körper verschiedenen Äußerungsweisen. Dies bedeutet umgekehrt, dass jeder Mensch für den anderen Menschen mittels dieser von seinem Körper verschiedenen Äußerungsweisen als gesellschaftliches Wesen da ist. Das Gesellschaftliche der Menschen erscheint, wozu es eines Mediums bedarf, das wie die Sprache in ihren erklingenden und verklingenden Lauten eine sinnlich wahrnehmbare Existenz besitzt. Der Mensch ist etwas Gesellschaftliches, indem dieses in einem von seinem Körper verschiedenen Medium erscheint. Reduzierte der Mensch sich auf einen Körper bzw. auf ein Ding mit physischen Eigenschaften, dann wäre er nichts Gesellschaftliches, und ist er etwas Gesellschaftliches, dann erscheint dies in einem von seinem Körper verschiedenen Medium. Daher ist auch ausgeschlossen, dass das, was die Menschen als gesellschaftliche Wesen sind, neben ihnen in dem besonderen Körper eines Menschen existiert. Von allen idealistischen und religiösen Verkehrungen abgesehen, verhalten sich die Menschen nicht als gesellschaftliche Wesen zueinander, indem sie sich im Körper eines anderen Menschen als Daseinsform ihrer Gesellschaftlichkeit verhalten. Sie schließen in ihrem Verhalten keinen Menschen von sich aus und stellen sich ihn nicht in seiner besonderen Körperlichkeit als das gesellschaftliche Wesen schlechthin gegenüber.[31] Was hat es nun mit dem Wert der Waren auf sich, der als etwas Gesellschaftliches auch erscheinen muss?

Da die Menschen in der Warenzirkulation nur als gegeneinander verselbständigte Privatproduzenten mittels des Austauschs ihrer Arbeitsprodukte in gesellschaftlichen Kontakt miteinander treten, besteht zwischen ihnen eine gegenständlich vermittelte gesellschaftliche Beziehung. Das gesellschaftliche Verhältnis der Menschen ist über das gesellschaftliche Verhältnis der Sachen vermittelt. Dies bedeutet, dass den Menschen ihr eigenes gesellschaftliches Verhältnis nach der Seite, nach der in ihm über den gesellschaftlich-allgemeinen Charakter der einzelnen konkret-nützlichen Arbeiten entschieden wird, selbständig in der Form eines gesellschaftlichen Verhältnisses von Sachen gegenübersteht. In diesem Sinne bedeu-

---

[31] Beide Waren sind Gebrauchswert und Wert. Die erste bezieht sich auf den Gebrauchswert der zweiten als der Verkörperung von dem, was die erste als Wert ist. Der Gebrauchswert der zweiten Ware gilt als die Verkörperung von dem, was die Waren als von ihren Gebrauchswerten verschiedene Werte sind, d.h. als Verkörperung von dem, was im Sinne einer die Gattung konstituierenden Bestimmung den Waren gemeinsam ist. »In gewisser Art geht's dem Menschen wie der Ware. Da er weder mit einem Spiegel auf die Welt kommt noch als Fichtescher Philosoph: Ich bin ich, bespiegelt sich der Mensch zuerst in einem andren Menschen. Erst durch die Beziehung auf den Menschen Paul als seinesgleichen bezieht sich der Mensch Peter auf sich selbst als Mensch. Damit gilt ihm aber auch der Paul mit Haut und Haaren, in seiner paulinischen Leiblichkeit, als Erscheinungsform des Genus Mensch.«[a)]

Zwischen dem Verhalten der Menschen und der Waren zueinander besteht der bereits in seiner Bedeutung diskutierte Unterschied. Es geht »dem Menschen« nicht voll und ganz, sondern lediglich »in gewisser Art ... wie der Ware«. Wenn es sich in Übereinstimmung mit den Waren so verhält, dass der eine Mensch dem anderen in seiner Leiblichkeit als Erscheinungsform des Genus Mensch gilt, dann handelt es sich bei den Menschen lediglich um ein Moment, das in die Art und Weise, in der sie füreinander als gesellschaftliche Wesen da sind, eingeschlossen ist; während es sich bei den Waren um die einzig mögliche Weise handelt, füreinander in der Bestimmung des Werts als gesellschaftliche Dinge da zu sein. Wenn Peter sich auf Paul als auf einen ihm gleichen Menschen bezieht, dann setzt das bereits voraus, dass sich – entwicklungsgeschichtlich gesehen – von der Leiblichkeit des Menschen verschiedene Medien ausgebildet haben, über die vermittelt Peter den Paul als von dessen Körperlichkeit verschiedenes gesellschaftliches, denkendes, fühlendes usw. Wesen erfährt. Erst nachdem Peter den Paul auf diese Weise als Mensch wahrgenommen hat und hierdurch auch sich auf sich selbst als Mensch bezieht, kann ihm nun umgekehrt »der Paul mit Haut und Haaren, in seiner paulinischen Leiblichkeit, als Erscheinungsform des Genus Mensch« gelten.

Das Menschsein entwickelt sich als Eigenschaft von auf bestimmte Weise in ihrem naturgeschichtlichen Werdegang disponierter Lebewesen, und erst dann ist es möglich, dass diese Lebewesen in ihrer Leiblichkeit füreinander als sinnlich-gegenständliche Erscheinungsformen der abstrakt-allgemeinen Eigenschaft Mensch zu sein, gelten. Dieser Sachverhalt lässt sich daher auch nicht als eine Verkehrung von Konkret-Sinnlichem und Abstrakt-Allgemeinem bezeichnen, wie dies im gesellschaftlichen Verhältnis der Waren der Fall ist: »Innerhalb des Werthverhältnisses und des darin einbegriffenen Werthausdrucks gilt das abstrakt Allgemeine nicht als Eigenschaft des Konkreten, Sinnlich-Wirklichen, sondern umgekehrt das Sinnlich-Konkrete als bloße Erscheinungs- oder bestimmte Verwirklichungsform des Abstrakt-Allgemeinen. ... Diese *Verkehrung*, wodurch das Sinnlich-Konkrete nur als Erscheinungsform des Abstrakt-Allgemeinen, nicht das Abstrakt-Allgemeine umgekehrt als Eigenschaft des Konkreten gilt, charakterisirt den Werthausdruck.«[b)]Alle Menschen verhalten sich zueinander, indem sie in den entsprechenden, von ihrem Körper jeweils verschiedenen Medien »füreinander da sind«. Das wechselseitige, über das Denken vermittelte Gelten als Erscheinungsform des Genus Mensch ist ein hierin eingeschlossenes Moment.

[a)] Das Kapital, MEW 23, a.a.O., S. 67, Fn. 18.

[b)] Das Kapital, Anhang zur 1. Auflage, MEGA II/5, a.a.O., S. 634.

tet die selbständige Existenz des Werts als der Vergegenständlichung der abstrakt-menschlichen und in dieser Form gesellschaftlich-allgemeinen Arbeit, dass die Gesellschaftlichkeit der Arbeit in Form eines gesellschaftlichen Dinges in einer den Dingen zukommenden Weise selbständig gegenüber den sich zueinander verhaltenden Menschen existiert.

In diese Selbständigkeit des Werts, die sich auf die selbständige Existenz des gesellschaftlichen Verhältnisses der Sachen gegenüber dem gesellschaftlichen Verhältnis der Menschen bezieht, ist eine zweite Selbständigkeit des Wertes eingeschlossen, die sich auf das gesellschaftliche Verhältnis der Sachen, d.h. die sich auf das gesellschaftliche Verhältnis der Waren bezieht, die, jede für sich genommen, eine Einheit von Gebrauchswert und Wert ist. Es ist diese zweite Selbständigkeit des Werts, um die es im Folgenden gehen soll: Der Wert, so soll gezeigt werden, muss aufgrund dessen, dass er nicht nur etwas Gesellschaftliches, sondern zugleich etwas Gegenständliches ist, im gesellschaftlichen Verhältnis der Waren erscheinen, und zwar so, dass er im Gebrauchswert der zweiten Ware eine von der ersten Ware verschiedene gegenständliche und damit selbständige Existenz annimmt.

Die einzelne, unter dem Gesichtspunkt des Gebrauchswerts und des Werts betrachtete Ware ist zunächst nur für den die Ware analysierenden theoretischen Betrachter gegeben. Dieser hält von der Ware das in Gedanken fest, was diese reell als Gebrauchswert und Wert ist. Allein der Austausch ist es, der unabhängig vom Kopf des theoretischen Betrachters vom Gebrauchswert der Arbeitsprodukte abstrahiert und sie darauf reduziert, bloßes Arbeitsprodukt, d.h. »Gallerte abstrakt-menschlicher Arbeit« zu sein. Im Wege der wissenschaftlichen Analyse ein Arbeitsprodukt als etwas festzuhalten, das es auf einfachste Weise im Austausch ist, heißt zu sagen: Als Werte sind die Waren bloße Gallerten menschlicher Arbeit.[32]

Im Nachdenken über das, was reell-praktisch im Austausch geschieht, nimmt der wissenschaftliche Betrachter in Gedanken eine Abstraktion vom Gebrauchswert der Waren vor, reduziert »dieselben auf die Wertabstraktion«. »Als *Werth* besteht die Leinwand *nur* aus Arbeit, bildet eine durchsichtig krystallisirte Arbeitsgallerte. In der Wirklichkeit ist dieser Krystall jedoch sehr trüb. Soweit Arbeit in ihm zu entdecken, und nicht jeder Waarenkörper zeigt die Spur der Arbeit, ist es nicht unterschiedslose menschliche Arbeit, sondern Weberei, Spinnerei u.s.w., die auch keineswegs seine einzige Substanz bilden, vielmehr mit Naturstoffen verquickt sind. Um Leinwand als bloß dinglichen Ausdruck menschlicher Arbeit festzuhalten, muß man von allem absehn, was sie wirklich zum Ding macht. Gegenständlichkeit der menschlichen Arbeit, die selbst abstrakt ist, ohne weitere Qualität und Inhalt, ist nothwendig abstrakte Gegenständlichkeit, ein *Gedankending*.«[33]

---

32 Vgl. Das Kapital, MEW 23, a.a.O., S. 52.

33 Das Kapital, 1. Auflage, MEGA II/5, a.a.O., S. 30.

Der Wert der einzelnen Ware existiert reell so wie ihr Gebrauchswert. In seiner Verschiedenheit vom Gebrauchswert kann er aber selbständig für sich nur vom Wissenschaftler in Gedanken festgehalten werden. Marx nennt den Wert daher in diesem Sinne ein »Gedankending«. Dass der Wert auf einer bestimmten Abstraktionsstufe der Darstellung für das wissenschaftliche Bewusstsein gegeben ist, darf nicht damit verwechselt werden, dass er in der praktisch-gesellschaftlichen Realität etwa ein Gedankending wäre im Sinne eines Produkts des Denkens. Die Ware als Wert zu betrachten, kann immer nur heißen, sie als das zu betrachten, wozu sie unabhängig vom Bewusstsein des Wissenschaftlers und der Warenbesitzer geworden ist. Wäre dies nicht so, sondern läge mit dem Verhältnis des wissenschaftlichen Betrachters zur Ware eine praktisch-gesellschaftliche Situation vor, in der die Warenbesitzer mit den Einsichten des von Marx repräsentierten wissenschaftlichen Bewusstseins ausgestattet wären, dann wäre es erst gar nicht zum Austausch gekommen. Denn wenn alles, was die Waren als Werte sind, auch für die Warenbesitzer gegeben wäre, dann wüssten diese auch, dass der Wert eine historisch-spezifische Form ist, in der die einem Gemeinwesen insgesamt zur Verfügung stehende Arbeitszeit auf die einzelnen konkret-nützlichen Arbeiten verteilt wird und diese in der Form der abstrakt-menschlichen Arbeit den Charakter der gesellschaftlichen Allgemeinheit erhalten. Statt sich bewusst auf einen ihnen unbewussten, ihre eigenen Verhältnisse sachlich verkehrenden gesellschaftlichen Zusammenhang einzulassen, hätten die Menschen nicht erst den Austausch, sondern gleich einen davon verschiedenen Zusammenhang in der Art eines »Vereins freier Menschen« geschaffen.

Die Art und Weise, in der der Wert im Alltagsbewusstsein der Warenbesitzer erscheint, trägt nichts zur Erklärung des Tauschwerts aus der Natur des Werts bei. Im Unterschied zum wissenschaftlichen Betrachter hat der Warenbesitzer kein Bewusstsein vom Wert als der historisch-spezifischen Weise, in der im Austausch die in den Arbeitsprodukten steckenden konkret-nützlichen Arbeiten in der Form der abstrakt-menschlichen Arbeit die gesellschaftlich-allgemeine Form erhalten. Zur Erklärung des Geldes gehört es, die Warenbesitzer – so wie Marx dies im zweiten Kapitel des »Kapital« tut – in eine Situation zu versetzen, in der das Geld noch nicht vorhanden ist und sich die Waren als bloße Einheiten von Gebrauchswert und Wert gegenüberstehen. Jeder Warenbesitzer behandelt seine Ware in dem Sinne als Wert, in dem er sie als Nicht-Gebrauchswert und damit als Tauschmittel behandelt. In dieser durch die Ausgangssituation des Austauschs bestimmten Wirklichkeit hat der Wert der Ware noch keine von ihrem Gebrauchswert verschiedene selbständige Existenz angenommen, in der er so im Bewusstsein der Warenbesitzer erscheinen kann, dass sie praktisch mit ihm umgehen können. Erst durch die Verdopplung der Waren in Waren und Geld nimmt der Wert die dem Gebrauchswert gegenüber selbständige Gestalt an. Jeder Warenbesitzer weiß dann, dass er seine Ware gegen Geld austauschen muss und ihr zu diesem Zweck einen Preis geben muss. Er weiß weder, was der Wert der Waren ist, noch weiß er, dass Geld und Preis über den Austauschprozess der einfach bestimmten Waren vermittelte Erscheinungsformen des Werts sind. Die Warenbesitzer wissen daher auch nicht, dass sie sich im Austausch ihrer Waren gegen das Geld die konkret-nützlichen Arbeiten in Form der abstrakt-menschlichen Arbeit als gesellschaftlich verausgabte bzw. gesellschaftlich-allgemeine anerkennen. »Dieselben (von dem mind unabhängigen, obgleich auf ihn wirkenden) Umstände, die die Produzenten zwingen, ihre Produkte als *Waren* zu verkaufen – Umstände, die eine Form der gesellschaftlichen Produktion von der andren unterscheiden –, geben ihren Produkten (auch für ihren mind) einen vom Gebrauchswert unabhängigen Tauschwert. Ihr ›mind‹, ihr Bewußtsein, mag durchaus nicht wissen, für es mag nicht existieren, wodurch in fact der Wert ihrer Waren oder ihre Produkte als Werte bestimmt sind. Sie sind in Verhältnisse gesetzt, die ihren mind bestimmen, ohne daß sie es zu wissen brauchen. Jeder kann Geld als Geld brauchen, ohne zu wissen, was Geld ist. Die ökonomischen Kategorien spiegeln sich im Bewußtsein sehr verkehrt ab.«[34]

Wenn die Waren sich auch nicht von allein austauschen können, so vollstrecken die Warenbesitzer aber mit dem, was ihnen vom Austausch bewusst gegeben ist, alles das, was ihnen von dem gesellschaftlichen Verhältnis ihrer Arbeitsprodukte unbewusst bleibt. Da sich die »Gesetze der Warennatur« nur »im Naturinstinkt der Warenbesitzer ... betätigen«,[35] muss das gesellschaftliche Verhältnis der Arbeitsprodukte unabhängig von dem unbewusst-bewussten Handeln der Warenbesitzer betrachtet werden. Nur so kommt man den »Gesetzen der Warennatur« auf die Spur. Diese können vom wissenschaftlichen Betrachter entwickelt werden, der im Unterschied zu den Warenbesitzern weiß, wodurch der Wert der Waren oder die Arbeitsprodukte als Werte bestimmt sind. Der Wissenschaftler betrachtet den Austausch nach der Seite, nach der er für die Warenbesitzer selbst unbewusst aus dem gesellschaftlichen Verhältnis der Arbeitsprodukte besteht. Marx untersucht im ersten Kapitel des »Kapital« – den Gebrauchswert der Waren voraussetzend –, in welcher Weise die Waren als Werte aufeinander bezogen sind. Da es hier noch nicht, wie im Austausch, um das sich wechselseitig bedingende Realisieren von Gebrauchswert und Wert geht, sondern erst noch um einen bestimmten Aspekt dieses gesellschaftlichen Prozesses, spricht Marx davon, dass die Waren zunächst in »theoretischer, gedachter«[36] Weise aufeinander bezogen werden.

Der Wert der Ware ist etwas »Übersinnliches« bzw. »Nicht-Sinnliches«, weil er etwas »rein Gesellschaftliches« ist, und nicht etwa, weil er auch im Bewusstsein der Warenbesitzer oder des wissenschaftlichen Betrachters erscheint oder gar ein Produkt des Denkens ist. Hat der Warenbesitzer eine Vorstellung vom Wert der Waren, wenn er diese als Nicht-Gebrauchswerte behandelt, und erkennt der wis-

---

[34] Theorien über den Mehrwert, MEW 26.3, a.a.O., S. 163.
[35] Das Kapital, MEW 23, a.a.O., S. 101.
[36] Zur Kritik der Politischen Ökonomie, MEW 13, a.a.O., S. 29.

senschaftliche Betrachter das, was der Wert hinter der gegenständlichen Hülle des Gebrauchswerts der Waren verborgen tatsächlich ist, dann ist der Wert bereits als eine gesellschaftliche Eigenschaft der Arbeitsprodukte vorausgesetzt, die in dem aus ihrem Austausch bestehenden gesellschaftlichen Verhältnis gegeben ist. Auch dann, wenn der Austausch in der Abstraktion vom Geld als Hände- bzw. Stellenwechsel der einfachen, noch nicht preisbestimmten Waren betrachtet wird, sind diese sowohl Gebrauchswert wie auch Wert. Daraus, dass der Austausch ein praktisch-gesellschaftlicher Prozess ist, worin die Arbeitsprodukte als Werte gleichgesetzt sind, muss erklärt werden, warum der Wert erscheinen muss, und nicht aus dem, was der Wert in dem Bewusstsein der Warenbesitzer ist. Nachdem, unabhängig vom Bewusstsein der Warenbesitzer, aus der Natur des Werts entwickelt worden ist, warum er auf eine handgreiflich-sinnliche Weise erscheint, hat man auch begriffen, warum der Wert für die Warenbesitzer auf diese Weise gegeben ist. Drückt sich im Verhältnis zweier Waren zueinander der Wert der ersten Ware im Gebrauchswert der zweiten aus, dann ist dieser zweite als Wert der ersten Ware geltende Gebrauchswert als Keimform des Geldes auch die Keimform für die Art und 2Weise, in der der Wert der Waren in der alltäglichen Praxis des Austauschs für die Warenbesitzer gegeben ist.

Die Wertgegenständlichkeit kommt den Arbeitsprodukten nicht als Dingen mit physischen Eigenschaften zu, sondern nur innerhalb des Wertverhältnisses von Waren. In diesem werden die als Gebrauchswerte voneinander verschiedenen Arbeitsprodukte in der Form von Arbeitsprodukten schlechthin gleichgesetzt: An den Produkten ist nur noch dargestellt, dass menschliche Arbeit in ihnen enthalten ist. Auf diese Weise aufeinander bezogen zu werden, geht nicht von den Sachen aus, so als ob es sich um eine aus ihren physischen Beschaffenheiten entspringende dingliche Beziehung handeln würde. Vielmehr sind es die Menschen, die mittels des Austauschs ihrer Arbeitsprodukte den gesellschaftlichen Kontakt miteinander herstellen und somit die Sachen in ein ihren physischen Beschaffenheiten fremdes gesellschaftliches Verhältnis bringen.[37] In diesem geht es um den gesellschaftlich-allgemeinen Charakter der einzelnen, von den Menschen im gesellschaftlichen Zusammenhang verausgabten konkret-nützlichen Arbeiten. Einmal in ein solches

---

[37] Zur Gesellschaftlichkeit der Arbeit gehören stets die Beziehungen, welche die Individuen zueinander und zur Natur in der Reproduktion ihres Lebens miteinander eingehen. Diese Beziehungen sind übersinnlich, insofern sie etwas »rein Gesellschaftliches« sind. Es gehört weder zu ihnen gegenständlich zu existieren noch fallen sie mit den Beziehungen in der Natur zusammen. Sie gehen nicht naturgesetzlich aus der Natur hervor. Soweit die gesellschaftlichen Beziehungen, welche die Individuen in der praktischen Aneignung der Natur miteinander eingehen, nicht sinnlich sind, so weit sind sie auch von der Natur verschieden, die in ihrer Prozesshaftigkeit ein Ganzes von Beziehungen ist, die aus den physischen Beschaffenheiten der Dinge entspringen. Diese mit der Gegenständlichkeit der Natur und der Nicht-Gegenständlichkeit der gesellschaftlichen Beziehungen gemeinte Verschiedenheit bedeutet aber nicht, dass sich Natur und Gesellschaft wechselseitig ausschließen und gegeneinander verselbständigen. Unabhängig von der historisch-spezifischen Form der Gesellschaft kann nur gesagt werden, dass zwischen ihr und der Natur ein *Unterschied*, aber *kein Gegensatz* besteht.

gesellschaftliches Verhältnis gebracht, das den Arbeitsprodukten, den Sachen, selbst äußerlich ist, wird das, was eine Angelegenheit des gesellschaftlichen Verhältnisses ist, zu einer Angelegenheit des gesellschaftlichen Verhältnisses der Sachen. Diese zählen in diesem Verhältnis hinsichtlich der Gesellschaftlichkeit der Arbeit nicht als Vergegenständlichungen konkret-nützlicher Arbeit (Gebrauchswerte), sondern nur als Vergegenständlichungen abstrakt-menschlicher Arbeit (Werte).

Jedes Arbeitsprodukt, das eine bestimmte Gebrauchswertgestalt besitzt, kann auch außerhalb des Austauschs von einem theoretischen Betrachter unter dem Aspekt eines Dinges betrachtet werden, worin unter Abstraktion von seiner konkreten Nützlichkeit menschliche Arbeit vergegenständlicht ist. Außerhalb des Austauschs gibt es zwischen den Arbeitsprodukten aber keine Beziehung, in der sie unter Abstraktion von ihrem Gebrauchswert nur noch als Vergegenständlichungen der abstrakt-menschlichen Arbeit zählen. Ein solches Verhältnis, in dem dies der Fall ist, kann nicht von Natur aus zwischen den Sachen selbst bestehen oder von ihnen aus zustande gebracht werden; vielmehr kann ein solches Verhältnis nur von den sich von den Sachen unterscheidenden Menschen zustande gebracht werden, so dass es in diesem Verhältnis der Sachen um etwas geht, das nicht diese selbst, sondern das Verhältnis der Menschen zueinander betrifft. Werden die Sachen in dem aus dem Austausch bestehenden gesellschaftlichen Verhältnis als Arbeitsprodukte gleichgesetzt, dann bedeutet dies jetzt, dass die in den Sachen steckenden konkret-nützlichen Arbeiten in der Form der abstrakt-menschlichen Arbeit ihren gesellschaftlich-allgemeinen Charakter besitzen.

Im Austausch geht es also um die Gegenständlichkeit in zwei voneinander verschiedenen Hinsichten. Außer um die Gegenständlichkeit des Gebrauchswerts geht es um die Gegenständlichkeit der Arbeit in ihrer gesellschaftlich-allgemeinen Form. Auch diese zweite Gegenständlichkeit hängt nicht in der Luft; sie ist insofern an die Gegenständlichkeit des Gebrauchswerts gebunden, als es sie nur gibt, weil sie bei der Abstraktion vom Gebrauchswert, die im Austausch an den Gegenständen vorgenommen wird, übrig bleibt. Nur weil die Gegenstände von den Menschen in ein gesellschaftliches Verhältnis gebracht werden, sind es auch die Gegenstände selbst, die zum einen etwas Ungesellschaftlich-Stoffliches und zum anderen etwas Gesellschaftlich-Nicht-Stoffliches sind. Wie sich all das, was die Gegenstände außerhalb des Austauschs sind, in ihren unterschiedlichen Eigenschaften manifestiert, so muss sich auch dasjenige, was sie in dem aus dem Austausch bestehenden Verhältnis sind, als eine Eigenschaft manifestieren, die ihnen zwar nicht als besonderen Gegenständen, aber insofern zukommt, als sie überhaupt Gegenstände sind. Wert zu sein, ist eine gegenständliche Eigenschaft der Arbeitsprodukte, die von all ihren gegenständlichen Eigenschaften, die sie als Gebrauchswerte besitzen, verschieden ist, die ihnen aber im Austausch gemeinsam ist.

Indem sich der gesellschaftlich-allgemeine Charakter der Arbeiten gegenständlich als gesellschaftliche Eigenschaft der Arbeitsprodukte darstellen muss, nimmt die Beziehung zwischen dem Gesellschaftlichen und dem Sinn-Gegenständlichen einen *sinnlich-gegenständlichen* Charakter an; es kommt in diese gesellschaftliche Beziehung eine ihrer Nicht-Sinnlichkeit äußerliche, fremde, nur unter historisch-spezifischen Bedingungen mögliche Beziehung von Gegenstand zu Gegenstand herein. So fremd und äußerlich es den gesellschaftlichen Beziehungen ist, sich sachlich darzustellen, so äußerlich und fremd stehen sich Gebrauchswert und Wert gegenüber. Wenn sich dagegen die Arbeitsprodukte in den ihrer physischen Natur »entspringenden dinglichen Beziehungen«[38] äußerlich als Gegenstände gegenüberstehen, dann ist dies nichts Außergewöhnliches. Wenn das Gesellschaftliche aber im Wert dem Gebrauchswert in einer diesem zukommenden gegenständlichen Weise gegenübertritt, dann ist dies etwas Außergewöhnliches, weil es dem Gesellschaftlichen äußerlich und fremd ist, gegenständlich in Gestalt eines Dings zu existieren. Insofern die Ware Gebrauchswert ist, tritt sie unmittelbar als ein Ding mit physischen Eigenschaften auf. Der Wert ist als gesellschaftliches Verhältnis, in das »kein Atom Naturstoff eingeht«, vom Gebrauchswert verschieden; er ist aber in seiner Unsinnlichkeit etwas Gegenständliches, insofern es in dem gesellschaftlichen Verhältnis von Gegenständen auch die Gegenstände sind, die nach einer Seite hin nur zählen, insoweit menschliche Arbeit in ihnen enthalten ist. In seiner unsinnlichen Gegenständlichkeit ist bereits enthalten, dass der Wert sich im gesellschaftlichen Verhältnis von Gegenständen *gegenständlich* darzustellen hat. Er nimmt – wie die im Verhältnis zweier Waren zueinander auf einfachste Weise der Fall ist – auch eine vom Gebrauchswert der Ware verschiedene, aber dennoch sinnlich-gegenständliche Existenz an. Nur innerhalb des aus dem Austausch bestehenden gesellschaftlichen Verhältnisses der Sachen kommt diesen etwas Gesellschaftliches zu; aber es kann ihnen nur in einer ihnen als Sachen gemäße Weise, nämlich in sachlicher, gegenständlicher Weise zukommen. Der Wert als Vergegenständlichung der abstrakt-menschlichen und in dieser Form gesellschaftlich-allgemeinen Arbeit ist es, der das die Menschen auszeichnende Gesellschaftliche – den Inhalt – und die den Sachen gemäße gegenständliche Existenz – die Form – des Gesellschaftlichen in sich vereinigt.

Sagt Marx, dass die Wertgegenständlichkeit »rein gesellschaftlich« ist, dann kann dies auch so umschrieben werden: Der Wert ist etwas rein Gesellschaftliches in *gegenständlicher* Form. Im Arbeitsprodukt als Wert ist der »Inhalt – die Verausgabung gleicher menschlicher Arbeitskraft –« als »gegenständlicher«, der »Sache selbst zukommender Charakter dargestellt.« Im Wert der Ware besitzt der aus der abstrakt-menschlichen Arbeit bestehende Inhalt eine über die Gleichsetzung der Waren als bloße Arbeitsprodukte vermittelte »Gegenständlichkeit«. »Die politische Ökonomie hat nun zwar, wenn auch unvollkommen Wert und Wertgröße analysiert und den in diesen Formen versteckten Inhalt entdeckt. Sie hat niemals auch

[38] Das Kapital, MEW 23, a.a.O., S. 86.

nur die Frage gestellt, warum *dieser Inhalt jene Form annimmt*, warum sich also *die Arbeit im Wert* und das Maß der Arbeit durch ihre Zeitdauer in der Wertgröße des Arbeitsprodukts darstellt«.[39] (Hervorhebungen – D. W.)

Werden die Sachen durch das gesellschaftliche Verhältnis, in das sie gebracht werden, zugleich in Sachen verwandelt, denen etwas Gesellschaftliches zukommt, dann kann dies nur heißen: Die Sachen selbst sind es, die jetzt füreinander als etwas da sein müssen, das von ihnen als Dingen mit physischen Eigenschaften verschieden ist. In dem gesellschaftlichen Verhältnis der Sachen sind die Tatbestände, etwas Gesellschaftliches zu sein und als etwas Gesellschaftliches zu erscheinen, untrennbar miteinander verbunden. Gesellschaftlich zu sein, bedeutet auf die Waren bezogen, füreinander etwas anderes zu sein als ein Ding mit physischen Eigenschaften. Jede Sache hat für die andere Sache etwas von ihrem groben, sinnlichen Körper Verschiedenes zu sein. Dies bedeutet sowohl für die Menschen wie auch für die Sachen, dass das Gesellschaftliche, das sie aus den jeweils verschiedenen Gründen *sind*, an ihnen auch *erscheint*. »Die Waren *selbst* müssen ... innerhalb des Austauschprozesses nicht nur als Gebrauchswerte, sondern *als Tauschwerte füreinander da sein, und dies ihr Dasein als ihre eigene Beziehung aufeinander erscheinen.*«[40] (Hervorhebungen – D. W.)

Ist eine Ware mit einer andern Ware austauschbar, dann bedeutet dies für ihren Wert als etwas Gesellschaftliches: Sie muss eine Form besitzen, »worin sie *als Werth erscheint*«. Niemals kann eine Ware für sich genommen »andrer Waare *als Werth ... erscheinen*, als *Werth ... gelten* ... und *auf sie als Werth ... wirken*«.[41]

Auch wenn es sich von selbst versteht, so ist es dennoch für den hier zu erklärenden Sachverhalt wichtig festzuhalten: Die im Austausch in gesellschaftliche Sachen verwandelten Arbeitsprodukte sind keine Lebewesen, die in einem langen geschichtlichen Prozess *gesellschaftliche* Lebewesen geworden sind. Dazu, überhaupt ein Lebewesen oder gar ein gesellschaftliches zu sein, gehört mehr als nur ein Gegenstand zu sein, wie es das Arbeitsprodukt ist. Werden die Arbeitsprodukte nun von den Menschen in ein gesellschaftliches Verhältnis gebracht und in gesellschaftliche Sachen verwandelt, die füreinander auch als gesellschaftliche da sein müssen, dann fehlt den Waren im Unterschied zu den Lebewesen jegliche von ihrem Körper verschiedene Äußerungsweise, in der sie für die andere Ware als etwas von ihrem Körper verschiedenes Gesellschaftliches da sein könnten. Um den Wert, der etwas von ihrer sinnlich-groben Gegenständlichkeit Verschiedenes ist, zum Ausdruck zu bringen, steht den Waren aber nichts anderes zur Verfügung als eben diese sinnlich-grobe Gegenständlichkeit ihres Körpers. Dieser Tatbestand wird sich als Ursache dafür erweisen, dass der Wert als etwas Gesellschaftliches in

---

39 Ebd., S. 94f.
40 Zur Kritik der Politischen Ökonomie, MEW 13, a.a.O., S, 31.
41 Anhang zur 1. Auflage, MEGA II/5. a.a.O., S. 631.

gegenständlicher Form auf eine solche Weise darauf angewiesen ist, in dem gesellschaftlichen Verhältnis von Ware zu Ware zu erscheinen, die von der Weise verschieden ist, in der die Gesellschaftlichkeit der Menschen in ihrem Verhältnis zueinander erscheint.

Um die einzelne Ware unter dem Aspekt der Gegenständlichkeit und Gesellschaftlichkeit des Werts zu betrachten, kann man als theoretischer Betrachter wie folgt die Gegenständlichkeit des Gebrauchswerts benutzen: Der Gebrauchswert ist nichts Gesellschaftliches. Man kann aber von ihm sagen, er soll in seiner Gegenständlichkeit den Wert in seiner Gesellschaftlichkeit vorstellen, d.h. als Vergegenständlichung der abstrakt-menschlichen Arbeit gelten. In dem bereits angeführten Zitat aus den »Randglossen« heißt es in diesem Sinne: Der »›Gebrauchswert‹ (gilt) als bloße *Vergegenständlichung* menschlicher Arbeit, als *Verausgabung gleicher menschlicher Arbeitskraft*«.[42] Hiermit wird für den Betrachter der einzelnen Ware klar, dass der aus der abstrakt-menschlichen Arbeit bestehende »Inhalt *als gegenständlicher* Charakter der *Sache* dargestellt ist, als (Charakter), der *ihr selbst* sachlich zukommt«.[43] Es kommt aber nicht darauf an, wie einem theoretischen Betrachter die Wertgegenständlichkeit der Ware gegeben ist. Vielmehr kommt es darauf an, was die Waren in ihrem eigenen gesellschaftlichen Verhältnis füreinander sind.

Indem vom Gebrauchswert der einzelnen Ware gesagt wird, er gelte als Vergegenständlichung der abstrakt-menschlichen Arbeit, ist zwar deutlich gemacht, dass in der Wertgegenständlichkeit die abstrakt-menschliche Arbeit als gegenständlicher Charakter der Sache dargestellt ist, »der *ihr selbst* sachlich zukommt«; es verhält sich aber nicht so, dass an der einzelnen Ware ihre »eigne *Körper-* oder *Naturalform* andrer Waare gegenüber *Werth vorstellt* oder *als Werthgestalt gilt*«. Besagt der Wert, dass die abstrakt-menschliche Arbeit als gegenständlicher, der Sache selbst zukommender Charakter dargestellt ist, dann bedeutet dies: Es gibt nichts von den Waren als Sachen Verschiedenes, worin sie als das Gesellschaftliche erscheinen, das sie als Werte sind. Dennoch erscheint die Wertgegenständlichkeit der einzelnen Ware nicht in ihrer aus dem Gebrauchswert bestehenden Körperlichkeit: Im Wert ist der gesellschaftliche »Inhalt als *gegenständlicher* Charakter der *Sache* dargestellt ..., obgleich diese Gegenständlichkeit in ihrer Naturalform *nicht* erscheint«.[44]

Was für Marx in den »Randglossen« »eine besondre *Wertform* nötig macht«,[45] ist der gerade dargestellte Sachverhalt, dass die Wertgegenständlichkeit der Ware in ihrer Naturalform nicht erscheint.

---

[42] Randglossen, MEW 19, a.a.O., S. 375.
[43] Ebd.
[44] Ebd.
[45] Ebd.

Nur wenn sich aus der Natur des Werts ergibt, dass er gegenständlich wie die Naturalform existieren muss, er aber aufgrund seiner Gesellschaftlichkeit in der Naturalform der Ware selbst *»nicht erscheint«*, ist der Schluss zwingend, dass »eine besondere Wertform nötig« ist. Wie in den »Randglossen« so bringt Marx auch in der ersten Auflage des »Kapital« die Erwartung zum Ausdruck, dass sich der Wert kraft seiner Gegenständlichkeit auch gegenständlich, d.h. bezogen auf die einzelne Ware, in deren Gebrauchswert darstellen könnte: »Ihr (der Ware – D. W.) Werth ist der bloß *gegenständliche Reflex* der so verausgabten Arbeit, aber er reflektirt sich nicht in ihrem Körper.«[46] Das Gesellschaftliche einer Sache gibt es nur, wenn sie für eine andere Sache als etwas von ihrer stofflichen Körperlichkeit Verschiedenes da ist. Der Wert muss erscheinen: »Er *offenbart* sich, erhält sinnlichen Ausdruck durch« das *»Werthverhältnis«* einer Ware zu einer anderen. Der »Rock (wird) die *Erscheinungsform* des Leinwand-*Werths* im Gegensatz zum Leinwand-*Körper*, ihre *Werthform* im Unterschied von ihrer *Naturalform*.«[47] Nachdem Marx im »Kapital« festgestellt hat, dass die Wertgegenständlichkeit der Ware in ihrer Naturalform nicht erscheint, erinnert er daran, »daß ihre Wertgegenständlichkeit ... rein gesellschaftlich ist,« und folgert daraus, »daß sie nur im gesellschaftlichen Verhältnis von Ware zu Ware erscheinen kann«.[48]

Es wurde bereits gezeigt, inwiefern es sich für die Menschen von selbst versteht, dass ihre Gesellschaftlichkeit auch nur in ihrem gesellschaftlichen Verhältnis erscheint. Sowohl dann, wenn man dieses gesellschaftliche Verhältnis als einmal historisch gewordenes unterstellt und den einzelnen Menschen betrachtet, wie auch dann, wenn man ausdrücklich zu dem Verhältnis eines Menschen zu einem anderen übergeht, gilt: Da die Menschen als gesellschaftliche Wesen ein von ihrer Körperlichkeit verschiedenes Medium entwickelt haben, worin sie füreinander als von ihrer Körperlichkeit verschiedene Wesen da sein können, erscheint das, was sie als gesellschaftliche Wesen auszeichnet, auch an jedem einzelnen Menschen selbst.

Die Betrachtung der einzelnen Ware, bei der das gesellschaftliche Verhältnis der Waren unterstellt ist, hat aber ergeben, dass der Wert an ihr selbst nicht erscheint. Gesellschaftlich sein heißt aber auch für die einzelne Ware, für eine andere Ware als die von der grob-sinnlichen Körperlichkeit verschiedene Wertgegenständlichkeit da zu sein, in die »kein Atom Naturstoff« eingeht. Wenn die Waren – was wegen der Absurdität hier nur einmal der Verdeutlichung halber angenommen sei – in ihrem gesellschaftlichen Verhältnis Äußerungsweisen ihrer Gesellschaftlichkeit ausgebildet hätten, die von ihnen als Dingen mit physischen Eigenschaften verschieden sind, dann würde es sich von selbst verstehen, dass das Gesellschaftliche in den vom Körper der Ware verschiedenen Äußerungsweisen und damit auch

---

[46] Das Kapital, 1. Auflage, MEGA II/5, a.a.O., S. 30.
[47] Ebd.
[48] Das Kapital, MEW 23, a.a.O., S. 62.

an der einzelnen Ware erscheinen würde. Hierbei hätte man berücksichtigt, dass das Gesellschaftliche nur in dem gesellschaftlichen Verhältnis erscheinen kann, indem man das gesellschaftliche Verhältnis von Ware zu Ware unterstellt und die einzelne Ware als das betrachtet hätte, was sie in diesem Verhältnis geworden ist.

Dieser Unterschied, der hinsichtlich des Erscheinens des Gesellschaftlichen zwischen den Menschen und den Waren besteht, verweist darauf, dass es nicht nur an der Gesellschaftlichkeit des Werts liegt, dass er im gesellschaftlichen Verhältnis von Ware zu Ware erscheint; denn auch in diesem Verhältnis erscheint der Wert auch nicht an der Ware selbst. Es muss also einen besonderen, in dem gesellschaftlichen Verhältnis der Menschen nicht vorhandenen Grund geben, warum es im gesellschaftlichen Verhältnis der Waren so ist, dass ihre mit dem Wert gegebene Gesellschaftlichkeit nur in ihrem gesellschaftlichen Verhältnis erscheint. Dieser Grund ist bereits bekannt: Die Waren besitzen, um füreinander als Werte da zu sein, d.h. um als die von ihrer grob-sinnlichen Gegenständlichkeit verschiedene gesellschaftliche Gegenständlichkeit zu erscheinen, nichts anderes als die grobsinnliche Gegenständlichkeit ihrer Körper.

Nicht, weil die Wertgegenständlichkeit überhaupt etwas Gesellschaftliches ist, sondern weil sie als etwas rein Gesellschaftliches zugleich etwas *Gegenständliches ist, kann sie nur im gesellschaftlichen Verhältnis von Ware zu Ware erscheinen*. Die aus dem Wert bestehende Gesellschaftlichkeit kann nicht an den Waren selbst, sondern nur in ihrem Verhältnis zu einer anderen Ware erscheinen, weil sie nicht in dem Gebrauchswert der Ware selbst, *sondern nur im Gebrauchswert einer anderen Ware erscheinen kann*. Etwas anderes als der Gebrauchswert der Ware selbst ist nötig, worin der in seiner Gesellschaftlichkeit vom Gebrauchswert verschiedene Wert als die allen Waren »gemeinsame Gegenständlichkeit« erscheinen muss. Im Unterschied zu den Menschen gibt es bei den Waren dieses von der groben Sinnlichkeit ihrer Körper verschiedene »Etwas« nicht. Zur Wertgegenständlichkeit als einer Gesellschaftlichkeit von Dingen gehört es, dass ihr für ihr Erscheinen nur die handgreiflichen Gestalten der Gebrauchswerte zur Verfügung stehen. Daraus folgt: Die Gebrauchswertgestalt, die der Wert um seiner Gesellschaftlichkeit und um seiner Gegenständlichkeit willen annehmen muss, kann nicht die Gebrauchswertgestalt der betrachteten einzelnen Ware selbst, sondern nur eine von dieser verschiedene Gebrauchswertgestalt einer anderen Ware sein.

Im folgenden Text wird von Marx unmissverständlich zum Ausdruck gebracht, dass es beim Wert nicht einfach um etwas rein Gesellschaftliches, sondern um dieses insofern geht, als es etwas Gegenständliches ist. Der Wert »muß ... als eine ›Gegenständlichkeit‹ ausgedrückt werden«, welche von dem Gebrauchswert der Ware – d.h. der von Marx betrachteten Ware – »von der Leinwand selbst dinglich verschieden und ihr zugleich mit andrer Ware gemeinsam ist«.[49] Der Gebrauchs-

[49] Ebd., S. 66.

wert der zweiten Ware ist die beiden Waren »gemeinsame Gegenständlichkeit«, weil er für die erste Ware das *bedeutet*, was sie als Wert ist, nämlich die Vergegenständlichung der abstrakt-menschlichen und in dieser Form gesellschaftlich-allgemeinen Arbeit. Angesichts seiner »Gegenständlichkeit« muss der Wert um seiner »Gesellschaftlichkeit« willen als eine vom Gebrauchswert der Ware verschiedene »Gegenständlichkeit« im Gebrauchswert einer anderen Ware ausgedrückt werden. Hierdurch nimmt er eine vom Gebrauchswert der Ware verschiedene, aber genau so selbständige und handgreiflich-sinnliche Gestalt an. Der Wert der Ware steht ihr so gegenständlich und selbständig gegenüber, wie sich die beiden verschiedenen Gebrauchswerte der Waren gegenüberstehen. In der ersten Auflage zum »Kapital« sagt Marx von der Wertform, dass sie wie der Wert der Ware selbst eine gegenständliche Form sein muss. Die Wertform der Ware »muß selbst *wieder gegenständliche* (erste Hervorhebung – D. W.) Form sein. Die einzigen gegenständlichen Formen der Waaren sind ihre Gebrauchsgestalten, ihre Naturalformen. Da nun die Naturalform einer Waare, der Leinwand z.B., das grade Gegentheil ihrer Werthform ist, muß sie eine *andre* Naturalform, *die Naturalform einer andern Waare* zu ihrer *Werthform* machen.« Was die einzelne Ware nicht für sich selbst zustande bringen kann, nämlich aufgrund dessen, dass sie Wert ist auch für eine andere Ware in der Gestalt ihrer Naturalform als Wert da zu sein, das kann sie »unmittelbar für andre Waare und daher auf einem Umweg für sich selbst thun. Sie kann ihren Werth nicht in ihrem eignen Körper oder in ihrem eignen Gebrauchswerth ausdrücken, aber sie kann sich auf einen andern Gebrauchswerth oder Waarenkörper als unmittelbares Werthdasein beziehn. Sie kann sich nicht zu der in ihr selbst, wohl aber zu der in andrer Waarenart enthaltenen konkreten Arbeit als bloßer Verwirklichungsform abstrakter menschlicher Arbeit verhalten. Sie braucht dazu nur die andre Waare sich als *Aequivalent* gleichzusetzen. Der Gebrauchswerth einer Waare existirt überhaupt nur für eine andre Waare, soweit er in dieser Weise zur Erscheinungsform ihres Werths dient.«[50] Im Anhang zur ersten Auflage heißt es entsprechend: Die erste Ware muss »erst *eine von ihrer unmittelbaren Naturalform unterschiedne Form*« annehmen, »um andrer Waare *als Werth zu erscheinen, als Werth zu gelten* und *auf sie als Werth zu wirken*«.[51] Hat Marx vorgreifend festgehalten, dass die Waren nur als Gebrauchswerte und Werte erscheinen, »sofern sie *Doppelform* besitzen, *Naturalform* und *Wertform*«[52] (Hervorhebungen – D. W.), so hat sich dies nun mit Notwendigkeit aus der Natur des Werts ergeben: »Die Ware ist Gebrauchswert oder Gebrauchsgegenstand und ›Wert‹. Sie stellt sich dar als dies Doppelte, was sie ist, sobald ihr Wert eine eigne, von ihrer Naturalform verschiedene Erscheinungsform besitzt, die des Tauschwerts, und sie besitzt diese Form

[50] Das Kapital, 1. Auflage, MEGA II/5, a.a.O., S. 32.
[51] Das Kapital, Anhang zur 1. Auflage, MEGA II/5, a.a.O., S. 631.
[52] Das Kapital, MEW 23, a.a.O., S. 62.

niemals isoliert betrachtet, sondern stets nur im Wert- oder Austauschverhältnis zu einer zweiten, verschiedenartigen Ware.«[53]

Es wurde oben bereits entwickelt, dass es nicht darum geht, wie den Warenbesitzern oder dem theoretischen Betrachter die Waren als Werte gegeben sind, sondern darum, dass die in ein gesellschaftliches Verhältnis gebrachten und damit in Werte, d.h. in gesellschaftliche Dinge verwandelten Arbeitsprodukte *füreinander als Werte da sein müssen und »dies ihr Dasein als ihre eigene Beziehung aufeinander erscheinen« muss.* Der theoretische Betrachter zum Beispiel, der die einzelne Ware untersucht, kann ihren Wert im Unterschied zu ihrem Gebrauchswert festhalten: »Sagen wir: als Werte sind die Waren bloße Gallerten menschlicher Arbeit, so reduziert unsre Analyse dieselben auf die Wertabstraktion, gibt ihnen aber keine von ihren *Naturalformen verschiedne Wertform* (Hervorhebung – D. W.). Anders im Wertverhältnis einer Ware zur andren. Ihr Wertcharakter tritt hier hervor durch ihre eigne Beziehung zu der andern Ware.«[54] Was der analysierende Theoretiker über die Ware als einer Einheit von Gebrauchswert und Wert herausbekommen hat, bringen die Waren selbst in ihrem Verhältnis zueinander zum Ausdruck: »Man sieht, alles, was uns die Analyse des Warenwerts vorher sagte, sagt die Leinwand selbst, sobald sie in Umgang mit andrer Ware, dem Rock, tritt. Nur verrät sie ihre Gedanken in der ihr allein geläufigen Sprache, der Warensprache. Um zu sagen, daß die Arbeit in der abstrakten Eigenschaft menschlicher Arbeit ihren eignen Wert bildet, sagt sie, daß der Rock, soweit er ihr gleichgilt, also Wert ist, aus derselben Arbeit besteht wie die Leinwand. Um zu sagen, daß ihre sublime Wertgegenständlichkeit von ihrem steifleinenen Körper verschieden ist, sagt sie, daß Wert aussieht wie ein Rock und daher sie selbst als Wertding dem Rock gleicht wie ein Ei dem andren.«[55]

Um den Wert in seiner Gesellschaftlichkeit als eine der Ware zukommende Gegenständlichkeit festzuhalten, muss der Wissenschaftler den Gebrauchswert als einen Gegenstand behandeln, der als Wert *gilt.* Betrachtet der Wissenschaftler die Ware unter dem Aspekt des Werts, dann betrachtet er den Gebrauchswert nicht um seiner selbst, sondern um des Werts willen. Er betrachtet den Gebrauchswert als Verwirklichungsform der abstrakt-menschlichen und in dieser Form gesellschaftlich-allgemeinen Arbeit. Der Wissenschaftler hat vom Gebrauchswert der Ware abstrahiert, wenn er ihn als Wert gelten lässt, d.h. für eine Verwirklichungsform abstrakt-menschlicher Arbeit hält. Betrachtet er die Ware in ihrer Gegenständlichkeit nach der Seite, nach der sie Gebrauchswert ist, dann betrachtet er sie als einen unmittelbar und selbständig existierenden Gegenstand, der unterschiedliche nützliche Eigenschaften besitzt. Für den Wissenschaftler, der die einzelne Ware betrachtet, fal-

---

53 Ebd., S. 75.
54 Ebd., S. 65.
55 Ebd., S. 66f.

len die »abstrakten Gegensätze« von Gebrauchswert und Wert »von selbst auseinander«, weshalb sie auch »leicht auseinander zu halten«[56] sind.

Weder kann sich die einzelne Ware als das Doppelte, das sie ist, auch in der ihr zukommenden gegenständlichen Weise darstellen, noch kann der wissenschaftliche Betrachter den Gebrauchswert und den Wert als gleichzeitig ebenso gegenständliche wie unterschiedliche Faktoren der Waren festhalten. »Es ist relativ leicht, den Werth der Waare von ihrem Gebrauchswerth zu unterscheiden, oder die im Gebrauchswerth formende Arbeit von derselben Arbeit, so weit sie bloß als Verausgabung menschlicher Arbeitskraft im Waarenwerth berechnet wird. Betrachtet man Waare oder Arbeit in der einen Form, so nicht in der andern und vice versa.«[57]

Werden Gebrauchswert und Wert so als abstrakte Gegensätze gefasst, dann wird nicht der Widerspruch zwischen dem Gebrauchswert und dem Wert, sondern nur der Wert auf Kosten des Gebrauchswerts und der Gebrauchswert auf Kosten des Werts festgehalten. Um den Widerspruch festzuhalten, muss man auf das rekurrieren, was sich in der Ware selbst abspielt, die sowohl Gebrauchswert als auch Wert ist, und berücksichtigen, dass die Waren selbst es sind, die »füreinander sowohl als Gebrauchswerte wie auch als Werte da sein müssen«, wobei »dies ihr Dasein als ihre eigene Beziehung aufeinander erscheinen« muss.

Was bisher über die Gesellschaftlichkeit und Gegenständlichkeit des Werts und damit über die Notwendigkeit seines Erscheinens ausgeführt worden ist, soll im Folgenden als das aufgedeckt werden, was den in der Ware enthaltenen Widerspruch zwischen dem Gebrauchswert und dem Wert auszeichnet. Es soll im Einzelnen nachvollzogen werden, was es mit der »gleichgültigen selbständigen Existenz« des Werts gegenüber dem Gebrauchswert auf sich hat, der hier zusammen mit deren »innerer notwendiger Zusammengehörigkeit« die Grundlage des Widerspruchs zwischen dem Gebrauchswert und dem Wert ausmacht.

Da die »innere notwendige Zusammengehörigkeit« schon ausführlich behandelt worden ist, soll an sie hier nur erinnert werden: Wird die Ware für sich unter Abstraktion von ihrer Beziehung zu den anderen Waren betrachtet, dann ist – obgleich sie als Wert auf die anderen Waren von vornherein bezogen ist – an ihr selbst aber nur ausgedrückt, dass sie Gebrauchswert ist. Die Ware ist *unmittelbar* Gebrauchswert. Insofern die Ware gleichzeitig Wert ist und der Wert etwas rein Gesellschaftliches ist, besitzt die Ware eine *vermittelte* Existenz. Im Wert geht es nicht unmittelbar um die einzelnen konkret-nützlichen Arbeiten, sondern darum, wie diese im Austausch in der gegenständlichen Form der Arbeitsprodukte aufeinander bezogen und einander gleichgesetzt werden, so dass sie in der von ihnen verschiedenen Form der abstrakt-menschlichen Arbeit ihre spezifisch-gesellschaftliche Form erhalten.

---

[56] Das Kapital, 1. Auflage, MEGA II/5, a.a.O., S. 31.

[57] Ebd., S. 31.

So notwendig die Privatproduzenten mittels des Austauschs ihrer Arbeitsprodukte in gesellschaftlichen Kontakt miteinander treten müssen, so notwendig gehören also auch Gebrauchswert und Wert bzw. konkret-nützliche und abstrakt-menschliche Arbeit zusammen.

Dass der Wert als etwas Gesellschaftliches erscheinen muss, reicht als Begründung nicht aus zu erklären, warum er an der einzelnen Ware nicht erscheint. Denn auch innerhalb des Verhältnisses zweier Waren erscheint der Wert nicht an der Ware selbst, sondern erst im Gebrauchswert einer anderen Ware. Damit die Begründung vollständig ist, muss – wie alle bisher von Marx diskutierten Texte beweisen – über die Gesellschaftlichkeit des Werts hinaus auf seine »Gegenständlichkeit« rekurriert werden, d.h. darauf, dass es die *Wertgegenständlichkeit* ist, die »rein gesellschaftlich« ist. In ihr ist enthalten, dass das Material, worin der Wert als das vom Gebrauchswert verschiedene Gesellschaftliche erscheint, nur aus dem sinnlich-groben Körper, dem Gebrauchswert der Waren besteht.

Nun konnte aber bereits gezeigt werden, dass ein Gebrauchswert der einzelnen Ware nicht er selbst und zugleich etwas von ihm verschiedenes Gesellschaftliches, wie der Wert es ist, bedeuten kann. Da der Wert der einzelnen Ware in keinem von ihrem Gebrauchswert verschiedenen Medium erscheinen kann (die Ware ist ein toter Gegenstand, der keine Gesten hat, keine Sprache besitzt usw.), kann der Wert an ihr überhaupt nicht erscheinen. Die Ware ist nicht als das vom Gebrauchswert verschiedene Gesellschaftliche, sondern einzig und allein als Gebrauchswert fassbar.[58] Muss die Ware als Wert erscheinen und kann sie dies in keinem anderen Medium als in dem des Gebrauchswerts tun, dann kann die Ware nur in einem Gebrauchswert erscheinen, der vom Gebrauchswert der Ware verschieden ist.

Die Verschiedenheit von Gebrauchswert und Wert kann auf Seiten des Gebrauchswerts als dem sinnlich-stofflichen Material, worin sich der Wert darstellt, nur so durch die Verschiedenheit der Gebrauchswerte ausgedrückt werden, dass es ein vom Gebrauchswert der Ware verschiedener Gebrauchswert einer anderen Ware ist, der das sinnlich-stoffliche Material für den Wertausdruck der Ware liefert.

Muss der Wert in der Form eines Gebrauchswerts existieren, ohne ein Gebrauchswert zu sein, dann muss sich der Wert um seines Erscheinens willen nicht nur vom Gebrauchswert der Ware unterscheiden, sondern als etwas Gegenständliches »wieder in gegenständlicher Form«, d.h. in der Form des Gebrauchswertes einer anderen Ware existieren. Da der Wert gegenständlich wie der Gebrauchswert der Ware existieren muss und dies aber aufgrund seiner Gesellschaftlichkeit nicht kann, muss er eine andere gegenständliche Form als Form seines Erscheinens finden. Darin, dass es die Gegenständlichkeit eines Gebrauchswerts sein muss, worin der Wert erscheint, es aber nicht die Gebrauchswertgestalt der Ware selbst ist, liegt die *Verselbständigung* des Werts gegenüber dem Gebrauchswert. Als Wert etwas Gesell-

[58] Vgl. Das Kapital, MEW 23, a.a.O., S. 62.

schaftliches zu sein, heißt für die erste Ware, dass sie für die andere Ware als etwas von ihrem Gebrauchswert Verschiedenes da ist.

In der Ware gehören Gebrauchswert und Wert mit innerer Notwendigkeit zusammen: Ein und dasselbe Arbeitsprodukt ist in der einen Hinsicht, in der es nur als Vergegenständlichung abstrakt-menschlicher Arbeit zählt, Wert, und in der anderen Hinsicht, in der es ein Ding mit physischen Eigenschaften ist, Gebrauchswert.

Zwischen dem Wert und dem Gebrauchswert besteht nun ein *Widerspruch*, weil der Wert um seines Erscheinens willen nicht nur mit innerer Notwendigkeit zum Gebrauchswert gehört, sondern zugleich von diesem wegstrebt, sich ihm gegenüber verselbständigt; denn das einzige gegenständliche Material, worin er als etwas Gegenständliches erscheinen muss, ist ein Gebrauchswert, der aber vom Gebrauchswert der ersten Ware verschieden ist.

In den gegenständlichen Gestalten von Gebrauchswert und Wert gehören die unterschiedlichen Seiten der Arbeit – die konkret-nützliche und die abstrakt-allgemeine – nicht nur mit innerer Notwendigkeit zusammen, sondern *verselbständigen* sich zugleich gegeneinander.

Aufgrund der Gesellschaftlichkeit und der Gegenständlichkeit des Werts muss von der einzelnen Ware zu deren Verhältnis zu einer anderen Ware, d.h. zum gesellschaftlichen Verhältnis zweier Waren übergegangen werden. Der Wert muss so gegenständlich wie sein Gebrauchswert existieren und dabei nicht aufhören, etwas Gesellschaftliches zu sein. »Die Form eines Gebrauchswerths besitzt sie (die Ware – D. W.) von Natur. Es ist ihre Naturalform. Werthform erwirbt sie erst im Umgang mit andren Waaren. Aber ihre Werthform muß selbst wieder *gegenständliche* Form sein. Die einzigen gegenständlichen Formen der Waaren sind ihre Gebrauchsgestalten, ihre Naturalformen. Da nun die Naturalform einer Waare, der Leinwand z.B., das grade Gegentheil ihrer Werthform ist, muß sie eine *andre* Naturalform, *die Naturalform einer andern Waare* zu ihrer *Werthform* machen.«[59]

War die einzelne Ware selbst eine unmittelbare Einheit von Gebrauchswert und Wert, so ist das Verhältnis zweier Waren zueinander dieselbe Einheit als eine vermittelte. Indem der Wert der Ware im Gebrauchswert der anderen Ware erscheint, erscheint die einzelne Ware *»als Einheit der Gegensätze, Gebrauchswerth und Tauschwerth«*.[60]

Der Widerspruch zwischen dem Gebrauchswert und dem Wert findet dadurch eine Lösung, dass sich die Verselbständigung des Werts gegen den Gebrauchswert im Verhältnis zweier Waren realisiert. Die Ware verhält sich als Wert zum Gebrauchswert einer anderen Ware als Verwirklichungsform der abstrakt-menschlichen Arbeit. Erscheint der Wert der Ware im Gebrauchswert der anderen Ware,

---

[59] Das Kapital, 1. Auflage, MEGA II/5, a.a.O., S. 32.

[60] Das Kapital, Anhang zur 1. Auflage, MEGA II/5, a.a.O., S. 639.

dann steht der Ware ihr eigener Wert in diesem Gebrauchswert so selbständig gegenüber, wie dies für zwei Gebrauchswerte als handgreiflich-stoffliche Dinge der Fall ist. Der aus der Natur des Werts erklärte Übergang vom Wert in die Wertform lässt sich wie folgt zusammenfassen:

»Der in der Ware eingehüllte innere Gegensatz von Gebrauchswert und Wert wird also dargestellt durch einen äußeren Gegensatz, d.h. durch das Verhältnis zweier Waren, worin die eine Ware, *deren* Wert ausgedrückt werden soll, unmittelbar nur als Gebrauchswert, die andre Ware hingegen, *worin* Wert ausgedrückt wird, unmittelbar nur als Tauschwert gilt. Die einfache Wertform einer Ware ist also einfache Erscheinungsform des in ihr enthaltenen Gegensatzes von Gebrauchswert und Wert.«[61]

3. Die Grundlagen des Widerspruchs bleiben in seiner Lösungsbewegung erhalten

Hat sich der Wert im Verhältnis zweier Waren im Gebrauchswert der zweiten Ware dargestellt, dann bedeutet dies, dass er seiner »Gegenständlichkeit« gemäß gegenständlich in der Gestalt eines Gebrauchswerts existiert, ohne dabei seine gesellschaftliche Natur zu verlieren.

Die Ware ist innerhalb des Austauschs unter Abstraktion von dem, was sie als Gebrauchswert ist, reell Wert. Dieser stellt sich innerhalb des Austauschs im Gebrauchswert einer anderen Ware dar, so dass dieser Gebrauchswert als Wert der ersten Ware gilt. Der Wert besitzt also eine von ihm verschiedene Wertform. Während ein Arbeitsprodukt aufgrund der Abstraktion von seinem Gebrauchswert unsichtbar hinter diesem verborgen Wert ist, existiert der Wert handgreiflich-sichtbar in Gestalt des Gebrauchswerts des Arbeitsprodukts, worin er sich darstellt.

In der Hinsicht, in der ein Arbeitsprodukt Gebrauchswert ist, ist es nicht Wert, in der Hinsicht, in der es Wert ist, ist es kein Gebrauchswert.

Für sich genommen ist der Gebrauchswert eines Arbeitsproduktes so wenig Wert, so wenig er einen Wert ausdrückt. »Ein Rock (der Gebrauchswert der zweiten Ware – D. W.) drückt ebensowenig Wert aus als das erste beste Stück Leinwand (der Gebrauchswert der ersten Ware – D. W.).«[62]

Da nun dem Gebrauchswert der in der Äquivalentform stehenden Ware nicht anzusehen ist, dass er in seiner unmittelbaren Austauschbarkeit eine Wertform nur besitzt, weil er die Erscheinungsform des Werts eines anderen Arbeitsproduktes ist, entsteht der falsche Schein, als käme die Wertform dem zweiten Arbeitsprodukt als Gebrauchswert, d.h. als einem Ding mit physischen Eigenschaften zu.

[61] Das Kapital, MEW 23, a.a.O., S. 75f.
[62] Ebd., S. 66.

Ohne diese Vermischung von Gebrauchswert und Wert, von Gesellschaftlichem und Natürlichem, lässt sich nur von jedem Arbeitsprodukt selbst sagen, dass in ihm unter Abstraktion von all dem, was es als Gebrauchswert ist, die abstrakt-menschliche Arbeit als gegenständlicher Charakter der Sache dargestellt ist, als Charakter, »der *ihr selbst* sachlich zukommt«.[63] Der Wert kommt der Sache aber gerade nicht in der Hinsicht zu, in der sie ein Ding mit unterschiedlichen physischen Eigenschaften ist.

Würde sich die erste Ware als Wert auf die zweite Ware als Gebrauchswert beziehen, so würde dies bedeuten, Gebrauchswert und Wert einander gleichzusetzen. Dies könnte aber nur aufgrund ihrer Verschiedenheit von einem theoretischen Betrachter gemacht werden, indem er Gebrauchswert und Wert auf mystische Weise miteinander vermischen würde. Die Arbeitsprodukte werden in ihrem Austauschverhältnis aber gerade unter Abstraktion von ihren jeweiligen Gebrauchswerten als Werte gleichgesetzt. Da der Wert um seines Erscheinens willen als etwas Gegenständliches auf die gegenständliche Form der Gebrauchswerte angewiesen ist, bleibt als einzige Möglichkeit übrig, dass der Wert der Ware auf den Gebrauchswert einer anderen Ware angewiesen ist. Verwirklicht sich diese Möglichkeit im Verhältnis zweier Waren zueinander, dann muss bedacht werden, dass die beiden Waren zunächst einmal unabhängig davon, dass sich der Wert der ersten im Gebrauchswert der zweiten darstellt, als von ihren Gebrauchswerten verschiedene Werte gleichgesetzt werden: »x Ware A = y Ware B oder: x Ware A ist y Ware B wert.«[64]

Gleich zu Beginn der Untersuchung des »Gehalts der relativen Wertform« schreibt Marx: »Man übersieht, daß die Größen verschiedner Dinge erst quantitativ vergleichbar werden, *nach* ihrer *Reduktion auf dieselbe Einheit*. Nur als Ausdrücke derselben Einheit sind sie gleichnamige, daher kommensurable Größen«[65] (Hervorhebungen – D. W.). Ob »ein gegebenes Quantum Leinwand viele oder wenige Röcke wert ist, jede solche Proportion schließt stets ein, daß Leinwand und Röcke als Wertgrößen Ausdrücke derselben Einheit, Dinge von derselben Natur sind. Leinwand = Rock ist die *Grundlage* (Hervorhebung – D. W.) der Gleichung.«[66] Später führt Marx dann über die zweite Ware, den »Rock«, aus: »In der Produktion des Rockes ist tatsächlich, unter der Form der Schneiderei, menschliche Arbeitskraft verausgabt worden. Es ist also menschliche Arbeit in ihm aufgehäuft. Nach dieser Seite hin ist der Rock ›Träger von Wert‹, obgleich diese seine Eigenschaft selbst durch seine größte Fadenscheinigkeit nicht durchblickt. ... Trotz seiner zugeknöpften Erscheinung hat die Leinwand in ihm die stammverwandte schöne Wertseele erkannt.«[67] Was hat es nun damit auf sich, dass, indem die beiden Waren

---

[63] Randglossen, MEW 19, a.a.O., S. 375.
[64] Das Kapital, MEW 23, a.a.O., S. 63.
[65] Ebd., S. 64.
[66] Ebd.
[67] Ebd., S. 66.

als Werte einander gleichgesetzt werden, der Wert der ersten Ware im Gebrauchswert der zweiten Ware erscheint?

Der Wert der Ware wird gegenständlich ausgedrückt, wenn er im Gebrauchswert einer anderen Ware ausgedrückt wird. Hierbei handelt es sich nicht um eine Gleichsetzung von Gebrauchswert und Wert, sondern vielmehr um etwas, was in der Gleichsetzung der Waren als Werte eingeschlossen ist. Wie bei der ersten Ware, so handelt es sich auch bei der zweiten jeweils um ein und denselben Gegenstand, der im Austausch in einer Hinsicht ein Ding mit physischen Eigenschaften und in einer anderen Hinsicht ein bloßes Arbeitsprodukt – Wert ist.

Der Wert der Waren erscheint nicht in den Gebrauchswerten der Waren selbst. Der Wert der ersten Ware erscheint vielmehr im Gebrauchswert der zweiten. Da die Waren als Werte gleich sind, kann man auch umgekehrt die zweite Ware an die Stelle der ersten und die erste an die Stelle der zweiten Ware setzen. Was das jeweilige Erscheinen des Werts dem Gebrauchswert einer anderen Ware anbelangt, so ändert sich hierdurch nichts: Einmal erscheint der Wert der ersten Ware im Gebrauchswert der zweiten, ein andermal erscheint der Wert der vormals zweiten und jetzt ersten Ware im Gebrauchswert der vormals ersten und jetzt zweiten Ware. Stellt sich der Wert einer Ware in dem von ihrem eigenen Gebrauchswert verschiedenen Gebrauchswert einer anderen Ware dar, dann gilt für diese dasselbe wie für die erste: Ihr Wert erscheint nicht in ihrem eigenen Gebrauchswert.

Während keine der beiden Waren für sich genommen in der Lage ist, zum Ausdruck zu bringen, dass ihr Gebrauchswert jeweils als Wert *gilt*, ist es im Verhältnis zweier Waren möglich, dass die eine Ware selbst ausdrückt, dass ein Gebrauchswert – der Gebrauchswert der zweiten Ware – als Wert gilt.

Erschien am Anfang des ersten Kapitels des »Kapital« der Tauschwert als quantitatives Verhältnis von Gebrauchswerten, so *erscheint* nun das Verhältnis zweier Waren als Verhältnis, worin der Wert der ersten Ware im Gebrauchswert der zweiten Ware gleichgesetzt wird. Bereits die Analyse der einzelnen Ware zeigte, dass ihr Wert als etwas »rein Gesellschaftliches« von ihrem Gebrauchswert absolut verschieden ist.

Wie kommt es, dass der Wert der ersten und der Gebrauchswert der zweiten Ware als gleich *erscheinen*, obwohl beide nicht gleich *sind*?

Hinter der erscheinenden Gleichheit von Wert und Gebrauchswert verbirgt sich etwas anderes: »In diesem Verhältnis *gilt* der Rock als Existenzform von Wert, als Wertding, denn nur als solches ist er *dasselbe* wie die Leinwand«[68] (Hervorhebungen – D. W.). Während keine Ware für sich genommen zum Ausdruck bringen kann, dass, unter dem Aspekt des Werts betrachtet, ihr Gebrauchswert als Gegenstand gilt, worin überhaupt menschliche Arbeit verausgabt worden ist, bringt dies die erste Ware in ihrem Verhältnis zur zweiten zustande, indem sie sich zu dem

---

[68] Ebd., S. 64.

Gebrauchswert der zweiten Ware als etwas verhält, das ihr als Wert gleich ist. Die Ware »kann sich nicht zu der in ihr selbst, wohl aber zu der in andrer Waarenart enthaltenen konkreten Arbeit als bloßer Verwirklichungsform abstrakter menschlicher Arbeit verhalten. Sie braucht dazu nur die andre Waare sich als *Aequivalent* gleichzusetzen. Der Gebrauchswerth einer Waare existirt überhaupt nur für eine andre Waare, soweit er in dieser Weise zur Erscheinungsform ihres Werths dient.«[69] »Und im Wertverhältnis der Leinwand gilt er (der Gebrauchswert – D. W.) nur nach dieser Seite, daher als verkörperter Wert, als Wertkörper.«[70]

Der Gebrauchswert der zweiten Ware gilt in seiner sinnlich-gegenständlichen Gestalt als das, was die erste Ware als Wert ist. Im Gebrauchswert der zweiten Ware ist »das eigne Wertsein der Leinwand (der ersten Ware – D. W.) zum Vorschein« gekommen »oder« hat »einen selbständigen Ausdruck« erhalten; »denn nur als Wert ist sie auf den Rock als Gleichwertiges oder mit ihr Austauschbares bezüglich.«[71]

Der Wert der ersten Ware existiert sinnlich-gegenständlich im Gebrauchswert der zweiten Ware, ohne sich dadurch mystisch in den Gebrauchswert zu verwandeln. Dies beruht darauf, dass der Gebrauchswert der zweiten Ware gegenüber der ersten Ware etwas bedeutet, was er nicht selbst ist. Der Wert der ersten Ware bleibt hinter der sachlichen Hülle ihres Gebrauchswerts unsichtbar. Er erscheint in dem Gebrauchswert der zweiten Ware. Der ersten Ware gegenüber *stellt* der Gebrauchswert der zweiten Ware das *dar*, was sie selbst als *Wert* ist. »Der Rock kann ihr (der Leinwand – D. W.) gegenüber jedoch nicht Wert darstellen, ohne daß für sie gleichzeitig der Wert die Form eines Rockes annimmt. So kann sich das Individuum A nicht zum Individuum B als zu einer Majestät verhalten, ohne daß für A die Majestät zugleich die Leibesgestalt von B annimmt und daher Gesichtszüge, Haare und manches andre noch mit dem jeweiligen Landesvater wechselt.«[72] Dass der Gebrauchswert der zweiten Ware in dem Wertverhältnis der beiden Waren als etwas gilt, das er nicht selbst ist, hat innerhalb der Welt des Austausches objektive Gültigkeit. Jeder Warenbesitzer muss diesen auf dem Austausch der Arbeitsprodukte beruhenden Tatbestand so anerkennen, wie er dies hinsichtlich der Gebrauchswerteigenschaften eines Gegenstandes tut, die dieser innerhalb und außerhalb des Austauschs besitzt.

Bezieht sich die erste Ware auf den Gebrauchswert der zweiten Ware als etwas, das ihr als Wert gleich ist, dann bedeutet dies also nicht, dass der Gebrauchswert in den Wert der ersten Ware verwandelt wird: »Als Gebrauchswert ist die Leinwand ein vom Rock sinnlich verschiednes Ding, als Wert ist sie ›Rockgleiches‹ und *sieht*

[69] Das Kapital, 1. Auflage, MEGA II/5, a.a.O., S. 32.
[70] Das Kapital, MEW 23, a.a.O., S. 66.
[71] Ebd., S. 64.
[72] Ebd., S. 66.

daher aus wie ein Rock« (Hervorhebung – D. W.). Hiermit ist erklärt, inwiefern das »Wertsein« der ersten Ware »in ihrer Gleichheit mit dem Rock« bzw. dem Gebrauchswert der zweiten Ware »erscheint«, ohne dass sich der Gebrauchswert der zweiten Ware mystisch in Wert verwandeln würde.[73]

Indem der Gebrauchswert der zweiten Ware der ersten Ware gegenüber Wert darstellt und hierdurch der Wert der ersten Ware die Form des Gebrauchswerts der zweiten Ware annimmt, hat der Wert der ersten Ware eine »von ihren Naturalformem verschiedne Wertform«[74] erhalten. »Vermittelst des Wertverhältnisses wird also die Naturalform der Ware B zur Wertform der Ware A oder der Körper der Ware B zum Wertspiegel der Ware A.«[75]

---

[73] Dies scheint den folgenden Ausführungen von Marx zu widersprechen: »Im Wertverhältnis der Leinwand gilt der Rock als ihr qualitativ Gleiches, als Ding von derselben Natur, weil er ein Wert *ist.*«[a)] (Hervorhebung – D. W.). Wie ist diese Stelle zu verstehen, wenn man nicht im Widerspruch zu allen anderen Ausführungen von Marx annehmen will, er hätte behauptet, der Gebrauchswert der zweiten Ware sei ein Wert und könne nur deshalb als etwas dem Wert der ersten Ware Gleiches gelten? Abgesehen von der mystischen Vermischung von Gebrauchswert und Wert wäre es nicht nötig, dass der Gebrauchswert als Wert gilt, wenn er selbst bereits ein Wert ist. Der Gebrauchswert der zweiten Ware ist nicht gleich dem Wert der ersten Ware, weil er ein Wert ist, sondern umgekehrt, weil der Gebrauchswert der zweiten Ware als »Existenzform von Wert, als Wertding ... gilt ..., ist er dasselbe wie die Leinwand«[b)]. Man kann vom Rock nur sagen, er sei ein Wert, wenn man mit ihm nicht den Gebrauchswert einer Ware, sondern die Ware selbst als Einheit von Gebrauchswert und Wert meint. Die Leinwand kann sich als erste Ware dem Rock als der zweiten Ware nur gleichsetzen, weil sie beide von ihren Gebrauchswerten verschiedene Werte sind. Der Wert der Rockware hängt mit dem Gebrauchswert Rock wie folgt zusammen: Abstrahiert man von dem Gebrauchswert des Gegenstandes, so bleibt an ihm nur noch die Eigenschaft übrig, dass er überhaupt ein Produkt von Arbeit ist, gleichgültig in welcher Form sie verausgabt worden ist. »In der Produktion des Rockes ist tatsächlich, unter der Form der Schneiderei, menschliche Arbeitskraft verausgabt worden. Es ist also menschliche Arbeit in ihm aufgehäuft. Nach dieser Seite hin ist der Rock ›Träger von Wert‹, obgleich diese seine Eigenschaft selbst durch seine größte Fadenscheinigkeit nicht durchblickt.«[c)]
Wert zu sein ist also eine gesellschaftliche Eigenschaft des Gegenstandes, der zugleich ein Gebrauchswert und ein Produkt von Arbeit ist. In der Hinsicht, in der der Gegenstand Gebrauchswert ist, ist er nicht Wert, und in der Hinsicht, in der er Wert ist, ist er nicht Gebrauchswert. Wenn vom Rock als der Rockware ausgesagt wird, dass sie ein Wert *ist,* dann ist der Gegenstand Rock nur in der Hinsicht gemeint, in der er ein Produkt menschlicher Arbeit ist. Man kann den Wert nur mit Hilfe des Gebrauchswerts so ausdrücken, dass man sagt, der Gebrauchswert ist »Träger von Wert«, *gilt* als Wert bzw. gilt unabhängig von seinen Gebrauchswerteigenschaften als ein bloßes Produkt menschlicher Arbeit. Wenn Marx an der oben zitierten Stelle bezogen auf den Rock sagt, er sei ein Wert, dann meint er den Rock als Ware bzw. als den Gegenstand, der in der vom Gebrauchswert verschiedenen Hinsicht ein bloßes Arbeitsprodukt ist. Nur weil in diesem Sinne beide Waren – Leinwand und der Rock – Werte sind, können sie auch einander gleichgesetzt werden bzw. kann sich die erste Ware als Wert der zweiten Ware als Wert gleichsetzen. Dies ist und bleibt die Grundlage dafür, dass der Gebrauchswert Rock in dem Verhältnis der beiden Waren zueinander als etwas gilt, das dem Wert der ersten Ware gleich ist. Dass sich die erste Ware als Wert der zweiten als Wert gleichsetzt, erscheint aufgrund der Unsichtbarkeit des Werts der zweiten Ware als Gleichheit des ebenfalls unsichtbaren Werts der ersten Ware mit dem Gebrauchswert der zweiten Ware. Dies bedeutet aber angesichts der absoluten Verschiedenheit von Gebrauchswert und Wert, dass der Gebrauchswert Rock (der Gebrauchswert der zweiten Ware) gegenüber der ersten Ware *dasselbe bedeutet*, was sie als Wert ist.
Die angeführte Stelle gibt also Anlass zu Missverständnissen, weil Marx das Wort Rock stillschweigend in zwei voneinander verschiedenen Bedeutungen begreift: Einmal meint er mit dem Rock den Gebrauchswert, der als Wert und damit als etwas gilt, das von ihm verschieden ist; zum anderen meint er die Rockware, die sowohl Gebrauchswert wie davon verschieden Wert ist. Die Rockware in diesem

Der Unterschied, der zwischen den Gebrauchswerten der beiden Waren besteht, wird von der ersten Ware gleichsam benutzt, um den ihr immanenten Unterschied zwischen Wert und Gebrauchswert handgreiflich-sichtbar in der beiden Gebrauchswerten gemeinsamen, gegenständlichen Weise zum Ausdruck zu bringen.

Was den bloßen Unterschied zwischen dem Gebrauchswert und dem Wert der Waren anbelangt, so hat der Wert eine vom Gebrauchswert verschiedene gegenständliche Gestalt im Gebrauchswert der anderen Ware angenommen. Nun ist der Gebrauchswert der zweiten Ware zwar von dem Gebrauchswert der ersten verschieden. Beide aber sind Gebrauchswerte und insofern nicht in ihrer Gegenständlichkeit mit der Gegenständlichkeit zu verwechseln, die den Wert auszeichnet. Der Unterschied zwischen den Gebrauchswerten der beiden Waren ist ein Unterschied auf Seiten der konkret-nützlichen Arbeiten und kein Unterschied zwischen diesen auf der einen und der abstrakt-menschlichen Arbeit auf der anderen Seite. Der Unterschied zwischen den beiden Gebrauchswerten ist nicht mit dem der ersten Ware immanenten Unterschied zwischen ihrem Gebrauchswert und ihrem Wert zu verwechseln.

Nur im gesellschaftlichen Verhältnis zweier voneinander *verschiedener* Waren *bedeutet* der Gebrauchswert der einen für die andere Ware etwas, das von ihr als Gebrauchswert *verschieden* ist. »Was jedoch die Leinwand am Gebrauchswerth Rock interessirt, ist weder seine wollne Behäbigkeit, noch sein zugeknöpftes Wesen, noch irgend eine andre nützliche Qualität, die ihn zum Gebrauchswerth stempelt. Er *dient* ihr nur dazu, ihre Werth*gegenständlichkeit* im Unterschied von ihrer steifleinenen Gebrauchs*gegenständlichkeit darzustellen.*«[76] (Hervorhebungen – D. W.)

Für die einzelne Ware ist es nicht möglich, auf eine über die Gegenständlichkeit des Gebrauchswerts hinausgehende gegenständliche Weise für eine andere Ware als etwas von ihrem Gebrauchswert Verschiedenes da zu sein. Im Verhältnis zweier

---

Sinne als Wert vorausgesetzt, geht es Marx bei der Analyse des Gehalts der relativen Wertform darum, dass der Gebrauchswert Rock als Wert und damit als Ding von derselben Natur gilt, wie die Leinwand. Daher – so führt Marx weiter aus – »gilt« der Gebrauchswert auch »als ein Ding, worin Wert erscheint oder welches in seiner handgreiflichen Naturalform Wert darstellt«[d]. Um deutlich zu machen, dass es im Wertverhältnis zweier Waren zueinander keine mystische Vermischung von Gebrauchswert und Wert geben kann, schreibt Marx weiter: »Nun ist zwar der Rock, der Körper der Rockware, ein bloßer Gebrauchswert. Ein Rock drückt ebensowenig Wert aus als das erste beste Stück Leinwand. Dies beweist nur, daß er *innerhalb des* Wertverhältnisses zur Leinwand *mehr bedeutet als außerhalb* desselben, wie so mancher Mensch innerhalb eines galonierten Rockes mehr bedeutet als außerhalb desselben.«[e] (Hervorhebungen – D. W.)

[a] Das Kapital, MEW 23, a.a.O., S. 66.

[b] Ebd., S. 64.

[c] Ebd., S. 66.

[d] Ebd.

[e] Ebd.

[74] Ebd., S. 65.

[75] Ebd., S. 67.

[76] Das Kapital, 1. Auflage, MEGA II/5, a.a.O., S. 31.

Waren zueinander ist dies nun durch die in Äquivalentform stehende Ware erreicht worden. Durch »ihren Platz im Werthausdruck *gilt ihre eigne Naturalform als Werthform für andre Waare* oder besitzt sie die *Form unmittelbarer Austauschbarkeit mit andrer Waare.* Sie braucht also nicht erst *eine von ihrer unmittelbaren Naturalform unterschiedne Form anzunehmen*, um andrer Waare *als Werth zu erscheinen, als Werth zu gelten* und *auf sie als Werth zu wirken.*«[77]

Die »beiden gegensätzlichen Bestimmungen von Gebrauchswerth und Tauschwerth (sind) *polarisch* unter die Waaren vertheilt«.[78] Da nur in dem Wertverhältnis der beiden Waren der Gebrauchswert der zweiten Ware »mehr bedeutet als außerhalb desselben«, haben sich Gebrauchswert und Wert nicht nur gegeneinander verselbständigt, vielmehr hängen innerhalb dieses Verhältnisses auch der Gebrauchswert der ersten Ware und die Form, in der der Wert erscheint, mit »innerer Notwendigkeit« zusammen. Es ist *eine* Ware, die nicht nur eine Einheit von Gebrauchswert und Wert *ist*, sondern sich zugleich im gesellschaftlichen Verhältnis *zweier* Waren als diese Einheit *darstellt.* »Wenn ich sage: *Als Waare* ist die Leinwand Gebrauchswerth *und* Tauschwerth, so ist das mein durch Analyse gewonnenes Urtheil über die *Natur* der Waare. Dagegen im Ausdruck: 20 *Ellen Leinwand = 1 Rock* oder: *20 Ellen Leinwand sind 1 Rock werth*, sagt die Leinwand selbst, daß sie 1) *Gebrauchswerth* (Leinwand), 2) davon unterschiedner *Tauschwerth* (Rock–Gleiches) und 3) *Einheit dieser beiden Unterschiede*, also *Waare* ist.«[79]

Einerseits fallen Gebrauchswert und Wert der Ware auseinander, insofern der Wert der Ware in der Form des Gebrauchswerts der zweiten Ware ihrem eigenen Gebrauchswert ebenso gegenständlich wie selbständig gegenübersteht, wie dies für zwei unterschiedliche Gebrauchswerte der Fall ist. Andererseits fallen, was die in Äquivalentform stehende Ware anbelangt, Gebrauchswert und Wert bzw. Naturalform und Wertform zusammen, insofern die Naturalform dadurch zur Wertform wird, dass sie »andrer Waare gegenüber *Werth vorstellt* oder *als Werthgestalt gilt*«[80] und somit als Wert erscheint. »Der Gebrauchswerth oder Waarenkörper spielt hier eine neue Rolle. Er wird zur Erscheinungsform des Waaren*werths*, also seines eignen Gegentheils. Ebenso wird die im Gebrauchswerth enthaltene *konkrete* nützliche Arbeit zu ihrem eignen Gegentheil, zur bloßen Verwirklichungsform *abstrakter* menschlicher Arbeit. Statt auseinanderzufallen, reflektiren sich die gegensätzlichen Bestimmungen der Waare hier in einander.«[81] Die in dem Verhältnis zweier Waren zueinander realisierte Verselbständigung des Werts gegenüber dem Gebrauchswert darf natürlich nicht damit verwechselt werden, dass für einen Be-

---

[77] Das Kapital, Anhang zur 1. Auflage, MEGA II/5, a.a.O., S. 631.
[78] Ebd., S. 639.
[79] Ebd.
[80] Ebd., S. 631.
[81] Das Kapital, 1. Auflage, MEGA II/5, a.a.O., S. 31f.

trachter der einzelnen Ware Gebrauchswert und Wert abstrakte »Gegensätze« sind, die »von selbst auseinander« fallen und »daher leicht auseinander zu halten«[82] sind.

Das gesellschaftliche Verhältnis zweier Waren zeichnet sich als Lösungsbewegung des Widerspruchs zwischen dem Gebrauchswert und dem Wert dadurch aus, dass seine beiden Grundlagen – »die innere notwendige Zusammengehörigkeit« und die gleichgültige selbständige Existenz gegeneinander« – erhalten bleiben.

[82] Ebd., S. 31.

Exkurs: Die Wertform und die »dialektische Methode«. Eine Kritik an Hans-Georg Backhaus

Wie die bisherigen Ausführungen gezeigt haben, kann keine Rede davon sein, im »Kapital« gäbe es eine »mangelhafte Vermittlung von Substanz und Form des Werts« bzw. einen »Bruch«, der »in der Entwicklung des Werts ... aufweisbar« sei, weil der »Übergang vom zweiten zum dritten Abschnitt des ersten Kapitels ... als *notwendiger* Übergang nicht mehr einsichtig«[83] sei. Hans-Georg Backhaus kann diese Auffassung nur vertreten, weil er die einzelnen von Marx vorgenommenen Entwicklungsschritte so gründlich missversteht, dass er nicht einmal die Stellen in seine Interpretation einbezieht, die für den Nachweis des Tauschwerts als notwendiger Erscheinungsform des Werts ausschlaggebend sind. Marx hält im »Kapital« rückblickend fest: »Unsere Analyse bewies, daß die Wertform oder der Wertausdruck der Ware aus der Natur des Warenwerts entspringt«[84] und betont in den »Mehrwerttheorien«, dass »nur die Entwicklung des Werts, unabhängig von der Darstellung der einen Ware in der andren, ... die Antwort« auf die Frage gibt, wie sich »überhaupt eine Ware in einer andren oder Waren als Äquivalente darstellen«[85] lassen. Backhaus stellt dennoch das Gegenteil fest: »Die von der Erscheinungsform unabhängige Analyse des Wesens führt nun dazu, daß Marx gänzlich unvermittelt, ohne Aufweis einer inneren Notwendigkeit, zur Analyse der Erscheinungsform zurückkehrt«.[86]

Es könnte allerdings auch so sein, dass Marx den an sich selbst gestellten Anspruch, den Tauschwert als notwendige Erscheinungsform des Werts zu entwickeln, mit seiner »Analyse« nicht eingelöst hat, so dass Backhaus zu Recht von einem »Bruch in der Entwicklung des Werts« redet. Backhaus konstatiert aber diesen »Bruch«, ohne dass ihm ein solcher Widerstreit zwischen dem Anspruch und der Wirklichkeit der Marxschen Analyse auffällt. Dies zeigt nur, wieweit weg Back-

[83] Hans-Georg Backhaus, Dialektik der Wertform. Untersuchungen zur marxschen Ökonomiekritik, Freiburg 1997, S. 43.
[84] Das Kapital, MEW 23, a.a.O., S. 75.
[85] Theorien über den Mehrwert, MEW 26.3, a.a.O., S. 161.
[86] H.-G. Backhaus, Dialektik der Wertform, a.a.O., S. 43.

haus von dem ist, worin es in den drei ersten Abschnitten des »Kapital« hinsichtlich der Entwicklung der einfachen Wertform geht. Dies zeigt sich darin, dass Backhaus den an die Entwicklung zu stellenden systematischen Anspruch nicht aus dem »Kapital«, sondern aus einem »andern Text«, nämlich der Hegelschen »Logik« entnimmt: Die »Entwicklung Tauschwert–Wert–Wertform (ist) nicht mehr begreifbar als dialektische ›Bewegung vom unmittelbaren Sein‹ durch das ›Wesen‹ zur vermittelten ›Existenz‹, dergestalt, daß ›die Unmittelbarkeit aufgehoben und als vermittelte Existenz wieder gesetzt wird‹«.[87] Backhaus wendet sich nun gegen die »›philosophischen‹ Marxisten«,[88] die mit Hilfe der »dialektischen Bewegung« aus Hegels »Logik« nur in der Lage sind, Marx' Entwicklung der Wertform zu »referieren«, ohne zu bemerken, dass diese Entwicklung überhaupt jener »dialektische(n) Bewegung« entspricht. Diese »›dialektischen Interpretationen‹«[89] laufen »auf eine Karikatur von Dialektik«[90] hinaus. Im Glauben, die von Marx gemachten Schritte als notwendige nachgewiesen zu haben, wiederholen sie nur in einer der Hegelschen »Logik« verpflichteten Begrifflichkeit das Unzulängliche an Marx' »Warenanalyse«. Diese »stellt sich dann dar als – unvermittelter – ›Sprung vom Einfachen zum Komplizierten, von der Substanz zur Erscheinungsform‹. Das Wesen im Unterschied zur Erscheinungsform wird formallogisch als das ›Allgemeine, Typische und Hauptsächliche‹ bestimmt. Die Vermittlung von Wesen und Erscheinungsform ist nur noch als pseudodialektische Bewegung pseudodialektischer Widersprüche konstruierbar«.[91]

Für Backhaus dagegen soll die dialektische »Bewegung vom Unmittelbaren ›Sein‹ durch das ›Wesen‹ zur vermittelten ›Existenz‹« nicht auf diese Weise missbraucht werden, sondern gerade dazu dienen nachzuweisen, dass Marx dieser Bewegung beim Übergang von dem Tauschwert, der zunächst als quantitatives Verhältnis von Gebrauchswerten erscheint, zum Wert und beim Übergang vom Wert zum Tauschwert als seiner Erscheinungsform nicht gerecht wird. Was sich Backhaus von der ihn enttäuschenden Marxschen Entwicklung der einfachen Wertform erwartet, ergibt sich für ihn aus der »dialektischen Bewegung«, die er aus Hegels »Logik« entnimmt. »Die dialektische Methode kann sich nicht darauf beschränken, die Erscheinungsform nur auf das Wesen zurückzuführen: sie muß darüber hinaus auch zeigen, warum das Wesen gerade diese oder jene Erscheinungsform annimmt.«[92]

Das, was Backhaus hier allgemein zur »dialektischen Methode« sagt, stimmt voll und ganz mit dem überein, was Marx über den Tauschwert als notwendige

[87] Ebd., S. 44.
[88] Ebd., S. 44.
[89] Ebd., S. 44.
[90] Ebd.
[91] Ebd.
[92] Ebd.

Erscheinungsform des Werts bzw. über die Erklärung des Tauschwerts aus der Natur des Werts sagt. Dass Backhaus dennoch auf dem Umweg über Hegel den Maßstab formuliert, den man an Marx' Entwicklung der einfachen Wertform anzulegen hat, zeigt, dass es zwar zwischen Marx und Hegel Gemeinsamkeiten gibt, hinter denen sich aber wesentliche Unterschiede verbergen. Diese Unterschiede sind es, die Backhaus nicht wahrnimmt und die ihn daran hindern zu erkennen, dass Marx genau das macht, was Backhaus sich allgemein von der »dialektischen Methode« erwartet. Zu diesen Unterschieden stößt man aber nur vor, wenn man anders als Backhaus die Marxschen Entwicklungsschritte und das, was hinsichtlich des Werts jeweils auf ihnen abgehandelt wird, inhaltlich verbindlich nachvollzieht.

Gemäß der »dialektischen Bewegung« vom »unmittelbaren Sein durch das Wesen zur vermittelten Existenz«, soll bei Marx der Tauschwert, so wie er zunächst erscheint, ein »empirisches Faktum« sein. Was nützt der Vergleich mit Hegels »Logik« noch, wenn Backhaus mit dem, was er unter dem »empirischen Faktum« versteht, unterschiedliche Entwicklungsschritte, bei denen es um unterschiedlich entwickelte Formen des Werts geht, durcheinander wirft und gar keinen Aufschluss darüber geben kann, was es heißt, dass der Tauschwert zunächst als »das quantitative Verhältnis« erscheint, »worin sich Gebrauchswerte einer Art gegen Gebrauchswerte anderer Art austauschen«.[93]

Wenn Marx das Austauschverhältnis der Waren aufgreift, dann hat er längst schon die für die Entwicklung der einfachen Wertform notwendigen Abstraktionen vorgenommen: So handelt es sich weder um die Waren auf der Oberfläche der bürgerlichen Gesamtreproduktion, die auf eine dieser entsprechenden entwickelten Weise preisbestimmt sind, noch um die Waren, wie sie in der Warenzirkulation als abstrakter Sphäre der bürgerlichen Gesamtreproduktion auftreten, die auf eine einfache, vom Wert noch nicht quantitativ abweichende Weise preisbestimmt sind: Vielmehr hat Marx vom Preis und dem diesem vorausgesetzten Geld abstrahiert, so dass z.B. das Gold, welches später das Material für den Wertausdruck aller Waren liefert, nur eine Ware unter anderen ist. Man hat also Waren vor sich, von denen man nur weiß, dass sie sich austauschen, dass sie einen Gebrauchswert haben, von denen man aber nicht weiß, dass sie einen Wert haben, der sich im Gebrauchswert einer anderen Ware darstellt, wodurch er die Form des Tauschwerts erhält, und von denen man schließlich erst recht nicht weiß, dass sie vermittelt über die Entstehung des Geldes einen Preis haben. Der Austausch der Waren kann also zunächst nur als Austausch von Gebrauchswerten und damit der Tauschwert zunächst nur als deren quantitatives Verhältnis in den Blick kommen. Damit weiß man vom Tauschwert nur, dass in ihm ein Verhältnis von Sachen ausgedrückt ist, was aber noch viel zu wenig ist um zu wissen, was der Tauschwert tatsächlich ist. So wie der Tauschwert also zunächst erscheint, hat man von dem, was er seiner inneren Natur nach ist,

[93] Das Kapital, MEW 23, a.a.O., S. 50.

noch nichts erfasst, d.h. anstatt ihn auf den Wert als dessen Erscheinungsform zu beziehen, bezieht man ihn auf eine seine Gesellschaftlichkeit verfehlende Weise auf die Gebrauchswerte. Wie man von dem Austauschverhältnis von Gebrauchswerten, d.h. von der Gleichsetzung von Gebrauchswerten zum Wert kommt, worin gerade vom Gebrauchswert abstrahiert ist bzw. dieser darauf reduziert ist, Vergegenständlichung abstrakt-menschlicher Arbeit zu sein, bleibt Backhaus auf eine Weise verborgen, die verrät, dass er Gebrauchswert und Wert nicht streng genug auseinander hält. »Es ist zunächst daran zu erinnern, daß die Gebrauchswerte immer schon in Preisform gesetzt sind. Insofern ist die Redeweise, daß die Gleichsetzung zweier Gebrauchswerte ein ›Verhältnis‹ herstellt, mißverständlich: Rock und Leinwand *werden* nicht gleichgesetzt, sondern *sind* je schon gleichgesetzt. Die Gleichsetzung ist vollzogen, weil sie einem Dritten, dem Gold, gleichgesetzt werden und auf diesem Umweg einander gleich sind. Das *Wertverhältnis* ist stets *Wertausdruck*. Diese Gleichsetzung ist dann aber eine nur dem Wertinhalt nach, bezüglich der Form jedoch eine Ungleichsetzung: das eine Produkt wird Ware, das andere Geld. Das Verhältnis der Sachen, das ›Wertverhältnis‹, ist als ›Wertausdruck‹ das Verhältnis von Ware und Geld. Als Preise sind die Produkte ›nur verschiedene Quanta *desselben* Gegenstandes, nur noch vorgestellte Goldquanta von verschiedener Größe‹. Sofern die Waren je schon als ›Geldpreise dargestellt, ... kann ich sie vergleichen; sie sind in fact schon verglichen. Um aber die Werte als Preise darzustellen, muß vorher der Wert der Waren als Geld sich dargestellt haben‹.«[94]

Marx stößt vermittels der Gleichsetzung der Arbeitsprodukte auf den Wert, wobei man von jenen zunächst nur weiß, dass sie unterschiedliche Gebrauchswerte sind. Der Wert ist sowohl vom Tauschwert als auch vom Preis verschieden. Vom Wert aus ist überhaupt erst das Geld und mit diesem auch der Preis zu entwickeln. Backhaus dagegen unterschiebt dem quantitativen Verhältnis der Gebrauchswerte die Preisform, weil er sich die Gleichsetzung der Gebrauchswerte, um die es als solche überhaupt nicht geht, nur aus deren Gleichsetzung mit einem Dritten, dem Geld, erklärt. Da Backhaus niemals den Wert als das vom Gebrauchswert und Tauschwert verschiedene Dritte zu fassen bekommt, treibt er sich in dem Verhältnis der Gebrauchswerte herum. Backhaus bleibt einseitig dem Gebrauchswert verhaftet, indem er das Verhältnis der Gebrauchswerte unmittelbar aus einem »Dritten« erklärt, das immer schon das Geld ist. Statt über den Wert zur einfachen Wertform und, darüber vermittelt, zum Geld zu gelangen, schließt Backhaus, innerhalb des Verhältnisses der Gebrauchswerte verbleibend, stets vom Geld zurück auf einen den Waren immanenten Wert. Bei Backhaus gehen die Vermischung von Gebrauchswert und Wert und ihre Unterscheidung kunterbunt durcheinander. Wenn es bei Marx um das Verhältnis der Waren zueinander geht unter dem Gesichtspunkt, dass sich darin der Wert im Gebrauchswert einer anderen Ware darstellt und

[94] H.-G. Backhaus, Dialektik der Wertform, a.a.O., S. 48.

er hierdurch eine von ihm verschiedene Form des Tauschwerts erhalten hat, dann steht Backhaus immer noch im Verhältnis der Gebrauchswerte zueinander, als das der Tauschwert anfänglich erschienen ist. »Vorläufig läßt die Ware sich folgendermaßen beschreiben. Gegeben ist ein ›Verhältnis‹ von Gebrauchswerten. Als Gebrauchswerte sind die Waren aber ›gleichgültige Existenzen füreinander und vielmehr beziehungslos‹. Das Unmittelbare ist aber stets auch ein Vermitteltes. Das Verhältnis des einen Gebrauchswerts zu sich selbst als zu einem Anderen erscheint als eine unmittelbare Beziehung zweier mit sich selbst identischer Gebrauchswerte. (Backhaus tut so, als ginge es um eine unmittelbare oder vermittelte Existenz der Gebrauchswerte, die es auf die von ihm beschriebene Weise überhaupt nicht geben kann – D. W.) ... ›Ich setze jede der Waren = einem Dritten; d.h. sich selbst ungleich.‹ Daß die Ware als Gebrauchswert nicht Wert ist, kann nur bedeuten, ›daß sie als ein sachlich andres oder als gleichgesetzt einer andren Sache dies ist‹. Als ›etwas von sich Ungleiches‹ bleibt das Ding im Unterschied, den es als eignen in sich selbst hat, mit sich identisch. Es ›unterscheidet (...) sich (...) *von sich selbst* als Gebrauchswert‹ und gewinnt konkrete Identität. Die ›Einheit‹ von Wert und Gebrauchswert, die Einheit in der Selbstunterscheidung stellt sich dar als Verdopplung der Ware in Ware und Geld. ›Der in der Ware eingehüllte innere Gegensatz (..). wird also dargestellt durch einen äußeren Gegensatz‹.«[95] Wo man von der Ware als Einheit von Gebrauchswert und Wert oder von ihr nur als Wert in ihrem Unterschied zum Gebrauchswert reden müsste, redet Backhaus einfach immer nur vom Gebrauchswert. Ihm ist nicht bewusst – obwohl er vorher sagt, dass die Gebrauchswerte gleichgültige Existenzen füreinander und vielmehr beziehungslos sind, dass es überhaupt kein Verhältnis des einen Gebrauchswerts zu sich selbst als zu einem anderen geben kann, geschweige denn, dass dieses Verhältnis als eine unmittelbare Beziehung zweier mit sich selbst identischer Gebrauchswerte erscheinen könnte. Wenn man, was Marx gelegentlich tut, davon reden kann, dass die Waren auch als Gebrauchswerte aufeinander bezogen werden, dann aber nur als voneinander verschiedene Dinge, die verschiedene Bedürfnisse befriedigen, und auch nur in dem Sinne, dass sich der Gebrauchswert, der das Bedürfnis eines Menschen befriedigt, sich jeweils in der Hand eines anderen befindet und er erst mittels des Austauschs an den von ihm gewünschten Gebrauchswert herankommt. Nachdem längst schon feststeht, dass die Waren untereinander nur als Werte gleich sind, bringt es Backhaus fertig, immer noch von der Gleichsetzung von zwei Gebrauchswerten zu sprechen, wovon der eine mit sich selbst ungleich gesetzt wird. So zu reden hat nur Sinn, wenn man noch auf der Suche nach dem vom Gebrauchswert verschiedenen Wert ist; denn was zunächst als Gleichsetzung von zwei Gebrauchswerten erscheint, worin der eine mit sich selbst ungleich gesetzt wird, hat sich als eine nicht mehr den Gegenstand der Darstellung ausmachende Erscheinung erwiesen, weil die Waren

[95] Ebd., S. 56.

allein als Werte gleich- und nur als Gebrauchswerte ungleich gesetzt werden. Obwohl Backhaus seine Gleich- und Ungleichsetzungen der Gebrauchswerte mit einem Zitat aus den »Grundrissen« belegt, worin Marx gerade von der Ware spricht, die einem Dritten und, darüber vermittelt, sich selbst ungleich gesetzt wird, womit er versucht, sich ihres Werts zu vergewissern, fällt es Backhaus nicht auf, dass auch er, anstatt von den Gebrauchswerten, von der Ware als Einheit von Gebrauchswert und Wert reden müsste. Während sich hierin Marx von Backhaus unterscheidet, ist die zitierte Stelle aus den »Grundrissen« gerade Ausdruck davon, dass Marx selbst noch nicht der Unterschied zwischen Wert und Geld und die Entwicklung des Geldes aus dem Wert klar ist und er, der Backhaus'schen Verfahrensweise nicht unähnlich, die Preisform als Vehikel für die Geldableitung benutzt und nicht merkt, dass er sich hiermit in einem falschen Zirkel bewegt. Die Ersetzung der Ware durch den Gebrauchswert, die für Backhaus unbewusst einer Vermischung von Gebrauchswert und Wert gleichkommt, treibt Backhaus so weit, dass er eine schlichte Zitatfälschung vornimmt. An der Stelle, die er aus der ersten Auflage des »Kapital« zitiert, spricht Marx von der Ware, die sich einer anderen Ware *»als Werth gleichsetzt«* und sich somit »auf sich selbst *als Werth* bezieht«. »Indem sie sich auf sich selbst *als Werth* bezieht, *unterscheidet* sie sich zugleich *von sich selbst als Gebrauchswerth.*«[96] Ohne auch nur mit einem Wort den Wert zu erwähnen, geschweige die Unterscheidung von Wert und Gebrauchswert, ersetzt Backhaus die so bestimmte Ware durch das »Ding«, von dem er sagt, dass es »den Unterschied, den es als eigenen in sich selbst hat, mit sich identisch bleibt«. Dann führt er das Zitat aus der ersten Auflage des »Kapital« an und setzt an die Stelle der Ware das »Ding« und spart alle Satzteile aus, in denen Marx davon redet, dass sich die Ware *als Wert einer andern gleichsetzt* und sich darüber vermittelt auf sich selbst als Wert bezieht. Backhaus schreibt: »Es (das Ding – D. W.) ›unterscheidet (...) sich (...). *von sich selbst* als Gebrauchswerth‹ und gewinnt konkrete Identität.«[97]

Wenn der Tauschwert auch ein Verhältnis ist, so ist er aber nicht das, als was er zunächst erscheint, nämlich kein quantitatives Verhältnis von Gebrauchswerten. Dass Marx den Tauschwert zunächst so aufgreift, heißt, dass er als Repräsentant des wissenschaftlichen Bewusstseins unter Abstraktion vom Geld und der preisbestimmten Ware einen Ausgangspunkt gefunden hat, von dem aus er zum Wert als dem einfachsten in der bürgerlichen Gesellschaft existierenden ökonomisch-gesellschaftlichen Verhältnis vorstoßen kann. Wenn dem Alltagsbewusstsein die Waren immer schon als auf das Geld bezogene preisbestimmte Waren gegeben sind, so kann man sich vorstellen, dass ihnen die Beziehung der einfachen, nicht preisbestimmten Waren bestenfalls als quantitatives Verhältnis von Gebrauchswerten gegeben ist. Dem Alltagsbewusstsein bleibt verborgen, dass der Tauschwert nicht

[96] Das Kapital, 1. Auflage, MEGA II/5, a.a.O., S. 29.
[97] H.-G. Backhaus, Dialektik der Wertform, a.a.O., S. 56.

auf dies quantitative Verhältnis von Gebrauchswerten reduziert ist, d.h. es bleibt ihm verborgen, dass der Tauschwert als Erscheinungsform des Werts wie dieser der »gegenständliche Ausdruck« der abstrakt-menschlichen und in dieser Form gesellschaftlich-allgemeinen Arbeit ist. Vom Standpunkt des wissenschaftlichen Bewusstseins aus kann vom Alltagsbewusstsein gesagt werden, dass ihm der Tauschwert in verkehrter Gestalt erscheint. Worum es aber geht, wenn Marx mit dem Tauschwert als quantitativem Verhältnis den Anfang macht, ist, dass er auf dem Umweg über das Austauschverhältnis von Waren zum Wert gelangt, um zu dem im Austauschverhältnis der Waren erscheinenden Tauschwert zurückzukehren. Dieser erweist sich dann aber als Erscheinungsform des Werts, weil der Wert der Waren es ist, der sich im Gebrauchswert einer anderen Ware darstellt, welcher hierdurch zu der Form wird, worin der Wert erscheint. Auf dem Weg vom Tauschwert, wie er zunächst erscheint, zum Wert erfährt der die Marxsche Darstellung nachvollziehende Leser im Unterschied zum Alltagsbewusstsein, dass der Wert sowohl vom Gebrauchswert als auch vom Tauschwert verschieden ist, wobei sich die Verschiedenheit von Wert und Tauschwert darauf bezieht, dass der Tauschwert eine Form ist, worin der Wert erscheint.

Wenn es um das Erscheinen des Werts im Verhältnis zweier Waren zueinander geht, dann geht es gar nicht mehr um den Tauschwert als das quantitative Verhältnis von zwei Gebrauchswerten, d.h. um den Gebrauchswert der Waren nur soweit, als jede von ihrem Wert verschieden auch Gebrauchswert ist. Der Gebrauchswert der zweiten Ware, der der ersten Ware ihren Wert vorstellt, ist die vom Wert verschiedene Wertform, die also überhaupt nicht mehr aus dem quantitativen Verhältnis der Gebrauchswerte bestehen kann. Für den Leser, der den Unterschied zwischen dem Gebrauchswert und dem Wert begriffen und nachvollzogen hat, wie der Wert im Verhältnis zweier Waren zueinander erscheint, indem er sich in dem Gebrauchswert der zweiten Ware darstellt, ist der Tauschwert etwas anderes als das quantitative Verhältnis von Gebrauchswerten. In Übereinstimmung mit dem, was tatsächlich der Fall ist, gibt es für ihn daher auch keinen Wert, der im quantitativen Verhältnis von Gebrauchswerten »in verkehrter Gestalt« erscheint, geschweige denn, dass sich dieser Unsinn seinem »Verständnis ... entzieht«.[98] Wenn dem so wäre, müsste der Leser alles vergessen, was er bis zum Verhältnis zweier Waren über den Wert oder den Tauschwert erfahren hat, und sich so unwissend stellen, wie er es gewesen ist, als er den Tauschwert anfänglich noch als quantitatives Verhältnis von Gebrauchswerten vor Augen hatte.

Es ist also nicht das wissenschaftliche Bewusstsein, welches an dem Tauschwert als quantitativem Verhältnis von Gebrauchswerten festhält, sondern das Alltagsbewusstsein, welches die Tauschbarkeit der Arbeitsprodukte erfährt, ohne zu wissen, dass diese auf dem Wert als der Vergegenständlichung der abstrakt-menschlieben

---

[98] Ebenda, S. 44.

Arbeit beruht, d.h. auf dem beruht, was die Arbeitsprodukte als untereinander gleiche auszeichnet. Dass sich für das Alltagsbewusstsein das, was es vom Wert weiß, auf den Tauschwert als dieses quantitative Verhältnis von Gebrauchswerten beschränkt, erklärt das wissenschaftliche Bewusstsein gerade aus der Art und Weise, in der der Wert wirklich im Verhältnis zweier Waren zueinander erscheint. Wenn der Wert als gegenständlicher Ausdruck eines gesellschaftlichen Verhältnisses auch nur in dem Verhältnis zweier Waren zueinander erscheinen kann, indem er sich im Gebrauchswert der zweiten Ware darstellt, und wenn unsichtbar bleibt, dass der Gebrauchswert der zweiten Ware die Werteigenschaft der Austauschbarkeit besitzt, weil er als Wert gilt, dann ist erklärt, warum das Alltagsbewusstsein den Wert als eine gesellschaftliche Natureigenschaft eines Dings ausgibt und aufgrund dieser Vermischung von Gebrauchswert und Wert bei der falschen Auffassung des Tauschwerts als einem quantitativen Verhältnis von Gebrauchswerten stehen bleibt.

Backhaus verwechselt die Art und Weise, wie zunächst das wissenschaftliche Bewusstsein den Tauschwert als quantitatives Verhältnis von Gebrauchswerten aufgreift und wie es auf diese Weise auch dem Alltagsbewusstsein gegeben ist, mit der Wertform, d.h. mit dem, was der Tauschwert als Erscheinungsform des Werts ist. Wenn Marx bei der Analyse des Verhältnisses zweier Waren zueinander längst über das quantitative Verhältnis von Gebrauchswerten hinaus ist, fällt Backhaus wieder in dieses Verhältnis zurück, wobei er im Unterschied zum Alltagsbewusstsein – wenn auch vergeblich – zu erklären versucht, warum dies Verhältnis der Gebrauchswerte eine den Wert verkehrende Erscheinungsform ist. Auf diese Weise hat Backhaus den Wert immer schon übersprungen, ohne sich inhaltlich verbindlich auf das eingelassen zu haben, was Marx die Erklärung des Tauschwerts aus der Natur des Warenwerts nennt. Backhaus bewegt sich mit der Wertform bzw. mit dem, was er als quantitatives Verhältnis von Gebrauchswerten für die Wertform hält, auf einer gegenüber dem Wert der einzelnen Ware entwickelteren Stufe der Darstellung, auf der es gerade um die *Erscheinungsform des Werts* geht. Daher muss er an die Stelle des von ihm übersprungenen Werts dessen entwickeltere Erscheinungsform setzen und in das quantitative Verhältnis von Gebrauchswerten hineininterpretieren. Dies bewerkstelligt er so, dass er, wie oben bereits gezeigt, die Ware-Geld-Beziehung dem einseitig als Verhältnis von Gebrauchswerten begriffenen Verhältnis der einfachen, noch nicht preisbestimmten Waren unterschiebt. Backhaus bekommt den Wert immer nur in den Blick, indem er von den entwickelteren Erscheinungsformen des Werts, vom Preis, vom Geld auf ihn als auf etwas zurückschließt, von dem man nicht genau weiß, was es überhaupt ist. Mal ist der Wert eines Produktes »als ein Gedachtes vom Produkt selbst unterschieden« und als »ein Gedachtes ... dem Bewusstsein ›immanent‹«, wobei der Wert das Kunststück fertig bringt, aus dem Bewusstsein heraus sich ihm als »ein Fremdes« entgegenzusetzen; ein andermal ist die »abstrakte Wertgegenständlichkeit eine gesellschaftliche Objektivität schlechthin«.

Hätte Backhaus den Wert als gesellschaftliche Objektivität näher bestimmt und festgehalten, dass der Wert als gegenständlicher Ausdruck der abstrakt-menschlichen Arbeit ein gesellschaftliches Verhältnis ist, dann hätte er sowohl nachvollziehen können, warum der Wert im Gebrauchswert einer anderen Ware in selbständig gegenständlicher Gestalt erscheint und auf welche Weise der Wert auf den unterschiedlichen Abstraktionsstufen als ebenso vielen Stufen der Darstellung seiner Entwicklung auf je verschiedene Weise dem wissenschaftlichen und dem Alltagsbewusstsein gegeben ist. So geht Backhaus' einseitige, subjektivistische Bestimmung des Werts als einem »Gedachten«, dem »Bewußtsein Immanenten« darauf zurück, dass der Wert, der an der einzelnen Ware nicht erscheint, allein vom wissenschaftlichen Bewusstsein in Gedanken festgehalten werden kann. »Sagen wir: als Werte sind die Waren bloße Gallerten menschlicher Arbeit, so reduziert unsre Analyse dieselben auf die Wertabstraktion, gibt ihnen aber keine von ihren Naturalformen verschiedne Wertform. Anders im Wertverhältnis einer Ware zur andern. Ihr Wertcharakter (der darin besteht, dass die Waren als untereinander gleiche Vergegenständlichungen abstrakt-menschlicher Arbeit aufeinander bezogen sind – D. W.) tritt hier hervor durch ihre eigne Beziehung zu der andern Ware.«[99]

Wäre der Wert etwas dem »Bewusstsein Immanentes«, bloß Gedachtes, dann müssten die Warenbesitzer – so wie sich das Hegel vorstellt – dem ideellen Wert eine reelle Existenz verschaffen, indem sie den Gebrauchswert irgendeiner Ware als Zeichen behandeln, d.h. ihm eine Bedeutung geben, die mit dem Wert als sachlicher Hülle der auf die Arbeitsprodukte verausgabten menschlichen Arbeit so gut wie nichts mehr zu tun hat.

Wenn Marx in der Erstauflage zur Umschreibung der abstrakten Gegenständlichkeit des Werts auf das Wort »Gedankending« verfällt, dann heißt das nicht, dass der Wert nur ein »Gedachtes« ist, das nur im Kopf der Menschen existiert. Vielmehr will Marx zweierlei damit sagen: Der Wert ist als etwas Gesellschaftliches etwas Nicht-Sinnliches, sowie das Denken, mit dessen Hilfe der Wert unabhängig von dem gesellschaftlichen Verhältnis der Sachen, worin er existiert, festgehalten werden kann. »Gedankending« meint dann etwas, das so übersinnlich wie ein Gedanke ist und dennoch im gesellschaftlichen Verhältnis der Sachen auch zu diesen Sachen gehört. Wenn man die Bezeichnung des Werts als »Gedankending« nicht ganz verwerfen will, dann bleibt zum anderen nur übrig, sich an die bereits interpretierte Stelle aus dem »Kapital« zu halten. An dieser zeigt Marx, dass der Wert zunächst in »unsrer Analyse auf die Wertabstraktion ... reduziert« wird. Es sei aber noch einmal darauf hingewiesen, dass damit nicht gemeint ist, dass der Wert in ein »Gedankending« verwandelt wird im Sinne eines »Gedachten, bloß dem Bewußtsein der Menschen Immanenten«; denn existierte der Wert nicht unabhängig vom Bewusstsein der Menschen in den Arbeitsprodukten selbst, inso-

[99] Das Kapital, MEW 23, a.a.O., S. 65.

fern diese in ihrem Austauschverhältnis untereinander gleichgesetzt werden, dann gäbe es auch nicht den Sachverhalt, dass das, was die Waren sind, »sie sachlich sein oder in ihren eignen sachlichen Beziehungen zeigen« müssen. Wäre der Wert ein »Gedachtes« in Backhaus' Sinne, dann wäre er nicht der »bloß *gegenständliche Reflex* der so verausgabten Arbeit«. Wie sollte er sich auch im Verhältnis zweier Waren offenbaren, wenn er nicht in diesen Waren selbst existierte: »Er *offenbart* sich, erhält sinnlichen Ausdruck durch ihr *Werthverhältniß* zum Rock.«[100]

Es ist in mehrfacher Hinsicht falsch, wenn Backhaus vom Wert, der als solcher nicht ausgedrückt werden kann, sagt, er würde »nur in verkehrter Gestalt« erscheinen, »nämlich als ›Verhältnis‹ von zwei Gebrauchswerten ...« Was ist darunter zu verstehen, dass der Wert sich als solcher »nicht ausdrücken läßt«?[101] Da die einzelne Ware unmittelbar in ihrer sinnlich-groben Gegenständlichkeit als Gebrauchswert existiert, mag man »eine einzelne Ware drehen und wenden, wie man will, sie bleibt unfaßbar als Wertding.«[102] Dass der Wert sowohl etwas Gesellschaftliches wie auch Gegenständliches ist, er in gegenständlicher Weise existieren muss, ohne aufzuhören, etwas Gesellschaftliches zu sein, kann an der einzelnen Ware nicht eingelöst werden, da ihr Gebrauchswert nicht zugleich er selbst sein kann und, ohne dass sich eine andere Ware auf ihn bezieht, nicht die von ihm verschiedene Bedeutung des Werts besitzen kann. Wenn Backhaus schreibt, der Wert ließe sich als Wert gar nicht ausdrücken, dann heißt das also zunächst einmal, dass die Waren nur Wertgegenständlichkeit besitzen, sofern sie Ausdrücke derselben gesellschaftlichen Einheit, menschlicher Arbeit, sind. Da »ihre Wertgegenständlichkeit also rein gesellschaftlich ist, so versteht sich auch von selbst, daß sie nur im gesellschaftlichen Verhältnis von Ware zu Ware erscheinen kann«.[103] »Er (der Wert – D. W.) *offenbart* sich, erhält sinnlichen Ausdruck durch ihr (der Ware – D. W.) *Werthverhältniß* zum Rock. Indem sie ihn *als Werth* sich *gleichsetzt,* während sie sich zugleich als *Gebrauchsgegenstand* von ihm *unterscheidet*, wird der Rock die *Erscheinungsform* des Leinwand-*Werths* im Gegensatz zum Leinwand-*Körper*, ihre *Werthform* im Unterschied von ihrer *Naturalform.*«[104] Drückt sich der Wert einer Ware im Verhältnis zweier Waren im Gebrauchswert der zweiten Ware aus, dann kann nicht mehr, wie Backhaus dies tut, gesagt werden, der Wert würde sich als Wert gar nicht ausdrücken lassen. Was hieran richtig ist und von Backhaus mit der Rede vom »Wert als Wert« betont wird, besteht darin, dass der Wert der Ware selbst unsichtbar hinter der sachlichen Hülle ihres Gebrauchswerts verborgen ist, während der Wert im Gebrauchswert einer anderen Ware, d.h. in einer von ihm verschiedenen Form erscheint. Der Wert offenbart sich zwar, insofern der Gebrauchs-

---

[100] Das Kapital, 1. Auflage, MEGA II/5, a.a.O., S. 30.
[101] H.-G. Backhaus, Dialektik der Wertform, a.a.O., S. 44.
[102] Das Kapital, MEW 23, a.a.O., S. 62.
[103] Ebd.
[104] Das Kapital, 1. Auflage, MEGA II/5, a.a.O., S. 30.

wert der zweiten Ware genau als das gilt, was die erste Ware als Wert ist. Aber der als Wert geltende Gebrauchswert der zweiten Ware ist nicht der in der ersten Ware enthaltene Wert selbst, sondern die in ihrer Gebundenheit an den Gebrauchswert verschiedene Erscheinungsform des Werts. Und nur in diesem Sinne könnte man sagen, dass zwar der Wert im Verhältnis zweier Waren ausgedrückt wird, aber nicht der Wert »*als Wert*«.

Auf diesen Unterschied hinzuweisen ist wichtig, weil Backhaus überhaupt nicht zu würdigen weiß, dass der Wert sich tatsächlich ausdrückt, indem er sich im Gebrauchswert einer anderen Ware darstellt, der damit zur Erscheinungsform des Werts wird. Wenn Backhaus sagt, der Wert ließe sich nicht als Wert ausdrücken, dann verlässt er die Ebene des Werts. Ohne zu sehen, dass der Wert im Verhältnis zweier Waren zueinander in der oben beschriebenen Weise erscheint, reduziert Backhaus das Verhältnis der beiden Waren zueinander auf das Verhältnis von zwei Gebrauchswerten und vertritt dann die abenteuerliche These, in diesem Verhältnis würde der Wert als Wert in verkehrter Gestalt erscheinen.

Dass der Wert im Verhältnis zweier Waren zueinander im Gebrauchswert der zweiten Ware eine von ihm verschiedene Erscheinungsform erhält, insofern dieser Gebrauchswert als Wert gilt, verdreht sich bei Backhaus so, dass er als etwas erscheint, was als Verhältnis von zwei Gebrauchswerten selbst überhaupt keinen Wertcharakter mehr besitzt. Während der Gebrauchswert der zweiten Ware, der als Wert gilt, auch die Funktion des Werts ausübt, nämlich die Funktion der unmittelbaren Austauschbarkeit, besitzt das Verhältnis von zwei Gebrauchswerten überhaupt keinen Wertcharakter. Backhaus gibt einfach die Art und Weise, in der der Tauschwert zunächst vor der Entwicklung des Werts erschienen ist, nämlich als dieses Verhältnis von zwei Gebrauchswerten, als Erscheinungsform des Werts aus. Erhält der Wert nur im Verhältnis zweier Waren zueinander die von ihm verschiedene Form des Tauschwerts, dann ist auch immer ein Verhältnis von zwei Gebrauchswerten gegeben; dieses aber ist nicht das, was den Tauschwert als Erscheinungsform des Werts auszeichnet.

In welchem Sinne kann man nun davon reden, dass der Wert in verkehrter Gestalt erscheint? Hat sich der Wert einer Ware im Gebrauchswert einer zweiten Ware dargestellt, so dass dieser als Wert gilt, dann ist das Sich-Darstellen des Werts im Gebrauchswert der zweiten Ware selbst nicht mehr sichtbar, so dass die gesellschaftliche Werteigenschaft der unmittelbaren Austauschbarkeit dem Gebrauchswert von Natur zuzukommen scheint wie seine »Eigenschaft, schwer zu sein oder warm zu halten«. Gerade weil der Wert als etwas Gegenständliches in der gegenständlichen Gestalt eines Gebrauchswerts existieren muss, kommt es auf die oben beschriebene Weise dazu, dass das Gesellschaftliche in der Form des Ungesellschaftlichen, Stofflichen existiert, wodurch umgekehrt das letztere die Bedeutung des ersteren erhält. Die vermittelnde Bewegung des sich Gleichsetzens der Waren als Werte und des Sich-Darstellen des Werts im Gebrauchswert einer anderen Ware, wodurch dieser als Wert gilt, ist selbst nicht mehr an dem Gebrauchswert sichtbar, der nun eine gesellschaftliche Funktion ausübt. Daher entsteht der falsche Schein, dass die Werteigenschaft, d.h. die gesellschaftliche Eigenschaft zugleich die natürliche Eigenschaft eines Dings ist. Nur dies und nichts anderes ist darunter zu verstehen, dass der Wert in einer verkehrten Gestalt erscheint.

Wenn man wie Backhaus annimmt, der Wert erscheine in verkehrter Gestalt als Wert, indem er als etwas erscheint, das mit ihm selbst überhaupt nichts mehr zu tun hat, d.h. worin nicht einmal die Werteigenschaft der unmittelbaren Austauschbarkeit gegeben ist, dann lässt man außer Acht, dass die Verkehrung bereits mit dem Wert selbst anfängt, d.h. der Wert selbst als gegenständlicher Ausdruck der abstrakt-menschlichen Arbeit die Verkehrung der menschlichen Verhältnisse in gesellschaftliche Verhältnisse der Sachen ausdrückt. Gegenüber Backhaus ist festzuhalten, dass eine schon im Wert gegebene Verkehrung der menschlichen Verhältnisse in gesellschaftliche Verhältnisse der Sachen im Verhältnis zweier Waren zueinander weiterentwickelt wird. Der »falsche Schein«, die Werteigenschaft sei eine natürliche Eigenschaft des Gebrauchswerts der zweiten Ware, hindert das Alltagsbewusstsein gerade daran, die bereits im Wert enthaltene Verkehrung von Subjekt und Objekt, von menschlichen Verhältnissen in gesellschaftliche Verhältnisse von Sachen, zu durchschauen.

Da alles, was hier als Verkehrung dargelegt worden ist, die durch das Verschwinden der vermittelnden Bewegung bedingt ist, für Backhaus gar nicht existiert, kann er auch nicht nachvollziehen, wie Marx mit der Entwicklung der entfalteten und allgemeinen Wertform »die Befestigung dieses falschen Scheins« verfolgt. »Er ist vollendet, sobald die allgemeine Äquivalentform mit der Naturalform einer besondren Warenart verwachsen oder zur Geldform kristallisiert ist. Eine Ware scheint nicht erst Geld zu werden, weil die andren Waren allseitig ihre Werte in ihr darstellen, sondern sie scheinen umgekehrt allgemein ihre Werte in ihr dazustellen, weil sie Geld ist. Die vermittelnde Bewegung verschwindet in ihrem eignen Resultat und läßt keine Spur zurück.«[105]

Für Backhaus, der dem Verhältnis zweier Waren zueinander das Verhältnis von Ware und Geld unterschiebt, besteht die Verkehrung, die darauf beruht, dass die »vermittelnde Bewegung ... in ihrem eignen Resultat ... verschwindet und ... keine Spur« zurücklässt, aus Folgendem: »Der Wert der Ware, der das Gold erst zum Geld macht, erscheint an der Ware nur noch als ideelles Quantum Gold, d.h. als Tauschwert oder Preis.«[106] Unter Verkehrung versteht Backhaus also, dass das Gold, das als allgemeine Wertgestalt der Waren zu Geld geworden ist, im Preis nicht reell existiert, sondern als ein ideelles, vorgestelltes Quantum Gold. In Wirklichkeit dagegen besteht die Verkehrung, die den einfachsten Wertausdruck wie den entwi-

---

[105] Das Kapital, MEW 23, a.a.O., S. 107.

[106] H.-G. Backhaus, Dialektik der Wertform, a.a.O., S. 56.

ckeltsten Ausdruck des Werts einer Ware im Gold auszeichnet, aus dem Verwachsen der aus der Äquivalentform bestehenden Wertform mit der Naturalform einer jeweils besonderen Warenart. Da Backhaus diese, auch das reell existierende Geld auszeichnende Verkehrung nicht sieht, tut er so, als komme es erst im Preis zu einer Verkehrung, worin der Wert der Ware ideell als Gleichheit mit dem Gold ausgedrückt wird.[107] Backhaus sieht überhaupt nicht, dass die bereits im reellen Gold vorhandene Verkehrung sich nur im Preis wiederholt. Dieser stellt keine Verkehrung dar, insofern er den Wert der Ware ideell im Gold ausdrückt, sondern weil bereits reell das Gold eine Erscheinungsform des Werts ist, worin der gesellschaftliche Charakter der Arbeit als gesellschaftliche Natureigenschaft eines Dings erscheint.

Da Backhaus das Verhältnis zweier Waren, worin sich der Widerspruch zwischen Gebrauchswert und Wert löst, indem er sich im Gebrauchswert der zweiten Ware darstellt und hierdurch eine von ihm selbst und dem Gebrauchswert verschiedene Erscheinungsform erhält, immer noch so behandelt wie den zunächst als quantitatives Verhältnis von Gebrauchswerten erscheinenden Tauschwert, entziehen sich seinem Verständnis alle von Marx gemachten, den Tauschwert als einzig mögliche Erscheinungsform des Werts begründenden Entwicklungsschritte. Das Austauschverhältnis von Waren, auch so, wie es von Marx zunächst aufgenommen wird, um den »darin versteckten Wert auf die Spur zu kommen«,[108] darf nicht damit verwechselt werden, der Tauschwert sei nicht mehr als das quantitative Verhältnis von Gebrauchswerten. Wenn Marx zum Tauschwert zurückkehrt, dann kehrt er zu diesem Austauschverhältnis der Waren zurück mit dem Bewusstsein, dass der Wert von den Gebrauchswerten der Waren absolut verschieden ist. Er erscheint zwar in deren Austauschverhältnis, aber nicht als quantitatives Verhältnis von Gebrauchswerten. Erst nachdem Marx seine später noch ergänzte Begründung für die Notwendigkeit des Erscheinens des Werts gegeben hat, stellt er fest, dass »wir ... jetzt zu dieser Erscheinungsform des Wertes (dem Tauschwert oder Austauschverhältnis der Waren – D. W.) zurückkehren«[109] müssen. Man kann es nur eine Textverfälschung nennen, wenn Backhaus lediglich diesen Satz zitiert, ohne ihn als eine Schlussfolgerung von Marx auszuweisen. Nur so ist es zu verstehen, wenn Backhaus nach diesem zitierten Satz verwundert fragt: »Ist nun diese Entwicklung noch als Ausdruck jener Methode verstehbar, die Marx in der Einleitung zu den *Grundrissen der Kritik der politischen Ökonomie* als das Aufsteigen ›vom Abstrakten zum Konkreten‹ charakterisiert?«[110]

---

[107] Vgl. Projektgruppe Entwicklung des Marxschen Systems, Berlin 1973, S. 187f.
[108] Das Kapital, MEW 23, a.a.O., S. 62.
[109] Ebd.
[110] H.-G. Backhaus, Dialektik der Wertform, a.a.O., S. 43.

Man kann zunächst den als quantitatives Verhältnis von Gebrauchswerten erscheinenden Tauschwert als etwas »Abstraktes« und das Austauschverhältnis zweier Waren, worin der Wert der ersten Ware eine Erscheinungsform erhält, indem er sie im Gebrauchswert der zweiten Ware ausdrückt, als etwas »Konkretes« bezeichnen. Wenn Backhaus das Verhältnis zweier Waren als Erscheinungsform des Werts auf das Verhältnis von zwei Gebrauchswerten reduziert und wenn Backhaus um der Erklärung dieses Verhältnisses willen die Ware-Geld-Beziehung unterschiebt, dann zeichnet sich seine eigene Methode dadurch aus, dass er nicht »vom Abstrakten zum Konkreten« aufgestiegen ist, sondern einen ganz und gar unverdaulichen Mischmasch aus dem »Abstrakten« und »Konkreten« konstruiert hat.[111]

[111] Auch Jürgen Habermas gehört zu den Theoretikern, die den inhaltlich verbindlichen Nachvollzug des »Kapital« durch das Vorurteil ersetzen, Marx habe sich in unauflösliche Schwierigkeiten verstrickt, weil seine wissenschaftliche Vorgehensweise in einer nicht mehr gutzuheißenden Weise der Hegelschen verpflichtet sei. Anlässlich seiner Auseinandersetzung mit. G. Lukács schreibt Habermas: »Marx analysiert die Doppelform der Ware als Gebrauchs- und Tauschwert und die Umwandlung ihrer Naturalform in die Wertform mit Hilfe des Hegelschen Begriffs der Abstraktion, wobei sich Gebrauchs- und Tauschwert wie Wesen und Erscheinung zueinander verhalten. Das bereitet uns heute Schwierigkeiten, weil wir die nicht-rekonstruierten Grundbegriffe der Hegelschen Logik nicht unbesehen verwenden können; die ausgedehnte Diskussion über das Verhältnis von Marxens ›Kapital‹ zu Hegels ›Logik‹ hat diese Schwierigkeiten eher beleuchtet als beseitigt. Ich werde deshalb auf die Formanalyse nicht weiter eingehen. Das tut auch Lukács nicht.«[a)] Nach der Kritik an Backhaus erübrigt sich eine kritische Auseinandersetzung mit dem Habermas'schen Vorurteil. Marx habe »die nicht-rekonstruierten Grundbegriffe der Hegelschen Logik ... unbesehen« verwendet. Habermas' Überzeugung von sich als einem modernen Denker, der sich dem naiven, noch zu unreflektierten Denker aus dem 19. Jahrhundert in den Belangen der Wissenschaft überlegen weiß, kontrastiert eigentümlich mit den inhaltlichen Aussagen zum »Kapital«. Um Marx nachzuweisen, er habe durch die Verwendung der Begriffe »Wesen« und »Erscheinung« ökonomisch-gesellschaftliche Zusammenhänge in der Weise konstruiert, wie »Wesen« und »Erscheinung« sich in der Hegelschen Logik zueinander verhalten, muss man zumindest wissen, was Marx jeweils unter dem einen und dem anderen versteht. Habermas glaubt zu wissen, dass sich Marx in die Fallstricke der Hegelschen Logik verfangen hat, weiß aber nicht, was im einfachsten ökonomisch-gesellschaftlichen Verhältnis, dem gesellschaftlichen Verhältnis zweier Waren zueinander, das »Wesen« ist. Wie aus dem oben angeführten Zitat ersichtlich ist, behauptet Habermas, es seien der »Gebrauchs- und Tauschwert«, die sich zueinander »wie Wesen und Erscheinung ... verhalten«. Es ist aber nicht der Gebrauchswert, der im Tauschwert erscheint, sondern es ist der vom Gebrauchswert absolut verschiedene, »kein Atom Naturstoff enthaltende« Wert, der im Tauschwert erscheint. Da der Wert der ersten Ware als Tauschwert erscheint, indem er sich im Gebrauchswert der zweiten Ware darstellt, der Wert der ersten Ware im Gebrauchswert der zweiten Ware eine handgreiflich-sichtbare Existenz erhält, ohne aber mit dem Gebrauchswert der zweiten Ware identisch zu sein, handelt es sich genau um das Gegenteil von dem, was Habermas hinsichtlich des »Wesens« und der »Erscheinung« über das Verhalten von der Gebrauchs- zur Wertseite sagt. Es ist nicht der Gebrauchswert, der im Tauschwert, es ist auch nicht der Tauschwert, der in irgendeinem

Gebrauchswert, sondern der Wert einer Ware ist es, der im Gebrauchswert einer anderen Ware erscheint. Die Naturalform der zweiten Ware wird also zur Wertform der ersten Ware. Von einer »Umwandlung« der »Naturalform« der ersten Ware »in die Wertform« kann also keine Rede sein. Von einer Umwandlung der Naturalform der Ware in ihre Wertform kann in einem bestimmten Sinne erst dann gesprochen werden, wenn die Waren wirklich zirkulieren und sie im Austausch gegen das Geld ihre Naturalform abstreifen und die Gestalt des allgemeinen Äquivalents, d.h. der allgemeinen Wertform annehmen.

Da es eine Umwandlung der Naturalform einer Ware in ihre Wertform im Sinne des Erscheinens des Gebrauchswerts im Tauschwert überhaupt nicht gibt – es sei denn, man vermischt auf mystisch-irrationale Weise den Wert mit dem Gebrauchswert – bleibt es auch Habermas' Geheimnis, wie denn diese Transsubstantiation »mit Hilfe des Hegelschen Begriffs der Abstraktion« zu bewerkstelligen ist. Wie soll jemand, der nicht einmal Gebrauchswert und Wert auseinander zu halten weiß, geschweige denn eine Ahnung von dem hat, was der Wert als gegenständlicher Ausdruck der abstrakt-menschlichen und in dieser Form gesellschaftlich-allgemeinen Arbeit ist, den »Fetischcharakter der Ware« begreifen und in der Lage sein, Lukács »Begriff der Verdinglichung« zu kritisieren, den dieser »aus Marxens Analyse der Warenform« entwickelt? Mit dieser rhetorisch gestellten Frage soll hier lediglich angedeutet werden, dass Lukács' Theorie der Verdinglichung[b], die den Fetisch der gesellschaftlichen Formen der Arbeit als ebenso vielen Formen des Werts verfehlt[c], katastrophale Folgen für eine Reihe von Gesellschaftstheorien gehabt hat und – wie sich an Habermas zeigen ließe – noch hat.

[a] Jürgen Habermas, Theorie des kommunikativen Handelns, Bd. 1, Frankfurt/Main 1981, S. 477f.

[b] Georg Lukács, Geschichte und Klassenbewusstsein, Neuwied und Berlin 1968, S. 170ff.

[c] Vgl. hierzu: Autorenkollektiv, G. Lukács, Verdinglichung und Klassenbewusstsein, Berlin 1975.

Kapitel 3
Ware und Wertform als Einheiten der Gegensätze von Gebrauchswert und Wert

1. Die Ware als Einheit von Gegensätzen

Die einzelne Ware und das Verhältnis zweier Waren zueinander sind jeweils eine Einheit von Gegensätzen. Die Ware ist Einheit der Gegensätze Gebrauchswert und Wert, die dann im Verhältnis der beiden Waren zueinander *»als Einheit der Gegensätze Gebrauchswerth und Tauschwerth«*[1] erscheint. An Stelle der Einheit von Gegensätzen spricht Marx auch öfter bloß von dem Gebrauchswert und dem Wert als Gegensätzen und begreift beide damit als *Extreme* eines *Gegensatzes*. So ist es der der Ware immanente Gegensatz von Gebrauchswert und Wert, der sich im Verhältnis zweier Waren zueinander als ein äußerer Gegensatz darstellt. Wie sieht nun hinsichtlich der Ware und des Verhältnisses zweier Waren zueinander der Zusammenhang der beiden Grundlagen des Widerspruchs mit dem Gegensatz und der Einheit der Gegensätze aus?

1. Insofern Gebrauchswert und Wert der Ware mit innerer Notwendigkeit zusammengehören und sich gleichzeitig gegeneinander verselbständigen, bilden sie einen Gegensatz. Wenn Gebrauchswert und Wert nicht mit innerer Notwendigkeit zusammengehören würden, könnten sie sich auch nicht gegeneinander verselbständigen. Gebrauchswert und Wert sind nicht nur einfach im Austauschverhältnis der Waren vorhanden oder nur »gesetzt«. Vielmehr sind sie immer schon aufeinander bezogen und gehören als unterschiedliche Seiten der menschlichen Arbeit mit innerer Notwendigkeit zusammen. Es soll hiermit darauf abgehoben werden, dass man unter dem Gegensatz nicht nur die Verselbständigung des Werts gegenüber dem Gebrauchswert zu verstehen hat; die »innere notwendige Zusammengehörigkeit« und die »gleichgültige selbständige Existenz« sind vielmehr *zusammengenommen* für den Gegensatz konstitutiv.

2. Auf folgende Weise ist die Ware als *Einheit von Gegensätzen* aufzuschlüsseln:

a) Wenn man auf die einfachste Weise die Einheit als »innere notwendige Zusammengehörigkeit« von Gebrauchswert und Wert begreifen würde, würde man auch deren »gleichgültige selbständige Existenz gegeneinander« als Gegensätze behandeln.

[1] Das Kapital, Anhang zur 1. Auflage, MEGA II/5, a.a.O., S. 639.

b) Bedenkt man nun, was in der Rede von dem Gebrauchswert und dem Wert als Gegensätzen enthalten ist, dann tritt in der Einheit der Gegensätze die »innere notwendige Zusammengehörigkeit« von Gebrauchswert und Wert *doppelt* auf: Zum einen ist sie, wie unter a) aufgeführt, im Wort »Einheit« enthalten, zum anderen im Wort »Gegensatz« bzw. im Wort »Gegensätze«. Was das Zweite betrifft, gilt: Gebrauchswert und Wert sind nur Gegensätze bzw. Extreme eines Gegensatzes, wenn sie sich gleichzeitig wechselseitig bedingen, d.h. gleichzeitig mit innerer Notwendigkeit zusammengehören. Mit dem doppelten Auftreten der »inneren notwendigen Zusammengehörigkeit« wird betont, dass – wie es im Verhältnis der beiden Waren zueinander der Fall ist – durch die Verwirklichung der Verselbständigung des Werts gegen den Gebrauchswert deren »innere notwendige Zusammengehörigkeit« erhalten bleibt.

Hieraus erklärt sich auch der wichtige Sachverhalt, dass der Widerspruch nicht aufgehoben wird im Sinne von »Zerstören«, sondern dass nur, wie z.B. mit dem Verhältnis der beiden Waren zueinander, die Form geschaffen wird, »worin ... (er) sich bewegen«[2] kann.

»Die Entwicklung der Ware hebt diese Widersprüche nicht auf, schafft aber die Form, worin sie sich bewegen können. Dies ist überhaupt die Methode, wodurch sich wirkliche Widersprüche lösen.«[3] In diesem Sinne spricht Marx von der Ellipse als »eine der Bewegungsformen, worin ... (ein) Widerspruch sich ebensosehr *verwirklicht* als *löst*«[4] (Hervorhebungen – D. W.).

Auf die eben dargelegte Weise den Widerspruch zwischen dem Gebrauchswert und dem Wert als Einheit von Gegensätzen bzw. als Einheit eines Gegensatzes zu begreifen, ist wichtig, um nicht hinter formal gleich lautenden Umschreibungen des Widerspruchs die wesentlichen Unterschiede zu übersehen. Es sei hier nur an Hegel erinnert, dem es hinsichtlich des Verhältnisses von »Seele und Körper«, Natur und Geist darum geht, »wie der Widerspruch, daß absolut *Selbständige,* Fürsichseiende doch in *Einheit* miteinander seien, gelöst werden könne«[5] (Hervorhebungen – D. W.).

Soweit die Warenzirkulation als abstrakte Sphäre der bürgerlichen Gesamtreproduktion betrachtet wird, gibt es in ihr aufgrund der »Gegenständlichkeit« des Werts nicht nur einen *Unterschied zwischen der konkret-nützlichen und der abstrakt-menschlichen* Arbeit, sondern gerade auch einen *Gegensatz.* Bisher hat sich zwischen dem Gegensatz von Gebrauchswert und Wert und ihrem Widerspruch noch kein Unterschied ergeben. Beide wurden aus ein und denselben Grundlagen erklärt.

---

[2] Das Kapital, MEW 23, a.a.O., S. 118.
[3] Ebd.
[4] Ebd., S. 119.
[5] G.W.F. Hegel, Enzyklopädie der philosophischen Wissenschaften III, a.a.O., Bd. 10, S. 48.

2. Unterschiedliche Weisen, in denen die Ware eine Einheit ist

Insofern der Wert eine mit dem Gebrauchswert gemeinsame Gegenständlichkeit besitzt, er aber gleichzeitig als etwas »rein Gesellschaftliches« vom Gebrauchswert verschieden ist, hat er eine von diesem getrennte gegenständlich-selbständige Existenz gewonnen. Diese gegenständlich bedingte Verselbständigung von Gebrauchswert und Wert bzw. ihre gegenständlich bedingte Trennung verwirklicht sich so im Verhältnis zweier Waren zueinander, dass der Wert der ersten Ware sich im Gebrauchswert der zweiten darstellt. Als etwas, das in seiner Gesellschaftlichkeit vom Gebrauchswert verschieden ist, aber dennoch so gegenständlich wie dieser existieren muss, setzt sich der Wert der Ware von ihrem Gebrauchswert ab und nimmt die Gestalt des Gebrauchswerts einer anderen Ware an. Die Trennung des Werts vom Gebrauchswert hat eine »Vereinigung« des Werts der ersten mit dem Gebrauchswert der zweiten Ware zur Kehrseite. Mit dieser »Vereinigung« ist das Erscheinen des Werts der ersten Ware im Gebrauchswert der zweiten Ware gemeint, die nicht mit einer mystischen Vermischung von Gebrauchswert und Wert verwechselt werden darf; denn weder verwandelt sich der Wert der ersten Ware in den Gebrauchswert der zweiten Ware noch wird der Gebrauchswert der zweiten Ware zum Wert dadurch, dass sich der Wert der ersten Ware in ihm darstellt. Der Gebrauchswert der zweiten Ware ist kein Wertding, sondern gilt nur als ein solches.

Die zweite Ware ist unabhängig davon, dass sich der Wert der ersten in ihrem Gebrauchswert darstellt, eine Einheit von Gebrauchswert und Wert. Indem sich die erste Ware der zweiten Ware als Wert gleichsetzt, stellt sie gleichzeitig ihren Wert im Gebrauchswert der zweiten Ware dar, insofern dieser für sie nur existiert, soweit er ihr »als Erscheinungsform ihres eignen Werths«[6] dient. Der Wert der zweiten Ware dagegen erscheint nur dann, wenn man das Wertverhältnis der Waren umkehrt bzw. die Gleichung rückwärts liest. Die zweite Ware wird dann der ersten gleichgesetzt, wobei sie dann auch ihren Wert im Gebrauchswert der ersten Ware darstellt. Bei der »Vereinigung«, die aus dem Erscheinen des Werts der ersten Ware im Gebrauchswert der zweiten Ware besteht, handelt es sich weder um eine mystische Vermischung von Gebrauchswert und Wert noch um die Einheit von Gebrauchswert und Wert, als die sich eine Ware in dem Verhältnis zu einer anderen darstellt. Denn es ist jeweils der eigene Gebrauchswert der Ware, der in dem Verhältnis zur anderen Ware auch als ihr Gebrauchswert gilt. Es ist wichtig, dass man das Sich-Darstellen des Werts im Gebrauchswert der Ware nicht mit der Einheit von Gebrauchswert und Wert verwechselt, als die sich die erste Ware darstellt; denn die zweite Ware erhält dadurch, dass ihr Gebrauchswert als Wert der ersten Ware gilt, die Äquivalentform bzw. die Form unmittelbarer Austauschbarkeit gegen die erste

[6] Das Kapital, 1. Auflage, MEGA II/5, a.a.O., S. 41.

Ware. Der Wert der ersten Ware stellt sich in einer von ihrem Gebrauchswert verschiedenen Gestalt, nämlich in dem Gebrauchswert der zweiten Ware dar. Der Gebrauchswert der zweiten Ware, worin sich der Wert der ersten Ware darstellt, gilt als Wert, so dass die zweite Ware – wenn auch über die erste Ware vermittelt – in Gestalt ihres Gebrauchswerts die Wirkung des Werts besitzt, für eine andere Ware als Wert da ist.

Die erste Ware ist zwar auch hinter ihrer sachlichen Hülle verborgen Wert und daher austauschbar; da aber ihr Wert nicht in ihrem eigenen Gebrauchswert erscheinen kann, besitzt die erste Ware nicht die Form der unmittelbaren Austauschbarkeit, weil ihre Austauschbarkeit von ihrem unmittelbaren, den Wert verbergenden Auftreten als Gebrauchswert abhängt. Hat sich nun der Wert der ersten Ware im Gebrauchswert der zweiten Ware dargestellt, so dass dieser in seiner handgreiflich-sinnlichen Gestalt als Wert gilt, dann befindet sich die zweite Ware gegenüber der ersten in der »Form *unmittelbarer Austauschbarkeit*«[7], weil ihr Gebrauchswert, vermittelt über die erste Ware, bereits als Wert gilt und dieser nicht erst eine von ihrem Gebrauchswert verschiedene Gestalt annehmen muss, um als ein solcher zu gelten. »Daß eine Waare also überhaupt *Aequivalentform* hat, heißt nur: durch ihren Platz im Werthausdruck *gilt ihre eigne Naturalform als Werthform für andre Waare* oder besitzt sie die *Form unmittelbarer Austauschbarkeit mit andrer Waare*. Sie braucht also nicht erst *eine von ihrer unmittelbaren Naturalform unterschiedne Form anzunehmen*, um andrer Waare *als Werth zu erscheinen, als Werth zu gelten* und *auf sie als Werth zu wirken*.«[8] Die erste Ware bezieht sich als Wert auf den Gebrauchswert der zweiten Ware, indem sie diesen für sich zu etwas anderem gemacht hat, als er als Gebrauchswert ist. »Die Leinwand bezieht sich nämlich auf den Rock als sinnlich existirende Materiatur der menschlichen Arbeit in abstracto und daher als *vorhandnen Werthkörper*. Er *ist* dieß nur, weil und insofern sich die Leinwand in dieser bestimmten Weise auf ihn *bezieht*. Sein *Aequivalentsein* ist sozusagen nur eine *Reflexionsbestimmung der Leinwand*.«[9]

Dass auf diese Weise sich die gegensätzlichen Bestimmungen von Gebrauchswert und Wert »in einander reflektiren«,[10] verkehrt sich dahingehend, dass im Bewusstsein der Warenbesitzer und ihrer theoretischen Dolmetscher die Gesellschaftsform und die Naturalform miteinander verwachsen oder beide unter der Hand miteinander identifiziert werden: Das der Äquivalentform zugrunde liegende gesellschaftliche Verhältnis, worin die einzelnen Arbeiten als abstrakt-menschliche und damit als gesellschaftlich-allgemeine aufeinander bezogen werden, wird in dem Augenblick, wo der Wert der ersten Ware sich im Gebrauchswert der zweiten dargestellt hat, ausgelöscht. Ein »Warenkörper, wie der Rock, dies Ding, wie es geht

[7] Ebd., S. 29.
[8] Das Kapital, Anhang zur 1. Auflage, MEGA II/5, a.a.O., S. 631.
[9] Das Kapital, 1. Auflage, MEGA II/5, a.a.0., S. 34.
[10] Ebd., S. 32.

und steht, ...« drückt Wert aus, besitzt »also von Natur Wertform ... Zwar gilt dies nur innerhalb des Wertverhältnisses, worin die Leinwandware auf die Rockware als Äquivalent bezogen ist. Da aber Eigenschaften eines Dings nicht aus seinem Verhältnis zu anderen Dingen entspringen, sich vielmehr in solchem Verhältnis nur betätigen, scheint auch der Rock seine Äquivalentform, seine Eigenschaft unmittelbarer Austauschbarkeit, ebensosehr von Natur zu besitzen, wie seine Eigenschaft, schwer zu sein oder warm zu halten.«[11]

Der gesellschaftliche Charakter der Arbeit stellt sich als gegenständlicher Charakter des Arbeitsprodukts und damit als dessen natürliche Eigenschaft dar: Es ist nicht mehr sichtbar, dass es sich um sachliche Charaktere handelt, welche gesellschaftliche Bestimmungen der Arbeit auf der Grundlage einer historisch bestimmten Produktionsweise erhalten. In den sachlichen Gestaltungen von Gebrauchswert und Wert verselbständigen sich die unterschiedlichen Seiten der Arbeit gegeneinander. Hierin ist – wie sich später zeigen wird – eine Verselbständigung der gesellschaftlichen Formen der Arbeit gegeneinander und gegen die Arbeit selbst eingeschlossen. In den Formen, in denen die Arbeit erscheint, wird zugleich ausgelöscht, dass es sich um sie als der gesellschaftlich vermittelten Auseinandersetzung des Menschen mit der Natur handelt. Die Formen des Werts werden nicht mehr als ebenso viele historisch-gesellschaftliche Formen der menschlichen Arbeit erkannt. Wie die unmittelbare Austauschbarkeit der Äquivalentform als natürliche Eigenschaft eines Dings ausgesprochen wird, werden die in den Formen des Werts erscheinenden gesellschaftlichen Charaktere der Arbeit als ewig gültige Natureigenschaft der gegenständlichen Bedingungen der Produktion ausgegeben. Die in der Äquivalentform stehende Ware scheint die Eigenschaft der unmittelbaren Austauschbarkeit auch außerhalb des gesellschaftlichen Verhältnisses der Waren zu besitzen. *Daher wird das, was Resultat eines gesellschaftlichen Vermittlungsprozesses ist, unmittelbar als eine gesellschaftliche Natureigenschaft behandelt. Es entsteht die Vorstellung von einer Identitäts- bzw. Gleichheitsbeziehung zwischen dem Gebrauchswert und dem Wert.* Wer dem falschen Schein der Äquivalentform verhaftet bleibt, verkehrt also das »Ineinander-Reflektieren« der gegensätzlichen Bestimmungen von Gebrauchswert und Wert, von konkret-nützlicher und abstrakt-menschlicher Arbeit in ein unmittelbares Zusammenfallen bzw. eine Vermischung der gegensätzlichen Seiten.

Was den Wert in seinem Verhältnis zum Gebrauchswert anbelangt, so haben sich bisher folgende Weisen ergeben, in denen man von einer *Einheit* sprechen kann:

1. Der Wert selbst ist die gesellschaftliche Einheit aller Waren, insofern diese unter Abstraktion von ihren unterschiedlichen Gebrauchswerten als bloße Vergegenständlichungen abstrakt-menschlicher Arbeit gesellschaftlich aufeinander be-

---

[11] Das Kapital, MEW 23, a.a.O., S. 71f.

zogen sind. Der Wert ist also für sich genommen eine gesellschaftliche Einheit und darf als solche nicht verwechselt werden mit der Ware, welche die Einheit von Gebrauchswert *und* Wert ist.

2. Als diese Einheit von Gebrauchswert und Wert sei die Ware im Folgenden näher betrachtet: Zum einen *ist* die einzelne Ware Einheit von Gebrauchswert und Wert, wobei sie hinter der sachlichen Hülle ihres Gebrauchswerts verborgen Wert ist, zum anderen insofern sie sich im Verhältnis zu einer anderen Ware als diese Einheit bzw. als das Doppelte, das sie als Gebrauchswert und Wert ist, auch *darstellt*, indem sie sich als Wert auf den Gebrauchswert der zweiten Ware als eine ihrem Wert gleiche Gegenständlichkeit bezieht. An die Stelle der einzelnen Ware ist das Verhältnis zweier Waren zueinander getreten. In diesem erscheint eine einzige Ware als Gebrauchswert und Wert, insofern die »Naturalform« der ersten Ware »nur als Gestalt von Gebrauchswert, die Naturalform der« zweiten Ware »nur als Wertform oder Wertgestalt gilt«.[12]

3. Durch das Sich-Darstellen des Werts im Gebrauchswert der zweiten Ware entsteht eine Vereinigung von Gebrauchswert und Wert, die darin besteht, dass der gegenüber der ersten Ware Wert darstellende Gebrauchswert als Wert gilt. »Die Naturalform der Ware wird zur Wertform.«[13] Die »Vereinigung« von Gebrauchswert und Wert stellt keine mystische Vermischung der beiden dar und ist auch nicht mit den Waren als Einheiten von Gebrauchswert und Wert identisch.

4. Da der Gebrauchswert der Ware, die zum Äquivalent dient, als Verkörperung abstrakt-menschlicher Arbeit gilt, besitzt die zweite Ware die Äquivalentform und hiermit die gesellschaftliche Form der unmittelbaren Austauschbarkeit gegen die erste. Die zweite Ware gilt in ihrer Gebrauchswertgestalt als Wert und ist – ohne von dieser Gebrauchswertgestalt abhängig zu sein – *unmittelbar* gegen die erste Ware umsetzbar bzw. lässt sich unmittelbar in die Gebrauchswertgestalt der ersten Ware verwandeln. Dies lässt sich so begreifen, dass sie in der umgekehrten Weise wie die erste Ware eine Einheit von Gebrauchswert und Wert ist. Da ihr Gebrauchswert als Wert der ersten Ware gilt, ist sie reell Wert. Insofern die in ihrer unmittelbaren Austauschbarkeit garantierte Umsetzung gegen die erste Ware erst vollzogen werden muss, ist sie ideell Gebrauchswert. Es geht um die zweite Ware nicht, insofern sie wie die erste sowohl Gebrauchswert als auch Wert ist, sondern insofern sie die Ware ist, die sich in Äquivalentform befindet, weil sich in ihrem Gebrauchswert der Wert der ersten Ware ausgedrückt hat. Inwiefern die Äquivalentware in diesem spezifischen Sinne eine Einheit von Gebrauchswert und Wert ist, ist leichter nachzuvollziehen, wenn man sich an das Geld als der voll entwickelten Äquivalentware hält. Wie sich im Verhältnis zweier Waren zueinander der der ersten Ware immanente Gegensatz als ein äußerer darstellt, so produziert der Austausch »eine

---

[12] Ebd., S. 75.
[13] Ebd., S. 71.

Verdopplung der Ware in Ware und Geld, einen äußeren Gegensatz, worin sie ihren immanenten Gegensatz von Gebrauchswert und Wert darstellen. In diesem Gegensatz treten die Waren als Gebrauchswerte dem Geld als Tauschwert gegenüber. Andrerseits sind beide Seiten des Gegensatzes Waren, also *Einheiten von Gebrauchswert und Wert*« (Hervorhebung – D. W.). Indem alle Waren gemeinsam ihren Wert im Gebrauchswert der ausgeschlossenen Ware darstellen, gilt dieser »nur als Wertmateriatur, Geld. Es ist reell daher Tauschwert. Sein Gebrauchswert erscheint nur noch ideell in der Reihe der relativen Wertausdrücke, worin es sich auf die gegenüberstehenden Waren als den Umkreis seiner reellen Gebrauchsgestalten bezieht.«[14]

Während die Trennung von Gebrauchswert und Wert in der einzelnen Ware noch unentwickelt und hinter der sachlichen Hülle ihres Gebrauchswerts verborgen ist, entwickelt sie sich im Verhältnis zweier Waren in der handgreiflich sichtbaren Weise weiter, die durch die polarische Verteilung von Gebrauchswert und Wert an die beiden Gebrauchswerte der Waren gebunden ist. Im Verhältnis zweier Waren zueinander hat der Wert eine sowohl von ihm selbst als auch vom Gebrauchswert der Ware verschiedene selbständige Existenz im Gebrauchswert der anderen Ware angenommen. Die Entwicklung der gesellschaftlichen Formen der Arbeit als ebenso vielen Formen des Werts hängt davon ab, wie sich mit der Trennung von Gebrauchswert und Wert als deren Kehrseite die »Vereinigung« beider weiterentwickelt. Insofern z.B. der Gebrauchswert des Geldes die Form ist, in der der Wert aller Waren eine von ihm und allen Gebrauchswerten verschiedene sachlich-selbständige Existenz erhalten hat, ist es unmittelbar gegen alle anderen Waren austauschbar und hiermit der »Inbegriff aller Gebrauchswerte«. In noch entwickelterer Form als das Geld, die allgemeine Ware, ist das Kapital als sich verwertender Wert eine Einheit von Gebrauchswert und Wert: In ihm sind die Vereinigung und die Trennung des Werts und des Gebrauchswerts soweit entwickelt, dass sich der Wert als ein »automatisches Subjekt« verhält, das abwechselnd die Form von Ware und Geld, von reell existierendem Gebrauchswert und reell existierender allgemeiner Wertgestalt bald annimmt, bald abstreift und in diesem Wechsel sich erhält.

[14] Ebd., S. 119.

Exkurs: Kritik Hegelianisierender Auffassungen von der Einheit des Gegensatzes von Gebrauchswert und Wert

Die Philosophie Hegels, der als Marxens Mentor in Sachen Dialektik ausgegeben wird,[15] ist im Ganzen wie in allen ihren Teilen durch die Bewegungsform der Einheit des Gegensatzes von »Natur und Geist« gekennzeichnet. Als die Einheit dieses Gegensatzes ist der »absolute Geist« für Hegel die konkreteste Lösungsbewegung des Widerspruchs zwischen diesen beiden Welthälften. Da Hegel in der »Logik« den Lebensprozess des absoluten Geistes im Medium des Denkens nachvollzieht, wiederholt er in ihr die Entfaltung und Vermittlung des Gegensatzes von Natur- und Menschenwelt in der Form der Entfaltung und Vermittlung gegensätzlicher Denkbestimmungen. Die in wesentlicher Hinsicht bestehende Gleichheit der Bewegungsstruktur von absolutem Geist und Kapital[16] wird von verschiedenen Theoretikern, wie z.B. von W. Becker, benutzt, um die Marx diskreditierende Behauptung aufzustellen, dieser habe Grundstrukturen der Hegelschen »Logik« bloß auf die bürgerliche Gesellschaft *angewandt*.[17] Eine Struktur wie die Einheit des Gegensatzes, so wird behauptet, sei an Hegels »absoluten Geist« gebunden und so irrationalistisch wie dieser. Indem Marx die Einheit des Gegensatzes auf eine Grundlage anwenden würde, für die sie nicht gedacht ist, würde er nicht nur irrationalistische Elemente der Hegelschen Philosophie übernehmen, sondern würde darüber hinaus auch neue Verkehrungen schaffen.

Bisher konnte alles über die Waren als Einheiten des Gegensatzes von Gebrauchswert und Wert auf rationale Weise aus dem Austausch der Arbeitsprodukte und deren darin vor sich gehender Verwandlung in Waren erklärt werden. Was über die Ware als Einheit eines Gegensatzes entwickelt worden ist, soll im Folgenden kurz mit einer an der Hegelschen Philosophie orientierten Auffassung der Einheit des Gegensatzes konfrontiert werden.

---

[15] So von: Werner Becker, Kritik der Marxschen Wertlehre, Hamburg 1972, S. 65.

[16] Vgl. Dieter Wolf, Hegel und Marx; D. Wolf, Hegels Theorie der bürgerlichen Gesellschaft, a.a.O.

[17] W. Becker, Kritik der ..., a.a.O., S. 65ff.; Zur Kritik an W. Becker vgl. Projektgruppe Entwicklung des Marxschen Systems. Das Kapitel vom Geld, Berlin 1973, S. 232–S. 258 und D. Wolf, Hegel und Marx, a.a.0., S. 139–S. 144.

Als eine bestimmte gesellschaftliche Methode die auf ein Ding verwandte Arbeit auszudrücken, kann der Tauschwert »nicht mehr Naturstoff enthalten, als etwa der Wechselkurs«.[18] Der Wert kann also niemals in irgendeiner Weise dem Gebrauchswert gleichgesetzt werden. Zwischen beiden besteht keine, wie immer auch zurechtkonstruierte, *seinslogische Identität.* Vielmehr besteht zwischen beiden – wie die Wertform zeigt – ein *Repräsentationsverhältnis* in dem Sinne, dass der Wert als gegenständlicher Ausdruck gleicher menschlicher Arbeit sich im Gebrauchswert einer anderen Ware darstellt. »Im Wertverhältnis der Leinwand *gilt* der Rock als ihr qualitativ Gleiches, als Ding von derselben Natur, weil er ein Wert ist. Er gilt hier daher als ein Ding, worin Wert erscheint oder welches in seiner handgreiflichen Naturalform Wert *darstellt.* Nun ist zwar der Rock, der Körper der Rockware, ein bloßer Gebrauchswert. Ein Rock drückt ebensowenig Wert aus als das erste beste Stück Leinwand. Dies beweist nur, daß er innerhalb des Wertverhältnisses zur Leinwand mehr bedeutet als außerhalb desselben, wie so mancher Mensch innerhalb eines galonierten Rockes mehr bedeutet als außerhalb desselben. ... Als Gebrauchswert ist die Leinwand ein vom Rock sinnlich verschiednes Ding, als Wert ist sie ›Rockgleiches‹ und sieht daher aus wie ein Rock«[19] (Hervorhebungen – D. W.). Der Wert ist kein Rock, sondern sieht nur aus wie ein Rock. Wo Marx auf eine Gleichheit anspielt, wird sie, wie es mit dem Wort »Rockgleiches« geschehen ist, in Anführungszeichen gesetzt.

Der Wert muss sich im Gegensatz zu dem Gebrauchswert der Ware, aber im Gebrauchswert einer anderen Ware darstellen, die hierdurch aber nicht in Wert verwandelt wird, sondern ihn nur repräsentiert. Der Wert muss zwar in der Gestalt eines Gebrauchswerts sachlich selbständige Existenz annehmen, so dass die Naturalform einer Ware zur Wertform der anderen wird. Der Gebrauchswert bzw. die Naturalform verwandelt sich hierdurch aber nicht plötzlich in einen Wert. Die Verkörperung der konkret-nützlichen Arbeit wird nicht unter der Hand zur Verkörperung ihres abstrakten Gegenteils, nämlich der abstrakt-allgemeinen Arbeit.

Wird im Verhältnis zweier Waren zueinander die Naturalform der zweiten Ware zur Wertform der ersten, dann entsteht der falsche Schein, als käme die Eigenschaft, Wertform zu sein und sich in Form unmittelbarer Austauschbarkeit zu befinden, dem Ding von Natur aus zu. Diese Identifizierung von Natur- und Gesellschaftsformen geht auf Folgendes zurück: In der Äquivalentform hat der Wert als ein gesellschaftliches Verhältnis zwar den seiner Sachlichkeit gemäßen Ausdruck im Gebrauchswert der zweiten Ware gefunden. Insofern aber die Werteigenschaft als Eigenschaft eines konkret-nützlichen Dinges erscheint, wird das, was der Wert als gesellschaftliches Verhältnis ist, die spezifisch-gesellschaftliche Form, in der die konkret-nützlichen Arbeiten aufeinander bezogen sind, ausgelöscht. Wer dem

---

[18] Das Kapital, MEW 23, a.a.O., S. 97.
[19] Ebd., S. 66.

mit der Äquivalentform gegebenen falschen Schein verhaftet bleibt, kommt auch zu der falschen Vorstellung, zwischen dem Gebrauchswert und dem Wert bestünde so etwas wie eine Identitätsbeziehung.

Jede Ware ist Einheit von Gebrauchswert und Wert. Was die gesellschaftliche Einheit der hinsichtlich ihres Gebrauchswerts voneinander verschiedenen Waren anbelangt, so besteht diese nur aus dem Wert. Zunächst soll die einzelne Ware im Hinblick auf den Unterschied betrachtet werden, der zwischen der Einheit von Gebrauchswert und Wert und der gesellschaftlichen, einzig und allein mit dem Wert identischen Einheit der Waren besteht. In zweierlei Hinsicht kann die einzelne Ware als Einheit behandelt werden:

1. In dem schon entwickelten Sinne ist die Ware Einheit der Gegensätze von Gebrauchswert und Wert bzw. Einheit zweier sich sachlich wechselseitig ausschließender Qualitäten. Zwischen den Gegensätzen von Gebrauchswert und Wert findet keine Gleichsetzung statt. Die Einheit von Gebrauchswert und Wert schließt nicht die Identität beider ein. Wird die Einheit von Gebrauchswert und Wert mit der inneren notwendigen Zusammengehörigkeit beider Extreme umschrieben, dann geht es gerade darum, dass die Arbeitsprodukte als Verkörperungen konkret-nützlicher Arbeit in der Form ihres abstrakten Gegenteils, nämlich als Verkörperungen abstrakt-menschlicher Arbeit, gesellschaftlich aufeinander bezogen sind. Was die konkret-nützlichen Arbeiten unter Abstraktion von dem, was sie zu verschiedenen macht, als gleiche auszeichnet, kann ihnen als ungleiche Arbeiten nicht wiederum gleich sein. Ist im Wert ausgedrückt, woraus die gesellschaftliche Form der konkret-nützlichen Arbeiten besteht, dann kann er keine Eigenschaft sein, die den Arbeitsprodukten als Verkörperungen der konkret-nützlichen Arbeiten von Natur aus zukommt, wie etwa die Eigenschaft, warm zu halten. Der Gebrauchswert ist ein Stück bearbeiteter Natur. In ihm kristallisiert sich der Stoffwechsel zwischen Mensch und Natur. Der Wert ist sachlicher Ausdruck davon, dass dieser Stoffwechsel nicht nur stets gesellschaftlich vermittelt ist, sondern zugleich auch in einer ganz spezifischen historischen Weise. Gebrauchswert und Wert sind unterschiedliche Vergegenständlichungen unterschiedlicher Seiten ein und derselben menschlichen Arbeit. Insofern im Gebrauchswert der ewig gültige Stoffwechsel zwischen Mensch und Natur und im Wert dessen historisch-gesellschaftliche Form ausgedrückt wird, sind Gebrauchswert und Wert zwar untrennbar miteinander verbunden, aber auch unter keinen Umständen einander gleich. »Als Gebrauchswerte sind die Waren vor allem verschiedner Qualität, als Tauschwerte können sie nur verschiedner Quantität sein, enthalten also *kein Atom Gebrauchswert*.«[20] (Hervorhebung – D. W.)

2. Bei den gegeneinander verselbständigten Privatproduzenten, die erst vermittels des Austauschs ihrer Arbeitsprodukte in gesellschaftlichen Kontakt miteinander treten, drückt sich ihre gesellschaftliche Abhängigkeit in der Form der Gleich-

[20] Ebd., S. 52.

setzung ihrer ungleichen Arbeitsprodukte und damit im Wert als der Vergegenständlichung der abstrakt-menschlichen Arbeit aus. Als Werte sind die Waren untereinander gleich und werden als solche unter Abstraktion von ihrer Verschiedenheit (als konkret-nützliche Dinge) aufeinander bezogen. »Als Gebrauchsgegenstände oder Güter sind die Waaren *körperlich verschiedne* Dinge. Ihr *Werth*sein bildet dagegen ihre *Einheit*. Diese Einheit *entspringt nicht aus der Natur, sondern aus der Gesellschaft* (Hervorhebung – D. W.). Die *gemeinsame gesellschaftliche Substanz*, die sich in verschiednen Gebrauchswerthen nur verschieden darstellt, ist – die Arbeit.«[21]

Zu welchen spekulativen an Hegel gemahnenden Konstruktionen die Verwechslung der Einheit der Gegensätze von Gebrauchswert und Wert mit dem Wert als der gesellschaftlichen Einheit der Waren führt, zeigt Marx mit massiver Deutlichkeit in seiner Auseinandersetzung mit dem »Lehrbuch der Politischen Ökonomie« von A. Wagner. Dieser vermag die beiden Einheiten nicht als solche und damit auch nicht in ihrem Unterschied zu fassen. In Gestalt einer Einheit des Werts fasst er beide Formen der Einheit zusammen. Der Wert ist dann nicht nur vom Gebrauchswert verschieden und ihm sogar entgegengesetzt, sondern wird zugleich als das dem Gebrauchswert Identische ausgegeben. Hierdurch kommt dann die idealistische Konstruktion zustande, in der der Wert zum mystischen Subjekt wird, das sich in Tauschwert und Gebrauchswert *verdoppelt*. Als eine Seite des Gegensatzes wird der Wert als etwas aufgefasst, das, über die andere Seite übergreifend, sich selbst gleich bleibt.

»Alles das sind ›Faseleien‹. De prime abord gehe ich nicht aus von ›Begriffen‹, also auch nicht vom ›Wertbegriff‹ und habe diesen daher auch in keiner Weise ›einzuteilen‹. ... Ich teile also nicht *den* Wert in Gebrauchswert und Tauschwert als Gegensätze, worin sich das Abstrakte, ›der Wert‹, spaltet, sondern die *konkrete gesellschaftliche Gestalt* des Arbeitsprodukts; *›Ware‹* ist einerseits Gebrauchswert und andrerseits ›Wert‹, nicht Tauschwert, da die bloße Erscheinungsform nicht ihr eigner *Inhalt* ist. ... Es handelt sich hier um einen *›logischen‹* Gegensatz nur bei Rodbertus und den ihm verwandten deutschen Professoralschulmeistern, die vom ›Begriff‹ Wert, nicht von dem ›sozialen Ding‹, der ›Ware‹ ausgehen, und diesen Begriff in sich selbst spalten (*verdoppeln*) (Hervorhebung – D. W.) lassen, und sich dann darüber streiten, welches von beiden Hirngespinsten der wahre Jakob ist!«[22]

Wagner und Rodbertus fassen den Gegensatz von Gebrauchswert und Wert als Erscheinungsform »des über beide Seiten übergreifenden, durch die andere frei hindurchgehenden« Werts. Die Art und Weise, in der sich hier die rationale Gestalt der Einheit des Gegensatzes von Gebrauchswert und Wert mystisch-idealistisch verdreht, ist von großer Bedeutung für die Einsicht in Hegels »spekulative Auffassung des Gegensatzes von Geist und Materie ... Indem aber die Einheit des Materi-

---

21 Das Kapital, 1. Auflage, MEGA II/5, a.a.O., S. 19.

22 Randglossen, MEW 19, a.a.O., S. 368f. und S. 374f.

ellen und Immateriellen von den genannten Philosophen in Gott, der wesentlich als Geist zu fassen ist, gesetzt wird, haben dieselben zu erkennen geben wollen, daß jene Einheit nicht als ein Neutrales, in welches zwei Extreme von gleicher Bedeutung und Selbständigkeit zusammengingen, betrachtet werden darf, da das Materielle durchaus nur den Sinn eines Negativen gegen den Geist oder sich selber hat oder – wie Platon und andere alte Philosophen sich ausdrückten – als das ›Andere seiner selbst‹ bezeichnet werden muß, die Natur des Geistes dagegen als das Positive, als das Spekulative zu erkennen ist, weil derselbe durch das gegen ihn unselbständige Materielle *frei hindurchgeht, über dies sein Anderes übergreift* (Hervorhebung – D. W), dasselbe nicht als ein wahrhaft Reales gelten läßt, sondern idealisiert und zu einem Vermittelten herabsetzt.«[23]

Gebrauchswert und Wert haben in dem oben entwickelten Sinne nichts miteinander gemein, außer dass sie Vergegenständlichungen unterschiedlicher Seiten der menschlichen Arbeit sind. Aufgrund des bestimmten gesellschaftlichen Zusammenhangs, den die Individuen in ihren Arbeiten miteinander eingehen, ist die abstrakt-menschliche Arbeit nicht nur die gesellschaftliche Form der einzelnen Arbeiten, sondern diese muss sich zugleich als gegenständlicher Charakter der Sachen darstellen. Hierdurch erhalten die konkret-nützliche und die abstrakt-menschliche Arbeit als unterschiedliche Seiten ein und derselben Arbeit die weitere Gemeinsamkeit, in der Weise von Gegenständen zu existieren. Mit ihnen ändert sich nichts daran, dass in den Wert »kein Atom Naturstoff« eingeht bzw. »der Tauschwert nicht mehr Naturstoff« enthält »als etwa der Wechselkurs«. »Was Herrn Wagner aber bei meiner Darstellung ennuyiert (schockiert), ist, daß ich ihm nicht den Gefallen tue, dem deutsch-vaterländischen Professoral-›Bestreben‹ zu folgen, und Gebrauchswert und Wert zu *konfundieren*«[24] (Hervorhebung – D. W.). Die Theoretiker[25] unterstellen insgeheim, Marx konstruiere eine konkrete »Identität«,[26] in der einerseits der Unterschied der Seiten anerkannt und andererseits deren Einheit als Identität behauptet wird. Diese Identität erhält hierdurch die Struktur der »Identität von Identität und Nicht-Identität«: Zunächst begreift man den Tauschwert als etwas, das dem Gebrauchswert gegenübersteht und von ihm verschieden ist. Dann erklärt man den Wert zum über beide Seiten Übergreifenden und der beiden Seiten zugrunde liegenden Einheit. Der Gebrauchswert wird so zu einer Erscheinungsform des Werts herabgesetzt. Der Gebrauchswert soll hiermit nur das »Andere« des Werts sein und hierbei sich unter der Hand selbst in Wert verwandeln. Der Gebrauchswert ist dann nicht mehr nur die Erscheinungsform seines abstrakten Gegenteils, sondern auf mystische Weise dieses abstrakte Gegenteil selbst bzw. Wert.

---

[23] G.W.F Hegel, Enzyklopädie III, a.a.O., Bd. 10, S. 48f.
[24] Randglossen, MEW 19, a.a.O., S. 371.
[25] So z.B. W. Becker in: Kritik der Marxschen Wertlehre, a.a.O., S. 65ff.
[26] Ebd. S. 63.

In diesem Sinne ist bei Hegel die Natur zwar eine Daseinsweise des absoluten Geistes, zugleich aber selbst Geist, nämlich der sich bewusstlos produzierende Geist im Unterschied zum im Menschen sich bewusst erkennenden Geist. Hierdurch ist der Unterschied nicht ein Unterschied zwischen der Natur und dem Geist, sondern einer, der innerhalb eines bestimmten, über Natur und endlichen Menschengeist übergreifenden absoluten Geistes existiert.

In der mystisch-idealistischen Konstruktion von Wagner ist der Wert in Gestalt des Tauschwerts vom Gebrauchswert verschieden. Gemessen an der übergreifenden Bedeutung, die Wagner dem Wert gibt, ist diese Verschiedenheit dem Gebrauchswert geschuldet. Er markiert gegenüber der Wertseite bzw. gegenüber dem Tauschwert die »Nicht-Identität«. Da der Tauschwert eine Erscheinungsform des Werts ist und der Wert die Bedeutung besitzt, über sich und den Gebrauchswert überzugreifen und damit sich zu verdoppeln, markiert der Tauschwert in seiner Verschiedenheit vom Gebrauchswert die »Identität«. Als über Gebrauchswert und Tauschwert übergreifendes »Subjekt« *verdoppelt sich der Wert in Gebrauchswert und Tauschwert.* Der Wert existiert sowohl in der Form des Gebrauchswerts als auch in der Form des Tauschwerts und ist zugleich auch noch die Beziehung beider aufeinander. Dem Wert wird angedichtet, er unterscheide sich in Gebrauchswert und Tauschwert und bleibe sich dabei als Wert gleich. Wird der Wert sowohl als Gebrauchswert wie auch als Tauschwert gesetzt, ohne dass er sich dabei aufgibt, dann ist der Gebrauchswert als das »Andere« des Werts an sich dasselbe wie der Wert und nur dem Schein nach von ihm verschieden. »Es ist ›das natürliche Bestreben‹ eines deutschen Ökonomieprofessors, die ökonomische Kategorie ›Wert‹ aus einem *›Begriff‹* abzuleiten, und das erreicht er dadurch, daß, was in der politischen Ökonomie vulgo ›Gebrauchswert‹ heißt, ›nach deutschem Sprachgebrauch‹ in ›Wert‹ schlechthin umgetauft wird. Und sobald der ›Wert‹ schlechthin gefunden ist, dient er hinwiederum wieder dazu, *›Gebrauchswert‹* aus dem ›Wert schlechthin‹ *abzuleiten.* Man hat dazu nur das ›Gebrauchs‹fragment, das man fallen ließ, wieder vor den ›Wert‹ schlechthin zu setzen.«[27]

Wie Hegels absoluter Geist sich in Natur und endlichen Geist verdoppelt, so soll auch der Wert einen immanenten Gegensatz enthalten, der sich dadurch als ein äußerer darstellt, dass sich der Wert in Gebrauchswert und Tauschwert verdoppelt. Als dieses über seine gegensätzlichen Erscheinungsformen übergreifende »Subjekt« soll der Wert so etwas wie eine auch den absoluten Geist auszeichnende »Identität von Identität und Nicht-Identität« sein.

[27] Randglossen, MEW 19, a.a.O., S. 364.

Exkurs: Die »einfache, einzelne oder zufällige Wertform« und die beiden Pole des Wertausdrucks: »relative Wertform und Äquivalentform«. Eine Kritik an Ernst Michael Lange

Zwei Waren sind notwendig, damit *eine* Ware sich über ihren Gebrauchswert hinaus auch noch als Wert zur Erscheinung bringt. In dem Verhältnis zweier Waren zueinander zeigt eine Ware, dass sie eine Einheit von Gebrauchswert und Wert ist. Die zweite Ware stellt in ihrem Gebrauchswert sachlich den Wert der ersten Ware vor, während ihr eigener Wert hinter der sachlichen Hülle ihres Gebrauchswerts verborgen bleibt. Die beiden Waren sind in ihrem Verhältnis zueinander zwar als Werte gleichgesetzt, aber nur der Wert der ersten Ware stellt sich im Gebrauchswert der zweiten Ware dar. In dem Verhältnis der beiden Waren zueinander ist die zweite Ware wie die erste eine Einheit von Gebrauchswert und Wert. Es ist aber nur die erste und *nicht* die zweite Ware, welche sich als diese Einheit zur Erscheinung bringt.

Nur wenn man die aus dem Verhältnis der beiden Waren bestehende Wertgleichung rückwärts liest bzw. umkehrt, geht es um das Erscheinen des Werts der zweiten Ware, wie es vorher um das Erscheinen des Werts der ersten Ware ging. Stellt sich jetzt die zweite Ware als Einheit von Gebrauchswert und Wert dar, weil sie jetzt zur ersten geworden ist, stellt die erste sich nicht mehr als Einheit von Gebrauchswert und Wert dar, weil sie jetzt zur zweiten Ware geworden ist. »Ob eine Ware sich nun in relativer Wertform befindet oder in der entgegengesetzten Äquivalentform, hängt ausschließlich ab von ihrer jedesmaligen Stelle im Wertausdruck, d.h. davon, ob sie die Ware ist, deren Wert, oder aber die Ware, worin Wert ausgedrückt wird.»[28]

In seinem Aufsatz »Wertformanalyse, Geldkritik und die Konstruktion des Fetischismus bei Marx«[29] geht E.M. Lange auf Marx' Analyse der »einfachen, einzel-

[28] Das Kapital, MEW 23, a.a.O., S. 64.

[29] Ernst Michael Lange, Wertformanalyse, Geldkritik und die Konstruktion des Fetischismus bei Marx, in: Neue Hefte für Philosophie, Heft 13, Marx' Methodologie, Göttingen 1978, S. 1–46.

nen oder zufälligen Wertform« ein. Die Wertform wird aus dem einfachsten Wertverhältnis gebildet, das aus dem »Wertverhältnis einer Ware zu einer einzigen verschiedenartigen Ware, gleichgültig welcher«[30] besteht. In diesem Wertverhältnis ist ein Wertausdruck enthalten, den Marx in zwei Formeln fasst:

I. »x Ware A = y Ware B«

II.»x Ware A ist y Ware B wert.«[31]

Nach E.M. Lange kann Marx den im Verhältnis zweier Waren zueinander enthaltenen Wertausdruck mit diesen beiden Formeln wiedergeben, weil für ihn im Tausch die Waren gleichgesetzt würden. E.M. Lange gibt die Gleichsetzung der Waren als Werte nur für eine bloße Meinung von Marx aus, die dieser aber immerhin mit keinem Geringeren als »mit Aristoteles ... teilt».[32]

E.M. Lange zitiert dann folgende Passage aus dem »Kapital«, und zwar nicht ohne etwas auszulassen, das für das Verständnis der unterschiedlichen Rollen, welche die zwei Waren spielen, notwendig ist. Was von Lange ausgelassen wird, erscheint im Folgenden in Klammern. »Es spielen hier zwei verschiedenartige Waren A und B, (in unsrem Beispiel Leinwand und Rock), offenbar zwei verschiedene Rollen. (Die Leinwand *drückt* ihren Wert aus im Rock, der Rock *dient* zum Material dieses Wertausdrucks.) Die erste Ware spielt eine aktive, die zweite eine passive Rolle. Der Wert der ersten Ware ist als relativer Wert dargestellt, oder sie befindet sich in relativer Wertform. Die zweite Ware funktioniert als Äquivalent oder befindet sich in Äquivalentform.«[33] (Hervorhebungen – D. W.)

E.M. Lange fragt nicht danach, was es mit diesen verschiedenen Rollen der Waren auf sich hat. Er denunziert Marx' Ausführungen über die verschiedenen Rollen der beiden Waren als eine bloße »Behauptung«.[34] Das »Kapital« scheint für E.M. Lange aus »Meinungen« und »Behauptungen« zu bestehen. Das hindert ihn aber nicht daran, sich einmal großmütig auf die »Behauptungen« von Marx einzulassen: »Die Behauptung, es spielten im einfachen Wertausdruck die beiden Waren A und B zwei verschiedene Rollen, läßt sich nun nicht gleichermaßen mit beiden Formeln, die Marx für den einfachen Wertausdruck gebraucht, vereinbaren. Formel (II) scheint Marxens Behauptung eher zu entsprechen. Sie drückt die Messung (des Werts) der Ware A durch (den Gebrauchswert) der Ware B aus. Formel (I) dagegen scheint auszudrücken, daß Ware A und Ware B einander hinsichtlich ihres Werts gleichgesetzt sind, soll doch der einfache Wertausdruck im ganzen Ausdruck eines Wertverhältnisses sein.«[35]

---

[30] Das Kapital, MEW 23, a.a.O., S. 62.

[31] Ebd., S. 63.

[32] E.M. Lange, Wertformanalyse ..., a.a.O., S. 10.

[33] Das Kapital, MEW 23, a.a.O., S. 63; E.M. Lange, Wertformanalyse ..., a.a.O., S. 10.

[34] E.M. Lange, Wertformanalyse ..., a.a.O., S. 10.

[35] Ebd., S. 10f.

Zwischen den beiden Formeln besteht folgender, von E.M. Lange überhaupt nicht erkannter Zusammenhang: Werden zwei Waren, wie es die Formel (I) ausdrückt, einander gleichgesetzt, dann heißt dies, sie werden unter Abstraktion von ihren verschiedenen Gebrauchswerten als bloße Vergegenständlichungen der abstrakt-menschlichen Arbeit, d.h. als *Werte* gleichgesetzt. Was immer alles in dem Verhältnis zweier Waren zueinander enthalten ist, *zuerst* und *grundlegend* werden sie – obwohl jede Ware Einheit von Gebrauchswert und Wert ist – gleichgesetzt, insofern sie Werte sind. Entgegen E.M. Langes Meinung können *beide* Formeln überhaupt nicht ohne diesen Sachverhalt erklärt werden. Fragt man nach dem, was sich über diese Gleichsetzung der Waren als Werte hinaus in ihrem Verhältnis zueinander abspielt, dann fragt man auch nach dem, was darüber hinaus in jenen beiden Formeln ausgedrückt ist. Für beide Formeln gilt gleichermaßen: Indem zwei Waren als Werte gleichgesetzt werden, stellt die erste Ware ihren Wert im Gebrauchswert der zweiten dar.

Gibt man das Verhältnis der beiden Waren zueinander mit der Formel (I) wieder und hebt man dann nur auf deren Gleichsetzung als Werte ab, dann hat man, was Lange entgeht, dieses Verhältnis überhaupt noch nicht vollständig erfasst. Durch die Gleichsetzung der Waren als Werte bedingt, aber über sie hinaus wird in dem Verhältnis zweier Waren zueinander der in der ersten Ware enthaltene Widerspruch gesetzt und derart gelöst, dass sich der Wert der Ware seiner Sachlichkeit gemäß im Gebrauchswert der zweiten Ware eine sachlich-selbständige Existenz gibt. Lange glaubt nun, er könne die zweite Formel einseitig auf diesen zweiten Aspekt festlegen, den er allerdings immer nur vage andeutet, anstatt ihn in seiner ganzen Breite und Tiefe zu erfassen. Mit der Formel x Ware A ist y Ware B wert sagt man zunächst einmal, dass sich die erste Ware der zweiten Ware als Wert gleichsetzt, folglich beide Waren untereinander als Werte gleich sind. Wie in der ersten, so geht es auch in dieser zweiten Formel über diese Gleichsetzung hinaus im Wesentlichen darum, dass sich der Wert der ersten Ware im Gebrauchswert der zweiten Ware darstellt. Die hierdurch sich auszeichnende Lösungsbewegung des der ersten Ware immanenten Widerspruchs zwischen Gebrauchswert und Wert entzieht sich Langes theoretischem Zugriff. Charakterisiert Lange die zweite Formel mit den Worten, sie drücke die »Messung (des Werts) der Ware A durch (den Gebrauchswert) der Ware B aus«, dann entgeht ihm, dass sich die Waren in ihrer Gleichsetzung als Werte aneinander messen. Die Waren messen sich in ihrem Verhältnis zueinander als in einer bestimmten Zeit verausgabte Quanta abstrakt-menschlicher Arbeit. Indem aber die einzelnen Arbeiten im Austausch der Arbeitsprodukte gesellschaftlich aufeinander bezogen und dabei unter dem quantitativen Aspekt der in ihnen verausgabten Zeit miteinander verglichen werden, erhalten die einzelnen Arbeiten den gesellschaftlich-allgemeinen Charakter in der gegenständlichen Form des Werts und messen sich in dieser gegenständlichen Form auch unter dem quantitativen Aspekt der auf sie verwandten Arbeitszeit. Das qualitative Gleichsein der unterschiedlichen Arbeiten als abstrakt-menschliche ist ebenso im Wert ausgedrückt wie die unterschiedlichen Quanta der jeweils notwendigen Arbeitszeiten als Wertgröße.

Für die Herstellung unterschiedlicher Gebrauchswerte werden in der Regel auch unterschiedliche Zeiten benötigt. So muss die Herstellung eines Schuhs nicht dieselbe Zeit kosten wie die Herstellung eines Nagels. Die in den unterschiedlichen Gebrauchswerten steckenden konkret-nützlichen Arbeiten werden im Wert *gegenständlich* als abstrakt-menschliche Arbeit ausgedrückt, um gesellschaftlich-allgemeine zu sein. In der gegenständlichen, vom Gebrauchswert verschiedenen Form des Werts vollzieht sich die Messung der unterschiedlichen, auf die Herstellung der Gebrauchswerte verwandten Arbeitszeit. Sowohl hinsichtlich des gesellschaftlich-allgemeinen Charakters der in ihr steckenden konkret-nützlichen Arbeit als auch hinsichtlich der zu ihrer Produktion notwendigen Arbeitszeit wird der Wert einer Ware in ihrem Verhältnis zu einer anderen nicht durch den Gebrauchswert, sondern durch den Wert dieser anderen Ware gemessen. »Die Gleichung: ›20 Ellen Leinwand = 1 Rock oder: 20 Ellen Leinwand sind 1 Rock wert‹ setzt voraus, daß in 1 Rock gerade so viel Wertsubstanz steckt als in 20 Ellen Leinwand, daß beide Warenquanta also gleich viel Arbeit kosten oder gleich große Arbeitszeit.«[36] Im Verhältnis zweier Waren zueinander misst die eine Ware aber nicht nur ihre Wertgröße an der Wertgröße der anderen Ware, sondern stellt sich darüber hinaus als von ihrem Gebrauchswert verschiedener Wert dar. Dies geschieht – und erst hiermit kommt im Hinblick auf den Wert der ersten Ware der Gebrauchswert der zweiten Ware ins Spiel –, indem sich der Wert der Ware, wie bereits ausführlich dargestellt, im Gebrauchswert der zweiten Ware darstellt. Ohne selbst Wert zu sein, gilt der Gebrauchswert der zweiten Ware hierdurch als Wert bzw. ist die handgreiflich-sinnliche Gestalt, in der der Wert der ersten Ware erscheint. Was die erste Ware als Wert ist, hat für sie die Form des Gebrauchswerts der zweiten Ware angenommen. Insofern zwar einerseits die erste Ware weiterhin hinter der sachlichen Hülle ihres Gebrauchswerts verborgen Wert ist, dieser andererseits aber für sie zugleich die Form des Gebrauchswerts der zweiten Ware angenommen hat, besteht *für* die erste Ware qualitativ kein Unterschied zwischen ihrem Wert und dem Gebrauchswert der zweiten Ware. Wird in dem Verhältnis zweier Waren zueinander nicht nur der Wert einer Ware, sondern auch die Wertgröße ausgedrückt und hat der Wert die Gestalt des Gebrauchswerts der zweiten Ware angenommen, dann ist die Wertgröße mit dem Quantum des Gebrauchswerts der zweiten Ware gegeben. »Z.B.: 40 Ellen Leinwand sind ›wert‹ – was? 2 Röcke. Weil die Warenart Rock hier die Rolle des Äquivalents spielt, der Gebrauchswert Rock der Leinwand gegenüber als Wertkörper gilt, genügt auch ein bestimmtes Quantum Röcke, um ein bestimmtes Wertquantum Leinwand auszudrücken. Zwei Röcke können daher die Wertgröße von

[36] Das Kapital, MEW 23, a.a.O., S. 67.

40 Ellen Leinwand, aber sie können nie ihre eigne Wertgröße, die Wertgröße von Röcken, ausdrücken. ... Jede Ware, deren Wert ausgedrückt werden soll, ist ein Gebrauchsgegenstand von gegebnem Quantum, 15 Scheffel Weizen, 100 Pfd. Kaffee usw. Dieses gegebne Warenquantum enthält ein bestimmtes Quantum menschlicher Arbeit. Die Wertform hat also nicht nur Wert überhaupt, sondern quantitativ bestimmten Wert oder Wertgröße auszudrücken. Im Wertverhältnis der Ware A zur Ware B, der Leinwand zum Rocke, wird daher die Warenart Rock nicht nur als Wertkörper überhaupt der Leinwand qualitativ gleichgesetzt, sondern einem bestimmten Leinwandquantum, z.B. 20 Ellen Leinwand, ein bestimmtes Quantum des Wertkörpers oder Äquivalents, z.B. 1 Rock.«[37]

Mit einer »bisher nicht beachtete(n) Leseanweisung von Marx«[38] deckt E.M. Lange »ein zusätzliches Problem auf: ›Das einfache Wertverhältnis zweier Waren liefert ... den einfachsten Wertausdruck für eine Ware‹.«[39] »Wie kann das einfache Wertverhältnis den Wertausdruck für nur eine Ware liefern, wenn es doch den Tausch zweier individueller Warenbesitzer unterstellt und Tausch seinem Begriff nach eine reziproke Beziehung darstellt, wie Marx implizit einräumt, wenn er schreibt: ›Allerdings schließt der Ausdruck: 20 Ellen Leinwand = 1 Rock oder 20 Ellen Leinwand sind 1 Rock wert, auch die Rückbeziehung ein: 1 Rock = 20 Ellen Leinwand oder 1 Rock ist 20 Ellen Leinwand wert. Aber so muß ich doch die Gleichung umkehren ...‹«[40]

»Einen Schlüssel zum Verständnis von Marx' Auffassung des einfachen Wertausdrucks könnte die Antwort auf die Frage geben, aus wessen Perspektive Marx den zuletzt gemachten Einwand formuliert: ›Aber so muß ich doch die Gleichung umkehren ...‹«[41]

Zunächst einmal räumt Marx überhaupt nichts »implizit« ein, sondern geht *ausdrücklich* auf die Rückbeziehung ein, derzufolge man den Wertausdruck der zweiten Ware erhält, wenn man das Verhältnis beider Waren zueinander von »hinten nach vorn« liest.

Das Verhältnis zweier Waren zueinander wird zu einer zufälligen Wertform gemacht, weil in ihr irgendeine beliebige Ware als Repräsentantin ihrer Gattung ihren Wert im Gebrauchswert irgendeiner anderen Ware darstellt. Im ersten Kapitel des »Kapital« verweist Marx lediglich auf die Warenbesitzer, insofern er, ohne deren gesellschaftliches Verhalten zum Gegenstand zu machen, unterstellt, dass zu jeder Ware ein Mensch gehört, der sie besitzt. Wie noch zu zeigen ist, werden die Waren im ersten Kapitel des »Kapital« in »theoretischer, gedachter« Weise aufeinander bezogen. Es geht noch nicht, wie im zweiten Kapitel, um den Austausch der Wa-

[37] Ebd., S. 70 und S. 67.
[38] E.M. Lange, Wertformanalyse ..., a.a.O., S. 11.
[39] Ebd.
[40] Ebd.
[41] Ebd.

ren, bei dem auf das gesellschaftliche Verhalten der Warenbesitzer eingegangen werden muss. Dieses ist über die wirkliche prozessierende Beziehung der Waren zueinander vermittelt, worin sich diese gleichzeitig und auf eine wechselseitig sich bedingende Weise als Gebrauchswerte *und* Werte bewähren müssen. Im ersten Kapitel werden die Waren jeweils als Gebrauchswerte festgehalten, um ihre Beziehung als Werte zueinander daraufhin zu untersuchen, wie hierbei der Wert der Ware eine von sich und dem Gebrauchswert verschiedene Erscheinungsform im Gebrauchswert einer anderen Ware erhält. Da der gesellschaftlich-allgemeine Charakter der einzelnen Arbeiten in dem gesellschaftlichen Verhältnis der Sachen zueinander erzeugt wird, worüber das Verhalten der Menschen als Warenbesitzer zueinander vermittelt ist, wird im ersten Kapitel gerade dieses gesellschaftliche Verhältnis der Sachen zueinander unter Abstraktion von dem darauf fußenden Verhalten der Warenbesitzer zueinander betrachtet. Außer das Selbstverständliche zu wissen, dass zu jeder Ware ein Warenbesitzer gehört, sind diese und die Perspektive, aus der sie sich zu ihren Waren als austauschbaren Arbeitsprodukten verhalten, für das, worum es im ersten Kapitel mit der Entwicklung der Gesetze der Warennatur geht, vollkommen gleichgültig.

Nimmt man – was Marx aber selbst an der von E.M. Lange zitierten Stelle gar nicht tut – auf die Warenbesitzer Bezug, so ändert sich an dem von Marx behandelten Sachverhalt nicht das Geringste. Zum einen ist es der Besitzer der Leinwand, der diese insofern als Ware behandelt, als er sie für austauschbar gegen den Rock hält. Aus der Perspektive des Leinwandbesitzers stellt die Ware Leinwand ihren Wert im Gebrauchswert des Rocks dar. Zum anderen behandelt der Besitzer des Rocks diesen als eine Ware, insofern er ihn gegen die Leinwand für austauschbar hält. Aus der Perspektive des Rockbesitzers ist es der Wert der Ware Rock, der sich im Gebrauchswert der Ware Leinwand darstellt. Aus welcher Perspektive man als Theoretiker das Verhältnis zweier Waren zueinander analysiert, ändert nicht nur nichts an dem jeweiligen Erscheinen des Werts einer Ware im Gebrauchswert einer anderen Ware, sondern ist auch gleichgültig, weil es sich hierbei um etwas handelt, was sich allein innerhalb des gesellschaftlichen Verhältnisses der Sachen zueinander abspielt und wovon die Warenbesitzer selbst gar keine Ahnung haben. Von welcher der beiden Perspektiven ein theoretischer Beobachter auch immer ausgeht, so stellt sich unabhängig von diesem gleichzeitig aus der Perspektive des Rockbesitzers der Wert des Rocks im Gebrauchswert der Leinwand und aus der Perspektive des Leinwandbesitzers der Wert der Leinwand im Gebrauchswert der Ware Rock dar. In dem Verhältnis der beiden Waren zueinander gibt es also überhaupt keine von Lange behauptete »Asymmetrie«. »Offenbar kann der Indikator ›ich‹ nur aus einer Beteiligten-Perspektive verwendet werden. Zum Tausch als reziproker Beziehung gehören zwei Beteiligten-Perspektiven, die des Warenbesitzers von Ware A und die des Warenbesitzers von Ware B. Aus einer Beteiligten-Perspektive erscheint das Tauschverhältnis *asymmetrisch* (Hervorhebung – D. W.).

Eine Asymmetrie enthielt unter den von Marx gebrauchten Formeln allenfalls Formel (II).«[42]

Was Marx macht und von Lange mit dem Vorwurf der Erzeugung einer »Asymmetrie« bedacht wird, besteht aus Folgendem: Was gleichzeitig von jeder der beiden Beteiligten-Perspektiven, d.h. von jeder der beiden Waren aus geschieht, betrachtet Marx für sich genommen. Wenn die eine Ware ihren Wert im Gebrauchswert der anderen ausdrückt, dann abstrahiert Marx davon, dass gleichzeitig aus der Perspektive des Besitzers der anderen Ware diese ihren Wert umgekehrt im Gebrauchswert der einen Ware darstellt. Was von zwei Seiten aus gesehen gleichzeitig in dem Verhältnis zweier Waren zueinander geschieht, kann man auch in einem zeitlichen Nacheinander darstellen. So könnte man tatsächlich auch für die zweite Ware zeigen, dass sich ihr Wert im Gebrauchswert der ersten Ware darstellt. Man muss hierzu nur auf den Vorschlag von Marx eingehen und das Verhältnis, worin die beiden Waren als Werte einander gleichgesetzt sind, rückwärts lesen. Dies bedeutet aber nichts anderes, als würde man das Verhältnis der beiden Waren zueinander umkehren und die zweite an die Stelle der ersten und die erste an die Stelle der zweiten setzen. Wie zuvor die erste Ware ihren Wert im Gebrauchswert der zweiten bzw. die Leinwand ihren Wert im Rock darstellte, so stellt sich jetzt die an erster Stelle stehende zweite Ware ihren Wert im Gebrauchswert der ersten Ware dar bzw. der Rock seinen Wert im Gebrauchswert der Ware Leinwand. Zeichnet sich die Wertform dadurch aus, dass sich in ihr der Widerspruch zwischen dem Gebrauchswert und dem Wert einer Ware insofern löst, als sich der Wert der Ware im Gebrauchswert einer anderen Ware darstellt, verändert die Wertform diese ihre Natur nicht, ob man das Verhältnis zweier Waren zueinander von der einen oder von der anderen Ware aus betrachtet.

Was von dem Verhältnis zweier Waren zueinander in der Formel (I) und Formel (II) ausgedrückt wird, hat überhaupt nichts mit der von E.M. Lange gemeinten »Asymmetrie« zu tun. Zwischen beiden Formeln gibt es keinen Unterschied, der etwa darin besteht, dass die Formel (II), wie E.M. Lange sich vage ausdrückt, »allenfalls« eine solche »Asymmetrie« enthielte und die Formel (I) dagegen nicht.

Das Einbeziehen der Warenbesitzer würde überhaupt nichts an dem Charakter der Wertform ändern, mit der es um das Setzen und Lösen des einer Ware immanenten Widerspruchs zwischen Gebrauchswert und Wert geht. Der Austausch ist ein gesellschaftlicher Zusammenhang, worin das gesellschaftliche Verhältnis der Sachen über den gesellschaftlich-allgemeinen Charakter der Arbeiten entscheidet. Etwas das für die Warenbesitzer unbewusst im Austauschprozess abläuft, wird bewusst von dem wissenschaftlichen Bewusstsein, d.h. von Marx im ersten Kapitel des »Kapital« betrachtet. Nicht wie sich die Warenbesitzer jeweils zu ihren Waren verhalten, ist für das Setzen und Lösen des den Waren immanenten Widerspruchs

[42] Ebd., S. 11f.

zwischen Gebrauchswert und Wert von Entscheidung, sondern die oben entwickelten, aus der »inneren notwendigen Zusammengehörigkeit« von Gebrauchswert und Wert und der »gleichzeitigen selbständigen Existenz gegeneinander« bestehenden Grundlagen. Gerade weil es eine Angelegenheit des gesellschaftlichen Verhältnisses der Sachen zueinander ist, in welcher Form die einzelnen konkretnützlichen Arbeiten den gesellschaftlichen Charakter der Allgemeinheit besitzen, beruht die eine der Grundlagen des Widerspruchs auf der »Sachlichkeit« des Werts. Um zu erkennen, wie sich dieser Widerspruch im Verhältnis zweier Waren zueinander löst, insofern sich der Wert der einen Ware im Gebrauchswert der anderen Ware darstellt, muss man weder auf die Besitzer der Waren noch auf deren »Beteiligten-Perspektive« eingehen. E.M. Lange glaubt, die Bedeutung der »Beteiligten-Perspektiven« in einer an den Haaren herbeigezogenen Weise mit den Überlegungen der Warenbesitzer unterstreichen zu können. Gehören solche Überlegungen schon überhaupt nicht in das erste Kapitel des »Kapital«, weil auf der in ihm vorgenommenen Abstraktionsstufe vorausgesetzt wird, dass sich die Waren zu ihren Werten austauschen, so gehören sie in dem oben bereits entwickelten Sinne erst recht nicht dorthin, weil die Warenbesitzer von dem, was sich innerhalb des gesellschaftlichen Verhältnisses der Sachen im Hinblick auf das Erscheinen des Werts einer Ware im Gebrauchswert einer anderen Ware abspielt, nichts wissen.

»Sie (die Formel (II) – D. W.) beschreibt die Handlungsperspektive des Warenbesitzers der Ware A, der herausfinden oder sich *überlegen* (Hervorhebung – D. W.) muß (bzw. herausgefunden oder sich überlegt haben muß), für wieviel von Ware B er seine Ware A tauschen will (bzw. kann). Sollte nun ein Tauschverhältnis durch die Perspektiven der an ihm Beteiligten beschrieben werden, dann müßte Formel (II) durch die Formel (III) ›y Ware B ist x Ware A wert‹ für die Handlungsperspektive des Warenbesitzers der Ware B ergänzt werden.«[43] Wie bereits gezeigt wurde, ergibt sich E.M. Langes Formel (III), wenn man sich entschließt, als unbeteiligter Beobachter statt nach der Wertform der ersten nach derjenigen der zweiten Ware zu fragen. Der unbeteiligte Beobachter lässt sich dann bewusst auf die »Beteiligten-Perspektive« des zweiten Warenbesitzers ein und erklärt dann, warum und wie in einer gerade dem Warenbesitzer unbewussten Weise sich der Wert seiner Ware im Gebrauchswert der anderen Ware darstellt. Ohne etwas an dem Charakter der Wertform zu verändern, hat man nichts anderes getan als die zweite Ware an die Stelle zu setzen, wo vorher die erste war, und die erste Ware an die Stelle zu setzen, wo vorher die zweite war.

So unsinnig die Rede von der »Asymmetrie« ist, so falsch ist die Behauptung, die Formel (II) sei vorzugsweise an eine der »Beteiligten-Perspektiven« und die Formel (I) an die Perspektive des unbeteiligten Beobachters gebunden. Im ersten Kapitel des »Kapital« ist es der unbeteiligte Beobachter Marx, der als »Repräsen-

[43] Ebd., S. 12.

tant des wissenschaftlichen Bewusstseins« zwei Waren als Werte aufeinander bezieht und hierbei von dem wirklichen Vorgang des Tauschens der Waren und dem darauf fußenden unbewussten-bewussten Handelns der Menschen als Warenbesitzer abstrahiert. Werden von einem unbeteiligten Beobachter zwei Waren aus der Masse der Waren ausgewählt, um an ihrem Verhältnis zueinander zu zeigen, in welcher Weise sich der Wert der einen im Gebrauchswert der anderen Ware darstellt, dann bewegt man sich hiermit und mit dem Umkehren der einmal gefundenen Wertgleichung auf ein und derselben durch das »Auswählen« irgendeiner »Beteiligten-Perspektive« bezeichneten Ebene. Der einzig mögliche Unterschied würde darin bestehen, dass man nach der Analyse des zuerst ausgewählten Verhältnisses zweier Waren zueinander bereits weiß, was es mit dem Setzen und Lösen des in einer Ware eingeschlossenen Widerspruchs zwischen Gebrauchswert und Wert auf sich hat. Denn, wie man vorher erklärt hat, warum und wie sich der der Ware A immanente Gegensatz von Gebrauchswert und Wert in ihrem Verhältnis zur Ware B als ein äußerer gesetzt hat, so erklärt man im Anschluss daran, wie sich umgekehrt der in der Ware B enthaltene Gegensatz von Gebrauchswert und Wert in deren Verhältnis zur Ware A als ein äußerer gesetzt wird.

Nichts kann daher absurder sein, als festzustellen, die Umkehrung der Wertgleichung sei richtig aus der Perspektive eines der beteiligten Warenbesitzer und falsch für den Theoretiker als unbeteiligtem Beobachter. Lange schreibt im Anschluss an seine oben zitierten Ausführungen: »Deshalb kann nicht klar entschieden werden, aus welcher Perspektive Marx den oben angeführten Einwand formuliert – er ist richtig für jeden der beiden Beteiligten, falsch für den Beobachter. Wenn Marx als Analytiker der Wertform auf die Perspektive des nichtteilnehmenden Beobachters verpflichtet ist, macht er an dieser Stelle klarerweise einen Fehler.«[44] Hat ein nichtbeteiligter Beobachter sich auf das Verhältnis zweier Waren festgelegt, dann untersucht er, in welcher Weise sich der Wert der ersten Ware im Gebrauchswert der zweiten Ware darstellt, und hat aus diesem Grund das Verhältnis der beiden Waren aus der Perspektive des Besitzers der ersten Ware betrachtet. Wie kann ein unbeteiligter Beobachter ein gesellschaftliches Verhältnis anders erklären als von einer Perspektive aus, die es in diesem Verhältnis wirklich gibt. Es bleibt dem nichtbeteiligten Beobachter gar nichts anderes übrig als das Verhältnis zweier Waren zueinander entweder von der einen oder der anderen Ware aus zu betrachten. Die Entscheidung hierüber fällt er je nachdem, welche Ware er in der Wertgleichung an die erste oder die zweite Stelle setzt. Was die eine Ware im Verhältnis zur anderen tut, tut die andere gleichzeitig im Verhältnis zur ersten, nämlich jeweils ihren Wert im Gebrauchswert der jeweils anderen Ware darzustellen. Nimmt der unbeteiligte Beobachter in diesem Sinne sowohl die Perspektive des einen als auch die Perspektive des anderen Warenbesitzers ein, je nachdem, welche Ware er an den An-

---

[44] Ebd.

fang der Warengleichung setzt, dann ist der »Einwand«, die Wertgleichung umkehren zu müssen, nicht nur richtig aus der Perspektive der Beteiligten, sondern auch aus der Perspektive des unbeteiligten Beobachters, der nichts anderes tun kann, als in Gedanken die Perspektive eines Beteiligten einzunehmen. Es sei noch einmal betont, was Lange allerdings unausgesprochen lässt, dass unter der Perspektive der Beteiligten nur die Richtung verstanden werden kann, in der man die Wertgleichung liest, und nicht etwa die Auffassung der Beteiligten selbst von dem, was sich in dem Verhältnis der beiden Waren abspielt. Wie bereits betont, wissen die Warenbesitzer nichts von dem in ihren Waren enthaltenen Widerspruch, geschweige denn davon, dass dieser sich insofern löst, als der Wert der einen Ware sich im Gebrauchswert der anderen Ware darstellt. Dass für Marx etwas falsch sein soll, das für die Warenbesitzer richtig ist, erweist sich also schon allein deswegen als eine hohle Phrase, weil Marx nicht nur das Verhältnis zweier Waren zueinander aus einer der beiden beteiligten Perspektiven betrachtet, sondern zudem noch an diesem Verhältnis etwas freilegt, wovon die Warenbesitzer aus ihrer »Beteiligten-Perspektive« überhaupt nichts wissen können.

Kapitel 4
Zur Entwicklung der Wertform

1. Die einfache Wertform als Keimform aller Wertformen

Der Wert ist der gegenständliche Ausdruck der abstrakt-menschlichen Arbeit. Diese wiederum ist die Form, in der die verschiedenen konkret-nützlichen Arbeiten einander gleichgesetzt und damit als gesellschaftliche aufeinander bezogen sind. Als Werte sind die Waren untereinander austauschbar. »Erschien die einzelne Ware unter dem Gesichtspunkt des Gebrauchswertes ursprünglich als selbständiges Ding, so war sie dagegen als Tauschwert von vornherein in Beziehung auf *alle* andern Waren betrachtet. Diese Beziehung jedoch war nur eine theoretische, gedachte.«[1] Zeigt sich mit der allgemeinen Äquivalentform, dass sich alle Waren als Werte aufeinander beziehen, indem sie gemeinsam ihren Wert im Gebrauchswert einer von ihnen allen verschiedenen Ware darstellen, dann ist dies das Resultat einer aus der Entwicklung der Wertformen bestehenden Bewegung.

Mit dem gesellschaftlichen Verhältnis zweier Waren, das unter dem Aspekt des Übergangs vom Wert in die Wertform betrachtet wurde, konnte erklärt werden, warum der Wert überhaupt eine sachliche, vom Gebrauchswert der Ware verschiedene Existenz im Gebrauchswert einer anderen Ware annimmt. Jetzt muss die Frage beantwortet werden: Warum entwickelt sich dieser Sachverhalt in der Beziehung aller Waren zueinander dahingehend weiter, dass alle Waren ihren Wert gemeinschaftlich in ein und demselben, von ihrem eigenen Gebrauchswert verschiedenen Gebrauchswert einer anderen Ware ausdrücken?

Gegenüber der Beziehung aller Waren als Werte zueinander ist die Beziehung zweier Waren zueinander die *einfachste*. Das Problem, wie der Wert der Waren in ihrem Verhältnis zueinander erscheint, löst sich demnach auf die einfachste Weise in dem Verhältnis zweier Waren zueinander. Mit dem Erscheinen des Werts der Ware in dem von ihrem Gebrauchswert verschiedenen Gebrauchswert einer anderen Ware ist auf eine *alles entscheidende* Weise erklärt, worin die *Lösung* des in den Waren eingeschlossenen *Widerspruchs* zwischen Gebrauchswert und Wert besteht.

Auf der im ersten Kapitel des »Kapital« eingehaltenen Abstraktionsstufe zeigt sich auf folgende Weise, dass das Verhältnis zweier Waren zueinander die »Keimform der Geldform« ist, in der *alle* Waren als Werte aufeinander bezogen sind:

---

[1] Zur Kritik der Politischen Ökonomie, MEW 13, a.a.O., S. 29.

Die entfaltete und die allgemeine Wertform stellen entwickeltere Formen der Lösung dar, die bereits in der einfachen Wertform schon gefunden ist. Der Widerspruch zwischen dem Gebrauchswert und dem Wert der Waren und seine aus dem einfachen Verhältnis zweier Waren zueinander bestehende Lösung kann bei der Entwicklung der entfalteten und der allgemeinen Wertform *vorausgesetzt* werden. Beide Wertformen sind *Weiterentwicklungen* der Erscheinungsform, die der Wert im Zuge der Lösung des Widerspruchs zwischen Gebrauchswert und Wert im Verhältnis zweier Waren zueinander bereits gefunden hat. Die Entwicklung der Wertformen beschränkt sich auf die Entwicklung unterschiedlicher Ausprägungen ein und derselben, einmal freigelegten Erscheinungsform des Werts. So stellt sich der Wert der Ware in der entfalteten Wertform nicht nur in *einem* von ihrem eigenen Gebrauchswert verschiedenen Gebrauchswert einer anderen Ware dar, sondern in *vielen* von ihrem Gebrauchswert verschiedenen Gebrauchswerten anderer Waren. Auch bei der allgemeinen Wertform geht es bei der Lösung des Widerspruchs zwischen Gebrauchswert und Wert nicht mehr darum, dass diese überhaupt darin besteht, dass sich der Wert im Gebrauchswert einer anderen Ware darstellt. Die allgemeine Wertform ergibt sich auf der das erste Kapitel des »Kapital« auszeichnenden Abstraktionsstufe im Wege einer theoretisch vorgenommenen Umkehrung der entfalteten Wertform, welche wiederum die einfache Wertform zur Voraussetzung hat. In dieser hatte sich das Problem, wie sich der Wert im gesellschaftlichen Verhältnis der Waren zueinander darzustellen hat, bereits gelöst.

Beim Übergang von der einzelnen Ware zur einfachen Wertform wurde ausdrücklich der der Ware immanente Widerspruch und seine Lösungsbewegung behandelt. Statt um die Beziehung aller Waren ging es aber nur um die Beziehung zweier Waren zueinander. Diese Abstraktion wird im Übergang zur entfalteten und allgemeinen Wertform stufenweise rückgängig gemacht, indem zum einen eine Ware der Reihe nach auf die anderen Waren bezogen wird und zum anderen alle Waren gleichzeitig aufeinander bezogen werden. Es ist dann jeweils nicht mehr notwendig, den der Ware immanenten Widerspruch zwischen Gebrauchswert und Wert thematisch zu machen. Im 1. Kapitel des »Kapital« ist der der Ware immanente Widerspruch der vermittelte bzw. der indirekte Ausgangspunkt für die Entwicklung der entfalteten und der allgemeinen Wertform.

Die einzelne Ware ist als Wert von vornherein auf alle anderen Waren bezogen. Der Betrachtung der einzelnen Ware ist daher auch die Vielheit aller anderen sich aufeinander beziehenden Waren vorausgesetzt. Die einfache, mit der Beziehung zweier Waren zueinander gegebene Wertform ist eine zufällige und *einzelne*. Die Ware ist als Wert nicht auf mehrere oder auf alle Waren bezogen. Sie ist vielmehr nur auf eine einzige bezogen, die aus der Masse der Waren herausgesucht worden ist. Es kommt dabei nicht darauf an, um welche Ware es sich handelt. Der Gebrauchswert dieser ausgesuchten Ware – und das allein ist wichtig – muss vom Gebrauchswert der Ware verschieden sein, die sich als Einheit von Gebrauchswert und Wert darstellen soll. Vom Standpunkt des Werts der Ware aus ist es gleichgültig, wie der Gebrauchswert dieser anderen Ware beschaffen ist. Es ist ganz dem Zufall überlassen, ob dieser Gebrauchswert aus einem Rock, einer Leinwand, einem Auto usw. besteht. Hiermit fällt auch sofort die *Unzulänglichkeit* der einzelnen, zufälligen, einfachen Wertform auf.

Die mit dem Wert der Ware gegebene Gesellschaftlichkeit ist insofern eine *allgemeine*, als sie sich auf alle vorhandenen Waren erstreckt. Mit der Betrachtung des Verhältnisses zweier Waren zueinander wird die Gesellschaftlichkeit des Werts eingeschränkt. Die zweite Ware befindet sich in der Form der *unmittelbaren* Austauschbarkeit, weil sich der Wert der ersten Ware in ihrem Gebrauchswert dargestellt hat. Die Form der unmittelbaren Austauschbarkeit erstreckt sich damit unter Ausschluss aller anderen Waren nur auf die eine, ihr gegenüberstehende Ware, die sich in relativer Wertform befindet. Statt auf alle anderen Waren bezieht sich die Ware nur auf eine andere, und ihr Wert erhält eine Erscheinungsform, die einen gesellschaftlichen Geltungsbereich besitzt, der sich nicht auf alle, sondern nur auf die eine Ware bezieht. Hiermit besteht ein Missverhältnis zwischen der Allgemeinheit des Werts und seiner Erscheinungsform.

In den bisherigen Ausführungen über die Entwicklung der Wertformen haben sich die folgenden drei Punkte als wesentlich erwiesen:

1. Der Wert hat im einfachen Verhältnis zweier Waren zueinander auf eine grundsätzliche, d.h. allgemein für alle Wertformen verbindliche Weise eine gesellschaftliche Erscheinungsform gefunden. Kennzeichnend für diese ist, dass der Wert im Gebrauchswert einer anderen Ware eine selbständige, sachliche Existenz erhalten hat. Eine solche Existenz muss der Wert der Waren in deren Beziehungen zueinander annehmen. Dies gilt für die »theoretische, gedachte« Beziehung der Waren zueinander, wie sie der Gegenstand des ersten Kapitals ist, ebenso wie für den Austauschprozess, in dem die Waren »wirklich als Ganzes« aufeinander bezogen werden.

2. In der einzelnen Wertform bzw. der Form I wird der Wert einer Ware als etwas Gesellschaftliches ausgedrückt, das von ihrem eigenen Gebrauchswert unterschieden ist. Indem die Trennung zwischen dem Gebrauchswert und dem Wert sich innerhalb der Masse aller Waren nur auf zwei Waren erstreckt, kommt die Wertform nur als einzelne und zufällige vor. So wenig sich diese Trennung vollständig entwickelt hat, so wenig hat sie sich auf eine allgemein gültige Weise gefestigt. Die mit der einfachen Wertform sich ergebende Trennung von Gebrauchswert und Wert wird weiterentwickelt, wenn zur Beziehung aller Waren übergegangen wird. Dabei braucht nicht mehr erklärt zu werden, wie es überhaupt zu dieser Trennung kommt. Diese muss nicht mehr beim Übergang zur entfalteten und von dieser zur allgemeinen Wertform stets aufs Neue abgeleitet werden.

3. Als eine bestimmte Weise, worin die Ware als Einheit von Gebrauchswert und Wert erscheint, ist die einfache Wertform noch unzulänglich, weil die Art, in der

der Wert in ihr erscheint, seiner Allgemeinheit als einer gesellschaftlichen Beziehung aller Waren zueinander widerstreitet. Dieser Mangel besteht in dem Missverhältnis zwischen der Allgemeinheit des Werts und seiner einzelnen, zufälligen Erscheinungsweise.

»Der Ausdruck irgendwelcher Ware B unterscheidet den Wert der Ware A nur von ihrem eignen Gebrauchswert und setzt sie daher auch nur in ein Austauschverhältnis zu irgendeiner einzelnen von ihr selbst verschiednen Warenart, *statt ihre qualitative Gleichheit und quantitative Proportionalität mit allen andren Waren darzustellen* (Hervorhebung – D. W.). Der einfachen relativen Wertform einer Ware entspricht die einzelne Äquivalentform ... oder Form unmittelbarer Austauschbarkeit mit Bezug auf diese einzelne Warenart Leinwand.«[2]

2. Der Mangel der einfachen Wertform und ihr Übergehen in eine entwickeltere Form

Im Anschluss an die Charakterisierung des Mangels der einzelnen und einfachen Wertform schreibt Marx: »Indes geht die einzelne Wertform von selbst in eine vollständigere Form über.«[3] Der Mangel der einzelnen Wertform ergibt sich aus ihrem Vergleich mit der im Wert gegebenen Allgemeinheit bzw. mit dem Sachverhalt, dass im Wert jede Ware von vornherein auf alle anderen Waren bezogen ist. Die Allgemeinheit, welche der Wert in diesem Sinne darstellt, ist zunächst eine *unbestimmte*: In dieser Allgemeinheit ist zunächst noch davon abstrahiert, dass der Wert in der Beziehung aller Waren zueinander aufgrund seines gegenständlichen Charakters auch eine gegenständliche Existenz annehmen muss. Dass die Waren Werte sind, müssen sie aber in ihren eigenen sachlichen Beziehungen zueinander, d.h. auf sachliche Weise zeigen.

Indem zunächst die einzelne Ware betrachtet worden ist, wurde davon abgesehen, dass sich die Beziehung der Waren als Werte zueinander auf *alle* Waren erstreckt. Die einzelne Ware wurde isoliert für sich als Repräsentant ihrer Gattung betrachtet, um dann die in ihrem Wert enthaltene Beziehung zu allen anderen Waren in der eingeschränkten Weise der Beziehung zu *einer anderen* Ware einzulösen. Außer der Einschränkung auf zwei Waren ist die Beziehung zwischen ihnen so gut eine Beziehung wie die zwischen allen Waren. Die Beziehung zweier Waren zueinander wird aber unter dem Aspekt betrachtet, wie sich in ihr der Wert als Vergegenständlichung der abstrakt-menschlichen Arbeit im Gebrauchswert der zweiten Ware eine gegenständliche Existenz gibt. Dadurch wird die zunächst unbestimmte Beziehung der Waren zueinander in dieser eingeschränkten Weise der

[2] Das Kapital, MEW 23, S. 76.
[3] Ebd.

Beziehung zweier Waren zueinander *bestimmt.* Als Ausdruck der Beziehung aller Waren zueinander bestimmt sich der Wert, indem er eine von ihm und vom Gebrauchswert der Ware verschiedene Wertform erhält.

Dass der Wert sich in seiner Allgemeinheit zugleich bestimmen muss, so sei noch einmal betont, gründet darin, dass er die *Vergegenständlichung* abstrakt-menschlicher und in dieser Form gesellschaftlicher Arbeit ist: Die Ware ist jetzt als Wert auf eine andere Ware bezogen, indem sie sich in deren Gebrauchswert darstellt.

Hat sich der Wert im einfachsten Verhältnis und durch die darin gefundene Erscheinungsform in der oben beschriebenen Weise bestimmt und dadurch eine seiner Allgemeinheit unangemessene Existenz angenommen, so ist diese Allgemeinheit hiermit aber nicht verloren gegangen bzw. ausgelöscht worden. Nach wie vor bleibt es richtig, dass die Ware als Wert von vornherein auf alle anderen Waren bezogen ist. Nur hat sich mit dem Verhältnis zweier Waren zueinander die Form ergeben, in der der Wert als gegenständlicher Ausdruck einer gesellschaftlichen Substanz (der abstrakt-menschlichen Arbeit) die gesellschaftliche Beziehung der Waren zueinander ist. Die Allgemeinheit des Werts, die in seiner Beziehung zu allen anderen Waren liegt, muss sich, *ohne eine Einschränkung zu erfahren, in der durch die einfache Beziehung zweier Waren zueinander vorgeschriebenen Weise bestimmen.*

In der einfachen Wertform wird die Beziehung der Waren als Werte zueinander zwar bestimmt, gleichzeitig aber in einer ihrer Allgemeinheit widersprechenden Weise beschränkt. Die Erscheinungsform, die der Wert im Verhältnis zweier Waren zueinander erhält, widerstreitet seiner Allgemeinheit als sachlichem Ausdruck des gesellschaftlichen Verhältnisses *aller* Waren zueinander. Als das Allgemeine muss sich der Wert gemäß der einfachen Wertform bestimmen. Gleichzeitig darf die Allgemeinheit hierdurch nicht eingeschränkt werden. Die sich in der Weise der einfachen Wertform bestimmende Beziehung aller Waren aufeinander, die zunächst eine unbestimmte war, muss eine Wertform sein, wie es die einfache ist, in der aber alle Waren als Werte aufeinander bezogen sein müssen.

Löst man die im Wert der Ware von vornherein enthaltene Beziehung zu *allen* anderen Waren ein, dann setzt man die Ware als Wert dieser oder jener bzw. einer dritten, vierten usf. Ware gleich, indem man den Wert der Ware im Gebrauchswert dieser oder jener bzw. einer dritten, vierten usf. darstellt. In diesem Sinne geht die »einzelne Wertform von selbst in eine vollständigere Form über. Vermittelst derselben (der einzelnen Wertform – D. W.) wird der Wert einer Ware A zwar nur in einer Ware von andrer Art ausgedrückt. Welcher Art aber diese zweite Ware, ob Rock, ob Eisen, ob Weizen usw., ist durchaus gleichgültig. Je nachdem sie also zu dieser oder jener andren Warenart in ein Wertverhältnis tritt, entstehen verschiedne einfache Wertausdrücke einer und derselben Ware. Die Anzahl ihrer möglichen Wertausdrücke ist nur beschränkt durch die Anzahl von ihr verschiedner Warenarten.

Ihr vereinzelter Wertausdruck verwandelt sich daher in die stets verlängerbare Reihe ihrer verschiednen einfachen Wertausdrücke.«[4]

Wird die Ware der Reihe nach auf die anderen Waren bezogen, dann wird hierbei der Widerspruch der Reihe nach so gelöst, wie er in der Beziehung der Ware auf die erste, von ihr verschiedene Ware bereits gelöst wurde. Mit jeder anderen Ware, auf die sich die einmal fixierte Ware bezieht, wiederholt sich die Lösung des Widerspruchs zwischen dem Gebrauchswert und dem Wert in der oben ausführlich entwickelten Weise. Jede Ware ist als Wert, wie stets betont wurde, von vornherein auf die anderen Waren als Wert bezogen. Für eine Ware ist der ihr immanente Widerspruch zwischen Gebrauchswert und Wert folglich unvollständig gelöst; denn die Reihe der Waren, auf die sie sich bezieht, ist unabschließbar. Es gibt stets Waren, die noch keine Glieder in der Reihe der Waren sind, auf die sie sich bezieht. Hinzu kommt noch, dass der Widerspruch auch in dieser unvollständigen Weise noch nicht gleichzeitig für alle Waren gelöst ist. Um dies zuwege zu bringen, müsste man in einer wiederum unabschließbaren Reihenfolge alle Waren aussondern und auf die anderen Waren beziehen, d.h. sie ihnen als Werte gleichsetzen. Die Trennung zwischen dem Gebrauchswert und dem Wert hat sich nicht so weit entwickelt, dass sie die Lösung des Widerspruchs für alle Waren mit sich brächte. Was in den eben gemachten Ausführungen als *unendlicher Progress* charakterisiert wurde, ist also der notwendige Ausdruck dafür, dass der Widerspruch zwischen dem Gebrauchswert und dem Wert der Waren *noch nicht vollständig*, d.h. noch nicht *gleichzeitig für alle Waren gelöst* ist.

3. Der Übergang von der entfalteten zur allgemeinen Wertform

Ohne weiter auf die von Marx dargestellten Mängel der entfalteten Wertform einzugehen,[5] soll sofort dargelegt werden, in welcher Weise der Übergang zur allgemeinen Wertform zu bewerkstelligen ist.

Als weiterentwickelter Gestalt der entfalteten Wertform ist die allgemeine Wertform selbst in jener eingeschlossen. Die allgemeine Wertform ist nämlich nichts anderes als die *rückbezogene* oder *umgekehrte* entfaltete Wertform. »Die entfaltete relative Wertform besteht jedoch nur aus einer Summe einfacher relativer Wertausdrücke oder Gleichungen der ersten Form, wie:

20 Ellen Leinwand = 1 Rock

20 Ellen Leinwand = 10 Pfund Tee usw.

Jede dieser Gleichungen enthält aber *rückbezüglich* (Hervorhebung – D. W.) auch die identische Gleichung:

[4] Ebd.

[5] Ebd., S. 78.

1 Rock = 20 Ellen Leinwand

10 Pfund Tee = 20 Ellen Leinwand usw.«[6]

Statt dass *eine* Ware ihren Wert im Gebrauchswert *aller* Waren darstellt, stellen *alle* anderen Waren gemeinsam ihren Wert im Gebrauchswert der *einen* von ihnen verschiedenen Ware dar.

Das Schema der entfalteten Wertform war, wie die Beziehung der Ware zu den anderen Waren, eine »theoretische, gedachte«: »Soweit die Ware als bestimmtes Quantum vergegenständlichter allgemeiner Arbeitszeit nur *gedacht* war« so ist das »Dasein einer besonderen Ware als allgemeines Äquivalent ... *bloße Abstraktion.*«[7] (Hervorhebung – D. W.)

Mit der Charakterisierung des allgemeinen Äquivalents als einer »bloßen Abstraktion« wird von Marx Folgendes umschrieben: Die allgemeine Wertform ist insofern in der entfalteten eingeschlossen, als sie deren rückbezogene Form ist und vom wissenschaftlichen Bewusstsein per theoretische Abstraktion durch die einfache Umkehrung der entfalteten Wertform gewonnen wird.

Dieser Übergang von der entfalteten zur allgemeinen Wertform kommt per theoretische Abstraktion zustande, ohne dass zum Austausch als dem praktisch-gesellschaftlichen Prozess zurückgegangen werden muss, worin die allgemeine Wertform unabhängig vom »Tun und Lassen des wissenschaftlichen Bewusstseins« immer schon entstanden ist. Dieser auf Ebene der »theoretischen, gedachten« Beziehung der Waren zueinander gemachte Übergang zeigt aber bereits, dass jene eine allen Waren gemeinsame Erscheinungsform ihres Werts ist. Erst die allgemeine Wertform lässt die Waren *vollständig* füreinander als Tauschwerte erscheinen. »Die Waren stellen ihre Werte jetzt 1. einfach dar, weil in einer einzigen Ware und 2. einheitlich, weil in derselben Ware. Ihre Wertform ist einfach und gemeinschaftlich, daher allgemein.«[8]

Im ersten Kapitel abstrahiert Marx bei der Betrachtung der einzelnen Ware zunächst noch von der Wertform. Nachdem sich diese im Übergang zum Verhältnis zweier Waren ergeben hat, ist die Beziehung der Waren als Werte aufeinander immer zugleich eine Beziehung, die über eine schon gegebene Wertform vermittelt ist. Unter Abstraktion von der Beziehung aller Waren zueinander geht Marx von der einzelnen Ware zu dem einfachen Verhältnis zweier Waren über. In diesem stellt sich der Wert auf einfachste Weise im Gebrauchswert einer anderen Ware dar. Der Wert erhält eine vom Gebrauchswert der ersten Ware verschiedene sachlich-selbständige Erscheinungsform. Die Ausgangspunkte für die entfaltete und die allgemeine Wertform sind jeweils nicht – so wie dies in der Ausgangssituation des Austauschs der Fall ist – alle sich als Einheiten von Gebrauchswert und Wert ge-

---

[6] Ebd., S. 79.

[7] Zur Kritik der Politischen Ökonomie, MEW 13, a.a.O., S. 32.

[8] Das Kapital, MEW 23, a.a.O., S. 79.

genüberstehenden Waren. Nur die einfache Wertform hatte mit der *»einzelnen«* Ware eine Ware als Einheit von Gebrauchswert und Wert zu ihrem Ausgangspunkt.

Insofern die entfaltete und die allgemeine Wertform *Wertformen* sind, ist ihr Zusammenhang mit dem der Ware immanenten Gegensatz von Gebrauchswert und Wert bereits im Übergang von der einzelnen Ware zum Verhältnis zweier Waren zueinander dargelegt worden. Die einzelne Ware und die von ihr ausgehende Betrachtung des Verhältnisses zweier Waren zueinander stellt deshalb nur den indirekten, bereits über eine Wertform *vermittelten* Ausgangspunkt für die Entwicklung der entfalteten und der allgemeinen Wertform dar. Der der Ware immanente Gegensatz von Gebrauchswert und Wert, der im Verhältnis zweier Waren zueinander als ein äußerer gesetzt wird, entwickelt sich mit der Entwicklung der Wertformen weiter, so dass sich die Trennung von Gebrauchswert und Wert zunehmend vervollständigt.

Die stufenweise Aufhebung des Missverständnisses zwischen der Allgemeinheit des Werts und seiner jeweiligen beschränkten Daseinsweise spiegelt sich in der Entwicklung der Trennung von Gebrauchswert und Wert wider. In dem Maße, in dem die Unterscheidung von Gebrauchswert und Wert vollständiger wird, erhält der Wert eine seiner Allgemeinheit adäquatere Daseinsweise. Die sachlich bedingte Verselbständigung des Werts gegenüber dem Gebrauchswert hat in der allgemeinen Wertform die ausgeprägteste Gestalt, insofern der Wert aller Waren in einem von ihrem Gebrauchswert verschiedenen Gebrauchswert einer anderen Ware eine von ihnen getrennte sachlich-selbständige Existenz angenommen hat. »Die neugewonnene Form drückt die Werte der Warenwelt in einer und derselben von ihr abgesonderten Warenart aus, z.B. in Leinwand, und stellt so die Werte aller Waren dar durch ihre Gleichheit mit Leinwand. Als Leinwandgleiches ist der Wert jeder Ware *jetzt nicht nur von ihrem eignen Gebrauchswert unterschieden, sondern von allem Gebrauchswert* (Hervorhebung – D. W.), und ebendadurch als das ihr mit allen Waren Gemeinsame ausgedrückt. Erst diese Form bezieht daher wirklich die Waren aufeinander als Werte oder läßt sie einander als Tauschwerte erscheinen.«[9]

Mit der einzelnen Ware, in der noch von jeglicher Wertform abstrahiert ist, ist auch die Ware als »unmittelbarer Widerspruch zwischen Gebrauchswert und Wert« der Ausgangspunkt für die Entwicklung der einfachen und damit der beiden auf sie folgenden Wertformen. Wie die einfache Wertform die Grundlage der entwickelten Wertform ist und sich als deren Keimform ausweist, so ist auch der die einfache Wertform bedingende Widerspruch von Gebrauchswert und Wert weiterhin die Grundlage der entfalteten und der allgemeinen Wertform. Der Zusammenhang zwischen dem der Ware immanenten Gegensatz von Gebrauchswert und Wert mit der im einfachen Verhältnis zweier Waren zueinander gegebenen Wertform ist in einer für alle Wertformen gültigen Weise dargelegt worden. Daher wird der Wider-

[9] Ebd., S. 80.

spruch zwischen dem Gebrauchswert und dem Wert der Waren nicht mehr aufs Neue bei den einzelnen Übergängen in die verschiedenen Wertformen zum Gegenstand der Betrachtung gemacht.

4. Die Entwicklung der allgemeinen Wertform im ersten Kapitel unter Verweis auf den im zweiten Kapitel dargestellten Austausch als ihrem wirklichen Entstehungsprozess

Um die praktisch-gesellschaftliche Entstehung des allgemeinen Äquivalents zu begreifen, muss der Austausch von einer Ausgangssituation her betrachtet werden, in der die allgemeine Wert- bzw. Äquivalentform nicht schon unterstellt sein darf. Im wirklichen Austauschprozess existiert weder eine einzelne Ware isoliert für sich genommen noch tritt sie nur in ein Verhältnis zu irgendeiner anderen Ware. Vielmehr stehen sich in der Ausgangssituation des Austauschs gleichzeitig *alle* Waren als ebenso viele Einheiten von Gebrauchswert und Wert gegenüber. In der Ausgangssituation des Austauschs, wie sie am Anfang des zweiten Kapitels des »Kapital« behandelt wird, wird zwar mit dem Geld zugleich von jeglicher Wertform abstrahiert, nicht aber von der Beziehung aller Waren zueinander, wie z.B. bei der Betrachtung der Beziehung zweier Waren zueinander. Um die Entstehung des Geldes als der entwickelten Wertform zu begreifen, muss davon ausgegangen werden, dass sich gleichzeitig *alle* Waren als bloße Einheiten von Gebrauchswert und Wert gegenüberstehen bzw. im Begriffe sind, »unvergoldet, unverzuckert, ungeschoren, wie der Kamm ihnen gewachsen ist«, sich tatsächlich gegeneinander auszutauschen. Indem – wie noch zu zeigen ist – beim Übergang von der entfalteten zur allgemeinen Wertform auf den reell existierenden gesellschaftlichen Entstehungsprozess der letzteren verwiesen werden muss, wird auch auf den in diesem Prozess reell sich allererst entfaltenden Widerspruch zwischen dem Gebrauchswert und dem Wert der Waren verwiesen. Aus dem Aufeinanderwirken aller Waren als Einheiten von Gebrauchswert und Wert geht im Austausch die allgemeine Äquivalentform als die Lösungsform des in den Waren enthaltenen Widerspruchs hervor. Die einfach bestimmten Waren, deren Wert noch keine von ihm verschiedene Erscheinungsform gefunden hat, sind in diesem Sinne der unmittelbare direkte Ausgangspunkt für die Entstehung der allgemeinen Wertform.

Auf Ebene der »theoretischen, gedachten Beziehung« der Waren zueinander wurde von der einzelnen und einfach bestimmten Ware aus zum Verhältnis zweier Waren zueinander übergegangen, um das Problem, auf welche Weise der Wert als Vergegenständlichung abstrakt-menschlicher Arbeit zu erscheinen hat, dort zu lösen, wo es sich in unentwickeltster und einfachster Weise stellt. Der Rückgang zur Ausgangssituation des im 2. Kapitel betrachteten Austauschprozesses ist zugleich ein Rückgang zu den einfach bestimmten Waren, deren Wert noch *keine* Erscheinungsform gefunden hat. Jede der sich in der Ausgangssituation des Austauschs gegenüberstehenden Waren ist als Einheit von Gebrauchswert und Wert so einfach bestimmt wie die im l. Kapitel betrachtete einzelne Ware.

Der Rückgang zur einfach bestimmten Ware, wie er hinsichtlich des Austauschprozesses vorgenommen wird, ist aber wesentlich von dem Rückgang zur einfach bestimmten Ware im 1. Kapitel verschieden.

1. Im Austauschprozess werden die Waren »wirklich als Ganzes« aufeinander bezogen, womit es um das wechselseitig sich bedingende Realisieren von Gebrauchswert und Wert in dem wirklichen »Hände- und Stellenwechsel der Waren« geht.

2. Um das Problem zu lösen, wie der Wert in den sachlichen Beziehungen der Waren zueinander erscheinen muss, reicht es aus, von einer Ware auszugehen und diese dann in ihrer Beziehung zu einer anderen Ware zu betrachten. In der Ausgangssituation des Austauschs dagegen stehen sich von vornherein *alle* Waren als Einheiten von Gebrauchswert und Wert gegenüber. Die Waren werden nicht wie im 1. Kapitel einfach als Gebrauchswerte unterstellt, um davon ausgehend zu zeigen, auf welche unterschiedlich entwickelte Weise sich der Wert dann im Gebrauchswert der Waren darstellt. Vielmehr müssen sich die Waren im Austauschprozess *gleichzeitig* nach beiden Seiten hin bzw. als Gebrauchswerte *und* Werte betätigen.

3. In der Entwicklung der Wertformen ist die einzelne Ware nur der indirekte, durch die einfache und die entfaltete Wertform vermittelte Ausgangspunkt für die allgemeine Wertform. Im Austauschprozess dagegen sind die als Einheiten von Gebrauchswert und Wert einfach bestimmten Waren der direkte bzw. unmittelbare Ausgangspunkt für die Entstehung der allgemeinen Wertform. Sie geht aus dem allseitigen »Hände- und Stellenwechsel der Waren« hervor.

4. Da die Waren erst im Austausch als »Ganzes« aufeinander bezogen werden bzw. sich gleichzeitig als Gebrauchswerte und Werte betätigen, wird auch in ihm erst der Widerspruch zwischen Gebrauchswert und Wert wirklich gesetzt und nach seinen verschiedenen Seiten hin entwickelt. Im Austauschprozess wird der Widerspruch zwischen dem Gebrauchswert und dem Wert der Waren nicht nur gesetzt, sondern in Form der Verdopplung der Waren in Ware und Geld auch gelöst. Aus diesem Grund ist der in den Waren eingeschlossene Widerspruch im Gegensatz zu der im 1. Kapitel gegebenen Entwicklung der Wertformen der *unmittelbare* Ausgangspunkt für die allgemeine Wertform.

In welcher Weise im Austausch der Widerspruch zwischen Gebrauchswert und Wert gesetzt und in der Verdopplung der Waren in Ware und Geld seine Lösung findet, wird später ausführlich betrachtet. Vorher aber soll noch einmal das oben schon angesprochene Problem behandelt werden, warum die allgemeine Wertform eine Eigentümlichkeit aufweist, die es notwendig macht, über die mit der theoretischen Abstraktion vorgenommenen Umkehrung der entfalteten Wertform hinaus auf das wirkliche Aufeinanderwirken der Waren im Austauschprozess zu verweisen.

Um dieses Problem zu lösen, muss Folgendes erklärt werden: In der allgemeinen Wertform stellen alle Waren gemeinsam ihren Wert in dem von ihren Gebrauchswerten verschiedenen Gebrauchswert einer dritten Ware dar. Mit dem *gemeinsamen* »Tun« der Waren ist *ein Moment* angesprochen, das in der einfachen Umkehrung der entfalteten Wertform, durch die die allgemeine Wertform nur per theoretische Abstraktion gewonnen wird, *gar nicht* enthalten sein kann. Dieses Moment stellt etwas ganz Spezifisches dar, das nur dem Austauschprozess als dem reellen Entstehungsprozess des Geldes angehören kann.

Ein Verweis auf den wirklichen gesellschaftlichen Entstehungsprozess des Geldes ist nicht erforderlich, wenn es allein darum geht, die *Notwendigkeit* der allgemeinen Äquivalentform als die dem Wert *adäquate* Erscheinungsform einsichtig zu machen.

Indem die allgemeine Wertform rückbezüglich in der entfalteten enthalten ist, handelt es sich um ein einfaches logisches Implikationsverhältnis. Wenn in der entfalteten Wertform *eine* Ware ihren Wert im Gebrauchswert *aller* anderen Waren darstellt, dann lässt sich ohne große Schwierigkeiten folgern: Alle Waren sind nur dann als Werte aufeinander bezogen, wenn umgekehrt auch *alle Waren ihren Wert gemeinsam* und *gleichzeitig* in *einer* einzigen Ware darstellen.

Dass die allgemeine Wertform eine Seite enthält, die nur durch den im 2. Kapitel dargestellten Austauschprozess zu erhellen ist, soll durch eine Kommentierung der folgenden Passage aus dem »Kapital« deutlich gemacht werden. In dieser geht es Marx selbst um den eigentümlichen Unterschied zwischen der einfachen und der entfalteten Wertform auf der einen und der allgemeinen Wertform auf der anderen Seite.

»Die beiden früheren Formen drücken den Wert je einer Ware, sei es in einer einzigen verschiedenartigen Ware, sei es in einer Reihe vieler von ihr verschiednen Waren aus. Beidemal ist es sozusagen das *Privatgeschäft* der einzelnen Ware, sich eine Wertform zu geben, und sie vollbringt es ohne Zutun der andren Waren. Diese spielen ihr gegenüber die bloß *passive Rolle* des Äquivalents. Die allgemeine Wertform entsteht dagegen nur als *gemeinsames Werk der Warenwelt*. Eine Ware gewinnt nur allgemeinen Wertausdruck, weil *gleichzeitig* alle andren Waren ihren Wert in demselben Äquivalent ausdrücken, und jede neu auftretende Warenart muß das nachmachen. Es kommt damit zum Vorschein, daß die Wertgegenständlichkeit der Waren, weil sie das bloß ›gesellschaftliche Dasein‹ dieser Dinge ist, auch nur durch ihre *allseitige gesellschaftliche Beziehung* ausgedrückt werden kann, ihre Wertform daher *gesellschaftlich gültige Form* sein muß.«[10] (Hervorhebungen – D. W.)

Zunächst soll auf das abgehoben werden, was in dem *»gemeinsamen Werk der Warenwelt«* enthalten ist und in die analytische Betrachtung der Ware fällt, wie sie von Marx im 1. Kapitel angestellt wird.

[10] Ebd., S. 80f.

In der ersten und zweiten Wertform verhält sich die Ware, die ihren Wert jeweils in einer oder vielen anderen Waren ausdrückt, *aktiv*. Die anderen Waren verhalten sich dagegen *passiv*, weil sie nur das als gegeben vorausgesetzte Material sind, worin sich der Wert der ersten Ware jeweils darstellt. Indem eine Ware als Wert von vornherein auf die anderen bezogen ist und in dieser Beziehung ihren Wert im Gebrauchswert der anderen Waren ausdrückt, »betreibt« die auf diese Weise sich »aktiv« verhaltende Ware ein reines »Privatgeschäft«. Eine Ware muss nicht wirklich in den Austauschprozess mit den anderen Waren eintreten, um ihren Wert jeweils im Gebrauchswert einer bzw. in einer Vielzahl anderer Gebrauchswerte auszudrücken. Bei diesem »Privatgeschäft« handelt es sich nicht um die aus dem wirklichen Austausch der Waren bestehende allseitige gesellschaftliche Aktion, bei der alle Waren im Vollzug des wirklichen Austauschs aktiv beteiligt sind, sondern lediglich um die Aktion einer einzelnen Ware, mit der die Aktion der anderen Waren gerade ausgeschlossen ist.

Dem »Privatgeschäft«, das die einzelne Ware in der einfachen und der entfalteten Wertform »betreibt« und das sie »ohne Zutun« der anderen Waren vollbringt, setzt Marx das »gemeinsame Werk der Warenwelt« entgegen, durch das allein die allgemeine Wertform entstehen soll. Das »gemeinsame Werk der Warenwelt« enthält zwei im Folgenden auseinander zu haltende Komponenten. Das »gemeinsame Werk der Warenwelt« beschränkt sich einmal darauf, dass eine Ware nur zum allgemeinen Äquivalent werden kann, wenn nicht nur eine, sondern *alle* Waren *aktiv* sind, insofern sie ihren Wert im Gebrauchswert einer von ihnen verschiedenen Ware ausdrücken. Sind die Waren in diesem Sinne aktiv, dann ist damit aber noch nicht alles erfasst, worum es in dem »gemeinsamen Werk der Warenwelt« geht. Alle Waren sind nämlich nur unabhängig voneinander, d.h. jede für sich genommen aktiv, insofern sie ihren Wert in dem Gebrauchswert jener vor allen anderen ausgezeichneten Ware darstellen. Als aktiv kann in diesem Sinne nur der Vorgang bezeichnet werden, worin die Waren ihren Wert im Gebrauchswert der anderen Ware darstellen, ohne Rücksicht darauf, ob eine Ware ihren Wert im Gebrauchswert einer oder der Reihe nach in den Gebrauchswerten vieler anderer Waren darstellt. Die Waren sind aktiv, weil sie ihren Wert im Gebrauchswert anderer Waren *ausdrücken*, die sich jeweils passiv verhalten. Zu dem zweiten Moment, das in dem »gemeinsamen Werk der Warenwelt« eingeschlossen ist, gelangt man, wenn man die Frage beantwortet: Warum ist es ausgerechnet *ein und dieselbe* Ware, worin alle anderen Waren ihren Wert ausdrücken?

Um diese Frage leichter beantworten zu können, sei vorgreifend darauf verwiesen, dass alle Waren erst im Austauschprozess als Einheiten von Gebrauchswert und Wert aufeinander bezogen werden. In ihrem Aufeinanderwirken im Sinne des unter der Beteiligung von allen sich vollziehenden Austauschens wird eine Ware ausgeschlossen, in der alle anderen gemeinsam ihren Wert darstellen können. Mit der Umkehrung der entfalteten Wertform findet ein Übergang von einer Wertform in eine andere statt, den es, so wie er im ersten Kapitel des »Kapital« per theoretische Abstraktion vorgenommen wird, niemals in der ökonomisch-gesellschaftlichen Realität geben kann.

Für den Nachweis der Notwendigkeit der allgemeinen Wertform reicht es aus, dass alle Waren *dasselbe* tun, nämlich im Gebrauchswert ein und derselben Ware den Wert darzustellen. Mit der entfalteten Wertform hat man ja bereits die Ware, in der dann in der allgemeinen Wertform alle Waren gemeinsam ihren Wert ausdrücken. In der mit der Ausgangssituation des Austauschs gegebenen gesellschaftlichen Wirklichkeit ist aber keine Ware vor der anderen in diesem Sinne ausgezeichnet. Dass überhaupt eine Ware zum allgemeinen Äquivalent wird (was auch, worauf hier nicht einzugehen ist, von ihrem Material abhängt), ist in der gesellschaftlichen Realität erst das Resultat des wirklichen Aufeinanderwirkens der Waren bzw. Resultat ihres Austauschprozesses.

Beim Übergang von der entfalteten in die allgemeine Wertform kann diese Dimension des praktisch-gesellschaftlichen Prozesses, in dem erst eine Ware von allen Waren zum allgemeinen Äquivalent gemacht werden kann, ausgeklammert werden. Die Erklärung für den besonderen Tatbestand, dass die Waren sozusagen dazu imstande sind, dafür zu sorgen, dass es ausgerechnet ein und dieselbe Ware ist, in der sie ihren Wert darstellen, braucht nicht gegeben zu werden. Eine allgemeine Wertform gibt es nur, wenn alle Waren gemeinsam ihren Wert in einer von ihnen verschiedenen dritten Ware darstellen. Da diese dritte in der Entwicklung der Wertformen mit der entfalteten Wertform bereits gegeben ist, ist es auch nicht nötig nachzuweisen, in welcher Weise sie überhaupt erst im Austausch der einfach bestimmten Waren als die Ware hervorgeht, in der sie alle ihren Wert darstellen. Wie dies Resultat im Übergang von der entfalteten zur allgemeinen Wertform im 1. Kapitel des »Kapital« zustande kommt, lässt sich als logische Schlussfolgerung kennzeichnen, insofern man von einer Wertform auf die in ihr rückbezüglich eingeschlossene andere Wertform schließt. Ohne es ausdrücklich zu betonen, nimmt man bei diesem per theoretische Abstraktion bewerkstelligten Übergang an, jede Ware würde unabhängig von der anderen ihren Wert im Gebrauchswert einer Ware darstellen. Es ist das wissenschaftliche Bewusstsein, das mit der entfalteten Wertform bereits eine Ware fixiert, in der dann alle anderen Waren ihren Wert darstellen. Zwar kommt hierdurch mit der allgemeinen Wertform etwas zustande, was niemals das »Privatgeschäft« einer einzelnen Ware sein kann. Dennoch wird von dem, was sich wirklich im Prozess des gemeinsamen Ausschließens einer Ware zwischen allen Waren abspielt, nicht mehr erfasst, als dass jede Ware für sich genommen, d.h. unabhängig von den anderen und damit in privatgeschäftlicher Weise ihren Wert im Gebrauchswert der auserwählten Ware darstellt.

Wird die entfaltete Wertform per theoretische Abstraktion umgekehrt, dann kann von den Waren gesagt werden, sie seien *aktiv*, indem sie ihren Wert im Gebrauchswert einer Ware *ausdrücken*. Was in der entfalteten Wertform eine Ware tut, tun jetzt alle Waren. Ohne Rücksicht darauf, wie dies überhaupt möglich ist, bleibt noch der Eindruck bestehen, jede Ware wäre unabhängig von der anderen *für sich genommen* aktiv. Die Aktivität der Waren in allen drei Wertformen besteht darin, dass sie ihren Wert im Gebrauchswert einer anderen Ware darstellen, die ihnen gegenüber sich passiv verhält.

In dem aber in der dritten Wertform alle Waren gemeinsam ihren Wert in einer von ihnen verschiedenen Ware darstellen, muss auf eine Aktivität rekurriert werden, durch die erklärt wird, warum diese Ware ausgerechnet für alle anderen *ein und dieselbe* ist. Denn würde jede Ware in dem oben explizierten Sinne unabhängig von den anderen Waren für sich genommen aktiv sein, dann wäre es unmöglich, dass die Ware, in der alle Waren ihren Wert darstellen, ein und dieselbe ist. Wird die Entstehung der allgemeinen Wertform mit der Umkehrung der entfalteten erklärt, dann kann es nach wie vor das Privatgeschäft einer jeden einzelnen Ware sein, in der Beziehung zu einer anderen Ware ihren Wert in dieser darzustellen. Hierbei hat man die Aktivität der Waren allein auf den Vorgang des Sich-Darstellens des Werts beschränkt. Die in der per theoretische Abstraktion bewerkstelligte Umkehrung der entfalteten Wertform *nicht sichtbare* Aktivität der Waren besteht nicht nur darin, dass alle Waren ihren Wert gemeinsam in einer Ware *ausdrücken*, sondern darin, dass alle Waren ihren Wert gemeinsam *in ein und derselben* Ware ausdrücken. Das wissenschaftliche Bewusstsein tritt im 1. Kapitel des »Kapital« gleichsam an die Stelle des wirklichen Austausches der Waren als bloßen Einheiten von Gebrauchswert und Wert, d.h. an die Stelle des gesellschaftlichen Prozesses, worin es allein dazu kommen kann, dass alle Waren ausgerechnet in ein und derselben, von ihnen verschiedenen Ware ihren Wert darstellen. Daher wird auf Ebene des 1. Kapitels nur insofern über das privatgeschäftliche Tun der einzelnen Ware hinausgegangen, als das wissenschaftliche Bewusstsein die Summe des privatgeschäftlichen Tuns der einzelnen Waren bildet. *Ohne Verweis auf den Austauschprozess wird gar nicht verständlich, weshalb in der allgemeinen Wertform das die einfache und entfaltete Wertform auszeichnende privatgeschäftliche Tun der einzelnen Ware aufgehoben ist.* Im Zuge der per theoretische Abstraktion vorgenommenen Umkehrung der entfalteten Wertform zu sagen, alle Waren stellten nun gemeinsam ihren Wert in ein und derselben Ware dar, hebt für sich genommen noch nicht das privatgeschäftliche Tun der Waren auf; denn hierfür reicht die Bildung der Summe des privatgeschäftlichen Tuns der einzelnen Waren aus. Dies ist nicht zuletzt deswegen möglich, weil mit der entfalteten Wertform die Ware, in der alle gemeinsam ihren Wert darstellen, bereits feststeht, bevor die Waren dies selbst in ihren eigenen, aus ihrem Austausch bestehenden sachlichen Beziehungen zustande bringen können.

Da die Entstehung des Geldes von einer Situation aus erklärt werden muss, in der es selbst noch nicht unterstellt ist und die Waren sich folglich nur als Einheiten von Gebrauchswert und Wert gegenüberstehen, geht in der ökonomisch-gesellschaftlichen Wirklichkeit der gemeinsamen Beziehung aller Waren auf eine von ihnen verschiedene dritte Ware ihre davon zunächst noch unabhängige Beziehung als bloße Einheiten von Gebrauchswert und Wert voraus. Die gemeinsame Beziehung auf eine dritte Ware ist nur als das Resultat des Austauschs der Waren gegeben, worin unter Beteiligung aller Waren auch in einer für alle verbindlichen Weise eine Ware ausgeschlossen wird, worin sie ihren Wert darstellen. Auch diese eine Ware verhält sich zunächst in demselben Sinne aktiv wie die anderen, weil sie an dem Prozess ihres eigenen Ausschließens beteiligt ist. Im Austauschprozess sind alle Waren in gleicher Weise am Ausschließen einer Ware beteiligt. Da eine Ware von *allen* Waren in einem »gemeinsamen Werk« ausgeschlossen wird, ist diese auch eine *für alle* ausgeschlossene.

Solange man noch annehmen kann, die Waren bringen das Kunststück fertig, unabhängig voneinander, ohne mit den anderen Waren in einen gesellschaftlichen Kontakt getreten zu sein, übereinstimmend ihren Wert ausgerechnet im Gebrauchswert ein und derselben, von ihnen verschiedenen Ware darzustellen, wird eine Dimension der Entstehung des Geldes ausgespart, welche nur mit dem im 2. Kapitel des »Kapital« von Marx dargestellten Austauschprozess erfasst wird. Nur wenn man den Austauschprozess der einfach bestimmten Waren als abgelaufen unterstellt, lässt sich über sein Resultat in der ökonomisch-gesellschaftlichen Wirklichkeit dasselbe sagen, wie beim Übergang von der entfalteten in die allgemeine Wertform. Alle Waren haben – und hiermit ist die Funktion des Geldes als Maß der Werte angesprochen – gemeinsam ihren Wert im Gebrauchswert ein und derselben, von ihnen verschiedenen Ware dargestellt. Hinter dieser Gemeinsamkeit ist aber der wesentliche, mit der allseitigen Aktion der Waren bezeichnete Unterschied verschwunden, ohne den die Entstehung des Geldes *unvollständig* ist und, wie später noch gezeigt wird, mystisch-idealistisch verfälscht wird.

Die im 1. Kapitel von Marx gegebene Entwicklung der Wertformen hat sich lediglich als eine Seite des gedanklichen Nachvollzugs der die Warenzirkulation als Ware-Geld-Beziehung vermittelnden, in ihr aber zugleich ausgelöschten Bewegung erwiesen. In der von der Ware und dem Verhältnis zweier Waren zueinander ausgehenden Entwicklung der Wertformen wird das allgemeine Äquivalent nur nach einer Seite hin als Resultat begriffen. Die Beziehung der Waren zueinander ist eine bloß »theoretische, gedachte«, und das allgemeine Äquivalent ist selbst noch eine bloße Abstraktion, insofern es durch die per theoretische Abstraktion bewerkstelligte Umkehrung der entfalteten Wertform zustande kommt. Der Austauschprozess als der reelle praktisch-gesellschaftliche Prozess bleibt also noch ausgespart. In ihm allein ist es möglich, dass alle Waren gemeinsam ausgerechnet ihren Wert im Gebrauchswert *ein und derselben*, von ihnen verschiedenen Ware ausdrücken. Mit der Entfaltung der Wertformen wird bewiesen, *dass* die Waren auf *diese* Weise wirklich als Werte aufeinander bezogen werden. Darüber aber, *wie* dies überhaupt geschehen kann, erfährt man noch nichts. Es sei denn, man versteht die Rede »von dem gemeinschaftlichen Werk der Warenwelt« als einen Hinweis auf den im 2. Kapitel des »Kapital« analysierten Austauschprozess.

Das, was bisher über den beim Übergang von der entfalteten zur allgemeinen Wertform notwendigen Verweis auf den im 2. Kapitel des »Kapital« dargestellten Austauschprozess ausgeführt worden ist, soll im Folgenden durch eine Betrachtung der – *vierten* Wertform bestätigt und ergänzt werden, die Marx in der »1. Auflage« des »Kapital« behandelt.[11]

Innerhalb der im 1. Kapitel des »Kapital« vorgenommenen analytischen Betrachtung der Ware, in der diese als Repräsentant ihrer Gattung vorgestellt wird, können die entwickelten Waren- oder Wertformen *jeder* Ware zukommen. Was die entfaltete Wertform anbelangt, so kann jede Ware ihren Wert der Reihe nach in einer Vielfalt anderer Waren ausdrücken. Jede der Waren, die jeweils ihren Wert in den anderen Waren darstellt, ist in dem bereits dargelegten Sinne *aktiv.* Die Waren, in denen jeweils die anderen ihren Wert ausdrücken, verhalten sich dagegen *passiv*. Indem in dieser IV. Wertform der Reihe nach jede Ware unter dem Aspekt aufgenommen wird, unter dem sie aktiv ist und ihren Wert im Gebrauchswert der anderen Ware darstellt, wird aber der oben schon beschriebene privatgeschäftliche Charakter dieses Tuns nicht aufgehoben. Zwischen den einzelnen Waren, die jeweils aktiv ihren Wert in den anderen Waren darstellen, gibt es keinen aus dem wirklichen Austausch bestehenden gesellschaftlichen Kontakt. Indem man nun die Summe dieser Privatgeschäfte der einzelnen Waren bildet, entstehen so viele entfaltete Wertformen, wie es Waren gibt. Kehrt man nun dieses von Marx als die IV. Wertform bezeichnete Schema, in dem *jede* Ware ihren Wert jeweils im Gebrauchswert der anderen Waren ausdrückt, um, dann entstehen jetzt ebenso viele *allgemeine* Wertformen wie es vorher entfaltete Wertformen bzw. Waren gab. »Aber jede dieser Gleichungen *rückbezogen* ergiebt Rock, Kaffee, Thee u.s.w. als allgemeines Aequivalent, daher den Werthausdruck in Rock, Kaffee, Thee u.s.w. als allgemeine relative Werthform aller andern Waaren. Die allgemeine Aequivalentform kommt immer nur einer Waare zu im Gegensatz zu allen andern Waaren; aber sie kommt *jeder* (Hervorhebung – D. W.) Waare im Gegensatz zu allen andren zu.«[12] Werden in diesem Sinne alle Waren in allgemeine Äquivalente verwandelt, dann gibt es *keine* Ware, die ein allgemeines Äquivalent ist.

Durch die Umkehrung der Summe aller entfalteter Wertformen entsteht eine Situation, in der sich die gewonnenen allgemeinen Äquivalentformen wechselseitig aufheben im Sinne von »Zerstören«. Hiermit ist bewiesen, dass das allgemeine Äquivalent weder das Resultat irgendeines privatgeschäftlichen Tuns der einzelnen Waren sein kann noch vollständig mit der per theoretische Abstraktion gewonnenen Umkehrung der entfalteten Wertform erklärt werden kann. Die Entstehung

[11] Das Kapital, 1. Auflage, MEGA II/5, a.a.O., S. 43.

[12] Ebd.

der entfalteten Wertform ist sozusagen eine »privatgeschäftlich betriebene Angelegenheit der einzelnen Ware«. Dass das allgemeine Äquivalent niemals Resultat dieses »privatgeschäftlichen Tuns« sein kann, zeigt sich, indem jedes darin zustande gekommene »private« allgemeine Äquivalent das andere davon ausschließt, wirklich allgemein zu sein.

Von der Entstehung des Geldes in der ökonomisch-gesellschaftlichen Wirklichkeit verbirgt sich im Übergang von der entfalteten in die allgemeine Wertform viel mehr als von ihr durch die bloße Umkehrung der entfalteten Wertform erfasst wird, die per theoretische Abstraktion vorgenommen wird. Man kann mittels dieser Umkehrung zeigen, inwiefern das allgemeine Äquivalent die dem Wert der Waren adäquate Daseinsweise ist. Es wird dann aber diese Daseinsweise bedingende gemeinschaftliche Werk der Waren selbst noch oberflächlich und einseitig erfasst, insofern es den oben bereits enthüllten »privatgeschäftlichen« Charakter besitzt. Dieser haftet der im 1. Kapitel des »Kapital« gegebenen Entwicklung der allgemeinen Wertform an, weil diese durch die bloße, vom wissenschaftlichen Bewusstsein vollzogene Umkehrung der entfalteten Wertform zustande kommt. Erst der Verweis auf den im 2. Kapitel des »Kapital« dargestellten Austauschprozess befreit das von Marx im 1. Kapitel angeführte »gemeinsame Werk der Warenwelt« von dem Verdacht, einen die allgemeine Wertform gerade verhindernden »privatgeschäftlichen« Charakter zu besitzen.

Erst in dem aus dem Austausch bestehenden wirklichen Aufeinanderwirken der Waren als bloßen Einheiten von Gebrauchswert und Wert geht die Beziehung aller Waren auf ein und dieselbe, von ihnen verschiedene Ware als ihrer allgemeinen Wertgestalt hervor. Daher muss im 1. Kapitel des »Kapital« über den dort dargelegten Übergang von der entfalteten in die allgemeine Wertform hinaus auf den praktisch-gesellschaftlichen Entstehungsprozess der letzteren verwiesen werden. Erst das wirkliche Aufeinanderwirken der Waren kann auch ein für alle Waren verbindliches Resultat haben. Dies schwebt dann nicht in seiner Allgemeinheit als gedankliche Abstraktion gleichsam über den Waren, sondern ist aus ihren eigenen sachlichen Beziehungen zueinander hervorgegangen.

In dem im 2. Kapitel dargestellten Austauschprozess geht es nicht nur darum, eine Ware ausfindig zu machen, mit der die Äquivalentform für immer verwächst. Vielmehr geht es im Austauschprozess überhaupt erst um die Entstehung eines allgemeinen Äquivalents, egal, welche Ware diese Rolle auf Dauer übernimmt. Wäre dies nicht so, dann müsste man nicht, wie Marx dies aber tut, die Analyse des Austauschs mit einer Ausgangssituation beginnen, in der sich die Waren als bloße, noch nicht preisbestimmte Einheiten von Gebrauchswert und Wert gegenüberstehen.

Soweit die Beziehung der Waren zueinander im ersten Kapitel des »Kapital« aufgenommen wird, kann Marx zeigen, *dass* es eine allgemeine Wertform bzw. ein allgemeines Äquivalent geben muss, worin die Waren wirklich als Werte aufeinander bezogen sind. Es konnte aber noch nicht gezeigt werden, wie das allgemeine Äquivalent entsteht, d.h. wie es aus dem wirklichen Aufeinanderwirken der Waren naturwüchsig im Austausch hervorgeht.

Kapitel 5
Die unterschiedliche Betrachtung der Ware als widersprüchliche Einheit von Gebrauchswert und Wert auf den Darstellungsebenen des ersten und zweiten Kapitels des »Kapital«

Der in den Waren eingeschlossene Widerspruch zwischen dem Gebrauchswert und dem Wert, der sich dadurch löst, dass die Waren ihren Wert im Gebrauchswert einer von ihnen verschiedenen Ware darstellen, wird von Marx sowohl im ersten als auch im zweiten Kapitel des »Kapital« zum Gegenstand der Analyse der ökonomisch-gesellschaftlichen Wirklichkeit gemacht. Auf das Letztere wird ausführlich erst in Teil 3, Kapitel 1 und in Teil 4, Kapitel 1 eingegangen.

Für die Entwicklung der Wertform stellt sich das Problem, in welcher Weise der Widerspruch zwischen dem Gebrauchswert und dem Wert jeweils im ersten und zweiten Kapitel des »Kapital« auftritt. In der »1. Auflage« des »Kapital« und in »Zur Kritik der Politischen Ökonomie« charakterisiert Marx den Unterschied, der zwischen den Darstellungsebenen des ersten und zweiten Kapitels des »Kapital« besteht, wie folgt: Als Einheit von Gebrauchswert und Wert wird die Ware im ersten Kapitel »analytisch bald unter dem Gesichtspunkt des Gebrauchswerths, bald unter dem Gesichtspunkt des Tauschwerths betrachtet«.[1] Je nachdem, ob die Ware Gegenstand des ersten oder des zweiten Kapitels des »Kapital« ist, ist sie auf eine *unterschiedlich* entwickelte Weise *Einheit von Gebrauchwert und Wert.* Die Abstraktionsstufe des ersten Kapitels zeichnet sich dadurch aus, dass auf ihr die Einheit von Gebrauchswert und Wert eine »unmittelbare«[2] ist. Zu der unter abwechselnden Gesichtspunkten vorgenommenen analytischen Betrachtung der Ware, die sich bis zur allgemeinen Äquivalentform und zur von dieser qualitativ nicht mehr verschiedenen Geldform erstreckt, gehört, dass die Beziehung der Waren aufeinander »nur eine theoretische, gedachte« ist.

[1] Das Kapital, 1. Auflage, MEGA II/5, a.a.O., S. 51.
[2] Ebd.

Im Verhältnis zweier Waren zueinander, das Marx im ersten Kapitel behandelt, wird der den Waren immanente Gegensatz von Gebrauchswert und Wert als ein äußerer dargestellt. Der Austausch, worin die Waren »zunächst unvergoldet, unverzuckert, wie der Kamm ihnen gewachsen ist ... (eingehen), produziert eine Verdopplung der Ware in Ware und Geld, einen äußeren Gegensatz, worin sie (die Waren – D. W.) ihren immanenten Gegensatz von Gebrauchswert und Wert darstellen.«[3] So wichtig diese Gemeinsamkeit zwischen der »theoretischen, gedachten« Beziehung der Waren zueinander (1. Kapitel) und dem praktisch-gesellschaftlichen Prozess ist, worin die Waren wirklich als Ganzes aufeinander bezogen werden (Austauschprozess), so wenig darf der Unterschied vergessen werden, der zwischen diesen beiden Beziehungen der Waren zueinander besteht. Die »theoretische, gedachte« Beziehung der Waren zueinander ist es, von der gilt, dass Marx mit ihrer Hilfe die Waren »analytisch bald unter dem Gesichtspunkt des Gebrauchswerths, bald unter dem Gesichtpunkt des Tauschwerths betrachtet«[4] hat. Auf der hierdurch sich auszeichnenden Abstraktionsstufe, die Marx im ersten Kapitel des »Kapital« einhält, sei die Ware nicht nur eine Einheit von Gebrauchswert und Wert, sondern spezifischer eine *»unmittelbare Einheit«*. Aus diesem Grund sei sie daher auch »ein unmittelbarer *Widerspruch*«. Gegenüber der »theoretischen, gedachten« Weise, in der die Waren im ersten Kapitel in Beziehung zueinander stehen, ist für Marx der von ihm im zweiten Kapitel des »Kapital« dargestellte *»Austauschprozeß«* die »*wirkliche* Beziehung der Waaren aufeinander«, worin sie »als ein Ganzes wirklich auf andere Waaren bezogen«[5] werden. Marx betrachtet den Austauschprozess als die wirkliche Beziehung der Waren aufeinander, weil in ihm die Waren tatsächlich die Hände wechseln und nicht nur wie im ersten Kapitel in Gedanken aufeinander bezogen werden. Als Träger der einfach bestimmten Waren verhalten sich die Warenbesitzer in einer durch den Austausch jener Waren bestimmten Weise. Im Austausch wird in einer naturwüchsigen, d.h. in einer für die Warenbesitzer immer auch unbewussten Weise das Geld hervorgetrieben.

Da eine Ware überhaupt erst im Austauschprozess »als ein Ganzes wirklich auf andere Waaren bezogen« wird, würde sich in ihm auch erst der Widerspruch zwischen dem Gebrauchswert und dem Wert »entwickeln«. Insofern es in dem im zweiten Kapitel dargestellten praktisch-gesellschaftlichen Prozess die einfachen, nicht preisbestimmten Waren als bloße Einheiten von Gebrauchswert und Wert sind, die als ein Ganzes wirklich aufeinander bezogen werden und die von Marx im ersten Kapitel zunächst behandelte einzelne Ware ebenso eine bloße Einheit von Gebrauchswert und Wert ist, handelt es sich auf beiden Darstellungsebenen um ein und denselben, in den Waren eingeschlossenen Widerspruch zwischen dem Gebrauchswert und dem Wert. Wie dieser Widerspruch im praktisch-gesellschaft-

[3] Das Kapital, MEW 23, a.a.O., S. 119.
[4] Das Kapital, 1. Auflage, MEGA II/5, a.a.O., S. 51.
[5] Ebd.

lichen Prozess einmal ein entwickelter ist, so ist er ein andermal, nämlich in der »theoretischen, gedachten« Beziehung der Waren aufeinander, ein unmittelbarer. Betrachtet man unter Abstraktion von dem, was die Warenbesitzer tun und denken, das in den praktisch-gesellschaftlichen Prozess eingeschlossene gesellschaftliche Verhältnis der Waren für sich und nimmt man sich aus diesem Verhältnis eine einzelne Ware heraus, die als Wert von vornherein auf alle anderen Waren bezogen ist, dann ist die Ware nur noch ein unmittelbarer Widerspruch, ebenso wie sie nur noch eine unmittelbare Einheit »zweier Entgegengesetzter« ist. Wie dieser Sachverhalt an die »theoretische, gedachte« Beziehung der Waren zueinander und an die analytische Betrachtungsweise gebunden ist, soll im Folgenden gezeigt werden.

Die Waren gehen »unverzuckert, unvergoldet, wie der Kamm ihnen gewachsen ist« als bloße Einheiten von Gebrauchswert und Wert in den Austauschprozess ein. Um deutlich zu machen, warum die Waren im zweiten Kapitel auf eine andere Weise als im ersten als Einheiten von Gebrauchswert und Wert behandelt werden, sagt Marx, sie werden im Austauschprozess als *Ganzes wirklich* aufeinander bezogen, weil sie sich auf wechselseitig sich bedingende Weise in den Händen eines jeweils anderen Warenbesitzers sowohl als Wert wie auch als Gebrauchswert bewähren müssen. Der Gebrauchswert der Waren ist für ihren Besitzer jeweils ohne Bedeutung. Er behandelt seine Ware als Tauschmittel, mit dessen Hilfe er sich eine andere Ware aneignen will, deren Gebrauchswert sein Bedürfnis befriedigt. Indem der Besitzer seine Ware in diesem Sinne als »Nicht-Gebrauchswert« behandelt, fungiert der Gebrauchswert seiner Ware nur als Träger von Wert. Als Gebrauchswert muss sich die Ware in den Händen eines anderen Warenbesitzers bewähren. Was die Ware als Gebrauchswert ist, muss sie erst noch »*werden*, zunächst für andere. ... Andererseits muß sie Gebrauchswert *für ihn selbst* werden, denn außer ihr, in den Gebrauchswerten fremder Waren, existieren seine Lebensmittel. Um als Gebrauchswert zu *werden*, muß die Ware dem besonderen Bedürfnis gegenübertreten, wofür sie Gegenstand der Befriedigung ist. Die Gebrauchswerte der Waren *werden* also Gebrauchswerte, indem sie allseitig die Stellen wechseln, aus der Hand, worin sie Tauschmittel, übergehen in die Hand, worin sie Gebrauchsgegenstände. Nur durch diese allseitige *Entäußerung* der Waren wird die in ihnen enthaltene Arbeit nützliche Arbeit. In dieser *prozessierenden* Beziehung der Waren aufeinander als Gebrauchswerte erhalten sie keine neue ökonomische Formbestimmtheit.«[6]

Die Ware kann sich erst dann als Gebrauchswert bewähren, d.h. wirklich in die Konsumtion eingehen, wenn sie zuvor in den Austauschprozess eingegangen ist bzw. die allseitige Entäußerung der Waren stattgefunden hat. Das Dasein der Waren »für den Austausch ist ihr Dasein als Tauschwerte. Um sich daher als Gebrauchswerte zu verwirklichen, müssen sie sich als Tauschwerte verwirklichen.«[7]

[6] Zur Kritik der Politischen Ökonomie, MEW 13, a.a.O., S. 28f.
[7] Ebd., S. 29.

Unmittelbar ist die Ware »nur vergegenständlichte individuelle Arbeitszeit von besonderem Inhalt, nicht *allgemeine* Arbeitszeit. Sie ist daher *nicht* unmittelbar Tauschwert, sondern muß erst solcher *werden*. Zunächst kann sie nur Vergegenständlichung der allgemeinen Arbeitszeit sein, soweit sie Arbeitszeit in bestimmter nützlicher Anwendung, also in einem Gebrauchswert darstellt. Dies war die stoffliche Bedingung, unter der allein die in den Waren enthaltene Arbeitszeit als allgemeine, gesellschaftliche vorausgesetzt war. Wenn die Ware daher nur als Gebrauchswert werden kann, indem sie sich als Tauschwert verwirklicht, kann sie sich andrerseits nur als Tauschwert verwirklichen, indem sie sich in ihrer Entäußerung als Gebrauchswert bewährt.«[8]

Als Einheit von Gebrauchswert und Wert ist die Ware eine Einheit von Gegensätzen und damit, wie bereits gezeigt, ein Widerspruch. Wird die Einheit von Gebrauchswert und Wert als eine unmittelbare gekennzeichnet, dann ist selbstverständlich auch der in der Ware enthaltene Widerspruch ein unmittelbarer. »Die Waare ist *unmittelbare Einheit von Gebrauchswerth und Tauschwerth*, also zweier Entgegengesetzen. Sie ist daher ein *unmittelbarer Widerspruch*.«[9] (Hervorhebung: unmittelbarer Widerspruch – D. W.)

Da die Waren in der einfachen Wertform und den anderen Wertformen bereits in ihren eigenen sachlichen Beziehungen zeigen, was sie sind, und sich ihre gegensätzlichen Bestimmungen von Gebrauchswert und Wert »ineinander reflektieren«, könnte man auf den Gedanken kommen, die analytische, unter abwechselnden Gesichtspunkten vorgenommene Betrachtungsweise der Ware bezöge sich nur auf die einzelne Ware, aber nicht auf die Entwicklung der Wertformen. In der einzelnen Ware fallen, wie bereits ausführlich gezeigt, die abstrakten Gegensätze von Gebrauchswert und Wert unmittelbar auseinander und unmittelbar zusammen. Wird die einzelne Ware als Gebrauchswert, dann wird sie nicht als Wert, und wird sie als Wert, dann nicht als Gebrauchswert fixiert. Die abwechselnd unter doppelten Gesichtspunkten vorgenommene analytische Betrachtung scheint sich von der einzelnen Ware her von selbst zu verstehen. Sie zeichnet sich also dadurch aus, dass der Gebrauchswert der Ware festgehalten und dann einseitig der Wert unter dem Aspekt betrachtet wird, wie er sich im Gebrauchswert einer oder mehrerer Waren darstellt.

Bei der Betrachtung des Verhältnisses zweier Waren zueinander geht es aber auch bei dem Gebrauchswert der zweiten Ware nicht darum, dass dieser sich erst in der Hand des Warenbesitzers der ersten Ware als Gebrauchwert bewährt. Der Gebrauchswert der zweiten Ware ist vielmehr nur als Träger des Werts der ersten Ware von Bedeutung. Das hier über die einfache Wertform Ausgeführte gilt auch für die entfaltete und allgemeine Wertform: In der entfalteten Wertform geht es in Weiterführung von dem, was sich bereits in der einfachen Wertform ergeben hat,

[8] Ebd.

[9] Das Kapital, 1. Auflage, MEGA II/5, a.a.O., S. 51.

darum, wie sich der Wert der Reihe nach im Gebrauchswert der anderen Ware darstellt. Aus der per theoretischen Abstraktion bewerkstelligten Umkehrung der entfalteten Wertform entstanden, wird auch in der allgemeinen Wertform der Gebrauchswert der Waren fixiert, um die Beziehung der Waren zueinander einseitig und unter dem Gesichtspunkt des Werts zu betrachten. Es geht darum, wie sich der Wert aller Waren gemeinsam im Gebrauchswert irgendeiner anderen, von ihnen verschiedenen Ware darstellt.

Im ersten Kapitel werden die Waren als Gebrauchswerte festgehalten. Es wird unterstellt, dass sie verschiedene Gebrauchswerte sind. Die Beziehung der Waren aufeinander ist aber nicht »gleichzeitig ihre Beziehung als qualitativ verschiedene Dinge, als besondre Gebrauchswerte für besondre Bedürfnisse, kurz, sie als wirkliche Gebrauchswerte unterscheidende Beziehung«.[10] Nachdem die Waren einmal als Gebrauchswerte unterstellt werden, spielt ihre Entäußerung im Sinne des wirklichen Werdens der Waren als Gebrauchswerte noch keine Rolle. Dass der Wert der Waren sich im Gebrauchswert einer anderen Ware darstellen muss, lässt sich folglich für die Beziehung der Waren zueinander zeigen, insofern diese eine bloß »theoretische, gedachte« ist. Stellt sich der Wert der Ware im Gebrauchswert einer anderen dar, dann ist dies damit identisch, dass die gegensätzlichen Bestimmungen von Gebrauchswert und Wert *nicht* auseinander fallen, sondern sich *ineinander reflektieren.* »Ebenso wird die im Gebrauchswerth enthaltene *konkrete* nützliche Arbeit zu ihrem eignen Gegentheil, zur bloßen Verwirklichungsform *abstrakter* menschlicher Arbeit. Statt auseinanderzufallen, reflektiren sich die gegensätzlichen Bestimmungen der Waare hier in einander.«[11]

Ist die Ware im Austauschprozess noch auf eine andere Weise Einheit von Gebrauchswert und Wert, dann enthält sie damit auch noch auf eine andere Weise einen Widerspruch. Werden die Waren im Austauschprozess wirklich als Ganzes aufeinander bezogen, indem sie sich gleichzeitig und in wechselseitig sich bedingender Weise als Gebrauchswerte und Werte bewähren müssen, dann ist der in den Waren enthaltene Widerspruch kein unmittelbarer mehr, sondern einer, der sich entwickelt hat. »Dieser Widerspruch muß sich entwickeln, sobald sie (die Ware – D. W.) nicht wie bisher analytisch bald unter dem Gesichtspunkt des Gebrauchswerths, bald unter dem Gesichtspunkt des Tauschwerths betrachtet, sondern als ein Ganzes wirklich auf andere Waaren bezogen wird. Die *wirkliche* Beziehung der Waaren aufeinander ist aber ihr *Austauschprozeß.*«[12]

In der Ausgangssituation des Austauschprozesses macht jeder Warenbesitzer seine Ware insofern zum allgemeinen Äquivalent, als er alle anderen Waren gegen seine für unmittelbar austauschbar hält. Da aber alle Warenbesitzer dasselbe tun,

---

[10] Zur Kritik der Politischen Ökonomie, MEW 13, a.a.O., S. 30.
[11] Das Kapital, 1. Auflage, MEGA II/5, a.a.O., S. 32.
[12] Ebd., S. 51.

schließen sie wechselseitig ihre Waren von der Funktion, das allgemeine Äquivalent zu sein, aus. Die Waren »stehn sich daher überhaupt nicht gegenüber als Waren, sondern nur als Produkte oder Gebrauchswerte«.[13] Wie die Waren wirklich als Werte aufeinander bezogen werden bzw. wie sie füreinander als Tauschwerte da sein müssen, hat Marx im »Kapital« vor der Darstellung des Austauschprozesses bereits im ersten Kapitel mit der von der Analyse der einzelnen Ware ausgehenden Entwicklung der Wertformen gezeigt. Die bereits im ersten Kapitel aufgedeckten »Gesetze der Warennatur« sind es, die sich im Austauschprozess im »Naturinstinkt der Warenbesitzer« betätigen, indem sie »ihre Waren nur als Werte und darum nur als Waren aufeinander beziehn, indem sie dieselben gegensätzlich auf irgendeine andre Ware als allgemeines Äquivalent beziehn«.[14]

Innerhalb des Austauschprozesses müssen sich die Waren in wechselseitig sich bedingender Weise als Gebrauchswerte und als Werte bewähren, ebenso wie sie sich in der aus ihrer allseitigen Entäußerung bestehenden Beziehung als das Doppelte, das sie sind, darstellen müssen. Hiermit ist auch ihre Beziehung als Werte aufeinander keine nur »theoretische, gedachte« mehr. Es ist aber ein und derselbe Widerspruch, der in der Ware als Gegenstand des ersten Kapitels ein *unmittelbarer* und in der Ware als Gegenstand des zweiten Kapitels ein *entwickelter* ist. Was daher über die Einheit der Gegensätze von Gebrauchswert und Wert und damit über die Grundlagen des Widerspruchs dargelegt worden ist, behält auch seine Gültigkeit für die im Austauschprozess »wirklich als Ganzes« aufeinander bezogenen Waren.

Was der Widerspruch zwischen dem Gebrauchswert und dem Wert der Waren ist, konnte inhaltlich verbindlich mit der »inneren notwendigen Zusammengehörigkeit« von Gebrauchswert und Wert und deren »gleichgültiger selbständiger Existenz gegeneinander« erklärt werden, welche zusammengenommen die Grundlage des Widerspruchs ausmachen. So wie die Grundlage des unmittelbaren und des sich entwickelnden Widerspruchs dieselbe ist, so besteht auch seine Lösung übereinstimmend darin, dass der den Waren immanente Gegensatz als ein äußerer gesetzt wird, sei dies nun in der »theoretischen, gedachten« Beziehung zweier Waren aufeinander oder in dem die Waren »wirklich als Ganzes« aufeinander beziehenden Austauschprozess.

Während die Ware als Gebrauchswert ein einzelnes, selbständiges Ding ist, ist sie als Wert auch ein Gesellschaftlich-Allgemeines, da er der gegenständliche Ausdruck der abstrakt-menschlichen und in dieser Form gesellschaftlich anerkannten Arbeit ist. Im Unterschied zu ihrem Gebrauchswert ist die Ware als Wert von vornherein auf alle anderen Waren bezogen. Um unabhängig von dem Denken und Tun der Warenbesitzer in der Welt der Waren die Wirkung des Allgemeinen auszuüben,

---

[13] Das Kapital, MEW 23, a.a.O., S. 101.
[14] Ebd.

muss – wie bereits gezeigt – das Allgemeine als Wert auch gegenständlich existieren. Die einzelne Ware aber existiert unmittelbar als Gebrauchswert, d.h. gegenständlich nach der Seite, nach der sie nur ein einzelnes, selbständiges Ding ist. Es besteht somit der Widerspruch zwischen dem Gebrauchswert und dem Wert der Ware als ein Widerspruch zwischen der Seite, nach der die Ware gegenständlich ein Allgemeines ist, und der Seite, nach der sie gegenständlich etwas Einzelnes ist. Dieser Widerspruch zwischen der Ware als Stofflich-Einzelnem und Gesellschaftlich-Allgemeinem löst sich derart im Verhältnis zweier Waren zueinander, dass der Gebrauchswert der ersten Ware als das Stofflich-Einzelne und der Gebrauchswert der zweiten Ware als das Gesellschaftlich-Allgemeine gilt. Was die einzelne Ware selbst im Widerspruch zu ihrem einzelnen Gebrauchswert als das Gesellschaftlich-Allgemeine ist, existiert selbständig ihr gegenüber in der Gestalt eines anderen einzelnen Gebrauchswerts. Mit der ebenso selbständigen wie gegenständlichen Existenz des Werts in dem Gebrauchswert einer anderen Ware hat sich etwas ergeben, was der unmittelbare, im ersten Kapitel dargestellte Widerspruch mit dem im zweiten Kapitel dargestellten sich im Austauschprozess entwickelnden Widerspruch gemeinsam hat: Der der Ware immanente Gegensatz hat sich als ein äußerer dargestellt.

Im Unterschied zum Austauschprozess, worin *alle* Waren wirklich als Einheiten von Gebrauchswert und Wert aufeinander bezogen werden, handelt es sich im ersten Kapitel einmal nur um die »theoretische, gedachte« Beziehung der Waren zueinander und dann zunächst auch nur um die von einer Ware aus entwickelte Beziehung zweier Waren zueinander. Die Ware, worin der Widerspruch enthalten ist, wird zunächst, für sich genommen, als einzelne betrachtet. Der Widerspruch findet dann in dem einfachen gesellschaftlichen Verhältnis zweier Waren zueinander seine erste Lösungsbewegung. Ob der Widerspruch ein unmittelbarer oder entwickelter ist, ob es sich um das »theoretische, gedachte« Verhältnis zweier Waren zueinander oder ob es sich schließlich um die wirkliche Beziehung der Waren im Austauschprozess zueinander handelt: Jedes Mal wird der Widerspruch zwischen dem Gebrauchswert und dem Wert dadurch gelöst, dass sich der Wert einer Ware im Gebrauchswert einer anderen, respektive der Wert aller Waren im Gebrauchswert einer von ihnen allen verschiedenen dritten Ware darstellt. Der in die einzelne Ware eingeschlossene unmittelbare Widerspruch ist in dem Verhältnis zweier Waren zueinander in einer Weise gelöst, die auch für den erst im wirklichen Austauschprozess sich entwickelnden Widerspruch gültig ist.

Wird die Ware im ersten Kapitel des »Kapital« als Einheit von Gebrauchswert und Wert behandelt, dann gehört hierzu auch zu zeigen, wie sie sich in dem gesellschaftlichen Verhältnis der Waren zueinander als diese Einheit darstellt. Dies ist auch gerade dann der Fall, wenn vom praktisch-gesellschaftlichen Prozess abstrahiert wird und die Beziehung der Waren aufeinander nur jene »theoretische, gedachte« ist. Da die Waren sich als Einheiten von Gebrauchswert und Wert darstellen müssen, ist dies mit dem *Setzen* und *Lösen* des in ihnen enthaltenen *Widerspruchs* zwischen dem Gebrauchswert und dem Wert identisch. »Die Form eines Gebrauchswerths bringt das Arbeitsprodukt in seiner Naturalform auf die Welt. Es bedarf also nur noch der Werthform, damit es die Waarenform besitze, d.h. damit es *erscheine als Einheit der Gegensätze Gebrauchswerth und Tauschwerth.*«[15] (Hervorhebung ohne Berücksichtigung der Hervorhebungen im Original – D. W.)

Innerhalb des ersten Kapitels, worin die Ware analytisch bald unter dem Gesichtspunkt des Gebrauchswerts, bald unter dem Gesichtspunkt des Tauschwerts betrachtet wird, sind noch einmal *zwei* Abstraktionsstufen zu unterscheiden: Die erste zeichnet sich durch die Betrachtung der einzelnen Ware aus, worin ihre im Wert gegebene Beziehung auf die anderen Waren vorausgesetzt, aber nicht selbst betrachtet wird. Auf dieser Abstraktionsstufe kann, wie gezeigt, die Ware als eine Einheit von Gebrauchswert und Wert nur analytisch im Kopf des Betrachters fixiert werden. An der einzelnen Ware zeigt sich nicht, dass sie die Einheit von Gebrauchswert und Wert, d.h. die Einheit von Gegensätzen ist. Wenn dies aber der Fall ist, dann ist es, wie Marx ausdrücklich sagt: »*mein* durch Analyse gewonnenes Urtheil *über* die Natur der Waare.«[16] (Hervorhebungen – D. W.)

Die zweite Abstraktionsstufe beginnt mit dem Verhältnis zweier Waren zueinander, womit die im Wert vorhandene Beziehung der einzelnen Ware auf die anderen – auch wenn sie eine »theoretische, gedachte« bleibt – aufgenommen wird. Es reicht aus, die Waren als Werte einander gleichzusetzen, ohne, wie im zweiten Kapitel, auf den die wirkliche Entäußerung der Waren einschließenden praktisch-gesellschaftlichen Prozess einzugehen. Bleibt die Beziehung einer Ware als Wert auf eine andere noch immer eine »theoretische, gedachte«, so wird diese Beziehung aber nicht nur, wie bei der Betrachtung der einzelnen Ware, vorausgesetzt, sondern selbst zum Gegenstand der Darstellung gemacht. Von dem, was sich im Austauschprozess abspielt bzw. von der »wirklichen Beziehung« der Waren, wird soviel in ihre »theoretische, gedachte« Beziehung aufgenommen, dass erklärt werden kann, warum die Waren als Sachen »in ihren eigenen sachlichen Beziehungen« auch das zeigen, was sie als Werte sind. So legt Marx bereits im ersten Kapitel dar, warum und in welcher Weise sich der Wert im Verhältnis zweier Waren zueinander im Gebrauchswert der jeweils anderen Ware darstellen muss. Während hierbei die Ware als Wert in ihrer Beziehung zur anderen Ware betrachtet wird, wird ihr Gebrauchswert festgehalten, ohne zu berücksichtigen, dass die Ware sich als Gebrauchswert erst in dem wirklichen Austausch der Waren bewähren muss. Hinsichtlich des Werts der Ware wird eingelöst, dass diese in ihm gesellschaftlich auf andere Waren bezogen ist. Insofern die Ware Gebrauchswert ist, wird sie auch weiterhin als ein selbständiges Ding betrachtet. In der analytischen Untersuchung

[15] Das Kapital, Anhang zur 1. Auflage, MEGA II/5, a.a.O., S. 639.
[16] Ebd.

der Ware, die sich um die unterschiedlichen Erscheinungsformen des Werts bemüht, reicht es – was die Ware als Gebrauchswert anbelangt – aus, sie als dies selbständige Ding festzuhalten. Je nachdem, ob es sich um das einfachste Verhältnis oder um die entwickelteren Verhältnisse der Waren zueinander handelt, bezieht sich die Ware auf *eine, mehrere* oder *alle* Waren und stellt ihren Wert im Gebrauchswert *einer* (einzelne, einfache, zufällige Wertform) oder der Reihe nach in den Gebrauchswerten *mehrerer* Waren (entfaltete Wertform) dar. Auch nach dem Übergang in die allgemeine Wertform, worin *alle* Waren wirklich als Werte aufeinander bezogen sind, ändert sich nichts an der unbedeutenden Rolle, die der Gebrauchswert spielt. Anstelle des Gebrauchswerts *einer* Ware wird der Gebrauchswert *aller* Waren festgehalten und gezeigt, warum sich der Wert der Waren gemeinsam im Gebrauchswert einer von ihnen verschiedenen Ware darstellen muss. Für Marx als dem Repräsentanten des »wissenschaftlichen Bewusstseins« ist die allgemeine Wertform rückbezüglich in der entfalteten Wertform enthalten. Daher kann Marx, ohne hier schon ausdrücklich auf den aus dem Austausch bestehenden praktisch-gesellschaftlichen Prozess einzugehen, innerhalb der »theoretischen, gedachten« Beziehung der Waren zueinander von der entfalteten zur allgemeinen Wertform übergehen.

Im ersten Kapitel des »Kapital« wird die Ware als unmittelbare Einheit von Gebrauchswert und Wert betrachtet, insofern sie als Gebrauchswert festgehalten wird und es unter Abstraktion von dem wechselseitig sich bedingenden Realisieren von Gebrauchswert und Wert nur darum geht, wie der Wert so im Verhältnis der Waren erscheint, dass er im Gebrauchswert einer Ware eine gegenständliche und damit selbständige Existenz erhält. Auch wenn im ersten Kapitel das gesellschaftliche Verhältnis der Waren unter Abstraktion von dem praktisch-gesellschaftlichen Prozess nur ein »theoretisches, gedachtes« ist, genügt es, den Gebrauchswert der einzelnen Ware festzuhalten, um den ihr immanenten Widerspruch zwischen Gebrauchswert und Wert freizulegen. Es widerspricht dem Gebrauchswert der Ware, dass sie als Wert gegenständlicher Ausdruck der abstrakt-menschlichen und in dieser Form gesellschaftlich-allgemeinen Arbeit ist; denn als Wert muss die Ware gegenständlicher Ausdruck einer gesellschaftlichen Beziehung sein, die im Gebrauchswert der Ware nicht erscheint. Obwohl ein und dieselbe Ware Gebrauchswert und Wert ist, verselbständigt sich der Wert gegenüber dem Gebrauchswert, weil er als der Sache geschuldeten Gegenständlichkeit so gegenständlich wie ein Gebrauchswert existieren muss, aber kraft seiner Gesellschaftlichkeit selbst kein Gebrauchswert ist. Daher kann es nur ein vom Gebrauchswert der Ware verschiedener Gebrauchswert sein, worin der Wert sowohl seiner Gegenständlichkeit wie auch seiner Gesellschaftlichkeit gemäß existieren kann.

Im Folgenden soll gezeigt werden, was es heißt, dass sich der Widerspruch zwischen dem Gebrauchswert und dem Wert im ersten Kapitel des »Kapital« deswegen nicht entwickelt, weil in ihm die Waren nicht im Sinne des wirklichen Hände-

bzw. Stellenwechsels »wirklich als Ganzes« aufeinander bezogen werden, wie dies in dem im zweiten Kapitel von Marx dargestellten Austauschprozess der Fall ist. Um den Unterschied zwischen dem unmittelbaren bzw. unentwickelten und dem sich entwickelnden Widerspruch deutlicher fassen zu können, sollen zunächst noch einmal ihre Gemeinsamkeiten aufgezeigt werden. Die »innere notwendige Zusammengehörigkeit« von Gebrauchswert und Wert und deren »gleichgültige selbständige Existenz gegeneinander« sind nicht nur die Grundlagen des unmittelbaren in der einzelnen Ware eingeschlossenen Widerspruchs, sondern auch des sich im Austauschprozess entwickelnden Widerspruchs. Wie der der einzelnen Ware immanente Gegensatz von Gebrauchswert und Wert im Verhältnis zweier Waren zueinander als ein äußerer Gegensatz gesetzt wird, so produziert der Austauschprozess die Verdopplung der Ware in Ware und Geld, »einen äußeren Gegensatz, worin sie (die Waren – D. W.) ihren immanenten Gegensatz von Gebrauchswert und Wert darstellen«.[17] Wie in dem gegensätzlichen Verhältnis zweier Waren zueinander sich die erste Ware als Gebrauchswert auf die zweite als ihren Tauschwert bezieht, treten in dem im Austauschprozess produzierten Gegensatz »die Waren als Gebrauchswerte dem Geld als Tauschwert gegenüber«.[18]

Findet der in die Ware eingeschlossene Widerspruch zwischen dem Gebrauchswert und dem Wert dadurch eine Lösungsbewegung, dass der Wert im Gebrauchswert einer anderen Ware erscheint, dann gehört zu dieser Lösungsbewegung und damit auch zu dem in der Ware eingeschlossenen Widerspruch zwischen Gebrauchswert und Wert der Widerspruch zwischen der Allgemeinheit des Werts und seiner aus dem einzelnen Gebrauchswert bestehenden unzureichenden Erscheinungsweise. Zeichnet sich der Übergang in die entfaltete Wertform dadurch aus, dass der in der einfachen Wertform enthaltene Widerspruch zwischen der Allgemeinheit des Werts und seiner einzelnen unzureichenden Erscheinungsform gelöst wird, dann hat auch der in der Ware eingeschlossene Widerspruch von Gebrauchswert und Wert in der entfalteten Wertform eine entwickeltere Lösungsbewegung gefunden. Wird nun die entfaltete Wertform umgekehrt und der in ihr noch enthaltene Widerspruch zwischen der Allgemeinheit des Werts und seiner unzureichenden Erscheinungsform vollständig gelöst, dann hat man mit der auf diese Weise entstandenen allgemeinen Wertform auch die entwickeltste Lösungsbewegung des in einer bzw. in allen Waren eingeschlossenen Widerspruchs zwischen dem Gebrauchswert und dem Wert vor sich.

Diese entwickeltste Lösungsbewegung stimmt mit der Lösungsbewegung überein, wie sie auf eine im ersten Kapitel noch nicht erfasste Weise im Austauschprozess zustande kommt. Im Austauschprozess entwickelt sich der Widerspruch so, dass er gleichzeitig in allen Waren gesetzt und gleichzeitig im Aufeinanderwirken

[17] Das Kapital, MEW 23, a.a.O., S. 119.
[18] Ebd.

aller Waren für jede von ihnen eine Lösungsbewegung findet, die zugleich auch die Lösungsbewegung des Widerspruchs zwischen der Allgemeinheit des Werts und seiner in der einfachen und entfalteten Wertform gegebenen unzureichenden Erscheinungsformen ist. Für die Lösungsbewegung des sich im Austauschprozess entwickelnden Widerspruchs zwischen dem Gebrauchswert und dem Wert aller Waren bedeutet das Sich-Darstellen müssen des Werts der Waren im Gebrauchswert einer anderen Ware, dass sich der Wert *aller* Waren *gemeinsam* im Gebrauchswert der von den Waren in ihrer gesellschaftlichen Aktion aufeinander ausgeschlossenen dritten Ware darstellt. Der in jeder Ware selbst eingeschlossene Widerspruch zwischen dem Gebrauchswert und dem Wert ist die »Triebkraft« der Entstehung der allgemeinen Wertform bzw. des allgemeinen Äquivalents.

Am Übergang zur entfalteten Wertform fällt auf, dass in dieser – wenn auch selbst noch unvollständig – ein Widerspruch zwischen dem Gebrauchswert und dem Wert der Waren gelöst ist, der nicht mit dem unmittelbaren, in der einzelnen Ware enthaltenen Widerspruch identisch ist, sondern in der aus dem gesellschaftlichen Verhältnis der beiden Waren zueinander bestehenden Lösungsbewegung enthalten ist: Was die Lösungsbewegung des in der einzelnen Ware enthaltenen Widerspruchs auszeichnet, ist, dass der Wert als das Allgemeine im Gebrauchswert der zweiten Ware als etwas Einzelnem eine ebenso selbständige wie gegenständliche Existenz angenommen hat. Hiermit ist nun ein Widerspruch gegeben, der nicht zwischen dem Wert und dem Gebrauchswert der ersten Ware besteht, sondern zwischen der gesellschaftlichen Allgemeinheit des Werts einer Ware (als Wert ist die erste Ware von vornherein gesellschaftlich auf *alle* anderen Waren bezogen) und der unzureichenden Erscheinungsform des Werts, die aus dem Gebrauchswert der zweiten Ware bestehend, etwas Einzelnes ist. Auch der Widerspruch zwischen dem Gebrauchswert und dem Wert, der in der Ware eingeschlossen ist, die an erster Stelle steht, ist ein Widerspruch zwischen dem ungesellschaftlich-stofflich Einzelnen und dem gesellschaftlich-nicht-stofflich-Allgemeinem. Erst *nachdem* dieser Widerspruch sich gelöst hat, indem das Gesellschaftlich-Allgemeine im Gebrauchswert der zweiten Ware eine einzelne ungesellschaftlich-stoffliche Erscheinungsform gefunden hat, gibt es den Widerspruch zwischen dem Gesellschaftlich-Allgemeinen und seiner Erscheinungsform, die als »einzelne, einfache, zufällige« eine unzureichende ist.

Im ersten Kapitel des »Kapital« tritt der Widerspruch zwischen Gebrauchswert und Wert als »Triebkraft« der Entstehung einer vom Wert und dem Gebrauchswert der Waren verschiedenen Wertform nur in der einzelnen Ware als Einheit von Gebrauchswert und Wert auf, und zwar auf eine Weise, die durch die »theoretische, gedachte« Beziehung der Waren zueinander eingeschränkt ist. Die durch die Lösung dieses Widerspruchs entstehende Wertform ist die einfache, insofern sich der Wert der Ware in dem von ihrem Gebrauchswert verschiedenen Gebrauchswert einer anderen Ware darstellt.

Die Übergänge in die entfaltete und allgemeine Wertform sind jeweils Übergänge von einer bereits vorhandenen, von den Waren als Gebrauchswerten und Werten verschiedenen Wertform in eine andere. Mit der einfachen Wertform ist der entfalteten und allgemeinen Wertform vorausgesetzt, dass sich der in einer Ware eingeschlossene Widerspruch zwischen Gebrauchswert und Wert dadurch löst, dass sich der Wert der Ware im Gebrauchswert einer anderen Ware darstellt und hierdurch eine gegenständliche, selbständige Existenz erhält. Beim Übergang von der einfachen in die entfaltete und von der entfalteten in die allgemeine Wertform wird weder zu dem in der einzelnen Ware eingeschlossenen Widerspruch zurückgegangen noch seine Lösungsbewegung aufs Neue entwickelt. Verhielte es sich nicht so, dann käme man bei dem Übergang in die allgemeine Wertform nicht umhin, bereits vor ihrer im ersten Kapitel möglichen Ableitung zur Ausgangssituation des Austauschs überzugehen, worin sich die Waren als bloße Einheiten von Gebrauchswert und Wert gegenüberstehen und noch keine von ihrem Gebrauchswert und Wert verschiedene Wertform besitzen.

Im Übergang von einer zur anderen Wertform den Widerspruch zwischen der Allgemeinheit des Werts und seiner jeweiligen unzureichenden Erscheinungsform zu lösen, bedeutet, die in der einfachen Wertform einmal gefundene Lösungsbewegung des Widerspruchs zwischen dem Gebrauchswert und dem Wert der Waren über das Verhältnis zweier Waren hinaus sowohl auf das Verhältnis einer zu mehreren wie auf das Verhältnis aller Waren zueinander anzuwenden. Es wird also nicht betrachtet, wie sich im Aufeinanderwirken aller Waren der Widerspruch zwischen dem Gebrauchswert und dem Wert entwickelt; vielmehr wird der Widerspruch zwischen der Allgemeinheit des Werts und seiner besonderen Erscheinungsform entwickelt, der bereits in der Lösungsbewegung des unentwickelten unmittelbaren Widerspruchs zwischen dem Gebrauchswert und dem Wert einer einzelnen Ware bzw. in dem einfachen gesellschaftlichen Verhältnis zweier Waren zueinander enthalten ist. Auf der im ersten Kapitel des »Kapital« eingehaltenen Abstraktionsstufe gilt für das stufenweise Übergehen der einzelnen Ware zum entwickelten Verhältnis aller Waren zueinander: Wie im einfachsten Verhältnis zweier Waren zueinander muss auch der Wert in dem entwickelten Verhältnis aller Waren zueinander eine von ihm verschiedene Erscheinungsform im Gebrauchswert der von den Waren selbst verschiedenen anderen Ware annehmen. Mit der gedanklichen Fixierung des Verhältnisses zweier Waren zueinander hat man innerhalb des Verhältnisses aller Waren zueinander eine *Abstraktion* vorgenommen. Im einfachen wie im entwickelten Verhältnis geht es grundlegend um die Lösung des Problems, wie der Wert als Vergegenständlichung der abstrakt-menschlichen und in dieser Form gesellschaftlichen Arbeit im Verhältnis der Waren zueinander in einer diesen als Gegenständen zukommenden gegenständlichen Weise erscheint. Die Lösung, die dieses Problem im einfachsten Verhältnis dadurch erhalten hat, dass sich der Wert im Gebrauchswert einer anderen Ware darstellt, ist daher auch der Keim der Lösung, die dieses Problem in dem entwickelten Verhältnis aller Waren zueinander erhalten muss. »Das Geheimnis aller Wertform steckt in dieser einfachen Wertform.«[19]

Der für die Entwicklung der Wertform entscheidende Tatbestand ist darin gegeben, dass der Wert der Ware eine von ihrem Gebrauchswert verschiedene Existenz im Gebrauchswert einer anderen Ware annehmen muss. Die allgemeine Wertform zeichnet sich vor der einfachen Wertform wie folgt aus: Der Wert der Ware muss nicht nur eine vom Gebrauchswert *einer* Ware, sondern eine von den Gebrauchswerten *aller* Waren verschiedene gegenständlich-selbständige Existenz annehmen. »Als Leinwandgleiches ist der Wert jeder Ware jetzt *nicht nur* (Hervorhebung – D. W.) von ihrem eignen Gebrauchswert unterschieden, sondern von allem Gebrauchswert, und ebendadurch als das ihr mit allen Waren Gemeinsame ausgedrückt. Erst diese Form bezieht daher wirklich die Waren aufeinander als Werte oder läßt sie einander als Tauschwerte erscheinen.«[20]

Wie wichtig es ist, die beiden »Widersprüche« (der Widerspruch zwischen dem Gebrauchswert und dem Wert, der in der ersten Ware eingeschlossen ist; der Widerspruch zwischen der Allgemeinheit des Werts und seiner an die Einzelheit des Gebrauchswerts der zweiten Ware gebundenen Erscheinungsform) sowohl voneinander zu unterscheiden als auch ihren Zusammenhang zu sehen, um erklären zu können, warum der zweite, der in der Lösungsbewegung des ersten enthalten ist, die »treibende Kraft« beim Übergang von der einfachen in die entfaltete, von der entfalteten in die allgemeine Wertform ist, zeigt sich spätestens dann, wenn man bei H. Reichelt liest: »War der Widerspruch, der innerhalb der analytischen Betrachtung der Ware zur selbständigen Darstellung der abstrakt menschlichen Arbeit führte, der zwischen Allgemeinheit des Wertes und der unzureichenden Form seiner Erscheinung, so ist es jetzt (der im zweiten Kapitel des »Kapital« dargestellte Austauschprozess – D. W.) der Widerspruch zwischen Gebrauchswert und Tauschwert, der uns zu beschäftigen hat.«[21] H. Reichelt verselbständigt den einen Widerspruch gegen den anderen, indem er sie polarisch auf das erste und zweite Kapitel verteilt: Im ersten Kapitel geht es nach Reichelt ausschließlich um den Widerspruch zwischen der »Allgemeinheit des Wertes und seiner Erscheinung«, während es im zweiten Kapitel ausschließlich um den in den einzelnen Waren eingeschlossenen Widerspruch zwischen dem Gebrauchswert und dem Wert geht. H. Reichelt lässt sich ausführlich nur darauf ein, inwiefern innerhalb des Verhältnisses zweier Waren zueinander der Gebrauchswert der zweiten Ware zur Erscheinungsform des Werts der ersten Ware wird. Es geht Reichelt um die Beantwortung der Frage »Wie können die Werte *als* Werte erscheinen?«[22] Die Beantwortung

[19] Ebd., S. 63.
[20] Ebd., S. 80.
[21] Helmut Reichelt, Zur logischen Struktur des Kapital-Begriffs bei Karl Marx, Frankfurt/Main 1970, S. 159f.
[22] Ebd., S. 156.

dieser Frage ist für H. Reichelt damit identisch, dass das »Problem im Prinzip schon gelöst (ist). Die Ware erhält durch den Akt der Gleichsetzung eine von ihrer Naturalform unterschiedene Wertform, eine andere Ware gilt in ihrer unmittelbaren Naturalgestalt als Erscheinungsform von ›Gallerte unterschiedsloser menschlicher Arbeit‹.«[23]

H. Reichelt geht in seiner Analyse des Verhältnisses zweier Waren zueinander nicht auf den in der ersten Ware eingeschlossenen Widerspruch zwischen dem Gebrauchswert und dem Wert ein, geschweige denn, dass er das Sich-Darstellen des Werts im Gebrauchswert einer anderen Ware als das erkennt, was gerade die Lösungsbewegung des in die erste Ware eingeschlossenen Widerspruchs zwischen dem Gebrauchswert und dem Wert auszeichnet H. Reichelt hebt einseitig auf das Sich-Darstellen des Werts im Gebrauchswert einer anderen Ware ab; zu dem Problem, das im Verhältnis zweier Waren zueinander »im Prinzip schon gelöst« ist, gehört für ihn nicht, dass bereits in einer mit dem Austauschprozess übereinstimmenden Weise der der Ware immanente Gegensatz von Gebrauchswert und Wert im Verhältnis zweier Waren zueinander als ein äußerer gesetzt wird, worin der Gebrauchswert der ersten Ware als Gebrauchswert und der Gebrauchswert der zweiten Ware als Wert der ersten Ware gilt. Nachdem der Wert im Gebrauchswert der anderen Ware eine vom Gebrauchswert der ersten Ware verschiedene Erscheinungsform gefunden hat, stößt H. Reichelt überhaupt erst auf einen Widerspruch, der aber nicht mehr der in der Ware eingeschlossene Widerspruch zwischen dem Gebrauchswert und dem Wert, sondern der in der Lösungsbewegung dieses Widerspruchs eingeschlossene Widerspruch »zwischen Allgemeinheit des Wertes und der *unzureichenden Form seiner Erscheinung*« ist. »Das Problem reduziert sich jetzt nur noch auf die Frage, ob die Wertform der Allgemeinheit des Wertbegriffs entspricht, d.h. ob es eine Form ist, worin sich alle Waren als dingliche Ausdrücke derselben Substanz füreinander darstellen?«[24] H. Reichelt glaubt, es sei der Widerspruch zwischen der Allgemeinheit des Werts und der einzelnen Form seiner Erscheinung, welcher »innerhalb der analytischen Betrachtung der Ware zur *selbständigen Darstellung* (Hervorhebung – D. W.) der abstrakt menschlichen Arbeit führte«.[25]

H. Reichelt bemerkt nicht, dass er sich hiermit selbst in einen logischen, unauflöslichen Widerspruch verstrickt hat; denn der Widerspruch »zwischen Allgemeinheit des Wertes und der unzureichenden Form seiner Erscheinung« ist es nicht, der zur »selbständigen Darstellung der abstrakt menschlichen Arbeit« führt; vielmehr gibt es diesen Widerspruch nur, weil die abstrakt-menschliche Arbeit bereits dadurch eine selbständige Darstellung gefunden hat, dass sich der in der ersten Ware

[23] Ebd., S. 158.
[24] Ebd.
[25] Ebd., S. 159.

eingeschlossene Widerspruch zwischen dem Gebrauchswert und dem Wert gelöst hat. Da sich der Wert als Vergegenständlichung abstrakt-menschlicher Arbeit als eine der Sache selbst zukommende Gegenständlichkeit darstellen muss, die aufgrund ihrer Gesellschaftlichkeit nicht in der aus ihrem Gebrauchswert bestehenden Gegenständlichkeit erscheinen kann, verselbständigt sich der Wert gegen den Gebrauchswert der Ware. Er muss »als eine ›Gegenständlichkeit‹ ausgedrückt werden«, welche vom Gebrauchswert der Ware »selbst dinglich verschieden und ihr zugleich mit andrer Ware gemeinsam ist«.[26] Der in die erste Ware eingeschlossene Widerspruch zwischen dem Gebrauchswert und dem Wert der Ware löst sich im Verhältnis zweier Waren zueinander, weil sich darin die in der ersten Ware selbst vorhandene Verselbständigung des Werts gegenüber dem Gebrauchswert so realisiert, dass der Gebrauchswert der zweiten Ware als Wert gilt. Erst nachdem die abstrakt-menschliche Arbeit durch die Lösung des in der ersten Ware eingeschlossenen Widerspruchs zwischen dem Gebrauchswert und dem Wert eine selbständige Darstellung erhalten hat, kann es einen Widerspruch zwischen dieser »Form seiner Erscheinung« und seiner »Allgemeinheit« geben. Und dieser Widerspruch ist es dann auch, der seine erste Lösung in der entfalteten Wertform findet, worin sich der Wert in einer seiner Allgemeinheit schon entsprechenderen Form der Reihe nach in den Gebrauchswerten aller anderen Ware darstellt. Muss sich der Wert im Gebrauchswert einer anderen Ware darstellen, dann hat sich dies bereits dadurch im Verhältnis zweier Waren zueinander ergeben, dass in ihm der in einer Ware eingeschlossene Widerspruch zwischen dem Gebrauchswert und dem Wert gelöst ist.

Der Widerspruch zwischen dem Gebrauchswert und dem Wert begegnet einem nicht erst in dem von Marx im zweiten Kapitel des »Kapital« dargestellten Austauschprozess. Was »uns« vielmehr – entgegen der Auffassung von H. Reichelt – »zu beschäftigen hat«, ist zu erklären, warum dieser bereits in der im ersten Kapitel des »Kapital« behandelten Ware eingeschlossene Widerspruch »sich entwikkeln« muss, sobald die Ware »nicht wie bisher analytisch bald unter dem Gesichtspunkt des Gebrauchswerts, bald unter dem Gesichtspunkt des Tauschwerts betrachtet, sondern als ein Ganzes wirklich auf andere Ware bezogen wird«. Wie einseitig auch immer die analytische Betrachtung der Ware im ersten Kapitel ist, etwas das zur Entwicklung des Widerspruchs im Austauschprozess gehört, konnte aber bereits »dem Prinzip nach« erfasst werden: Wie im Verhältnis zweier Waren zueinander, so ist auch in der vom Austauschprozess produzierten Verdopplung der Waren in Ware und Geld der den Waren immanente Gegensatz von Gebrauchswert und Wert als ein äußerer dargestellt. Mit dem Austauschprozess betrachtet man die Warenzirkulation nach der Seite, nach der sie der praktisch-gesellschaftliche Prozess ist, worin das Geld entsteht. Ausgehend von der Ausgangssituation des Aus-

[26] Das Kapital, MEW 23, a.a.O., S. 66.

tauschs betrachtet man die wirkliche Beziehung der Waren als bloße Einheiten von Gebrauchswert und Wert zueinander und den in ihnen eingeschlossenen Widerspruch zwischen dem Gebrauchswert und dem Wert. Anstelle der einzelnen Ware, die zu Anfang des ersten Kapitels betrachtet wird, stehen sich in der Ausgangssituation des Austauschs alle Waren als diese Einheiten von Gebrauchswert und Wert gegenüber. Anstelle der »theoretischen, gedachten« Beziehung der Waren als Werte aufeinander, worin sie analytisch bald unter dem Gesichtspunkt des Gebrauchswerts, bald unter dem Gesichtspunkt des Werts betrachtet wird, handelt es sich im Austauschprozess um das sich wechselseitig bedingende Realisieren des Gebrauchswerts und des Werts der Waren. »Dieselbe Beziehung also soll Beziehung der Waren als wesentlich gleicher, nur quantitativ verschiedener Größen, soll ihre Gleichsetzung als Materiatur der allgemeinen Arbeitszeit und soll gleichzeitig ihre Beziehung als qualitativ verschiedene Dinge, als besondre Gebrauchswerte für besondre Bedürfnisse, kurz, sie als wirkliche Gebrauchswerte unterscheidende Beziehung sein.«[27]

In dem Austauschprozess gehen die Waren so ein, wie sie sich als einfache, nicht preisbestimmte Waren in seiner Ausgangssituation gegenüberstehen und noch keine von ihnen als Gebrauchswert und Wert verschiedene ökonomische Form besitzen. Diese erhalten sie erst, wenn sie von den Warenbesitzern allseitig entäußert und angeeignet werden, d.h. in dem praktisch-gesellschaftlichen Prozess, worin der in ihnen eingeschlossene Widerspruch überhaupt erst gesetzt und dann auch gelöst wird. In den ersten drei Kapiteln des »Kapital« wird die Warenzirkulation auf unterschiedlichen Abstraktionsstufen und unter Gesichtspunkten betrachtet, die diesen jeweils entsprechen. Wenn auch auf andere Weise, so geht es bereits im ersten Kapitel schon um etwas, um das es auch in dem im zweiten Kapitel dargestellten Austauschprozess geht. Das Verhältnis zweier Waren zueinander ist immer schon in der Ausgangssituation des Austauschs enthalten, bevor es Marx als Repräsentant des wissenschaftlichen Bewusstseins aus dem Verhältnis aller Waren zueinander herausnimmt und für sich betrachtet, um unabhängig von dem wirklichen Hände- bzw. Stellenwechsel der Waren und dem darauf fußenden Verhalten der Warenbesitzer zu zeigen, warum der Wert einer Ware erscheint, indem er sich im Gebrauchswert einer anderen Ware darstellt. In der im ersten Kapitel vorgenommenen »theoretischen, gedachten« Beziehung der Waren aufeinander bleibt vom praktisch-gesellschaftlichen Prozess soviel von der Ware als Einheit von Gebrauchswert und Wert erhalten, dass der in ihr enthaltene Widerspruch zwischen Gebrauchswert und Wert als ein unmittelbarer aufgedeckt werden kann. Die im ersten Kapitel dargestellte »theoretische, gedachte« und die im zweiten Kapitel dargestellte wirkliche Beziehung der Waren aufeinander haben gemeinsam, dass eine vom Gebrauchswert und dem Wert der Ware verschiedene Wertform nur durch

[27] Zur Kritik der Politischen Ökonomie, MEW 13, a.a.O., S. 30.

das Setzen und Lösen des Widerspruchs zwischen dem Gebrauchswert und dem Wert entsteht, d.h. dadurch, dass der den Waren immanente Gegensatz als ein äußerer dargestellt wird.

Da es ein und derselbe Widerspruch ist, der im ersten Kapitel als ein unmittelbarer und im zweiten Kapitel als ein sich im Austauschprozess entwickelnder behandelt wird, ist es Marx im zweiten Kapitel möglich, die Darstellung des praktisch-gesellschaftlichen Prozesses an einen Punkt zu bringen, an dem er auf die »Gesetze der Warennatur« verweist, die zu dem gehören, was den Menschen hinsichtlich der Entstehung des allgemeinen Äquivalents in dem Austauschprozess unbewusst bleibt. Handelt es sich, wie im zweiten Kapitel, um die wirkliche Beziehung aller Waren aufeinander, oder handelt es sich, wie im ersten Kapitel, um eine einzelne Ware, die in »theoretischer, gedachter« Weise auf alle anderen Waren als Wert bezogen wird – jedes Mal nimmt die Entstehung einer vom Wert und dem Gebrauchswert der Waren verschiedenen Wertform ihren Ausgang mit dem in den Waren eingeschlossenen Widerspruch zwischen dem Gebrauchswert und dem Wert.

Kapitel 6
Zum Verhältnis von dialektischem und logischem Widerspruch. Eine Kritik an Gerhard Göhler

I. Vorbemerkung

Die von Marx im »Kapital« angeblich vorgenommene »Reduktion der Dialektik« soll für Göhler daran gebunden sein, dass der Widerspruch für die Entwicklung der gesellschaftlichen Formen der Arbeit nur eine untergeordnete Rolle spielt. Göhler unterscheidet in diesem Sinne einen »emphatischen« Widerspruch in »Zur Kritik ...« von einem bloß »deskriptiven«[1] im »Kapital«. Die Unzulänglichkeit, durch die sich die Dialektik in »Zur Kritik ...« tatsächlich auszeichnet, wird von Göhler ebenso vage wie verzerrt wiedergegeben, was ihm erlaubt, auch diese Dialektik zu denunzieren, die er im Unterschied zur Dialektik im »Kapital« für »emphatisch« hält. Marx hebt die Unzulänglichkeit von »Zur Kritik ...« auf, indem er die Warenzirkulation in drei aufeinander folgenden Kapiteln entwickelt und hierdurch auch die Darstellung der Entwicklung der Wertformen von der Darstellung des Austauschprozesses trennt. Dies wird von Göhler so interpretiert, dass er damit seine These von der »Reduktion der Dialektik« stützen kann. »Wertform und Austauschstruktur ... beschreiben insgesamt den Sachverhalt, in dem Marx die Entwicklung von Geld und Austauschprozeß erfassen möchte, aber die Wertform steht vornehmlich für die Entwicklung des Geldes, die Austauschstruktur mit der Perspektive der Warenbesitzer vornehmlich für die Entwicklung des Austauschprozesses. Hier liegt die Wurzel für die Schwierigkeiten der dialektischen Entwicklung in der ›Kritik‹, aber auch für die *reduzierte* (Hervorhebung – D. W.) Dialektik mit ihren Problemen im ›Kapital‹.«[2]

Zunächst einmal stehen beide, sowohl die Wertform als auch die Austauschstruktur, für die Entstehung des Geldes im Austauschprozess. Der gesellschaftliche Prozess, worin das Geld entsteht, und der Austausch der einfachen, nicht preisbestimmten Waren sind ein und derselbe Prozess. Mit der im ersten Kapitel darge-

[1] Gerhard Göhler, Die Reduktion der Dialektik durch Marx: Strukturveränderungen der dialektischen Entwicklung in der Kritik der Politischen Ökonomie, Stuttgart 1980, S. 82.
[2] Ebd.

stellten Entwicklung der Wertformen wird etwas erfasst, was innerhalb des Austauschprozesses in einer für die Warenbesitzer immer auch unbewussten Weise vor sich geht. Die Entwicklung der Wertformen gehört zur Entwicklung des Austauschs der einfachen, ihren Wert noch nicht im Geld ausdrückenden Waren als dem gesellschaftlichen Prozess, worin das Geld überhaupt erst entsteht. Wenn Marx im zweiten Kapitel den Austauschprozess betrachtet, dann nimmt er auch die für die Entwicklung der Wertformen im ersten Kapitel notwendige Abstraktion zurück. In dem wirklichen Austausch der Waren als Einheiten von Gebrauchswert und Wert ist mit dem Setzen und Lösen des Widerspruchs zwischen den beiden letzteren die Entwicklung der Wertformen eingeschlossen. Insofern im ersten Kapitel noch eine nur dem Austauschprozess zugehörige gesellschaftliche Dimension ausgeklammert wird und die Waren nicht wirklich als Ganzes bzw. als Einheiten von Gebrauchswert und Wert aufeinander bezogen werden, liegt – wie Göhler richtig feststellt – mit der Entwicklung der Wertformen eine Teilstruktur des Austauschprozesses vor. Wie sich der Austauschprozess und die Entwicklung der Wertformen zueinander verhalten und wodurch diese sich inhaltlich als Teilstruktur des Austauschprozesses auszeichnen, ist in allen entscheidenden Punkten von dem verschieden, was Göhler hierzu vorbringt. So ist es auch falsch, wenn er vermutet: »Im ›Kapital‹ versucht Marx das ›Geldrätsel‹ ohne eigene Explikation des Austauschprozesses, *allein* (Hervorhebung – D. W.) in der Abfolge der Wertformen zu lösen.«[3]

Mit der Entwicklung der Wertformen wird von Marx die Notwendigkeit der allgemeinen Äquivalentform nachgewiesen, und das ist – was sich von selbst verstehen sollte – auch nur der Fall, weil alle das erste Kapitel auszeichnenden Abstraktionen auf Basis des im zweiten Kapitel dargestellten Austauschprozesses vorgenommen werden, dessen Betrachtung sich wiederum Abstraktionen verdankt, die auf Basis der erst im dritten Kapitel dargestellten Warenzirkulation vorgenommen werden. In Übereinstimmung mit der Marxschen Vorgehensweise schreibt Göhler: »Soweit nun Marx die Entwicklung des Geldes durch Bestimmung der Wertform vollzieht, beruht sie darauf, daß die Geldform auf die einfache Wertform und somit auf die Warenform zurückgeführt werden kann. Marx stellt sie als notwendig dar, indem er ihre Genesis verfolgt: Eine Grundstruktur (die einfache Wertform) wird mittels einer Abfolge abgewandelter Strukturen (die übrigen Wertformen), die aber nur Metamorphosen der Grundform darstellen, auf höherer Stufe als Struktur der Geldform repliziert.«[4]

Mit dieser »Entwicklung der Wertformen« ist aber bereits die einfache Wertform als fertig vorhandene unterstellt. Von den Waren als Einheiten von Gebrauchswert und Wert wurde bereits aufgezeigt, dass die Wertform notwendig ist, weil der

---

[3] Ebd., S. 63.
[4] Ebd.

der ersten Ware immanente Widerspruch zwischen dem Gebrauchswert und dem Wert im Verhältnis zweier Waren zueinander ebenso gesetzt wie gelöst wird. Bei der Entwicklung, die von der einfachen Wertform ausgeht, handelt es sich nicht mehr, wie noch in dieser selbst, darum, dass sich der der ersten Ware immanente Widerspruch zwischen dem Gebrauchswert und dem Wert löst, indem sich ihr Wert im Gebrauchswert der anderen Ware darstellt. Was sich hinsichtlich des Setzens und Lösens des Widerspruchs zwischen Gebrauchswert und Wert im einfachsten Verhältnis zweier Waren zueinander ergeben hat, wird bei der Entwicklung der entfalteten und der allgemeinen Wertform vorausgesetzt. Zwar stellt die allgemeine Wertform die Lösung dieses Widerspruchs dar; aber nur im Austausch der einfach bestimmten Waren, wie er Gegenstand des zweiten Kapitels ist, wird der Widerspruch zwischen dem Wert und dem Gebrauchswert aller Waren so gesetzt und gelöst, dass das allgemeine Äquivalent hervorgetrieben wird. Um das Setzen und Lösen des Widerspruchs zwischen Gebrauchswert und Wert geht es zum ersten Mal in der per theoretische Abstraktion aus der Warenzirkulation herausgenommenen und für sich betrachteten Ware. In einer durch diese Abstraktion bedingten und damit auch unentwickelten und einseitigen Weise geht es im ersten Kapitel um den Austausch der Waren und um den darin gesetzten Widerspruch zwischen dem Gebrauchswert und dem Wert.

Wie verdreht muss Göhler die einfache Wertform interpretieren, wenn er glaubt, die Dialektik sei im »Kapital« so reduziert, dass »die Abfolge der Kategorien nicht mehr primär aus einer explizierten Widerspruchsentwicklung begründet«[5] sei? »In dieser Ausgangsstruktur ist der *Widerspruch* kein konstitutives Element der dialektischen Entwicklung von der ›einfachen Wertform‹ zur ›Geldform‹, die mit eben dieser Ausgangsstruktur einsetzt.«[6]

Göhler fragt nicht nach der methodischen Bedeutung der Aufteilung der Darstellung der Warenzirkulation in drei die Warenzirkulation unterschiedlich erfassende Kapitel. An der angeblich »emphatischen Dialektik« in »Zur Kritik ...« orientiert, macht er das dort von Marx vorgenommene Ineinanderschieben des Austauschprozesses und der Entwicklung der Wertformen zum Maßstab für das, was die Entwicklung der Wertformen im »Kapital« zu leisten hätte. Statt zu prüfen, weshalb Marx gerade um einer dem Austauschprozess gerecht werdenden Darstellung willen eine Abstraktion vornimmt und von einer Ware aus die Entwicklung der Wertformen für sich betrachtet, wirft Göhler Marx vor, er weiche im ersten Kapitel einem Problem aus, das sich in einer die Irrationalität des Marxschen Denkens entlarvenden Weise erst in aller Schärfe im Austauschprozess stellt. So als wäre sich Marx dieser Abstraktion und der auf ihr beruhenden Einseitigkeit der Betrachtung der Warenzirkulation nicht bewusst, wirft Göhler Marx im Grunde

[5] Ebd., S. 26.
[6] Ebd., S. 65.

vor, dass er diese Abstraktion überhaupt macht. Göhler kümmert sich so wenig um die methodische Bedeutung der im ersten Kapitel vorgenommenen Abstraktion, wie er die Differenz zwischen der Entwicklung der Wertform und dem Austauschprozess herunterspielt und nicht dort zu fassen bekommt, wo sie auch besteht. Die Einseitigkeit, durch die sich die Entwicklung der Wertformen auszeichnet, wenn man sie an dem misst, was sich alles im Austauschprozess ereignet, wird von Göhler überhaupt nicht wahrgenommen.

2. Der Widerspruch zwischen dem Gebrauchswert und dem Wert der Waren ist kein »logischer Widerspruch«

Im »Kapital« soll der Widerspruch für Göhler ohne große Bedeutung für die Entwicklung der gesellschaftlichen Formen der Arbeit sein: »Das ›Kapital‹ vermeidet schon in seiner Exposition nicht nur (wie auch ›Kritik‹ und ›Grundrisse‹) alle unmittelbar widersprüchlichen Formulierungen (von einem Sachverhalt zugleich sein Gegenteil auszusagen), sondern es formuliert auch den ganzen Komplex des Gegensatzes von Gebrauchswert und Wert so, daß er hier nicht mit dem logischen Satz des Widerspruchs konfligiert. Da Marx im Nachhinein dann doch als Widersprüche benennt, was in der Darstellung selbst als Widerspruch nicht aufgetreten ist, bleibt der logische Status der theoretischen Reproduktion von Widersprüchen freilich auch für das ›Kapital‹ von Anfang an als Problem bestehen. Für die Entwicklung der Wertformen steht nun die Hypothese zur Prüfung an, die für die Widerspruchsproblematik in der Exposition aufgestellt wurde: daß Marx die Ausformulierung immanenter Widersprüche solange zu vermeiden sucht, bis Ausgangsstruktur und anfängliche Bestimmungen zu komplexeren Strukturen als Vermittlungssysteme entwickelt sind. Da Marx seine rückblickenden Widerspruchsinterpretationen bereits auf der Stufe der komplexeren Strukturen von Austauschprozeß und einfacher Zirkulation formuliert, ist zu erwarten, daß logisch widersprüchliche Strukturen in der Abfolge der Wertformen und somit vor allem in der einfachen Wertform als Ausgangsstruktur explizit nicht auftreten.«[7]

Die Darstellung des Widerspruchs zwischen dem Gebrauchswert und dem Wert hat zunächst einmal überhaupt nichts zu tun mit dem Auftreten von »unmittelbar widersprüchlichen Formulierungen (von einem Sachverhalt zugleich sein Gegenteil auszusagen)«.[8] Auch wenn ein real existierender dialektischer Widerspruch in widersprüchlichen Formulierungen seinen sprachlichen Ausdruck findet, sich die Widersprüchlichkeit der Wirklichkeit in Paradoxien der Sprache ausdrückt,[9] ist der Widerspruch zwischen dem Gebrauchswert und dem Wert der Waren vollkommen

[7] Ebd., S. 65f.
[8] Ebd., S. 65.
[9] Vgl. Theorien über den Mehrwert, MEW 26.3, a.a.O., S. 134.

falsch bestimmt, wenn er darin bestehen soll, dass von einem »Sachverhalt zugleich sein Gegenteil« ausgesagt wird. Der der Ware immanente Widerspruch zwischen dem Gebrauchswert und dem Wert, den Göhler als solchen überhaupt nicht zu fassen bekommt, hat nichts mit dem zu tun, was dieser sich unter einem »logischen Widerspruch« vorstellt, geschweige denn, dass er mit einem solchen konfligiert. Ein Widerspruch von dieser Art, der etwas Unsinniges, Widersinniges ist, wird von Marx selbst als eine »contradictio in adjecto« bezeichnet. Die Ware ist sowohl Gebrauchswert als auch das Gegenteil vom Gebrauchswert, nämlich Wert. Als Wert ist sie kein Gebrauchswert, als Gebrauchswert ist sie auch kein Wert. Weder vom Wert noch vom Gebrauchswert wird zugleich sein Gegenteil ausgesagt.

Zwischen dem Gebrauchswert und dem Wert der Ware besteht der Widerspruch nicht deshalb, weil der Gebrauchswert zugleich Wert und der Wert zugleich Gebrauchswert ist, sondern weil die Ware in einer gesellschaftlich-unspezifischen Hinsicht Gebrauchswert, d.h. ein Stück bearbeiteter Natur ist, und in einer gesellschaftlich-spezifischen Hinsicht Wert, d.h. die Vergegenständlichung der abstrakt-menschlichen und in dieser Form gesellschaftlich-allgemeinen Arbeit ist. Als selbständiges Ding betrachtet, ist die Ware Gebrauchswert. Wird sie aber in ihrer mit dem Austausch gegebenen Beziehung zu den anderen Waren, d.h. unter dem Aspekt ihrer Gleichheit mit den anderen Waren betrachtet, dann erweist sie sich als Wert. Die Ware ist sowohl Gebrauchswert als auch Wert. Von Hause aus ist sie das Produkt konkret-nützlicher Arbeit und insofern ist und bleibt sie Gebrauchswert. Den Wertcharakter erhält das Arbeitsprodukt nur durch die aus dem Austausch bestehende gesellschaftliche Beziehung zu den anderen Arbeitsprodukten. Wie der Austausch eine zusätzliche, den Arbeitsprodukten als Gebrauchswerten fremde Beziehung ist, so ist der Wert eine zusätzliche, dem Gebrauchswert fremde gesellschaftliche Qualität. Die Ware ist als Wert etwas anderes als Gebrauchswert: Sie hört aber nicht dadurch auf, Gebrauchswert zu sein, weil sie Wert ist. Ihr Gebrauchswert, für sich genommen, ist der Gegenstand, der die Bedürfnisse der Menschen befriedigt. Sagt man vom Gebrauchswert, der ein Arbeitsprodukt ist, an ihm zähle nur noch, dass überhaupt in ihm menschliche Arbeit vergegenständlicht wird, dann sagt man von ihm etwas, das ihn überhaupt nichts angeht. Wenn ein Beobachter eine Ware als Wert betrachtet, dann kann er den Wert mit Hilfe des Gebrauchswerts ausdrücken, ohne Gebrauchswert und Wert miteinander zu vermischen: Er kann vom Gebrauchswert der Ware sagen, er stelle in seiner Gegenständlichkeit nur dar, dass in ihm abstrakt-menschliche Arbeit enthalten ist. Der Gebrauchswert wäre dann für den Beobachter kein konkret-nützliches Ding, sondern würde für ihn als etwas von ihm absolut Verschiedenes, nämlich als Wert gelten. Was hier für den sich auf die Waren beziehenden Beobachter gesagt wird, ergibt sich in dem Verhältnis zweier Waren zueinander für diese selbst, indem sich der Wert der ersten Ware im Gebrauchswert der zweiten Ware darstellt, der dadurch nicht in Wert verwandelt wird, sondern in seiner handgreiflich-sinnlichen Gegenständlichkeit der ersten Ware gegenüber als Wert gilt.

Obwohl der Wert ein gesellschaftliches Verhältnis und damit das Gegenteil von dem Gebrauchswert ist und kein Atom Gebrauchswert in sich enthält, besitzt er eine »Gegenständlichkeit«; denn der Wert ist ja nichts anderes als ein Arbeitsprodukt, das unter Abstraktion von seinem konkret-nützlichen Inhalt allen Arbeitsprodukten gleich ist. Da die einzelne Ware, für sich betrachtet, unmittelbar nur Gebrauchswert bzw. als etwas Gegenständliches ein konkret-nützliches Ding ist, kann sie gegenständlich nicht zugleich als der von allen konkret-nützlichen Dingen absolut verschiedene Wert auftreten. Dies kann man nur für möglich halten, wenn man den Gebrauchswert mit dem Wert verwechselt und unter der Hand den Gebrauchswert als Wert und den Wert als Gebrauchswert ausgibt.

Der Widerspruch zwischen dem Gebrauchswert und dem Wert – so kann man gegen Göhlers ebenso simple wie verdrehte Vorstellung festhalten – beruht u.a. darauf, dass von einem »Sachverhalt« wie dem Gebrauchswert gerade *nicht sein Gegenteil*, d.h. *nicht* ausgesagt werden kann, er sei zugleich Wert. Der Wert ist, wie der Gebrauchswert, etwas Gegenständliches, dabei aber im Unterschied zum Gebrauchswert etwas rein Gesellschaftliches. Im Unterschied zur sinnlich fassbaren Gegenständlichkeit des Gebrauchswerts ist die Gegenständlichkeit des Werts einer einzelnen Ware nicht sinnlich fassbar, weshalb sie von Marx auch als »gespenstige« Gegenständlichkeit bzw. als ein »Gedankending« bezeichnet wird. Die Ware muss sachlich an sich selbst zeigen, dass sie sowohl Gebrauchswert als auch Wert ist. Was ihr aber hierzu an Gegenständlichem zur Verfügung steht, geht in dem auf, was sie als Gebrauchswert ist. Es kann nur die Gegenständlichkeit sein, die die Waren als Gebrauchswerte besitzen, in der die Gegenständlichkeit des Werts erscheint. Vom Gebrauchswert der Ware verschiedene Gebrauchswerte besitzen aber nur die anderen Waren. Es ist aber unmöglich, dass der Gebrauchswert der Ware selbst, für sich genommen, noch etwas anderes ausdrücken kann als das, was er selbst ist. Wohl aber kann sich der Wert – wie bereits gezeigt – um seiner Gegenständlichkeit willen in den Gebrauchswerten anderer Waren darstellen, ohne hierdurch seinen gesellschaftlichen Charakter einzubüßen.

Ohne dass Gebrauchswert und Wert identisch sind, gehören sie dennoch mit innerer Notwendigkeit zusammen; denn als das von den Gebrauchswerten der Waren verschiedene, ihnen gemeinsame Dritte ergibt sich der Wert durch die Gleichsetzung der Gebrauchswerte, wodurch diese auf etwas reduziert werden, was mit ihnen selbst nichts mehr zu tun hat, nämlich darauf, Verkörperungen abstrakt-menschlicher Arbeit zu sein. Ist auf diese Weise jede Ware Einheit von Gebrauchswert und Wert, dann heißt dies: In ihr gehören Gebrauchswert und Wert mit innerer Notwendigkeit zusammen und verselbständigen sich gleichzeitig gegeneinander. Hiermit ist noch einmal der bereits in einer einzelnen Ware eingeschlossene Widerspruch zwischen dem Gebrauchswert und dem Wert benannt. Dieser Widerspruch löst sich im Verhältnis zweier Waren zueinander, indem die innere notwendige Zusammengehörigkeit von Gebrauchswert und Wert erhalten bleibt und sich gleichzeitig der Wert der Ware derart gegen ihren Gebrauchswert verselbständigt, dass er sich im Gebrauchswert der zweiten Ware darstellt. In dem Verhältnis der beiden Waren zueinander steht der ersten Ware ihr Wert in Gestalt des Gebrauchswerts der zweiten Ware sachlich so selbständig gegenüber, wie sie selbst sachlich unmittelbar als Gebrauchswert auftritt. Der Gebrauchswert der zweiten Ware ist zur Erscheinungsform des Werts der ersten Ware geworden. Dies ändert nichts daran, dass er selbst ein Gebrauchswert, d.h. ein konkret-nützliches Ding bleibt. So wenig wie der Gebrauchswert der ersten, verwandelt sich der Gebrauchswert der zweiten Ware dadurch in einen Wert, dass sich der Wert der ersten Ware in ihm darstellt. Nur der von dem Gebrauchswert der ersten Ware verschiedene Gebrauchswert der zweiten Ware kann in dem Verhältnis zweier Waren zueinander für die erste Ware die Bedeutung des Werts, d.h. die Bedeutung von etwas »rein Gesellschaftlichem« erhalten.

Aus dem Bisherigen ergibt sich: Man kann das Arbeitsprodukt unter zwei Aspekten betrachten, einmal unter dem Aspekt seiner unmittelbaren Existenz als Gebrauchswert und zum anderen unter dem über seine Beziehung auf die anderen Arbeitsprodukte vermittelten Aspekt als die den anderen Arbeitsprodukten gleiche Vergegenständlichung abstrakt-menschlicher Arbeit. Der Gebrauchswert der Ware ist nicht er selbst und zugleich Wert, d.h. er ist nicht er selbst und zugleich sein Gegenteil, ebenso wenig wie der Wert er selbst und Gebrauchswert, d.h. er selbst und sein Gegenteil ist. Schließlich ist auch die Ware insgesamt nicht sie selbst und ihr Gegenteil, sondern ein Arbeitsprodukt, das als Wert austauschbar und als Gebrauchswert der Gegenstand eines menschlichen Bedürfnisses ist.

3. Göhlers Ersetzung der Gleichsetzung der Waren als Werte durch das von ihm auf mystische Weise begriffene Sich-Darstellen des Werts einer Ware im Gebrauchswert einer anderen Ware

Bei der Betrachtung des Verhältnisses zweier Waren zueinander lässt Göhler deren Gleichsetzung als Werte hinter dem Sich-Darstellen des Werts im Gebrauchswert einer anderen Ware verschwinden, wobei er dies Letztere auf abenteuerliche Weise mit der mystischen Gleichsetzung von Gebrauchswert und Wert verwechselt.[10] Warum sich der Wert im Gebrauchswert einer anderen Ware darstellen muss, lässt sich allein davon ausgehend begreifen, dass die Waren miteinander als Werte gleichgesetzt werden und der Wert die Vergegenständlichung der abstrakt-menschlichen

[10] Vgl. Die ausführliche Kritik des Verfassers an Göhlers Interpretation des Verhältnisses von dialektischem und logischem Widerspruch in: Dieter Wolf, Warenzirkulation und Warenfetisch.

Arbeit ist und insofern auch eine gegenständliche Existenz im Verhältnis der Waren zueinander erhalten muss. Ob es sich um die Formel I: x Ware A = y Ware B oder um die Formel II: x Ware A ist y Ware B wert handelt, jedes Mal geht es sowohl um die Gleichsetzung der beiden Waren als Werte als auch darum, dass nur die erste Ware ihren Wert im Gebrauchswert der zweiten Ware darstellt. Nachdem Göhler die erste Formel mehr mit der Gleichsetzung verbindet, diese aber schließlich wegdiskutiert, gibt er der zweiten Formel den Vorzug. Da für ihn die Gleichheitsbeziehung im Verhältnis zweier Waren zueinander nicht vorhanden ist, hebt die zweite Formel zu Recht auf das »sich Ausdrücken« des Werts im Gebrauchswert einer anderen Ware ab. Nachdem Göhler das »sich Ausdrücken« des Werts im Gebrauchswert einer Ware gegen das sich Gleichsetzen der Waren als Werte ausgespielt hat, muss ihm natürlich an der ersten Formel etwas problematisch sein. Wo es sich um eine wirkliche Gleichsetzung handelt, nämlich bei der Beziehung der Waren als Werte aufeinander, wird sie von ihm nicht wahrgenommen und dort, wo es diese Gleichsetzung, wie beim Sich-Darstellen des Werts im Gebrauchswert einer anderen Ware, überhaupt nicht gibt, wird sie von ihm als irrationalistische Gleichsetzung von Wert und Gebrauchswert herbeigezaubert. Er hebt ausdrücklich hervor, dass das Verhältnis zweier Waren zueinander gar keine Äquivalenzrelation enthält und interpretiert ebenso ausdrücklich das Sich-Darstellen des Werts im Gebrauchswert der anderen Ware als die Gleichsetzung des Tauschwerts der ersten Ware mit dem Gebrauchswert der zweiten Ware.

Göhler unterschlägt die Gleichsetzung der Waren als Werte ebenso wie den der Ware immanenten Widerspruch zwischen Gebrauchswert und Wert. Er bindet die Gleichsetzung an die erste Formel und muss diese zugleich problematisch finden, weil er selbst in dem Verhältnis, das mit dieser Formel beschrieben werden soll, keine eigentliche Gleichsetzung bzw. keine Äquivalenzrelation sieht. Er hält sich daher an die zweite Formel, die für ihn angemessen beschreibt, dass es im Verhältnis zweier Waren zueinander um den *»Ausdruck«* des Werts einer Ware geht, den er aber gerade dadurch völlig verdreht, dass er ihn als eine *Gleichsetzung* von Wert und Gebrauchswert ausgibt.

So ausgerüstet will er nun zeigen, wie unter Einbeziehung des Austauschprozesses dennoch die in der ersten Formel angesprochene Äquivalenzrelation zustande kommt. Die Wertform soll im Austauschprozess zusammen mit ihrer Umkehrung betrachtet werden, d.h. sie soll gleichzeitig von links nach rechts und von rechts nach links gelesen werden.

Der irrationale »logische Widerspruch«, den Göhler konstruiert, ergibt sich dadurch, dass er die Wertform zusammen mit ihrer Umkehrung betrachtet und dabei den Tatbestand, dass jede Ware sich im Wertausdruck der anderen Ware in Äquivalentform befindet, als mystische Verwandlung des Gebrauchswerts in den Wert deutet. Indem in jedem Gebrauchswert sich der Wert einer anderen Ware darstellt und Göhler das Sich-Darstellen des Werts im Gebrauchswert mit dem Gleichsetzen von Wert und Gebrauchswert vermischt, kommt er dazu, von jedem Gebrauchswert der beiden Waren zu behaupten, sie seien sie selbst und ihr abstraktes Gegenteil, nämlich Wert.

Da sich für Marx in dem Wertausdruck einer Ware diese nicht zugleich in relativer Wertform und Äquivalentform befinden kann, glaubt Göhler, es ginge Marx darum, einen »logischen Widerspruch« zu vermeiden. Marx hat zwar einen solchen Widerspruch vermieden, aber der polarische Gegensatz von relativer Wertform und Äquivalentform, die notwendig zusammengehören und sich gleichzeitig wechselseitig ausschließen, sind Merkmale der Lösungsbewegung des in einer Ware eingeschlossenen Widerspruchs zwischen dem Gebrauchswert und dem Wert. Relative Wertform und Äquivalentform entstehen, indem der Wert einer Ware sich im Gebrauchswert der anderen darstellt.[11]

4. Die »Differenzierung« der Gebrauchswerte in »Bedürfnisbefriedigung und Darstellung des Werts« als die Leistung der Wertformen für die »Ausdifferenzierung der Austauschstruktur«

Bevor Göhler seine Ausdifferenzierung des Austauschs durch die Wertform und ihre Umkehrung entwickelt, fragt er danach, was die im ersten Kapitel des »Kapital« von Marx entwickelte *nicht* umgekehrte Wertform für diese Ausdifferenzierung leistet. Die Wertform differenziert die »Funktion des Gebrauchswertes in Bedürfnisbefriedigung und Darstellung des Werts; dies beruht auf der einlinigen Gerichtetheit des Wertausdrucks.«[12] Göhler vergisst wieder, dass die Waren in ihrem Verhältnis zueinander, worin die eine ihren Wert im Gebrauchswert der anderen ausdrückt, stets als Werte gleichgesetzt sind. Die »Differenzierung« der Gebrauchswerte in »Bedürfnisbefriedigung und Darstellung des Werts« soll bei der »Formulierung der Austauschstruktur aus der Perspektive der Warenbesitzer ... nicht zu entnehmen (sein), erst recht nicht der einfachen Gleichsetzung der Waren als Äquivalenzrelation«.[13] Auf die Austauschstruktur bezogen heißt es weiter, in ihr »wird zwischen den beiden Funktionen des Gebrauchswertes nicht unterschieden, und dadurch kommt auch das Element der einlinigen Gerichtetheit nicht herein. Beides ist nur in der Struktur der Wertform enthalten, und dadurch hat die Austauschstruktur für sich einen erheblichen geringeren Informationsgehalt.«[14]

In der Ausgangssituation des Austauschs stehen sich die Warenbesitzer als Träger der einfachen, nicht preisbestimmten Waren gegenüber. Jeder Warenbesitzer

---

[11] Die beiden folgenden Unterabschnitte 4 und 5 stimmen im Wortlaut überein mit den Unterabschnitten 2 und 3, Teil 3, Kapitel 2, in: Dieter Wolf, Warenzirkulation ..., a.a.O.

[12] Göhler, Die Reduktion ..., a.a.O., S. 82.

[13] Ebd.

[14] Ebd.

hält seine Ware gegen jede andere Ware für austauschbar, einschließlich der Ware, deren Gebrauchswert seine Bedürfnisse befriedigen soll. Nimmt man diese eine Ware heraus, dann betrachtet der Warenbesitzer sie als das besondere Äquivalent, ohne dass er zu wissen braucht, was eine in der Äquivalentform stehende Ware ist. Aus der Perspektive eines jeden Warenbesitzers wird der Wert seiner Ware im Gebrauchswert aller anderen Waren dargestellt. Hiermit macht jeder Warenbesitzer zugleich seine eigene Ware zum allgemeinen Äquivalent. Sie behandeln irgendeine andere Ware, deren Gebrauchswert ihr Bedürfnis befriedigen soll und die einem anderen Warenbesitzer gehört, als besonderes Äquivalent. Wechselseitig behandeln die Warenbesitzer ihre Waren als Gebrauchswerte, die ein bestimmtes Bedürfnis befriedigen, und als besondere Äquivalente bzw. als Erscheinungsformen des Werts ihrer Waren. Wenn Göhler aber behauptet, der Austausch habe einen »erheblich geringeren Informationsgehalt«, weil in ihm »aus der Perspektive der Warenbesitzer« eine »Differenzierung der Funktion des Gebrauchswertes in Bedürfnisbefriedigung und Darstellung des Werts« nicht enthalten sei, dann irrt er sich gründlich.

Was das im ersten Kapitel des »Kapital« betrachtete Verhältnis der Waren zueinander anbelangt, gilt:

1. Sie werden als Werte gleichgesetzt;
2. wenn die Wertgleichungen gleichzeitig von rechts nach links und von links nach rechts gelesen werden, befinden sich die Waren jeweils in relativer Wertform und Äquivalentform;
3. die Waren sind Gebrauchswerte, die jeweils ein bestimmtes Bedürfnis befriedigen;
4. die Waren sind Gebrauchswerte, worin jeweils der Wert einer bzw. aller anderen Waren erscheint.

Ebenso gilt für den im zweiten Kapitel des »Kapital« dargestellten Austauschprozess, dass in ihm die Waren als Werte gleichgesetzt werden, zweitens die Waren sich sowohl in relativer Wertform wie in Äquivalentform befinden, drittens alle Waren Gebrauchswerte sind, die jeweils bestimmte Bedürfnisse der Warenbesitzer befriedigen, viertens alle Waren Gebrauchswerte sind, worin jeweils der Wert aller anderen Waren erscheint. Wie man dem Austausch, ohne Zuhilfenahme der Entwicklung der Wertformen, die »Bedürfnisbefriedigung und Darstellung des Werts« als unterschiedliche Funktionen des Gebrauchswerts entnehmen kann, so enthält er auch – entgegen der Annahme von Göhler – das Element der »einlinigen Gerichtetheit«.[15] Solange die Warenbesitzer ihre Waren in der Ausgangssituation des Austauschs einander gleichsetzen und für jeden die anderen Waren besondere Äquivalente seiner eigenen Ware sind, gibt es so viele entfaltete Wertformen wie Waren. Jede dieser entfalteten Wertformen setzt sich aus der endlosen Reihe der Waren

---

[15] Ebd.

zusammen, in deren Gebrauchswerten sich jeweils der Wert einer Ware darstellt. Oder anders formuliert: Greift man eine Ware heraus, dann zeigt sich, dass diese ihren Wert in der Reihe der Gebrauchswerte aller anderen Waren darstellt. Dies ist dann die entfaltete Wertform, wie sie von Marx im ersten Kapitel des »Kapital« behandelt wird. In der gleichen Weise, wie die entfaltete Wertform »einlinig gerichtet« ist, sind es alle der Reihe nach in der Ausgangssituation des Austauschs betrachteten Wertformen. Jede Ware, die man sich herausgreift und die sich in der entfalteten Wertform befindet, also ihren Wert im Gebrauchswert der anderen Ware darstellt, ist umgekehrt immer auch eine Ware, die zu der Reihe der Waren gehört, in deren Gebrauchswert irgendeine andere Ware ihren Wert ausdrückt. Wenn Göhler behauptet, der Austausch habe einen »erheblich geringeren Informationsgehalt«, weil in ihm »aus der Perspektive der Warenbesitzer« eine »Differenzierung der Funktion des Gebrauchswertes in Bedürfnisbefriedigung und Darstellung des Werts« nicht enthalten sei, dann ist auch dies falsch.

5. Die Entstehung des »logischen Widerspruchs« durch die mittels der Wertform und ihrer Umkehrung vorgenommene »Ausdifferenzierung der Austauschstruktur«

Göhler begnügt sich zunächst damit, das Gleichsetzen der Waren als Werte (»Äquivalenzrelation«) auf den Austauschprozess und das Sich-Darstellen des Werts im Gebrauchswert einer anderen Ware auf die Entwicklung der Wertformen zu verteilen. Von den Wertformen erfasst Göhler in einer durch die Gleichsetzung von Gebrauchswert und Wert mystisch verzerrten Form das Sich-Darstellen des Werts im Gebrauchswert einer anderen Ware, während ihm die Gleichsetzung der Waren als Werte ganz entgeht. Im Austauschprozess dagegen geht es ihm um diese gleichfalls in mystisches Dunkel gehüllte Gleichsetzung der Waren als Werte und nicht um das Sich-Darstellen des Werts der Waren im Gebrauchswert der anderen Waren.

Nachdem er auf diese Weise sowohl die Entwicklung der Wertformen als auch den Austauschprozess verkürzt begriffen und beide in ungerechtfertigter Weise auseinander gerissen hat, will er sie wieder irgendwie »zusammenbringen«. Nur wenn man in einer an »Zur Kritik ...« orientierten Weise die Entwicklung der Wertformen in den Austauschprozess hineinverlegt, entsteht nämlich für Göhler der die »emphatische Dialektik« auszeichnende Widerspruch, den Marx durch die getrennte Darstellung der Entwicklung der Wertformen und des Austauschprozesses im »Kapital« angeblich vermieden haben soll. Indem man im Austauschprozess die Wertform zusammen mit ihrer Umkehrung betrachtet, soll man auch die Gleichsetzung der Waren und das Sich-Darstellen des Werts der Waren im Gebrauchswert der anderen Waren zusammenbringen. Hiermit wiederum soll man in einer solchen

Form den Widerspruch zwischen dem Gebrauchswert und dem Wert erhalten, die nur als »logisch« zu bezeichnen ist. Der ganze »Hokuspokus«, den Göhler veranstaltet, beginnt und endet mit der wunderbaren Verwandlung von Gebrauchswerts in Wert und von Wert in Gebrauchswert.

Indem Göhler die Entwicklung der Wertformen vom Austauschprozess trennt, sind sie für ihn nicht mehr als »Äquivalenzrelation«, sondern nur noch als »sprachlicher Ausdruck oder als Relation« erfassbar.[16] Hinter dem, was Göhler hier »sprachlicher Ausdruck« und »Relation« nennt, verbirgt sich das, was oben bereits als »Differenzierung des Gebrauchswertes in Bedürfnisbefriedigung und Darstellung des Werts« entwickelt worden ist. Es soll nun gezeigt werden, was dabei herauskommt, wenn man, wie Göhler, »durch die Umkehrung der einfachen Wertform«[17] strukturell zeigen will, wie die »die Wertform – in der Austauschstruktur so enthalten (ist), daß sie, mit ihrem Überschuß über die Bestimmung des Tauschs durch Warenbesitzer, erst den spezifisch sachangemessenen Charakter der Austauschstruktur gemäß der Intention von Marx erbringt.«[18]

Die Äquivalenzrelation soll es also nicht deswegen geben, weil sich in dem Verhältnis zweier Waren zueinander diese tatsächlich als Werte gleichsetzen und auch nur als Werte ausgetauscht werden; vielmehr soll die Äquivalenzrelation dadurch im Austauschprozess vorhanden sein, weil man die Wertform zugleich mit ihrer Umkehrung betrachtet. Auf diese Weise durch die Umkehrung der Wertform die Gleichsetzung der Waren als Werte im Austauschprozess herzustellen, heißt für Göhler, diese Gleichsetzung mittels der »Nichtäquivalenzen in der Struktur der Wertformen« zu bilden. Unter »logischem Aspekt« soll angegeben werden, »wie die Äquivalenzrelation der Austauschstruktur erst durch die Nichtäquivalenzen der Struktur der Wertform gebildet werden kann«, um zu sehen, »wie diese spezifizierte Austauschstruktur dann logisch ›funktioniert‹. Das führt auf derzeit nicht gelöste Schwierigkeiten.«[19]

Für Göhler zeigt sich die erste Schwierigkeit, wenn die »Wertform nur als sprachlicher Ausdruck« gefasst wird, denn dann »müßte die Austauschstruktur als Äquivalenzrelation aus Strukturen bestehen, die selbst nicht logisch darstellbar sind. Wie das logisch möglich sein sollte, ist nicht zu sehen. ... Wird der Tausch nur als Äquivalenzrelation gefaßt, so ist sein entscheidendes Charakteristikum, daß ein Gebrauchswert einen Tauschwert ausdrückt, ›wegabstrahiert‹. Das eben ist der Überschuß der Wertform über die Austauschstruktur mit ihrer Perspektive der Warenbesitzer; wie zu sehen war, geht die Wertform in dieser Austauschstruktur ohne Rest nur auf, wenn sie (fälschlich) als Äquivalenzrelation gefaßt wird.«[20]

16 Ebd., S. 84.
17 Ebd.
18 Ebd.
19 Ebd.
20 Ebd.

Göhler wiederholt hier seine falsche Auffassung vom Austausch und der Wertform: Der Austausch soll nur eine Äquivalenzrelation sein, die Wertform liefert nur eine Differenzierung in »Bedürfnisbefriedigung und Darstellung des Werts im Gebrauchswert einer Ware«, wodurch sich die Wertformen als einen »Überschuss« über die »Austauschstruktur« auszeichnen. Er kann nun behaupten, jemand, der die Wertform als eine Äquivalenzrelation fasst, würde dann auch den Fehler begehen, sie in der Austauschstruktur aufgehen zu lassen. Göhler hat so wenig vom Wert als der Vergegenständlichung abstrakt-menschlicher und in dieser Form gesellschaftlich-allgemeiner Arbeit begriffen, dass er nicht sieht, dass sowohl in der Wertform wie im Austauschprozess die Gleichsetzung der Waren als Werte und das Sich-Darstellen des Werts im Gebrauchswert einer anderen Ware notwendig miteinander verbunden sind. Im Verhältnis zweier Waren zueinander werden diese als Werte gleichgesetzt, während sich der Wert der ersten Ware im Gebrauchswert der zweiten darstellt; im Austauschprozess werden alle Waren einander als Werte gleichgesetzt, so dass sich die »Gesetze der Warennatur« derart im »Naturinstinkt der Warenbesitzer« betätigen, dass der Wert aller Waren gemeinsam in dem Gebrauchswert der ausgeschlossenen Ware dargestellt wird.

Die zweite Schwierigkeit soll sich aufgrund der Erkenntnis ergeben, dass die Wertform »nicht nur nicht Äquivalenzrelation, sondern vor allem nicht symmetrisch sein (kann), denn es wird ein Tauschwert durch einen Gebrauchswert ausgedrückt, der nicht zugleich selbst durch jenen Tauschwert ausgedrückt wird. Dann aber entsteht die Schwierigkeit, logisch darzustellen, wie die Austauschstruktur aus der Struktur der Wertform und ihrer Umkehrung gebildet wird.«[21] Göhler leugnet wieder, dass den Wertformen die Gleichsetzung der Waren als Werte zugrunde liegt, und hebt auf die die Vermischung von Gebrauchswert und Wert einschließende Weise darauf ab, dass sich der Wert einer Ware jeweils im Gebrauchswert einer anderen Ware darstellt. Dann macht er die nur grotesk zu nennende Angabe, der Gebrauchswert, worin sich der Wert einer Ware darstellt, würde nicht zugleich selbst noch einmal durch jenen Wert ausgedrückt. Kann es in Wirklichkeit nur darum gehen, dass sich der Wert einer Ware im Gebrauchswert einer anderen Ware darstellt, so bereichert Göhler die Entwicklung der Wertformen um den bisher weder von Marx noch von sonst jemanden entdeckten Sachverhalt, dass der Gebrauchswert sich umgekehrt auch im Tauschwert ausdrückt.

Weiter auf die zweite »Schwierigkeit« eingehend, setzt Göhler das oben angeführte Zitat fort: »Wenn die Elemente bezüglich der beiden Waren in asymmetrischer Relation stehen und sich bezüglich derselben Ware nur deshalb gegenseitig nicht ausschließen, weil sie in verschiedenen Wertausdrücken stehen, können sie nicht für die beiden Waren durch logisches ›und‹ (Konjunktion) zu einer Äquivalenzrelation verbunden werden. Gerade das aber ist sachlich gefordert, denn es

[21] Ebd.

handelt sich um ein und denselben Tauschakt. Damit tritt hier, im Zusammenhang von Wertform und Austauschstruktur, jener logische Widerspruch ein«,[22] von ein und derselben Sache sie selbst und ihr Gegenteil bzw. von dem Gebrauchswert ihn selbst und sein aus dem Wert bestehendes abstraktes Gegenteil auszusagen.

Das, was Göhler hier über die zweite, der »derzeit nicht gelöste(n) Schwierigkeiten« vorbringt, soll im Folgenden ausführlicher betrachtet werden. Zu der Äquivalenzrelation, die als eine durch die Umkehrung der Wertform entstandene nicht mehr, wie es in Wirklichkeit der Fall ist, aus der Gleichheit der Waren als Werte bestehen kann, hält Göhler fest: »Der Gebrauchswert der Waren A und B tritt jeweils doppelt auf, einmal in der Äquivalenzfunktion, ... das andere Mal in der Funktion der Bedürfnisbefriedigung.«[23] Wenn Göhler also die Äquivalenzrelation des Austauschs mit Hilfe der Wertform und ihrer Umkehrung zustande bringen will, dann kann er nur auf das zurückgreifen, was die *nicht-umgekehrte Wertform* bereits für die Ausdifferenzierung der Austauschstruktur geleistet hat. Das heißt, Göhler muss auf die Differenzierung des Gebrauchswerts in »Bedürfnisbefriedigung und Darstellung des Werts« zurückgreifen. Aus dem oben angeführten Zitat geht hervor, dass Göhler die eine der beiden Funktionen des Gebrauchswerts, nämlich die Funktion der »Darstellung des Werts« für die Bildung der Äquivalenzrelation heranzieht. Die mit dem Sich-Darstellen des Werts im Gebrauchswert einer Ware gemeinte Funktion des Gebrauchswerts verwandelt sich für Göhler im Austausch in die »Äquivalenzfunktion«.

Wenn man zwecks »Ausdifferenzierung der Austauschstruktur« die Wertform zusammen mit ihrer Umkehrung betrachtet, dann ist jede Ware Mittel zur Befriedigung des Bedürfnisses und zugleich das Material, worin sich der Wert einer anderen Ware darstellt. Wie kommt Göhler nun dazu, in dem Sich-Darstellen des Werts im Gebrauchswert einer anderen Ware die »Äquivalenzfunktion« zu sehen? Um diese Frage zu beantworten, muss man sich auf eine weitere Umschreibung der Funktionen des Gebrauchswerts einlassen, die sich für Göhler dadurch ergibt, dass es sich »um einen und denselben Tauschakt und darin um eine und dieselbe Ware A oder B«[24] handelt. Jede Ware soll einmal als »bewerteter Faktor« auftreten, insofern der Wert der Ware A im Gebrauchswert der Ware B und der Wert der Ware B im Gebrauchswert der Ware A ausgedrückt wird; zum anderen soll jede Ware als »Bewertungsmaß« auftreten, insofern der Gebrauchswert der Ware B im Wertausdruck der Ware A und der Gebrauchswert der Ware A im Wertausdruck der Ware B die Äquivalenzfunktion ausüben.

Als Gegenstände der Befriedigung der Bedürfnisse sollen die Gebrauchswerte der Waren A und B jeweils der »bewertete Faktor« sein. Gleichzeitig sollen sie »Bewertungsmaß« sein, insofern jeder der beiden Gebrauchswerte gegenüber der

---

22 Ebd., S. 84f.
23 Ebd., S. 85.
24 Ebd.

anderen Ware die Rolle des Äquivalents spielt. Wenn Göhler die Ware als »bewerteten Faktor« anspricht und damit zu Recht darauf abhebt, dass sie es ist, die im Gebrauchswert der anderen Ware ihren Wert ausdrückt, dann ist aber stets die relative Wertform der beiden Waren gemeint. In der relativen Wertform einer Ware gilt deren Gebrauchswert als das, was er selbst ist , d.h. als ein Gegenstand für die Befriedigung menschlicher Bedürfnisse. Wenn Göhler von den Waren als »Bewertungsmaß« spricht, dann betrachtet er die Gebrauchswerte der Waren A und B als Gebrauchswerte, worin sich jeweils die Werte der Waren ausgedrückt haben; denn allein hierdurch gelten die Gebrauchswerte der Waren als eine Erscheinungsform des Werts – allein hierdurch befinden sich die Waren im Wertausdruck der jeweils anderen Ware in Äquivalentform.

Tritt die erste Ware als »bewerteter Faktor«[25] auf, dann wird entgegen Göhlers falscher Darstellung überhaupt nicht der Gebrauchswert bewertet. Wie es der Name schon sagt, ist die Ware der »bewertete Faktor« nach der Seite, nach der sie Wert ist. Und zwar geht es um diesen in seiner Qualität als Vergegenständlichung abstrakt-menschlicher Arbeit und um die Quantität als der gesellschaftlich notwendig zu verausgabenden Arbeitszeit. Im Wertverhältnis der einen zur anderen Ware wird die eine der anderen »als Wertkörper überhaupt ... qualitativ gleichgesetzt«.[26] Die zweite Ware, der sich eine andere, d.h. die erste Ware gleichgesetzt hat, liegt stets in einem bestimmten Quantum vor, so zum Beispiel die Leinwand in dem Quantum von 20 Ellen. Je nachdem, wie viel gesellschaftlich notwendige Arbeitszeit in der Leinwand oder z.B. in einem Rock steckt, wird den 20 Ellen Leinwand ein »bestimmtes Quantum des Wertkörpers oder Äquivalents, z.B. ein Rock«[27] gleichgesetzt.

Es sei nochmals betont, dass Marx hier vom Rock nicht als von einem Gebrauchswert spricht, sondern von ihm als einem Wertkörper, d.h. von dem Gebrauchswert Rock nur, insofern er für die erste Ware dasselbe ist, was sie als Wert ist, d.h. nur insofern er als das gilt, was die erste Ware als Wert ist.

Wenn die Leinwand dem Rock gleichgesetzt wird, dann deshalb, weil dieser wie sie selbst hinter seiner sachlichen Hülle verborgen Wert ist. Für die Leinwand ist der Rock kein von ihrem Gebrauchswert verschiedener Gebrauchswert, sondern das, was sie selbst als Wert ist. Wird nun die Leinwand dem Rock gleichgesetzt, dann zählt dieser als das der Leinwand gleiche, nicht als der bestimmte Gebrauchswert Rock, sondern als Wert. Der Rock ist und bleibt ein bestimmter Gebrauchswert. Als etwas, das dem Wert der Leinwand gleich ist, kann der Gebrauchswert der Ware Rock nicht Gebrauchswert sein. Unmittelbar ist er weiter nichts anderes als eben dieser bestimmte Gebrauchswert. Insofern er der Leinwand gleich

[25] Ebd.
[26] Das Kapital, MEW 23, a.a.O., S. 67.
[27] Ebd.

ist, gilt er als etwas, das er unmittelbar nicht ist und das ihn auch vom Gebrauchswert der Leinwand unterscheidet. Er gilt nämlich als Wert der Leinwandware.

Sowohl für die Formel x Ware A = y Ware B (20 Ellen Leinwand gleich ein Rock) als auch für die Formel x Ware A ist y Ware B wert (20 Ellen Leinwand sind ein Rock wert) setzt Marx ausdrücklich voraus, »daß in 1 Rock gerade so viel Wertsubstanz steckt als in 20 Ellen Leinwand, daß beide Warenquanta also gleich viel Arbeit kosten oder gleich große Arbeitszeit«.[28] Steckt in der Leinwand soviel Arbeit wie im Rock, dann werden sie qualitativ als Werte, d.h. als Vergegenständlichungen abstrakt-menschlicher Arbeit und quantitativ als Wertgrößen, d.h. als Quanta der in ihnen gesellschaftlich notwendig verausgabten Arbeitszeit aneinander gemessen bzw. gleichgesetzt. Gilt nun, wie ausführlich entwickelt wurde, der Körper der zweiten Ware als Erscheinungsform des Werts der ersten Ware, dann hat diese erste Ware sich als Wert qualitativ und quantitativ ausgedrückt. Das Quantum, in dem die zweite Ware auftritt und das immer ein Quantum ihres Gebrauchswerts ist, wie z.B. drei Röcke oder 40 Pfund Butter, ist für die erste Ware, die in diesem Gebrauchswert der zweiten Ware ihren Wert verkörpert, folglich auch ein bestimmtes Quantum ihres Werts. Sowohl die qualitative als auch die quantitative Gleichsetzung der Waren sind nichts anderes als ihre Gleichsetzung als Werte.

Anstatt der Gleichsetzung der Waren als Werte Rechnung zu tragen, nimmt Göhler die abenteuerliche Reduktion der Waren auf ihren Gebrauchswert vor. Wenn er nämlich von der Ware als dem »bewerteten Faktor« und dem »Bewertungsmaßstab« spricht, dann handelt es sich bei ihm ausdrücklich nur um die Gebrauchswerte der Waren. Der Gebrauchswert der Ware A, so stellt Göhler fest, sei einmal er selbst – ein konkret-nützliches Ding – und dabei zugleich der »bewertete Faktor«. Göhler bezieht sich auf den Wertausdruck der Ware A bzw. auf die Ware A, insofern sich der Wert im Gebrauchswert der Ware B darstellt. Zum anderen sei der Gebrauchswert der Ware A das »Bewertungsmaß«, wenn man den Wertausdruck der Ware B betrachtet, deren Gebrauchswert dann er selbst bzw. ein konkret-nützliches Ding ist und deren Wert im Gebrauchswert der Ware A dargestellt ist.

Betrachtet man nach Göhler in diesem Sinne das Verhältnis zweier Waren zueinander gleichzeitig von der Ware A und der Ware B aus, dann ergibt sich im gerade explizierten Sinne, dass der Gebrauchswert der Ware A sowohl »Faktor der Bewertung« als auch »Bewertungsmaß« ist. Was für den Gebrauchswert der Ware A gelten soll, lässt sich entsprechend auch für den Gebrauchswert der Ware B zeigen.

Durch die Betrachtung der Wertform zusammen mit ihrer Umkehrung ergibt sich die Gemeinsamkeit der beiden verschiedenen Gebrauchswerte, jeweils Repräsentant des Werts der anderen Ware zu sein. Diese tatsächlich existierende und auf dem Sich-Darstellen des Werts im Gebrauchswert beruhende Gemeinsamkeit soll,

[28] Ebd.

ohne dass für Göhler die wirkliche Gleichsetzung der Waren als Werte existierte, dasjenige sein, was durch die Umkehrung der Wertform im Austausch die »Äquivalenzrelation« der Waren als Werte ausmache.

Indem Göhler mit der »Nichtäquivalenz der Wertformen« die »Äquivalenz des Austauschs« bildet, gibt er die als »Bewertungsmaß« gedeuteten Gebrauchswerte, d.h. die Gebrauchswerte der in Äquivalentform sich befindenden Waren zugleich als die Werte der Waren aus. Was z.B. die Ware A und B anbelangt, so drückt sich der Wert der Ware A im Gebrauchswert der Ware B aus. Berücksichtigt man, dass das Verhältnis zweier Waren als ein reell existierendes in der Ausgangssituation des Austauschs eingeschlossen ist, dann gibt Göhler den Gebrauchswert der Ware B als etwas aus, das dem Wert der Ware A gleich ist, während er den Gebrauchswert der Ware A als etwas ausgibt, das dem Wert der Ware B gleich ist.

Wenn man im Unterschied zu Göhler sieht, dass im Austauschprozess die Waren als Werte gleich- und als Gebrauchswerte ungleich gesetzt werden, sieht man auch, dass sich die Waren als Werte jeweils im Gebrauchswert der anderen Ware darstellen. In der Ausgangssituation des Austauschs drückt jede Ware ihren Wert im Gebrauchswert der anderen Waren aus. Der Gebrauchswert jeder Ware ist für irgendeinen anderen Warenbesitzer ein Mittel, um seine Bedürfnisse zu befriedigen. Gleichzeitig ist jeder Gebrauchswert, der den anderen Waren das Material für ihren Wertausdruck liefert, auch die Erscheinungsform des Werts der anderen Waren. Die unterschiedlichen Gebrauchswerte der Waren spielen also die ihnen allen gemeinsame Rolle, die Erscheinungsform des Werts der jeweils anderen Waren zu sein. Damit aber, dass die Gebrauchswerte nicht selbst Werte sind, sondern vielmehr als Erscheinungsformen des Werts der jeweils anderen Waren nur als Werte gelten, ist gesagt: Die Äquivalenzrelation besteht aus der Gleichsetzung der Waren als Werte und nicht in der Gemeinsamkeit der Gebrauchswerte, jeweils die Erscheinungsform des Werts zu sein, die von diesem selbst verschieden ist. Auch wenn man im Unterschied zu Göhler das Sich-Darstellen des Werts im Gebrauchswert einer anderen Ware nicht mit der Gleichsetzung von Gebrauchswert und Wert vermischt, d.h. auch wenn man nicht Gebrauchswert und Wert mystisch miteinander identifiziert, vermag man nicht mit Hilfe des Sich-Darstellens des Werts im Gebrauchswert einer anderen Ware die aus der Gleichheit der Waren als Werte bestehende Äquivalenzrelation in den Austausch hineinzuinterpretieren.

Die Gleichsetzung der Waren, d.h. ihre Äquivalenzrelation besteht sowohl im Austausch wie in dem selbständig für sich betrachteten Verhältnis zweier Waren zueinander darin, dass die Waren unter Abstraktion von ihren verschiedenen Gebrauchswerten als Werte gleichgesetzt werden. Mit dem Sich-Darstellen der Werte in den Gebrauchswerten der Waren kann überhaupt keine Gleichheitsbeziehung zustande kommen; denn die Gebrauchswerte sind keine Werte, auch gerade dann nicht, wenn sie gleichzeitig mit ihrer Funktion als Gebrauchswerte die Funktion von ebenso vielen Erscheinungsformen des Werts der anderen Waren ausüben.

Befindet sich eine Ware im Wertausdruck einer anderen Ware in Äquivalentform, dann berührt dies nicht den Tatbestand, dass sie sich in ihrem eigenen Wertausdruck in relativer Wertform befindet. Wenn sich die eine Ware zum Gebrauchswert einer anderen Ware als Wert verhält, weil sie im Gebrauchswert der anderen Ware ihren Wert darstellt, dann geht dies die andere Ware selbst überhaupt nichts an, weil es sie als Wert nichts angeht, der von ihrem Gebrauchswert absolut verschieden ist. Göhler leugnet die Gleichsetzung der Waren als Werte bei der Wertform, um seinen ebenso unsinnigen wie überflüssigen Versuch zu machen, mit der »Nichtäquivalenz der Wertform« die »Äquivalenzrelation des Austauschprozesses« zu »bilden«. Durch die Umkehrung der Wertform die Äquivalenzrelation zu bilden, die den Austauschprozess auszeichnet, ist die ureigenste Idee von Göhler, ausgedacht, um auf einen »logischen Widerspruch« zu stoßen.

Wenn man im Unterschied zu Göhler die Wertform als das nimmt, was sie ist, dann gibt es keine Schwierigkeit, logisch darzustellen, inwiefern im Austausch die Wertformen samt ihrer Umkehrung enthalten sind. Nach Göhler schließen sich die Elemente der beiden Waren Gebrauchswert, Wert, Tauschwert, dann nicht gegenseitig aus, wenn sie in verschiedenen Wertausdrücken stehen. Dies ist für Göhler der Fall, wenn man eine Wertform ohne ihre Umkehrung betrachtet. Wenn man dies aber nicht tut, und die Wertform gleichzeitig von links nach rechts und von rechts nach links liest, dann befindet sich jede Ware in ihrem eigenen Wertausdruck in relativer und in dem Wertausdruck der anderen Ware in Äquivalentform. Die Waren können also immer nur in verschiedenen Wertausdrücken, d.h. immer vermittelt über den Wertausdruck einer anderen Ware sich zugleich in relativer Wertform und in Äquivalentform befinden. Was Göhler einzig meinen kann, wenn er von einem und demselben Wertausdruck spricht, worin sich die Elemente der Waren wechselseitig ausschließen, kann nur das Verhältnis zweier, mehrerer oder aller Waren zueinander sein, worin es mit dem Wertausdruck einer jeden Ware gleichzeitig auch um den Wertausdruck der anderen Waren geht.

In der Ausgangssituation des Austauschs werden die Waren zum einen als Werte gleich- und als Gebrauchswerte ungleich gesetzt, zum anderen wird der Wert der Waren jeweils im Gebrauchswert der anderen Waren ausgedrückt. Die Gebrauchswerte sind jeweils Gegenstände für die Befriedigung der Bedürfnisse und jeweils Erscheinungsformen des Werts der anderen Waren. Diese beiden Rollen, die ein Gebrauchswert im Austausch spielt, schließen sich in einem Sinne wechselseitig aus, der logisch eindeutig zu fassen ist und nichts mit Göhlers »Äquivalenzrelation« zu tun hat, worin Gebrauchswert und Wert auf mystische Weise miteinander vermischt werden.

Anders als die Entwicklung der Wertformen kommt die allgemeine Wertform, d.h. das allgemeine Äquivalent, überhaupt nicht durch eine per theoretische Abstraktion bewerkstelligte Umkehrung der entfalteten Wertform zustande. Für den Austauschprozess als dem Entstehungsprozess des allgemeinen Äquivalentes gilt:

Solange sich die Waren als Einheiten von Gebrauchswert und Wert in der Ausgangssituation des Austauschs gegenüberstehen und jeder Warenbesitzer seine Ware als Wert behandelt, d.h. gegen alle anderen Waren für austauschbar hält, drückt er den Wert seiner Ware im Gebrauchswert aller anderen Waren aus. Da jeder Warenbesitzer so verfährt, wird umgekehrt der Wert aller Waren im Gebrauchswert der Ware eines jeden Warenbesitzers dargestellt. Hiermit ist für die Ausgangssituation des Austauschs noch einmal das gegeben, was bereits als die Umkehrung der Totalität der entfalteten Wertformen beschrieben worden ist. Wenn man also, wie Göhler, den Austausch mit den Wertformen und ihren Umkehrungen »ausdifferenziert«, gelangt man zu dieser in der Ausgangssituation des Austauschs gegebenen Umkehrung der »Totalität der entfalteten Wertformen« und damit zu dem nicht auflösbaren Widerspruch, dass jede Ware zum allgemeinen Äquivalent gemacht wird. »Sehn wir näher zu, so gilt jedem Warenbesitzer jede fremde Ware als besondres Äquivalent seiner Ware, seine Ware daher als allgemeines Äquivalent aller andern Waren. Da aber alle Warenbesitzer dasselbe tun, ist keine Ware allgemeines Äquivalent und besitzen die Waren daher auch keine allgemeine relative Wertform, worin sie sich als Werte gleichsetzen und als Wertgrößen vergleichen. Sie stehn sich daher überhaupt nicht gegenüber als Waren, sondern nur als Produkte oder Gebrauchswerte.«[29]

Marx wäre also der Letzte, der bezweifeln würde, dass die Wertform und ihre Umkehrung, wenn auch anders, aber ganz im Sinne Göhlers, Teilstrukturen des wirklichen Austauschprozesses sind. Die einfache und die entfaltete Wertform lassen sich als solche Teilstrukturen in der Ausgangssituation des Austauschs aufdekken. Solange sich die Waren nicht wirklich austauschen – eine Annahme, die von Marx auf der im ersten Kapitel des »Kapital« eingehaltenen Abstraktionsstufe gemacht wird –, lassen sich die Wertformen und ihre Umkehrungen als etwas betrachten, was durch die Art und Weise, wie die Warenbesitzer ihre Waren behandeln, zustande kommt.

Mit dem oben beschriebenen unauflöslichen Widerspruch ist der Kern von Göhlers mystisch-irrationaler Konstruktion seines »logischen Widerspruchs« erfasst. Da die Warenbesitzer aber nicht in der Ausgangssituation des Austauschs verharren, sondern »immer schon gehandelt, bevor sie gedacht haben«, entsteht das Geld auch in dem dies wirkliche Handeln ausmachenden Austausch der Arbeitsprodukte auf eine praktische Weise, die verschieden ist von der per theoretische Abstraktion bewerkstelligten Umkehrung der entfalteten Wertformen.

Kann durch die Entwicklung der Wertformen und hier vor allem durch jene per theoretische Abstraktion vorgenommene Umkehrung der entfalteten Wertform die Notwendigkeit eines allgemeinen Äquivalents nachgewiesen werden, so ist die Erklärung der Entstehung des Geldes aber erst vollständig, wenn gezeigt wird,

[29] Ebd., S. 101.

dass es nur im wirklichen Austausch der einfachen, als Einheit von Gebrauchswert und Wert bestimmten Waren hervorgeht. An die Stelle der vor und unabhängig vom Austausch vornehmbaren Umkehrung der entfalteten Wertform bzw. an die Stelle der Umkehrung der Totalität der entfalteten Wertformen tritt der Austausch der Waren als ein Prozess, worin diese gemeinschaftlich eine Ware ausschließen, in deren Gebrauchswert sie alle ihren Wert ausdrücken. Die unreflektierte Vermischung der Entwicklung der Wertformen mit dem Austauschprozess führt Göhler dazu, den Austauschprozess so zu betrachten, dass sich in ihm letztlich die Arbeitsprodukte überhaupt nicht mehr als Waren, sondern nur noch als »Produkte oder Gebrauchswerte« gegenüberstehen. Versucht man, wie er, den Austauschprozess durch die Wertform und ihre Umkehrung »auszudifferenzieren«, so vermag man nicht zu erklären, wie in diesem das Geld entsteht.

Der Widerspruch zwischen dem Gebrauchswert und dem Wert, der sich in der Ausgangssituation des Austauschs durch die oben beschriebene Umkehrung der entfalteten Wertformen ergibt, ist genau so wenig ein »logischer Widerspruch« wie der in allen Waren eingeschlossene Widerspruch zwischen dem Gebrauchswert und dem Wert, der sich im Austausch dadurch löst, dass »die gesellschaftliche Aktion aller andren Waren ... eine bestimmte Ware« ausschließt, »worin sie allseitig ihre Werte darstellen«.[30] Um im Austauschprozess die Äquivalenzrelation zu bilden, ist es für Göhler notwendig, alle möglichen Wertformen, d.h. sämtliche entfaltete Wertformen zusammen mit ihrer Umkehrung zu betrachten. Wieso entsteht nun für Göhler durch diese Umkehrung der Totalität der entfalteten Wertformen ausgerechnet ein »logischer Widerspruch«, der darin bestehen soll, dass man vom Gebrauchswert der Waren als verschiedenen Mitteln zur Befriedigung der Bedürfnisse zugleich ihr aus dem Wert bestehendes Gegenteil aussagt?

Göhlers Entwicklung der Tauschstruktur führt deswegen auf einen »logischen Widerspruch«, weil er auf dem Wege, mit der Wertform und ihrer Umkehrung die Äquivalenzrelation zu bilden, auf zweifache Weise den Gebrauchswert mystisch-irrationalistisch mit dem Wert vermischt. Während der Tausch für Göhler als »Äquivalenzrelation dargestellt werden«[31] muss, ist »die Struktur der Wertform ... als sprachlicher Ausdruck oder als Relation« zu fassen, »aber auf keinen Fall als Äquivalenzrelation«.[32] Als »sprachlicher Ausdruck« und als »Relation« leistet die Entwicklung der Wertformen eine »Differenzierung in Bedürfnisbefriedigung und Darstellung des Werts«. Da Göhler nicht sieht, dass es von der einfachsten bis zur entwickeltsten Wertform immer auch um die Gleichsetzung der Waren als Werte geht, schließt er die Äquivalenzrelation aus der Entwicklung der Wertformen aus und verlagert sie in den Austauschprozess. Aber auch im Austauschprozess ist für

---

[30] Ebd.
[31] G. Göhler, Die Reduktion ..., a.a.O., S. 84.
[32] Ebd.

Göhler die Äquivalenzrelation nicht darin gegeben, dass die Waren untereinander als Werte gleichgesetzt werden; vielmehr soll die den Austausch auszeichnende Äquivalenzrelation überhaupt erst mit Hilfe der Umkehrung der Wertformen, d.h. für Göhler »durch die Nichtäquivalenzen in der Struktur der Wertform gebildet werden«.[33] Diese »Nichtäquivalenzen« sind durch die »Differenzierung des Gebrauchswertes in Bedürfnisbefriedigung und Darstellung des Werts« gegeben.

Für die im Austausch zu bildende Äquivalenzrelation benötigt Göhler die aus der »Darstellung des Werts« bestehende »Nichtäquivalenz«. Wenn er hiermit auch noch von der Gleichheit der Waren als Werte weit weg ist, so bestätigt er wenigstens, dass die Äquivalenzrelation etwas mit dem Wert der Waren zu tun hat. Wenn man im Austausch die Wertform zusammen mit ihrer Umkehrung betrachtet, dann bleibt die Funktion des Gebrauchswerts, als Mittel der Bedürfnisbefriedigung zu dienen, erhalten, während die aus der »Darstellung des Werts« bestehende Funktion des Gebrauchswerts verwandelt als »Äquivalentfunktion« auftritt. »Der Gebrauchswert der Ware A und B tritt jeweils doppelt auf, einmal in der Äquivalentfunktion, ... das andere Mal in der Funktion der Bedürfnisbefriedigung.«[34]

Bei dem, was die *nicht*-umgekehrte Wertform für die »Ausdifferenzierung der Austauschstruktur« leistet, kommt es also vor allem auf die »Darstellung des Werts« an. Wie bereits gezeigt wurde, begreift Göhler das Sich-Darstellen des Werts einer Ware im Gebrauchswert einer anderen Ware mystisch verdreht als die Gleichsetzung des Werts bzw. Tauschwerts der einen Ware mit dem Gebrauchswert einer anderen Ware. Göhler hat immer schon die Gleichsetzung der Waren als Werte durch »eine Wertbeziehung zwischen den Waren A und B« ersetzt, »die für sich jeweils nur Gebrauchswerte sind, in der Form«, dass sich der »*Tauschwert*« der Ware A dem »*Gebrauchswert* der Ware B«[35] gleichsetzt. Göhler tut einfach so, als hätte das Sich-Darstellen des Werts im Gebrauchswert einer Ware zur Folge, dass dieser Gebrauchswert plötzlich sich in einen Wert verwandeln würde. Wenn der Gebrauchswert der zweiten Ware in seiner Naturalform zur Wertform bzw. zum Tauschwert der ersten Ware wird, dann handelt es sich hierbei weder um die Gleichsetzung von Wert und Gebrauchswert noch um die Gleichsetzung von Tauschwert und Gebrauchswert. Indem die erste Ware sich als Wert der zweiten Ware als Wert gleichsetzt, setzt sie sich deren Gebrauchswert nur insofern gleich, als ihr dieser als Verwirklichungsform der abstrakt-menschlichen Arbeit gilt. Dass der Wert einer Ware die Form des Tauschwerts annimmt, der wiederum die Form des Gebrauchswerts einer anderen Ware besitzt, bedeutet nicht, dass der Gebrauchswert selbst auf einmal sich in den Wert bzw. in den Tauschwert verwandelt hat; vielmehr heißt dies nur, dass der Gebrauchswert, ohne selbst Wert zu sein, als etwas gilt, das er nicht selbst ist.

---

[33] Ebd.
[34] Ebd., S. 85.
[35] Ebd., S. 64.

Das Verhältnis zweier Waren stellt sich für Göhler – von seiner mystischen Vermischung von Gebrauchswert und Wert einmal abgesehen – unter dem Aspekt der »Differenzierung in Bedürfnisbefriedigung und Darstellung des Werts« so dar, dass der Gebrauchswert der ersten Ware die Funktion der Bedürfnisbefriedigung ausübt, während der Gebrauchswert der zweiten Ware die Funktion der »Darstellung des Werts« ausübt. Diese beiden Funktionen verteilen sich auf die beiden voneinander verschiedenen Gebrauchswerte der Waren und, da es sich um den Wertausdruck nur einer, nämlich der ersten Ware, handelt, übt der Gebrauchswert der ersten Ware die Funktion der »Bedürfnisbefriedigung« und nicht die Funktion der »Darstellung des Werts« aus, während der Gebrauchswert der zweiten Ware die Funktion der »Darstellung des Werts« und nicht die Funktion der »Bedürfnisbefriedigung« ausübt.

Sei einmal angenommen, es handele sich bei den beiden Waren A und B um den Wertausdruck der Ware A, dann erhält man den davon verschiedenen Wertausdruck der Ware B, indem man diese in ein Verhältnis mit der Ware A bringt. Jetzt ist es der Gebrauchswert der nun an erster Stelle stehenden Ware B, der die Funktion der »Bedürfnisbefriedigung« und nicht die Funktion der »Darstellung des Werts« ausübt, während jetzt der Gebrauchswert der Ware A die Funktion der »Darstellung des Werts« und nicht die Funktion der »Bedürfnisbefriedigung« ausübt. Hiermit ist für Göhler gegeben, dass »die Elemente bezüglich der beiden Waren in asymmetrischer Relation stehen und sich bezüglich derselben Ware nur deshalb gegenseitig nicht ausschließen, weil sie in verschiedenen Wertausdrücken stehen«.[36]

Dass sich die »Elemente bezüglich der beiden Waren« nicht »gegenseitig ausschließen«, bedeutet: Der Gebrauchswert der Ware A übt z.B. im ersten Wertausdruck die Funktion der »Bedürfnisbefriedigung« und im zweiten Wertausdruck die Funktion der »Darstellung des Werts« aus; er muss also nicht in dem Verhältnis der beiden Waren zueinander, in dem die Ware A an erster Stelle steht, zugleich mit der Funktion der »Bedürfnisbefriedigung« die Funktion der »Darstellung des Werts« ausüben. Wenn dies aber der Fall sein sollte, dann schließen sich die beiden Funktionen gegenseitig aus, weil man dann von dem Gebrauchswert, der ein Mittel zur Befriedigung des Bedürfnisses ist, zugleich sein aus dem Wert bestehendes Gegenteil aussagen muss.

Da Göhler auf jeder Seite der Gleichung den Gebrauchswert in seiner Funktion der »Darstellung des Werts« benötigt, um im Austausch so etwas wie die Äquivalenzrelation zu bilden, ist es für ihn notwendig, die Wertform zugleich mit ihrer Umkehrung zu betrachten, wodurch für ihn der Fall eintritt, dass in ein und demselben Tauschakt ein und derselbe Gebrauchswert gleichzeitig die Funktion der »Bedürfnisbefriedigung« und die Funktion der »Darstellung des Werts« ausübt. Die Gleichsetzung der Waren als Werte hat Göhler nicht erkannt und unter der

[36] Ebd., S. 84f.

Hand dadurch ersetzt, dass es unterschiedlichen Gebrauchswerten gemeinsam ist, in dem Wertausdruck einer anderen Ware zur Erscheinungsform von deren Wert geworden zu sein.

Nach der Verwechslung des Sich-Darstellens des Werts im Gebrauchswert einer Ware mit der Gleichsetzung von Gebrauchswert und Wert ist mit dieser Verwechslung der Gleichsetzung der Waren als Werte mit der Gleichsetzung der Gebrauchswerte als Erscheinungsformen des Werts die zweite mystisch-irrationalistische Konstruktion gegeben, die Göhler zustande bringen muss, um seine »Ausdifferenzierung des Austauschs durch die Wertform« auf einen »logischen Widerspruch« zu führen.

Betrachtet man das Verhältnis zweier Waren sowohl von der einen wie von der anderen Ware aus, d.h. liest man die Wertgleichung von links nach rechts und von rechts nach links, dann werden beide Waren sowohl als Werte gleichgesetzt, wie sich jeweils der Wert der einen Ware im Gebrauchswert der anderen Ware darstellt. Jede Ware befindet sich in ihrem eigenen Wertausdruck in relativer Wertform, wobei sie in ihrem eigenen Gebrauchswert auch nur zum Ausdruck bringt, dass sie ein Gebrauchswert ist. Gleichzeitig befindet sich jede Ware im Wertausdruck der anderen Ware in Äquivalentform, so dass jeder Gebrauchswert zur Erscheinungsform des Werts der jeweils anderen Ware wird, ohne sich hierdurch aber selbst in den Wert der anderen Ware zu verwandeln. Man stößt hier auf den in der Ausgangssituation des Austauschs enthaltenen Widerspruch zwischen dem Gebrauchswert und dem Wert, der darin besteht, dass jeder Warenbesitzer jede fremde Ware als besonderes Äquivalent seiner Ware, seine Ware daher als allgemeines Äquivalent aller anderen Waren behandelt. »Da aber alle Warenbesitzer dasselbe tun, ist keine Ware allgemeines Äquivalent und besitzen die Waren daher auch keine allgemeine, relative Wertform, worin sie sich als Werte gleichsetzen und als Wertgrößen vergleichen.«[37]

Dieser Widerspruch zwischen dem Gebrauchswert und dem Wert ist zum einen kein »logischer«, zum anderen ein unauflöslicher Widerspruch, weil er so durch die bloße Umkehrung der entfalteten Wertformen zustande kommt, dass jede Ware sich in der entfalteten Wertform und der allgemeinen Äquivalentform befindet. Die Unauflöslichkeit dieses Widerspruchs zeigt nur, dass im Austauschprozess das allgemeine Äquivalent nicht so wie für das wissenschaftliche Bewusstsein auf der Darstellungsebene des ersten Kapitels des »Kapital«, vor und getrennt vom wirklichen Austauschprozess, durch eine per theoretische Abstraktion bewerkstelligte Umkehrung der entfalteten Wertform zustande kommt. Wenn Göhler das glaubt, dann vermischt er die Darstellungsebenen der beiden ersten Kapitel des »Kapital« auf eine mystische, die Entstehung des Geldes im Austauschprozess nicht erklärbare Weise.

---

[37] Das Kapital, MEW 23, a.a.O., S. 101.

Indem Göhler die Gleichsetzung der Waren als Werte auf die Gebrauchswert und Wert vermischende Weise durch eine Funktion des Gebrauchswerts zu fassen sucht, die dieser dadurch erhält, dass sich der Wert anderer Waren in ihm darstellt, bleibt er bei der Bestimmung dessen, was die Waren sind, dem Gebrauchswert verhaftet und ist nicht zu dem vorgedrungen, was sie als Wert sind. Dass es sich so verhält, zeigt sich schlagend darin, dass die Umkehrung der entfalteten Wertform, womit Göhler den Widerspruch zwischen dem Gebrauchswert und dem Wert der Waren und das durch seine Lösung vorausgesetzte Geld begreifen will, vom Wert der Waren wegführt, weil diese sich überhaupt nicht mehr »als Waren, sondern nur als Produkte oder Gebrauchswerte«[38] gegenüberstehen.

Abgesehen von dem irrationalen Verfahren, die Gleichheit der Waren als Werte dadurch zu erklären, dass es den unterschiedlichen Gebrauchswerten gemeinsam ist, jeweils im Wertausdruck einer anderen Ware als Erscheinungsform des Werts aufzutreten, scheint Göhler keine Ahnung davon zu haben, dass durch die Umkehrung der entfalteten Wertformen überhaupt kein »logischer Widerspruch« zustande kommt. Den entscheidenden Schritt auf dem Weg zu diesem »logischen Widerspruch« hat Göhler nämlich bereits bei der Betrachtung der einfachen, noch nicht zugleich mit ihrer Umkehrung betrachteten Wertform gemacht, indem er, wie oben ausführlich entwickelt wurde, das Sich-Darstellens des Werts im Gebrauchswert der anderen Ware mit der Gleichsetzung von Tauschwert und Gebrauchswert verwechselt.

Betrachtet man wie Göhler die Wertform zusammen mit ihrer Umkehrung und folgt man ihm darin, dass die Gebrauchswerte der beiden Waren, in denen sie wechselseitig ihre Werte darstellen, in Werte verwandelt werden, dann hat man eine »Äquivalenzrelation gebildet«, die auf einer mystischen Identifizierung von Gebrauchswert und Wert beruht. Nicht die Waren sind für Göhler in der einen Hinsicht als Vergegenständlichungen der abstrakt-menschlichen und in dieser Form gesellschaftlich-allgemeinen Arbeit Werte, sondern die Gebrauchswerte sind es, die für ihn dadurch, dass sich der Wert der jeweils anderen Ware in ihnen darstellt, sowohl ein konkret-nützliches Ding als auch zugleich Werte sind. Zunächst lässt Göhler außer Acht, dass die beiden Waren als Gebrauchswerte gleichgesetzt werden. Dann stellt er fest, dass die Waren als Gebrauchswerte voneinander verschieden sind, um schließlich mit Hilfe von dem, mit der Gleichsetzung von Tauschwert und Gebrauchswert verwechselten Darstellen des Werts im Gebrauchswert einer anderen Ware, die Gebrauchswerte als untereinander gleiche Werte auszugeben.

Das Einzige, was sich gegenüber dieser Betrachtung der einfachen Wertform und ihrer Umkehrung im Austausch verändert hat, ist, dass in diesem nicht nur zwei Gebrauchswerte, sondern die Gebrauchswerte aller Waren sowohl sie selbst als auch ihr aus dem Wert bestehendes Gegenteil sein sollen. Dieser Widerspruch

---

[38] Ebd.

existiert nicht in der ökonomisch-gesellschaftlichen Wirklichkeit selbst. Er ist ebenso das Produkt der Phantasie von Göhler wie er ein »logischer Widerspruch« im Sinne einer »contradictio in adjecto« ist.

Teil 3
Der Warenfetisch und der Widerspruch zwischen dem Gebrauchswert und dem Wert

Kapitel 1
Die Ausgangssituation des Austauschs und der Warenfetisch

1. Die Ausgangssituation des Austauschs als einfachstes praktisch-gesellschaftliches Verhältnis der bürgerlichen Gesellschaft

Warum Marx die Darstellung der bürgerlichen Gesellschaft nicht mit ihrem einfachsten praktisch-gesellschaftlichen Prozess, dem »Austauschprozess«, beginnt, sondern ein Kapitel vorausschickt, worin die Waren in der bereits beschriebenen »theoretischen, gedachten« Weise aufeinander bezogen werden, wurde aus der historisch-spezifischen Form der ökonomisch-gesellschaftlichen Verhältnisse erklärt.

Indem in der bisher beschriebenen Weise die gesellschaftlichen Verhältnisse der Menschen die Form eines gesellschaftlichen Verhältnisses der Arbeitsprodukte erhalten haben, haben sich die gesellschaftlichen Verhältnisse noch einmal gegenüber den Menschen verselbständigt, was auch so verstanden werden kann, dass eine reelle Verkehrung von Subjekt und Objekt stattgefunden hat.

Im Wert als Vergegenständlichung der abstrakt-menschlichen Arbeit und in der Wertgröße als Quantum ihrer Verausgabung drückt sich eine spezifisch-historische Methode der proportionellen Verteilung der Gesamtarbeit und der Herstellung des gesellschaftlich-allgemeinen Charakters der einzelnen Arbeiten aus. Daher sind die Arbeitsprodukte als Werte und das Geld als das Arbeitsprodukt, worin alle anderen ihren Wert dargestellt haben, jeweils in Form von Gegenständen existierende Produktionsverhältnisse. Insofern ein Arbeitsprodukt bzw. der Gebrauchswert der allgemeinen Äquivalentware als Verkörperung der abstrakt-menschlichen und in dieser Form gesellschaftlich-allgemeinen Arbeit gilt, stehen den Menschen ihre eigenen gesellschaftlichen Verhältnisse (»Subjekt«) in Form eines diesen Verhältnissen äußerlichen und fremden Gegenstands (»Objekt«) gegenüber. Indem es sich bei dem Verhältnis der Sachen nicht nur um ein Verhältnis handelt, das aus ihren physischen Eigenschaften entspringt, sondern um das gesellschaftliche Verhältnis der Menschen, hat sich dieses ihnen gegenüber in der Form von Arbeitsprodukten *verselbständigt.*

Für das gesellschaftliche Verhältnis der Waren, welches das gesellschaftliche Verhältnis der Menschen zueinander vermittelt, gilt also zweierlei: Zum einen steht es den Menschen selbständig gegenüber, zum anderen stellt sich in ihm für die

Menschen unbewusst der gesellschaftlich-allgemeine Charakter der konkret-nützlichen Arbeiten her. Unabhängig von den Warenbesitzern und damit unabhängig von dem, was sie von dem gesellschaftlichen Verhältnis der Sachen wissen oder nicht wissen, muss dieses zunächst für sich genommen untersucht werden, um dem auf die Spur zu kommen, was sich in ihm hinsichtlich des gesellschaftlich-allgemeinen Charakters der konkret-nützlichen Arbeiten abspielt.

Nimmt Marx in diesem Sinne das gesellschaftliche Verhältnis der Waren aus dem Austauschprozess heraus, dann kommt es dazu, dass die Waren nur noch in »theoretischer, gedachter« Weise aufeinander bezogen werden. Trotz der Einseitigkeit, die mit dieser das erste Kapitel des »Kapital« auszeichnenden Betrachtungsweise in Kauf genommen werden muss, reicht diese aus, um eine mit der einzelnen Ware beginnende Entwicklung der Wertformen zu geben, mit der bewiesen werden kann, warum es notwendig ein allgemeines Äquivalent geben muss. Im zweiten Kapitel wendet sich Marx nun dem Austausch als dem praktisch-gesellschaftlichen Prozess zu, worin schon immer unabhängig von ihm als dem Repräsentanten des wissenschaftlichen Bewusstseins das Geld entstanden ist. Wenn die das erste Kapitel auszeichnenden Abstraktionen von Marx wieder zurückgenommen werden, um im zweiten Kapitel den Austauschprozess als den praktisch-gesellschaftlichen Prozess darzustellen, worin das Geld entsteht, dann muss Folgendes berücksichtigt werden:

1. Da es im Austauschprozess weder einen Repräsentanten des wissenschaftlichen Bewusstseins gibt, der die Waren in »theoretischer, gedachter« Weise aufeinander bezieht, noch die »Waren ... selbst zu Markte gehn und sich nicht selbst austauschen ...«, »müssen (wir) uns also nach ihren Hütern umsehn, den Warenbesitzern«.[1]

2. Im Austauschprozess findet ein allseitiger Stellen- bzw. Händewechsel der Waren statt, so dass sie überhaupt erst als »Ganzes«, d.h. in wechselseitig sich bedingender Weise als Gebrauchswerte und Werte aufeinander bezogen werden.

3. Als eine Besonderheit muss ausdrücklich hervorgehoben werden, dass die Waren, die in den Austauschprozess eingehen, bloße Einheiten von Gebrauchswert und Wert sind.

Die Darstellung des praktisch-gesellschaftlichen Prozesses fängt nicht da an, wo die Darstellung der »theoretischen, gedachten« Beziehung der Waren aufeinander aufhört. Wollte man annehmen, in der Ausgangssituation des Austauschs würden die Warenbesitzer ihre Waren als Werte gegensätzlich auf eine von allen verschiedene dritte Ware beziehen, dann ginge dies entweder nur, wenn die Warenbesitzer das erste Kapitel des »Kapital« gelesen und sich von der Notwendigkeit eines allgemeinen Äquivalents überzeugt hätten, oder wenn man die Ausgangssituation des Austauschs mit der Ausgangssituation der Warenzirkulation verwech-

[1] Das Kapital, MEW 23, a.a.O., S. 99.

selt, worin den Waren bereits eine allgemeine Äquivalentware gegenübersteht, in der sie gemeinsam ihre Werte messen. Von dem unterschiedlichen Charakter der Beziehung der Waren aufeinander abgesehen, sind es in der Ausgangssituation des Austauschs alle Waren, die sich so als bloße Einheiten von Gebrauchswert und Wert gegenüberstehen, wie die von Marx im ersten Kapitel unabhängig von der Wertform betrachtete einzelne Ware.

Die Ausgangssituation des Austauschs zeichnet sich als Situation der ökonomisch-gesellschaftlichen Wirklichkeit dadurch aus, dass sich die Arbeitsprodukte als Waren bzw. als Einheiten von Gebrauchswert und Wert gegenüberstehen und die ihren Austausch vollziehenden Personen »hier ... füreinander als Repräsentanten von Ware und daher als Warenbesitzer«[2] existieren. Sofern die Waren unter Abstraktion von ihrer aus dem Wert bestehenden Gesellschaftlichkeit voneinander verschiedene Sachen bzw. Dinge sind, sind sie »widerstandslos gegen den Menschen«.[3] Könnten die Menschen die Waren als Sachen nicht von der Stelle bewegen, sie nicht weggeben und nehmen, dann könnte es auch keinen Austausch der Waren, d.h. kein gesellschaftliches Verhältnis der Dinge bzw. Sachen geben, zumal sie nicht von allein »zu Markte gehn« und sich nicht von »selbst austauschen«. »Wenn sie (die Waren – D. W.) nicht willig, kann er (der Mensch – D. W.) Gewalt brauchen, mit andren Worten, sie nehmen.«[4] Aber Waren sind nicht nur Dinge, die man nach Belieben oder, wenn nötig, mit Gewalt »nehmen« kann; vielmehr sind sie als Werte Vergegenständlichungen abstrakt-menschlicher und in dieser Form gesellschaftlich-allgemeiner Arbeit und so *gesellschaftliche* Dinge.

Die Waren sind nicht nur bloße, auf unterschiedliche Weise zu handhabende Dinge, sondern besitzen einen gesellschaftlichen Charakter. Bei diesem geht es um das Verhältnis der Menschen zueinander, das sie in der praktischen Aneignung der Natur miteinander eingehen. »Um diese Dinge als Waren aufeinander zu beziehn, müssen die Warenhüter sich zueinander als Personen verhalten, *deren Willen in jenen Dingen haust* (Hervorhebung – D. W.), so daß der eine nur mit dem Willen des andren, also jeder nur vermittelst eines, beiden gemeinsamen Willensakts sich die fremde Ware aneignet, indem er die eigne veräußert. Sie müssen sich daher wechselseitig als Privateigentümer anerkennen.«[5] Das gesellschaftliche Verhältnis der Menschen ist über das gesellschaftliche Verhältnis der Sachen vermittelt, indem die Menschen erst im Austausch in gesellschaftlichen Kontakt miteinander treten. Was die Menschen in ihrem gesellschaftlichen Verhalten zueinander mit Willen und Bewusstsein tun, ist auf eine für sie längst unbewusste Weise durch das gesellschaftliche Verhältnis der Sachen determiniert, welches die Menschen nicht als Erscheinungsform ihrer eigenen Verhältnisse erfahren.

---

[2] Ebd., S. 99f.
[3] Ebd., S. 99.
[4] Ebd.
[5] Ebd.

Um zu erklären, wie das Geld selbst im praktisch-gesellschaftlichen Prozess entsteht, musste von der preisbestimmten Ware und dem Geld abstrahiert werden, so dass man die Ausgangssituation des Austauschs erhält, worin sich die Waren als bloße Einheiten von Gebrauchswert und Wert und die Menschen als deren Besitzer gegenüberstehen. Da jetzt alles darauf ankommt, was die Warenbesitzer als Träger des durch die Waren in ihrer historisch-spezifischen Form gekennzeichneten ökonomisch-gesellschaftlichen Verhältnisses tun, muss betrachtet werden, was den Warenbesitzern von den Waren und deren Beziehung aufeinander bewusst ist und was ihnen unbewusst bleibt. Was den Warenbesitzern in der Ausgangssituation des Austauschs von den Waren und deren Beziehungen aufeinander *unbewusst* bleibt und warum es ihnen unbewusst bleibt, hat Marx bereits im ersten Kapitel im vierten Unterabschnitt über den »Fetischcharakter der Ware und sein Geheimnis« dargestellt. Nur wenn klar ist, was den Warenbesitzern in der Ausgangssituation des Austauschs von den ökonomisch-gesellschaftlichen Verhältnissen unbewusst bleibt und was nicht, wird verständlich, dass es nur die »gesellschaftliche Tat« der wechselseitigen Aneignung und Entäußerung der einfachen, nicht preisbestimmten Waren sein kann, worin sich die »Gesetze der Warennatur im Naturinstinkt der Warenbesitzer« betätigen. Hiermit ist m.E. der Stellenwert angedeutet, der dem Unterabschnitt über den Fetischcharakter der Ware innerhalb der Erklärung der Entstehung des Geldes zukommt. Für die Untersuchung der Art und Weise, in der den Warenbesitzern in der Ausgangssituation des Austauschs ihre Waren und deren Beziehung aufeinander bewusst und unbewusst gegeben sind, wird im Folgenden auf Marx' Ausführungen über den Fetischcharakter der Ware zurückgegriffen.

2. Der Gebrauchswert und der Inhalt der Wertbestimmungen sind den Warenbesitzern bewusst gegeben

Die sich in der Ausgangssituation des Austauschs gegenüberstehenden Waren sind bloße Einheiten von Gebrauchswert und Wert. Zunächst soll gezeigt werden, warum den Warenbesitzern ihre Waren als Gebrauchswerte bewusst gegeben sind. Die Gebrauchswerte sind Stücke bearbeiteter Natur. Sie sind in einem durch die Verwertung des Werts geprägten Arbeitsprozess entstanden, dessen technologische Struktur von den Warenbesitzern genauso ausnahmsweise und partiell erkannt wird, wie die Naturgesetzlichkeit der physikalischen, chemischen etc. Prozesse, die im Gebrauchswert ablaufen. Mit dem, was den Warenbesitzern in diesem Sinne an den Gebrauchswerten unbewusst ist, ist aber nichts über das auszusagen, was ihnen von ihren eigenen ökonomisch-gesellschaftlichen Verhältnissen bewusst bzw. unbewusst bleibt. Daher kann man sich auf das beschränken, was den Warenbesitzern an den Gebrauchswerten bewusst ist, wenn sie sich auf sie als Gegenstände zur Befriedigung ihrer Bedürfnisse beziehen. »Soweit sie (die Ware – D. W.) Gebrauchswert, ist nichts Mysteriöses an ihr, ob ich sie nun unter dem Gesichtspunkt betrachte, daß sie durch ihre Eigenschaften menschliche Bedürfnisse befriedigt oder diese Eigenschaften erst als Produkt menschlicher Arbeit erhält. Es ist sinnenklar, daß der Mensch durch seine Tätigkeit die Formen der Naturstoffe in einer ihm nützlichen Weise verändert. Die Form des Holzes z.B. wird verändert, wenn man aus ihm einen Tisch macht. Nichtsdestoweniger bleibt der Tisch Holz, ein ordinäres sinnliches Ding.«[6] Wenn den Warenbesitzern ihre Ware als Gebrauchswert bewusst gegeben ist, dann heißt das, dass der »mystische Charakter der Ware ... nicht aus ihrem Gebrauchswert«[7] entspringt, was wiederum heißt, dass am Gebrauchswert bzw. an den natürlich-nützlichen Eigenschaften der Arbeitsprodukte nichts auszumachen ist, was die Einsicht in den Austausch als einem ökonomisch-gesellschaftlichen Verhältnis der Menschen verstellt.

Genauso verhält es sich mit dem »Inhalt der Wertbestimmungen«.[8] »Der mystische Charakter der Ware entspringt ... ebensowenig aus ...(den) Wertbestimmungen«[9] für sich selbst betrachtet. Da die Ware durch ihren Wert zu einem gesellschaftlichen Ding wird, kann es auch nur dieser sein, aus dem der mystische Charakter der Ware entspringt. Daher ist es wichtig, den Wert selbst nicht zu verwechseln mit den »Wertbestimmungen« für sich selbst betrachtet bzw. mit dem »Inhalt der Wertbestimmungen«. Bei dem »Inhalt der Wertbestimmungen« handelt es sich einmal um die Verausgabung menschlicher Arbeit unabhängig von dem jeweiligen konkret-nützlichen Charakter der Arbeiten und zum anderen um die »Zeitdauer jener Verausgabung oder die Quantität der Arbeit«.[10]

Im ersten Teil dieser Untersuchung wurde gezeigt, dass die konkret-nützlichen Arbeiten auch unter Abstraktion vom wirklichen gesellschaftlichen Zusammenhang zugleich Verausgabungen von Arbeit überhaupt sind. Weiterhin ergab sich, dass in jedem gesellschaftlichen Zusammenhang die abstrakt-menschliche Arbeit eine gesellschaftliche Rolle spielt, insofern bei der proportionellen Verteilung der Gesamtarbeit auf die einzelnen konkret-nützlichen Arbeiten von deren besonderer Qualität abstrahiert wird. Auch wenn in diesem letzteren Sinne die abstrakt-menschliche Arbeit eine gesellschaftliche Rolle spielt, so besteht diese aber nicht daraus, dass sie die gesellschaftlich-allgemeine Form der einzelnen konkret-nützlichen Arbeiten ist. Während in den oben angesprochenen nicht-kapitalistischen Gemeinwesen der gesellschaftliche Zusammenhang so strukturiert ist, dass gerade die konkret-nützlichen Arbeiten zugleich Arbeiten in gesellschaftlich-allgemeiner Form sind, erhält die abstrakt-menschliche Arbeit in einem kapitalistischen Gemeinwesen die außergewöhnliche gesellschaftliche Funktion, die gesellschaftlich-allge-

[6] Ebd., S. 85.
[7] Ebd.
[8] Ebd.
[9] Ebd.
[10] Ebd.

meine Form der einzelnen konkret-nützlichen Arbeiten zu sein. Dass man jede konkret-nützliche Arbeit unter dem Aspekt betrachten kann, nach dem sie überhaupt Verausgabung menschlicher Arbeit ist, und dass in jedem gesellschaftlichen Zusammenhang die einzelnen konkret-nützlichen Arbeiten als aliquote Teile der Gesamtarbeit und damit auch unter Abstraktion von ihren qualitativen Unterschieden als abstrakt-menschliche Arbeiten behandelt werden, ist nichts Besonderes. Etwas Außergewöhnliches dagegen ist es aber, wenn die abstrakt-menschliche Arbeit zur gesellschaftlich-allgemeinen Form der einzelnen konkret-nützlichen Arbeiten wird, weil der gesellschaftliche Zusammenhang über die proportionelle Verteilung und den gesellschaftlich-allgemeinen Charakter der Arbeiten nach der Seite hin entscheidet, nach der er aus dem Austausch der Arbeitsprodukte besteht.

Wenn man die abstrakt-menschliche Arbeit für sich bzw. als Inhalt der Wertbestimmungen betrachtet, dann abstrahiert man einmal davon, dass sie im Wert als etwas Gegenständliches ausgedrückt werden muss, zum anderen davon, dass sie eine gesellschaftliche Substanz bzw. unter den Bedingungen des Austauschs der Arbeitsprodukte zur gesellschaftlich-allgemeinen Form der Arbeiten geworden ist. Von der abstrakt-menschlichen Arbeit bleibt dann nur noch übrig festzuhalten: »Denn erstens, wie verschieden die nützlichen Arbeiten oder produktiven Tätigkeiten sein mögen, es ist eine physiologische Wahrheit, daß sie Funktionen des menschlichen Organismus sind und daß jede solche Funktion, welches immer ihr Inhalt und ihre Form, wesentlich Verausgabung von menschlichem Hirn, Nerv, Muskel, Sinnesorgan usw. ist.«[11] Auch die der Wertgröße als Inhalt zugrunde liegende »Zeitdauer jener Verausgabung« enthält nichts Geheimnisvolles. Sie ist sogar als »Quantität ... sinnfällig von der Qualität der Arbeit unterscheidbar. In allen Zuständen mußte die Arbeitszeit, welche die Produktion der Lebensmittel kostet, den Menschen interessieren, obgleich nicht gleichmäßig auf verschiedenen Entwicklungsstufen.«[12]

3. Was den Warenbesitzern vom Wert bewusst gegeben ist und was nicht

Nachdem Marx bei der Betrachtung des Inhalts der Wertbestimmungen vom Wert der Arbeitsprodukte abstrahiert hat, kehrt er zu ihm als der gesellschaftlichen Form zurück, woraus der mystische Charakter der Ware entspringt. »Endlich, sobald die Menschen in irgendeiner Weise füreinander arbeiten, erhält ihre Arbeit auch eine gesellschaftliche Form. Woher entspringt also der rätselhafte Charakter des Arbeitsprodukts, sobald es Warenform annimmt? Offenbar aus dieser Form selbst.«[13]

[11] Ebd.
[12] Ebd., S. 85f.

Haben die Menschen angefangen füreinander zu arbeiten, dann verhalten sie sich zueinander und zur Natur, indem sie sich innerhalb eines bestimmten gesellschaftlichen Zusammenhangs in ihren Arbeiten praktisch die Natur aneignen. In dem gesellschaftlichen Zusammenhang, der aus dem Austausch der Arbeitsprodukte besteht, haben die einzelnen konkret-nützlichen Arbeiten in der Warenform ihre gesellschaftliche Form erhalten. Indem die einzelnen konkret-nützlichen Arbeiten im Austausch gesellschaftlich in der gegenständlichen Form ihrer Arbeitsprodukte aufeinander bezogen werden, wird die abstrakt-menschliche Arbeit nicht nur zur gesellschaftlichen Form der konkret-nützlichen Arbeiten, sondern nimmt auch noch eine durch die Arbeitsprodukte bestimmte gegenständliche Form an, insofern diese sich im Austausch als untereinander gleiche Vergegenständlichungen abstrakt-menschlicher Arbeit bzw. als Werte darstellen. »Die Gleichheit der menschlichen Arbeiten erhält die sachliche Form der gleichen Wertgegenständlichkeit der Arbeitsprodukte«.[14]

Muss die zur gesellschaftlichen Form der Arbeiten gewordene abstrakt-menschliche Arbeit die gegenständliche Form des Werts der Arbeitsprodukte annehmen, dann nimmt auch das Maß ihrer Verausgabung durch die Zeitdauer die Form des Quantums dieses Werts bzw. die Form der Wertgröße des Arbeitsprodukts an. »Das Maß der Verausgabung menschlicher Arbeitskraft durch ihre Zeitdauer erhält die Form der Wertgröße der Arbeitsprodukte.«[15] Entspringt der mystische Charakter der Ware aus ihrem Wert als der Vergegenständlichung der abstrakt-menschlichen und in dieser Form gesellschaftlich-allgemeinen Arbeit, dann entspringt er auch aus der Wertgröße, insofern diese das Quantum eines als Vergegenständlichung abstrakt-menschlicher Arbeit geltenden Arbeitsproduktes ist.

Die Produzenten treten erst in gesellschaftlichen Kontakt durch den Austausch ihrer Arbeitsprodukte; das gesellschaftliche Verhältnis der Produzenten ist durch das gesellschaftliche Verhältnis der Sachen bzw. der Arbeitsprodukte vermittelt. Bedenkt man nun noch, dass in dem gesellschaftlichen Verhältnis der Sachen über die proportionelle Verteilung der Gesamtarbeit und über den gesellschaftlich-allgemeinen Charakter der verschiedenen konkret-nützlichen Arbeiten entschieden wird, dann gilt: »Die Verhältnisse der Produzenten, worin jene gesellschaftlichen Bestimmungen ihrer Arbeiten betätigt werden, erhalten die Form eines gesellschaftlichen Verhältnisses der Arbeitsprodukte.«[16] Die Arbeitsprodukte werden in ihrem Austausch in ein Verhältnis zueinander gebracht, das als ein gesellschaftliches nichts mit ihrer physischen Natur und ihrem daraus entspringenden gegenständlichen Verhältnis zu tun hat.

---

[13] Ebd., S. 86.
[14] Ebd.
[15] Ebd.
[16] Ebd.

Dass die Sachen durch die Menschen in ein gesellschaftliches Verhältnis gebracht worden sind, worin es um etwas geht, was das gesellschaftliche Verhältnis der Menschen betrifft, zeigt sich an den Sachen selbst, insofern sie sich über ihren Gebrauchswert hinaus als Vergegenständlichungen abstrakt-menschlicher und in dieser Form gesellschaftlich-allgemeiner Arbeit darstellen. In ihrem gesellschaftlichen Zusammenhang müssen sich die Menschen nach dem gesellschaftlichen Verhältnis der Sachen richten, über das vermittelt sie überhaupt erst in gesellschaftlichen Kontakt miteinander getreten sind. Indem die Menschen dem Verhältnis der Sachen einen gesellschaftlichen Charakter geben, geben sie ihren eigenen Verhältnissen einen sachlichen Charakter. Den Produzenten »erscheinen daher die gesellschaftlichen Beziehungen ihrer Privatarbeiten als das, was sie sind, d.h. nicht als unmittelbar gesellschaftliche Verhältnisse der Personen in ihren Arbeiten selbst, sondern vielmehr als sachliche Verhältnisse der Personen und gesellschaftliche Verhältnisse der Sachen.«[17]

Die gesellschaftlichen Beziehungen der Privatarbeiten sind tatsächlich gesellschaftliche Verhältnisse der Sachen, weil die in konkret-nützlicher Form verausgabten, unabhängig voneinander existierenden Privatarbeiten in der Gestalt von Sachen, nämlich in der Gestalt fertiger Produkte, in ein aus ihrem Austausch bestehendes Verhältnis gebracht werden. Wer das gesellschaftliche Verhältnis der Sachen vor sich hat, hat die gesellschaftlichen Beziehungen der Privatarbeiten vor sich; was aber nicht heißen muss, dass er das gesellschaftliche Verhältnis der Sachen auch als die gesellschaftliche Beziehung der Privatarbeiten *begreift*. Wer die gesellschaftlichen Verhältnisse der Arbeitsprodukte und die gesellschaftlichen Verhältnisse der Menschen vor sich hat, muss nicht den Zusammenhang beider erklären und erkennen können, warum das gesellschaftliche Verhältnis der Menschen die Form des gesellschaftlichen Verhältnisses der Arbeitsprodukte erhalten hat. In dem gesellschaftlichen Verhältnis der Arbeitsprodukte ist nicht mehr sichtbar, dass es in ihm um das gesellschaftliche Verhältnis der Menschen bzw. um die proportionelle Verteilung der Gesamtarbeit und um die Herstellung des gesellschaftlich-allgemeinen Charakters der einzelnen konkret-nützlichen Arbeiten geht.

Der Warenbesitzer, der weiß, dass seine Ware für ihn keinen unmittelbaren Gebrauchswert, sondern einen Gebrauchswert für andere hat, behandelt bewusst seine Ware als Träger von Wert bzw. als ein Tauschmittel, mit dem er eine andere Ware erhalten will, deren Gebrauchswert sein Bedürfnis befriedigt. Als etwas, das einen Wert hat, ist das Arbeitsprodukt für seinen Besitzer ein Gegenstand, der mit anderen Gegenständen austauschbar und ihnen insofern gleich ist. Der Warenbesitzer behandelt sein Arbeitsprodukt bewusst als einen Gegenstand, der gegen einen anderen austauschbar ist, und insofern behandelt er sein Arbeitsprodukt als etwas Gesellschaftliches. Was der Warenbesitzer vor sich hat, ist ein Gegenstand,

---

[17] Ebd., S. 87.

der ein Gebrauchswert ist, von dem der Warenbesitzer weiß, dass er für einen anderen bestimmt ist. Für den Warenbesitzer kommt zum Gebrauchswertcharakter seines Arbeitsproduktes hinzu, dass es austauschbar ist. *Dass das Verhältnis der Sachen im Austausch ein gesellschaftliches ist, ist dem Warenbesitzer in der Weise gegeben, dass die Sache, die für einen anderen ein Gebrauchswert ist, für ihn selbst eine austauschbare ist.*

Es ist nicht die konkret-nützliche Arbeit selbst, geschweige denn die abstrakt-menschliche Arbeit, die der Warenbesitzer vor sich hat, sondern vielmehr die konkret-nützliche Arbeit in der gegenständlichen Form des Gebrauchswerts. Den Warenbesitzer interessiert nicht die konkret-nützliche Arbeit, sondern nur die Eigenschaften des Gebrauchswerts, die Bedürfnisse befriedigen, auch wenn es sich um die Bedürfnisse eines anderen Warenbesitzers handelt. Das Arbeitsprodukt ist für den Warenbesitzer Wert, insofern es für ihn eine austauschbare Sache ist. In der Form, in der dem Warenbesitzer die Arbeiten gegeben sind, nämlich in der Form von Sachen, sind sie ihm auch als Werte bzw. als Sachen gegeben, denen gemeinsam ist, austauschbar zu sein. Wenn der Warenbesitzer etwas vom Wert weiß, dann weiß er etwas von der Austauschbarkeit der Sache, aber nichts von der Austauschbarkeit der Sache als der Vergegenständlichung abstrakt-menschlicher Arbeit bzw. als bloß sachlicher Hülle gleichartiger menschlicher Arbeit. Zeigt sich der Wert in der Austauschbarkeit einer Sache, dann zeigt sich damit aber nicht, was der Wert ist. »Die Menschen beziehen also ihre Arbeitsprodukte nicht aufeinander als Werte, weil diese Sachen ihnen als bloß sachliche Hüllen gleichartig menschlicher Arbeit gelten. Umgekehrt. Indem sie ihre verschiedenartigen Produkte einander im Austausch als Werte gleichsetzen, setzen sie ihre verschiednen Arbeiten einander als menschliche Arbeit gleich. Sie wissen das nicht, aber sie tun es. Es steht daher dem Werte nicht auf der Stirn geschrieben, was er ist. Der Wert verwandelt vielmehr jedes Arbeitsprodukt in eine gesellschaftliche Hieroglyphe.«[18]

Die sich in der Ausgangssituation des Austauschs gegenüberstehenden Warenbesitzer betrachten nicht die einzelne Ware für sich genommen unabhängig von den anderen Waren, sondern beziehen ihre Waren als Gebrauchswerte und Werte auf die anderen Waren. Indem sie ihre Ware als Tauschmittel behandeln und gegen jede andere Ware austauschen wollen, beziehen sie ihre Ware als Wert *relativ* auf die anderen Waren. Jedem Warenbesitzer gilt »jede fremde Ware als besondres Äquivalent ... aller andren Waren«.[19] Worauf es hier ankommen soll, ist nicht, dass hiermit überhaupt kein allgemeines Äquivalent zustande kommt, sondern dass die Warenbesitzer ihre Waren als solche behandeln, die sich in relativer Wertform und Äquivalentform befinden. »Indem die relative Wertform einer Ware, z.B. der Leinwand, ihr Wertsein als etwas von ihrem Körper und seinen Eigenschaften durchaus

---

[18] Ebd., S. 88.
[19] Ebd., S. 101.

Unterschiedenes ausdrückt, z.B. als Rockgleiches, deutet dieser Ausdruck selbst an, daß er ein gesellschaftliches Verhältnis verbirgt. Umgekehrt mit der Äquivalentform. Sie besteht ja gerade darin, daß ein Warenkörper, wie der Rock, dies Ding wie es geht und steht, Wert ausdrückt, also von Natur Wertform besitzt. Zwar gilt dies nur innerhalb des Wertverhältnisses, worin die Leinwandware auf die Rockware als Äquivalent bezogen ist. Da aber Eigenschaften eines Dings nicht aus seinem Verhältnis zu andern Dingen entspringen, sich vielmehr in solchem Verhältnis nur betätigen, scheint auch der Rock seine Äquivalentform, seine Eigenschaft unmittelbarer Austauschbarkeit, ebensosehr von Natur zu besitzen wie seine Eigenschaft, schwer zu sein oder warm zu halten.«[20]

Ein und derselbe Gegenstand ist es, der für den Warenbesitzer zum einen Gebrauchswerteigenschaften, zum anderen die Eigenschaft der Austauschbarkeit besitzt, wobei in seinem Bewusstsein nicht enthalten ist, dass der Gegenstand die zweite Eigenschaft nur deswegen besitzt, weil er als Verkörperung abstrakt-menschlicher Arbeit gilt. Was der Ware als Wert, d.h. was ihr als Vergegenständlichung abstrakt-menschlicher Arbeit zukommt, nämlich austauschbar zu sein, wird vom Warenbesitzer auf die Ware als ein Gegenstand bezogen, von dem er über die Austauschbarkeit hinaus nur noch weiß, dass er Gebrauchswerteigenschaften besitzt, die die Bedürfnisse anderer Warenbesitzer zu befriedigen haben. Der Tatbestand, dass der Wert kraft seiner Gegenständlichkeit gegenständlich in Gestalt eines Gebrauchswerts existieren muss, dabei aber kraft seiner Gesellschaftlichkeit kein Gebrauchswert ist, erscheint für den Warenbesitzer in der Form der Austauschbarkeit eines Gegenstandes, der ihm handgreiflich-sichtbar als Gebrauchswert gegeben ist. Wenn der Warenbesitzer nun diesen Gegenstand nicht als Gebrauchswert behandelt, weil seine nützlichen Eigenschaften die Bedürfnisse eines anderen Warenbesitzers befriedigen, dann bleibt ihm nur übrig, sein Arbeitsprodukt für einen Gegenstand zu halten, dem in derselben Weise wie die Gebrauchswerteigenschaften jetzt die Eigenschaft der Austauschbarkeit zukommt.

Der Wert ist im Gebrauchswert einer Ware dargestellt, sofern diese als Vergegenständlichung abstrakt-menschlicher Arbeit gilt. Der Warenbesitzer weiß von dem Gegenstand, dass er Gebrauchswert ist, er bezieht sich auf ihn um seiner Austauschbarkeit willen; was er nicht weiß, ist, dass der Gebrauchswert als Verkörperung abstrakt-menschlicher Arbeit gilt und der Gegenstand nur aus diesem Grund die Eigenschaft der Austauschbarkeit besitzt. Ob es dem Warenbesitzer bewusst ist oder nicht – er behandelt sein Arbeitsprodukt praktisch so, als ob ihm die gesellschaftliche Eigenschaft der Austauschbarkeit so zukommt, wie seine Gebrauchswerteigenschaften. »Das Geheimnisvolle der Warenform besteht also einfach darin, daß sie den Menschen die gesellschaftlichen Charaktere ihrer eignen Arbeit als gegenständliche Charaktere der Arbeitsprodukte selbst, als *gesellschaftliche Na-*

[20] Ebd., S. 71f.

tureigenschaften (Hervorhebung – D. W.) dieser Dinge zurückspiegelt ... Dagegen hat die Warenform und das Wertverhältnis der Arbeitsprodukte, worin sie sich darstellt, mit ihrer physischen Natur und den daraus entspringenden dinglichen Beziehungen absolut nichts zu schaffen. Es ist nur das bestimmte gesellschaftliche Verhältnis der Menschen selbst, welches hier für sie die phantasmagorische Form eines Verhältnisses von Dingen annimmt. ... Dies nenne ich den Fetischismus, der den Arbeitsprodukten anklebt, sobald sie als Waren produziert werden, und der daher von der Warenproduktion unzertrennlich ist.«[21]

4. Der Warenfetisch als »falscher Schein« oder »prosaisch reelle Mystifikation«

Erhalten die Verhältnisse der Produzenten die Form des gesellschaftlichen Verhältnisses der Arbeitsprodukte, dann heißt dies: Das Verhältnis der Sachen als ein gesellschaftliches hat nichts mit deren physischer Beschaffenheit und den daraus entspringenden gegenständlichen Verhältnissen zu tun. Vielmehr geht es in ihm um die gesellschaftlichen Verhältnisse und um den darin sich herstellenden gesellschaftlichen Charakter der Arbeit. Treten die Menschen erst durch den Austausch ihrer Arbeitsprodukte in gesellschaftlichen Kontakt, dann ist es auch die Austauschbarkeit der Arbeitsprodukte, die das Verhalten der Menschen zueinander in seiner Gesellschaftlichkeit charakterisiert und insofern auch mit den Arbeitsprodukten als unterschiedliche Eigenschaften besitzenden Dingen nichts zu schaffen hat. Es handelt sich um einen Austausch von Dingen, der zwischen Menschen stattfindet, wobei die in den Dingen steckenden konkret-nützlichen Arbeiten in der Form abstrakt-menschlicher Arbeit gesellschaftlich aufeinander bezogen werden. Es gehört nicht wesensmäßig zu den Dingen, dass sie ausgetauscht werden, um den in ihnen steckenden konkret-nützlichen Arbeiten eine gesellschaftlich-allgemeine Form zu geben.

In den nicht-kapitalistischen Gemeinwesen, in denen der gesellschaftliche Zusammenhang den Arbeiten vorausgesetzt ist, wird der gesellschaftlich-allgemeine Charakter der konkret-nützlichen Arbeiten ohne Rücksicht auf den Tatbestand festgelegt, dass sie sich in Dingen mit konkret-nützlichen Eigenschaften vergegenständlichen. Wenn im Austausch dagegen die in den Dingen steckenden konkret-nützlichen Arbeiten als gesellschaftlich-allgemeine gesetzt werden, dann ist dies zwar auch etwas, das die durch ihre physischen Eigenschaften gekennzeichneten Dinge nichts angeht. Wenn aber der gesellschaftlich-allgemeine Charakter der einzelnen Arbeiten im Austausch hergestellt wird, der ein gesellschaftlicher Prozess ist, worin die Arbeiten in der gegenständlichen Form der Produkte aufeinander

[21] Ebd., S. 86f.

bezogen werden, dann wirkt sich dies bestimmend auch auf die Form und die Existenzweise des gesellschaftlich-allgemeinen Charakters der einzelnen Arbeiten aus. Da die konkret-nützlichen Arbeiten in der gegenständlichen Form der Arbeitsprodukte in den Austausch eingehen, worin sie als Vergegenständlichungen abstrakt-menschlicher Arbeit gleichgesetzt werden, ist die abstrakt-menschliche Arbeit die gesellschaftlich-allgemeine Form der konkret-nützlichen Arbeiten. Dass die Arbeitsprodukte im Austausch gesellschaftlich nur von Bedeutung sind, insofern sie Vergegenständlichungen abstrakt-menschlicher Arbeit sind, geht sie als Dinge mit physischen Eigenschaften nichts an. Die Dinge zählen gesellschaftlich nur als Vergegenständlichungen abstrakt-menschlicher Arbeit, weil die Menschen mittels der Aneignung und der Entäußerung der Arbeitsprodukte einen solchen gesellschaftlichen Zusammenhang miteinander eingehen, worin die gesellschaftlichen Beziehungen ihrer Arbeiten aus der Gleichsetzung der Arbeitsprodukte bestehen. Die Gleichsetzung der Arbeitsprodukte als Vergegenständlichungen abstrakt-menschlicher Arbeit ist nur die erste Konsequenz aus dem Austausch als einem gesellschaftlichen Prozess, worin das gesellschaftliche Verhältnis von Sachen über die Gesellschaftlichkeit der Arbeit entscheidet.

Die zweite Konsequenz besteht darin, dass sich die Arbeitsprodukte als das, was sie unsichtbar als Vergegenständlichungen abstrakt-menschlicher Arbeit sind, wechselseitig in dem darstellen, was sie als Dinge mit bestimmten physischen Eigenschaften sind. Die abstrakt-menschliche Arbeit als die gesellschaftliche Form der konkret-nützlichen Arbeiten existiert damit selbst in der Form eines Arbeitsproduktes, sofern dies ein Ding mit bestimmten physischen Eigenschaften ist. Auch wenn die abstrakt-menschliche Arbeit gegenständlich in Gestalt eines solchen Dings existiert, hat dieses nichts mit dem gesellschaftlich-allgemeinen Charakter der Arbeiten zu tun; denn ein anderes Arbeitsprodukt bezieht sich auf es nur, insofern es die handgreifliche Verwirklichungsform der abstrakt-menschlichen Arbeit ist bzw. insofern es als das gilt, was ein anderes Arbeitsprodukt in seiner Gesellschaftlichkeit auszeichnet, nämlich als Wert. Wie die Arbeitsprodukte als Dinge mit unterschiedlichen physischen Eigenschaften die Bedingung für eine bestimmte historisch-spezifische Form der gesellschaftlichen Verhältnisse sind, ohne selbst mit dieser aus ihrer Austauschbarkeit bestehenden Form etwas zu tun zu haben, ist zusammenfassend in Folgendem gegeben: Die abstrakt-menschliche Arbeit ist die gesellschaftlich-allgemeine Form der Arbeiten und sie existiert gegenständlich in den Arbeitsprodukten als Dingen mit bestimmten physischen Eigenschaften, wobei diese Dinge als handgreiflich-sichtbare Verwirklichungsformen der abstrakt-menschlichen Arbeit *gelten*. Wenn man von der Ware als einem sinnlich-übersinnlichen bzw. gesellschaftlichen Ding spricht, so kann dies richtig und falsch sein, je nachdem, ob man erkannt hat, dass dem Gebrauchswert einer Ware, worin sich der Wert einer anderen Ware dargestellt hat, die gesellschaftliche Funktion der unmittelbaren Austauschbarkeit nur zukommt, weil er als Wert *gilt*, oder ob man die in der unmittelbaren Austauschbarkeit gegebene Werteigenschaft unmittelbar als eine physische Eigenschaft ausgibt. Wenn es richtig ist, dass das gesellschaftliche Verhältnis der Menschen die Form des gesellschaftlichen Verhältnisses der Sachen annimmt, dann kommt alles darauf an, das gesellschaftliche Verhältnis der Dinge nicht mit einem »Verhältnis der Dinge unter sich« zu verwechseln. Nur dann vermeidet man die irrationalistisch-mystische Vermischung von übersinnlich-gesellschaftlichen und von ungesellschaftlich-sinnlichen Eigenschaften. Wenn Marx davon spricht, dass »das bestimmte gesellschaftliche Verhältnis der Menschen selbst ... für sie die *phantasmagorische Form eines Verhältnisses von Dingen* (Hervorhebung – D. W.) annimmt«,[22] dann ist das Verhältnis von Dingen deswegen eine »phantasmagorische Form«, weil die Warenform und das gesellschaftliche »Wertverhältnis der Arbeitsprodukte, worin sie sich darstellt, mit ihrer physischen Natur und den daraus entspringenden dinglichen Beziehungen« verwechselt wird, obwohl beide »absolut nichts« miteinander »zu schaffen«[23] haben. »So stellt sich der Lichteindruck eines Dings auf den Sehnerv nicht als subjektiver Reiz des Sehnervs selbst, sondern als gegenständliche Form eines Dings außerhalb des Auges dar. Aber beim Sehen wird wirklich Licht von einem Ding, dem äußeren Gegenstand, auf ein andres Ding, das Auge, geworfen. Es ist *ein physisches Verhältnis zwischen physischen Dingen* (Hervorhebung – D. W.). Dagegen hat die Warenform und das Wertverhältnis der Arbeitsprodukte, worin sie sich darstellt, mit ihrer physischen Natur und den daraus entspringenden dinglichen Beziehungen absolut nichts zu schaffen. Es ist nur das bestimmte gesellschaftliche Verhältnis der Menschen selbst, welches hier für sie die phantasmagorische Form eines Verhältnisses von Dingen annimmt.«[24]

An die Stelle der »Gegenständlichkeit« des Werts, der kraft seiner Gesellschaftlichkeit etwas Unsinnliches ist, ist der Gebrauchswert der Ware bzw. ein Ding mit bestimmten physischen Eigenschaften getreten, wobei von dem Vorgang, dass sich der Wert einer Ware im Gebrauchswert der anderen darstellt, nur sichtbar ist, dass diese andere Ware in ihrer Gebrauchswertgestalt gegenüber den anderen die Form der unmittelbaren Austauschbarkeit besitzt.

Mit einem bestimmten Gegenstand ist die Austauschbarkeit verbunden, ohne dass sichtbar ist, dass sie eine historisch-spezifische Form der Gesellschaftlichkeit der Arbeit ist, insofern die Austauschbarkeit des Gegenstandes mit ihm als Wert bzw. mit ihm als Vergegenständlichung abstrakt-menschlicher und in dieser Form gesellschaftlicher Arbeit identisch ist. Weder ist sichtbar, dass im Austausch der Arbeitsprodukte die in ihnen steckenden Arbeiten in Form der abstrakt-menschlichen Arbeit gesellschaftlich-allgemeine sind, noch dass sich ein Arbeitsprodukt als

---

[22] Ebd., S. 86.
[23] Ebd.
[24] Ebd.

Vergegenständlichung abstrakt-menschlicher Arbeit in einem anderen Arbeitsprodukt darstellt, das unmittelbar bzw. handgreiflich-sichtbar nur als Ding mit physischen Eigenschaften auftritt. Der aus der abstrakt-menschlichen Arbeit bestehende gesellschaftliche Charakter der einzelnen, in den Arbeitsprodukten steckenden konkret-nützlichen Arbeiten ist nicht mehr selbst, sondern in der von ihm verschiedenen Form der Austauschbarkeit eines Gegenstandes gegeben, der nichts mehr mit der Arbeit zu tun hat und an dem sonst nur noch seine konkret-nützlichen Eigenschaften bzw. seine physischen Eigenschaften auffallen.

Die Seite, nach der die gesellschaftlichen Verhältnisse der Menschen in dem gesellschaftlichen Verhältnis der Sachen als etwas erscheinen, das sie in Wirklichkeit überhaupt nicht sind, bezeichnet Marx als *Schein*. Ist in dem gesellschaftlichen Verhältnis der Dinge ausgelöscht, dass das Ding, worin sich die anderen als Werte darstellen, nur als Wert gilt, dann erscheinen die gesellschaftlichen Charaktere der Arbeit als gesellschaftliche Natureigenschaften der Dinge, was wiederum bedeutet, dass die gesellschaftlichen Verhältnisse der Menschen als »Verhältnisse der Dinge unter sich« erscheinen.

Die Entwicklung des Gegensatzverhältnisses von Gebrauchswert und Wert und die dadurch bedingte Entwicklung der gesellschaftlichen Formen der Arbeit als ebenso vielen Formen des Werts zeichnen sich in ihrer Rationalität dadurch aus, dass an keinem Punkt der Darstellung die beiden unterschiedlichen Seiten der gesellschaftlichen Arbeit miteinander vermischt werden, so wie dies in idealistischen und grob-materialistischen Konstruktionsversuchen der Einheit von Gegensätzen der Fall ist. Nicht die Waren als Einheiten von Gebrauchswert und Wert und auch nicht die relative Wertform und die Äquivalentform sind etwas Rätselhaftes im Sinne von etwas Mystischem, Irrationalem, sondern nur der durch die Äquivalentform hervorgerufene »falsche Schein«, der Wert der Waren sei durch die Eigenschaften der Dinge bestimmt oder »überhaupt eine natürliche Eigenschaft derselben«.

Das Auslöschen des Unterschieds zwischen dem Verhältnis der Dinge, das als Erscheinungsform der gesellschaftlichen Verhältnisse der Menschen ein gesellschaftliches ist, und dem dinglichen Verhältnis der Dinge, das aus ihren physischen Beschaffenheiten entspringt, zeigt sich darin, dass ein Ding »seine Äquivalentform, seine Eigenschaft unmittelbarer Austauschbarkeit, ebensosehr von Natur zu besitzen ... scheint ... wie seine Eigenschaft, schwer zu sein oder warm zu halten«.[25] Es charakterisiert »die auf dem Privataustausch beruhende Arbeit ..., daß sich der gesellschaftliche Charakter der Arbeit als ›property‹ der Dinge ›darstellt‹ – verkehrt; daß ein gesellschaftliches Verhältnis als Verhältnis der Dinge unter sich erscheint ... Diesen *Schein* nimmt unser Fetischdiener (Samuel Bailey – D. W.) als etwas Wirkliches und glaubt in der Tat, daß der Tauschwert der Dinge durch ihre

[25] Ebd., S. 72.

properties as things bestimmt ist, überhaupt a natural property derselben ist. Bisher hat noch kein Naturforscher entdeckt, durch welche natürlichen Eigenschaften Schnupftabak und Gemälde in bestimmter Proportion ›Äquivalente‹ füreinander sind.«[26]

Dass das Ding, welches sich in Äquivalentform befindet, die natürliche Eigenschaft der unmittelbaren Austauschbarkeit besitzt, ist nicht »etwas Wirkliches«,[27] sondern ein gegenständlicher »Schein der gesellschaftlichen Arbeitsbestimmungen«, von dem die Warenbesitzer und die Ökonomen als deren theoretische Dolmetscher »getäuscht«[28] werden. »Die späte wissenschaftliche Entdeckung, daß die Arbeitsprodukte, soweit sie Werte, bloß sachliche Ausdrücke der in ihrer Produktion verausgabten menschlichen Arbeit sind, macht Epoche in der Entwicklungsgeschichte der Menschheit, aber verscheucht keineswegs den gegenständlichen Schein der gesellschaftlichen Charaktere der Arbeit. Was nur für diese besondre Produktionsform, die Warenproduktion, gültig ist, daß nämlich der spezifisch gesellschaftliche Charakter der voneinander unabhängigen Privatarbeiten in ihrer Gleichheit als menschliche Arbeit besteht und die Form des Wertcharakters der Arbeitsprodukte annimmt, erscheint, vor wie nach jener Entdeckung, den in den Verhältnissen der Warenproduktion Befangenen ebenso endgültig, als daß die wissenschaftliche Zersetzung der Luft in ihre Elemente die Luftform als eine physikalische Körperform fortbestehn läßt.«[29]

Rückblickend auf die Entstehung dieses »falschen Scheins«[30] hält Marx fest: »In dem einfachsten Wertausdruck, x Ware A = y Ware B, ... *scheint* ... das Ding, worin die Wertgröße eines andren Dings dargestellt wird, seine Äquivalentform *unabhängig von dieser Beziehung als gesellschaftliche Natureigenschaft zu besitzen*«[31] (Hervorhebungen – D. W.). Wie für die schrittweise »Befestigung dieses falschen Scheins«, die »vollendet« ist, »sobald die allgemeine Äquivalentform mit der Naturalform einer besondren Warenart verwachsen oder zur Geldform kristallisiert ist«,[32] so gilt auch für seine Entstehung »in dem einfachsten Wertausdruck, x Ware A = y Ware B«: »Die vermittelnde Bewegung verschwindet in ihrem eignen Resultat und läßt keine Spur zurück.«[33] Das Resultat besteht in dem Verhältnis zweier Waren zueinander darin, dass der Gebrauchswert der in Äquivalentform stehenden Ware als ein Ding mit physischen Eigenschaften gleichzeitig die gesellschaftliche Eigenschaft der unmittelbaren Austauschbarkeit besitzt. Die darin verschwundene »vermittelnde Bewegung« ist einmal darin zu sehen, dass der Wert

---

[26] Theorien über den Mehrwert, MEW 26.3, a.a.O., S. 127.
[27] Ebd.
[28] Das Kapital, MEW 23, a.a.O., S. 97.
[29] Ebd., S. 88.
[30] Ebd., S. 107.
[31] Ebd.
[32] Ebd.
[33] Ebd.

eine historisch-spezifische Weise ist, in der im Austausch der Arbeitsprodukte über den gesellschaftlich-allgemeinen Charakter der darin steckenden konkret-nützlichen Arbeiten entschieden wird, zum anderen, dass sich der Wert kraft seiner Gegenständlichkeit und Gesellschaftlichkeit so im Gebrauchswert einer anderen Ware darstellen muss, dass dieser als Wert bzw. als Vergegenständlichung abstrakt-menschlicher und in dieser Form gesellschaftlich-allgemeiner Arbeit gilt.

Die Verkehrung der menschlichen Verhältnisse in ihnen selbständig gegenüberstehende gesellschaftliche Verhältnisse von Sachen, worin für die Menschen unbewusst der gesellschaftlich-allgemeine Charakter ihrer konkret-nützlich verausgabten Arbeiten hergestellt wird, ist ein ebenso reeller wie rationaler Vorgang, der mit allem, was zu der »vermittelnden Bewegung« gehört, von Marx rational erklärt wird. Dass die Waren als Werte Vergegenständlichungen abstrakt-menschlicher und in dieser Form gesellschaftlich-allgemeiner Arbeit sind und dass sich der Wert im Gebrauchswert einer anderen Ware darstellt, der dann »als Verkörperung abstrakt menschlicher Arbeit ... gilt«,[34] sind in der bürgerlichen Gesellschaft wirklich vorhandene und von Marx im »Kapital« lediglich gedanklich reproduzierte Tatbestände.

Durch die in dem gesellschaftlichen Verhältnis der Sachen ausgelöschte »vermittelnde Bewegung« wird von Marx erklärt, dass die Dinge mit ihren physischen Eigenschaften nichts mit dem gesellschaftlichen Verhältnis der Sachen zu tun haben, insofern in ihm das gesellschaftliche Verhältnis der Menschen erscheint. Nur aus dem einzigen Grund, dass diese »vermittelnde Bewegung« in ihrem eigenen »Resultat verschwindet«, erscheinen den Menschen ihre eigenen, in dem gesellschaftlichen Verhältnis der Sachen erscheinenden Verhältnisse so, als handle es sich dabei um ein aus den physischen Eigenschaften der Dinge entspringendes Verhältnis dieser Dinge »unter sich«.

Was durch die Unsichtbarkeit der vermittelnden Bewegung von den Warenbesitzern wahrgenommen wird, ist ein Ding, das verschiedene Eigenschaften besitzt, zu denen auch die Eigenschaft der unmittelbaren Austauschbarkeit gehört. Seine physischen Eigenschaften besitzt das Ding auch ohne und unabhängig vom Austausch. Da nun alles, was Ursache für die gesellschaftliche Eigenschaft ist, ausgelöscht ist, ist auch alles, was einem Ding an Eigenschaften zukommen kann, durch die Art bestimmt, wie ihm seine physischen Eigenschaften zukommen. Das heißt, obwohl die Eigenschaft der unmittelbaren Austauschbarkeit eine gesellschaftliche Eigenschaft ist, ist der Unterschied zwischen ihr und den physischen Eigenschaften derart aufgehoben, dass sie eine gesellschaftliche Natureigenschaft zu sein scheint. Die stoffliche und die gesellschaftliche Seite, die Gebrauchswert- und die Wertseite sind auf eine Weise aufeinander bezogen, die dem, wie sie im Verhältnis zweier Waren aufeinander bezogen sind, widerspricht. Die gesellschaftlichen Cha-

[34] Ebd., S. 72.

raktere der Arbeit scheinen natürliche Eigenschaften der Dinge zu sein. Es handelt sich bei diesen fetischartigen Formen um das Dasein der Verhältnisse der kapitalistischen Produktion, »wie es an der Oberfläche *scheint* (Hervorhebung – D. W.) von dem verborgnen Zusammenhang und den vermittelnden Zwischengliedern getrennt«.[35] Im »falschen Schein« werden Tatbestände vorgetäuscht, die es in Wirklichkeit, d.h. unter Einbeziehung der verborgenen Zusammenhänge und der vermittelnden Zwischenglieder überhaupt nicht gibt.

So besteht z.B. im praktischen Umgang mit dem Geld für den Geldbesitzer kein Unterschied zwischen dem Sachverhalt, dass das Geld die gesellschaftliche Eigenschaft der Austauschbarkeit aufgrund einer für ihn unsichtbaren, vermittelnden Bewegung besitzt, und dem Sachverhalt, dass die unmittelbare Austauschbarkeit eine natürliche Eigenschaft des Gebrauchswerts der Geldware ist. Wie ein Besitzer von Brot mit diesem seinen Hunger stillen kann, so kann ein Besitzer von Geld mit diesem sich jede andere Ware aneignen. Es zeigt sich hier nochmals, dass der falsche Schein, die gesellschaftliche Eigenschaft der unmittelbaren Austauschbarkeit sei eine natürliche Eigenschaft der Geldware bzw. ihres Gebrauchswerts, *reell existiert*, obwohl er etwas *vortäuscht*, das es in der ganzen, durch das Kapital in seiner historischen Spezifik bestimmten bürgerlichen Gesellschaft überhaupt nicht gibt.

Was unmittelbar erscheint, ist nicht, dass das Ding nur die dingliche Ausdrucksform eines ihm *fremden* gesellschaftlichen Verhältnisses der Menschen ist, sondern dass umgekehrt das gesellschaftliche Verhältnis der Menschen in Form der unmittelbaren Austauschbarkeit eine dem Ding *eigene* Ausdrucksform bzw. eine Eigenschaft des Dings ist, die ihm wie eine physische Eigenschaft zukommt. Es ist ausgelöscht, »daß die Körper- oder Naturalform einer Waare unmittelbar als gesellschaftliche Form gilt, als Werthform für andre Waare. *Innerhalb unseres Verkehrs* erscheint es also als *gesellschaftliche Natureigenschaft* eines Dings, als eine ihm von Natur zukommende Eigenschaft, *Aequivalentform* zu *besitzen*, daher so wie es sinnlich da ist, unmittelbar austauschbar mit andern Dingen zu sein. Weil aber innerhalb des Werthausdrucks der Waare A die Aequivalentform von Natur der Waare B zukommt, scheint sie letztrer auch außerhalb dieses Verhältnisses von Natur anzugehören. Daher z.B. das Räthselhafte des Goldes, das neben seinen andren Natureigenschaften, seiner Lichtfarbe, seinem specifischen Gewicht, seiner Nicht-Oxydirbarkeit an der Luft u.s.w., auch die Aequivalentform von Natur zu besitzen scheint oder die gesellschaftliche Qualität mit allen andern Waaren *unmittelbar austauschbar* zu sein.«[36] (Im Original noch andere Hervorhebungen – D. W.)

Für das wissenschaftliche Bewusstsein, das die »vermittelnde Bewegung« nachvollzieht, gibt es auf keiner Stufe des gesellschaftlichen Gesamtreproduktionsprozesses eine irrationale Vermischung von stofflicher Gebrauchswert- und gesell-

[35] Theorien über den Mehrwert, MEW 26.3, a.a.O., S. 445.
[36] Das Kapital, Anhang zur 1. Auflage, MEGA II/5, a.a.O., S. 638.

schaftlicher Wertseite. Indem das wissenschaftliche Bewusstsein diese »vermittelnde Bewegung« nachvollzieht und erkennt, dass sie in den fertigen Erscheinungen als ihrem Resultat verborgen bleibt und »keine Spur« zurücklässt, vermag es auch zu erklären, warum mit der fertigen Erscheinung auch der falsche Schein entstanden ist. Die Erscheinung existiert so reell wie die Bewegung, die sie mit dem inneren Zusammenhang vermittelt, so dass der falsche Schein, der durch das Unsichtbarsein dieser vermittelnden Bewegung erzeugt wird, ebenso reell existiert. So existiert z.B. die Äquivalentware als ein handgreiflich-sichtbares Ding so reell, wie seine gesellschaftliche Funktion, unmittelbar gegen alle anderen Waren austauschbar zu sein. Im Geld existiert reell ein konkret-nützliches Ding, das neben seinen physischen Eigenschaften auch die gesellschaftliche Eigenschaft der unmittelbaren Austauschbarkeit besitzt. Nun existiert auch das Setzen und Lösen des in den Waren eingeschlossenen Widerspruchs reell, ist aber als Entstehungsprozess des Geldes in der Warenzirkulation nicht mehr sichtbar. Daher ist auch nicht mehr sichtbar, dass ein Ding, wie der Gebrauchswert des Geldes, die gesellschaftliche Eigenschaft der unmittelbaren Austauschbarkeit nur deswegen besitzt, weil sich der Wert aller Waren in ihm dargestellt hat und er hierdurch als die allgemeine Wertgestalt aller Waren gilt.

Bei dem »falschen Schein« muss immer dasjenige, *was* vorgetäuscht wird, von dem unterschieden werden, *wodurch* etwas vorgetäuscht wird. Was im »falschen Schein« vorgetäuscht wird, ist die mystische Vermischung von natürlichen und gesellschaftlichen Eigenschaften. Und sie wird vorgetäuscht durch die gleichzeitige Existenz der natürlichen und gesellschaftlichen Eigenschaften eines Dings. Während diese gleichzeitige Existenz ebenso *reell* wie *sichtbar* existiert, existiert das Gelten des Gebrauchswerts der in Äquivalentform stehenden Ware zwar auch *reell*, ist aber *unsichtbar*. Auf diese Weise wird in der aus dem gesellschaftlichen Verhältnis von Waren zueinander bestehenden Wirklichkeit *reell etwas vorgetäuscht*, was es in ihr nicht gibt bzw. in ihr kein wahrer Tatbestand ist. So reell die gleichzeitige Existenz von natürlicher und gesellschaftlicher Eigenschaft und das Nicht-Mehr-Sichtbarsein des Geltens des Gebrauchswerts als Wert einer anderen Ware, so reell existiert die trügerische Vorspiegelung eines falschen Tatbestandes. »Daß ein gesellschaftliches Produktionsverhältnis sich als ein außer den Individuen vorhandener Gegenstand und die bestimmten Beziehungen, die sie im Produktionsprozeß ihres gesellschaftlichen Lebens eingehen, sich als spezifische Eigenschaften eines Dings darstellen, diese Verkehrung und *nicht eingebildete, sondern prosaisch reelle Mystifikation* (Hervorhebung – D. W.) charakterisiert alle gesellschaftlichen Formen der Tauschwert setzenden Arbeit. Im Geld erscheint sie nur frappanter als in der Ware.«[37]

[37] Zur Kritik der Politischen Ökonomie, MEW 13, a.a.O., S. 34f.

Der Warenfetisch zeichnet sich dadurch aus, dass in den Vorstellungen der Warenbesitzer die natürlichen, physischen Eigenschaften der Dinge mit den gesellschaftlichen Eigenschaften verwachsen. Wenn ihnen das auch nicht bewusst ist, so haben die Warenbesitzer hiermit einen unabhängig von ihren Vorstellungen in der Wirklichkeit selbst erzeugten und auf ihrer Oberfläche bestehenden falschen Schein in ihrem Bewusstsein reproduziert und für das wahre Wesen ihrer eigenen gesellschaftlichen Verhältnisse genommen. Während auf der Oberfläche der ökonomisch-gesellschaftlichen Wirklichkeit die dahinter verborgenen gesellschaftlichen Verhältnisse der Menschen als etwas erscheinen, was sie nicht selbst sind, reduzieren die Warenbesitzer in ihren Vorstellungen die ökonomisch-gesellschaftliche Wirklichkeit auf ihre Oberfläche, so dass für die Warenbesitzer der falsche Schein einer mystisch-irrationalen Vermischung von natürlichen und gesellschaftlichen Eigenschaften das einzig Wirkliche ist.

Kapitel 2
Der Warenfetisch und der Widerspruch zwischen dem Gebrauchswert und dem Wert. Eine Kritik an Lucio Colletti und Hans Friedrich Fulda

1. Kritik an Lucio Colletti

Wenn der »falsche Schein« darauf beruht, dass die vermittelnde Bewegung in der Erscheinung als ihrem Resultat verschwunden ist und keine Spur zurückgelassen hat, dann gilt für die Agenten der kapitalistischen Produktion bzw. für die Warenbesitzer, dass innerhalb der Reichweite ihres Bewusstseins nicht jene vermittelnde Bewegung, sondern nur der »falsche Schein« liegt. Jeder bleibt also noch in dem Maße diesem »falschen Schein« verhaftet, in dem er die vermittelnde Bewegung nur verkürzt und einseitig nachvollzieht. Es ist daher nicht verwunderlich, wenn das, was im Bannkreis des »falschen Scheins« von der ökonomisch-gesellschaftlichen Wirklichkeit erfasst wird, für diese selbst ausgegeben wird.

Wer nun von selbst darauf kommt oder durch die Lektüre des »Kapital« darauf gestoßen wird, dass in den Formen, die auf der Oberfläche der bürgerlichen Gesellschaft erscheinen, natürliche und gesellschaftliche Eigenschaften in einer nur mystisch zu nennenden Weise miteinander vermischt werden und sich die Menschen im Umgang mit diesen irrationalen Formen so wohl fühlen, »wie ein Fisch im Wasser«, dann gibt es zwei Möglichkeiten:

1. Der innere Zusammenhang der gesellschaftlichen Verhältnisse wird von ihrer erscheinenden Oberfläche unterschieden und das Ausgelöschtsein der vermittelnden Bewegung als Ursache für die Entstehung des »falschen Scheins« begriffen.

2. Der Unterschied zwischen dem inneren Zusammenhang und der erscheinenden Oberfläche und die beide vermittelnde Bewegung wird nicht entdeckt, aber dennoch daran festgehalten, dass alle Formen, in denen die Verhältnisse der kapitalistischen Produktionsweise erscheinen, als Formen des Werts irrationale, die Vermischung von Gebrauchswert und Wert ausdrückende Formen sind.

In seinem Aufsatz »Marxismus und Dialektik«[1] ergreift Lucio Colletti diese zweite Möglichkeit: Er macht aus dem Kapitalverhältnis, das ein gesellschaftliches Verhältnis ist, welches in den unterschiedlich entwickelten Formen des Werts erscheint, eine besondere Realität, die wegen der Entfremdung, die in ihr vorherrscht, durch und durch irrational ist.

So, wie es bereits angedeutet worden ist, gelangt Colletti zu dieser uneigentlichen, auf den Kopf gestellten und irrationalen Realität, indem er aus einigen Stellen im »Kapital« herausliest, dass die aus dem Kapitalverhältnis bestehende ökonomisch-gesellschaftliche Wirklichkeit mit dem auf unterschiedlichste Weise in ihr erzeugten falschen Schein zusammenfällt. Die erste jener Stellen, die Colletti zitiert, lautet: »Die Form der Revenue und die Quellen der Revenue drücken die Verhältnisse der kapitalistischen Produktion in der *fetischartigsten* Form aus. Es ist ihr Dasein, wie es an der Oberfläche *scheint, von dem verborgnen Zusammenhang und den vermittelnden Zwischengliedern getrennt* (Hervorhebung – D. W.). So wird die *Erde* die Quelle der *Grundrente*, das *Kapital* die Quelle des *Profits* und die *Arbeit* die Quelle des *Arbeitslohns*.«[2]

Bei der Form der Revenue und den Quellen der Revenue geht es nach Marx nicht um das Dasein der Verhältnisse der kapitalistischen Produktion als das, was es wirklich innerhalb des mit Hilfe der vermittelnden Zwischenglieder aufzufindenden verborgenen Zusammenhangs ist, sondern vielmehr um ihr Dasein, wie es auf der Oberfläche der bürgerlichen Gesellschaft als etwas erscheint, was es in Wirklichkeit gar nicht ist. Wie »es an der Oberfläche scheint«, ist gerade von dem, was für das verantwortlich ist, was es wirklich ist, getrennt, nämlich von »dem verborgnen Zusammenhang und den vermittelnden Zwischengliedern«. Weiß man, dass der Lohn des Arbeiters auf der Oberfläche der bürgerlichen Gesellschaft »als Preis der Arbeit, als ein bestimmtes Quantum Geld« erscheint, das für ein bestimmtes Quantum Arbeit gezahlt wird, und hat man entwickelt, »wie Wert und Preise der Arbeitskraft sich in ihrer verwandelten Form als Arbeitslohn darstellen«,[3] dann weiß man auch, dass «der Wert der Arbeit nur ein *irrationeller Ausdruck* (Hervorhebung – D. W.) für den Wert der Arbeitskraft«[4] ist. Der Wert der Arbeitskraft, den es in Wirklichkeit gibt und der nichts anderes ist als die in den Reproduktionsmitteln der Arbeitskraft vergegenständlichte abstrakt-menschliche Arbeit, erscheint also im Arbeitslohn als etwas, das es in Wirklichkeit nicht gibt, nämlich als Wert der Arbeit. Diese aber »ist die Substanz und das immanente Maß der Werte, aber sie selbst hat keinen Wert. Im Ausdruck ›Wert der Arbeit‹ ist der Wertbegriff nicht nur völlig ausgelöscht, sondern in sein Gegenteil verkehrt. Es ist ein imaginärer

[1] Lucio Colletti, Marxismus und Dialektik, in: Marxismus und Dialektik, Frankfurt/Main Berlin–Wien 1977, S. 5–S. 41.

[2] Theorien über den Mehrwert, MEW 26.3, a.a.O., S. 445.

[3] Das Kapital, MEW 23, a.a.O., S. 561.

[4] Ebd.

Ausdruck, wie etwa Wert der Erde.«[5] Profit und Grundrente sind von unterschiedlichen Kapitalistenfraktionen angeeignete Formen des Mehrwerts, dessen Quelle einzig und allein die Arbeit ist. Nur weil im Arbeitslohn die ganze Arbeit als bezahlte erscheint, sieht es so aus, als würden die Grundrente und Profit als Bestandteile des Mehrwerts nicht aus der Arbeit, sondern aus der Erde oder aus dem bereits vergegenständlichte Arbeit darstellenden Kapital entspringen.

Wie schon für den Warenfetisch entwickelt, gilt auch für die Form der Revenue und die Quellen der Revenue, dass sie in ihrer Versachlichung, Verkehrung und Verrücktheit ein reell existierender falscher Schein sind, weil die inneren Zusammenhänge und die sie mit der Oberfläche vermittelnden Bewegungen auf jener selbst nicht sichtbar sind. Dass dieser durch die wirkliche Verkehrung der gesellschaftlichen Verhältnisse der Menschen in gesellschaftliche Verhältnisse der Sachen erzeugte falsche Schein, worin eine Vermischung von Stofflichem und Gesellschaftlichem, von Gebrauchswert und Wert vorgetäuscht wird, sich im Bewusstsein der Agenten der Produktion reproduziert, versteht sich von selbst; denn im Unterschied zu Marx als dem Repräsentanten des wissenschaftlichen Bewusstseins haben sie das Dasein der Verhältnisse der kapitalistischen Produktion als das vor Augen, was es auf der Oberfläche ohne den verborgenen Zusammenhang und getrennt von den vermittelnden Zwischengliedern ist. Die »verdrehte Form«, zum Beispiel der Arbeitslohn, »worin die wirkliche Verkehrung« des Werts der Arbeitskraft in den Wert der Arbeit »sich ausdrückt«, findet sich »natürlich ... in den Vorstellungen der Agenten dieser Produktionsweise ... reproduziert«. Ein bereits in der ökonomisch-gesellschaftlichen Wirklichkeit erzeugter, mit ihr aber nicht zusammenfallender, sondern im Gegenteil ihren wahren Zusammenhang verfälschender, verdrehender Schein wird in den Vorstellungen der Agenten der kapitalistischen Produktionsweise reproduziert.

Colletti erzeugt nun folgende falsche Alternative: Entweder ist der falsche Schein nur eine Weise, »in der die Ökonomen die Wirklichkeit verkehrt verstehen« bzw. »in der die *Vulgärökonomie* die Dinge darstellt«, oder der falsche Schein ist bis in ihre inneren, verborgenen Zusammenhänge hinein die Wirklichkeit selbst. Dass Colletti so tut, als befände er sich in Übereinstimmung mit Marx, versucht er dadurch zu erreichen, dass er diese zweite Alternative in einer Weise vorträgt, die dem Marxschen Sprachgebrauch angepasst ist. Bei Marx heißt es stets unmissverständlich: Die gesellschaftlichen Verhältnisse der Menschen stellen sich als gesellschaftliche Verhältnisse der Sachen dar; der Wert stellt sich im Gebrauchswert einer anderen Ware dar, wodurch diese als Wert gilt. Wenn das Gelten des Gebrauchswerts als Wert zusammen mit dem Sich-Darstellen des Werts in dem Gebrauchswert nicht mehr sichtbar ist, dann erscheinen die gesellschaftlichen Verhältnisse der Menschen als Verhältnisse der Sachen unter sich. »Seine These ist kurz gesagt,

---

[5] Ebd., S. 559.

daß ›alles in dieser Produktionsweise sich verkehrt darstellt‹.«[6] Stellen sich die menschlichen Verhältnisse als Verhältnisse der Sachen unter sich, d.h. die gesellschaftlichen Charaktere der Arbeit als natürliche Eigenschaften der Dinge dar, dann ist klar, dass die Waren als Werte »gesellschaftliche Größen«, also etwas von ihren ihnen als Dingen zukommenden Eigenschaften bzw. von ihren physischen Eigenschaften »absolut Verschiednes«[7] sind. Obwohl Colletti genau diesen Unterschied auslöscht, spricht er von der »Weise, in der sich die kapitalistische Wirklichkeit selbst *darbietet*«,[8] um so tun zu können, als würde Marx diesen Unterschied auch nicht kennen. Mit keinem Wort geht Colletti darauf ein, dass so wie die Wirklichkeit sich »darbietet«, von dem verschieden ist, was sie selbst »in Wirklichkeit« ist.

»Die vollständige *Versachlichung*, *Verkehrung* und *Verrücktheit* des Kapitals als zinstragendes Kapital« muss in Übereinstimmung mit Marx dem zinstragenden Kapital selbst zugeschrieben werden, insofern der Fetisch und damit der diesen auszeichnende falsche Schein sich vollendet hat: Es scheint so, dass der Zins, obwohl er ein Bestandteil des Mehrwerts ist, »ohne die Vermittlung von Produktionsprozeß und Zirkulationsprozeß«[9] entstanden ist. »Jedenfalls aber ist die Form, für sich betrachtet (d.h. unter Abstraktion von allen aus der Produktion und Zirkulation bestehenden vermittelnden Bewegungen, durch die sich zeigt, was der Zins wirklich ist – D. W.), die ..., daß das Ding nun als Kapital und das Kapital als bloßes Ding erscheint, das gesamte Resultat des kapitalistischen Produktions- und Zirkulationsprozesses als eine dem Ding inhärente Eigenschaft«.[10]

Colletti zitiert eine Stelle aus den Mehrwerttheorien, wo Marx gerade selbst den Unterschied betont zwischen dem, was der Zins ist, nämlich ein »*unter besonderem Namen zitierter Teil* des Profits« und dem, als was »der Zins hier ... erscheint«, nämlich als etwas, das getrennt vom Produktionsprozess dem Kapital als solchem, d.h. »nur dem bloßen Eigentum desselben, dem Eigentum von Geld und Ware«, geschuldet ist. Unter Ausschluss des Produktionsprozesses und der Verhältnisse, »die diesem Eigentum den Charakter des kapitalistischen Eigentums« geben, weil sie ihm »den Gegensatz gegen die Arbeit geben«,[11] erweist sich der Zins im Unterschied zu dem, was er durch den im zinstragenden Kapital erzeugten falschen Schein tatsächlich ist, nämlich als ein Teil des Profits, der eine verwandelte Form des Mehrwerts ist. Sind die das zinstragende Kapital vermittelnden Zusammenhänge auf der Oberfläche der bürgerlichen Gesellschaft selbst ausgelöscht, dann nimmt die Vulgärökonomie diese Wirklichkeit ohne diese vermittelnden Zusammenhänge, d.h. den in dieser Wirklichkeit erzeugten falschen Schein, aber nicht diese ganze Wirklichkeit selbst wahr, in der der Zins etwas anderes ist.

---

[6] L. Colletti, Marxismus und Dialektik, a.a.O., S. 29.
[7] Theorien über den Mehrwert, MEW 26.3, a.a.O., S. 127.
[8] L. Colletti, Marxismus und Dialektik, a.a.O., S. 29.
[9] Theorien über den Mehrwert, MEW 26.3, a.a.O., S. 447f.
[10] Ebd., S. 448.

Wie in der einfachen Äquivalentform bereits die gesellschaftliche Eigenschaft der unmittelbaren Austauschbarkeit dem Gebrauchswert der zweiten Ware wie eine natürliche Eigenschaft zuzukommen scheint, so hat sich dieser falsche Schein im zinstragenden Kapital so weit entwickelt, dass das Resultat des kapitalistischen Produktions- und Zirkulationsprozesses als die gesellschaftliche Natureigenschaft eines Dings erscheint. Wie der Wert keine physische Eigenschaft des Gebrauchswerts der in Äquivalentform stehenden Ware ist, so ist auch der Zins in Wirklichkeit keine dem Ding inhärente Eigenschaft, sondern ein Teil des im kapitalistischen Produktions- und Zirkulationsprozess einzig und allein von der lebendigen Arbeit geschaffenen Mehrwerts. Wie im Verhältnis zweier Waren zueinander der falsche Schein, dem Gebrauchswert der zweiten Ware käme die Eigenschaft der unmittelbaren Austauschbarkeit als eine physische Eigenschaft zu, dadurch erzeugt wird, dass die einfachsten vermittelnden Bewegungen ausgelöscht sind (das Sich-Darstellen des Werts im Gebrauchswert der zweiten Ware und dessen Gelten als Wert), so wird im zinstragenden Kapital der falsche Schein des geldmachenden Geldes[12] dadurch erzeugt, dass alle die Mehrwerterzeugung vermittelnden, den bürgerlichen Gesamtreproduktionsprozess umfassenden Bewegungen nicht mehr sichtbar sind.

Wenn Colletti einmal von den Ökonomen spricht, »die die Wirklichkeit verkehrt verstehen«, ein andermal von der »Vulgärökonomie«, in der »die Dinge« auf eine bestimmte Weise dargestellt werden, dann bemerkt er gar nicht, dass Marx einen Unterschied zwischen den Vulgärökonomen und den klassischen politischen Ökonomen macht, den er aus der jeweiligen Einsicht beider erklärt, die sie in den inneren, den falschen Schein erklärenden Zusammenhang der bürgerlichen Gesellschaft haben. »Um es ein für allemal zu bemerken, verstehe ich unter klassischer politischer Ökonomie alle Ökonomie seit W. Petty, die den innern Zusammenhang der bürgerlichen Produktionsverhältnisse erforscht im Gegensatz zur Vulgärökonomie, die sich nur innerhalb des scheinbaren Zusammenhangs herumtreibt, für eine plausible Verständlichmachung der sozusagen gröbsten Phänomene und den bürgerlichen Hausbedarf das von der wissenschaftlichen Ökonomie längst gelieferte Material stets von neuem wiederkaut, im übrigen aber sich darauf beschränkt, die banalen und selbstgefälligen Vorstellungen der bürgerlichen Produktionsagenten von ihrer eignen besten Welt zu systematisieren, pedantisieren und als ewige Wahrheiten zu proklamieren.«[13]

Im Kontext der von Colletti zitierten Stellen aus den »Mehrwerttheorien« heißt es hinsichtlich der Form der Revenue und der Quellen der Revenue als verdrehten Formen, worin die wirkliche Verkehrung sich ausdrückt: »Es ist dies eine Fiktionsweise ohne Phantasie, eine Religion des Vulgären. Die Vulgärökonomen – sehr zu

[11] Ebd. S. 453.
[12] Vgl. Ebd., S. 447f.
[13] Das Kapital, MEW 23, a.a.O., S. 95, Fn. 32.

unterscheiden von den ökonomischen Forschern, die wir kritisiert – übersetzen in der Tat die Vorstellungen, Motive etc. der in der kapitalistischen Produktion befangnen Träger derselben, in denen sie sich nur in ihrem oberflächlichen Schein reflektiert. Sie übersetzen sie in eine doktrinäre Sprache, aber vom Standpunkt des herrschenden Teils aus, der Kapitalisten, daher nicht naiv und objektiv, sondern apologetisch. Das bornierte und pedantische Aussprechen der Vulgärvorstellungen, die sich notwendig in den Trägern dieser Produktionsweise erzeugen, ist sehr verschieden von dem Drang der politischen Ökonomen, ... den innren Zusammenhang zu begreifen.«[14]

»Der Sinn dessen«, was Colletti mit seiner Erfindung einer besonderen, uneigentlichen, weil durch und durch verkehrten und irrationalen Realität »sagen will ist, daß es zwei Marx gibt. Auf der einen Seite gibt es den Marx der Vorworte zum *Kapital*, dessen Werk eine Weiterführung und Vollendung der politischen Ökonomie als *Wissenschaft*, die von Smith und Ricardo begonnen, darstellt. Auf der andern Seite gibt es den Marx, der *Kritiker der politischen Ökonomie* (nicht der *bürgerlichen* politischen Ökonomie, sondern der politischen Ökonomie *schlechthin*), der die Analyse Smith' und Ricardos mit einer Theorie der Entfremdung verflicht (und umstülpt), von der die Ökonomen nichts wissen. Im ersten Fall wird die ökonomisch-wissenschaftliche Analyse auf eine Realität bezogen, die positiv vorausgesetzt wird, wie dies jede Wissenschaft tut. Im zweiten Fall ist die Realität, von der die Rede ist, verkehrt, ›auf den Kopf gestellt‹: Es ist nicht die Realität *sic et simpliciter*, sondern die Realisierung der Entfremdung. Es ist keine positive Realität, sondern eine, die umgestürzt und verneint werden muß.«[15]

Es gibt für Colletti also zwei Marx', weil es zwei Realitäten, das heißt genauer: eine wirkliche Realität und eine Scheinrealität gibt. Der Marx, der sich mit der ersten Realität auseinander setzt, ist ein ernstzunehmender Wissenschaftler, weil man bei dieser Realität, die sich von der Natur bis in die bürgerliche Gesellschaft hinein erstreckt, von all dem abstrahiert, was angeblich alles zur »Entfremdung« gehört. Der Marx, der sich mit der zweiten Realität auseinander setzt, ist ein unwissenschaftlicher »Kritiker der politischen Ökonomie, ein Theoretiker der Entfremdung« – kurz, ein Philosoph. Mit der Verdopplung der Realität in Realität und Scheinrealität bzw. in positive Realität und negative Realität hat Colletti eine Verdopplung von Marx in einen Wissenschaftler und einen Philosophen produziert.

Den Maßstab für die Realität, die Gegenstand der Wissenschaft ist, gibt die Natur ab, so dass die bürgerliche Gesellschaft soweit zu ihr gehört, wie sie keine »Realisierung der Entfremdung« ist, sondern eine »natürliche Objektivität«.[16] Der Marx der Vorworte zum »Kapital« ist für Colletti ein Wissenschaftler, weil er von den

[14] Theorien über den Mehrwert, MEW 26.3, S. 445.
[15] L. Colletti, Marxismus und Dialektik, a.a.O., S. 29f.
[16] Ebd., S. 30.

»ökonomischen Bewegungsgesetzen der modernen Gesellschaft« spricht, »die in allem den Naturgesetzen gleich sind und die Marx selbst im Vorwort zum *Kapital Naturgesetze* nennt«.[17]

Was immer auch dabei berücksichtigt werden muss, wenn Marx die ökonomischen Bewegungsgesetze der bürgerlichen Gesellschaft als Naturgesetze bezeichnet, so sind diese ökonomischen Bewegungsgesetze in allem, was sie sind, durch die historisch-spezifische Form der gesellschaftlichen Verhältnisse, d.h. durch die Formen des Werts als ebenso vielen Formen der gesellschaftlichen Arbeit bestimmt, so dass es sich bei diesen Bewegungsgesetzen mit allem, was sie mit den Gesetzen der die Gesellschaft umgebenden Natur gemeinsam und nicht gemeinsam haben, zusammenfassend um nichts anderes handelt als um das »Wertgesetz«, das in derselben wissenschaftlichen Strenge in der Kritik der politischen Ökonomie entwickelt wird wie gesetzmäßige Zusammenhänge der Natur in den Naturwissenschaften. Das ökonomische Bewegungsgesetz der bürgerlichen Gesellschaft zu begreifen, heißt nichts anderes, als die in ihr ablaufenden ökonomisch-gesellschaftlichen Prozesse als ebenso viele Prozesse zu begreifen, worin der Widerspruch zwischen dem Gebrauchswert und dem Wert ebenso sehr gesetzt wie gelöst wird. Wenn Colletti etwas vom Wert wegnimmt, um die außerhalb der natürlichen Objektivität fallende »Entfremdung«, den »Fetischismus«, loszuwerden, dann nimmt er das weg, was für das Bewegungsgesetz der bürgerlichen Gesellschaft konstitutiv ist. Das Gesetz der natürlichen Objektivität, das für Marx dann übrig bleiben würde, wäre dann aber gerade nicht mehr das aus dem Wertgesetz bestehende Bewegungsgesetz der bürgerlichen Gesellschaft, sondern allenfalls Bruchstücke davon.

Das erste, bereits in entwickelter Gestalt vorliegende Bewegungsgesetz der bürgerlichen Gesellschaft besteht zum Beispiel aus dem doppelseitig-polarischen Gegensatz von Ware und Geld, der wiederum nichts anderes ist als die erste entwickeltste Lösungsbewegung des Widerspruchs zwischen dem Gebrauchswert und dem Wert der Waren, wie er im Austausch der einfachen, noch nicht preisbestimmten Waren gesetzt ist. Da die Gegenständlichkeit des Werts, auf der die Verselbständigung von Gebrauchswert und Wert als der einen Grundlage des Widerspruchs beruht, das am Wert ist, was von der einfachen Äquivalentform bis zum zinstragenden Kapital die Bedingung für den Fetisch ist, müsste Colletti vom Wert diese Gegenständlichkeit wegnehmen. Dann gäbe es keinen Widerspruch zwischen dem Gebrauchswert und dem Wert und keinen doppelseitig-polarischen Gegensatz als seine Lösungsbewegung und damit auch kein aus dem Wertgesetz bestehendes Bewegungsgesetz der bürgerlichen Gesellschaft. Wenn Marx dieses als Naturgesetz bezeichnet, dann darf das nicht dazu führen, die Natur zum Maßstab zu erheben, den man an die bürgerliche Gesellschaft anlegt, um in ihr auf Kosten der historisch-spezifischen Form der gesellschaftlichen Arbeit eine natürliche Objekti-

---

[17] Ebd.

vität auszumachen, für die die Rede von Naturgesetzen angemessen ist. Dass Marx das Wertgesetz und damit das Bewegungsgesetz der bürgerlichen Gesellschaft als Naturgesetz bezeichnet, hat mit der von Colletti vermuteten unmittelbaren Gleichsetzung von Gesetzen in der Natur und der Gesellschaft nichts zu tun und auch nichts mit einer Heiligsprechung der bürgerlichen Gesellschaft als einer ewig gültigen Organisationsform der gesellschaftlichen Arbeit. Vielmehr muss man um der auf die Gemeinsamkeit mit der Natur abhebenden Rede von dem Wertgesetz als einem Naturgesetz an Folgendes denken: »Der Witz der bürgerlichen Gesellschaft besteht ja eben darin, daß a priori keine bewußte gesellschaftliche Reglung der Produktion stattfindet. Das Vernünftige und Naturnotwendige setzt sich nur als blind wirkender Durchschnitt durch.«[18] Dass sich die gesellschaftlichen Verhältnisse der Menschen in gesellschaftliche Verhältnisse der Sachen verkehren, beruht nach einer Seite hin auf der Bewusstlosigkeit der Menschen über ihren eigenen gesellschaftlichen Zusammenhang, die sich konkret darin äußert, dass sie noch in ihrem bewussten Tun die ihnen unbewusst bleibenden, in den gesellschaftlichen Verhältnissen der Sachen ebenso verborgenen wie sich entwickelnden und durchsetzenden Bewegungsgesetze vollziehen.

Die irrationale Scheinrealität des Kapitalismus muss im Unterschied zur übrigen, positiv vorauszusetzenden Realität »umgestürzt und verneint werden«. Um sich dies von Marx bestätigen zu lassen, zitiert Colletti: »Es zeigt sich hier in rein ökonomischer Weise, d.h. vom Bourgeoisstandpunkt, innerhalb der Grenzen des kapitalistischen Verstandes, vom Standpunkt der kapitalistischen Produktion selbst, ihre Schranke, ihre Relativität«.[19] Unter Abstraktion von der Entfremdung ist die bürgerliche Gesellschaft für Colletti eine natürliche Objektivität, die wie die Natur, zu der sie gehört, denselben Gesetzen gehorcht und auch von derselben Dauer ist wie die Natur. Ohne näher darauf einzugehen, ahnt Colletti, dass das Bewegungsgesetz der bürgerlichen Gesellschaft als Wertgesetz nicht von der auf der Gegenständlichkeit des Werts beruhenden Fetischisierung und Entfremdung zu trennen ist. »Andererseits sind diese scheinbar materiellen oder objektiven Gesetze nichts anderes als die *fetischistische Verdinglichung* der gesellschaftlichen Verhältnisse der Menschen, die deren Kontrolle entglitten sind. Sie sind keine natürliche Objektivität, sondern Entfremdung.«[19a] Der Teil des Wertgesetzes, der der natürlichen Objektivität zuzurechnen ist, gehorcht den »ewig gültigen« Naturgesetzen, während der andere Teil, der der »Entfremdung« zuzurechnen ist, den historisch vergänglichen, d.h. damit auch zu verneinenden Sätzen gehorcht.

Der rationelle Kern dieser unsinnigen und so überhaupt nicht bestehenden Trennung und Vermischung zweier »Realitäten«, von denen die eine unvergänglichen Naturgesetzen und die andere vergänglichen, gesellschaftlichen Gesetzen gehorcht,

---

[18] Brief an Ludwig Kugelmann, MEW 32, a.a.O., S. 553.
[19] Karl Marx, Das Kapital, 3. Band, in: MEW, Bd. 25, Berlin 1968, S. 270.
[19a] L. Colletti, Marxismus und Dialektik, a.a.O, S. 30.

besteht darin, dass man beim Wertgesetz als dem Bewegungsgesetz der bürgerlichen Gesellschaft vom Wert und damit von der bürgerlichen Gesellschaft abstrahieren kann und dennoch ein Bewegungsgesetz der Gesellschaft zurückbehält. Dieses aber ist dann natürlich nicht mehr das Bewegungsgesetz der bürgerlichen Gesellschaft, sondern ein Gesetz, das für alle Gesellschaftsformationen gültig ist, unabhängig von ihrer historisch-spezifischen Form. Dieses für alle Gesellschaftsformationen gültige Gesetz ist kein Gesetz der von Colletti aus der bürgerlichen Gesellschaft herausdestillierten »natürlichen Objektivität«, sondern ein allen Organisationsformen der gesellschaftlichen Arbeit gemeinsames Gesetz, das man in seiner Gültigkeit für alle Gesellschaftsformationen auch als ein ewig gültiges Naturgesetz des menschlichen Lebens bezeichnen kann. »Der Unglückliche (gemeint ist Faucher – D. W.) sieht nicht, daß, wenn in meinem Buch gar kein Kapitel über den ›Wert‹ stünde, die Analyse der realen Verhältnisse, die ich gebe, den Beweis und den Nachweis des wirklichen Wertverhältnisses enthalten würde. Das Geschwätz über die Notwendigkeit, den Wertbegriff zu beweisen, beruht nur auf vollständigster Unwissenheit, sowohl über die Sache, um die es sich handelt, als die Methode der Wissenschaft. Daß jede Nation verrecken würde, die, ich will nicht sagen für ein Jahr, sondern für ein paar Wochen die Arbeit einstellte, weiß jedes Kind. Ebenso weiß es, daß die den verschiednen Bedürfnismassen entsprechenden Massen von Produkten verschiedne und quantitativ bestimmte Massen der gesellschaftlichen Gesamtarbeit erheischen. Daß diese *Notwendigkeit* der *Verteilung* der gesellschaftlichen Arbeit in bestimmten Proportionen durchaus nicht durch die *bestimmte Form* der gesellschaftlichen Produktion aufgehoben, sondern nur *ihre Erscheinungsweise* ändern kann, ist self-evident. Naturgesetze können überhaupt nicht aufgehoben werden. Was sich in historisch verschiednen Zuständen ändern kann, ist nur die *Form*, worin jene Gesetze sich durchsetzen. Und die Form, worin sich diese proportionelle Verteilung der Arbeit durchsetzt in einem Gesellschaftszustand, worin der Zusammenhang der gesellschaftlichen Arbeit sich als *Privataustausch* der individuellen Arbeitsprodukte geltend macht, ist eben der *Tauschwert* dieser Produkte. Die Wissenschaft besteht eben darin, zu entwickeln, *wie* das Wertgesetz sich durchsetzt.«[20]

Eine grobe Vorstellung von der quer durch die Wertformen gehenden Trennung einer natürlichen Objektivität von der sich realisierenden Entfremdung gibt Colletti am Beispiel des Geldes. Dass die gesellschaftlichen Verhältnisse die Form des Werts, des Geldes, des Kapitals annehmen, hat für Colletti mit der auf die natürliche Objektivität sich beziehenden und daher wissenschaftlich verfahrenden »Ökonomie Smith' und Ricardos nichts zu schaffen«. Denn um das Geld Ricardos zu verstehen, muss man nicht die Ebene des großen und kleinen Einmaleins verlassen, weil das Geld bei ihm »der numéraire«, etwas Zählbares ist, während man, um

[20] Brief an Ludwig Kugelmann, MEW 32, a.a.O., S. 552f.

»das Geld bei Marx ... zu verstehen, ... das Kapitel über das Geld in den *Grundrissen* lesen« muss, um zu erfahren, dass das Geld nicht »wie bei Ricardo ein Maß ist«, sondern ein »Produkt der Entfremdung (der ›Gott der Waren‹): einer Entfremdung, die in der gleichen Weise strukturiert ist wie bei Feuerbach, wobei sie dort wiederum in der gleichen Weise strukturiert ist (wenn auch verkehrt) wie die Entfremdung Hegels.«[21]

Wenn Marx in den »Grundrissen« auch noch nicht in der entwickelten Weise das Geld begriffen hat wie im »Kapital«, was daran liegt, dass er Wert, einfache Wertform und Geld noch nicht genügend auseinander hält, so hat er aber längst all das vom Geld erfasst, was es bei Ricardo ist. Als allgemeine Wertgestalt der Waren ist das Geld in quantitativer und qualitativer Hinsicht das Maß der Werte und dient dazu, den Wert der Waren in Preise zu verwandeln, durch deren Vergleich untereinander »entwickelt sich technisch die Notwendigkeit, sie auf ein fixiertes Quantum Gold als ihre Maßeinheit zu beziehn«. Als ein festgesetztes Metallgewicht ist das Geld der Maßstab der Preise und dieser ist eine Funktion, die vom Geld als Maß der Werte verschieden ist. Als Maß zeichnet sich das Geld gerade dadurch aus, dass es »nicht unmittelbar die Arbeitszeit selbst repräsentiert, so daß z.B. eine Papiernote x Arbeitsstunden vorstellt«.[22] Colletti fragt nicht danach, »warum auf Grundlage der Warenproduktion die Arbeitsprodukte sich als Waren darstellen müssen«, geschweige denn, dass er danach fragt, warum denn »die Darstellung der Ware ... ihre Verdopplung in Ware und Geldware«[23] einschließt. Was das Geld als Maß ist, ist also aus dem Charakter der Arbeitsprodukte als Waren zu entwickeln, d.h. daraus, dass diese als Einheiten von Gebrauchswert und Wert einen Widerspruch enthalten, der sich dadurch löst, dass es vermittels des Austauschs der einfach bestimmten Waren dazu kommt, dass alle Waren ihre Werte gemeinsam in dem Gebrauchswert einer von ihnen verschiedenen dritten Ware darstellen. Die Arbeitsprodukte haben die Form der Waren angenommen und der Austausch hat den inneren Gegensatz der Waren von Gebrauchswert und Wert als einen äußeren Gegensatz von Ware und Geld produziert. Hierin ist die Verkehrung der menschlichen Verhältnisse in gesellschaftliche Verhältnisse der Sachen eingeschlossen, wodurch wiederum der falsche Schein erzeugt wird, der gesellschaftliche Charakter der Arbeit, um den es bei dem Verhalten der Menschen zueinander geht, sei die gesellschaftliche Natureigenschaft eines Dings.

Aus demselben Grund, aus dem das Geld ein gegenständliches Maß für die in den Arbeitsprodukten verausgabten Arbeitszeiten ist und den Arbeitsprodukten als ebenso vielen anderen Gegenständen gegenübersteht, existiert im Geld das gesellschaftliche Verhältnis der Menschen zueinander als eine Sache. Daher erscheint

---

[21] L. Colletti, Marxismus und Dialektik, a.a.O., S. 29.

[22] Das Kapital, MEW 23, a.a.O., S. 112 und S. 109, Fn. 50.

[23] Ebd., S. 109, Fn. 50.

der gesellschaftliche Charakter der Arbeit in Form der unmittelbaren Austauschbarkeit einer Sache verkehrt als deren natürliche Eigenschaft. Was hier als »ein und derselbe Grund« bezeichnet wurde, ist die Warenform der Arbeitsprodukte, d.h. der Wert, worin gemäß dem Austausch der Arbeitsprodukte die in ihnen steckenden konkret-nützlichen Arbeiten gegenständlich in der Form der abstrakt-menschlichen Arbeit aufeinander bezogen werden, wodurch diese zur gesellschaftlich-allgemeinen Arbeit wird. Da der Wert in seiner Gegenständlichkeit etwas Gesellschaftliches ist, stellt er sich im Verhältnis der Waren im Gebrauchswert der anderen Ware dar, der als Wert gilt, so dass dieser handgreiflich-sichtbar in der Weise einer Sache existiert. Auf dieselbe Weise, wie der Wert der ersten Ware im Gebrauchswert der zweiten, so existiert der Wert aller Waren im Gebrauchswert der Geldware. Einmal ist das Geld hiermit das Maß der Werte und damit die »notwendige Erscheinungsform des immanenten Wertmaßes der Waren, der Arbeitszeit«.[24] Zum anderen ist das verkehrte Erscheinen der menschlichen Verhältnisse in gesellschaftliche Verhältnisse der Sachen, worin die gesellschaftlichen Charaktere der Arbeit als gesellschaftliche Natureigenschaften der Dinge erscheinen, im Geld gegeben, insofern es die handgreiflich-sichtbare Erscheinungsform des Werts der Waren ist.

Unbekümmert um solche Zusammenhänge nimmt Colletti nur noch auf eine abstrakte und verschwommene Weise so etwas wahr wie das »Maß« auf der einen und so etwas wie den Fetisch und die Entfremdung auf der anderen Seite. Das »Maß« soll bei ihm für eine an den messenden Naturwissenschaften orientierte exakte Wissenschaft stehen, während das, worauf Marx mit der Entfremdung und den Fetisch abhebt, für die mit irrationalen Sachverhalten sich abgebende Philosophie steht. Dass es sich bei der Entfremdung, dem Warenfetisch, um etwas Irrationales handelt, sucht Colletti, ohne auch nur einen Gedanken an eine inhaltlich verbindliche Erklärung zu verschwenden, dem Leser plausibel zu machen, indem er das Geld »den Gott der Waren« nennt. Bei Marx hat diese Redeweise einen ganz präzisen, mit dem Geld als der allgemeinen Wertgestalt der Waren erfassbaren Sinn. Indem sich die Waren als Vergegenständlichungen der abstrakt-menschlichen Arbeit im Gebrauchswert der Geldware darstellen, gilt dieser den Waren gegenüber in seiner handgreiflich-sinnlichen Gestalt als Vergegenständlichung der abstrakt-menschlichen Arbeit. »Es ist als ob neben und außer Löwen, Tigern, Hasen und allen andern wirklichen Thieren, die gruppirt die verschiednen Geschlechter, Arten, Unterarten, Familien u.s.w. des Thierreichs bilden, auch noch *das Thier* existirte, die individuelle Incarnation des ganzen Thierreichs. Ein solches Einzelne, das in sich selbst alle wirklich vorhandenen Arten derselben Sache einbegreift, ist ein *Allgemeines*, wie *Thier, Gott* u.s.w.«[25]

---

[24] Ebd., S. 109.
[25] Das Kapital, 1. Auflage, MEGA II/5, a.a.O., S. 37.

Collettis Absicht ist so leicht durchschaubar, wie seine Aufspaltung der bürgerlichen Gesellschaft in eine positive, auf natürliche Weise objektive Realität und eine negative, ebenso entfremdete wie irrationale Realität falsch ist.

Sofern die bürgerliche Gesellschaft für Colletti eine Realität wie die erste ist, ist sie wie die Natur ein rational zu begreifender Gegenstand der wirklichen Wissenschaft, und die Gesetze, denen sie gehorcht, sind solange gültig, wie die Gesetze der Natur. Sofern die bürgerliche Gesellschaft für Colletti in der Form der Ware, des Geldes, des Kapitals usw. eine Realität wie die zweite ist, ist sie kein Gegenstand ernstzunehmender Wissenschaft, sondern der irrationale Gegenstand einer in metaphysischen Spekulationen sich herumtreibenden Philosophie. Wer – außer unwissenschaftliche, politische Wirrköpfe – könnte eine solche Realität, die sich einer rational überprüfbaren Einsicht entzieht, so ernst nehmen, dass er sie verneint oder gar umzustürzen trachtet?

So wie es für Colletti zwei Realitäten gibt, gibt es auch zwei Gegensätze. In der ersten Realität, die in ihrer Positivität von jeglichem Fetischismus und jeglicher Entfremdung frei ist, existiert ein »Gegensatz ohne Widerspruch«,[26] und in der zweiten Realität, die in ihrer Irrationalität durch den Fetischismus und die Entfremdung gekennzeichnet ist, gibt es einen »Gegensatz mit Widerspruch«.[27] Wie die Realitäten, so unterscheiden sich auch die jeweils in ihnen existierenden Widersprüche voneinander. Der »Gegensatz ohne Widerspruch« ist rational und erfüllt alle Anforderungen einer die »positive Realität« rational begreifenden Wissenschaft. Der »Gegensatz mit Widerspruch« ist irrational und erfüllt nur die unwissenschaftlichen Anforderungen einer sich mit der uneigentlichen Realität auseinander setzenden »Erbauungsphilosophie, d.h. (kaum verschleierte(n) Religion«.[28]

Unter dem »Gegensatz ohne Widerspruch« versteht Colletti in Anlehnung an Kant und den jungen Marx die »Realopposition«, auch »Realrepugnanz« genannt, bzw. den »wirklichen Gegensatz« sich wechselseitig ausschließender, unvermittelbarer Wesen. Zusammenfassend hält Colletti über den »Gegensatz ohne Widerspruch« fest: »Zusammenstoß der Kräfte in der Natur und in der Realität, wie Anziehung und Abstoßung in der Physik Newtons, Kampf entgegengesetzter Tendenzen, Widerstreit gegnerischer Kräfte etc., all dies unterhöhlt nicht den Satz des (Nicht-)Widerspruchs, sondern bestätigt diesen geradezu. Es handelt sich in der Tat um Oppositionen, die, gerade weil *reale*, ›ohne Widerspruch‹ sind und mit denen also der *dialektische Widerspruch* nichts zu tun hat. Die Pole dieser Oppositionen – man erinnere sich an Marx – ›können nicht miteinander vermittelt werden‹, auch ›bedürfen sie keiner Vermittlung‹: ›sie haben nichts miteinander gemein, sie verlangen einander nicht, sie ergänzen einander nicht.‹ Somit wird wie-

[26] L. Colletti, Marxismus und Dialektik, a.a.O., S. 8 u. 9.
[27] Ebd., S. 5ff. und S. 32ff.
[28] Ebd., S. 39.

der einmal mit dem alten metaphysischen Gemeinplatz aufgeräumt ..., daß ohne Dialektik weder Kampf noch Bewegung ist, sondern nur Trägheit und Bewegungslosigkeit des Todes. ... Die Realität verträgt keine dialektischen Widersprüche, sondern nur Realoppositionen, Widerstreit von Kräften, Gegenverhältnisse. Und dies sind Gegensätze *ohne Widerspruch*, d.h. Nicht-Widersprüche statt dialektische Widersprüche.«[29]

Die Realität, welche den dialektischen Widerspruch »verträgt«, ist die in ihrer Irrationalität und Scheinhaftigkeit sich durch den Fetischismus und die Entfremdung auszeichnende Realität des Kapitalverhältnisses. »Im Falle der hier untersuchten Ausführungen von Marx ist dagegen alles anders. Der kapitalistische Widerspruch rührt für ihn nicht daher, daß auch der Kapitalismus eine ›Realität‹ ist. Im Gegenteil: der Kapitalismus ist für Marx widersprüchlich, weil er eine verkehrte Realität ist, umgestülpt, d.h. ›auf dem Kopf stehend‹. Kurz gesagt: während der dialektische Materialismus erlaubt, von jedem Objekt mit axiomatischer Gewißheit und von jeglicher Analyse zu behaupten, daß ihnen gleich allen Dingen des Universums Widersprüche innewohnen, ist der Widerspruch für Marx dagegen das spezifische Merkmal des Kapitalismus, die Charakteristik oder Eigenschaft, die ihn nicht nur gegenüber allen andern Gesellschaftsformen, sondern gegenüber allen Erscheinungen des Kosmos kenntlich und eigentümlich macht.«[30]

Da der »kapitalistische Widerspruch« aus dem Widerspruch zwischen dem Gebrauchswert und dem Wert besteht, betont Colletti zu Recht, dass der »Widerspruch für Marx ... das spezifische Merkmal des Kapitalismus« ist, das ihn von anderen Gesellschaftsformationen und auch von der Natur unterscheidet. Colletti kann sich aber nicht auf Marx berufen, wenn er behauptet, in nicht-kapitalistischen Gemeinwesen und in der Natur gäbe es keine dialektischen Widersprüche. Der Widerspruch zwischen dem Gebrauchswert und dem Wert ist für Marx nicht die einzige Form eines dialektischen Widerspruchs. Vielmehr geht aus einer Stelle aus dem »Kapital« hervor, dass Marx sehr wohl annimmt, dass es in der Natur dialektische Widersprüche gibt: »Man sah, daß der Austauschprozeß der Waren widersprechende und einander ausschließende Beziehungen einschließt. Die Entwicklung der Ware hebt diese Widersprüche nicht auf, schafft aber die Form, worin sie sich bewegen können. Dies ist überhaupt die Methode, wodurch sich wirkliche Widersprüche lösen. Es ist z.B. ein Widerspruch, daß ein Körper beständig in einen andren fällt und ebenso beständig von ihm wegflieht. Die Ellipse ist eine der Bewegungsformen, worin dieser Widerspruch sich ebensosehr verwirklicht als löst.«[31] Der doppelseitig-polarische Gegensatz von Ware und Geld und das Kapital als sich verwertender Wert sind Formen, worin sich der Widerspruch zwischen dem Gebrauchs-

---

29 Ebd., S. 12 und S. 39.
30 Ebd., S. 36.
31 Das Kapital, MEW 23, a.a.O., S. 118f.

wert und dem Wert der Waren bewegt. In ihnen treten die menschlichen Verhältnisse verkehrt als gesellschaftliche Verhältnisse der Dinge und die gesellschaftlichen Charaktere der Arbeit als gesellschaftliche Natureigenschaften von Dingen auf. Insofern hat Colletti vollkommen recht, wenn er vom dialektischen Widerspruch als dem spezifischen »Merkmal des Kapitalismus« sagt: *»Die Theorie der Entfremdung und die Theorie des Widerspruchs sind also wie eine einzige und identische Theorie – die (wie wir jetzt hinzufügen können) die Werttheorie selbst in sich einschließt und umfaßt.* Weil der Grundwiderspruch ..., auf den alles zurückgeht, die der Ware innewohnende *Trennung* ›von Gebrauchswert und Wert, von Privatarbeit, die sich zugleich als unmittelbar gesellschaftliche Arbeit darstellen muß, von besonderer konkreter Arbeit, die zugleich als abstrakt allgemeine Arbeit gilt‹, ist.«[32]

Obwohl der Widerspruch zwischen dem Gebrauchswert und dem Wert und seine Lösungsbewegung nicht mehr in dem aufgehen, was der junge Marx in seiner Kritik an Hegels Rechtsphilosophie über den »wirklichen Gegensatz« ausgeführt hat, kann man hieraus nicht wie Colletti schließen, der dialektische Widerspruch zwischen dem Gebrauchswert und dem Wert sei irrational, während der »wirkliche Gegensatz« rational sei. Hinzu kommt noch, dass es falsch ist, wenn Colletti glaubt, der »wirkliche Gegensatz« habe nichts mit dem »dialektischen Widerspruch« zu tun. Vielmehr zeichnet sich der letztere gerade dadurch aus, dass der erstere auf eine später ausführlich noch darzustellende Weise in ihm enthalten ist.[33] Obgleich nämlich Gebrauchswert und Wert als unterschiedliche Daseinsweisen der gesellschaftlichen Arbeit unterschiedliche Existenzen ein und desselben Wesens sind, haben sie aufgrund der Gegenständlichkeit des Werts, d.h. aufgrund der gegenständlich sich darstellenden abstrakt-menschlichen Arbeit den Charakter eines »wirklichen Gegensatzes« erhalten.

»Die Widersprüche des Kapitalismus – von dem Widerspruch zwischen Kapital und Lohnarbeit bis hin zu allen anderen – sind für Marx keine ›Realoppositionen‹ ... ,d.h. objektive Gegensätze, jedoch ›ohne Widerspruch‹: Vielmehr sind die *dialektische Widersprüche* im wahrsten Sinne des Wortes. Was mir also vor allem zu tun bleibt ist, diese Behauptung zu beweisen.«[34] Da für Colletti die »kapitalistische Entfremdung« etwas Irrationales ist, also keinen Anspruch auf »Realität« erheben kann, weil die »kapitalistische Entfremdung« und der Widerspruch »sich lediglich als zwei verschiedene Ausdrucksweisen derselben Sache ... erweisen«,[35] fällt der Beweis des »dialektischen Widerspruchs« mit dem Beweis von dessen Irrationalität zusammen.

Wie sieht nun dieser Beweis bei Colletti aus? Colletti beginnt seine Ausführungen nicht direkt mit dem Widerspruch zwischen dem Gebrauchswert und dem Wert

[32] L. Colletti, Marxismus und Dialektik, a.a.O., S. 37.
[33] Vgl. Teil 5 der vorliegenden Untersuchung.
[34] L. Colletti, Marxismus und Dialektik, a.a.O., S. 32.
[35] Ebd., S. 36.

und den Formen, worin er sich bewegt, vielmehr beabsichtigt er, sich des dialektischen Widerspruchs auf dem Wege über die Krise zu vergewissern, wie sie als abstrakte Möglichkeit in der Metamorphose der Waren W–G–W enthalten ist. Da die Krise nicht ohne die beiden Grundlagen des Widerspruchs zwischen dem Gebrauchswert und dem Wert zu erfassen ist, ist auch zunächst nichts gegen diese Vorgehensweise von Colletti einzuwenden. Wenn Colletti allerdings glaubt, es gäbe selbständige Abhandlungen von Marx über die Krise oder gar eine selbständig existierende Krisentheorie, von der Colletti sagt, es sei eine Theorie, »die im übrigen bekanntlich unvollendet blieb«, dann muss ihm allerdings von vornherein entgegengehalten werden, dass er sich hier gründlich irrt.[36]

Colletti versucht, seine Behauptung zu beweisen, indem er folgende Stelle aus dem »Kapital« interpretiert: »Keiner kann verkaufen, ohne daß ein andrer kauft. Aber keiner braucht unmittelbar zu kaufen, weil er selbst verkauft hat. Die Zirkulation sprengt die zeitlichen, örtlichen und individuellen Schranken des Produktentausches ebendadurch, daß sie die hier vorhandne unmittelbare Identität zwischen dem Austausch des eignen und dem Eintausch des fremden Arbeitsprodukts in den Gegensatz von Kauf und Verkauf spaltet. Daß die selbständig einander gegenübertretenden Prozesse eine innere Einheit bilden, heißt ebensosehr, daß ihre innere Einheit sich in äußeren Gegensätzen bewegt. Geht die äußerliche Verselbständigung der innerlich Unselbständigen, weil einander ergänzenden, bis zu einem gewissen Punkt fort, so macht sich die Einheit gewaltsam geltend durch eine – *Krise*. Der der Ware immanente Gegensatz von Gebrauchswert und Wert, von Privatarbeit, die sich zugleich als unmittelbar gesellschaftliche Arbeit darstellen muß, von besondrer konkreter Arbeit, die zugleich nur als abstrakt allgemeine Arbeit gilt, von Personifizierung der Sache und *Versachlichung* der Personen – dieser immanente *Widerspruch* erhält in den Gegensätzen der Warenmetamorphose *seine entwickelten Bewegungsformen*. Diese Formen schließen daher die *Möglichkeit*, aber auch nur die Möglichkeit der Krisen ein. Die Entwicklung dieser Möglichkeit zur Wirklichkeit erfordert einen ganzen Umkreis von Verhältnissen, die vom Standpunkt der einfachen Warenzirkulation noch gar nicht existieren.«[37] (Hervorhebungen – D. W.)

Da das Begreifen des Widerspruchs zwischen dem Gebrauchswert und dem Wert von dem Begreifen seiner Grundlagen abhängt, sei kurz angedeutet, in welcher Weise es bei der Krise um diese Grundlagen – innere notwendige Zusammengehörigkeit von Gebrauchswert und Wert und die gleichgültige selbständige Existenz beider gegeneinander – geht. Indem sich der Widerspruch zwischen dem Gebrauchswert und dem Wert, der in den Waren eingeschlossen ist, dadurch löst, dass der Austausch den äußeren Gegensatz von Ware und Geld produziert, worin sich die

[36] Vgl. hierzu: Sozialistische Studiengruppen (SOST), »Marxsche Krisentheorie«, Hamburg 1983.
[37] Das Kapital, MEW 23, a.a.O., S. 127f.

Waren als Gebrauchswerte auf den Gebrauchswert der Geldware als ihren Wert beziehen, hat sich mit der inneren notwendigen Zusammengehörigkeit von Gebrauchswert und Wert auch deren gleichgültige selbständige Existenz gegeneinander realisiert. Eine Ware ist nur Geld, weil die anderen Waren alle ihren Wert in ihrem Gebrauchswert dargestellt haben; umgekehrt sind die Waren innerhalb der Warenzirkulation als Werte füreinander nur da, insofern sie ihren Wert in dem selbständig ihnen gegenüberstehenden Gebrauchswert der Geldware ausdrücken. Ob die Warenbesitzer nun wechselseitig füreinander ihre in den Produkten steckenden Arbeiten verausgabt haben, d.h. ob ihre einzelnen konkret-nützlichen Arbeiten in dem gesellschaftlichen Zusammenhang als gesellschaftlich-allgemeine anerkannt werden, zeigt sich erst dann, wenn sie ihre Waren gegen das Geld umgesetzt haben, das, wenn auch für sie unbewusst, die Vergegenständlichung der abstrakt-menschlichen Arbeit als der Form der Arbeit ist, in der ihre einzelnen konkret-nützlichen Arbeiten gesellschaftlich-allgemeine sind. Ohne sich gegen das Geld umzusetzen, zählen die einzelnen konkret-nützlichen Arbeiten nicht als gesellschaftlich-allgemein verausgabte: Es ist so, als seien sie überhaupt nicht verausgabt worden.

Um der Reproduktion des gesellschaftlichen Lebens willen müssen die Waren ihre im Preis ideell antizipierte Geldgestalt reell annehmen, eine Gestalt, in der die Waren unmittelbar gegen jede andere Ware austauschbar sind, die das Bedürfnis des jetzt zum Geldbesitzer gewordenen Warenbesitzers befriedigt. Da Ware und Geld sich äußerlich selbständig in der Weise voneinander verschiedener Dinge gegenüberstehen, können auch äußere, d.h. hier aus der Warenzirkulation selbst nicht zu entnehmende Umstände eintreten, durch die sich die Verselbständigung von Ware und Geld auf Kosten ihrer inneren Zusammengehörigkeit behauptet. Soll die Gesamtreproduktion nicht ganz in sich zusammenbrechen, dann muss es in ihr Umstände geben, durch welche die innere notwendige Zusammengehörigkeit von Ware und Geld wieder gesetzt, d.h. die Waren ihre im Preis ideell antizipierte allgemeine Wertgestalt auch wieder reell annehmen. Dass dies aufgrund der bereits in der Warenzirkulation enthaltenen Naturwüchsigkeit des gesamtgesellschaftlichen Reproduktionsprozesses ein gewaltsamer Akt ist, in dem der Reichtum in Formen des Gebrauchswerts und des Werts ganz oder zum Teil vernichtet wird, darauf soll hier nur nebenbei hingewiesen werden. Für die Auseinandersetzung mit Colletti soll es ausreichen, dass die Krise in der Lösungsbewegung des Widerspruchs zwischen dem Gebrauchswert und dem Wert enthalten ist und es bei dem Prozess, worin sich die Einheit gewaltsam geltend macht, weil die äußerliche Verselbständigung der innerlich Unselbständigen bis zu einem gewissen Punkt fortgeschritten ist, um die beiden Grundlagen des Widerspruchs zwischen dem Gebrauchswert und dem Wert geht.

Was Colletti über die Krise ausführt, lässt sich also auf den dialektischen Widerspruch zwischen dem Gebrauchswert und dem Wert und seiner Verquickung mit dem Fetisch, der Entfremdung, zurückführen. Die Krise ist zum Beispiel in dem doppelseitig-polarischen Gegensatz von Ware und Geld als der Lösungsbewegung des in den Waren eingeschlossenen Widerspruchs zwischen dem Gebrauchswert und dem Wert enthalten, weil der Widerspruch selbst und damit seine beiden, aus der inneren notwendigen Zusammengehörigkeit und der gleichgültigen selbständigen Existenz bestehenden Grundlagen erhalten bleiben. Da Colletti sich dem dialektischen Widerspruch über die Krise nähert und da in der Krise die eine der beiden Grundlagen, nämlich die durch die Gegenständlichkeit des Werts bedingte gleichgültige selbständige Existenz der Extreme eine auffällige Rolle spielt, geht Colletti von dieser Grundlage aus, um zu seiner kritischen Einschätzung des dialektischen Widerspruchs zu gelangen.

Wenn Colletti auf die grundlegende Bedeutung des Widerspruchs zwischen dem Gebrauchswert und dem Wert eingeht, dann konzentriert er sich auf die im Setzen und Lösen des Widerspruchs vor sich gehende Entfaltung des Gegensatzes, d.h. auf die sich entwickelnde Trennung der Extreme. »Alle kapitalistischen Widersprüche sind für Marx die Entwicklung des der Ware innewohnenden Widerspruchs von Gebrauchswert und Wert, von nützlicher oder individueller und abstrakter gesellschaftlicher Arbeit. Der *innere* Widerspruch der Ware *äußert sich* in dem Widerspruch von Ware (W) und Geld (G). Der Widerspruch von Ware und Geld entfaltet sich seinerseits in dem Widerspruch zwischen Kapital und Lohnarbeit, d.h. zwischen dem Besitzer des Geldes (G) und dem Besitzer jener besonderen Ware (W), der Arbeitskraft, deren Gebrauchswert die Eigentümlichkeit hat, Quelle des Werts und damit des Kapitals selbst zu sein.«[38]

Solange es nämlich um die gleichgültige selbständige Existenz der Extreme gegeneinander geht, ist für Colletti der dialektische Widerspruch zwischen dem Gebrauchswert und dem Wert noch nicht von jenem »Gegensatz ohne Widerspruch« und damit nicht von dem »wirklichen Gegensatz« verschieden, auf den Marx in seiner Kritik an Hegels Staatsrecht eingeht. »Da nun die beiden Enden, die Pole des Gegensatzes, innerhalb dessen sich die ›Möglichkeit‹ der Krise entwickelt, Ware und Geld sind, d.h. Größen, die eine wirkliche Existenz haben und deren *eine selbständig von der anderen existiert*, liegt auf der Hand, daß, wenn wir die Ausführungen von Marx aus der *Kritik* von 1843 darauf anwenden wollten, wir den Schluß ziehen müssen, daß, da es sich um wirkliche Extreme handelt, Ware und Geld nicht nur ›nicht miteinander vermittelt werden können‹, sondern daß sie ›auch keiner Vermittlung bedürfen, da sie entgegengesetzten Wesens sind. Sie haben nichts miteinander gemein, sie verlangen einander nicht, sie ergänzen einander nicht.‹ Dies war im wesentlichen die Schlußfolgerung, die ich selbst bislang immer ... hinsichtlich des Wesens der kapitalistischen Gegensätze gezogen hatte.«[39]

---

38 L. Colletti, Marxismus und Dialektik a.a.O., S. 33f.
39 Ebd., S. 34.

Die innere notwendige Zusammengehörigkeit der Extreme, auf die Colletti erst über die im Zusammenhang mit der Krise diskutierte gleichgültige selbständige Existenz der Extreme gegeneinander stößt, ist als eine Grundlage des Widerspruchs zwischen dem Gebrauchswert und dem Wert in der Ware und in dem aus der Lösungsbewegung des Widerspruchs bestehenden doppelseitig-polarischen Gegensatz von Ware und Geld gegeben. Hätte Colletti den doppelseitig-polarischen Gegensatz von Ware und Geld als die Lösungsbewegung des Widerspruchs zwischen dem Gebrauchswert und dem Wert analysiert, dann hätte er nicht nur feststellen können, dass in ihm nicht nur mit den beiden Grundlagen auch der Widerspruch erhalten bleibt, sondern auch, dass es in ihm eine »Vermittlung der Extreme« gibt. Als allgemeine Wertgestalt hat das Geld im Unterschied zu den Waren die Form der *unmittelbaren* Austauschbarkeit angenommen, so dass es auch unmittelbar gegen jedwede andere Ware, d.h. gegen jedweden anderen Gebrauchswert umsetzbar ist. Da das Geld als Erscheinungsform des Werts aller Waren die Form der unmittelbaren Austauschbarkeit erhalten hat, ist es als eine entwickeltere Erscheinungsform des Werts die Gebrauchswert und Wert zusammenfassende »Mitte«.[40]

Hiermit zeigt sich, dass der dialektische Widerspruch im »Kapital«, der dadurch gelöst wird, dass er Formen findet, worin er sich bewegen kann, ungleich komplexer ist als der »wirkliche Gegensatz« aus der »Kritik« von 1843, aber nichtsdestoweniger genau so rational. Die innere notwendige Zusammengehörigkeit von Gebrauchwert und Wert, die sich auch im Geld als Gebrauchswert und Wert zusammenfassende Mitte manifestiert, ist die Bestimmung, durch die sich der Gegensatz mit Widerspruch (der dialektische Widerspruch) von dem Gegensatz ohne Widerspruch (der Realopposition) unterscheidet. Da Colletti bisher den Gegensatz von Gebrauchswert und Wert einseitig unter dem Aspekt der gleichgültigen selbständigen Existenz der Extreme gegeneinander betrachtet hat, konnte er ihn als den »wirklichen Gegensatz« begreifen und damit an Marx als einem Wissenschaftler festhalten, für den die »Fetischismustheorie« eine nur beiherspielende, die Widerspruchskonzeption nicht tangierende Rolle spielt.

»Jedoch ist diese Schlußfolgerung, wie die Texte über die Krise ... *ad abundantiam* zeigen, offensichtlich falsch. In der Tat wird uns in derselben Textstelle aus dem Kapital, die wir angeführt haben, mitgeteilt, daß, wenn es auch stimmt, daß Ware und Geld ›äußerlich verselbständigt‹ sind, sie doch ›*innerlich unselbständig, weil einander ergänzend*‹ (Hervorhebung – D. W.) sind: so daß, geht ihre äußerliche Verselbständigung bis zu einem gewissen Punkt fort, ›sich die Einheit gewaltsam geltend (macht) durch eine – *Krise*‹.«[41] Mit der inneren notwendigen Zusammengehörigkeit von Gebrauchswert und Wert, von Ware und Geld hat Colletti nun auch den dialektischen Widerspruch entdeckt. Was für Colletti jetzt noch zu tun

[40] Vgl.Karl Marx, Grundrisse, a.a.O., S. 237.
[41] L. Colletti, Marxismus und Dialektik, a.a.O., S. 34.

bleibt, ist, die Untrennbarkeit des dialektischen Widerspruchs mit dem Fetisch, der Entfremdung, aufzudecken, um nachzuweisen, dass der dialektische Widerspruch ebenso irrational wie der Fetisch und die Entfremdung ist und damit nur mit einer »Realität verträglich« ist, die nicht einmal den Namen Realität verdient.

»Wenn es tatsächlich stimmt, daß die Trennung von Ware und Geld für Marx ein *dialektischer Widerspruch sich gegenseitig ergänzender Gegensätze* ist und daß sich dieser Widerspruch zwischen wirklichen, d.h. voneinander selbständigen Gegensätzen entwickelt (was alles umzustürzen scheint, was wir bisher vertreten haben), so stimmt jedoch auch, daß die *Wirklichkeit* dieser Extreme hier von einer ganz speziellen Art ist.«[42] Woraus besteht die für die Irrationalität des dialektischen Widerspruchs verantwortliche »ganz spezielle Art« der »Wirklichkeit« von Ware und Geld?

Bevor Colletti soweit kommt, auf diese Frage eine Antwort zu geben, führt er noch einmal eine Bemerkung von Marx über die »Möglichkeit der Krise« an und er betont die »›Möglichkeit ... ,daß Momente, die zueinander gehören, untrennbar sind, sich zertrennen und daher gewaltsam vereint werden, ihre Zusammengehörigkeit durch die Gewalt, die ihrer wechselseitigen Selbständigkeit angetan wird, durchgesetzt wird‹«.[43] Colletti dient dieses Zitat dazu, noch einmal die ungeheure Bedeutung der Entdeckung der inneren notwendigen Zusammengehörigkeit der Extreme hervorzuheben. »Man beachte: die Pole des Widerspruchs sind hier wohl selbständig, getrennt – und dennoch *untrennbar*.«[44] Wenn Colletti jetzt endlich die oben gestellte Frage nach der speziellen Art der Wirklichkeit der Extreme beantwortet, dann tut er dies auf eine ebenso abstrakt verschwommene wie widersprüchliche Weise. »Sie (die Extreme Ware und Geld – D. W.) haben Wirklichkeit angenommen, insofern sie sich getrennt haben, aber insofern sie untrennbar, voneinander selbständig sind, sind sie real geworden, obwohl sie es nicht wirklich sind. Sie sind als Sachen real geworden, obwohl sie keine Sachen sind: sie sind, kurz gesagt, ein Produkt der Entfremdung, sie sind an sich irreale, wenn auch *versachlichte* Größen.«[45]

Wenn der Leser dieser Zeilen glaubt, Ware und Geld seien ein Produkt der Entfremdung, weil Ware und Geld zum einen real geworden sind, obwohl sie es nicht wirklich sind, und zum anderen als Sachen real geworden sind, obwohl sie keine Sachen sind, dann, so hofft Colletti, glaubt der Leser auch, der Fetisch ist auf eine jeglicher rationalen Erkenntnis Hohn sprechenden Weise etwas Mystisch-Irrationales. Was sind die realen Sachverhalte, die Colletti hier bis zur Unkenntlichkeit verstümmelt hat? Ware und Geld haben nach Colletti als die Pole des Widerspruchs Wirklichkeit angenommen, insofern sie sich getrennt haben. In der Krise, auf die

42 Ebd.
43 Ebd., S. 34f.
44 Ebd., S. 35.
45 Ebd.

sich Colletti bezieht, können sich Ware und Geld nur voneinander trennen, weil sie schon längst voneinander getrennt sind. Sie können also nicht erst Wirklichkeit dadurch annehmen, dass sie sich trennen. Wenn es also darum geht, dass die Pole des Widerspruchs durch ihre Trennung Wirklichkeit annehmen, dann kann es sich auch nicht um die preisbestimmte Ware und das Geld handeln, denn sie sind bereits voneinander getrennt und haben daher auch schon »eine Wirklichkeit angenommen«.

Es muss folglich etwas anderes sein, das in dem doppelseitig-polarischen Gegensatz von preisbestimmter Ware und Geld bereits durch eine Trennung Wirklichkeit angenommen hat. Um das zu sehen, hätte Colletti nur die von ihm selbst paraphrasierte Stelle aus dem »Kapital« näher betrachten müssen. An dieser Stelle heißt es sinngemäß, dass der den Waren immanente Gegensatz im Austauschprozess als ein äußerer Gegensatz gesetzt wird, als der Gegensatz von Ware und Geld, worin sich die Waren als Gebrauchswerte auf das Geld als ihre allgemeine Wertgestalt beziehen. Indem sich also der in den Waren eingeschlossene Widerspruch zwischen dem Gebrauchswert und dem Wert dadurch löst, dass die Waren im Austausch dazu kommen, gemeinsam ihren Wert im Gebrauchswert einer von ihnen verschiedenen Ware darzustellen, wird diese in Geld verwandelt. Obgleich der Wert der Waren aufgrund seiner Gesellschaftlichkeit, die im Gebrauchswert der Ware unsichtbar verborgen ist, existiert er so reell wie der Gebrauchswert, nämlich so reell, wie im Austausch die Waren als Vergegenständlichungen abstrakt-menschlicher und in dieser Form gesellschaftlich-allgemeiner Arbeit gleichgesetzt werden. Was den Wert vom Geld als seiner Erscheinungsform unterscheidet, ist, dass er im Gebrauchswert, im Material des Geldes, eine handgreiflich-sichtbare Existenz annimmt. Haben die Waren ihren Wert im Gebrauchswert der Geldware dargestellt, was heißt, dass sie in der Welt des Austauschs füreinander in der Form des Gebrauchswerts der Geldware als Werte füreinander da sind, dann können sie jeweils ihren Wert als ihre Gleichheit mit dem Gebrauchswert der Geldware ausdrücken.»Der Wertausdruck einer Ware in Gold – x Ware A = y Geldware – ist ihre Geldform oder ihr Preis. Eine vereinzelte Gleichung, wie 1 Tonne Eisen = 2 Unzen Gold, genügt jetzt, um den Eisenwert gesellschaftlich gültig darzustellen. Die Gleichung braucht nicht länger in Reih und Glied mit den Wertgleichungen der andren Waren aufzumarschieren, weil die Äquivalentware, das Gold, bereits den Charakter von Geld besitzt. ... Der Wert von Eisen, Leinwand, Weizen usw. existiert, obgleich unsichtbar, in diesen Dingen selbst; er wird vorgestellt durch ihre Gleichheit mit Gold, eine Beziehung zum Gold, die sozusagen nur in ihren Köpfen spukt. Der Warenhüter muß daher seine Zunge in ihren Kopf stecken oder ihnen Papierzettel umhängen, um ihre Preise der Außenwelt mitzuteilen.«[46] Was also in dem äußeren Gegensatz von preisbestimmter Ware und Geld »Wirklichkeit

[46] Das Kapital, MEW 23, a.a.O., S. 110.

angenommen« hat, sind die Waren selbst. Dass diese Einheiten von Gebrauchswert und Wert sind, hat sich durch die im Austausch produzierte Verdopplung der Waren in Ware und Geld dahingehend entwickelt, dass die Waren als Gebrauchswerte sich auf das Geld als ihren Wert beziehen. Was die Waren von ihrem Gebrauchswert verschieden als Werte sind, steht ihnen im Gebrauchswert der Geldware handgreiflich-sichtbar gegenüber. Der Wert der Waren ist es, der im Geld handgreiflich-sinnliche Wirklichkeit angenommen hat. Dies wiederum ist dann die Voraussetzung dafür, dass die einfach bestimmten Waren als Einheiten von Gebrauchswert und Wert die davon verschiedene, weil über die Geldware vermittelte Existenz der preisbestimmten Waren annehmen. Dass sich preisbestimmte Ware und Geld in der Weise von Sachen getrennt und selbständig gegenüberstehen, ist also das Resultat des den Widerspruch zwischen dem Gebrauchswert und dem Wert der Waren lösenden Austauschprozesses, der die Waren dazu bringt, ihren Wert gemeinsam in dem Gebrauchswert der von ihnen verschiedenen Geldware darzustellen.

Da nun preisbestimmte Ware und Geld »untrennbar, voneinander selbständig sind«, sollen sie nun »real geworden« sein, »obwohl sie es nicht wirklich sind«. War vorher die Trennung der Extreme für deren Wirklichkeit verantwortlich, so scheint für Colletti die Untrennbarkeit für die Unwirklichkeit verantwortlich zu sein. Sofern die Extreme getrennt sind, existieren sie real; sofern sie nicht voneinander getrennt sind, untrennbar sind, sind sie nicht wirklich real, nämlich irreal. Die gleichzeitig mit der Trennung existierende Untrennbarkeit erweist das, was die Extreme durch die Trennung geworden sind, nämlich ihre Realität als etwas, das diese nicht wirklich sind und damit als einen falschen Schein. Aufgrund der Untrennbarkeit der Extreme erweist sich nicht deren reale Existenz, sondern deren irreale Existenz als das, was wahr ist. In dem wirklichen Gegensatz, in dem es keine innere notwendige Zusammengehörigkeit, keine Vermittlung, kein sich wechselseitiges Ergänzen, sondern nur die gleichgültige selbständige Existenz, die »Gegensatz-*Ausschließung*, statt Gegensatz-Einschließung«[47] gibt, existieren die Gegensätze »real, positiv. Jeder besteht für sich. Und da jeder, um selbst zu sein, sich nicht auf den anderen beziehen muß, haben wir hier eine wechselseitige Abstoßung der Relation vor uns.«[48]

Indem nun die Gegensätze zugleich mit innerer Notwendigkeit zusammengehören, d.h. »um selbst zu sein, sich auf den andern beziehen müssen«, handelt es sich nicht mehr um den »Gegensatz ohne Widerspruch«, sondern um den »Gegensatz mit Widerspruch«. Während in dem Gegensatz ohne Widerspruch die Extreme real existieren, existieren sie im dialektischen Widerspruch nicht wirklich real. Zur speziellen Art der Wirklichkeit der Extreme, nach der oben gefragt wurde, gehört

[47] L. Colletti, Marxismus und Dialektik, a.a.O., S. 8.
[48] Ebd.

also, dass die Extreme des dialektischen Widerspruchs nicht real, sondern irreal existieren. Da Colletti bezogen auf die Realität, die den dialektischen Widerspruch verdreht, stets von der auf den Kopf gestellten Realität spricht, so lässt sich das Verhältnis von real und irreal im dialektischen Widerspruch wohl so begreifen, dass das Irrealsein der Extreme den dialektischen Widerspruch seiner inneren Natur nach zum Ausdruck bringt, während das Realgewordensein der Extreme, das durch deren Trennung verursacht ist, etwas ist, worin der dialektische Widerspruch in einer ihm äußerlichen Weise erscheint. Die Realität, die den dialektischen Widerspruch verdreht, steht auf dem Kopf, weil im dialektischen Widerspruch das Realsein seiner Extreme eine das Irrealsein seiner Extreme verkehrende Erscheinungsform ist.

Das Verhältnis von real zu irreal, vom Gegensatz ohne Widerspruch zum Gegensatz mit Widerspruch scheint Colletti nach dem Muster der »verkehrten Welt« aus Hegels »Phänomenologie des Geistes« gestrickt zu haben. Wenn Colletti hier so interpretiert worden ist, dass das Realsein der Extreme eine deren Irrealsein verkehrende Erscheinungsform ist, dann soll darin zum Ausdruck kommen, dass es Colletti mit der Rede von dem Realsein der Extreme, dass »sie nicht wirklich sind«, nicht nur auf die Formulierung eines platten Widerspruchs abgesehen hat.

Colletti fasst die Trennung, die gleichgültige selbständige Existenz der Extreme gegeneinander, als die äußerlich erscheinende Gestalt einer innerlichen, unsichtbaren, d.h. für Colletti irrealen inneren Zusammengehörigkeit. Er sieht nicht, dass der den Waren immanente Widerspruch zwischen dem Gebrauchswert und dem Wert beide Bestimmungen zu seiner Grundlage hat. Der in der Ware selbst nicht sichtbare, ihr immanente Widerspruch hat sowohl die innere notwendige Zusammengehörigkeit als auch die gleichgültige selbständige Existenz der Extreme zu seinen Grundlagen. Und wenn der der Ware immanente Gegensatz als ein äußerer gesetzt wird, dann hat sich in dem letzteren nicht nur die gleichgültige selbständige Existenz von Gebrauchswert und Wert gegeneinander realisiert, sondern zugleich auch deren innere notwendige Zusammengehörigkeit. Dass der den Waren immanente Gegensatz als ein äußerer gesetzt wird, erscheint bei Colletti mystisch-irrational so, als ob eine in den Waren eingeschlossene innere notwendige Zusammengehörigkeit, d.h. die eine der beiden Grundlagen des Widerspruchs in dem äußeren Gegensatz in der Form der gleichgültigen selbständigen Existenz der Extreme, d.h. der zweiten der beiden Grundlagen des Widerspruchs erscheinen würde.

Stellt Colletti solche unsinnigen Überlegungen an, die die im »Kapital« dargestellten Sachverhalte verdrehen, dann ist dies darauf zurückzuführen, dass er auf die innere notwendige Zusammengehörigkeit der Extreme als der zweiten Grundlage des Widerspruchs zwischen dem Gebrauchswert und dem Wert erst dann kommt, wenn es um die »Möglichkeit der Krise« geht. Colletti sieht nicht, dass es bereits um die beiden Grundlagen des dialektischen Widerspruchs geht, wenn noch gar nicht die Rede von der Möglichkeit der Krise ist. Man kann nicht, wie Colletti das versucht, aus der Krise die innere notwendige Zusammengehörigkeit von Gebrauchswert und Wert bzw. von Ware und Geld und deren gleichgültige selbständige Existenz gegeneinander erklären; vielmehr muss man die Krise umgekehrt aus diesen beiden Grundlagen des Widerspruchs erklären, d.h. zuerst nachvollzogen haben, warum der der Ware immanente Gegensatz als der äußere Gegensatz von Ware und Geld gesetzt wird, worin die beiden Grundlagen des Widerspruchs und damit dieser selbst in entwickelter Gestalt weiterbestehen.

Indem der Wert der Waren die Gestalt des Gebrauchswerts der Geldware angenommen hat, gehören Ware und Geld ebenso sehr mit innerer Notwendigkeit zusammen, wie sie sich gleichzeitig gegeneinander verselbständigt haben. Der Gebrauchswert und der Wert der Waren stehen sich bereits in gleichgültiger Selbständigkeit gegenüber, weil sich der in den Waren eingeschlossene Widerspruch zwischen dem Gebrauchswert und dem Wert gelöst hat, indem die Waren ihren Wert gemeinsam im Gebrauchswert einer von ihnen verschiedenen Ware dargestellt haben. Die gleichgültige selbständige Existenz von Gebrauchswert und Wert in Gestalt der gleichgültigen selbständigen Existenz von Ware und Geld kann nicht aus der Krise, sondern nur aus dem Lösen des in den Waren eingeschlossenen Widerspruchs zwischen dem Gebrauchswert und dem Wert erklärt werden. In der Form, in der die innere notwendige Zusammengehörigkeit von Gebrauchswert und Wert und deren gleichgültige selbständige Existenz gegeneinander im doppelseitig-polarischen Gegensatz von Ware und Geld als der Bewegungsform des Widerspruchs vorhanden sind, sind sie der Krise vorausgesetzt. Die Krise ist der Möglichkeit nach in dem doppelseitig-polarischen Gegensatz von Ware und Geld bzw. in den »Gegensätzen der Warenmetamorphose« eingeschlossen, die selbst nichts anderes sind als die »entwickelten Bewegungsformen« des in den Waren eingeschlossenen Widerspruchs zwischen dem Gebrauchswert und dem Wert. Durch den im Austauschprozess produzierten Gegensatz von Ware und Geld sind der Gebrauchswert und der Wert der Waren bereits voneinander getrennt bzw. stehen sich bereits getrennt voneinander selbständig gegenüber, bevor – aus welchen Gründen auch immer – eine Krise eintritt.

Stellen die Waren ihren Wert gemeinsam im Gebrauchswert einer von ihnen verschiedenen Ware dar, dann existiert jede Ware als Einheit von Gebrauchswert und Wert in dem Wertausdruck mit der Geldware, wobei sie selbst als Gebrauchswert und die Geldware als der Wert gilt. Damit die Ware sich für ihren Besitzer als Gebrauchswert und Wert bewährt, muss sie ihre im Preis antizipierte Wertgestalt, d.h. die Gestalt des Geldes, reell annehmen. Erst dann, d.h. aufgrund der unmittelbaren Form der Austauschbarkeit des Geldes kann sich der Besitzer unmittelbar die Ware aneignen, die sein Bedürfnis befriedigt. Der doppelseitig-polarische Gegensatz von Ware und Geld: W–G–W ist die aus einem Prozess bestehende Ware als Einheit von Gebrauchswert und Wert. Zu dieser Ware gehört es, dass der Wert ihr im Geld, getrennt von ihr, selbständig gegenübersteht und dass sie die Gestalt ihres Gebrauchswerts abstreift, um die Gestalt der Geldware anzunehmen, und diese wiederum abstreift, um in Gestalt irgendeines Gebrauchswerts in der Konsumtion zu verschwinden. Die Bewegungsform des in den Waren eingeschlossenen Widerspruchs zwischen dem Gebrauchswert und dem Wert zeichnet sich also durch die gleichgültige selbständige Existenz von Gebrauchswert und Wert in der Form der gleichgültigen selbständigen Existenz von Ware und Geld aus.

Was geschieht nun, wenn eine Krise eintritt? Die Krise bringt weder die innere notwendige Zusammengehörigkeit von Gebrauchswert und Wert hervor noch die im doppelseitig-polarischen Gegensatz von Ware und Geld manifest gewordene gleichgültige selbständige Existenz gegeneinander. Insofern diese Trennung von Gebrauchswert und Wert die Krise ermöglicht, kann der Prozess, der die Krise in Gang setzt, nur auf die bereits vorhandene Trennung von Gebrauchswert und Wert, von Ware und Geld einwirken. Während die Ware in ihrem Lebensprozess W–G–W die ihr gegenüber selbständige Gestalt des Geldes annimmt, um sie sogleich wieder abzustreifen, d.h. hier die »selbständige Darstellung des Tauschwerts der Ware (als Geld – D. W.) ... nur flüchtiges Moment«[49] ist, kann durch jenen die Krise in Gang setzenden Prozess die Bewegung W–G–W, d.h. der Verkauf und Kauf der Waren, unterbrochen werden. Hierdurch wird die bereits vorhandene Trennung von Ware und Geld in der Bewegung W–G–W nicht ständig gesetzt und überwunden, sondern auf Dauer gestellt.

Dass die »äußerliche Verselbständigung« von Gebrauchswert und Wert, von Ware und Geld fortschreitet, heißt, immer mehr Waren mit demselben oder verschiedenem Gebrauchswert verharren in ihrem Verhältnis zum Geld in ihrer gleichgültigen selbständigen Existenz. Obwohl die gleichgültige selbständige Existenz von Gebrauchswert und Wert, von Ware und Geld eine notwendige Bedingung für die Krise ist, geht es in der Krise nicht einfach um sie, sondern um ihre mehr oder weniger entwickelte Verabsolutierung. Nur wenn Colletti auf diese Verabsolutierung einer bereits vorhandenen Trennung der Gegensätze abhebt, kann man nachvollziehen, was er meint, wenn er sagt, dass die Gegensätze durch die Trennung »real geworden« sind; denn indem sich die Trennung verabsolutiert bzw. sich die gleichgültige selbständige Existenz der Extreme gegeneinander auf Kosten ihrer inneren notwendigen Zusammengehörigkeit behauptet, kommt es dazu, dass jedes Extrem sich erhalten muss als das, was es ist, ohne sich auf das andere zu beziehen. Dass so jedes Extrem für sich bestehen muss, die Ware Ware bleiben will, ohne das Geld und das Geld Geld bleiben will, ohne die Waren, bedeutet, dass die Extreme keiner Vermittlung mehr bedürfen, nichts miteinander gemein haben, nicht einander verlangen und auch nicht einander ergänzen usw. Die Extreme, die diese Eigenschaften besitzen, sind für Colletti als Extreme ein »Gegensatz ohne Widerspruch«[50] reale, positive Extreme.

[49] Das Kapital, MEW 23, a.a.O., S. 143.

Die Extreme existieren für Colletti nicht, weil sich der Wert der Waren im Gebrauchswert der Geldware dargestellt hat, sondern deswegen, weil sich die hiermit bereits gegebene Trennung von Gebrauchswert und Wert im Zuge der Entstehung der Krise verabsolutiert hat.

Wenn sich nun die den dialektischen Widerspruch auszeichnende innere notwendige Zusammengehörigkeit gewaltsam geltend macht, dann wird nicht, wie Colletti glaubt, die Trennung von Gebrauchswert und Wert, von Ware und Geld abgeschafft, sondern einzig und allein deren Verabsolutierung. Im doppelseitig-polarischen Gegensatz von Ware und Geld als der Bewegungsform des in den Waren eingeschlossenen Widerspruchs zwischen dem Gebrauchswert und dem Wert zeigt sich, dass beide solche »Momente« sind, die nur »zueinander gehören, ... untrennbar sind«, wenn sie gleichzeitig selbständig getrennt voneinander existieren. Erst, wenn sie aufgrund von außerhalb der Warenzirkulation liegenden Umständen so voneinander getrennt werden, dass dies auf Kosten ihres inneren notwendigen Zusammengehörens geht, dann werden sie, wie Marx sagt, *zertrennt*, so dass sie – was sonst nicht notwendig ist – »gewaltsam vereint werden« müssen. Nur weil sich die wechselseitige Selbständigkeit auf Kosten der inneren notwendigen Zusammengehörigkeit durchgesetzt hat, muss diese sich in der Krise gewaltsam durchsetzen.

Bei Marx existieren Waren und Geld als Extreme des doppelseitig-polarischen Gegensatzes gerade deswegen real, weil sie mit innerer Notwendigkeit zusammengehören und sich gleichzeitig gegeneinander verselbständigen. Wie die Waren nur Einheiten von Gebrauchswert und Wert sind, wenn sie ihren Wert im Gebrauchswert einer von ihnen verschiedenen Ware darstellen, so ist umgekehrt eine Ware nur dann im Gegensatz zu allen anderen Waren Geld, wenn diese in ihrem Gebrauchswert gemeinsam ihren Wert darstellen. Würden sich Ware und Geld nicht mehr aufeinander beziehen, nichts mehr miteinander gemein haben, nicht einander verlangen, sich nicht einander ergänzen und hätte schließlich die Ware nicht in ihrem »eigenen Schoß die Sehnsucht, das Bedürfnis, die Antizipation des andern«,[51] dann hörten beide auf, sie »selbst zu sein«.[52] Ohne Beziehung auf die Waren hört das Geld auf, diesen das Material für deren Wertausdruck zu liefern, d.h. es hört auf, allgemeine Wertgestalt der Waren zu sein, so dass von ihm nur ein Haufen Metall übrig bleibt. Beziehen sich die Waren nicht als Werte aufeinander, indem sie sich gemeinsam auf den Gebrauchswert einer von ihnen verschiedenen Ware als der ihnen gemeinsamen Gestalt des Werts beziehen, dann hören sie auf, Waren zu sein und verwandelt sich zurück in Produkte, deren Tausch von der allgemein vorherrschenden Warenzirkulation verschieden ist.

---

[50] L. Colletti, Marxismus und Dialektik, a.a.O., S. 8.
[51] Ebd.
[52] Ebd.

Wenn durch eine Krise die Trennung von Ware und Geld verabsolutiert wird, dann tritt die Tendenz ein, dass beide aufhören, real das zu sein, was sie sind, nämlich sich durch die Einheit von Gebrauchswert und Wert auszeichnende gesellschaftliche Dinge. Macht sich die innere notwendige Zusammengehörigkeit von Ware und Geld gewaltsam in der Krise geltend, dann geht es darum, die Verabsolutierung der Trennung abzuschaffen, aber nicht die Trennung selbst, ohne die es Waren und Geld genauso wenig gibt, wie ohne die innere notwendige Zusammengehörigkeit.

Wenn Colletti dagegen sagt, die Extreme werden real durch die Trennung, dann hat er diese immer schon mit ihrer Verabsolutierung gleichgesetzt, so dass er an der Krise orientiert, eine wechselseitige Selbständigkeit von Ware und Geld herstellt, die beide zugrunde richtet. Während für Marx die Krise eine praktische Kritik an dieser auf der Verabsolutierung der Trennung beruhenden wechselseitigen Selbständigkeit ist, die wieder dazu führt, dass Ware und Geld real existieren als das, was sie sind, ist die Krise für Colletti die Abschaffung der von ihm mit ihrer Verabsolutierung verwechselten Trennung (die Einheit stellt sich auf Kosten der wechselseitigen Selbständigkeit der Extreme her), so dass Ware und Geld aufhören, real zu existieren. Die gleichzeitige Existenz von innerer notwendiger Zusammengehörigkeit und wechselseitiger Selbständigkeit von Gebrauchswert und Wert, von Ware und Geld kann es für Colletti nur in der Krise geben, und zwar in dem Akt, worin die innere notwendige Zusammengehörigkeit sich mit Gewalt gegen die wechselseitige Selbständigkeit durchsetzt. Da um der Existenz der inneren notwendigen Zusammengehörigkeit willen die gleichgültige selbständige Existenz etwas ist, das bekämpft, abgeschafft werden muss, wird das abgeschafft, wodurch die Extreme »real geworden« sind. Für Colletti sind die Extreme durch die Verabsolutierung der Trennung, d.h. durch eine Trennung, die er mit ihrer Verabsolutierung verwechselt, ebenso selbständig wie sie real existieren, während sie für Marx gerade aufhören, selbständig zu existieren, weil sie aufhören, Ware und Geld zu sein.

Indem Colletti die sich auf Kosten der inneren notwendigen Zusammengehörigkeit behauptende wechselseitige Selbständigkeit, d.h. die Verabsolutierung der Trennung der Extreme, durch sein Verständnis der Krise so auffasst, als müsste jegliche wechselseitige Selbständigkeit und jegliche Trennung der Extreme abgeschafft werden, glaubt er, bei Marx sei die Einheit, die innere notwendige Zusammengehörigkeit der Extreme das wahre Wesen gegenüber der wechselseitigen Selbständigkeit der Extreme als ihrer in der Krise ebenso ständig gesetzten wie aufgehobenen Erscheinungsform.

Durch die mit der Verabsolutierung verwechselte Trennung der Extreme sind diese für Colletti real geworden, und da er nicht sieht, dass es bei Marx in der Krise nur darum geht, dass nicht die Trennung selbst, sondern deren Verabsolutierung abgeschafft wird, kann Colletti den Schluss ziehen, die Extreme »sind ... real geworden, obwohl sie es nicht wirklich sind«. Dass dies ein Kurzschluss ist und nicht der sprachliche Ausdruck eines wirklichen, real existierenden Widerspruchs, beruht darauf, dass Colletti die wechselseitige Selbständigkeit der Extreme, d.h. ihre Trennung voneinander, durch die sie bereits real existieren, überhaupt nicht kennt. Vielmehr versteht er unter der wechselseitigen Selbständigkeit nur die Selbständigkeit, die sich auf Kosten der inneren notwendigen Zusammengehörigkeit behauptet, und unter der Trennung nur deren Verabsolutierung. Denn hat Colletti auf der einen Seite die Einheit, die innere notwendige Zusammengehörigkeit von Gebrauchswert und Wert, von Ware und Geld als die eine der beiden Grundlagen des Widerspruchs vor sich, so hat er auf der anderen Seite aber nicht die zweite Grundlage des Widerspruchs vor sich; vielmehr hat er mit dem, was er unter der wechselseitigen Selbständigkeit und der Trennung von Ware und Geld versteht, überhaupt nicht mehr die Ware und das Geld vor sich. Indem Colletti die wechselseitige Selbständigkeit der Extreme mit der auf Kosten ihrer Zusammengehörigkeit gehenden wechselseitigen Selbständigkeit gleichsetzt und so die Trennung der Extreme mit deren Verabsolutierung verwechselt, ist er aus der ökonomisch-gesellschaftlichen Wirklichkeit heraus in eine Wirklichkeit getreten, in der sich Geld und Ware wie zwei voneinander verschiedene Gebrauchswerte gegenüberstehen, an denen jegliche ökonomisch-gesellschaftliche Formbestimmtheit ausgelöscht ist.

Zur »speziellen Art ... der Wirklichkeit« der Extreme gehört abschließend für Colletti, daß sie »als Sachen real geworden (sind), obwohl sie keine Sachen sind: sie sind, kurz gesagt, ein Produkt der Entfremdung, sie sind an sich irreale, wenn auch *versachlichte* Größen«.[53] Wenn Colletti von Waren und Geld sagt, sie seien als Sachen real geworden, obwohl sie keine Sachen sind, es aber unterlässt zu erklären, was Geld und Ware als unterschiedliche Einheiten von Gebrauchswert und Wert sind, hat er lediglich einen logischen Widerspruch formuliert: Weiß man von Ware und Geld nur, dass sie Sachen sind, und behauptet dann zugleich, sie seien keine Sachen, dann hat man von ein und »demselben« gesagt, was ihm »zugleich und in derselben Beziehung zukomme und nicht zukomme«. Colletti will dem Leser suggerieren, Ware und Geld zeichneten sich bei Marx durch einen solchen »›logischen‹ Gegensatz«[54] aus, der in seiner Plattheit[55] einem Rodbertus und den ihm verwandten »deutschen Professuralschulmeistern«[56] alle Ehre macht.

Wenn man Ware und Geld nach der Seite betrachtet, nach der sie Sachen sind, nämlich als Gebrauchswerte, dann müsste man nach Collettis Vorschlag sagen, der Gebrauchswert der Ware und der Gebrauchswert des Geldes sind jeweils Gebrauchswert und sind jweils kein Gebrauchswert. In der Warenzirkulation sind die Ge-

[53] Ebd., S. 35.
[54] Randglossen, MEW 19, a.a.O., S. 374.
[55] Vgl. Das Kapital, MEW 23, a.a.O., S. 623, Fn. 41.
[56] Randglossen, MEW 19, a.a.O., S. 374.

brauchswerte zugleich Arbeitsprodukte, die unter Abstraktion von ihrem Gebrauchswert als bloße Arbeitsprodukte gleichgesetzt werden, bei denen es nur darauf ankommt, dass in ihnen überhaupt Arbeit vergegenständlicht worden ist, gleichgültig, um welche es sich dabei handelt. In der gesellschaftlichen Beziehung, die überhaupt nichts mit den Arbeitsprodukten als Dingen mit physischen Eigenschaften zu tun hat, werden sie auch als etwas gleichgesetzt, was mit ihrer physischen Beschaffenheit nichts zu tun hat, nämlich als Vergegenständlichungen abstrakt-menschlicher und in dieser Form gesellschaftlich-allgemeiner Arbeit.

Der Austausch der Arbeitsprodukte ist also ein und derselbe Prozess, worin die Arbeitsprodukte gleichzeitig *in zwei voneinander verschiedenen Hinsichten* aufeinander bezogen werden. Was die Arbeitsprodukte hinsichtlich ihres Gebrauchswerts sind, sind sie auch außerhalb des Austauschs. Was die Arbeitsprodukte als Werte, als bloße Vergegenständlichungen abstrakt-menschlicher Arbeit sind, sind sie nur in und durch den ein gesellschaftliches Verhältnis der Menschen vermittelnden Austausch. Hierbei ist es wichtig festzuhalten, dass es nicht einfach darum geht, dass die Arbeitsprodukte zugleich Vergegenständlichungen von Arbeit überhaupt sind; dies könnte man von den Arbeitsprodukten auch außerhalb des Austauschs sagen; vielmehr geht es beim Wert darum, dass die abstrakt-menschliche Arbeit, deren gegenständlicher Ausdruck er ist, die gesellschaftlich-allgemeine Form ist, in der die konkret-nützlichen Arbeiten in der gegenständlichen Form ihrer Produkte aufeinander *bezogen* werden. Wenn im Austausch in den Arbeitsprodukten ein Widerspruch gesetzt und gelöst wird, dann ist es nicht der Widerspruch, dass das Arbeitsprodukt in der Hinsicht, in der es Gebrauchswert ist, zugleich nicht Gebrauchswert sein muss, und auch nicht der Widerspruch, dass das Arbeitsprodukt in der Hinsicht, in der es Wert ist, zugleich nicht Wert sein muss. Vielmehr handelt es sich um den Widerspruch zwischen dem Gebrauchswert und dem Wert. Man kann vom Wert zwar sagen, er sei ein Nicht-Gebrauchswert, damit hat man aber noch nicht positiv gesagt, was der Wert ist. Es gibt etwas, das nicht Gebrauchswert ist, nämlich die gesellschaftliche Beziehung. Und um eine solche Beziehung geht es beim Wert als der Vergegenständlichung abstrakt-menschlicher und in dieser Form gesellschaftlich-allgemeiner Arbeit. Der Widerspruch zwischen dem Gebrauchswert und dem Wert muss dann, wie bereits geschehen, aus seinen beiden Grundlagen, der inneren notwendigen Zusammengehörigkeit von Gebrauchswert und Wert und der gleichgültigen selbständigen Existenz beider gegeneinander, erklärt werden.

Gegen Colletti lässt sich also eindeutig sagen, in welcher Hinsicht die Ware eine Sache, ein Ding mit physischen Eigenschaften ist und in welcher Hinsicht sie dies nicht ist, sondern als Wert etwas rein Gesellschaftliches. Wenn nun Colletti sagt, preisbestimmte Ware und Geld seien als Sachen real geworden, dann ist dies insofern purer Unsinn, weil Ware und Geld als Gebrauchswerte und Produkte der Arbeit schon immer, d.h. auch außerhalb des Austauschs reale Sachen sind.

Redet Colletti von Ware und Geld als von »Produkten der Entfremdung«, dann verbirgt sich hinter dem, dass Ware und Geld »als Sachen real geworden« sind, das Verhältnis des Werts als etwas »rein Gesellschaftlichem« zum Gebrauchswert als einem sinnlich-gegenständlichen Ding mit physischen Eigenschaften. Bei diesem Verhältnis geht es zunächst einmal überhaupt nicht um preisbestimmte Ware und Geld, sondern allein um die im Austausch sich als bloße Einheiten von Gebrauchswert und Wert aufeinander beziehenden Waren. Im Austausch nämlich wird der Widerspruch zwischen dem Gebrauchswert und dem Wert nicht nur gesetzt, sondern auch gelöst. Wie er gelöst wird, hatte sich bereits auf einfachste, »keimhafte« Weise bei der Betrachtung des Verhältnisses zweier Waren zueinander gezeigt:

Die erste Ware bezieht sich als Wert auf die zweite Ware als Wert, d.h. sie bezieht sich auf die zweite Ware als etwas, das sie selbst ist. Da die zweite Ware von ihrem Wert verschieden äußerlich sichtbar Gebrauchswert ist, die erste Ware sich auf die zweite aber nur als Wert bezieht, so kommt es, dass der Wert der ersten Ware so aussieht, wie der Gebrauchswert der zweiten Ware. Der Wert der ersten Ware stellt sich im Gebrauchswert der zweiten Ware dar, der an sich selbst *kein* Wert ist, sondern nur als Wert *gilt*, d.h. gegenüber der ersten Ware nur ihren Wert *repräsentiert*.

Ohne dass Gebrauchswert und Wert mystisch-irrationalistisch miteinander vermischt werden, existiert im Verhältnis der beiden Waren zueinander der Wert der ersten Ware getrennt von ihr in der Form des Gebrauchswerts der zweiten Ware. Indem der Gebrauchswert der zweiten Ware der ersten Ware gegenüber ihren Wert repräsentiert, ist der Gebrauchswert der zweiten Ware zur Erscheinungsform des Werts der ersten Ware, d.h. die Naturalform zur Wertform geworden. Als diese Erscheinungsform des Werts der ersten Ware besitzt die zweite, in Äquivalentform sich befindende Ware die Form der unmittelbaren Austauschbarkeit mit der ersten Ware. In ihrem Gebrauchswert stellt die zweite Ware dar, was beide Waren als Werte sind, nämlich etwas Austauschbares. Während diese gesellschaftliche Eigenschaft der Austauschbarkeit an der ersten Ware nicht sichtbar ist, weil ihr Wert hinter der sachlichen Hülle ihres Gebrauchswerts verborgen ist, ist die Austauschbarkeit im Gebrauchswert der zweiten Ware in Erscheinung getreten. Indem der Gebrauchswert der zweiten Ware die Erscheinungsform des Werts der ersten Ware ist, ist in ihm die Austauschbarkeit in einer handgreiflich-sichtbaren Weise gegeben, während der Wert der *zweiten* Ware hinter diesem Gebrauchswert verborgen bleibt.

Da nun die in Form des Gebrauchswerts der zweiten Ware gegebene Austauschbarkeit sichtbar ist, während nicht mehr sichtbar ist, dass sich der Wert der ersten Ware in diesem Gebrauchswert der zweiten Ware dargestellt hat, ist der falsche Schein entstanden, als würde die Eigenschaft der unmittelbaren Austauschbarkeit dem Gebrauchswert von Natur aus zukommen, wie ihm seine physischen Eigenschaften zukommen.

Hiermit lässt sich zusammenfassend festhalten, was unter der Entfremdung, dem Warenfetisch, zu verstehen ist: Indem das gesellschaftliche Verhältnis der Menschen über den Austausch der Arbeitsprodukte vermittelt ist, stellt sich das gesellschaftliche Verhältnis der Menschen und die in ihnen gesetzte gesellschaftliche Beziehung der Arbeiten aufeinander sachlich verkehrt als ein gesellschaftliches Verhältnis der Sachen dar. Damit aber erscheint es als ein Verhältnis der »Sachen unter sich«, insofern die gesellschaftlichen Charaktere der Arbeit sich als gesellschaftliche Natureigenschaften der Dinge darstellen. Nur wenn man diesem falschen Schein verhaftet bleibt, kann man von der in Äquivalentform stehenden Ware sagen, sie sei eine Sache, obwohl sie keine Sache ist. Man würde in diesem Fall von der Ware sagen, sie sei in der Hinsicht, in der sie Gebrauchswert ist, zugleich etwas Gesellschaftliches und in der Hinsicht, in der sie etwas Gesellschaftliches ist, zugleich Gebrauchswert. Nur indem durch das Sich-Darstellen des Werts einer Ware im Gebrauchswert einer anderen Ware bzw. des Werts aller Waren im Gebrauchswert der von ihnen verschiedenen Geldware reell der »falsche Schein« einer Vermischung von Gebrauchswert und Wert, von Natürlichem und Gesellschaftlichem erzeugt wird, wird etwas vorgetäuscht, das es in Wirklichkeit gar nicht gibt – »irreale« Sachen.

Mit den Widersprüchen, die Colletti konstruiert, will er den Leser glauben machen, Marx habe auf diese mystisch-irrationale Weise die Ware und das Geld begriffen und rechtfertige dies auch noch damit, dass es sich dabei um so etwas Eigenartiges wie die »Entfremdung« handele.

2. Kritik an Hans Friedrich Fulda

In der »Deutschen Ideologie« schreiben Marx und Engels über die praktische Abschaffung eines unter historisch gewordenen Bedingungen reell existierenden Widerspruchs:

»Es handelt sich ... nicht nur um eine Hegelsche ›negative Einheit‹ von zwei Seiten eines Gegensatzes, sondern um die materiell bedingte Vernichtung einer bisherigen materiell bedingten Daseinsweise der Individuen, mit welcher zugleich jener Gegensatz samt seiner Einheit verschwindet.«[57]

Bei allem Hin- und Herschwanken tendiert Fulda dahin, dem dialektischen Widerspruch seine reelle Existenz abzusprechen. Wie aus dem Zitat ersichtlich, steht für Marx und Engels fest, dass der Widerspruch in der ökonomisch-gesellschaftlichen Wirklichkeit selbst existiert; denn nur dann kann es auch eine »materiell bedingte Vernichtung« seiner »bisherigen materiell bedingten Daseinsweise« geben.

---

[57] Die Deutsche Ideologie, MEW 3, a.a.O., S. 229.

In dem oben aufgeführten Zitat wird ein Problem angesprochen, das für Fulda überhaupt nicht zu existieren scheint, das aber für das Begreifen der Bewegungsstruktur der bürgerlichen Gesellschaft von ausschlaggebender Bedeutung ist. Wenn Fulda auf die reelle Existenz des Widerspruchs eingeht, dann denkt er an den jungen Marx, der »die dialektische Struktur wirklicher Prozesse ... als die Form (auffaßt), in der sich Paare solcher (wirklicher Gegensätze) ... entwickeln«.[58]

Ohne näher zu bestimmen, um welche Prozesse es sich handelt, die eine dialektische Struktur besitzen, begnügt sich Fulda mit der nichts sagenden Bemerkung: »Das letzte Substrat solcher prozessualer Strukturen ist im Rahmen der Geschichtstheorie die werdende Menschengattung.«[59]

Bei all seiner Einsicht, die Marx schon zur Zeit der »Kritik an Hegels Staatsrecht« gehabt hat und vom späten Marx selbst so hoch eingeschätzt wurde, dass er sagte, die Kritik an Hegel sei damals im Prinzip geleistet worden, darf man aber nicht die wesentlichen Unterschiede vergessen. Diese rühren daher, dass der frühe Marx noch gar nicht die Bewegungsstruktur der bürgerlichen Gesellschaft im Griff hatte, und in dem Maße, in dem dies der Fall gewesen ist, auch gegen seine erklärte Absicht idealistische, in dem Gattungsbegriff zum Ausdruck kommende Vorstellungen besaß. Auch wenn, was die Widerspruchsproblematik beweist, Marx sehr früh zu Erkenntnissen gelangte, die er auch später für richtig hielt, kann man nicht einfach, wie Fulda das tut, ebenso lapidar wie voluntaristisch feststellen: »Und warum sollte, was für den jungen Marx den Rang einer fundamentalen Einsicht hatte, für den späteren Ökonomie-Theoretiker jede Überzeugungskraft verloren haben?«[60]

Als würde Marx ein im Laufe der Erforschung der bürgerlichen Gesellschaft anhand der »Kritik des Hegelschen Staatsrechts« gefundenes wirkliches Gegensatzpaar auf die sozialen Klassen anwenden, schreibt Fulda: »Bei der Applikation des Begriffs wirklicher Gegensatzpaare auf die sozialen Klassen springt die gesellschaftstheoretische Relevanz des Schemas unmittelbar in die Augen.«[61] Gemäß dieser, die Marxsche Entwicklung verdrehenden Auffassung von Fulda glaubt dieser auch, Marx habe das einmal entdeckte Schema auf das Verhältnis von Produktivkräften und Produktionsverhältnissen angewandt. Wenn Marx so, wie Fulda behauptet, verfahren wäre und sein in den Frühschriften entwickeltes Schema später auf die bürgerliche Gesellschaft bloß angewendet hätte, dann hätte dies tatsächlich hinsichtlich des »Gedanken(s) einer Dialektik von Produktivkräften und Produktionsverhältnissen ...(zu) Schwierigkeiten«[62] geführt.[63]

---

[58] Hans Friedrich Fulda, Dialektik als Darstellungsmethode im »Kapital« von Marx, in: ajatus, Heft 37, Helsinki 1978, S. 199, Fn. 58.

[59] Ebd.

[60] Ebd.

[61] Ebd.

[62] Ebd., S. 200, Fn. 58.

[63] Es wird noch ausführlich in Teil 5 der vorliegenden Untersuchung gezeigt, dass Fulda das, was

Dass Fulda auf die Idee kommt, Marx hätte ein in den Frühschriften entwickeltes Schema auf das Verhältnis von Produktivkräften und Produktionsverhältnissen angewandt, gründet auch und vor allem darin, dass Fulda nicht sieht, dass der Widerspruch zwischen Produktivkräften und Produktionsverhältnissen, wie alle Widersprüche der bürgerlichen Gesellschaft, auf den Widerspruch zwischen dem Gebrauchswert und dem Wert der Waren zurückgeht. Der Widerspruch zwischen den Produktivkräften und den Produktionsverhältnissen ist nur über den Widerspruch zwischen dem Gebrauchswert und dem Wert der Waren, d.h. über die Bewegungsstruktur des Kapitals als ebenso vielen Lösungsbewegungen jenes Widerspruchs zu erschließen. Weder gelingt es Fulda adäquat zu bestimmen, was der junge Marx unter Widerspruch versteht, noch hat er mit seiner banalen »Anwendungstheorie« den wissenschaftlichen Werdegang von Marx begriffen, und schließlich bleibt ihm der Zusammenhang zwischen dem Kapital als konkretester Lösungsbewegung des Widerspruchs zwischen dem Gebrauchswert und dem Wert und dem Widerspruch zwischen dem Arbeits- und Verwertungsprozess bzw. dem Widerspruch zwischen den Produktivkräften und den Produktionsverhältnissen verborgen. Er nivelliert schlicht die Differenz, die zwischen den Widersprüchen der Erscheinung und den wesentlichen, ihnen zugrunde liegenden Widersprüchen besteht.

Geht Fulda einmal ausdrücklich auf den Widerspruch zwischen dem Gebrauchswert und dem Wert der Waren ein, dann nur um festzustellen, »daß die sogenannte Begriffsentwicklung von der einen ökonomischen Form zur nächsten überleiten kann, ohne daß in ihrem Verlauf ein wirklicher Widerspruch aufgedeckt werden müßte, und sei's auch nur im Sinn des umschriebenen Begriffs vom Widerspruch als einer zur System-Instabilität beitragenden Dysfunktionalität«.[64]

Fulda geht es um »den Gang«, der zur »Aufdeckung« des Widerspruchs zwischen Gebrauchswert und Wert führen soll. Hierbei liegt die Betonung auf dem »Aufdecken«; denn auf eine von ihm überhaupt nicht deutlich gemachte Weise ist für Fulda der Widerspruch, den Marx im »Kapital« darstellt, ein »immanenter, eingehüllter«. Warum Marx im »Kapital« von dem der Ware immanenten Widerspruch spricht, der in der Ware eingehüllt ist, weiß Fulda nicht zu erklären. Wie

---

der junge Marx über den Widerspruch entwickelt hat und damit auch die Kritik an Hegels »Verwechslung des wirklichen Gegensatzes mit der Differenz innerhalb der Existenz eines Wesens« nicht begriffen hat. Fulda vermag weder zu sehen, dass Marx überhaupt kein Schema angewandt hat, noch ist er, wie seine Fehlinterpretation der Einheit des Gegensatzes beweist, in der Lage, dieses »Schema« selbst zu kritisieren. Es ist schon merkwürdig, wenn er nicht einmal erkennen kann, wann ein »wirklicher Gegensatz« vorliegt und wann nicht. Trotz des hiermit unmöglich gewordenen Begreifens der in ihrer Allgemeinheit grundlegenden Kritik des jungen Marx an Hegel maßt Fulda sich an, von einem rohen Verständnis zu sprechen, das Marx von »diachrondialektische Zusammenhänge«[a] gehabt haben soll.

[a)] H.F. Fulda, Dialektik als Darstellungsmethode ..., a.a.O, S. 199, Fn. 58.

[64] Ebd., S. 214.

sich zeigen wird, will Fulda mit der Charakterisierung des Widerspruchs als einem immanenten, bloß eingehüllten die Bedeutungslosigkeit des Widerspruchs für die Entwicklung der ökonomisch-gesellschaftlichen Formen der Arbeit demonstrieren. Dass sich im einfachen Verhältnis zweier Waren zueinander der der einen Ware immanente Widerspruch zwischen dem Gebrauchswert und dem Wert löst und dass im Aufeinanderwirken aller Waren als Einheiten von Gebrauchswert und Wert der darin enthaltene Widerspruch sich in der Verdopplung der Ware in Ware und Geld löst, übersieht Fulda geflissentlich im Interesse seiner eigenen Vorstellung über das, was bei Marx Widerspruch heißt. Dass der der Ware immanente Gegensatz nicht nur im Verhältnis zweier Waren zueinander, sondern auch im Verhältnis aller Waren zueinander gelöst wird, indem jener Gegensatz als ein äußerer gesetzt wird, worin die Waren ihren Wert im Gebrauchswert einer anderen Ware darstellen, wird von Fulda in einer Weise ignoriert, die an seinen »gewissen Kenntnissen über das ›Kapital‹« zweifeln lassen, mit denen er bei einer Erklärung der materialistischen Dialektik auszukommen glaubt.

Fulda genügt die Rede von dem »immanenten und eingehüllten Widerspruch«, um die »zweite Pointe ... der Umstülpung« der Hegelschen Dialektik darzulegen, für die er ein »Innen« und »Außen« braucht. Die Widersprüche sind das Innere, während die »harmonischen Einheiten« das Äußere sind. Die »harmonischen Einheiten (sind der) ... die Widersprüche verdeckende Schein an den Erscheinungen, so muß der Gang, der zum jeweiligen Widerspruch führt, jeweils in der Aufdekkung und Negation des Scheinwesens bestehen, das den Widerspruch verdeckte.«[65] Deckt Marx zuerst ein Scheinwesen auf? Negiert er es, um dann zum Widerspruch zu gelangen?

Der Tauschwert ist eine im Verhältnis zweier Waren zueinander erscheinende Form des Werts. Wenn also die Rede von der Erscheinung ist, dann vom Tauschwert als einer im Gebrauchswert der zweiten Ware erscheinenden und damit auch sichtbaren Form des Werts. Und wenn weiterhin von dem die Rede ist, was in diesem Tauschwert erscheint, dann ist es zunächst einmal der Wert der ersten Ware. Der Wert der ersten Ware ist es, der im Verhältnis zweier Waren zueinander erscheint, indem er sich im Gebrauchswert der zweiten darstellt, so dass die Naturalform der zweiten Ware zur Wertform der ersten Ware wird. Der Wert der ersten Ware sieht aus wie der Gebrauchswert der zweiten. Hierdurch entsteht an der zweiten Ware, die der ersten das Material für die Darstellung ihres Werts liefert, d.h. an der Äquivalentform der *Schein*, das Wertsein sei eine Eigenschaft, die der zweiten Ware von Natur aus zukommt, so wie z.B. die Eigenschaft, warm zu halten, gut zu schmecken usw. Dies kann man wie Fulda als harmonische Einheit bezeichnen, die ein Schein an den Erscheinungen ist. Indem der Wert der ersten Ware im Gebrauchswert der zweiten erscheint, wird dieser auch zur Erscheinungsform des

[65] Ebd., S 200.

Werts; der Gebrauchswert der zweiten Ware vertritt im Wertausdruck der ersten Ware eine übernatürliche Eigenschaft beider Dinge: »ihren Wert, etwas rein Gesellschaftliches«. Der Gebrauchswert der zweiten Ware, »dies Ding wie es geht und steht«, drückt Wert aus, besitzt »also von Natur Wertform«, obgleich dies »nur innerhalb des Wertverhältnisses« gilt, worin die erste Ware auf die zweite Ware »als Äquivalent bezogen ist«.[66]

Es ist auch richtig zu sagen, dass dieser Schein bzw. die harmonische Einheit, die auf dem falschen Schein einer Verwandlung der gesellschaftlichen in eine natürliche Eigenschaft beruht, den Widerspruch verdeckt, und zwar aus folgenden Gründen: Insofern die Ware als Gebrauchswert die Verkörperung der konkret-nützlichen Arbeit und als Wert die Verkörperung der abstrakt-menschlichen und in dieser Form gesellschaftlich-allgemeinen Arbeit ist, ist sie die Einheit eines Gegensatzes. Dieser der Ware immanente Gegensatz wird im Verhältnis zweier Waren zueinander als ein äußerer gesetzt, insofern das ganze Verhältnis zweier Waren zueinander die Darstellungsform der ersten Ware als Einheit von Gebrauchswert und Wert ist. Gebrauchswert und Wert der Ware verteilen sich polarisch auf die beiden Waren, insofern die erste Ware den Gebrauchswert und die zweite den Wert verkörpert.

Fulda lässt ganz und gar unberücksichtigt, dass der der Ware immanente Gegensatz kein immanenter bleibt, sondern sich im Verhältnis zweier Waren zueinander »enthüllt«. Sei es im Verhältnis zweier Waren zueinander oder im Verhältnis aller Waren zu einer im Austauschprozess von ihnen ausgeschlossenen dritten Ware, auf die sie sich als ihre allgemeine Wertgestalt beziehen: Jedes Mal gilt es zu berücksichtigen, dass der den Waren immanente Widerspruch nicht jenseits der Bewegungsform existiert, in der er gelöst wird. Vielmehr sind das einfachste Verhältnis zweier Waren zueinander und auch der doppelseitig-polarische Gegensatz von Ware und Geld prozessierende Beziehungen, worin der Widerspruch ebenso sehr gesetzt wie gelöst wird. Die Lösungsbewegung des Widerspruchs enthält diesen zugleich, was die Bedingung für eine weitere, eine neue ökonomisch-gesellschaftliche Form der Arbeit hervortreibende Lösungsbewegung des Widerspruchs ist. Existiert ein in der Ware immanenter Gegensatz als ein äußerer, dann ist dieser äußere die Erscheinungsform des inneren, und es ist ein und derselbe Gegensatz der Waren, der einmal als ein immanenter und ein anderes Mal als ein äußerer existiert.

Wird die Ware zunächst von Marx im »Kapital« für sich betrachtet, so erweist sich der in ihr enthaltene Widerspruch zwischen Gebrauchswert und Wert als ein »unmittelbarer«,[67] weil er in der einzelnen Ware keine Lösungsbewegung finden kann. »Diese abstrakten Gegensätze fallen von selbst auseinander und sind daher leicht auseinander zu halten.«[68]

---

[66] Das Kapital, MEW 23, a.a.O., S. 71f.
[67] Das Kapital, 1. Auflage, MEGA II/5, a.a.O., S.51.
[68] Ebd., S. 31.

Was die Sachlichkeit anbelangt, so existiert die Ware für sich genommen als Gebrauchswert. An ihr ist nicht sichtbar, dass sie zugleich der sachliche Ausdruck bzw. die Vergegenständlichung der abstrakt-menschlichen Arbeit ist. Ihr Wertcharakter geht in ihrem Gebrauchswertcharakter unter. Die einzelne Ware kann nicht, wie dies im Verhältnis zweier Waren zueinander der Fall ist, zeigen, dass sie sowohl Gebrauchswert als auch Wert ist.

Ist der Widerspruch der Ware ein unmittelbarer, so hat dies einmal nichts damit zu tun, dass der Widerspruch in der Ware eingehüllt ist, denn das ist er auch in der Ausgangssituation des Austauschs, in der sich alle Waren als bloße Einheiten von Gebrauchswert und Wert gegenüberstehen. Weder die Unmittelbarkeit noch das Eingehülltsein des Widerspruchs haben etwas mit der von Fulda beschwörten »Innerlichkeit« zu tun, aufgrund derer der Widerspruch für die Entwicklung irgendwelcher äußerer Erscheinungsformen nicht in Frage kommt. Dass der Widerspruch ein unmittelbarer ist und ein der Ware immanenter, vermischt Fulda miteinander, um so zu einem »verdeckten, unwirklichen Widerspruch« zu gelangen, der sich von einem angeblich im Austauschprozess auftretenden unverdeckten, wirklichen Widerspruch unterscheidet.

Der schon der einzelnen Ware immanente Widerspruch ist ein wirklicher, der solange verdeckt bleibt, wie nur die einzelne Ware betrachtet wird. Wie schon gezeigt, wird der immanente Gegensatz im Verhältnis zweier Waren zueinander gelöst, indem er als ein äußerer Gegensatz[69] gesetzt wird. Wie der in der Ware immanente Gegensatz, so existiert auch dieser im Verhältnis zweier Waren zueinander nach außen gesetzte Gegensatz, den Marx aus der Warenzirkulation aufgreift, reell.

Fulda dagegen versucht zu suggerieren, nur der zweite, nach außen gesetzte Gegensatz, den er aus der Warenzirkulation aufgreift, existiere reell. Gerade aber am doppelseitig-polarischen Gegensatz von Ware und Geld hätte Fulda aufgehen müssen, was es mit der Bezeichnung des Widerspruchs als einem immanenten auf sich hat. Den doppelseitig-polarischen Gegensatz hat der Austauschprozess als einen äußeren Gegensatz produziert, worin die Waren ihren immanenten Gegensatz von Gebrauchswert und Wert darstellen.[70] Dem Geld als dem einen Extrem dieses äußeren Gegensatzes ist nun ein Widerspruch zwischen dem Gebrauchswert und dem Wert immanent, der erst im Kapital als der prozessierenden Einheit von Ware und Geld eine entwickelte Lösungsbewegung findet. Mit seiner Rede von einem Widerspruch, der immanent und eingehüllt ist und deswegen nicht für die Entwicklung neuer ökonomisch-gesellschaftlicher Formen in Frage kommt, entpuppt sich Fuldas Vorgehensweise angesichts der unmissverständlichen Ausführungen über den Widerspruch im »Kapital« als eine irreführende Geheimnistuerei.

---

[69] Vgl. Das Kapital, MEW 23, a.a.O., S. 75f.
[70] Vgl. ebd., S. 119.

Wie verhält es sich nun damit, dass der der Ware immanente Gegensatz nicht erkannt wird, obgleich dieser im Verhältnis zweier Waren zueinander als ein äußerer gesetzt wird? Es wurde schon gezeigt, warum der Gebrauchswert der zweiten Ware als Wert auftritt, weil sich der Wert der ersten Ware in ihm darstellt. Erscheint hierdurch das Wertsein der ersten Ware als eine Natureigenschaft der zweiten, dann ist der Gebrauchswert der zweiten Ware auch nicht mehr als eine Erscheinungsform des Werts der ersten Ware dingfest zu machen und damit auch nicht mehr als Teil der Lösung des unmittelbar in die erste Ware eingeschlossenen Widerspruchs zwischen dem Gebrauchswert und dem Wert. Was sich innerhalb der Ware wechselseitig ausschließt, wird in der in der Äquivalentform stehenden Ware harmonisch vereint, insofern Gebrauchswert und Wert aufgrund der Unsichtbarkeit des Geltens des Gebrauchswerts als Wert miteinander vermischt und die Werteigenschaft als eine des Gebrauchswerts ausgegeben wird.

Es lässt sich jetzt auch nachvollziehen, inwiefern Marx' Vorgehensweise in einer von Fulda angeführten Hinsicht mit der Hegelschen konform geht: »Weit gefehlt also, daß Marx durch seine Verwandlung der Hegelschen Dialektik deren ›Mystik‹ einfach wie ein störendes Beiwerk entfernt hätte. Vielmehr hat er das Abstreifen der mystischen Verhüllungen, die die zu untersuchenden Erscheinungen unvermeidlich umkleiden, zum integralen Bestandteil der Darstellungsmethode gemacht.«[71] Unter der von Fulda angesprochenen mystischen Verhüllung ist das oben dargestellte, über das Sich-Darstellen des Werts im Gebrauchswert der Ware vermittelte Zusammenfallen von Gebrauchswert und Wert in der Äquivalentform zu begreifen.

Das, worum es Fulda in seinem Aufsatz geht, macht er nicht einmal durch den inhaltlichen Nachvollzug der wesentlichsten Stufen deutlich, auf denen es um das Setzen und Lösen des Widerspruchs zwischen dem Gebrauchswert und dem Wert der Waren geht. Daher ist es auch nicht verwunderlich, wenn er den Leser verwirrt, indem er stillschweigend die aus dem Setzen und Lösen des Widerspruchs zwischen dem Gebrauchswert und dem Wert bestehende Entwicklung der Formen des Werts, welche ebenso viele Formen der gesellschaftlichen Arbeit sind, verlässt und die Bedeutung der Kategorien »Wesen«, »Erscheinung«, »Schein« auf die Destruktion von falschem Bewusstsein bezieht. »Für jeden methodisch geregelten Schritt der systematischen Darstellung verlangt er (Marx – D. W.) die Destruktion harmonistischer, die wirklichen Verhältnisse verbrämender *Meinungen* und die Aufklärung über *ideologische* institutionelle Tatsachen. Und er versucht, beide durchführbar zu machen, indem er Spielräume ausnützt, die für die Interpretation und Beurteilung ökonomischer Erscheinungen aufgrund der Differenz zwischen diesen Erscheinungen und ihrem Wesen bestehen. Die Kategorien ›Erscheinung‹, ›Wesen‹ und ›Schein‹ werden so für die vertikale Struktur des ganzen Darstel-

[71] H.F Fulda, Dialektik als Darstellungsmethode ..., a.a.O., S. 200.

lungsunternehmens tragend, und in dessen Gang kommt ein durchgängig phänomenologischer Zug. Aber auch in der entfernten Verwandtschaft mit der Hegelschen Phänomenologie ist, was das Darstellungsverfahren anbetrifft, der Kontrast das Vorherrschende. Denn an derjenigen systematischen Stelle, an der bei Hegel die Konstruktion einer jeweiligen spekulativen Einheit steht, steht bei Marx das Gegenteil: die Destruktion einer jeweiligen scheinbaren Einheit. Hingegen ergibt sich die jeweils neue Erscheinungsform nach anderen Prinzipien als Hegels Konstruktion einer neuen Bewußtseinsgestalt.«[72] (Hervorhebungen – D. W.)

Hätte Fulda tatsächlich die Entwicklung der ökonomisch-gesellschaftlichen Formen der Arbeit unter dem Aspekt der Differenz zwischen den Erscheinungen und dem Wesen analysiert, dann hätte er sehen können, dass erst diese auf die ökonomischen Formen bezogene Differenz entscheidend ist für die Art und Weise, in der den Menschen ihre eigenen Produktionsverhältnisse in einer verkehrten, auch durch harmonische Vereinigungen gekennzeichneten Weise gegeben sind. Bei der »Logik« Hegels handelt es sich um die im Medium des Denkens ablaufende Entwicklung von reinen Denkformen, während die »Phänomenologie des Geistes« eine Wissenschaft ist, in der der Bewusstseinsgegensatz überwunden wird, indem der Weg durch alle Formen des Verhältnisses des Bewusstseins zu einer von ihm immer auch verschiedenen Welt durchlaufen wird. Wenn man dies bedenkt, dann dürfte einem die von Fulda angesprochene Verwandtschaft zwischen dem »Kapital« und der Hegelschen »Phänomenologie des Geistes« in die Augen springen. Indem nämlich das »Kapital« als Darstellung der Entwicklung der Formen gesellschaftlicher Arbeit zugleich die Darstellung des Prozesses ist, in dem sich diese Formen durch das Verhalten der Individuen zueinander und zur Natur unbewusst-bewusst durch ihre Köpfe hindurch ausbilden, zeigt Marx auch, wie diese den inneren Zusammenhang der gesellschaftlichen Arbeit sachlich verkehrenden und gegeneinander verselbständigten Formen sich im Bewusstsein der Individuen darstellen.

Da Fulda aber, wie oben schon angedeutet, den Zusammenhang zwischen der Entwicklung der ökonomisch-gesellschaftlichen Formen und der Art und Weise, wie diese sich im Bewusstsein der Individuen darstellen, aus den Augen verliert, neigt er mit seiner einseitigen Betonung der Entwicklung des Bewusstseins zu einer Überschätzung der Verwandtschaft zwischen dem »Kapital« und der »Phänomenologie des Geistes«. Während es für Marx keine Einleitung in die Wissenschaft geben kann und das »Kapital« auch als Ausgangspunkt für die Darstellung der Einheit von Natur und Geschichte keine solche Einleitung ist, hat Hegel – was von Fulda selbst zu Recht betont wird – stets die »Phänomenologie« als Einleitung in das System der philosophischen Wissenschaften begriffen. Hegel löst die Gesellschaftlichkeit der Arbeit aufgrund ihrer sachlichen Verkehrung in den Geist auf

[72] Ebd., S. 201.

und kennt nur den Gegensatz zwischen der Natur (als einer äußerlichen Gestalt des absoluten Geistes) und dem menschlichen Geist bzw. nur den Gegensatz zwischen den als Welt sich konstituierenden Objektivationen des Geistes und einem zu diesen Objektivationen sich verhaltenden menschlichen Bewusstseins. Folglich zeichnet sich die »Phänomenologie des Geistes« in ihrem Charakter, eine »Einleitung« in die eigentliche Wissenschaft zu sein, dadurch aus, dass Hegel in ihr nur Rücksicht auf das Alltagsbewusstsein nimmt in Funktion der Wissenschaft der Logik, die diese Rücksichtnahme entbehren kann.[73]

Der Spielraum für die Interpretation und Beurteilung ökonomischer Erscheinungen besteht für Fulda, weil es eine Differenz zwischen diesen » Erscheinungen« und einem »Wesen« gibt. Da Fulda einen vorschnellen Schwenker auf die Ebene der Bewusstseinsentwicklung macht, sei im Folgenden kurz noch einmal die Bedeutung hervorgehoben, welche innerhalb der Entwicklung der ökonomisch-gesellschaftlichen Formen der Differenz von Wesen und Erscheinung für die Art und Weise zukommt, in der die Menschen ihre eigenen gesellschaftlichen Verhältnisse in Gedanken reproduzieren.

Zu diesem Zweck muss vorausgesetzt werden, was oben über die Art und Weise dargelegt worden ist, in der der in der Ware enthaltene immanente Gegensatz im Verhältnis zweier Waren zueinander als ein äußerer gesetzt wurde. Es wurde gezeigt, dass in der Äquivalentform sowohl der der Ware immanente Widerspruch als auch der Wert als gesellschaftliches Verhältnis bzw. als historische Weise ausgelöscht worden sind, in der unter bestimmten historisch gewordenen Bedingungen die konkret-nützlichen Arbeiten den gesellschaftlich-allgemeinen Charakter erhalten. Indem sich der Wert der ersten im Gebrauchswert der zweiten Ware darstellt, erscheint die Werteigenschaft und damit die Gesellschaftlichkeit der Arbeit in einer sie auslöschenden Form als eine von den physischen Eigenschaften nicht mehr zu unterscheidende Eigenschaft eines Dings. Wird nun der Wert vom Warenbesitzer als eine solche natürliche Eigenschaft dieses Dings ausgegeben oder unbewusst in diesem Sinne gehandhabt, dann bedeutet dies eine falsche, dem falschen Schein an der Erscheinung verhaftete Interpretation des Werts und des Tauschwerts als seiner Erscheinungsform.[74]

Eine andere, auf das Verwachsen von Natural- und Gesellschaftsformen beruhende Interpretation der gesellschaftlichen Verhältnisse stellt sich ein, wenn die aus der Natur des Gegenstandes unerklärliche Werteigenschaft so aus dem Bewusstsein der Menschen erklärt wird, dass diese in ihrem Verhalten zueinander irgendeine Sache als Zeichen für eine andere Sache oder ein bestimmtes kommunikatives Ereignis benutzen.[75]

---

[73] Vgl. hierzu: D. Wolf, Hegel und Marx, a.a.O., Kapitel 5, Unterpunkt 4 und 5.

[74] Vgl. Teil 3, Kapitel 1 und 2 der vorliegenden Untersuchung.

[75] Vgl. hierzu: D. Wolf, Hegels Theorie der bürgerlichen Gesellschaft, a.a.O., Teil 2, insbes. Kapitel 1, Unterpunkt 3 und die vorliegende Untersuchung, Teil 4, Kapitel 1.

Fulda sieht nicht den wichtigen Zusammenhang zwischen dem durch die Sachlichkeit des Werts bedingten Widerspruch und der durch dieselbe Sachlichkeit bedingten Verkehrung. Hätte er das getan, dann wäre weder etwas gegen die Bedeutung der Kategorien »Wesen«, »Erscheinung« und »Schein« einzuwenden noch etwas gegen den »phänomenologischen Zug« des »Kapital« und seiner entfernten Verwandtschaft mit Hegels »Phänomenologie des Geistes«. Die Entwicklung der ökonomisch-gesellschaftlichen Formen wird von Marx tatsächlich unter dem Aspekt der Differenz von Wesen und Erscheinung nachvollzogen. Hierdurch macht er begreiflich, warum bestimmte Formen, wie die Äquivalentform, als Form der unmittelbaren Austauschbarkeit den Charakter einer Einheit von Gebrauchswert und Wert besitzen. Aus der Art und Weise, in der diese Einheit im Bewusstsein der gesellschaftlichen Individuen produziert wird, wird dann auch verständlich, inwiefern eine solche Einheit nach der Seite ihres falschen Scheins »destruiert« wird.

Hat man sich in der oben begonnenen Weise über den Unterschied und die Gemeinsamkeit von »Kapital« und »Phänomenologie des Geistes« verständigt, dann kann man auch die folgende Bemerkung von Fulda akzeptieren: »Hingegen ergibt sich die jeweils neue Erscheinungsform nach anderen Prinzipien als Hegels Konstruktion einer neuen Bewußtseinsgestalt.«[76]

An den entsprechenden Stellen in seinem Aufsatz geht Fulda auf die bei seinem Vergleich von »Kapital« und »Phänomenologie des Geistes« zur Sprache gebrachten Zusammenhänge in allgemeiner Form ein. Niemals aber rekurriert er auf Bewegungsstrukturen als ebenso vielen Lösungsbewegungen des Widerspruchs zwischen dem Gebrauchswert und dem Wert und geht auch nicht darauf ein, inwiefern gerade diese Lösungsbewegungen die Grundlage für die prosaisch reellen Mystifikationen abgeben. Wenn Fulda ausdrücklich auf den Widerspruch zu sprechen kommt, dann lässt er die ökonomischen Formen links liegen, und wenn er auf diese eingeht, dann hat er den Widerspruch vergessen und beschränkt sich auf allgemeine Überlegungen über das verkehrte Erscheinen der gesellschaftlichen Zusammenhänge in harmonischen Einheiten.[77]

Dass man analytisch trennen kann, was in der Realität praktisch zusammengehört, wird bei Fulda zu einem unreflektierten Auseinanderreißen. Dies wiederum erlaubt ihm festzustellen: »Es wird aufgefallen sein, daß im Zusammenhang der Ausführungen zur ›Begriffsentwicklung‹ zwar vom Schein und von Verkehrung der wirklichen Verhältnisse die Rede war, nicht aber vom Widerspruch. Wäre Hegels Methode zu charakterisieren gewesen, so ließe sich eine solche Unterlassung nicht entschuldigen; anders bei Marx. In der Tat verhält es sich bei Marx so, daß die sogenannte Begriffsentwicklung von der einen ökonomischen Form zur nächsten überleiten kann, ohne daß in ihrem Verlauf ein wirklicher Widerspruch aufge-

[76] H.F. Fulda, Dialektik als Darstellungsmethode ..., a.a.O., S. 201.
[77] Vgl. ebd., S. 211.

deckt werden müßte, und sei's auch nur im Sinn des umschriebenen Begriffs von Widerspruch als einer zur System-Instabilität beitragenden Dysfunktionalität. Nicht die Aufdeckung und Überwindung eines Widerspruchs gibt uns – wie bei Hegel – allemal den Begriff der neuen Form.«[78]

Es sei noch einmal betont, dass Fuldas Behauptung, man könne in Marx' Darstellung der Anatomie der bürgerlichen Gesellschaft zwar vom Schein und von Verkehrung der wirklichen Verhältnisse reden, nicht aber vom Widerspruch, darauf zurückgeht, dass Fulda überhaupt nicht sieht, dass die im Wert gegebene Gegenständlichkeit der gesellschaftlichen Verhältnisse als Ursache für deren Verkehrung zugleich eine der beiden Grundlagen des Widerspruchs ausmacht, insofern es sich bei dieser um die gleichgültige Selbständigkeit des Werts gegenüber dem Gebrauchswert handelt. Innerhalb der selbständig als Gebrauchswert auftretenden Ware widersprechen sich Gebrauchswert und Wert, weil etwas Gesellschaftliches so gegenständlich wie etwas Stoffliches existieren muss. So wenig Fulda das einfachste Verhältnis zweier Waren zueinander als Lösungsbewegung des in der Ware eingeschlossenen Widerspruchs zwischen Gebrauchswert und Wert in den Griff bekommt, so wenig sieht er natürlich, dass in der Äquivalentform, die er selbst als eine harmonische, mystische Verkehrungen mit sich bringende Einheit bezeichnet, der Widerspruch zwischen Gebrauchswert und Wert gelöst ist. Auf Kosten des Widerspruchs und seiner Lösungsbewegungen sind für Fulda »der harmonistische Schein und die Differenz von Erscheinung und Wesen, innerhalb deren der Schein sich bildet, für die Darstellung und ihren Stoff konstitutiv«.[79]

Auf den Widerspruch zwischen Gebrauchswert und Wert kommt Fulda am Schluss seines Aufsatzes auf ganzen zweieinhalb Seiten zu sprechen, wovon er auf einer Seite in ihrer Allgemeinheit nicht zu überbietende Überlegungen über die die Ebene des Weltmarktes einbeziehende Krise anstellt.

In verschwommener Form erfährt man etwas über Marx' Absicht, die Instabilität der bürgerlichen Gesellschaft nachzuweisen, aber so gut wie nichts über den Widerspruch zwischen dem Gebrauchswert und dem Wert, von dem aus auch die von Fulda anvisierte Instabilität der bürgerlichen Gesellschaft überhaupt erst zu begreifen ist. »So bleibt zum Beispiel der gegensätzliche Charakter der beiden Primäreigenschaften der Ware – Gebrauchswert und Tauschwert zu sein – verhüllt, solange beide nicht als Niederschläge besonderer gegensätzlicher Bestimmungen von Arbeit begriffen werden. Aber auch diese ihre Neuinterpretation macht sie allenfalls als gegensätzliche Niederschläge solcher gegensätzlicher Bestimmungen von Arbeit kenntlich. Dagegen läßt sie es nicht zu einem Widerspruch in der Beschreibung der Ware kommen. Man sieht auf der betreffenden Stufe der Darstellung – am Ende der Wertformanalyse – nicht, daß die Ware, insofern sie Gebrauchs-

[78] Ebd., S. 214.
[79] Ebd.

wert und Tauschwert bzw. Wert ist, dysfunktionale Eigenschaften besitzt, die das System des Warentauschs zur Instabilität tendieren lassen. Geschweige denn *macht die Darstellung die Aufdeckung eines Widerspruchs zum vorantreibenden Faktor in der Entwicklung* (Hervorhebung – D. W.) des Begriffs.«[80]

Zunächst stehen die konkret-nützliche und die abstrakt-menschliche Arbeit überhaupt in keinem gegensätzlichen Verhältnis zueinander. Wenn dies erst unter den Bedingungen der Fall ist, unter denen alle Arbeitsprodukte die Warenform angenommen haben, dann kann dies nicht aus der konkret-nützlichen und auch nicht aus der abstrakt-menschlichen Arbeit erklärt werden. Gebrauchswert und Wert sind nicht einander entgegengesetzt, weil die in ihnen steckende konkret-nützliche und abstrakt-menschliche Arbeit bereits schon, d.h. unabhängig von diesen ihren Vergegenständlichungen, einander entgegengesetzt werden. Vielmehr gilt umgekehrt: Da unter Bedingungen des Austauschs die abstrakt-menschliche Arbeit zur Arbeit in gesellschaftlich-allgemeiner Form wird und dies im Wert gegenständlich ausgedrückt wird, also weil die abstrakt-menschliche Arbeit sich im Wert »niederschlagen« muss, sind die konkret-nützliche und die abstrakt-menschliche Arbeit einander entgegengesetzt.

Was Gebrauchswert und Wert als Daseinsformen der unterschiedlichen Seiten ein und derselben gesellschaftlichen Arbeit sind, ist eine Tatsache der aus der Warenzirkulation bestehenden ökonomisch-gesellschaftlichen Wirklichkeit und nicht, wie Fulda suggerieren will, eine Sache einer »neuen Interpretation«. Weder vermag Fulda mit seiner »neuen Interpretation« der Entdeckung des Doppelcharakters der Arbeit gerecht zu werden noch vermag er Gebrauchswert und Wert als »Niederschläge der entgegengesetzten Bestimmungen der Arbeit kenntlich« zu machen. Diese »Bestimmungen der Arbeit« sind einander entgegengesetzt, weil sich die gesellschaftliche Arbeit außer als konkret-nützliche in den Gebrauchswerten auch noch als abstrakt-menschliche sachlich im Wert »niederschlagen« muss. Fulda verwechselt die reelle Existenz des in der Ware enthaltenen Widerspruchs mit der Unmöglichkeit, diesen Widerspruch im Verhältnis zweier Waren zueinander wahrzunehmen. Der Widerspruch beruht sowohl auf der inneren notwendigen Zusammengehörigkeit von Gebrauchswert und Wert als auch auf der durch die »Gegenständlichkeit« des Werts bedingten wechselseitigen Verselbständigung beider gegeneinander. Darum sind die gesellschaftlichen Verhältnisse der Individuen nicht nur hinter den gesellschaftlichen Verhältnissen von Sachen zueinander versteckt und bereits in der Form des Werts hinter der sachlichen Hülle des Gebrauchswerts einer Ware verborgen; sondern die Lösungsbewegung des in der Ware eingeschlossenen Widerspruchs zwischen dem Gebrauchswert und dem Wert enthält auch darüber hinaus eine Weiterentwicklung der in der Ware bereits vorhandenen Verkehrung von »Subjekt und Objekt«. Diese rührt daher, dass sich die menschli-

---

[80] Ebd., S. 214f.

chen Verhältnisse so in den Verhältnissen von Sachen darstellen, dass sie als Verhältnisse der Sachen »unter sich« erscheinen.

Abgesehen von der dem Widerspruch überhaupt nicht gerecht werdenden Rede von »dysfunktionalen Eigenschaften« und abgesehen von der außerhalb der Darstellung der Warenzirkulation fallenden Bedeutung des Widerspruchs für die »Instabilität des Systems« fasst Fulda seine Deutung der Entstehung der ökonomischen Formen als ebenso vielen gesellschaftlichen Formen der Arbeit in der abenteuerlichen These zusammen, Marx mache die »Aufdeckung eines Widerspruchs« nicht »zum vorantreibenden Faktor in der Entwicklung des Begriffs«.

Um die Überflüssigkeit des Widerspruchs zwischen Gebrauchswert und Wert für die Entwicklung neuer ökonomischer Formen unter Beweis zu stellen, verweist Fulda darauf, Marx habe »lange vorher«, d.h. schlicht und einfach im ersten Kapitel des »Kapital«, einen »allgemeinen Begriff des Geldes bereits eingeführt. Man wird sich deshalb fragen, was die Thematisierung des offenkundig gewordenen eklatanten Widerspruchs und die Angabe der Bedingungen seiner ›Auflösung‹ im Gang der Darstellung für eine Funktion hat und was sie insbesondere Neues bringt.«[81]

Hat man das einfachste Verhältnis zweier Waren zueinander als Lösungsbewegung des in der Ware eingeschlossenen Widerspruchs zwischen Gebrauchswert und Wert begriffen und erkannt, dass sich der Wert der ersten Ware im Gebrauchswert der zweiten darstellt, dann hat man auf die einfachst mögliche Weise das Geldrätsel gelöst. Im weiteren Verlauf der Entwicklung der Wertformen unterstellt Marx den in der Ware eingeschlossenen Widerspruch samt seiner Lösungsbewegung, die er im Verhältnis zweier Waren zueinander erhalten hat, und betrachtet, wie in der durch diese Lösungsbewegung vorgeschriebenen Weise sich der Wert unterschiedlich in den Gebrauchswerten anderer Waren darstellt. Auch wenn im ersten Kapitel die Geldform durch die per theoretische Abstraktion bewerkstelligte Umkehrung der entfalteten Wertform als die einzig mögliche Erscheinungsform des Werts gewonnen wird, so darf man darüber nicht vergessen, dass das Geld selbst allein nur im wirklichen Austausch der Waren als Einheiten von Gebrauchswert und Wert hervorgehen kann, d.h. aus einer Situation, in der das Geld gerade noch nicht unterstellt ist. In der Ausgangssituation des Austauschs, in der sich die Warenbesitzer als Träger der einfach bestimmten Waren gegenüberstehen, kann zwar jeder seine Ware für austauschbar gegen alle anderen halten, womit die entfaltete Wertform gegeben ist, insofern jede Ware ihren Wert in den Gebrauchswerten aller anderen Waren darstellt. Da jeder aber seine Ware für unmittelbar austauschbar gegen alle anderen Waren hält, gibt es so viele allgemeine Äquivalente, wie es Waren gibt und damit kein einziges. So etwas wie die Umkehrung der entfalteten Wertform kann es in der Ausgangssituation des praktisch-reell vor sich

[81] Ebd., S. 215.

gehenden Austauschprozesses nicht geben, ebenso wenig, wie es in ihr einen Marx als Repräsentanten des wissenschaftlichen Bewusstseins gibt. Es sei denn, man macht die absurde, von Fulda unter der Hand suggerierte Annahme, die Warenbesitzer hätten das erste Kapitel des »Kapital« gelesen, in dem »lange vorher ... ein allgemeiner Begriff des Geldes bereits eingeführt«[82] wurde.

Auf der im ersten Kapitel des »Kapital« von Marx eingehaltenen Abstraktionsstufe, auf der die Waren als Gebrauchswerte fixiert und als Werte nur in »theoretisch, gedachter« Weise aufeinander bezogen werden, entsteht die einfache Äquivalentform im Verhältnis zweier Waren zueinander, indem der in der ersten Ware eingeschlossene Widerspruch zwischen ihrem Gebrauchswert und ihrem Wert gelöst wird. Im Verlauf der weiteren Entwicklung der Wertformen ist dieser den Waren immanente Widerspruch zwischen dem Gebrauchswert und dem Wert vorausgesetzt, während der Widerspruch zwischen der Allgemeinheit des Werts und seinen jeweiligen unzulänglichen Erscheinungsformen in den Vordergrund rückt. Dies gilt auch noch für die allgemeine Äquivalentform, die durch die per theoretische Abstraktion vorgenommene Umkehrung der entfalteten Wertform entwickelt wird. Damit bleibt aber noch offen, wie das allgemeine Äquivalent bzw. das Geld innerhalb des aus dem Austausch der Waren bestehenden praktisch-gesellschaftlichen Prozesses entsteht. Soll dies erklärt werden, dann muss man zu einer Situation innerhalb des Austauschs zurückgehen, worin es weder das Geld noch die preisbestimmten, sich bereits auf das Geld beziehenden Waren gibt, sondern diese sich nur als bloße Einheiten von Gebrauchswert und Wert gegenüberstehen. So wichtig das Setzen und Lösen des Widerspruchs im Verhältnis zweier Waren zueinander ist, wichtiger ist das Setzen und Lösen des Widerspruchs im Austauschprozess. Wie im Verhältnis zweier Waren zueinander, so wird auch im Verhältnis aller Waren zueinander der der Ware immanente Gegensatz als ein äußerer gesetzt, worin einmal eine Ware ihren Wert im Gebrauchswert einer anderen und ein andermal alle Waren ihren Wert im Gebrauchswert einer im wirklichen Austauschprozess gemeinsam von ihnen ausgeschlossenen dritten Ware darstellen.

Wenn es nach Fulda ginge, existierte das Geld bereits schon, bevor es im praktisch-gesellschaftlichen Prozess, nämlich im Austausch, entstanden ist. Die Entstehung des Geldes im Austauschprozess wird im ersten Kapitel des »Kapital« nur nach einer Seite hin aufgedeckt. Die im ersten Kapitel zwecks Herstellung der allgemeinen Äquivalentform nur vom wissenschaftlichen Bewusstsein durchführbare Umkehrung der entfalteten Wertform verwechselt Fulda mit der Entstehung des Geldes im wirklichen Austauschprozess, in dem es niemanden gibt, der aufgrund seiner Einsicht in den den Waren immanenten Widerspruch zwischen dem Gebrauchswert und dem Wert eine Entwicklung der Wertformen geben könnte, um dadurch deutlich zu machen, warum es ein allgemeines Äquivalent geben muss.

---

82 Ebd.

Entgegen Fuldas Auffassung gilt: Weder das Entstehen einer gesellschaftlichen Form der Arbeit noch die Überleitung von einer gesellschaftlichen Form der Arbeit zur nächsten ist denkbar, ohne im Verlauf der Entwicklung der ökonomischen Kategorien einen »wirklichen Widerspruch«[83] aufzudecken. Den ausdrücklichen Formulierungen von Marx, in denen er die ganze Warenzirkulation durch und durch als Formbewegung begreift, worin sich der Widerspruch zwischen dem Gebrauchswert und dem Wert löst, widerspricht Fulda schon, wenn er seine Betrachtung über die Bedeutungslosigkeit des reell existierenden Widerspruchs zwischen dem Gebrauchswert und dem Wert mit den Worten krönt: »Marx weist nur darauf hin, daß die Entwicklung der Ware die Widersprüche, die der Austauschprozeß einschließt, nicht aufhebe, aber die Form schaffte, worin sie sich bewegen können; und daß dies überhaupt die Methode sei, wodurch sich wirkliche Widersprüche lösen.«[84]

Alles, was in diesem von Fulda verkürzt paraphrasierten Passagen aus dem »dritten Kapitel« steht, hat Marx in jedem der ersten drei Kapitel des »Kapital« konkret ausgeführt. Da Fulda die in drei Schritten vorangehende Darstellung der Warenzirkulation als ebenso vielen Schritten des Nachvollzugs der in der Warenzirkulation eingeschlossenen Entstehung des Geldes unerklärt lässt, versteht es sich von selbst, wenn er über den Satz, mit dem Marx zusammenfassend auf die Formen eingeht, worin sich der Widerspruch zwischen dem Gebrauchswert und dem Wert bewegt, schreibt: »Der Satz könnte viel zu denken veranlassen.«[85] Da es Fulda aber entgangen ist, dass es in den drei zur Diskussion stehenden Kapiteln des »Kapital« um nichts anderes als um diesen »Satz« geht, sieht er sich veranlasst, selbst etwas vorzuschlagen: »Ich möchte vorschlagen, ihn (jenen Satz – D. W.) als Hinweis auf eine Auffassung zu nehmen, die ich nur noch in Gestalt zweier Thesen formulieren kann.«[86] Fulda bezieht sich in seinen beiden Thesen auf folgenden Tatbestand: Mit dem Nachvollzug des lebendigen, prozessierenden doppelseitig-polarischen Gegensatzes von Ware und Geld als dem Prozess, in dem sich der Widerspruch zwischen Gebrauchswert und Wert ebenso sehr verwirklicht wie löst, hat Marx zugleich die Möglichkeit der »Krise« aufgedeckt.

Die von Fulda als Instabilität bezeichnete Krise, durch die nach ihm das System »zu kollabieren verdammt ist«,[87] ist, was Fulda gern glauben machen möchte, überhaupt nicht der Gegenstand der auf den drei Abstraktionsstufen erfolgenden Darstellung der Warenzirkulation, sondern eine in die Bewegungsform des Widerspruchs zwischen dem Gebrauchswert und dem Wert eingeschlossene Konsequenz. Gegen Fuldas Trennung der Möglichkeit der Krise von der Entwicklung des Widerspruchs zwischen dem Gebrauchswert und dem Wert als der Entwicklung von ökonomisch-

---

[83] H.F. Fulda, Dialektik als Darstellungsmethode ..., a.a.O., S. 214.
[84] Ebd., S. 215f.
[85] Ebd., S. 216.
[86] Ebd.
[87] Ebd.

gesellschaftlichen Prozessen, worin dieser sowohl gesetzt als auch gelöst wird, muss betont werden: Da die Warenzirkulation als der lebendige, prozessierende doppelseitig-polarische Gegensatz von Ware und Geld aus Formen besteht, worin sich der Widerspruch zwischen dem Gebrauchswert und dem Wert der Waren bewegt, ist die Möglichkeit einer Krise gegeben. Zeigt sich in der Krise schlagend die historische Vergänglichkeit der bürgerlichen Gesellschaft und deutet sich durch sie »foreshadowing der Zukunft, werdende Bewegung« an, dann deswegen, weil die gesellschaftliche Einheit der Arbeit – das Kapital – die konkreteste Lösungsbewegung des Widerspruchs zwischen dem Gebrauchswert und dem Wert der Ware ist.

Fulda nimmt an, Marx wolle mit einer Beschreibung von Widersprüchen, die der Entwicklung der ökonomisch-gesellschaftlichen Formen äußerlich ist, darauf aufmerksam machen, was man unter »Krise« bzw. unter der »Instabilität des bürgerlichen Systems« verstehen könnte. Auf dem hiermit bezeichneten Hintergrund seines Herunterspielens des reell existierenden Widerspruchs und seiner Formen, worin dieser sich bewegt, suggeriert Fulda, Marx wolle der bürgerlichen Gesellschaft etwas andichten, was ihr an und für sich nicht zukommt, ihr, um es mit Hegel zu sagen, »die Krätze anhängen, um sie kratzen zu können«.[88]

---

[88] G.W.F. Hegel, Enzyklopädie III, a.a.O., Bd. 10, S. 391.

Teil 4
Der doppelseitig-polarische Gegensatz von Ware und Geld als Bewegungsform des Widerspruchs zwischen dem Gebrauchswert und dem Wert

Kapitel 1
Die Ausgangssituation des Austauschs und der Widerspruch zwischen dem Gebrauchswert und dem Wert der Waren

Da sich in der Ausgangssituation des Austauschs die Menschen als Besitzer der einfachen, noch nicht preisbestimmten Waren gegenüberstehen, ist sie auch die unentwickeltste praktisch-gesellschaftliche Situation innerhalb der bürgerlichen Gesellschaft. Die nächste, auf die Ausgangssituation des Austauschs folgende und ihr gegenüber weiterentwickelte praktisch-gesellschaftliche Situation besteht aus der Ausgangssituation der Warenzirkulation. In ihr stehen sich die Menschen als Besitzer von Waren gegenüber, die einen Preis haben, worin ihr Wert als Gleichheit mit der ihnen gegenüberstehenden allgemeinen Äquivalentware ausgedrückt ist. Während die Ausgangssituation der Warenzirkulation auf der Oberfläche der bürgerlichen Gesellschaft vor aller Augen sichtbar ist, ist die Ausgangssituation des Austauschs unsichtbar hinter den erscheinenden Formen des Werts in der Warenzirkulation verborgen. Der Austausch der Waren ist in der bürgerlichen Gesellschaft immer schon über das den Waren selbständig gegenüberstehende Geld vermittelt, so dass es auch keine Menschen mehr gibt, die sich als Besitzer der einfachen, noch nicht preisbestimmten Waren gegenüberstehen.

Die sich in der Ausgangssituation der Warenzirkulation gegenüberstehenden Waren sind zum einen reell hinter der sachlichen Hülle ihres Gebrauchswerts verborgen Wert, zum anderen drücken sie äußerlich sichtbar ihren Wert im Preis durch die Gleichheit mit der den Waren gegenüberstehenden allgemeinen Äquivalentware aus. Es ist daher einfach, die Waren als reell existierende Einheiten von Gebrauchswert und Wert unter Abstraktion von den Warenbesitzern und von dem den Waren selbständig gegenüberstehenden Geld festzuhalten. Dagegen ist es schwierig, auf die Menschen als Besitzer der einfachen, noch nicht preisbestimmten Waren einzugehen, weil diese für sie nicht existieren und daher auch nicht in ihrem Bewusstsein erscheinen. In der Ausgangssituation des Austauschs, zu der um der Erklärung des Geldes willen zurückgegangen werden muss, stehen sich die einfachen Waren als bloße Einheiten von Gebrauchswert und Wert gegenüber, wobei der das Geld allererst hervortreibender Austausch nur stattfindet, wenn er von den Menschen bewerkstelligt wird bzw. wenn er eine gesellschaftliche Tat der Menschen ist.

Der Austausch der einfach bestimmten Waren ist wie jeder andere gesellschaftliche Prozess, der sich im Verhalten der Menschen zueinander durchsetzt, durch das Bewusstsein der Menschen vermittelt. Der Austausch der einfach bestimmten Waren kann daher nicht betrachtet werden, ohne darauf einzugehen, was den Menschen an den Waren als bloßen Einheiten von Gebrauchswert und Wert bewusst ist und was ihnen unbewusst bleibt. Dies heißt aber nichts anderes, als dass man analysieren muss, was in den Köpfen der Menschen vor sich geht, wenn sie sich als Besitzer der einfachen, noch nicht preisbestimmten Waren gegenüberstehen würden.

In der Ausgangssituation der Warenzirkulation ist das, was den Menschen als Besitzern der preisbestimmten Waren von der ökonomisch-gesellschaftlichen Wirklichkeit bewusst und unbewusst gegeben ist, durch das Geld bestimmt. Der »falsche Schein« bzw. das Rätselhafte des Geldes zeichnet sich dadurch aus, dass der vermittelnde Prozess, worin es dazu kommt, dass sich der Wert aller Waren im Gebrauchswert einer von ihnen verschiedenen dritten Ware darstellt, die hierdurch als Wert gilt, ausgelöscht ist, weshalb dem Geld die gesellschaftliche Eigenschaft der unmittelbaren Austauschbarkeit von Natur aus zuzukommen scheint wie irgendeine seiner physischen Eigenschaften. Indem sich so für die Warenbesitzer die gesellschaftlichen Charaktere ihrer Arbeit als gesellschaftliche Charaktere eines Dings darstellen, ist für sie nicht mehr sichtbar, dass es sich im Geld um ihr eigenes Produktionsverhältnis handelt, das in Form eines Dings ihnen selbständig gegenübersteht. Der »falsche Schein« bzw. »die prosaisch reelle Mystifikation«, die darin besteht, dass der gesellschaftliche Charakter der Arbeit verdreht als spezifische Eigenschaft eines Dings erscheint, unterscheidet sich nicht prinzipiell von dem »falschen Schein« bzw. der »prosaisch reell existierenden Mystifikation« der einfachen, noch nicht preisbestimmten Waren, die sich in der Ausgangssituation des Austauschs gegenüberstehen. Im »falschen Schein« des Geldes hat sich lediglich der »falsche Schein« der einfachen Waren weiterentwickelt. Dass bereits im einfachsten Wertausdruck ein Ding die »Äquivalentform unabhängig von dieser Beziehung als gesellschaftliche Natureigenschaft zu besitzen scheint(,) ... ist vollendet, sobald die allgemeine Äquivalentform mit der Naturalform einer besondren Warenart verwachsen oder zur *Geldform* (Hervorhebung – D. W.) kristallisiert ist«.[1] »Die Schwierigkeit im Begriff der Geldform beschränkt sich auf das Begreifen der allgemeinen Äquivalentform, also der allgemeinen Wertform überhaupt, der Form III. Form III löst sich rückbezüglich auf in Form II, die entfaltete Wertform, und ihr konstituierendes Element ist Form I: 20 Ellen Leinwand = 1 Rock oder x Ware A = y Ware B. Die *einfache Warenform* ist daher der *Keim der Geldform*«[2] (Hervorhebungen – D. W.). »Das Rätsel des Geldfetischs ist daher nur das sichtbar gewordne, die Augen blendende Rätsel des Warenfetischs.«[3]

---

[1] Das Kapital, MEW 23, a.a.O., S. 107.
[2] Ebd., S. 85.
[3] Ebd., S. 108.

Was den Warenbesitzern von ihren eigenen gesellschaftlichen Verhältnissen in der Form des Geldes auf eine entwickelte mystisch-verdrehte Weise gegeben ist, ist ihnen auch auf eine einfache, unentwickelte mystisch-verdrehte Weise in den Beziehungen der einfachen, noch nicht preisbestimmten Waren zueinander gegeben. Der »falsche Schein« ist durch die Verwandlung der Arbeitsprodukte in Waren bzw. durch den Wert und durch die im Verhältnis der Waren zueinander erscheinenden Formen des Werts bestimmt. Da die einfache Warenform die Keimform des Geldes ist, braucht man sich also nur an den Wert und die Wertform zu halten, um exakt bestimmen zu können, auf welche unbewusst-bewusste Weise den Warenbesitzern in der Ausgangssituation des Austauschs die einfachen, noch nicht preisbestimmten Waren gegeben sind.

Zwischen der Ausgangssituation des Austauschs und der Ausgangssituation der Warenzirkulation liegt der Austausch der einfachen, nicht preisbestimmten Waren. Die Ausgangssituation der Warenzirkulation ist das Resultat dieses Austauschprozesses, weil er die »gesellschaftliche Tat« ist, die »eine bestimmte Ware zum allgemeinen Äquivalent« macht. Wie die Ausgangssituation des Austauschs die einfachste praktisch-gesellschaftliche Situation ist, weil in ihr die Waren als einfache Einheiten von Gebrauchswert und Wert aufeinander bezogen werden, so ist die Ausgangssituation der Warenzirkulation eine bereits entwickelte praktisch-gesellschaftliche Situation, weil sich in ihr die Waren zum einen als Werte an der allgemeinen Äquivalentware messen, zum anderen einen Preis erhalten, in dem ihr Wert als ideelles Gleichsein mit der allgemeinen Äquivalentware ausgedrückt wird. In beiden Ausgangssituationen als ebenso vielen praktisch-gesellschaftlichen, in der bürgerlichen Gesellschaft enthaltenen Situationen sind den Warenbesitzern ihre eigenen gesellschaftlichen Verhältnisse auf die bereits beschriebene und noch weiter zu analysierende unbewusst-bewusste Weise gegeben.

Worauf hier besonders abgehoben werden soll, ist, dass die Menschen von einer unentwickelten praktisch-gesellschaftlichen Situation aus auf eine unbewusst-bewusste Weise durch ihr Verhalten und ihre »Köpfe« hindurch eine entwickeltere praktisch-gesellschaftliche Situation schaffen, worin sie sich als Repräsentanten, Personifikationen, der von ihnen selbst geschaffenen entwickelteren Formen der gesellschaftlichen Arbeit aufeinander beziehen.

In zweifacher Hinsicht ist die Ausgangssituation des Austauschs selbst schon ein Resultat:

l. Wie die innerhalb vor-kapitalistischer Verhältnisse vorkommende unentwickelte Warenzirkulation, so ist auch die in der bürgerlichen Gesellschaft allgemein vorherrschende entwickelte Warenzirkulation das Resultat eines vergangenen historisch-gesellschaftlichen Prozesses. Welche Rolle immer auch die Warenzirkulation bei der Entstehungsgeschichte der bürgerlichen Gesellschaft gespielt hat, so herrscht sie allgemein nur dann vor, wenn der Scheidungsprozess der unmittelbaren Produzenten von den Produktionsmitteln bzw. die Trennung der Produzenten als Eigentümer ihrer Arbeitskraft und der Kapitalisten als Eigentümer der Produktionsmittel abgeschlossen ist. Auf den Unterschied zwischen dem Werden der bürgerlichen Gesellschaft und der Reproduktion auf ihren gegenwärtigen Grundlagen soll hier nicht weiter eingegangen werden, vielmehr soll nur darauf aufmerksam gemacht werden, dass mit der Warenzirkulation auch die darin eingeschlossene unsichtbare Ausgangssituation des Austauschs der einfachen, nicht preisbestimmten Waren als Resultat des historischen Entstehungsprozesses des Kapitalverhältnisses unterstellt ist.

2. Die zweite Hinsicht, in der die Ausgangssituation des Austauschs als Resultat betrachtet werden soll, besteht aus dem, was in der Beziehung der einfachen, noch nicht preisbestimmten Waren aufeinander bereits an gesellschaftlicher Vermittlung enthalten ist:

Wie bereits der Wert selbst, so drücken auch die in der Beziehung der einfach bestimmten Waren zueinander enthaltenen Wertformen wie die relative und die Äquivalentform aus, auf welche historisch-spezifische Weise es um die proportionelle Verteilung der Gesamtarbeit auf die einzelnen Arbeiten und um die Herstellung von deren gesellschaftlich-allgemeiner Form geht. Das Einfachste, was mit der Warenzirkulation als historisch gewordenem gesellschaftlichem Verhältnis vorausgesetzt wird, ist die Verwandlung der Arbeitsprodukte in Waren bzw. der Tatbestand, dass die Arbeitsprodukte als Vergegenständlichungen abstrakt-menschlicher Arbeit gleichgesetzt werden. Insofern die Arbeitsprodukte außerhalb des Austauschs nur konkret-nützliche, mit physischen Eigenschaften ausgestattete Dinge sind, ist es der Austausch, der sie darüber hinaus in Werte verwandelt. In diesem Sinne ist der Wert das *Resultat des Austauschs der Arbeitsprodukte*. Mit der Warenzirkulation als der abstrakten Sphäre der bürgerlichen Gesamtreproduktion wird auch historisch diese Verwandlung der Arbeitsprodukte in Waren und damit der Wert als das vorausgesetzt, worauf der Austausch beruht. Was die Arbeitsprodukte innerhalb des Austauschs auf die einfachste, abstrakt-allgemeinste Weise von dem unterscheidet, was sie außerhalb des Austauschs sind, ist der Wert. Abgesehen davon, dass aus dem Austausch als dem Prozess, worin die Arbeitsprodukte gleichgesetzt werden, erklärt wird, dass der Wert die Vergegenständlichung der abstrakt-menschlichen Arbeit ist, wird bei der Betrachtung des Austauschs vorausgesetzt, dass sich die Waren in Werte verwandelt haben. Daher geht es nur noch darum, warum und auf welche Weise der Wert im Austausch eine von ihm selbst und dem Gebrauchswert der Ware verschiedene Wertform bzw. eine aus dem Gebrauchwert einer andere Ware bestehende Erscheinungsform erhalten muss. »Der Austauschprozeß gibt der Ware, die er in Geld verwandelt, nicht ihren Wert, sondern ihre spezifische Wertform.«[4] »Die Wertform des Arbeitsprodukts ist die abstrakteste, aber auch allgemeinste Form der bürgerlichen Produktionsweise, die hierdurch als

4 Ebd., S. 105.

eine besondere Art gesellschaftlicher Produktion und damit zugleich historisch charakterisiert wird.«[5, 6]

Indem die Arbeitsprodukte als Werte gleichgesetzt werden, wird die in ihnen steckende konkret-nützliche Arbeit als abstrakt-menschliche Arbeit gleichgesetzt, so dass diese zu deren gesellschaftlich-allgemeiner Form wird; der gesellschaftlich notwendige Teil, den die einzelne konkret-nützliche Arbeit an der Gesamtarbeit darstellt, nimmt die Form eines bestimmten Quantums der in den Arbeitsprodukten vergegenständlichten abstrakt-menschlichen Arbeit an. Dass es auf diese Weise im Austausch um die gesellschaftlichen Charaktere der Arbeiten geht, ist ebenso sehr etwas, was sich in dem Verhältnis der Warenbesitzer zueinander abspielt, wie es diesen – bei allem, was ihnen von ihren Waren als Einheiten von Gebrauchswert und Wert bewusst ist – *unbewusst* bleibt.

Es ist wichtig zu sehen, dass sich die Menschen bereits in der Ausgangssituation des Austauschs bewusst zu ökonomischen Formen als ebenso vielen gesellschaftlichen Formen der Arbeit verhalten, die für sie unbewusst in ihrem auf den Austausch der Arbeitsprodukte ausgerichteten Verhalten zueinander entstanden sind. Hiermit sind die Bedingungen dafür angegeben zu erklären, wie die Menschen von einer in der Warenzirkulation eingeschlossenen unentwickelten Situation (Ausgangssituation des Austauschs) aus durch das über den Austausch ihrer Arbeitsprodukte vermittelte Verhalten zueinander eine entwickeltere praktisch-gesellschaftliche Situation (Ausgangssituation der Warenzirkulation) schaffen, worin sie sich bewusst zu dem unbewusst von ihnen selbst in ihrem eigenen Verhalten zueinander geschaffenen entwickelteren ökonomisch-gesellschaftlichen Formen verhalten. Was die der Warenzirkulation immanente Entwicklung anbelangt, so sind sowohl die Beweggründe des Handelns, die den Menschen bewusst sind, als auch diejenigen, die ihnen unbewusst sind, in der Ausgangssituation des Austauschs enthalten. Wie das »Rätsel des Geldfetischs ... nur das sichtbar gewordne, die Augen blendende

---

[5] Ebd., S. 95, Fn. 32.

[6] Da Marx hier darauf abhebt, dass es innerhalb der Warenzirkulation noch etwas Einfacheres als das Geld gibt, wodurch die bürgerliche Produktionsweise bereits historisch charakterisiert wird, lässt er entweder den Unterschied zwischen Wert und der Wertform als seine einfachste Erscheinungsform im Verhältnis zweier Waren zueinander außer Acht oder er meint mit der »Wertform des Arbeitsprodukts« dessen Wert. Hierfür spräche zweierlei: Einmal wirft Marx der klassischen Ökonomie vor, »daß es ihr nie gelang, aus der Analyse der Ware und spezieller des Warenwerts die Form des Werts, die ihn eben zum Tauschwert macht, herauszufinden«[a]. Zum anderen hatte Marx bereits vorher festgestellt: »Wenn es im Eingang dieses Kapitels in der gang und gäbe Manier hieß: Die Ware ist Gebrauchswert und Tauschwert, so war dies, genau gesprochen,falsch. Die Ware ist Gebrauchswert oder Gebrauchsgegenstand und ›Wert‹. Sie stellt sich dar als dies Doppelte, was sie ist, sobald ihr Wert eine eigne, von ihrer Naturalform verschiedene Erscheinungsform besitzt, die des Tauschwerts, und sie besitzt diese Form niemals isoliert betrachtet, sondern stets nur im Wert- oder Austauschverhältnis zu einer zweiten, verschiedenartigen Ware. Weiß man das jedoch einmal, so tut jene Sprechweise keinen Harm, sondern dient zur Abkürzung.«[b]

a) Das Kapital, MEW 23, a.a.O., S. 95, Fn. 32.

b) Ebd., S. 75.

Rätsel des Warenfetischs« ist, so bleibt den Warenbesitzern all das, was ihnen vom Wert ihrer Waren unbewusst bleibt, auch dann noch unbewusst, wenn ihnen der Wert der Waren in der Form des von den Waren getrennten Geldes selbständig gegenübertritt.

Auf der Oberfläche der Warenzirkulation bzw. in ihrer Ausgangssituation sind den Warenbesitzern ihre Waren nicht mehr als Einheiten von Gebrauchswert und Wert, sondern immer schon in einer das Geld voraussetzenden preisbestimmten Weise gegeben. Sie können daher auch nicht die Vorstellung entwickeln, es gäbe eine einfachere, dem Geld gegenüber unentwickeltere ökonomisch-gesellschaftliche Form. Das Geld ist die einfachste ökonomische Form, auf die sich die Warenbesitzer in der Warenzirkulation bewusst beziehen. Den Warenbesitzern ist der Zusammenhang zwischen den einfach bestimmten Waren und dem Geld verborgen bzw. sie wissen nichts davon, dass der Wert der Waren in ihrem Aufeinanderwirken als Einheiten von Gebrauchswert und Wert im Gebrauchswert einer Ware eine besondere Erscheinungsform erhält.

Marx geht von der Ausgangssituation der Warenzirkulation zur Ausgangssituation des Austauschs zurück, in der sich nicht nur die Waren als bloße Einheiten von Gebrauchswert und Wert, sondern auch die Menschen als deren Besitzer gegenüberstehen und aufeinander beziehen. Da es die Ausgangssituation des Austauschs ist, worin mit den Waren als Einheiten von Gebrauchswert und Wert die Bedingungen für die Entwicklung des Geldes vorhanden sind, könnte man meinen, die Menschen als Besitzer dieser einfach bestimmten Waren könnten aus der Ausgangssituation des Austauschs voraussehen, dass es in dessen praktischem Vollzug zur Entstehung des Geldes kommt. Dies wäre möglich, wenn die Warenbesitzer wüssten, was der Wert ist, und träfe dies wiederum zu, dann wüssten die Menschen auch, um was es hinsichtlich der proportionellen Verteilung der Gesamtarbeit und der Herstellung des gesellschaftlich-allgemeinen Charakters der einzelnen konkret-nützlichen Arbeit in ihrem gesellschaftlichen Zusammenhang geht. Sie würden dann dafür sorgen, dass hierüber nicht mehr der Austausch der Arbeitsprodukte, sondern ein gesellschaftlicher Lebensprozess entscheidet, dessen Gestalt das »Produkt frei vergesellschafteter Menschen« ist, »unter deren bewußter planmäßiger Kontrolle« sie steht.[7]

Nun ist es aber, wie die Auseinandersetzung mit dem Warenfetisch zeigte, so, dass alles, was die Warenbesitzer vom Wert ihrer Ware wissen, weit von dem entfernt ist, was der Wert tatsächlich ist. Zu der Art und Weise, wie die Warenbesitzer in der Ausgangssituation des Austauschs die einfach bestimmten Waren aufeinander beziehen, gehört, dass sie diese so behandeln, wie sie in relativer Wertform und Äquivalentform stehen. Zusammen mit dem, was der Wert der Qualität nach bedeutet, bleibt der Reichweite des Bewusstseins der Warenbesitzer auch entzogen,

---

[7] Ebd., S. 94.

dass sich der Wert im Gebrauchswert einer anderen Ware darstellen muss. Die unmittelbare Austauschbarkeit, die auf der Darstellung des Werts im Gebrauchswert beruht, wird von den Warenbesitzern als gesellschaftliche Natureigenschaft der Arbeitsprodukte ausgegeben.

Indem den Warenbesitzern sowohl die gesellschaftlichen Charaktere der Arbeit, um die es im Wert geht, als auch die Durchsetzungs- und Entwicklungsformen des Werts unbewusst bleiben, bleiben ihnen in ihrem eigenen Verhalten zueinander und zu ihren Arbeiten auch die Durchsetzungs- und Entwicklungsformen der gesellschaftlichen Charaktere ihrer Arbeiten unbewusst. Die Durchsetzungs- und Entwicklungsformen, die bereits in ihrer einfachsten Gestalt in der Beziehung der einfachen, noch nicht preisbestimmten Waren zueinander enthalten sind, insofern in dieser Beziehung die relative Wertform, die entfaltete Wertform und – in einer widersprüchlichen sie aufhebenden Weise – sogar die allgemeine Äquivalentform enthalten sind, liegen außerhalb der Reichweite des Bewusstseins der Warenbesitzer. Für sie ist der Wert weder die Vergegenständlichung der abstrakt-menschlichen und in dieser Form gesellschaftlich-allgemeinen Arbeit noch ergibt sich für sie daraus die Notwendigkeit, dass sich der Wert im Gebrauchswert einer anderen Ware darstellen muss, der hierdurch die ihm selbst fremde gesellschaftliche Rolle des Äquivalents spielt.

Indem die Warenbesitzer hierdurch bedingt die Werteigenschaft bzw. die gesellschaftliche Eigenschaft der Austauschbarkeit als eine gesellschaftliche Natureigenschaft ausgeben, ist für sie der Widerspruch zwischen dem Gebrauchswert und dem Wert der Waren nicht so gegeben, dass sie das Sich-Darstellen des Werts im Gebrauchswert einer anderen Ware als Lösungsform begreifen. Bleibt den Warenbesitzern hiermit die erste Durchsetzungs- und erste Entwicklungsform des Werts unbewusst, dann bleiben ihnen auch die Entwicklungs- und Durchsetzungsformen des Werts insgesamt unbewusst, die der praktisch sich vollziehende Austauschprozess der einfach bestimmten Waren mit sich bringt – kurz, es bleibt ihnen unbewusst, dass in der die Waren wirklich als Einheiten von Gebrauchswert und Wert aufeinander beziehenden gesellschaftlichen Tat das Geld entsteht.

In der unsichtbar in der Warenzirkulation eingeschlossenen Ausgangssituation des Austauschs, zu der Marx um der Erklärung der Entstehung des Geldes willen zurückgehen muss, ist auf einfachste Weise enthalten, worum es im Austausch hinsichtlich der proportionellen Verteilung der Gesamtarbeit und hinsichtlich der Herstellung des gesellschaftlich-allgemeinen Charakters der einzelnen konkret-nützlichen Arbeiten geht. Dies ist gleichbedeutend damit, dass der praktische Vollzug des Austauschs als dem wirklichen Hände- bzw. Stellenwechsel der Waren, worin sie sich in wechselseitiger Abhängigkeit voneinander als Werte und Gebrauchswerte bewähren müssen, noch bevorsteht. Wird der Austausch von seiner Ausgangssituation aus, worin sich die Waren als Einheiten von Gebrauchswert und Wert aufeinander beziehen, praktisch vollzogen, dann werden die proportionelle

Verteilung der Gesamtarbeit und die Herstellung des gesellschaftlich-allgemeinen Charakters der konkret-nützlichen Arbeiten derart praktisch vollzogen, dass der zwischen dem Gebrauchswert und dem Wert der Waren bestehende Widerspruch gelöst wird, indem die »gesellschaftliche Aktion aller andren Waren ... eine bestimmte Ware«[8] ausschließt, »worin sie allseitig ihre Werte darstellen«.[9]

Die Untersuchung der Ausgangssituation des Austauschs dreht sich um den Unterschied zwischen der Beziehung der Waren als Einheiten von Gebrauchswert und Wert zueinander und dem, was von dieser Beziehung den Warenbesitzern bewusst und auf die durch den Warenfetisch bedingte Weise unbewusst ist. Wie dieser Unterschied im Einzelnen aussieht, hängt von der unterschiedlichen Weise ab, wie sich die Waren im Austausch jeweils als Gebrauchswerte und Werte verhalten. Die Waren sind nämlich nicht als Gebrauchswerte, sondern nur als Werte austauschbar, nur als Äquivalente, und Äquivalente sind sie nur als gleiche Quanta vergegenständlichter Arbeitszeit, so dass »alle Rücksicht auf ihre natürlichen Eigenschaften als Gebrauchswerte und daher auf das Verhältnis der Waren zu besondern Bedürfnissen ausgelöscht ist. Als Tauschwert betätigt sich eine Ware vielmehr, indem sie als Äquivalent beliebig bestimmtes Quantum jeder andern Ware ersetzt, gleichgültig, ob sie für den Besitzer der andern Ware Gebrauchswert ist oder nicht ist.«[10] Indem jede Ware sich einer anderen gleichsetzt, drückt sie ihren Wert im Gebrauchswert der anderen Ware aus, verwandelt diesen hierdurch in die Erscheinungsform ihres Werts. »Der Gebrauchswerth einer Waare existirt überhaupt nur für eine andre Waare, soweit er in dieser Weise zur Erscheinungsform ihres Werths dient«[11] bzw. »daß ihr jeder andre Warenkörper nur als Erscheinungsform ihres eignen Werts gilt. Geborner Leveller und Zyniker, steht sie daher stets auf dem Sprung, mit jeder andren Ware, sei selbe auch ausgestattet mit mehr Unannehmlichkeiten als Maritorne, nicht nur die Seele, sondern den Leib zu wechseln.«[12]

»Eine Ware kann als Gebrauchswert nur an den veräußert werden, für den sie Gebrauchswert ist, d.h. Gegenstand besondern Bedürfnisses. Andrerseits wird sie nur veräußert gegen eine andre Ware, oder, wenn wir uns auf die Seite des Besitzers der andern Ware stellen, kann er seine Ware ebenfalls nur veräußern, d.h. verwirklichen, indem er sie in Kontakt mit dem besondern Bedürfnis bringt, dessen Gegenstand sie ist. In der allseitigen Entäußerung der Waren als *Gebrauchswerte* werden sie daher aufeinander bezogen nach ihrer *stofflichen Verschiedenheit* (Hervorhebung – D. W.) als besondre Dinge, die durch ihre spezifischen Eigenschaften besondre Bedürfnisse befriedigen. Aber als solche bloße Gebrauchswerte

---

8 Ebd., S. 101.
9 Ebd.
10 Zur Kritik der Politischen Ökonomie, MEW 13, a.a.O., S. 30.
11 Das Kapital, 1. Auflage, MEGA II/5, a.a.O., S. 32.
12 Das Kapital, MEW 23, a.a.O., S. 100.
13 Zur Kritik der Politischen Ökonomie, MEW 13, a.a.O., S. 29f.

sind sie gleichgültige Existenzen füreinander und vielmehr *beziehungslos* (Hervorhebung – D. W.). Als Gebrauchswerte können sie nur ausgetauscht werden, in Beziehung auf besondre Bedürfnisse.«[13]

Während für die sich als Werte gesellschaftlich bzw. wirklich aufeinander beziehenden Waren »alle Rücksicht auf ihre natürlichen Eigenschaften als Gebrauchswerte und daher auf das Verhältnis der Waren zu besondern Bedürfnissen ausgelöscht ist«, sieht dies für die Warenbesitzer anders aus: »Was den Warenbesitzer namentlich von der Ware unterscheidet, ist der Umstand, daß ...« er den »der Ware mangelnden Sinn für das Konkrete des Warenkörpers ergänzt ... durch seine eignen fünf und mehr Sinne.«[14] Durch diese bedingt, existiert für den Warenbesitzer der Gebrauchswert einer Ware als Gegenstand zur Befriedigung seiner Bedürfnisse. Den Warenbesitzern vermag also bewusst zu sein, welche Gebrauchswerte der Waren ihre Bedürfnisse befriedigen und welche nicht. So ist dem mit seinen fünf und mehr Sinnen ausgestatteten Warenbesitzer auch bewusst, dass seine »Ware ... für ihn keinen unmittelbaren Gebrauchswert« hat. »Sonst führte er sie nicht zu Markt. Sie hat Gebrauchswert für andre.«[15]

Warenzirkulation gibt es nicht, ohne dass Menschen wechselseitig füreinander Gebrauchswerte produzieren; die Menschen können aber wechselseitig Gebrauchswerte füreinander produzieren, ohne dass es eine Warenzirkulation gibt. »Wer durch sein Produkt sein eignes Bedürfnis befriedigt, schafft zwar Gebrauchswert, aber nicht Ware. Um Ware zu produzieren, muß er nicht nur Gebrauchswert produzieren, sondern Gebrauchswert für andre, gesellschaftlichen Gebrauchswert. (Und nicht nur für andre schlechthin. Der mittelalterliche Bauer produzierte das Zinskorn für den Feudalherrn, das Zehntkorn für den Pfaffen. Aber weder Zinskorn noch Zehntkorn wurden dadurch Ware, daß sie durch andre produziert waren. Um Ware zu werden, muß das Produkt dem andern, dem es als Gebrauchswert dient, durch den Austausch übertragen werden.) ... In der Gesamtheit der verschiedenartigen Gebrauchswerte oder Warenkörper erscheint eine Gesamtheit ebenso mannigfaltiger, nach Gattung, Art, Familie, Unterart, Varietät verschiedner nützlicher Arbeiten – eine gesellschaftliche Teilung der Arbeit. Sie ist Existenzbedingung der Warenproduktion, obgleich Warenproduktion nicht umgekehrt die Existenzbedingung gesellschaftlicher Arbeitsteilung. In der altindischen Gemeinde ist die Arbeit gesellschaftlich geteilt, ohne daß die Produkte zu Waren werden. ... Nur Produkte selbständiger und voneinander unabhängiger Privatarbeiten treten einander als Waren gegenüber.«[16]

Mit seinen »fünf und mehr Sinnen« ausgestattet, bezieht sich der Warenbesitzer bewusst sowohl auf den Gebrauchswert der eigenen Ware als auch auf den Ge-

---

14 Das Kapital, MEW 23, a.a.O., S. 100.
15 Ebd.
16 Ebd., S. 55 und S. 56f.

brauchswert der anderen Waren: Er weiß, dass nicht der Gebrauchswert seiner eigenen, sondern der Gebrauchswert einer anderen Ware, die sich in den Händen eines anderen Warenbesitzers befindet, ein Gegenstand ist, der sein Bedürfnis befriedigt. Der Warenbesitzer hat keinen Gebrauchswert für sich selbst, sondern einen Gebrauchswert für andere, einen gesellschaftlichen Gebrauchswert produziert. Dies bedeutet für ihn als gegen die anderen Warenbesitzer verselbständigten Privatproduzenten, dass er seinen Gebrauchswert gegen einen in fremder Hand befindlichen Gebrauchswert austauscht, der sein Bedürfnis befriedigt. Der Gebrauchswert kann einem Warenbesitzer nur dann als Tauschmittel dienen, wenn er die Bedürfnisse eines anderen Warenbesitzers befriedigt. »Eine Ware kann als Gebrauchswert nur an den veräußert werden, für den sie Gebrauchswert ist, d.h. Gegenstand besondern Bedürfnisses.«[17] Die Ware eines jeden Warenbesitzers hat – das Zustandekommen des Austauschs vorausgesetzt – nur Gebrauchswert für den Besitzer einer anderen Ware. »Für ihn hat sie unmittelbar nur den Gebrauchswert,[18] Träger von Tauschwert und so Tauschmittel zu sein. Darum will er sie veräußern für Ware, deren Gebrauchswert ihm Genüge tut. Alle Waren sind Nicht-Gebrauchswerte für ihre Besitzer, Gebrauchswerte für ihre Nicht-Besitzer. Sie müssen also allseitig die Hände wechseln. Aber dieser Händewechsel bildet ihren Austausch, und ihr Austausch bezieht sie als Werte aufeinander und realisiert sie als Werte. Die Waren müssen sich daher als Werte realisieren, bevor sie sich als Gebrauchswerte realisieren können. Andrerseits müssen sie sich als Gebrauchswerte bewähren, bevor sie sich als Werte realisieren können. Denn die auf sie verausgabte menschliche Arbeit zählt nur, soweit sie in einer für andre nützlichen Form verausgabt ist. Ob sie andren nützlich, ihr Produkt daher fremde Bedürfnisse befriedigt, kann aber nur der Austausch beweisen.«[19]

Was den Warenbesitzern an den Waren als Einheiten von Gebrauchswert und Wert unbewusst gegeben ist, bezieht sich auf den Wert.[20] Vom Wert wissen die Warenbesitzer nur soviel, wie sie wissen müssen, wenn sie ihre Waren als gegen andere Waren austauschbare behandeln. So hat sich in der Ausgangssituation des Austauschs ergeben, dass dieser dadurch die »*wirkliche* Beziehung der Waaren

---

17 Zur Kritik der Politischen Ökonomie, MEW 13, a.a.O., S. 29f.

18 Wenn Marx hier vom Gebrauchswert der Ware spricht, dann versteht er darunter die gesellschaftliche Funktion, die die Ware für ihren Besitzer aufgrund ihres Wertcharakters als ein gesellschaftliches, d.h. austauschbares Ding ausübt und nicht die Ware als ein Gebrauchswert, der ein Ding mit physischen Eigenschaften ist und dazu dient, die entsprechenden menschlichen Bedürfnisse zu befriedigen.

19 Das Kapital, MEW 23, a.a.O., S. 100f.

20 Die Warenbesitzer brauchen nicht alles von dem Gebrauchswert ihrer Ware zu wissen, d.h. zum Beispiel nichts von den Gesetzen der in ihnen ablaufenden physikalischen, chemischen Prozesse, auch nichts über die technologische Gestaltung des Arbeitsprozesses, worin der Gebrauchswert hergestellt wird. Worauf es hier ankommt, ist, dass es nicht die Ware als Gebrauchswert ist, durch den die Warenbesitzer ihr gesellschaftliches Verhältnis verkehrt begreifen.

aufeinander ist«,[21] dass in ihm die Waren nicht mehr nur in »theoretischer, gedachter« Weise »analytisch bald unter dem Gesichtspunkt des Gebrauchswerths, bald unter dem Gesichtspunkt des Tauschwerths betrachtet, sondern als ein Ganzes wirklich auf andere Waaren bezogen«[22] werden. Es wird nicht mehr, so wie Marx dies im ersten Kapitel tun konnte, der Gebrauchswert der Waren festgehalten, um zu verfolgen, wie sie sich unter dem Aspekt des Darstellens des Werts im Gebrauchswert, die Waren als Werte aufeinander beziehen; vielmehr geht es jetzt um den tatsächlich sich vollziehenden Hände- bzw. Stellenwechsel der Waren. Wie der Gebrauchswert seine Stelle wechselt bzw. aus der Hand des einen in die Hand des anderen Warenbesitzers übergeht, so muss auch der Wert die Gestalt des Gebrauchswerts einer anderen Ware, in der er sich darstellt, annehmen. Werden die Waren im Austauschprozess so als Ganzes wirklich aufeinander bezogen, dass sich die Waren sowohl als Werte wie auch als Gebrauchswerte realisieren müssen, dann wird im Austauschprozess auch der Widerspruch zwischen dem Gebrauchswert und dem Wert als ein in allen Waren enthaltener Widerspruch entwickelt.

Wenn Marx innerhalb der Darstellung des zweiten Kapitels auf diesen Widerspruch stößt, dann stellt er ihn so dar, wie er auch außerhalb der Reichweite des Bewusstseins der Warenbesitzer vorhanden ist. Zu dem, was an dem Widerspruch zwischen dem Gebrauchswert und dem Wert der Waren der Reichweite des Bewusstseins der Warenbesitzer entzogen ist, gehört alles, was Marx im ersten Kapitel über ihn und seine Lösungsbewegungen dargestellt hat. Die »theoretische, gedachte« Beziehung der Waren aufeinander ist ja nur das Resultat einer Abstraktion, die auf Basis der wirklichen Beziehungen der Waren zueinander vorgenommen wurde. Sie hat aus dem Austauschprozess etwas von dem aufgenommen, wie sich die Waren im Zuge des Setzens und Lösens des Widerspruchs zwischen dem Gebrauchswert und dem Wert als Werte verhalten, nämlich, dass die Waren ihre Werte jeweils im Gebrauchswert einer anderen Ware darstellen bzw. ausdrücken. Die Warenbesitzer wissen aber weder etwas vom Wert als der Vergegenständlichung der abstrakt-menschlichen und in dieser Form gesellschaftlich-allgemeinen Arbeit noch wissen sie, dass es in der wirklichen Beziehung der Waren zueinander darum geht, dass der Wert kraft seiner Gegenständlichkeit so gegenständlich wie ein Gebrauchswert existieren muss, ohne aber kraft seiner Gesellschaftlichkeit ein Gebrauchswert zu sein. Hiermit bleibt den Warenbesitzern auch verborgen, dass es sich bei der Realisation des Werts um die Realisation der Verselbständigung des Werts gegenüber dem Gebrauchswert handelt.

Im Anschluss an die Darstellung des Widerspruchs (auf S. 100/101 des »Kapital«) führt Marx die Untersuchung, wie den Warenbesitzern unbewusst-bewusst die Beziehung ihrer Waren zueinander gegeben ist, unter dem besonderen Aspekt

[21] Karl Marx, 1. Auflage, MEGA II/5, a.a.O., S. 51.
[22] Ebd.

fort, wie den Warenbesitzern unbewusst-bewusst der in jener Beziehung eingeschlossene Widerspruch zwischen dem Gebrauchswert und dem Wert gegeben ist. Da das den Warenbesitzern unbewusste Setzen und Lösen des Widerspruchs zwischen dem Gebrauchswert und dem Wert der Waren mit der im ersten Kapitel gegebenen Entwicklung der Wertform bereits feststeht, kann es nicht mehr – wie noch in »Zur Kritik der Politischen Ökonomie« – darum gehen, im Einzelnen zu verfolgen, wie sich der Widerspruch im Austausch so entwickelt, dass er eine Bewegungsform findet, worin er sich löst. Vielmehr braucht Marx nur noch zu erklären, dass es nur ein ganz bestimmter gesellschaftlicher Prozess sein kann, worin der Widerspruch zwischen dem Gebrauchswert und dem Wert der Waren sich entwickelt und eine Lösungsbewegung findet. Dies wiederum hängt von den Warenbesitzern ab, genauer von der durch den Widerspruch zwischen dem Gebrauchswert und dem Wert der Waren bedingten Weise, in der der Austauschprozess für sie gegeben ist.

Das, worum es bei der Entstehung des praktisch-gesellschaftlichen Prozesses geht, ist Folgendes: Handelt es sich bei ihm um den Austausch der einfach bestimmten Waren, worin sich die »Gesetze der Warennatur ... im Naturinstinkt der Warenbesitzer« betätigen, oder handelt es sich bei jenem praktisch-gesellschaftlichen Prozess um einen Denkprozess der Warenbesitzer, worin der Widerspruch zwischen dem Gebrauchswert und dem Wert der Waren so gegenwärtig ist, dass die Warenbesitzer – sei es in einem unbewusst, sei es in einem bewusst ausgeführten Denkakt – in der Lage sind, die Lösungsbewegung des Widerspruchs zwischen dem Gebrauchswert und dem Wert der Waren »in ihren Köpfen« zustande zu bringen, zu antizipieren.

Marx will zeigen, dass die aus dem Sich-Darstellen des Werts aller Waren im Gebrauchswert einer Ware bestehende Lösungsbewegung des Widerspruchs zwischen dem Gebrauchswert und dem Wert nicht »in den Köpfen« der Warenbesitzer vorhanden sein kann. Daher analysiert er, was der Austauschprozess aufgrund des in ihm gesetzten Widerspruchs zwischen dem Gebrauchswert und dem Wert der Waren *für die Warenbesitzer ist.* Durch den Gebrauchswert bedingt, ist der Austauschprozess für die Warenbesitzer nur ein individueller und durch den Wert bedingt, ein gesellschaftlich-allgemeiner Prozess: »Jeder Warenbesitzer will seine Ware nur veräußern gegen andre Ware, deren Gebrauchswert sein Bedürfnis befriedigt. Sofern ist der Austausch für ihn nur *individueller Prozeß.* Andrerseits will er seine Ware als Wert realisieren, also in jeder ihm beliebigen andren Ware von demselben Wert, ob seine eigne Ware nun für den Besitzer der andren Ware Gebrauchswert habe oder nicht. Sofern ist der Austausch für ihn *allgemein gesellschaftlicher Prozeß.*«[23] (Hervorhebung – D. W.)

---

[23] Das Kapital, MEW 23, a.a.O., S. 101.

Der Austausch ist für den Warenbesitzer ein allgemeiner gesellschaftlicher Prozess, insofern er als Repräsentant des Werts der Waren die relative Wertform herstellt, derzufolge sich der Wert einer Ware der Reihe nach im Gebrauchswert aller anderen Waren darstellt. Während es auf der Darstellungsebene des ersten Kapitels des »Kapital« überhaupt nicht darauf ankommt, ob der Gebrauchswert der in relativer Wertform bestehenden Ware das Bedürfnis eines anderen Warenbesitzers befriedigt, kommt es hierauf aber in der Ausgangssituation des Austauschs als einer gesellschaftlich-praktischen Situation an. Da nun der Warenbesitzer in dieser Situation die relative Wertform herstellt ohne Rücksicht darauf, dass der Gebrauchswert seiner Ware einem anderen Warenbesitzer sein Bedürfnis befriedigt, ist der unter dem Aspekt der relativen Wertform für den Warenbesitzer gegebene Austauschprozess nur für ihn allein ein allgemeiner gesellschaftlicher Prozess. Insofern der Austausch für jeden Warenbesitzer ein individueller Prozess ist, will jeder seine Ware nur gegen eine solche andere Ware austauschen, deren Gebrauchswert sein Bedürfnis befriedigt. So wie es für irgendeinen Warenbesitzer A andere Waren gibt, deren Gebrauchswert sein Bedürfnis nicht befriedigt, so gibt es andere Warenbesitzer B, C, D ..., deren Bedürfnisse nicht durch den Gebrauchswert der Ware befriedigt werden, die sich in den Händen des Warenbesitzers A befindet. Dass der Austausch für die einen ein individueller Prozess ist, verhindert, dass er für die anderen ein gesellschaftlich-allgemeiner Prozess ist, so dass gilt: »Aber derselbe Prozeß kann nicht gleichzeitig für *alle* (Hervorhebung – D. W.) Warenbesitzer nur individuell und zugleich nur allgemein gesellschaftlich sein.«[24]

Wenn ein Warenbesitzer den Wert seiner Ware in jeder beliebigen anderen Ware realisieren will, ohne Rücksicht darauf, ob seine Ware für den anderen Warenbesitzer Gebrauchswert »habe oder nicht«, dann wäre für ihn der Austausch als ein gesellschaftlich-allgemeiner zugleich ein individueller Prozess; denn unter den anderen Waren, auf die er seine Ware als Wert bezieht, befinden sich auch diejenigen Waren, deren Gebrauchswerte ihm seine Bedürfnisse befriedigen. Dass der Austausch für alle Warenbesitzer »nur individuell und zugleich nur allgemein gesellschaftlich« sein kann, zeigt sich jetzt in der Unmöglichkeit, dass, wenn jeder Warenbesitzer den Wert seiner Ware in jeder beliebigen anderen Ware realisieren will, jeder von allen anderen Warenbesitzern verlangt, dass sie ihre Waren als Werte nur in seiner eigenen Ware realisieren. »Sehn wir näher zu, so gilt jedem Warenbesitzer jede fremde Ware als besondres Äquivalent seiner Ware (privatgeschäftlich zustande gebrachte relative Wertform – D. W.), seine Ware daher als allgemeines Äquivalent aller andren Waren (privatgeschäftliche Forderung eines jeden Warenbesitzers, die anderen mögen den Wert ihrer Ware in seiner Ware realisieren – D. W.).«[25] Da nun jeder Warenbesitzer auf diese Weise seine eigene Ware gegenüber den an-

[24] Ebd.
[25] Ebd.

deren Waren als allgemeines Äquivalent behandelt, gibt es so viele »allgemeine Äquivalente«, wie es Waren gibt und damit überhaupt kein allgemeines Äquivalent. »Da aber alle Warenbesitzer dasselbe tun, ist keine Ware allgemeines Äquivalent und besitzen die Waren daher auch keine allgemeine relative Wertform, worin sie sich als Werte gleichsetzen und als Wertgrößen vergleichen. Sie stehn sich daher überhaupt nicht gegenüber als Waren, sondern nur als Produkte oder Gebrauchswerte.«[26]

In Erinnerung an das, was in Teil 3, insbesondere Kapitel 2, ausgeführt wurde, sei festgehalten, dass die Warenbesitzer angesichts dessen, was sie über den Wert der Waren und damit über den in ihnen eingeschlossenen Widerspruch zwischen dem Gebrauchswert und dem Wert wissen, nicht in der Lage sind – sei es in einem unbewusst oder bewusst ausgeführten Denkakt – in der Ausgangssituation des Austauschs, den Wert der Waren gemeinsam im Gebrauchswert einer von ihnen verschiedenen dritten Ware darzustellen. Indem Marx dies im zweiten Kapitel des »Kapital« nachweist, bleibt als Tat, die eine bestimmte Ware zum allgemeinen Äquivalent macht, nur eine *gesellschaftliche* Tat übrig, die in dem Sinne in einer für die Warenbesitzer unbewussten Weise eine bestimmte Ware zum allgemeinen Äquivalent macht, dass sich in ihr »Die Gesetze der Warennatur ... im Naturinstinkt der Warenbesitzer« betätigen. Die Warenbesitzer »haben daher schon gehandelt, bevor sie gedacht haben. Die Gesetze der Warennatur betätigen sich im Naturinstinkt der Warenbesitzer.«[27]

Um welches Gesetz handelt es sich hierbei? Es handelt sich um die im ersten Kapitel des »Kapital« von der einzelnen Ware ausgehenden Entwicklung der einfachen, entfalteten, allgemeinen und Geldform. »Sie (die Warenbesitzer – D. W.) können ihre Waren nur als Werte und darum nur als Waren aufeinander beziehn, indem sie dieselben gegensätzlich auf irgendeine andre Ware als allgemeines Äquivalent beziehn. Das ergab die Analyse der Ware.«[28] Woraus besteht die Handlung, in der sich die »Gesetze der Warennatur« betätigen? Sie besteht aus dem über den allseitigen Hände- bzw. Stellenwechsel der einfach bestimmten Waren vermittelten Verhalten der Warenbesitzer zueinander. In dieser gesellschaftlichen Tat ist die gesellschaftliche Aktion »aller andren Waren« eingeschlossen, die eine »bestimmte Ware« ausschließt, »worin sie allseitig ihre Werte darstellen. Dadurch wird die Naturalform dieser Ware gesellschaftlich gültige Äquivalentform. Allgemeines Äquivalent zu sein wird durch den gesellschaftlichen Prozeß zur spezifisch gesellschaftlichen Funktion der ausgeschlossenen Ware. So wird sie – Geld.«[29]

Es wurde bereits gezeigt, inwiefern die per theoretische Abstraktion bewerkstelligte Umkehrung der entfalteten Wertform noch unerklärt lässt, wie die allge-

---

[26] Ebd.
[27] Ebd.
[28] Ebd.
[29] Ebd.

meine Wertform in der ökonomisch-gesellschaftlichen Wirklichkeit entsteht. Wenn der Austauschprozess auch nicht der Gegenstand des ersten Kapitels des »Kapital« ist, so muss Marx aber beim Übergang von der entfalteten in die allgemeine Wertform auf den im zweiten Kapitel dargestellten Austauschprozess verweisen.

Indem die Warenbesitzer ihre eigenen Waren für unmittelbar austauschbar halten, stellen sie faktisch, ohne es zu wissen, den Wert ihrer Waren in dem Gebrauchswert aller anderen Waren dar. Dieses Verhalten der Warenbesitzer zu ihren Waren ist privatgeschäftlicher Natur und hat, wie gezeigt, die entfaltete Wertform zu ihrem Ergebnis. Da die allgemeine Wertform rückbezüglich in der entfalteten Wertform enthalten ist, macht jeder Warenbesitzer unabhängig vom anderen seine eigene Ware zum allgemeinen Äquivalent. Indem aber jeder Warenbesitzer so verfährt, schließen sich die einzelnen Waren wechselseitig davon aus, allgemeines Äquivalent zu sein. Hiermit wird bewiesen, dass die allgemeine Äquivalentform nur im wirklichen Austauschprozess der Waren und dem darüber vermittelten praktischen Handeln der Warenbesitzer entstehen kann. Denn allein dann ist das die allgemeine Wertform verhindernde privatgeschäftliche Tun der Warenbesitzer aufgehoben.

Mit der Entwicklung der Wertformen wird eine Seite der vermittelnden Bewegung, die dem erscheinenden Verhältnis von preisbestimmter Ware und Geld zugrunde liegt, in ihm aber ausgelöscht ist, nachgezeichnet. Die Allgemeinheit der dritten Wertform verweist dann von sich aus auf den im zweiten Kapitel des »Kapital« dargestellten praktisch-gesellschaftlichen Prozess. Mit diesem wird die zweite Seite jener vermittelnden, im Geld als ihrem Resultat ausgelöschten Bewegung erfasst und damit die Entstehung des Geldes vollständig erklärt.

In der Ausgangssituation des Austauschs zeigte sich, dass das allgemeine Äquivalent im Zuge der Lösung des Widerspruchs zwischen dem Gebrauchswert und dem Wert der Waren entsteht, wobei dieser Widerspruch auch als Widerspruch auftritt, der zwischen dem besonderen Gebrauchswert, an den das allgemeine Äquivalent gebunden sein muss, und dem allgemeinen Äquivalent selbst als einem gesellschaftlich Allgemeinen besteht. Es wurde deutlich, wieso die Lösung dieses Widerspruchs nicht zustande kommt, solange die Warenbesitzer dem falschen Schein der Waren und damit dem privatgeschäftlichen Tun verhaftet bleiben, durch das jeder nur seine eigene Ware zum allgemeinen Äquivalent machen kann. In diesem Sinne gilt für die Ausgangssituation des Austauschs: »Der Tauschwert dagegen, wie wir ihn bisher betrachtet, war bloß da in unserer Abstraktion, oder wenn man will, in der Abstraktion des einzelnen Warenbesitzers, dem die Ware als Gebrauchswert auf dem Speicher und als Tauschwert auf dem Gewissen liegt.«[30]

Die Waren dürfen aber nicht als Gebrauchswerte »auf dem Speicher« liegen, sondern um als solche zu *»werden«*, müssen »sie allseitig die Stellen wechseln, aus der Hand, worin sie Tauschmittel, übergehen in die Hand, worin sie Gebrauchsge-

[30] Zur Kritik der Politischen Ökonomie, MEW 13, a.a.O., S. 30f.

genstände. Nur durch diese allseitige *Entäußerung* der Waren wird die in ihnen enthaltene Arbeit nützliche Arbeit.«[31]

Da den Warenbesitzern die »Gesetze der Warennatur« *unbewusst* bleiben, kommen sie in ihrem *bewussten* Verhalten zu ihren Waren nicht dazu, ein allgemeines Äquivalent zustande zu bringen. Vielmehr löschen sie sogar den Warencharakter ihrer Arbeitsprodukte aus, so dass diese, anstatt allseitig die Hände zu wechseln, als bloße Gebrauchswerte auf dem »Speicher« liegen bleiben. Kommt dies dabei heraus, wenn der Wert der Waren in der Ausgangssituation des Austauschs »in der Abstraktion des einzelnen Warenbesitzers« da ist, dann bleibt nur noch übrig, dass die Waren in einer für den Warenbesitzer unbewussten Weise »innerhalb des Austauschprozesses ... als Tauschwerte füreinander da ... (sind), und dies ihr Dasein als ihre eigene Beziehung aufeinander«[32] erscheint.

---

[31] Ebd., S. 29.
[32] Ebd., S. 31

Kapitel 2
Der doppelseitig-polarische Gegensatz von Ware und Geld als Bewegungsform des Widerspruchs zwischen dem Gebrauchswert und dem Wert der Waren

1. Die Ausgangssituation der Warenzirkulation

Mit der Entstehung des Geldes in dem aus dem Austausch der einfach bestimmten Waren bestehenden gesellschaftlichen Prozess hat sich ergeben, in welcher Weise die Waren füreinander als Werte da sind, d.h. in welcher Form sie unmittelbar austauschbar sind. Was von der Ausgangssituation des Austauschs aus, in der noch kein Geld vorhanden ist, als Resultat hervorgegangen ist, verwandelt sich nun insofern in eine Voraussetzung, als den Waren das, was sie im Austausch als Werte füreinander erst werden müssen, ihnen jetzt bereits fertig in Form der Geldware gegenübersteht. Die Waren können sich jetzt als Werte auf die Geldware als ihre allgemeine Wertgestalt beziehen, auch *ohne* dass sie sich reell entäußern bzw. ohne dass sie sich gegen diese in Geld verwandelte Ware wirklich austauschen. Die sich auf das Geld als ihre reelle Wertgestalt beziehenden Waren können nicht gleichzeitig reell sie selbst und zugleich das von ihnen verschiedene Geld sein. Bevor die Waren sich reell entäußern, können sie aber an sich ausdrücken, dass sie als Werte in der Form des ihnen selbständig gegenüberstehenden Geldes füreinander als Werte da sind. Ohne selbst Geld zu sein, kann dann an jeder Ware ausgedrückt werden, dass sie als Wert dem Geld gleich ist. Da die Waren aber reell sowohl Gebrauchswert als auch Wert und keinesfalls reell Geld sind, können sie ihre Gleichheit mit dem Geld nur *ideell* ausdrücken.

Sind die Waren als Werte füreinander da, so heißt dies von nun an, dass die Waren ihren Wert im Gebrauchswert der ausgeschlossenen Ware ausdrücken. Was die Beziehung der Waren als Werte zueinander anbelangt, kann es auf der Ebene der Warenzirkulation einen Unterschied nur noch hinsichtlich der Art und Weise geben, wie die Waren sich jeweils als Werte auf eine ausgeschlossene dritte Ware beziehen bzw. wie sie ihren Wert in der verwandelten Form des allgemeinen Äquivalents ausdrücken. Dieser Unterschied beruht auf den unterschiedlichen Stadien, in denen sich die Waren jeweils innerhalb der Warenzirkulation befinden. Als erstes Stadium hat sich die Ausgangssituation der Warenzirkulation ergeben, worin sich die Waren in der durch die Entstehung des Geldes vorgeschriebenen Weise als Werte ideell aufeinander beziehen, bevor sie reell im Geld in der Form existieren, in der sie füreinander als Werte da sind. In jeder Ware wird ihr Wert durch ihre Gleichheit mit der Geldware vorgestellt, »eine Beziehung zum Gold, die sozusagen nur in ihren Köpfen spukt«.[1] Mit Marx sei im Folgenden »der Vereinfachung halber, Gold als die Geldware«[2] vorausgesetzt.

Die durch die gesellschaftliche Aktion aller anderen Waren ausgeschlossene Ware wäre nicht Geld, wenn sich die Waren nicht ständig auf sie als ihre allgemeine Wertgestalt beziehen würden. Es geht stets um die Beziehung der Waren als Werte zueinander, sei es in der Ausgangssituation des Austauschs, worin sich die Waren als Einheiten von Gebrauchswert und Wert gegenüberstehen, oder sei es in der Ausgangssituation der Warenzirkulation, worin sich die Waren auf dem Umweg über die im Austausch ausgeschlossene Geldware, in deren Gebrauchswert sie ihren Wert darstellen, als Werte aufeinander beziehen. Während die Waren in der Ausgangssituation der Warenzirkulation ideell als Werte aufeinander bezogen sind, insofern jede ihren Wert nur ideell als ihre Gleichheit mit der ihr reell gegenüberstehenden Geldware ausdrücken kann, handelt es sich bei der Warenzirkulation selbst um die reelle Beziehung der Waren als Werte aufeinander, insofern jede Ware die im Preis ideell antizipierte Form des allgemeinen Äquivalents in Form der im Austausch ausgeschlossenen Geldware reell annehmen muss. Die reelle Entäußerung der Waren gegen das Geld ist die reelle Beziehung der Waren als Werte aufeinander, so wie ihre Gleichsetzung mit dem Geld in der Ausgangssituation der Warenzirkulation ihre ideelle Beziehung als Werte aufeinander ist. Je nach dem Stadium beziehen sie sich als Werte entweder ideell oder reell auf die aus dem Austauschprozess der einfach bestimmten Waren hervorgegangene Geldware.

Eine Ware ist nur dann die allgemeine Wertgestalt der anderen Waren, wenn diese sich auf sie als ihre Werte beziehen bzw. in ihrem Gebrauchswert ihre Werte darstellen. Ist diese Beziehung in der Ausgangssituation der Warenzirkulation derart eine ideelle, dass die Waren ihren Wert in der ihnen gegenüberstehenden Geldware ausdrücken, die sie reell selbst nicht sind, dann ist diese Geldware zunächst ideell Geld. Sowie die Geldware aus dem Austauschprozess hervorgegangen ist, existiert sie natürlich reell. Da sie Geld nur ist, sofern sich die Waren als Werte auf sie beziehen, und da an die Stelle des nicht mehr sichtbaren Austauschprozesses die Beziehung der Waren zu ihr getreten ist, ist sie zunächst in ideelles Geld verwandelt. Der Unterschied hinsichtlich der Art und Weise, in der sich die Waren als Werte aufeinander beziehen, indem sie sich auf die ausgeschlossene Ware als der allgemeinen Gestalt ihres Werts beziehen, schlägt sich in der unterschiedlichen Art

[1] Das Kapital, MEW 23, a.a.O., S. 110.
[2] Ebd , S. 109.

und Weise nieder, in der eine bestimmte Ware Geld ist. In der Ausgangssituation der Warenzirkulation ist sie es ideell und in dem Augenblick, in dem sich die Waren gegen sie veräußern, ist sie es reell.

Spricht Marx von der »spezifischen Äquivalentware« bzw. der »Geldware«, dann handelt es sich um eine Ware, die Geld ist, aber ohne Rücksicht auf die unterschiedliche Art und Weise, in der sie das in den gleichzeitig nach- und nebeneinander ablaufenden Prozessen der Warenzirkulation ist. Dass die »spezifische Äquivalentware ... zunächst Geld«[3] wird, ist nicht mit der Entstehung des Geldes im Austauschprozess zu verwechseln, in den die Waren als bloße Einheiten von Gebrauchswert und Wert eingehen. Wenn sich nun in der Ausgangssituation der Warenzirkulation die Waren ideell auf eine Ware beziehen und diese damit auch ideell in Geld verwandeln, dann ist diese bereits vorher als spezifische Äquivalentware qualifiziert und damit nicht mehr mit irgendeiner anderen Ware zu verwechseln. Nachdem eine Ware im Austauschprozess als Geld hervorgegangen ist, ist sie sofort in den beiden bisher betrachteten Weisen Geld, nämlich einmal ideell, insofern sie als allgemeines Maß der Werte fungiert, und einmal reell, insofern sie als Zirkulationsmittel fungiert, indem die Waren sich tatsächlich gegen sie austauschen. Wenn die spezifische Äquivalentware bzw. die Geldware durch ihre Funktion als Maß der Werte zunächst Geld wird, ist nicht nur unterstellt, dass sie bereits aus dem Austauschprozess hervorgegangen ist, sondern auch, dass sie gleichzeitig im Prozess der allseitigen Entäußerung der Waren auch reell als Geld fungiert. Dass eine Ware, die ideell in Geld verwandelt wird, hierzu bereits durch den nicht mehr sichtbaren Austauschprozess bestimmt ist und das Funktionieren als Wertmaß nicht mit der Entstehung des Geldes selbst zu verwechseln ist, bringt Marx wie folgt unmissverständlich zum Ausdruck: »Die Preisform schließt die Veräußerlichkeit der Waren gegen Geld und die Notwendigkeit dieser Veräußerung ein. Andrerseits funktioniert Gold nur als ideelles Wertmaß, *weil es sich bereits im Austauschprozeß als Geldware umtreibt. Im ideellen Maß der Werte lauert daher das harte Geld.*«[4] (Hervorhebung – D. W.)

Was noch in der Ausgangssituation des Austauschs, in der sich die Waren als bloße Einheiten von Gebrauchswert und Wert gegenüberstanden, nicht möglich war, nämlich ihren Wert gemeinsam in einer von ihnen allen verschiedenen dritten Ware darzustellen, das können die Waren jetzt in der Ausgangssituation der Warenzirkulation tun. Ohne sich wirklich gegeneinander auszutauschen, können die Waren ihren Wert gemeinsam in einer von ihnen verschiedenen dritten Ware darstellen, weil diese bereits aus dem in der Warenzirkulation enthaltenen, aber in ihr zugleich verborgenen Aufeinanderwirken der einfach bestimmten Waren hervorgegangen ist. Indem die Waren ideell ihren Wert in Form dieser ausgeschlossenen dritten

---

[3] Ebd.
[4] Ebd., S. 118.

Ware ausdrücken, geben sie gemeinsam kund, dass sie als Werte dieser ausgeschlossenen Ware gleich sind und gegen diese veräußert werden wollen, um die Form zu erhalten, in der sie unmittelbar gegen alle anderen Waren austauschbar sind.

Wird die Warenzirkulation im Flusse ihrer Erneuerung betrachtet, dann ist die aus dem in ihr nicht mehr sichtbaren Austauschprozess hervorgegangene Äquivalentware in jedem Augenblick Geld, je nach der Art und Weise, in der sich in den unterschiedlichen Stadien der Warenzirkulation die Waren auf sie als ihre allgemeine Wertgestalt beziehen. »Von der bestimmten Weise, worin die Waren füreinander ihren eignen Tauschwert darstellen, hängt jedesmal die Formbestimmtheit ab, worin das Gold sich als Geld kristallisiert. Die Waren treten sich jetzt als Doppelexistenzen gegenüber, wirklich als Gebrauchswerte, ideell als Tauschwerte. Die Doppelform der Arbeit, die in ihnen enthalten ist, stellen sie jetzt füreinander dar, indem die besondere reale Arbeit als ihr Gebrauchswert wirklich da ist, während die allgemeine abstrakte Arbeitszeit in ihrem Preise ein vorgestelltes Dasein erhält, worin sie gleichmäßige und nur quantitativ verschiedene Materiatur derselben Wertsubstanz sind.«[5]

In der ersten vom Austausch der einfach bestimmten Waren verschiedenen Beziehung aller Waren auf die in dem Austausch ausgeschlossene Geldware erfüllt diese die Aufgabe, »der Warenwelt das Material ihres Wertausdrucks zu liefern oder die Warenwerte ... darzustellen. So funktioniert es (die Geldware – D. W.) als allgemeines Maß der Werte«.[6]

Unter dem Aspekt des Geldes als dem Maß der Werte wird das erste Stadium der Warenzirkulation, d.h. ihre Ausgangssituation für sich betrachtet. Drücken die Waren ihre Werte ideell in der Geldware aus, dann ist nicht mehr sichtbar, dass dies nur möglich ist, weil die Geldware bereits aus der reellen Entäußerung der Waren als Einheiten von Gebrauchswert und Wert hervorgegangen ist. Vor aller Augen sichtbar ist allein, dass eine Ware zunächst ideell Geld ist, weil alle Waren gemeinschaftlich derart in ihr ihre Werte messen, dass sie sich gemeinsam auf ihren Gebrauchswert als Verwirklichungsform der abstrakt-menschlichen Arbeit beziehen. Durch die Funktion als Maß der Werte wird das Gold, so wie es als die aus dem Austauschprozess hervorgehende »spezifische Äquivalentware« reell existiert, ideell Geld; denn die Beziehung, worin sich die Waren in dem Gold als der reell existierenden allgemeinen Äquivalentware gleichsetzen, ist im Unterschied zu dem, was sie als Gebrauchswerte und Werte sind, selbst eine ideelle. Nur »durch diese Funktion wird Gold, die spezifische Äquivalentware, zunächst Geld.«[7] Dieses »zunächst« zeigt an, dass es noch eine andere Beziehung der Waren als Werte zueinander gibt,

---

[5] Zur Kritik der Politischen Ökonomie, MEW 13, a.a.O., S. 53.
[6] Das Kapital, MEW 23, a.a.O., S. 109.
[7] Ebd.

als die in der Ausgangssituation der Warenzirkulation vorhandene ideelle, durch die auch die ausgeschlossene allgemeine Äquivalentware nur auf eine ideelle Weise Geld ist. Bei dieser anderen Beziehung der Waren als Werte zueinander handelt es sich um die reelle Entäußerung der Waren, d.h. darum, dass sich jede Ware wirklich gegen die ihr gegenüberstehende, im Preis ideell antizipierte spezifische Äquivalentware austauscht, um dann in der Form reell zu existieren, in der die Waren in der durch den Austauschprozess bedingten Weise füreinander als Werte da sind.

Im Unterschied zur Ausgangssituation des der Warenzirkulation zugrunde liegenden Austauschprozesses gehen die Waren jetzt nicht mehr »ungeschoren, wie ihnen der Kamm gewachsen ist«, in die Warenzirkulation ein. Vielmehr stellen sie sich vor ihrer wirklichen Entäußerung füreinander als Werte dar, indem sie ihr hinter ihrer sachlichen Hülle verborgenes Wertsein äußerlich sichtbar als Gleichheit mit der ausgeschlossenen Geldware ausdrücken. »Der Wert von Eisen, Leinwand, Weizen usw. *existiert*, obgleich *unsichtbar*, in diesen Dingen selbst; er wird vorgestellt durch ihre Gleichheit mit Gold, eine Beziehung zum Gold, die sozusagen nur in ihren Köpfen spukt. Der Warenhüter muß daher seine Zunge in ihren Kopf stecken oder ihnen Papierzettel umhängen, um ihre Preise der Außenwelt mitzuteilen.«[8] (Hervorhebungen – D. W.)

Mit dem im zweiten Kapitel des »Kapital« dargestellten Austauschprozess steht Folgendes fest: Die Waren stellen ihren Wert im Gebrauchswert einer Ware dar, die sie in ihrem allseitigen Aufeinanderwirken als bloße Einheiten von Gebrauchswert und Wert ausgeschlossen haben. Insofern mit der Warenzirkulation der Austauschprozess im Flusse seiner Erneuerung betrachtet wird, setzen sich die Waren ideell jener ausgeschlossenen dritten Ware gleich, bevor sie sich wirklich bzw. reell gegeneinander austauschen. Indem die Waren sich als Werte der im Austauschprozess ausgeschlossenen Geldware gleichsetzen, geben sie sich einen Preis und bereiten hiermit gleichsam ihren Austausch »theoretisch« vor.

Die Preisgebung muss als Resultat des Austauschprozesses ausgewiesen werden, indem die Waren in diesen gerade als nicht preisbestimmte, nämlich als bloße Einheiten von Gebrauchswert und Wert eingehen. Da sich die Waren im Preis ideell ein und derselben, von ihnen verschiedenen Ware gleichsetzen, muss sich diese »bereits im Austauschprozess als Geldware ... umtreiben«. Erst nachdem diese auf eine für die Warenbesitzer unbewusste Weise aus dem Austauschprozess hervorgegangen ist, kann jeder einzelne Warenbesitzer unabhängig vom anderen ideell seine Ware einer anderen gleichsetzen, die jetzt von vornherein für alle ein und dieselbe ist.

Nachdem im Austausch eine Ware als allgemeines Äquivalent ausgeschlossen wurde, was sich für die Warenbesitzer unbewusst hinter der sachlichen Hülle der

---

[8] Ebd., S. 110.

Waren verborgen abspielte, verhalten diese sich aber zu der einmal entstandenen Geldware bewusst als zu der Ware, die sich in der Form unmittelbarer Austauschbarkeit gegenüber allen anderen Waren befindet. Jede Ware befindet sich für jeden Warenbesitzer, ohne Rücksicht darauf, ob der Gebrauchswert seiner Ware das Bedürfnis aller anderen Warenbesitzer befriedigt, nur in der Form der unmittelbaren Austauschbarkeit mit jeder anderen Ware, wenn sie die Form der ihr gegenüberstehenden Geldware besitzt. Dass die Waren als Werte austauschbar sind, zeigt sich an ihnen nicht, sofern sie sich beziehungslos als bloße Gebrauchswerte gegenüberstehen. Die Warenbesitzer setzen ihre Waren im Preis jener Geldware gleich und teilen auf diese Weise mit, dass ihre Waren sowohl in der von ihrem Gebrauchswert als auch in der von dem dahinter verborgenen Wert verschiedenen Form austauschbar sind.

Indem die Goldware als Maß der Werte fungiert, wird sie »vorgestelltes oder ideelles Geld«.[9] Dies ist das an den Waren noch nicht sichtbare bzw. an ihnen noch nicht ausgedrückte Resultat des den Individuen nach einer wesentlichen Seite hin unbewusst bleibenden Austauschprozesses, insofern aus diesem die Geldware hervorgegangen ist. Insofern alle Waren sich als Werte der ausgeschlossenen dritten Ware gleichsetzen und diese hierdurch ideell zu Geld wird, kann jede einzelne Ware für sich genommen, d.h. unabhängig von den anderen, ihren Wert in der Geldware ausdrücken. Jede einzelne Ware drückt ihren Wert damit in Gestalt der Ware aus, die ideell bereits Geld ist, weil sich die Waren in ihr als Werte messen.

Drückt eine einzelne Ware ihren Wert in der Geldware aus, dann ist sie hierdurch folglich als Wert auf alle anderen Waren bezogen. Dass alle Waren sich als Werte in der ausgeschlossenen Geldware messen, erscheint im Preis der Ware, worin ihr Wert in der Geldware ausgedrückt ist. In seiner Funktion als Maß der Werte ist das Geld eine Voraussetzung für die Preisbildung. Da die Geldware als Wertmaß ideell zu Geld wird, kann jede einzelne Ware ihren Wert als Gleichheit mit der Geldware ausdrücken. Zu diesem Zusammenhang zwischen der Geldware als Maß der Werte und dem Preis der Waren schreibt Marx: »Als Wertmaß dient es (das Geld – D. W.) dazu, die Werte der bunt verschiednen Waren in Preise zu verwandeln, in vorgestellte Goldquanta«.[10]

In dem Vorgang, worin die Warenbesitzer ihre Waren als Werte in Form der Geldware miteinander vergleichen, fungiert diese für die Warenbesitzer unbewusst als Maß der Werte. Der Wert der Waren ist den Warenbesitzern nicht als solcher, sondern immer schon in der Form der Geldware gegeben. Für die Warenbesitzer sind der Wert ihrer Waren und die Geldware identisch. Insofern jeder Warenbesitzer seine Ware als Wert behandelt, behandelt er sie als Geldware. Dies bringt er äußerlich sichtbar zum Ausdruck, indem er seiner Ware, die wegen ihres besonde-

[9] Ebd., S. 111.
[10] Ebd., S. 113.

ren Gebrauchswerts mit der Geldware nicht identisch ist, einen Preis gibt. Beziehen sich die Waren als Werte aufeinander, indem sie sich auf die ausgeschlossene Ware (Gold) als ihre allgemeine Wertgestalt beziehen, dann ist jede Ware für sich genommen auf alle anderen Waren als Wert bezogen, weil für alle Waren ein und dieselbe, im Austauschprozess ausgeschlossene dritte Ware vorhanden ist, in der sie sich als Werte messen. »Der Wertausdruck einer Ware in Gold – x Ware A = y Geldware – ist ihre Geldform oder ihr Preis. Eine vereinzelte Gleichung, wie 1 Tonne Eisen = 2 Unzen Gold, genügt jetzt, um den Eisenwert gesellschaftlich gültig darzustellen. Die Gleichung braucht nicht länger in Reih und Glied mit den Wertgleichungen der andren Waren aufzumarschieren, weil die Äquivalentware, das Gold, bereits den Charakter von Geld besitzt.«[11]

Was bleibt den Warenbesitzern von der Funktion der Geldware als Maß der Werte unbewusst? Ohne einen Preis zu besitzen, sind die Waren als Werte aufeinander bezogen, indem sie sich auf die ausgeschlossene Geldware als ihre allgemeine Wertgestalt beziehen. Die Warenbesitzer wissen nichts vom Wert ihrer Ware und auch nichts von der Geldware als dessen Erscheinungsform. Hiermit können die Warenbesitzer auch nicht wissen, dass die Geldware bereits ideell Geld ist, insofern sich die Waren als Werte in ihr messen. Die Funktion der Geldware als Maß der Werte bleibt den Warenbesitzern zwar nach der Seite unbewusst, nach der das Geld im Austausch der einfach bestimmten Waren entstanden ist; die Warenbesitzer vollziehen diese Funktion aber praktisch und nach einer Seite bewusst, indem sie ihren Waren einen Preis geben; denn, indem jeder Warenbesitzer seine Ware der Geldware gleichsetzt, um ihr äußerlich sichtbar die Form der Austauschbarkeit zu geben, drückt jeder den Wert seiner Ware im Gebrauchswert der Geldware aus. Jeder Warenbesitzer drückt den Wert seiner Ware im Gebrauchswert ein und derselben Ware aus. »Sie wissen es nicht, aber sie tun es.«

Erhalten die Waren im Preis die Form der unmittelbaren Austauschbarkeit, so heißt dies aber nicht, dass sie dann schon unmittelbar austauschbar sind. Vielmehr kündigt sich im Preis an, dass sie die Form der unmittelbaren Austauschbarkeit erst erhalten sollen, indem sie gegen die Geldware ausgetauscht werden. Die Waren sind noch nicht unmittelbar austauschbar, weil sie reell als besondere Gebrauchswerte existieren und im Preis ideell im Gebrauchswert der ihre unmittelbare Austauschbarkeit garantierenden Geldware gleichgesetzt sind. Im Unterschied zu dem besonderen Gebrauchswert der Waren ist der Gebrauchswert der Geldware die Erscheinungsform des Werts aller Waren; er stellt daher die Form dar, in der alle Waren als Werte unmittelbar gegeneinander austauschbar sind.

Um selbst unmittelbar austauschbar zu sein, müssen die Waren die von ihrem Gebrauchswert verschiedene, in ihrem Preis ideell antizipierte Gestalt der Geldware reell annehmen. »Wie die relative Wertform überhaupt, drückt der Preis den

[11] Ebd., S. 110.

Wert einer Ware, z.B. einer Tonne Eisen, dadurch aus, daß ein bestimmtes Quantum Äquivalent, z.B. eine Unze Gold, unmittelbar austauschbar mit Eisen, aber keineswegs umgekehrt, daß seinerseits das Eisen unmittelbar austauschbar mit Gold ist. Um also praktisch die Wirkung eines Tauschwerts auszuüben, muß die Ware ihren natürlichen Leib abstreifen, sich aus nur vorgestelltem Gold in wirkliches Gold verwandeln, obgleich diese Transsubstantiation ihr ›saurer‹ ankommen mag als dem Hegelschen ›Begriff‹ der Übergang aus der Notwendigkeit in die Freiheit oder einem Hummer das Sprengen seiner Schale oder dem Kirchenvater Hieronymus das Abstreifen des alten Adam. Neben ihrer reellen Gestalt, Eisen z.B., kann die Ware im Preise ideell Wertgestalt oder vorgestellte Goldgestalt besitzen, aber sie kann nicht zugleich wirklich Eisen und wirklich Gold sein. Für ihre Preisgebung genügt es, *vorgestelltes* Gold ihr gleichzusetzen. Durch Gold ist sie zu ersetzen, damit sie ihrem Besitzer den Dienst eines allgemeinen Äquivalents leiste. ... *Ideelles* Geld oder Wertmaß wurde das Gold, weil alle Waren ihre Werte in ihm maßen und es so zum *vorgestellten* Gegenteil ihrer Gebrauchsgestalt, zu ihrer Wertgestalt machten. *Reelles* Geld wird es, weil die Waren durch ihre allseitige Veräußerung es zu ihrer wirklich entäußerten oder verwandelten Gebrauchsgestalt und daher zu ihrer wirklichen Wertgestalt machen. In ihrer Wertgestalt streift die Ware jede Spur ihres naturwüchsigen Gebrauchswerts und der besondren nützlichen Arbeit ab, welcher sie den Ursprung verdankt, um sich in die gleichförmige gesellschaftliche Materiatur unterschiedsloser menschlicher Arbeit zu verpuppen«[12] (Hervorhebungen – D. W.).

Den Austauschprozess im Flusse seiner Erneuerung betrachtet, durchläuft er in einem gleichzeitigen Nach- und Nebeneinander die folgenden Stadien, welche ebenso viele Stadien »im Leben einer Ware« sind. Das erste Stadium ist die Ausgangssituation, in der die Waren im Prozess der Preisgebung ihre zirkulationsfähige Form erhalten und die Geldware zunächst ideell Geld ist. Das zweite Stadium besteht in der reellen Entäußerung der Waren gegen die Geldware. Die Waren streifen ihre reelle Gestalt (z.B. Eisen) ab und nehmen reell die Gestalt der Geldware an und damit die allgemeine Wertgestalt, die sie zuvor nur ideell im Preis besaßen. Wie sich die Waren in der Ausgangssituation der Warenzirkulation als Werte ideell auf eine dritte Ware als ihre allgemeine Wertgestalt beziehen, so beziehen sie sich in der reellen Entäußerung als Werte reell auf ihre allgemeine Wertgestalt. Im dritten Stadium der Warenzirkulation wird die reell als Geld existierende und damit die Form unmittelbarer Austauschbarkeit besitzende Ware umgesetzt gegen eine Ware, deren Gebrauchswert das Bedürfnis des Geldbesitzers befriedigt.

Das zweite Stadium der Warenzirkulation besteht aus der reellen Entäußerung der Waren, die zuvor im Preis eine zirkulationsfähige bzw. entäußerungsfähige Form erhalten haben. Es handelt sich nicht mehr um die das Geld hervortreibende

---

[12] Ebd., S. 117f. und S. 123f.

reelle Entäußerung der Waren als bloßen Einheiten von Gebrauchswert und Wert, sondern um die Realisierung des Preises und damit um das Übergehen von einer Formbestimmung des bereits vorhandenen Geldes in eine andere. Die Geldware, die im Preis bereits ideelles Geld ist, wird durch die reelle Entäußerung der Waren in reelles Geld verwandelt.

Die Geldware wird zwar durch die aus der Realisierung des Preises bestehende reelle Entäußerung der Waren reell Geld; sie ist dies aber immer auch schon insofern gewesen, als sie das Produkt des Austauschprozesses ist, worin die verschiedenartigen Arbeitsprodukte einander tatsächlich als Werte gleichgesetzt werden. Wie es am Ende des systematischen Teils des zweiten Kapitels heißt, ist die Ware, die durch die »gesellschaftliche Aktion aller andren Waren« ausgeschlossen wird, um in ihr »allseitig ihre Werte« darzustellen, das Geld. Die aus dem Aufeinanderwirken der einfach bestimmten Waren bestehende gesellschaftliche Aktion ist in der Warenzirkulation als solche nicht mehr sichtbar, d.h. sie erscheint in der Form des Realisierens der Preise der Waren. Daher besteht auch die Art und Weise, in der eine Ware in der Warenzirkulation reell Geld ist, darin, dass die Waren sich allseitig gegen sie entäußern.

In der reellen Entäußerung der preisbestimmten Waren erscheint die reelle Entäußerung der einfach bestimmten Waren wieder. Die Geldware ist reell Geld, weil sie im Austauschprozess als die Ware ausgeschlossen worden ist, worin alle anderen Waren ihren Wert darstellen. So lange die Realisierung des Preises noch nicht betrachtet wird, wird die Existenz der Geldware als Produkt des Austauschprozesses vorausgesetzt. Die Geldware ist zwar vorhanden und hat als Produkt des Austauschprozesses bereits Geldcharakter; mit der Betrachtung der als Maß der Werte fungierenden Geldware wird aber von der reellen Entäußerung der Waren und damit von der Geldware als reellem Geld abstrahiert. Dass die Geldware im Moment des Herauskristallisierens aus dem Austauschprozess der einfach bestimmten Waren reell Geld ist, darauf stößt man innerhalb der Warenzirkulation dann, wenn die Waren die in ihrem Preis ideell antizipierte Geldgestalt durch ihre Entäußerung reell annehmen. Aus diesem Grunde geht Marx auch noch einmal zusammenfassend auf den Austauschprozess als dem originären, in der Warenzirkulation zwar enthaltenen, zugleich aber in ihr verborgenen Entstehungsprozess des Geldes ein. »Die Waren gehn zunächst unvergoldet, unverzuckert, wie der Kamm ihnen gewachsen ist, in den Austauschprozeß ein. Er produziert eine Verdopplung der Ware in Ware und Geld, einen äußeren Gegensatz, worin sie ihren immanenten Gegensatz von Gebrauchswert und Wert darstellen. In diesem Gegensatz treten die Waren als Gebrauchswerte dem Geld als Tauschwerte gegenüber.«[13]

[13] Ebd., S. 119.

2. Die preisbestimmte Ware als Einheit von Gebrauchswert und Wert

Solange sich die Waren als bloße Einheiten von Gebrauchswert und Wert in der Ausgangssituation des Austauschs gegenüberstehen, ist der Gegensatz von Gebrauchswert und Wert jeder Ware immanent. Die Waren sind Einheiten von Gebrauchswert und Wert, haben sich aber noch nicht als solche füreinander in ihren eigenen sachlichen Beziehungen dargestellt. Dies geschieht nun im Austausch, insofern die Waren eine Ware ausschließen, in deren Gebrauchswert sie gemeinsam ihren Wert ausdrücken. In der Gestalt des Gebrauchswerts der dritten Ware existiert handgreiflich das, was die Waren unsichtbar hinter der sachlichen Hülle ihres Gebrauchswerts verborgen als Werte sind.

Indem die »gesellschaftliche Aktion aller andren Waren ... eine bestimmte Ware ... (ausschließt), ... worin sie allseitig ihre Werte darstellen«, verdoppeln sich die Waren wie folgt in Ware und Geld: Wie in der Ausgangssituation des Austauschs bleiben die Waren auch dann, wenn dieser stattgefunden hat und aus ihm das Geld hervorgegangen ist, bloße Einheiten von Gebrauchswert und Wert. Obwohl die Waren nur als Gebrauchswerte in Erscheinung treten, sind sie unabhängig von dem Geld als der Gestalt, in der sie füreinander als Werte da sind, selbst Werte. Mit der Entstehung des Geldes hat sich ein Unterschied ergeben zwischen dem, was jede Ware für sich als Wert ist, und dem, was die Waren füreinander als Werte sind. Das, was die Waren füreinander als Werte sind, existiert ebenso handgreiflich-sichtbar wie selbständig den Waren gegenüber im Geld. Das, was jede Ware für sich als Wert ist, ist dagegen unsichtbar hinter ihrem Dasein als Gebrauchswert verborgen. So handgreiflich-sichtbar die Waren im Geld als Werte füreinander da sind, so handgreiflich-sichtbar können sie ihren eigenen, hinter der sachlichen Hülle ihres Gebrauchswerts verborgenen Wert ausdrücken. Den Waren wird ein Preisschild umgehängt bzw. aufgeklebt, auf dem sie sich so als Werte präsentieren, wie sie in ihrem allseitigen Aufeinanderwirken gezwungen worden sind als Werte *füreinander da zu sein.* »Der Wert von Eisen, Leinwand, Weizen usw. existiert, obgleich unsichtbar, in diesen Dingen selbst; er wird *vorgestellt* (Hervorhebung – D. W.) durch ihre Gleichheit mit Gold, eine Beziehung zum Gold, die sozusagen nur in ihren Köpfen spukt. Der Warenhüter muß ... ihnen Papierzettel umhängen, um ihre Preise der Außenwelt mitzuteilen.«[14]

Die Waren *sind* zum einen Einheiten von Gebrauchswert und Wert. Zum anderen haben sie sich mit dem Preis in einer über den Austauschprozess vermittelten Weise füreinander als Einheiten von Gebrauchswert und Wert *dargestellt.* Mit der vom Austauschprozess produzierten Verdopplung der Ware in Ware und Geld hat sich auch mit der preisbestimmten Ware die Art und Weise verdoppelt, in der die Arbeitsprodukte Waren sind. Der Unterschied macht sich jeweils an dem fest, was

[14] Ebd., S. 110.

die Waren als Werte sind. Zum einen sind sie *ebenso reell* wie *unsichtbar* hinter der sachlichen Hülle des Gebrauchswerts verborgen Werte. Zum anderen sind die Waren, wie ihr Preis es zeigt, zwar nur *ideell* Wert, sie sind es aber in einer handgreiflich-*sichtbaren*, der Außenwelt mitgeteilten Weise.

Die Ware enthält einen Gegensatz, insofern in ihr der Gebrauchswert und der Wert mit innerer Notwendigkeit zusammengehören und beide sich aufgrund der »Gegenständlichkeit« und der Gesellschaftlichkeit des Werts gegeneinander verselbständigen. Indem die Waren im Austauschprozess ihren Wert darstellen, realisiert sich die gegenständlich bedingte Verselbständigung des Werts gegenüber dem Gebrauchswert. Indem der Wert der Waren in der Gestalt des Gebrauchswerts der ausgeschlossenen Ware auftritt, stellt sich jede Ware als Einheit von Gebrauchswert und Wert dar, insofern sich die gegensätzlichen Extreme wie folgt polarisch auf die Waren selbst und auf das Geld verteilen: Die Waren selbst präsentieren sich als das, was sie sachlich unmittelbar sind, nämlich als Gebrauchswerte, während die in ihrer gesellschaftlichen Aktion ausgeschlossene Geldware für jede Ware das bedeutet, was sie als Wert ist. Die Ware stellt sich so als Einheit von Gebrauchswert und Wert dar. Ihr Wert steht ihr selbst als Gebrauchswert äußerlich in der Gestalt der Geldware gegenüber. Die Ware verhält sich als Gebrauchswert zum Geld als ihrem Tauschwert. Jede Ware stellt sich als Einheit von Gebrauchswert und Wert in ihrem Verhältnis zum Geld dar, wobei die Ware selbst Gebrauchswert ist und die Geldware in ihrem Gebrauchswert deren Wert darstellt.

Wie in jeder Ware selbst Gebrauchswert und Wert mit innerer Notwendigkeit zusammengehören, so gehört jetzt mit innerer Notwendigkeit das zusammen, was die Waren als Gebrauchswerte und davon verschieden in der selbständig existierenden Geldware als Werte sind. Das Geld gibt es nur, weil der gesellschaftlich-allgemeine Charakter der konkret-nützlichen Arbeiten sich im Austausch ihrer Produkte herstellt. Das Geld ist die Verkörperung der abstrakt-allgemeinen Arbeit und damit der Form der Arbeit, in der die konkret-nützlichen ihre gesellschaftlich-allgemeine Form besitzen. Da die Waren voneinander verschiedene Gebrauchswerte sind, muss der Wert im Gebrauchswert der ausgeschlossenen Ware eine von allen Gebrauchswerten verschiedene gegenständliche Existenz annehmen. Insofern ist die gegenständlich-selbständige Existenz des Werts der Waren durch sie als Gebrauchswerte bedingt.

Wird die innere notwendige Zusammengehörigkeit von Gebrauchswert und Wert damit umschrieben, dass die Waren Einheiten der beiden gegensätzlichen Extreme sind, dann erscheint diese innere notwendige Zusammengehörigkeit jetzt in folgender Form: Jede Ware ist diese Einheit nur in ihrem Verhältnis zur ausgeschlossenen Geldware, wobei sie selbst das eine Extrem (Gebrauchswert) und die ausgeschlossene Geldware das andere Extrem (Wert) abgibt. Indem der Gebrauchswert der ausgeschlossenen Ware den anderen Waren gegenüber ihren Wert verkörpert, hat sich die auf die gemeinsame Gegenständlichkeit zurückgehende Verselbständigung des Werts gegenüber dem Gebrauchswert realisiert. In dem Verhältnis von Ware und Geld existieren also gleichzeitig die innere notwendige Zusammengehörigkeit von Gebrauchswert und Wert und auch ihre gleichgültige selbständige Existenz gegeneinander.

Hiermit zeichnet sich schon der bedeutsame Sachverhalt ab, dass der Widerspruch nicht aufgehoben wird, sondern noch weiter besteht, wenn er im doppelseitig-polarischen Gegensatz von Ware und Geld eine Bewegungsform gefunden hat. »Die Entwicklung der Ware (ihre Verdopplung in Ware und Geld – D. W.) hebt diese Widersprüche nicht auf, schafft aber die Form, worin sie sich bewegen können. Dies ist überhaupt die Methode, wodurch sich wirkliche Widersprüche lösen. Es ist z.B. ein Widerspruch, daß ein Körper beständig in einen andren fällt und so ebenso beständig von ihm wegflieht. Die Ellipse ist eine der Bewegungsformen, worin dieser Widerspruch sich ebensosehr *verwirklicht* als *löst.*«[15] (Hervorhebungen – D. W.)

Soweit die »Entwicklung der Ware« bisher verfolgt wurde, hat sie sich auf dreifache Weise als Einheit von Gebrauchswert und Wert erwiesen: Die einzelne, im ersten Kapitel des »Kapital« betrachtete Ware ist eine bloße Einheit von Gebrauchswert und Wert, was bei allem, was noch dazukommt, auch für die Waren zutrifft, die sich in der im zweiten Kapitel des »Kapital« dargestellten Ausgangssituation des Austauschs gegenüberstehen. Dann zeigte sich, dass in dem Verhältnis zweier Waren zueinander eine einzige Ware als Einheit von Gebrauchswert und Wert existiert. Auch das Verhältnis aller Waren zu der von ihnen ausgeschlossenen Geldware ist das Verhältnis, worin sie alle als Einheiten von Gebrauchswert und Wert existieren. Schließlich stehen sich die Waren als Einheiten von Gebrauchswert und Wert gegenüber, insofern sie ihren Wert in der verwandelten Form des Preises ausdrücken bzw. ihren Wert ideell als Geld vorstellen.

Als äußerlich sichtbare Erscheinungsform des den Waren immanenten Gegensatzes von Gebrauchswert und Wert ist der Gegensatz von Ware und Geld die Grundlage für die unterschiedlichen Weisen, in denen die Waren in der Warenzirkulation als Werte füreinander da sind. Haben sich die Waren in Ware und Geld verdoppelt, dann verdoppelt sich die Entäußerung der Waren in eine ideelle und eine reelle. Das Nacheinander von ideeller und reeller Entäußerung der Waren, worin sich die Waren jeweils auf die ausgeschlossene Geldware als ihrer allgemeine Wertgestalt beziehen, zeichnet die Warenzirkulation als Bewegungsform des Widerspruchs zwischen dem Gebrauchswert und dem Wert der Waren aus.

Die Preisform oder die Geldform ist die erste in der Verdopplung der Waren in Ware und Geld gründende Form, worin sich der im Austauschprozess nach seinen unterschiedlichen Seiten hin auseinander legende Widerspruch zwischen Gebrauchswert und Wert bewegt. Indem die Waren in der Ausgangssituation der Warenzirku-

[15] Ebd., S. 118f.

lation als Werte auf eine Ware sich beziehen können, die bereits Geldcharakter besitzt, wird die Verdopplung der Ware in Ware und Geld ideell wiederholt. Zwar treten die Waren reell als Gebrauchswerte auf, ihren Wert drücken sie aber ideell als Gleichheit mit der ihnen gegenüberstehenden Geldware aus. Als Wiederholung der reellen Entäußerung der einfach bestimmten Waren ist die ideelle, mit der Preisform gegebene Entäußerung der Waren ein vollständiger gesellschaftlicher Vermittlungsprozess. Versteht man die Preisgebung als Entäußerung der Waren gegen ein und dieselbe, von ihnen verschiedene dritte Ware, so ist sie eine vollständige Lösungsbewegung des Widerspruchs zwischen dem Gebrauchswert und dem Wert. Insofern es sich aber nur um eine *ideelle* Entäußerung handelt, ist sie nur der erste von verschiedenen Prozessen, aus denen die Warenzirkulation insgesamt als Lösungsbewegung des Widerspruchs zwischen dem Gebrauchswert und dem Wert der Waren besteht. Als Prozess, mit dem die Metamorphose der Ware noch nicht abgeschlossen sein kann, stellt die Preisgebung eine Gleichsetzung mit der allgemeinen Wertgestalt aller Waren dar, die erst noch realisiert werden muss. Mit der Geldform hat die Ware für den Warenbesitzer noch keine praktische Wirkung als Tauschwert. Diese gewinnt sie erst in Gestalt des reellen, den Waren gegenüberstehenden Geldes. »Jede besondre Ware, soweit sie Tauschwert ist, Preis hat, drückt selbst nur ein bestimmtes Quantum Geld in einer unvollkommnen Form aus, da sie erst in die Zirkulation geworfen werden muß, um realisiert zu werden, und es ihrer Besonderheit wegen zufällig bleibt, ob sie realisiert wird oder nicht.«[16]

Als ein Ganzes an gesellschaftlicher Vermittlung ist die ideelle Entäußerung, worin die Geldware zunächst ideell in Geld verwandelt wird, aufgrund der oben gezeigten Unvollständigkeit auch nur ein *Teilprozess* des die ganze Warenzirkulation umfassenden Lebensprozesses der Ware. Außer der Preisgebung umfasst dieser Prozess die Veräußerung der Waren gegen das reelle Geld und dessen Veräußerung gegen irgendeine einzelne Ware.

Als Resultat der ideellen Verdopplung der Ware in Ware und Geld ist die Preisform der Waren einer von den Gegensätzen der Warenmetamorphose, in denen der den Waren immanente Widerspruch zwischen dem Gebrauchswert und dem Wert seine entwickelte Bewegungsform erhalten hat.[17]

Zum einen ist die Preisform der Waren schon für sich genommen eine Bewegungsform dieses den Waren immanenten Widerspruchs, zum anderen ist sie nur die erste von mehreren aufeinander folgenden Bewegungsformen, die erst zusammengenommen die vollständige Bewegungsform für den in den Waren enthaltenen Widerspruch zwischen dem Gebrauchswert und dem Wert ausmachen.

Insofern die Bewegungsform des Widerspruchs identisch ist mit der Art und Weise, in der die ausgeschlossene Ware Geld ist, ist auch der Übergang von einer

---

[16] Karl Marx, Grundrisse, a.a.O., S. 132.
[17] Vgl. Das Kapital, MEW 23, a.a.O., S. 128.

Form in die andere ein Übergang von einer Form des Geldes in eine andere. Müssen die Waren im Preis erst die Geldform annehmen, damit sie sich reell entäußern können, dann nehmen sie eine Form an, worin der Widerspruch zwischen dem Gebrauchswert und dem Wert gelöst worden ist.

Die Waren haben sich wie folgt füreinander als Einheiten von Gebrauchswert und Wert dargestellt: Sie existieren reell als Gebrauchswerte, während ihr Wert in der verwandelten Form des Preises als noch zu realisierende Gleichheit mit der Geldware vorgestellt wird und somit ideell ist. »Die Waren treten sich jetzt als Doppelexistenzen gegenüber, *wirklich* als Gebrauchswerte, *ideell* als Tauschwerte. Die Doppelform der Arbeit, die in ihnen enthalten ist, stellen sie jetzt füreinander dar, indem die besondere reale Arbeit als ihr Gebrauchswert wirklich da ist, während die allgemeine abstrakte Arbeitszeit in ihrem Preise ein vorgestelltes Dasein erhält, worin sie gleichmäßige und nur quantitativ verschiedene Materiatur derselben Wertsubstanz sind.«[18] (Hervorhebungen – D. W.)

3. Das Geld als Einheit von Gebrauchswert und Wert

Wie die Waren, so soll im Folgenden auch das Geld näher als Einheit von Gebrauchswert und Wert betrachtet werden: In ihrer aus dem Austauschprozess bestehenden gesellschaftlichen Aktion schließen die einfach bestimmten Waren eine Ware aus, in deren Gebrauchswert sie gemeinsam ihren Wert darstellen. Bevor eine bestimmte Ware auf diese Weise Geld wird, ist sie als Einheit von Gebrauchswert und Wert eine Ware wie alle anderen auch. »Die Schwierigkeit liegt nicht darin zu begreifen, daß Geld Ware, sondern wie, warum, wodurch Ware Geld ist.«[19] Auch wenn eine Ware Geld geworden ist, hört sie nicht auf, die einfach bestimmte Ware zu sein, als die sie in den Austauschprozess zusammen mit den anderen einfach bestimmten Waren eingegangen ist. Abgesehen von den Anforderungen, die die Rolle des allgemeinen Äquivalents an den Gebrauchswert einer Ware stellt, besitzt die zu Geld gewordene Ware wie alle anderen Waren einen besonderen Gebrauchswert. So dient der Gebrauchswert Gold vielen nützlichen Zwecken, sei es als Werkstoff, als Schmuck, als Zahnfüllung usw.

Als eine der Waren, die »ungeschoren, wie ihnen der Kamm gewachsen ist«, in den Austauschprozess eingegangen ist, besitzt das Geld auch einen Wert wie alle anderen Waren. »Wie jede Ware kann das Geld seine eigne Wertgröße nur relativ in anderen Waren ausdrücken. Sein eigner Wert ist bestimmt durch die zu seiner Produktion erheischte Arbeitszeit und drückt sich in dem Quantum jeder andren Ware aus, worin gleichviel Arbeitszeit geronnen ist. Diese Festsetzung seiner relativen

[18] Zur Kritik der Politischen Ökonomie, MEW 13, a.a.O., S. 53.
[19] Das Kapital, MEW 23, a.a.O., S. 107.

Wertgröße findet statt an seiner Produktionsquelle in unmittelbarem Tauschhandel. Sobald es als Geld in die Zirkulation eintritt, ist sein Wert bereits gegeben.«[20]

Hinter der sachlichen Hülle ihres Gebrauchswerts und der gesellschaftlichen Bedeutung versteckt, die allgemeine Wertgestalt aller Waren zu sein, ist die zu Geld gewordene Ware Wert.

Wird eine Ware durch die gesellschaftliche Aktion aller anderen Waren zum allgemeinen Äquivalent, dann ist in dieser, stellvertretend für alle anderen Waren, der ihnen immanente Widerspruch zwischen dem Gebrauchswert und dem Wert gelöst. Hierdurch ist die zu Geld gewordene Ware nicht mehr nur eine Ware wie jede andere, sondern die *allgemeine* Ware, deren Gebrauchswert die Erscheinungsform des Werts aller anderen Waren ist. Die zu Geld gewordene Ware war wie alle anderen Waren ursprünglich nur als Wert austauschbar. Da sie aber in der gesellschaftlichen Aktion der Waren als die Ware ausgeschlossen worden ist, in der alle anderen Waren ihren Wert darstellen, verkörpert sie in ihrem Gebrauchswert das, was die anderen Waren als Werte sind. Dadurch, dass die Ware, bevor sie im Austausch in die Geldware verwandelt wird, als Wert austauschbar war, hat sie sich noch nicht von den anderen Waren unterschieden. Dass aber ihr Gebrauchswert für alle Waren als Verkörperung der abstrakt-menschlichen und in dieser Form gesellschaftlich-allgemeinen Arbeit gilt, ist eine Besonderheit, die sie von allen anderen Waren unterscheidet und vor allen anderen Waren auszeichnet. »Der Gebrauchswert der Geldware verdoppelt sich. Neben ihrem besondren Gebrauchswert als Ware, wie Gold z.B. zum Ausstopfen hohler Zähne, Rohmaterial von Luxusartikeln usw. dient, erhält sie einen formalen Gebrauchswert, der aus ihren spezifischen gesellschaftlichen Funktionen entspringt. ... Daß Geld Ware ist, ist ... nur eine Entdeckung für den, der von seiner fertigen Gestalt ausgeht, um sie hinterher zu analysieren. Der Austauschprozeß gibt der Ware, die er in Geld verwandelt, nicht ihren Wert, sondern ihre spezifische Wertform.«[21]

Die Waren tauschen sich nicht als Gebrauchswerte, sondern allein als Werte aus. »*Gesellschaftliche Form* der Waare und *Werthform* oder *Form der Austauschbarkeit* sind also eins und dasselbe.«[22] Die Austauschbarkeit der Waren als Werte »entspringt nicht aus der Natur, sondern aus der Gesellschaft. Die *gemeinsame gesellschaftliche Substanz,* die sich in verschiednen Gebrauchswerthen nur verschieden darstellt, ist – *die Arbeit.*«[23]

Wie am Geld ersichtlich, liefert der Gebrauchswert nur das Material, worin der Wert als sachlicher Ausdruck einer rein gesellschaftlichen Substanz eine selbständige materielle Existenz erhält. Die Waren, die ihren Wert selbständig in dem von ihrem Gebrauchswert verschiedenen Gebrauchswert der ausgeschlossenen Ware

[20] Ebd., S. 106f.
[21] Ebd., S. 104f.
[22] Das Kapital, 1. Auflage, MEGA II/5, a.a.O., S. 38.
[23] Ebd., S. 19.

darstellen, sind selbst unmittelbar nur voneinander verschiedene, nicht austauschbare besondere Dinge. Indem aber der Gebrauchswert der Geldware den Wert aller anderen Waren verkörpert, besitzt sie im Unterschied zu allen anderen Waren die Form *unmittelbarer Austauschbarkeit.* »Ist die Naturalform einer Waare zugleich Werthform, so besitzt sie die Form *unmittelbarer Austauschbarkeit* mit andern Waaren und daher *unmittelbar gesellschaftliche Form.*«[24]

Die Waren besitzen diese Form der unmittelbaren Austauschbarkeit nicht, weil ihr Wert unsichtbar in ihnen als konkret-nützlichen Dingen existiert. Als die Form, worin der Wert aller Waren existiert, besitzt allein die Geldware diese Form der unmittelbaren Austauschbarkeit. Wird das Geld als eine besondere Ware unter anderen betrachtet, dann ist es, wie oben gezeigt, auch wie alle anderen Waren eine bloße Einheit von Gebrauchswert und Wert. Als allgemeines Äquivalent betrachtet, erweist sich die Geldware als *allgemeine* Ware, deren Gebrauchswert nicht dazu dient, konkret-nützliche Bedürfnisse zu befriedigen, sondern dazu, das Material zu liefern, worin alle anderen Waren sich als Werte darstellen. Der Gebrauchswert der Geldware ist etwas anderes, je nachdem, ob sie als besondere oder allgemeine Ware behandelt wird. Als allgemeine Ware ist die Geldware in der Gestalt, in der sie reell Gebrauchswert ist, Wert. Eine Ware wäre nicht zu Geld geworden, wenn sie nicht wie die anderen Waren ein Wert wäre; aber nur, weil die anderen Waren ihren Wert in ihrem Gebrauchswert darstellen, übt die Geldware in der Gestalt ihres Gebrauchswerts reell bzw. praktisch die Wirkung des Tauschwerts aus. Seinen eigenen Wert kann das Geld nur relativ in den Gebrauchswerten der anderen Waren darstellen. Während das Geld das allgemeine Äquivalent der Waren ist, sind die Waren die besonderen Äquivalente des Geldes. »Da alle andren Waren nur besondre Äquivalente des Geldes, das Geld ihr allgemeines Äquivalent, verhalten sie sich als besondre Waren zum Geld als der allgemeinen Ware.«[25] Was für die Geldware als besondere Ware der Gebrauchswert ist, ist für sie als allgemeine Ware Wert, insofern jener die Form ist, in der die Waren handgreiflich-sichtbar zueinander als Werte da sind. So reell die Geldware als ein bestimmter Gebrauchswert (Gold) existiert, so reell ist sie allgemeine Wertgestalt.

Bei ihr als der allgemeinen Geldware gilt dieser Gebrauchswert aber nur als Wert. Bisher wurde die allgemeine Ware nur unter dem Aspekt des Werts betrachtet, insofern dieser reell in der Form des Gebrauchswerts existiert. Als besondere Ware betrachtet, ist dieser Gebrauchswert der Geldware ein konkret-nützliches Ding, so wie die Gebrauchswerte aller anderen Waren auch. Als *allgemeine Ware* ist die Geldware aber auch Einheit von Gebrauchswert und Wert. Wo aber ist ihr Gebrauchswert, wenn der Gebrauchswert, in dem sie reell auftritt, als Verkörperung des Werts der anderen Waren, d.h. nur als Wert gilt?

---

[24] Ebd., S. 38.
[25] Das Kapital, MEW 23, a.a.O., S. 104.

Als allgemeines Äquivalent lässt sich das Geld unmittelbar gegen jede andere Ware als Wert austauschen und damit unmittelbar in den Gebrauchswert einer jeden anderen Ware verwandeln. Der gesuchte Gebrauchswert des Geldes als der allgemeinen Ware befindet sich zersplittert in der unendlichen Reihe der ihm reell gegenüberstehenden Gebrauchswerte der anderen Waren. Wie für diese ihr Wert eine reelle Existenz in dem ihnen gegenüberstehenden Gebrauchswert der ausgeschlossenen Geldware besitzt, so existiert für das Geld als die reelle Wertgestalt aller Waren sein Gebrauchswert reell in der Reihe der ihm gegenüberstehenden Gebrauchswerte aller anderen Waren. Solange das Geld seine praktische Wirksamkeit als Tauschwert nicht ausübt, d.h. nicht die Gestalt, in der es reell als Tauschwert auftritt, abstreift, existiert es reell auch nicht als Gebrauchswert. Da das Geld aber im Gegensatz zu den Waren unmittelbar gegen jede von ihnen austauschbar ist, hat es die Möglichkeit, reell im Gebrauchswert jeder anderen Ware zu existieren. Solange der Austausch des Geldes gegen die anderen Waren noch nicht vollzogen ist, seine Verwandlung in Gebrauchswerte der anderen Waren noch aussteht, besitzt es den Gebrauchswert, der ihm als allgemeine Ware zukommt, nur *ideell.* Die Geldware ist als allgemeine Ware Einheit von Gebrauchswert und Wert. Als Erscheinungsform des Werts aller Waren ist sie reell Wert, während sie ideell Gebrauchswert ist, insofern ihr dieser ebenso selbständig wie zersplittert reell in den vielen Gebrauchswerten der anderen Waren gegenübersteht.

4. Der doppelseitig-polarische Gegensatz von Ware und Geld als gesellschaftliche Totalität

Was bisher über die beiden Seiten des Gegensatzes von Ware und Geld entwickelt worden ist, insofern es sich bei ihnen um Einheiten von Gebrauchswert und Wert handelt, wird von Marx im »Kapital« wie folgt zusammengefasst: »In diesem Gegensatz treten die Waren als Gebrauchswerte dem Geld als Tauschwert gegenüber. Andrerseits sind beide Seiten des Gegensatzes Waren, also Einheiten von Gebrauchswert und Wert. Aber diese Einheit von Unterschieden stellt sich auf jedem der beiden Pole umgekehrt dar und stellt dadurch zugleich deren Wechselbeziehung dar. Die Ware ist reell Gebrauchswert, ihr Wertsein erscheint nur ideell im Preis, der sie auf das gegenüberstehende Gold als ihre reelle Wertgestalt bezieht. Umgekehrt gilt das Goldmaterial nur als Wertmateriatur, Geld. Es ist reell daher Tauschwert. Sein Gebrauchswert erscheint nur noch ideell in der Reihe der relativen Wertausdrücke, worin es sich auf die gegenüberstehenden Waren als den Umkreis seiner reellen Gebrauchsgestalten bezieht. Diese gegensätzlichen Formen der Waren sind die wirklichen Bewegungsformen ihres Austauschprozesses.«[26] Entsprechend

[26] Ebd., S. 119.

heißt es in »Zur Kritik der Politischen Ökonomie«: »Im Verkauf W–G, ebenso wie im Kauf G–W, stehen sich zwei Waren gegenüber, Einheiten von Tauschwert und Gebrauchswert, aber an der Ware existiert ihr Tauschwert nur ideell als Preis, während am Gold, obgleich es selbst ein wirklicher Gebrauchswert ist, sein Gebrauchswert nur als Träger des Tauschwerts existiert und daher nur als formaler, auf kein wirkliches individuelles Bedürfnis bezogener Gebrauchswert. Der Gegensatz von Gebrauchswert und Tauschwert verteilt sich also polarisch an die beiden Extreme von W–G, so daß die Ware dem Gold gegenüber Gebrauchswert ist, der seinen ideellen Tauschwert, den Preis, erst im Gold realisieren muß, während das Gold der Ware gegenüber Tauschwert ist, der seinen formalen Gebrauchswert erst in der Ware materialisiert. Nur durch diese Verdoppelung der Ware in Ware und Gold, und durch die wieder doppelte und entgegengesetzte Beziehung, worin jedes Extrem ideell ist, was sein Gegenteil reell ist, und reell ist, was sein Gegenteil ideell ist, also nur durch Darstellung der Waren als *doppelseitig polarischer Gegensätze* (Hervorhebung – D. W.) lösen sich die in ihrem Austauschprozeß enthaltenen Widersprüche.«[27]

Auf folgende, ganz spezifische Weise lässt sich der doppelseitig-polarische Gegensatz von Ware und Geld als *Totalität* fassen. Die Warenzirkulation wird von Marx als erste in sich gegliederte Totalität der bürgerlichen Gesellschaft bezeichnet. In ihr geht es darum, dass die einzelnen konkreten im Gebrauchswert verkörperten Arbeiten im Austauschprozess als einer über Sachen vermittelten gegenständlichen gesellschaftlichen Vermittlung auch in Gestalt einer Sache (des Geldes) ihren gesellschaftlichen Charakter der Allgemeinheit erhalten. In ihrer einfachsten Form besteht die Totalität unter den Bedingungen der Warenzirkulation aus der gesellschaftlichen Arbeit, insofern diese sich in ein vielgliedriges System voneinander abhängiger, besonderer konkret-nützlicher Arbeiten auseinander gelegt hat. »In der Warenwelt ist eine entwickelte Teilung der Arbeit vorausgesetzt, oder stellt sich vielmehr unmittelbar in der Mannigfaltigkeit der Gebrauchswerte dar, die sich als besondere Waren gegenübertreten und in denen ebenso mannigfaltige Arbeitsweisen stecken. Die *Teilung der Arbeit*, als Totalität aller besondern produktiven Beschäftigungsweisen, ist die Gesamtgestalt der gesellschaftlichen Arbeit nach ihrer stofflichen Seite, als Gebrauchswerte produzierende Arbeit betrachtet.« In der Warenzirkulation geht es aber nicht nur um die Teilung der Arbeit als Totalität aller besonderen produktiven Beschäftigungsweisen; vielmehr ist der »Austausch der Waren ... der Prozeß, worin der gesellschaftliche Stoffwechsel, d.h. der Austausch der besonderen Produkte der Privatindividuen, zugleich Erzeugung bestimmter *gesellschaftlicher Produktionsverhältnisse* (Hervorhebung – D. W.) ist ... Die prozessierenden Beziehungen der Waren aufeinander kristallisieren sich als unterschiedene Bestimmungen des allgemeinen Äquivalents, und so ist der

[27] Zur Kritik der Politischen Ökonomie, MEW 13, a.a.O., S. 71f.

Austauschprozeß zugleich Bildungsprozeß des Geldes. Das Ganze dieses Prozesses, der sich als ein Verlauf verschiedener Prozesse darstellt, ist die *Zirkulation*.«[28]

Die Warenzirkulation stellt eine historisch-spezifische Form der gesellschaftlichen Vermittlung dar, durch die der konkret-stoffliche Reichtum in der ihm entgegengesetzten Gestalt der Vergegenständlichung abstrakt-menschlicher Arbeit gesellschaftliche Anerkennung erfährt. Der gesellschaftliche Reichtum wird immer dann als Ganzes erfasst, wenn er sowohl als in Gebrauchswerten sich verkörpernder stofflicher als auch im Wert sich verkörpernder abstrakt-allgemeiner erfasst wird. Der durch den doppelseitig-polarischen Gegensatz von Ware und Geld in seiner Struktur bestimmte Lebensprozess der Ware ist der gesellschaftliche Vermittlungsprozess, innerhalb dessen sich der gesellschaftliche Reichtum in seiner Totalität als konkret-nützlicher und gesellschaftlich-allgemeiner entfaltet.

Die Extreme des doppelseitig-polaren Gegensatzes wurden oben als spezifische Einheiten von Gebrauchswert und Wert und damit als spezifische gegensätzliche Formen ausgewiesen, die jeweils für sich genommen eine vollständige gesellschaftliche Vermittlung darstellen; vollständig in dem Sinne, dass am stofflichen Reichtum zugleich ausgedrückt ist, in welcher Form er als gesellschaftlich-allgemeiner anerkannt wird. Insofern die Ware reell Gebrauchswert ist und ihr Wertsein ideell in dem Preis erscheint, durch den alle Waren auf das ihnen gegenüberstehende Gold als ihre reelle Wertgestalt bezogen sind, ist an ihr der gesellschaftliche Reichtum als Totalität dargestellt, nämlich als konkret-stofflicher und gesellschaftlich-allgemeiner. Auch in dem den Waren gegenüberstehenden Geld ist der gesellschaftliche Reichtum in seiner Totalität ausgedrückt, insofern das Geld reell die Vergegenständlichung abstrakt-allgemeiner und in dieser Form gesellschaftlicher Arbeit ist und sein Gebrauchswert ideell in der Reihe der relativen Wertausdrücke erscheint, »worin es sich auf die gegenüberstehenden Waren als den Umkreis seiner reellen Gebrauchsgestalten bezieht.«

Als Einheit von Gebrauchswert und Wert ist jede Seite des doppelseitig-polarischen Gegensatzes in dem oben auseinander gesetzten Sinne eine gesellschaftliche Totalität, die wiederum Resultat einer in sich vollständigen gesellschaftlichen Vermittlung ist. Bei der preisbestimmten Ware und dem Geld handelt es sich auf unterschiedliche, nämlich ideelle und reelle Weise um die prozessierende Beziehung der Waren aufeinander. Diese stellen ihren Wert gemeinsam so in der im Austausch ausgeschlossenen dritten Ware dar, dass diese hierdurch auf reelle oder ideelle Weise Geld ist. Diese unterschiedliche Weise, in der die Waren Geld sind, ist die Weise, in der der konkret-stoffliche Reichtum sich als gesellschaftlich-allgemeiner ausgewiesen hat.

Der doppelseitig-polarische Gegensatz von Ware und Geld stellt nicht nur die Waren als Einheiten von Gebrauchswert und Wert dar, insofern sich die Waren als

[28] Ebd., S. 37.

Gebrauchswerte auf das Geld als die selbständig ihnen gegenüberstehende Wertgestalt beziehen. Vielmehr ist er zugleich *die Einheit zweier Einheiten*, insofern jedes seiner Extreme Einheit von Gebrauchswert und Wert ist. Insgesamt ist die Warenzirkulation eine gesellschaftliche Totalität, weil in ihr sich entscheidet, auf welche Weise die einzelnen konkret-nützlichen Arbeiten den gesellschaftlichen Charakter der Allgemeinheit erhalten. Als so bestimmte Totalität ist die Warenzirkulation, wie Marx sagt, noch einmal »in sich *gegliedert*.« Wie dies der Fall ist, ergibt sich aus der Warenzirkulation, insofern sie der prozessierende, lebendige doppelseitig-polarische Gegensatz von Ware und Geld ist. Da dieser aber in der oben entwickelten Weise Einheit zweier Einheiten ist, erweist sich die Warenzirkulation als eine gesellschaftliche Totalität, die sich mit der preisbestimmten Ware und dem Geld wiederum in zwei Totalitäten »gliedert«.

Von Totalität ist hier in dem ebenso präzisen wie eingeschränkten Sinne die Rede, dass der Reichtum als das Totale bzw. das Ganze dadurch gekennzeichnet ist, dass der als Gebrauchswert vorhandene stoffliche Reichtum, um gesellschaftlich anerkannt zu sein, die ihm entgegengesetzte Gestalt des Werts annehmen muss. Den Maßstab für das, was die Warenzirkulation als Totalität ist, liefert sie also selbst; denn in ihren gegensätzlichen Formen bewegt sich der Widerspruch, der darin besteht, dass der Reichtum sich als stofflicher bewähren muss, bevor er sich als abstrakt-allgemeiner bewährt, und sich als abstrakt-allgemeiner bewähren muss, bevor er sich als konkret-stofflicher bewähren kann. Dass es diesen Widerspruch und die gegensätzlichen Formen gibt, in denen er sich bewegt, beruht einzig und allein auf dem Austauschprozess als einer gegenständlichen und hiermit historisch-spezifischen Form der gesellschaftlichen Vermittlung.

5. Die Entfaltung und Vermittlung des Gegensatzes von Gebrauchswert und Wert

5.1 Vorbemerkung

Die Entfaltung und Vermittlung des Gegensatzes von Gebrauchswert und Wert sind Eigenschaften der gegensätzlichen Formen, in denen sich der Widerspruch zwischen den gegensätzlichen Seiten der Arbeit bewegt. In der bisherigen Darstellung ging es gerade um die Entwicklung dieser gegensätzlichen Formen. Mit einer Erklärung dessen, was unter Entfaltung und Vermittlung des Gegensatzes von Gebrauchswert und Wert zu verstehen ist, kann es sich folglich nur um eine Verdeutlichung dessen handeln, was bereits dargestellt worden ist. Diese Verdeutlichung kann eher als das Herausstreichen einer Besonderheit begriffen werden, die sich weniger auf die Entfaltung, als vielmehr auf die Vermittlung des Gegensatzes bezieht. Diese Verdeutlichung ist vor allem deswegen angebracht, weil sie hilft, die stets auf eine mystisch-irrationale Vermischung von Gebrauchswert und Wert hinauslaufenden Missverständnisse zu vermeiden, die sich dann einstellen, wenn es um die Einheit, Vermittlung, Zusammenfassung, Versöhnung, Vereinigung ... von Gegensätzen geht. Was über den Widerspruch zwischen Gebrauchswert und Wert und über seine Bewegungsformen unter dem Aspekt der Entfaltung und Vermittlung des Gegensatzes entwickelt werden soll, ergibt die Interpretation der folgenden Passage aus den »Grundrissen zur Kritik der politischen Ökonomie«: »Es ist wichtig zu bemerken, daß der Reichtum als solcher, i.e. der bürgerliche Reichtum immer in der höchsten Potenz ausgedrückt ist in dem Tauschwert, wo er als *Vermittler* gesetzt, als die Vermittlung der Extreme von Tauschwert und Gebrauchswert selbst. Diese Mitte erscheint immer als das vollendete *ökonomische* Verhältnis, weil es die Gegensätze zusammenfaßt, und erscheint schließlich immer als eine Einseitig Höhere Potenz gegenüber den Extremen selbst; weil die Bewegung oder das Verhältnis, das als vermittelnd zwischen den Extremen *ursprünglich* erscheint, dialektisch dazu notwendig fortführt, daß es als Vermittlung mit sich selbst erscheint, als das Subjekt, dessen Momente nur die Extreme sind, deren selbständige Voraussetzung es aufhebt, um sich durch ihre Aufhebung selbst als das allein Selbständige zu setzen.«[29]

5.2 Die Entfaltung des Gegensatzes von Gebrauchswert und Wert als deren stufenweise Trennung

Was die Entfaltung und Vermittlung des Gegensatzes von Gebrauchswert und Wert sind, soll hinsichtlich des Verhältnisses zweier Waren zueinander (der einfachen Wertform) und hinsichtlich des vom Austausch produzierten doppelseitig-polarischen Gegensatzes von Ware und Geld erklärt werden.

Indem im Verhältnis zweier Waren zueinander die erste Ware ihren Wert im Gebrauchswert der zweiten Ware ausdrückt, stellt sie sich als das Doppelte, das sie ist, auch dar, nämlich als Einheit von Gebrauchswert und Wert, und zwar derart, dass sie sich als Gebrauchswert auf den Gebrauchswert der zweiten Ware als ihren Wert bezieht bzw. derart, dass sich ihr Gebrauchswert und ihr Wert auf die Gebrauchswerte der beiden Waren polarisch verteilen. Der Wert der Ware steht ihr in der Form des Gebrauchswerts der zweiten Ware selbständig gegenüber.

Da sich im Austausch alle Waren als Einheiten von Gebrauchswert und Wert zueinander verhalten, entfaltet sich auch in ihm mit der Verdopplung der Ware in Ware und Geld der Gegensatz von Gebrauchswert und Wert ungleich weiter, als dies im Verhältnis zweier Waren zueinander der Fall ist. Indem alle Waren gemeinsam ihren Wert im Gebrauchswert der ausgeschlossenen Geldware darstellen, erhält der Wert eine von *allen* Waren getrennte selbständige materielle Existenz. Mit

[29] Karl Marx, Grundrisse, a.a.O., S. 237.

dem Ausschluss einer Ware, in der alle Waren gemeinsam ihren Wert darstellen, verallgemeinert sich die Trennung des Gebrauchswerts und des Werts ebenso sehr, wie sie sich ein für alle Mal befestigt. Zu der aus dem Austausch hervorgegangenen Entfaltung des Gegensatzes von Gebrauchswert und Wert gehört, dass jede Ware ihr Wertsein an sich selbst im Preis als noch zu realisierende Gleichheit mit dem Geld ausdrücken kann. Nachdem sich durch den Austausch ergeben hat, dass die Waren als Werte aufeinander bezogen sind, wenn sie sich gemeinsam auf eine ausgeschlossene dritte Ware als Wert beziehen, dann gibt jede dieser dritten Ware gegenüberstehende Ware sich als Einheit von Gebrauchswert und Wert zu erkennen, indem sie ihren Wert ideell in der verwandelten Form der ihr reell gegenüberstehenden Geldware ausdrückt.

Im Verhältnis zweier Waren zueinander konnte die erste Ware ihren Wert nur im Gebrauchswert der zweiten ausdrücken. Der Wert der Ware erschien an ihr selbst nicht. Sie gab sich selbst nicht als Einheit von Gebrauchswert und Wert zu erkennen, wie dies jetzt bei der preisbestimmten Ware als dem einen Extrem des doppelseitig-polarischen Gegensatzes von Ware und Geld der Fall ist. Preisbestimmte Ware und Geld sind nicht nur hinter ihrer sachlichen Hülle verborgen Wert, sondern weisen sich äußerlich, für jedermann sichtbar, sowohl als Gebrauchswert wie auch als Wert aus.

5.3 Die Vermittlung von Gebrauchswert und Wert

So leicht es ist, sich eine Entfaltung des Gegensatzes von Gebrauchswert und Wert vorzustellen, weil in dem sachlich sich gegen den Gebrauchswert verselbständigenden Wert kein Atom Naturstoff eingeht, so schwer ist es, sich eine Form des Werts als die den Gebrauchswert und Wert *zusammenfassende*, beide Gegensätze *versöhnende, vereinigende Mitte* vorzustellen. Was es mit dieser auf den ersten Blick irrational anmutenden Feststellung auf sich hat, soll zunächst für die Ware als bloße Einheit von Gebrauchswert und Wert untersucht werden. An der Ware selbst gibt es keine Vermittlung zwischen ihrem Gebrauchswert und ihrem Wert. Als ein Stück bearbeiteter Natur und als etwas aus der Vergegenständlichung abstrakt-menschlicher Arbeit bestehendes rein Gesellschaftliches, schließen sich Gebrauchswert und Wert wechselseitig aus. Eine Gebrauchswert und Wert zusammenfassende Mitte könnte es an der Ware selbst nur um den Preis einer mystisch-irrationalen Vermischung von Gebrauchswert und Wert geben.

Als Wert ist die Ware aber gegen jede andere Ware austauschbar, die ebenfalls hinter der sachlichen Hülle ihres Gebrauchswerts verborgen Wert ist. Eine Ware kann sich also im Austausch in eine andere Ware verwandeln. Der Besitzer kann sich durch Entäußerung seiner Ware eine andere aneignen, die dann den Platz seiner eigenen Ware einnimmt bzw. in seine Hände übergeht, um mit ihrem Gebrauchswert ein Bedürfnis zu befriedigen. Indem in diesem Sinne die im Wert gegebene Austauschbarkeit der Waren gegeneinander realisiert wird, hat der Wert, ohne selbst Gebrauchswert zu sein, die praktische Wirkung, gegen den Gebrauchswert einer anderen Ware umsetzbar und in diesem Sinne, wie unentwickelt auch immer, die Gebrauchswert und Wert zusammenfassende Mitte zu sein.

Da der Wert der Ware hinter der sachlichen Hülle ihres Gebrauchswerts verborgen ist, ist die Ware zwar austauschbar, aber nicht *unmittelbar* gegen jede andere Ware austauschbar. Jede Ware kann zunächst als Wert den Anspruch erheben, gegen jede andere Ware als Wert austauschbar zu sein. Sie spielt sich hiermit zu Recht als allgemeines Äquivalent auf. Dennoch bleibt der Widerspruch von Gebrauchswerts und Wert der Ware ungelöst. Dass der Gebrauchswert der Ware der Gegenstand eines besonderen Bedürfnisses ist, widerstreitet ihrem Wert, durch den sie gegen jedes Bedürfnis gleichgültig ist. In der Form, in der die Ware erscheint – und das ist in der Form ihres Gebrauchswerts –, besitzt sie nicht für alle Waren gesellschaftlich gültige Daseinsweise des Werts. Ihr Gebrauchswert ist nicht die gesellschaftlich gültige Vergegenständlichung der gleichen menschlichen und in dieser Form gesellschaftlich-allgemeinen Arbeit.

In der Warenzirkulation ist die Ware als Wert nur der Möglichkeit nach gegen alle anderen Waren austauschbar. Ihr Dasein als Gebrauchswert verhindert, dass man die in ihrem Wert gegebenen Ansprüche einlösen kann. Dass die Ware hinter der sachlichen Hülle ihres Gebrauchswerts verborgen Wert ist, macht es diesem unmöglich, in dem oben aufgezeigten Sinne die Wert und Gebrauchswert zusammenfassende Mitte bzw. Vermittlung zu sein. Was verhindert wird, ist die unmittelbare Austauschbarkeit der Waren, weil der Widerspruch, dass jede Ware als Gebrauchswert etwas Einzelnes und als Wert etwas Allgemeines ist, ungelöst bleibt. Die Form, in der eine Ware als Wert unmittelbar austauschbar ist, entsteht erst im Austauschprozess. In diesem wird jener Widerspruch gelöst, indem sich die Waren in Ware und Geld verdoppeln.

Was die Waren als Werte füreinander sind, müssen sie in ihren eigenen sachlichen Beziehungen zueinander zeigen. Dies geschieht, indem der Wert eine sachlich-selbständige Existenz in dem von dem Gebrauchswert und dem Wert der Ware verschiedenen Gebrauchswert einer anderen Ware erhält. Dieser Gebrauchswert, worin die Waren ihren Wert darstellen, ist als Erscheinungsform des Werts der Waren eine Erscheinungsform der Qualität, woraus die Austauschbarkeit der Waren besteht. Der Gebrauchswert der Ware, in dem sich der Wert der anderen Ware darstellt, gilt in der Welt der Waren als Wert. Der Wert aber ist gleichbedeutend mit Austauschbarkeit. Folglich ist die Ware, deren Gebrauchswert die Erscheinungsform des Werts der anderen Waren ist, innerhalb des Warenverhältnisses gegen jede andere Ware *unmittelbar* austauschbar. Für die Ware, in deren Gebrauchswert die anderen Waren ihren Wert darstellen und die hierdurch zur Äquivalentware geworden ist, gilt: Da ihr Gebrauchswert in den sich zu ihr verhaltenden Waren nur als Verkörperung abstrakt-menschlicher Arbeit zählt, ist sie unmittelbar gegen jede andere Ware austauschbar und damit unmittelbar in den Gebrauchswert einer jeden anderen Ware verwandelbar.

Das oben angeführte Zitat von Marx aus den »Grundrissen« erweist sich in bestimmter Hinsicht als interpretationsbedürftig. Es kommt in ihm nicht klar genug der oben in seiner Wichtigkeit hervorgehobene Unterschied zwischen dem Wert und dem Tauschwert als einem Unterschied zwischen der Austauschbarkeit und der unmittelbaren Austauschbarkeit zum Ausdruck. Um dem, worum es in dem Zitat geht, gerecht zu werden, wurde sowohl für den Wert der Waren als auch für deren Tauschwert geprüft, was mit dem Tauschwert als der den Wert (in der zitierten Passage: Tauschwert) und Gebrauchswert zusammenfassenden Mitte gemeint ist. Im »Kapital« sagt Marx, nachdem er den Zusammenhang zwischen dem Wert und dem Tauschwert als seiner Erscheinungsform aufgedeckt hat, man könne sowohl vom Wert als auch vom Tauschwert sprechen, wenn man sich einmal dieses Unterschieds vergewissert hat. Insofern ist die Formulierung in den »Grundrissen« nicht zu tadeln. Da Marx aber in den »Grundrissen«, wie seine missglückte Geldableitung beweist, noch nicht in der Lage ist, stringent den Unterschied zwischen dem Wert und dem Tauschwert zu fixieren und in seiner Bedeutung für die Entwicklung der Wertformen einzuschätzen, und da dieser Unterschied gerade im oben dargelegten Sinne wichtig ist, sollte man genauer als dies Marx tut, den Tauschwert als die Vermittlung von Gebrauchswert und Wert begreifen. Denn, wie gezeigt, ist es der Tauschwert als der vom Wert noch einmal verschiedenen Erscheinungsform, der die Form unmittelbarer Austauschbarkeit besitzt, kraft derer sein Besitz den Besitz des Gebrauchswerts einer jeden anderen Ware garantiert. Zum einen gilt der Tauschwert soviel wie der Wert der Waren und zum anderen besitzt er als Erscheinungsform des Werts die dem Wert nicht zukommende Form der *unmittelbaren* Austauschbarkeit, welche die Umsetzbarkeit gegen alle Waren als ebenso vielen Gebrauchswerten bedeutet.

Die Entfaltung des Gegensatzes von Gebrauchswert und Wert ist stets dann gegeben, wenn der Wert der Waren im Gebrauchswert einer anderen Ware eine sachlich-selbständige Existenz erhalten hat. In dieser als Tauschwert bestimmten Erscheinungsform des Werts besitzt er die für alle Waren gültige Form der Austauschbarkeit, d.h. die unmittelbare Form der Austauschbarkeit, welche die Ursache für die Umsetzbarkeit der in Äquivalentform stehenden Ware gegen die Gebrauchswerte aller anderen Waren ist. Mit der Art und Weise, wie sich der Gegensatz zwischen Gebrauchswert und Wert entfaltet, ist auch die Art und Weise gegeben, wie er in einer gegenüber dem Wert weiterentwickelten Form, nämlich im Tauschwert als der Erscheinungsform des Werts *vermittelt* wird. In der *Entfaltung* des Gegensatzes von Gebrauchswert und Wert erhält der letztere eine von ihm verschiedene, entwickeltere Erscheinungsform, indem die Naturalform der ausgeschlossenen Ware nur als Wertform bzw. Wertgestalt aller sich als Wert auf sie beziehenden Waren gilt. Die durch die gesellschaftliche Tat im Austausch der einfach bestimmten Waren zum allgemeinen Äquivalent gemachte Ware befindet sich in der Form der unmittelbaren Austauschbarkeit gegenüber allen anderen Waren. Haben die Waren ihre Gestalt als Gebrauchswerte abgestreift und die in ihrem Preis ideell antizipierte Gestalt des Geldes reell angenommen, dann existieren sie auch reell in der Form, in der sie als Werte austauschbar sind: Sie existieren in der Form unmittelbarer Austauschbarkeit. »Das allgemeine Produkt der Veräußerung der Waren ist die *absolut veräußerliche* (Hervorhebung – D. W.) Ware. ... ›Es ist alles zu haben für bar Geld.‹«[30]

Im Folgenden soll das bisher bereits über die Vermittlung der Gegensätze von Gebrauchswert und Wert entwickelte noch präzisiert werden: Zwei Waren können nur gegeneinander ausgetauscht werden, wenn sie über ihre unterschiedlichen Gebrauchswerte hinweg einem Dritten gleichgesetzt werden, das von ihnen sowohl als Gebrauchswerten wie als Tauschwerten verschieden ist. Schon im Verhältnis zweier Waren zueinander ergibt sich: »Beide sind also gleich einem Dritten, das an und für sich weder das eine noch das andere ist. Jedes der beiden, soweit es Tauschwert, muß also auf dies Dritte reduzierbar sein.«[31] Als dies gemeinsame Dritte, das »sich im Austauschverhältnis oder Tauschwert der Ware darstellt«,[32] hatte sich der Wert ergeben. In ihm sind die Waren unter Abstraktion von ihrer Verschiedenheit als Gebrauchswerte identische, gegenständliche Ausdrücke abstrakt-menschlicher Arbeit. Das, was die Waren austauschbar macht und wodurch sie trotz ihrer Verschiedenheit als Gebrauchswerte einander gleiche, ersetzbare Dinge sind, muss als ihre Vermittlung verstanden werden. Diese besteht aus dem Wert und insofern aus einer gesellschaftlichen Qualität, welche die voneinander verschiedenen Arbeitsprodukte als Gebrauchswerte nichts angeht. Mit der Vermittlung in diesem Sinne ist also nichts anderes gemeint, als dass die Waren als Werte untereinander gleiche, austauschbare Arbeitsprodukte sind. »Abstrahiert man nun wirklich vom Gebrauchswert der Arbeitsprodukte, so erhält man ihren Wert, wie er eben (als ›Gallerte unterschiedsloser menschlicher Arbeit‹, als ›Kristalle dieser ihnen gemeinschaftlichen gesellschaftlichen Substanz‹ – D. W.) bestimmt ward.«[33]

Als das »gemeinsame Dritte« ist der Wert zwar von den Waren als Gebrauchswerten verschieden; er existiert deswegen aber nicht außerhalb der Waren. Vielmehr ist jede Ware für sich selbst betrachtet hinter der sachlichen Hülle ihres Gebrauchswerts verborgen Wert. Jede der sich aufeinander beziehenden Waren ist für sich genommen das den Waren »gemeinsame Dritte«.

Stellt sich der Wert der Waren im Gebrauchswert einer anderen dar bzw. stellen alle Waren gemeinsam ihren Wert in der durch ihre gesellschaftliche Aktion ausge-

[30] Zur Kritik der Politischen Ökonomie, MEW 13, a.a.O., S. 74.
[31] Das Kapital, MEW 23, a.a.O., S. 51.
[32] Ebd., S. 53.
[33] Ebd., S. 53 und S. 52.

schlossenen spezifischen Äquivalentware dar, dann liegt die Besonderheit vor, dass der Wert als das den Waren »gemeinsame Dritte« in der Form eines Gebrauchswerts auch außerhalb der Waren selbständig existiert. Diese Besonderheit ist nicht aus der abstrakt-menschlichen Arbeit zu erklären, sondern daraus, dass nur unter den Bedingungen, unter denen die konkret-nützlichen Arbeiten in der gegenständlichen Form der Arbeitsprodukte aufeinander bezogen bzw. ausgetauscht werden, die abstrakt-menschliche Arbeit sowohl zur gesellschaftlich-allgemeinen Form der konkret-nützlichen Arbeiten geworden ist wie sie sich zugleich im Wert gegenständlich ausdrücken muss. Die abstrakt-menschliche Arbeit wird zur Form der gesellschaftlichen Arbeit und nimmt, durch den Austausch als einem gesellschaftlichen Verhältnis von Gegenständen zueinander bedingt, gegenständlich-selbständige Existenz im Gebrauchswert einer Ware an. Daher tritt, wie es das Geld als Daseinsweise der abstrakt-menschlichen Arbeit beweist, der Fall ein, dass das aus dieser abstrakt-menschlichen Arbeit bestehende Allgemeine selbst als eine besondere Sache neben anderen verschiedenen, besonderen Sachen existiert: »Es ist als ob neben und außer Löwen, Tigern, Hasen und allen andern wirklichen Thieren, die gruppirt die verschiednen Geschlechter, Arten, Unterarten, Familien u.s.w. des Thierreichs bilden, auch noch *das Thier* existirte, die individuelle Incarnation des ganzen Thierreichs. Ein solches Einzelne, das in sich selbst alle wirklich vorhandenen Arten derselben Sache einbegreift, ist ein *Allgemeines*, wie *Thier*, *Gott* u.s.w.«[34]

Das Geld existiert kraft seiner Form, *unmittelbar* austauschbar zu sein, zugleich in der Bedeutung aller Gebrauchswerte. Daher gilt auch hinsichtlich des Geldes, dass in der durch die Warenzirkulation bestimmten gesellschaftlichen Wirklichkeit das Allgemeine in Gestalt eines besonderen Gebrauchswerts neben den verschiedenen besonderen Gebrauchswerten existiert. In keinem anderen Bereich der Wirklichkeit außer in dem durch die Warenzirkulation bzw. durch die Erscheinungsform des Werts abgesteckten Bereich, gibt es aus den bereits genannten Gründen überhaupt so etwas wie die selbständig-sinnlich-gegenständliche Existenz des Allgemeinen verschiedener Dinge neben diesen selbst.

Der Wert wurde oben als das den Waren »gemeinsame Dritte« gekennzeichnet. Hierbei ging es nicht um den Wert, der als Tauschwert die den Gebrauchwert und den Wert der Ware »zusammenfassende Mitte« ist. Diese Bedeutung erhält der Wert erst, indem er in der Äquivalentware bzw. im Geld die Form der *unmittelbaren* Austauschbarkeit angenommen hat. Beide Sachverhalte sind aber insofern miteinander verbunden, als der Wert als das »gemeinsame Dritte« der Waren im Gebrauchswert der Äquivalentware bzw. der Geldware sachlich-selbständige Existenz erhält. Der Gebrauchswert der in Äquivalentform stehenden Ware gilt nur als Verkörperung des Allgemeinen, durch das die Waren aufeinander bezogen bzw. gegeneinander austauschbar sind.

---

[34] Das Kapital, 1. Auflage, MEGA II/5, a.a.O., S. 37.

Als Vergegenständlichung abstrakt-menschlicher Arbeit ist der Wert insofern etwas Unbestimmtes, als in ihm alle Unterschiede, die die Arbeitsprodukte als Gebrauchswerte auszeichnen, von ihm ausgeschlossen sind. Da aber die Ware, die allen anderen Waren ihren Wert, d.h. ihre Austauschfähigkeit verkörpert, unmittelbar gegen jede andere Ware austauschbar und damit unmittelbar in jeden Gebrauchswert umsetzbar ist, weist sie sich auch als Inbegriff aller Gebrauchswerte aus. Als sachlich-selbständige Existenz eines Allgemeinen, das zugleich ein Unbestimmtes ist, ist die in Äquivalentform stehende Ware kraft ihrer unmittelbaren Austauschbarkeit gegen jede andere Ware austauschbar und damit zu jeder mit den Gebrauchswerten gegebenen Bestimmung fähig. »Nach der Seite des Gebrauchswerts drückt jede Ware nur ein Moment des stofflichen Reichtums aus durch ihre Beziehung auf ein besonderes Bedürfnis, eine nur vereinzelte Seite des Reichtums. Das Geld aber befriedigt jedes Bedürfnis, insofern es in den Gegenstand jedes Bedürfnisses *unmittelbar* (Hervorhebung – D. W.) umsetzbar ist. Sein eigener Gebrauchswert ist realisiert in der unendlichen Reihe der Gebrauchswerte, die sein Äquivalent bilden. In seiner gediegenen Metallität enthält es allen stofflichen Reichtum unaufgeschlossen, der in der Welt der Waren entrollt ist. Wenn also die Waren in ihren Preisen das allgemeine Äquivalent oder den abstrakten Reichtum, Gold, repräsentieren, repräsentiert das Gold in seinem Gebrauchswert die Gebrauchswerte aller Waren. Gold ist *daher der materielle Repräsentant des stofflichen Reichtums*. ... Es ist zugleich der *Form* nach die unmittelbare Inkarnation der allgemeinen Arbeit und dem *Inhalt* nach der Inbegriff aller realen Arbeiten.«[35] (Hervorhebungen: Form, Inhalt – D. W.)

Als weiterentwickelte Gestalt eines der beiden gegensätzlichen Extreme von Gebrauchswert und Wert, nämlich als weiterentwickelte Gestalt des Werts, ist das Geld die Vermittlung der Gegensätze von Gebrauchswert und Wert bzw. die Gebrauchswert und Wert »zusammenfassende Mitte«.

---

[35] Zur Kritik der Politischen Ökonomie, MEW 13, a.a.O., S. 102f.

Teil 5
Der Begriff des Widerspruchs im »Kapital« und in der »Kritik des Hegelschen Staatsrechts«
Eine Kritik an Hans Friedrich Fulda und Peter Furth

Kapitel 1
Marx' Auffassung vom »wirklichen Gegensatz« und von der »Differenz innerhalb der Existenz eines Wesens« in der »Kritik des Hegelschen Staatsrechts«

In seinem Aufsatz »Dialektik als Darstellungsmethode im ›Kapital‹ von Marx«[1] schreibt Hans Friedrich Fulda: »Der Gegensatz beider Methoden (der dialektischen Methode von Marx und Hegel – D. W.) läßt sich noch in anderer Weise bezeichnen, und zwar so, daß er als Gegensatz zwischen Idealismus und Materialismus erkennbar wird, ohne dabei seinen methodologischen Charakter zu verlieren. Zugleich wird dann sichtbar, daß er auch den zentralen Begriff des Widerspruchs tangiert. Man muß sich dazu fragen, was es ist, das in beiden Fällen die Entwicklung des Begriffs in der Darstellung des Stoffs vorantreibt.«[2] Das, wodurch das Leben des Stoffs selbst vorangetrieben wird, ist nach Fulda bei Marx »eine bestimmte, im Gegensatz zur ökonomischen Wirklichkeit befindliche, gedankliche Aneignungsweise des Wirklichen. Wir halten durch sie diesem Wirklichen sozusagen den Spiegel vor, indem wir die wirklichen, das Wirkliche zerreißenden Widersprüche aufdecken.«[3]

Ein Unterschied, der die Darstellung und die in ihr dargestellte Wirklichkeit betrifft, versteht sich von selbst, insofern die Darstellung als gedankliche, im Kopf des Autors oder des Lesers seiner Werke sich abspielende Reproduktion der Wirklichkeit nicht diese Wirklichkeit selbst ist. Ein anderer Unterschied ist darin zu sehen, dass es eine Reihenfolge der Kategorien und eine analytische Trennung der zusammenhängenden und sich wechselseitig voraussetzenden Teile der bürgerlichen Gesellschaft gibt, die nicht unmittelbar auf deren Oberfläche erscheint, an die sich aber die Darstellung zu halten hat, um die bürgerliche Gesellschaft ihrer ökonomischen Struktur nach begreifen zu können. Auch und gerade dieser zweite Unterschied muss berücksichtigt werden, wenn man begreifen will, inwiefern »Das

[1] Hans Friedrich Fulda, Dialektik als Darstellungsmethode im »Kapital« von Marx, in: ajatus, Heft 37, Helsinki 1978, S. 180–216.
[2] Ebd., S. 195.
[3] Ebd., S. 195f.

Kapital« als gedankliche Reproduktion der Anatomie der bürgerlichen Gesellschaft »das Ideelle«[4] ist, das nichts anderes ist, »als das im Menschenkopf umgesetzte und übersetzte Materielle«.[5]

»Das Kapital« von Marx befindet sich nicht, wie Fulda glaubt, in einem »Gegensatz«, der »das Verhältnis der Darstellung zum Dargestellten kennzeichnet«.[6]

In einen solchen Gegensatz würde eine verkehrte Darstellung der bürgerlichen Gesellschaft geraten, deren Verfasser den Charakter dieser Darstellung als ideellen Ausdruck der ökonomisch-gesellschaftlichen Wirklichkeit noch nicht durchschaut hat. Nur dann, wenn ein Theoretiker den Gestaltungen des Scheins an der Oberfläche der bürgerlichen Gesellschaft verhaftet bleibt, wird sich seine Theorie auch gegen seinen Willen in dem Maße gegen die in ihr dargestellte Wirklichkeit verselbständigen, in dem er keinen Zugang zu dem an der Oberfläche verkehrt erscheinenden inneren Zusammenhang der ökonomisch-gesellschaftlichen Verhältnisse hat.

Mit der Behauptung eines Gegensatzes der Marxschen Theorie zur in ihr dargestellten ökonomischen Wirklichkeit kündet sich an, dass Fulda die Behandlung des Widerspruchs im Zuge eines Vergleichs des »Kapital« mit Hegels »Phänomenologie des Geistes« einseitig auf die Entwicklung des Bewusstseins ausrichtet. Der Hauptfehler, den Fulda begeht und der einen Rattenschwanz von anderen Fehlern nach sich zieht, besteht darin, dass er zwischen der Annahme von dialektischen Prozessen in der Wirklichkeit und ihrer Leugnung hin- und herschwankt, wobei – wie die Ausführungen Fuldas insgesamt zeigen – die Leugnung überwiegt. Dass man Anlass zur Anerkennung einer »objektiven Dialektik« habe, darauf geht Fulda in einer an Widersprüchlichkeiten nicht zu überbietenden Weise ein. »Wendet man sich direkt der Auffassung zu, die Marx von Dialektik als einer Struktur wirklicher Prozesse gehabt haben mag, so steht man in der Gefahr, hegelianische Gemeinplätze für Marx'sche Weisheit zu halten. Das hat die mit Engels einsetzende Interpretationserfahrung zur Genüge erwiesen. Nützlicher wäre es, von der Vermutung auszugehen, Marx habe über ›objektive‹ Dialektik keine spezifische, seiner Position angemessene Meinung entwickelt. Richtig ist diese Vermutung allerdings nicht. Sie bedarf zumindest erheblicher Einschränkung.«[7] »Insofern versteht man also gerade wichtige Eigentümlichkeiten der Marx'schen Auffassung von dialektischer Methode, indem man von einem Grundgedanken ›objektiver‹ Dialektik ausgeht. Die oben als nützlich bezeichnete Vermutung, Marx habe keinerlei spezifische Vorstellung von objektiver Dialektik gehabt, ist daher nicht zu halten.«[8]

---

[4] Das Kapital, MEW 23, a.a.O., S. 27.
[5] Ebd.
[6] H.F. Fulda, Dialektik als Darstellungsmethode, a.a.O., S. 197.
[7] Ebd., S. 196, Fn. 52.
[8] Ebd., S. 199f., Fn. 58.

Fulda charakterisiert die Bedeutungen, die Hegels spekulativer Begriff des Widerspruchs besitzt, wie folgt: »Hegels Begriff des spekulativen Widerspruchs hat einen sehr speziellen Bedeutungsgehalt. Er bezeichnet, grob gesprochen, die Zuspitzung, die ein Unterschied erfährt, indem er sich zu einem eigentümlichen Gegensatz zweier einander Enthaltender entwickelt – einem Gegensatz derart, daß jedes der beiden in derselben Rücksicht, in der es das andere enthält, und in der es dadurch, daß es das andere in sich enthält, selbständig ist, das andere auch ausschließt, so daß es in seiner Selbständigkeit seine eigene Selbständigkeit aus sich ausschließt und sich zugrunderichtet. Der Begriff ›Widerspruch‹ ist darum nur applikabel, wenn beide – sowie ihr Verhältnis – unstabil sind; doch dies wiederum so, daß die Instabilität sich alsbald in ihr Gegenteil verkehrt. Die einander Widersprechenden und ihr Gegensatzverhältnis gehen nicht nur zugrunde, sondern sie gehen in das einfache Wesen als ihrem Grund zurück. In diesem Wesen haben sie dann Bestand, – freilich ohne ihre frühere Selbständigkeit zu bewahren. Wichtig ist in unserem Zusammenhang, daß beide Glieder des Gegensatzes sich dabei streng symmetrisch verhalten. Keinem kommt ein Vorrang vor dem andern zu. Wenn es sich um Momente des methodischen Gedankenfortschritts handelt, welche sich in der Einheit aufheben, die in ihrem Verhältnis bereits enthalten ist, gilt darüber hinaus von ihnen, daß sie von dieser Einheit aus, als dem Dritten, auch als Momente seiner Selbstvermittlung anzusprechen sind. Sie sind durch dieses Dritte miteinander und mit sich Vermittelte.«[9]

Fulda behauptet nun: »Ganz anders ist der Begriff des Widerspruchs bei Marx konzipiert. Er hat bei ihm einen sehr viel weiteren und unscharf begrenzten Anwendungsbereich. Gleichwohl ist er nicht so unbestimmt, wie er oftmals genommen wird. Man kommt ihm wohl am nächsten, wenn man ihn versteht als ›Instabilität involvierende Dysfunktionalität‹. Solche Dysfunktionalität läßt sich abstufen je nach dem Grad der Instabilität, die sie involviert. Entsprechend trägt Marx auch keine Bedenken, graduierende Ausdrücke wie ›größer‹ und ›größter‹ als Adjektiva zu ›Widerspruch‹ zu gebrauchen.«[10]

Zunächst einmal gilt es, Fuldas Interpretation des Hegelschen Widerspruchs zu korrigieren: Es stimmt nicht, dass bei Hegel die Glieder des Gegensatzes sich streng symmetrisch verhalten und keinem der Vorrang vor dem anderen zukommt. Dies lässt sich eindeutig am Urbild aller widersprüchlichen Beziehungen, d.h. am Verhältnis von »Materiellem« und »Ideellem«, von »Natur« und »Geist« verdeutli-

---

[9] Ebd., S. 197f.

[10] Ebd., S. 198 – Sofern Marx' Widerspruch etwas mit der »Instabilität involvierenden Dysfunktionalität« zu tun hat, hat es auch seine Richtigkeit, von einem großen oder größeren Widerspruch zu reden. Mit Fuldas Schlagworten aber ist der Widerspruch überhaupt nicht in seinem »spezifischen Bedeutungsgehalt gefaßt«, ein Bedeutungsgehalt, der sich nur im Nachvollzug des »Kapital« erschließt und es auch aus anderen als den von Fulda angegebenen Gründen, die Marxens Widerspruch nur am Rande tangieren, gestattet, von einem größeren oder kleineren Widerspruch, d.h. von einer Entwicklung des Widerspruchs zu sprechen.

chen. Die Einheit, in die die gegensätzlich aufeinander bezogenen Seiten von »Körper« und »Seele«, von »Natur« und »Geist« zugrunde gehen, besteht gerade aus einer der beiden Seiten, die sich zum über beide Seiten übergreifenden, beiden gemeinsamen Dritten verdoppelt. So verdoppelt sich der Geist in das, was er als endlicher, sich gegensätzlich auf die Natur beziehender ist, und in das, was er als sich über »Natur« und »endlichen Geist« mit sich selbst vermittelnder »absoluter Geist« ist.

Für Hegel ist die Frage nach der Einheit von Natur und Geist, wie sie vom »verständigen Bewußtsein« gestellt wird, gerade eine »unstatthafte«; denn die Verselbständigung beider Seiten gegeneinander wird von ihm auf Dauer gestellt, weil es keiner der beiden Seiten den Vorrang vor der anderen zu geben versteht. »In Wahrheit verhält sich das Immaterielle zum Materiellen nicht wie Besonderes zu Besonderem, sondern wie das über die Besonderheit übergreifende wahrhaft Allgemeine sich zu dem Besonderen verhält; das Materielle in seiner Besonderung hat keine Wahrheit, keine Selbständigkeit gegen das Immaterielle. ... In den Philosophien des Descartes, Malebranche und Spinoza wird deshalb auf eine solche Einheit des Denkens und des Seins, des Geistes und der Materie zurückgegangen und diese Einheit in Gott gesetzt. Malebranche sagte: Wir sehen alles in Gott. Diesen betrachtete er als die Vermittlung, als das positive Medium zwischen dem Denkenden und dem Nichtdenkenden, und zwar als das immanente, durchgehende Wesen, in welchem beide Seiten aufgehoben sind, – folglich nicht als ein Drittes gegen zwei Extreme, die selber eine Wirklichkeit hätten, denn sonst entstünde wieder die Frage, wie jenes Dritte mit diesen beiden Extremen zusammenkomme. Indem aber die Einheit des Materiellen und Immateriellen von den genannten Philosophen in Gott, *der wesentlich als Geist zu fassen ist*, gesetzt wird, haben dieselben zu erkennen geben wollen, daß jene Einheit nicht als ein Neutrales, in welches zwei Extreme *von gleicher Bedeutung und Selbständigkeit zusammengingen*, betrachtet werden darf, da das Materielle durchaus nur den Sinn eines Negativen gegen den Geist und gegen sich selber hat oder – wie Platon und andere alte Philosophen sich ausdrückten – als das ›Andere seiner selbst‹ bezeichnet werden muß, die Natur des Geistes dagegen als das Positive, als das Spekulative zu erkennen ist, weil derselbe durch das gegen ihn unselbständige Materielle frei hindurchgeht, über dies sein Anderes übergreift, dasselbe nicht als ein wahrhaft Reales gelten läßt, sondern idealisiert und zu einem Vermittelten herabsetzt.«[11] (Hervorhebungen – D. W.)

Fulda bemerkt nicht, dass, wenn er vom »Dritten« spricht, wodurch die Extreme miteinander und mit sich selbst vermittelt sind, die Stellung der Extreme keine gleiche sein kann, weil das »Dritte« aus einer der beiden Seiten – im Verhältnis Natur-Geist aus dem Geist – besteht. Dass der Geist in der Form des absoluten

---

[11] G.W.F. Hegel, Enzyklopädie III, a.a.O., Bd. 10, S. 48f.

Geistes das übergreifende Dritte ist, ist bereits innerhalb des doppelseitig-polarischen Gegensatzverhältnisses von Natur und endlichem Geist enthalten. Im endlichen Geist hat sich längst die Vormachtstellung des Geistes gegenüber der Natur erwiesen. Trotzdem besitzt der absolute Geist in der Form des endlichen, der Natur gegenüberstehenden Geistes an dieser eine Schranke, die er dadurch aufhebt, dass er als über Natur und endlichen Geist übergreifendes Dritte selbst der Prozess ist, den Gegensatz von Natur und endlichem Geist »ewig zu produzieren und ewig zu versöhnen«.[12]

Was für Fulda Hegels Widerspruchskonzeption auszeichnet, soll nun bei Marx keine Bedingung der Anwendung des Begriffs des Widerspruchs mehr sein: »Vor allem aber ist Bedingung der Anwendung dieses Begriffs hier *nicht* (Hervorhebung – D. W.), daß die Glieder des Verhältnisses, das der Ausdruck ›Widerspruch‹ bezeichnet, sich vollkommen symmetrisch verhalten und daß keins von ihnen einen Vorrang vor dem andern hat. Die Glieder müssen einen *wirklichen* Gegensatz bilden, wenn die Darstellungsdialektik materialistisch sein soll.«[13]

Was Hegel anbelangt, so soll für Fulda – was oben aber, gestützt durch Hegels eigene Ausführungen, widerlegt werden konnte – vollkommene Symmetrie herrschen und die Stellung der Extreme eine gleiche sein, so dass keins den Vorrang vor dem anderen hat. Was Marx anbelangt, so soll für Fulda keine vollkommene Symmetrie vorherrschen und die Stellung der Extreme keine gleiche sein, so dass ein Extrem den Vorrang vor dem anderen hat. Weiterhin soll dies alles deswegen richtig sein, weil um einer materialistischen Dialektik willen die »Glieder ... einen *wirklichen* Gegensatz bilden«[14] müssen.

Nach Fulda ist Hegels Gegensatz *kein* wirklicher. Damit zeichnet sich dieser Gegensatz für ihn durch zweierlei aus: Erstens. Die Stellung der Glieder ist eine gleiche; sie verhalten sich streng symmetrisch; keins hat vor dem anderen den Vorrang. Zweitens. Es gibt ein »Drittes«, durch das die Glieder »miteinander und mit sich selbst vermittelt« sind.

Für den »wirklichen Gegensatz« gilt nach Marx: »Wirkliche Extreme können nicht miteinander vermittelt werden, eben weil sie wirkliche Extreme sind. Aber sie bedürfen auch keiner Vermittlung, denn sie sind entgegengesetzten Wesens. Sie haben nichts miteinander gemein, sie verlangen einander nicht, sie ergänzen einander nicht. Das eine hat nicht in seinem eigenen Schoß die Sehnsucht, das Bedürfnis, die Antizipation des andern.«[15] Obwohl Fulda von Hegels Gegensatz sagt, er sei *kein wirklicher*, stattet er ihn mit dem vollkommen symmetrischen Verhalten der Glieder, mit deren gleicher Stellung – kurz, mit Eigenschaften aus, welche gerade den »wirklichen Gegensatz« kennzeichnen. Der erste Widerspruch, in den

[12] G.W.F. Hegel, Vorlesungen über die Geschichte der Philosophie III, a.a.O., Bd. 20, S. 460.
[13] H.F. Fulda, Dialektik als Darstellungsmethode, a.a.O., S. 198.
[14] Ebd.
[15] Kritik des Hegelschen Staatsrechts, MEW 1, a.a.O., S. 292.

Fulda sich verstrickt, ist also der, dass er Eigenschaften des »wirklichen Gegensatzes« als Eigenschaften eines Gegensatzes ausgibt, der kein »wirklicher Gegensatz« ist. Darüber hinaus nimmt Fulda an, es gäbe ein »Drittes«, wodurch die Extreme bzw. die Glieder eines nicht-wirklichen Gegensatzes »miteinander und mit sich selbst vermittelt« sind. Hiermit hat sich ein zweiter Widerspruch ergeben, denn die Existenz eines vermittelnden »Dritten« ist mit jenen Eigenschaften des »wirklichen Gegensatzes« unvereinbar; denn wie gezeigt, ist durch das vermittelnde »Dritte« die Stellung der Extreme keine gleiche, ihr Verhalten zueinander nicht vollkommen symmetrisch, und schließlich hat eins der Extreme (Geist) vor dem anderen (Natur) den Vorrang. Wenn Fulda die Existenz des »Dritten« an die Eigenschaften des »wirklichen Gegensatzes« koppelt, diese Eigenschaften aber gerade dem Gegensatz zukommen lässt, der gar kein »wirklicher Gegensatz« ist, dann spricht er unbewusst den richtigen Sachverhalt aus, dass bei Hegel das die Extreme miteinander und mit sich selbst vermittelnde Dritte den Gegensatz kennzeichnet, insofern er kein wirklicher ist.

»Natur« und »endlicher Geist« sind nicht einfach bzw. nicht nur zwei voneinander verschiedene Wesen wie »Pol und Nichtpol« bzw. wie das »menschliche und *un*menschliche Geschlecht«.[16] Vielmehr sind »Natur« und »endlicher Geist« Existenzweisen ein und desselben, aus dem absoluten Geist bestehenden Wesens. Die Widersprüche, in die sich Fulda unbewusst bei der Charakterisierung des Hegelschen Gegensatzes verstrickt, sind die Widersprüche, durch die sich Hegels Gegensatz tatsächlich und auch nach Marx' Meinung auszeichnet: Im Anschluss an die Beschreibung des wirklichen Gegensatzes, dessen Extreme verschiedene Wesen sind, schreibt Marx: »(Wenn aber Hegel Allgemeinheit und Einzelnheit, die abstrakten Momente des Schlusses, als wirkliche Gegensätze behandelt, so ist das eben der Grunddualismus seiner Logik ...)«[17]

Was Marx hier Hegel vorwirft, ist, dass dieser die »*Differenz* innerhalb der Existenz *eines* Wesens«[18] u.a. verwechselt »mit dem *wirklichen* Gegensatz sich wechselseitig ausschließender Wesen«.[19] Durch diese »Verwechslung« begeht Hegel einen »dreifachen Irrtum«,[20] wovon der dritte darin besteht, »daß man ihre (der Extreme als sich ausschließende, verschiedene Wesen – D. W.) Vermittelung versucht«.[21] Für Hegel ist der Gegensatz nur nach einer Seite hin ein wirklicher: »Denn ... beide Extreme (treten) in ihrer Existenz als wirklich (auf) und als Extreme.«[22] Doch, obwohl dies der Fall ist, »so liegt es doch nur in dem *Wesen* des einen, Extrem zu sein, und es hat für das andre nicht die *Bedeutung* der *wahren Wirklich-*

[16] Ebd., S. 293.
[17] Ebd., S. 292.
[18] Ebd., S. 293.
[19] Ebd.
[20] Ebd.
[21] Ebd.
[22] Ebd.

keit. Das eine *greift über das andre über*. Die Stellung ist *keine* gleiche.«[23] (Bis auf die letzten beiden Hervorhebungen alle Hervorhebungen im Original – D. W.)

Diese Verwandlung eines »wirklichen Gegensatzes« in die» Differenz innerhalb der Existenz eines Wesens«, d.h. das Verlassen der Ebene des wirklichen Gegensatzes hat Fulda überhaupt nicht wahrgenommen. Er glaubt, dass es zum wirklichen Gegensatz sich ausschließender Wesen gehört, die hierdurch als nicht mehr vermittelbare Extreme bestimmt sind, »so liegt es doch nur in dem *Wesen* des einen, Extrem zu sein.«[24] Dies aber trifft nicht zu, da der Sachverhalt, dass es nur im Wesen des einen liegt, Extrem zu sein, gerade dem Versuch Hegels geschuldet ist, nicht vermittelbare Seiten dennoch zu vermitteln, wodurch Hegel den wirklichen Gegensatz in die »Differenz innerhalb der Existenz eines Wesens« verwandelt. Während Fulda seine Paraphrasierung mit der für sich genommen noch gar nicht verständlichen Bemerkung schließt, daß es »nur in dem *Wesen* des einen (liegt), Extrem zu sein«, fährt Marx – wie es der Kontext auch gar nicht anders zulässt – unmissverständlich nach einem Komma fort »und es (das Extrem – D. W.) hat für das andre nicht die *Bedeutung* der *wahren Wirklichkeit*. Das eine greift über das andre über.«[25]

Fulda erklärt die ungleiche Stellung der Extreme, die Marx als Bedingung für das Übergreifen bzw. die Vermittlung angibt, zu einer Bedingung für die Unvermittelbarkeit der Extreme des wirklichen Gegensatzes: »Sie (›menschliches Geschlecht und unmenschliches Geschlecht‹ – D. W.) können daher auch nicht miteinander vermittelt werden; aber sie bedürfen der Vermittlung auch nicht.«[26] Fulda bringt zwei Stellen durcheinander, an denen Marx vom wirklichen Gegensatz spricht, dessen Extreme als sich ausschließende, verschiedene Wesen nicht miteinander vermittelt werden können: Die eine Stelle befindet sich auf Seite 292 der »Kritik des Hegelschen Staatsrechts«. Es handelt sich um die oben bereits zitierte Stelle: »Wirkliche Extreme können nicht miteinander vermittelt werden, eben weil sie wirkliche Extreme sind.«[27]

Die zweite Stelle befindet sich auf Seite 293, und zwar innerhalb der Passage, in der Marx auf die drei Irrtümer eingeht, die dadurch entstehen, dass man die Differenz innerhalb der Existenz eines Wesens u.a. mit dem wirklichen Gegensatz sich wechselseitig ausschließender Wesen verwechselt. Wie bereits gezeigt wurde, behandelt Marx als dritten Irrtum, der auf der Vermischung der Differenz innerhalb der Existenz eines Wesens mit dem wirklichen Gegensatz wechselseitig sich ausschließender Wesen beruht, den vor allem von Hegel gemachten Versuch, die Extreme dennoch zu vermitteln. Der wirkliche Gegensatz wird von Hegel aufgeweicht,

[23] Ebd., S. 293f.
[24] Ebd., S. 293.
[25] Ebd., S. 293f.
[26] H.F. Fulda, Dialektik als Darstellungsmethode, a.a.O., S. 199.
[27] Kritik des Hegelschen Staatsrechts, MEW 1, a.a.O., S. 292.

indem er die an und für sich unvermittelbaren, sich wechselseitig ausschließenden Wesen zugleich als unterschiedliche Bestimmungen ein und desselben Wesens ausgibt. Auch diese oben bereits diskutierte Stelle sei noch einmal angeführt: »Denn so sehr beide Extreme in ihrer Existenz als wirklich auftreten, und als Extreme ...« .[28]

Fulda erkennt nicht, dass es bei allem, was auf diese Stelle folgt, um die Verwechslung des wirklichen Gegensatzes mit der Differenz innerhalb der Existenz eines Wesens geht. Fulda schreibt nämlich: »Ein solcher Gegensatz aber (ein wirklicher Gegensatz, der keine Vermittlung der Extreme erlaubt – D. W.), so hat Marx in den Frühschriften ausgeführt, besteht nur zwischen wirklichen Extremen, die entgegengesetzten Wesens sind.«[29] Wenn Fulda jetzt fortfährt: »Und zwar so, daß es nur im Wesen des einen liegt, Extrem zu sein«,[30] dann bemerkt er nicht, dass Marx gar nicht mehr den wirklichen Gegensatz selbst analysiert, sondern begonnen hat, seine Verwechslung mit der Differenz innerhalb eines Wesens nachzuvollziehen.

Fulda gibt das, was Marx als eine mystisch-verkehrte Vorstellung Hegels kritisiert, als Charakteristikum eines Gegensatzes aus, der für Marx gerade ein *wirklicher* ist. Dieselbe Verwechslung liegt vor, wenn Fulda zum wirklichen Gegensatz bemerkt, die Stellung der Extreme sei in ihm keine gleiche. Dies stimmt für Hegels Gegensatz, den Hegel aber als einen wirklichen längst mit dem Unterschied innerhalb der Existenz eines Wesens vermischt hat. Die ungleiche Stellung der Extreme ist – wie der Kontext der zitierten Stelle beweist – eine Umschreibung dafür, dass die eine Seite über die andere übergreift, so wie der absolute Geist über Natur und endlichen Geist übergreift und das beiden gemeinsame Dritte ist.

Fulda setzt der Verwechslung des wirklichen Gegensatzes mit der Differenz innerhalb der Existenz eines Wesens noch die Krone auf, indem er in einer Fußnote zu dem Zitat, aus dem die oben behandelte zweite Textstelle stammt, so tut, als sei der Gegensatz von Religion und Philosophie, der für Marx gar kein wirklicher Gegensatz ist, von derselben Art wie der wirkliche, wahrhafte Gegensatz von »menschlichem und unmenschlichem Geschlecht«. Gerade aber – so führt Marx den Nachvollzug der Verwechslung der Differenz innerhalb der Existenz eines Wesens mit einem wirklichen Gegensatz sich wechselseitig ausschließender Wesen fort – »greift« bei einem Gegensatz, der schon so aufgeweicht ist, dass er kein wirklicher mehr ist, »das eine (Philosophie – D. W.) über das andre (Religion – D. W.) über. ... Aber in Wahrheit bildet die Religion zur Philosophie keinen *wahren* Gegensatz. Denn die Philosophie begreift die *Religion* in ihrer *illusorischen* Wirklichkeit. Sie ist also für die Philosophie – sofern sie eine Wirklichkeit sein will – in sich selbst aufgelöst. Es gibt keinen wirklichen Dualismus des *Wesens.*«[31]

---

[28] Ebd., S. 293.
[29] H.F Fulda, Dialektik als Darstellungsmethode, a.a.O., S. 198.
[30] Ebd.
[31] Kritik des Hegelschen Staatsrechts, MEW 1, a.a.O., S. 294.

Über den »Unterschied der Existenz« bzw. über die Extreme, die »entgegengesetzte Bestimmungen *eines* Wesens«[32] sind, äußert sich Marx auf zweifache Weise:

1. »Nordpol und Südpol ziehen sich an; weibliches Geschlecht und männliches ziehen sich ebenfalls an, und erst durch die Vereinigung ihrer extremen Unterschiede wird der Mensch.«[33]

2. »Jedes Extrem *ist* sein andres Extrem. Der abstrakte *Spiritualismus* ist *abstrakter Materialismus*; der *abstrakte Materialismus* ist der *abstrakte Spiritualismus* der Materie.«[34]

Dies Letztere gilt für »abstrakte« Theorien, die den Vermittlungszusammenhang zwischen Natur und Geist mehr oder weniger aussparen: Im Gegensatzverhältnis Materie-Geist hat ein Extrem den Vorrang vor dem anderen, je nachdem, ob der abstrakte Theoretiker ein Idealist oder ein Materialist ist. Im Folgenden geht Marx dann nacheinander auf diese beiden Punkte ein. Innerhalb der Ausführungen zu dem ersten Punkt hebt Marx noch einmal hervor, was im Unterschied zu den entgegengesetzten Bestimmungen als dem differenzierten Wesen den wirklichen Gegensatz auszeichnet. In ihm handelt es sich nicht um den »Unterschied der Existenz« bzw. um die »Differenz innerhalb der Existenz *eines* Wesens«, sondern um den »Unterschied der *Wesen*, *zweier* Wesen.«[35]

Wenn Marx danach fortfährt, »was das zweite betrifft«,[36] dann bezieht er sich nicht auf den den wirklichen Gegensatz kennzeichnenden Unterschied zweier Wesen, sondern erläutert anhand eines Beispiels – anhand des Verhältnisses von Geist und Materie – einen grundlegenden Sachverhalt, der das oben unter dem zweiten Punkt Angeführte und damit die Differenz innerhalb der Existenz eines Wesens auszeichnet. Marx gibt, genau genommen, Gründe dafür an, warum der »abstrakte Spiritualismus ... abstrakter Materialismus« ist. »Was das zweite betrifft, so liegt hier die Hauptbestimmung darin, daß ein *Begriff* (Dasein etc.) *abstrakt* gefaßt wird, daß er nicht als selbständig, sondern als eine *Abstraktion* von einem anderen und nur als diese *Abstraktion* Bedeutung hat; also z.B. der Geist nur die *Abstraktion* von der Materie ist. Es versteht sich dann von selbst, daß er eben, weil diese Form seinen Inhalt ausmachen soll, vielmehr das *abstrakte Gegenteil*, der Gegenstand, von dem er abstrahiert, in seiner Abstraktion, also hier der abstrakte Materialismus, sein reales Wesen ist.«[37]

Erst jetzt wird der »dreifache Irrtum« verständlich, den Marx daraus erklärt, dass, »die *Differenz* innerhalb der Existenz *eines* Wesens ... teils mit der *verselbständigten Abstraktion* (versteht sich, nicht von einem andern, sondern eigentlich

[32] Ebd. S. 293.
[33] Ebd.
[34] Ebd.
[35] Ebd.
[36] Ebd.
[37] Ebd.

von sich selbst), teils mit dem *wirklichen* Gegensatz sich wechselseitig ausschließender Wesen ... verwechselt (wird).»[38]

Der erste Irrtum bezieht sich auf die Verwechslung der Differenz innerhalb der Existenz eines Wesens mit der verselbständigten Abstraktion, die sich wiederum auf den oben angeführten zweiten Punkt bezieht, der zur Differenz innerhalb der Existenz eines Wesens gehört. Denn die verselbständigte Abstraktion ergibt sich dadurch, dass ein »Begriff« so gefasst wird, wie es nur innerhalb der Existenz eines Wesens möglich ist, nämlich »nicht als selbständig, sondern als eine *Abstraktion* von einem anderen.« Hierdurch kommt, auch wenn vielleicht der abstrakte Theoretiker das nicht wahrhaben will, genau das heraus, was einzig und allein aus der Differenz innerhalb der Existenz eines Wesens herauskommen kann, nämlich, dass das »abstrakte Gegenteil« das »reale Wesen« ist. Nur ein Theoretiker, der die Abstraktion von einem anderen bzw. den Geist als die Abstraktion von der Materie *verselbständigt*, kann sich einbilden, dass »nur das Extrem wahr sei, jede Abstraktion und Einseitigkeit sich für wahr hält, wodurch ein Prinzip statt als Totalität in sich selbst nur als Abstraktion von einem andern erscheint.«[39]

Der zweite Irrtum, der sich auf die »Verwechslung der Differenz innerhalb der Existenz eines Wesens mit dem wirklichen Gegensatz« bezieht, besteht darin, »daß die *Entschiedenheit wirklicher* Gegensätze, ihre Bildung zu Extremen, die nichts anderes ist als sowohl ihre Selbsterkenntnis wie ihre Entzündung zur Entscheidung des Kampfes, als etwas möglicherweise zu Verhinderndes oder Schädliches gedacht wird«.[40] Auch der dritte Irrtum bezieht sich auf die »Verwechslung der Differenz innerhalb der Existenz eines Wesens mit dem wirklichen Gegensatz«, denn er besteht darin, dass man die »Vermittelung« der Extreme bzw. der wirklichen Gegensätze »versucht. Denn so sehr beide Extreme in ihrer Existenz als wirklich auftreten und als Extreme, so liegt es doch nur in dem *Wesen* des einen, Extrem zu sein, und es hat für das andre nicht die *Bedeutung der wahren Wirklichkeit.* Das eine greift über das andre über. Die Stellung ist keine gleiche.«[41]

Aus dem, was Marx über die »Differenz innerhalb der Existenz eines Wesens« ausführt, geht hervor, dass es für ihn »keinen wirklichen Dualismus des *Wesens* ... gibt«.[42] Dieser Dualismus stellt sich erst her, wenn man, wie Hegel, die »Differenz innerhalb der Existenz eines Wesens« mit dem »wirklichen Gegensatz« verwechselt: »(Wenn aber Hegel Allgemeinheit und Einzelnheit, die abstrakten Momente des Schlusses, *als wirkliche Gegensätze behandelt*, so ist das eben der *Grunddualismus* seiner Logik ...)«[43] (Hervorhebungen – D. W.)

---

[38] Ebd.
[39] Ebd.
[40] Ebd.
[41] Ebd., S. 293f.
[42] Ebd., S. 294.
[43] Ebd., S. 292.

Obgleich Hegel die Extreme »Einzelheit und Allgemeinheit«, »Geist und Natur«, »Christentum oder Religion überhaupt und Philosophie« usw. jeweils als wirkliche Gegensätze behandelt, bilden sie »in Wahrheit«, was Marx abschließend über das Verhältnis von »Religion zur Philosophie« feststellt, »keinen *wahren* Gegensatz. Denn die Philosophie begreift die *Religion* in ihrer *illusorischen* Wirklichkeit. Sie ist also für die Philosophie – sofern sie eine Wirklichkeit sein will – in sich selbst aufgelöst.«[44] Es sei hier nur nebenbei bemerkt, dass für Hegel das Verhältnis von Religion zur Philosophie aus dem erklärt werden muss, was der absolute Geist als doppelseitig-polarischer Gegensatz von »Natur« und »Geist« ist. Der absolute Geist legt sich in die Kunst, die Religion und die Philosophie auseinander, wobei Kunst und Religion dergestalt einen doppelseitig-polarischen Gegensatz ausmachen, dass die Kunst die Einheit von Natur und Geist mit dem Schwerpunkt auf der Natur und die Religion die Einheit von Natur und Geist mit dem Schwerpunkt auf dem Geist ist, während die Kunst und Religion begreifende Philosophie wiederum die Einheit jener beiden Einheiten ist.

Besonders für das Verhältnis von Natur zu Geist besteht ein Zusammenhang zwischen der verselbständigten Abstraktion und dem wirklichen Gegensatz, die beide mit der Differenz innerhalb der Existenz eines Wesens verwechselt werden. Denn in Hegels Nachweis, dass der Geist gegenüber der Natur letztlich das allein Selbständige ist, steckt die Verwandlung des Geistes als die Abstraktion von der Materie in die als Begriff selbständig bzw. verselbständigte Abstraktion.

Wegen des Beispiels, das Marx anführt, nämlich das Gegensatzverhältnis von Materie und Geist, kann von einem Vorschub leisten eines Missverständnisses gesprochen werden. Denn dieses Gegensatzverhältnis ist gerade das Paradebeispiel für die Verwechslung der Differenz innerhalb der Existenz eines Wesens mit dem wirklichen Gegensatz, in der der wirkliche Gegensatz aufgeweicht wird in einen nicht-wirklichen Gegensatz, dessen Extreme entgegengesetzte Bestimmungen *eines* Wesens sind. Diese Verwechslung zeigt sich darin, dass der Geist in Form des »absoluten Geistes« über Natur und Geist übergreifend deren vermittelndes »Dritte« ist. Jenes Missverständnis beginnt sich aufzulösen, wenn man Folgendes bedenkt:

Der Gegensatz, der mit der Differenz innerhalb der Existenz eines Wesens verwechselt wird, ist ja der wirkliche Gegensatz, so dass auch die Differenz innerhalb der Existenz eines Wesens zugleich bzw. stets nach einer Seite hin den Charakter eines wirklichen Gegensatzes besitzt.

Im Nachvollzug der Verwechslung der Differenz innerhalb der Existenz eines Wesens mit dem wirklichen Gegensatz heißt es: »Denn so sehr beide Extreme in ihrer Existenz als wirklich auftreten, und als Extreme, so liegt es doch nur in dem *Wesen* des einen, Extrem zu sein, und es hat für das andre nicht die *Bedeutung* der *wahren Wirklichkeit.*« Vorher hatte Marx Hegel vorgeworfen, er behandle die Ein-

[44] Ebd., S. 294.

zelheit und Allgemeinheit, die »abstrakten Momente« des Schlusses – also unterschiedliche Bestimmungen der sich mit sich selbst vermittelnden Idee – als »wirkliche Gegensätze«. Es zeigt sich somit, dass Natur und Geist bei Hegel tatsächlich etwas von einem wirklichen Gegensatz an sich haben, d.h. sich Natur und Geist immer auch wie Natur und Nicht-Natur bzw. Materie und Nicht-Materie gegenüberstehen. Der Geist ist um seiner Selbständigkeit willen in seinem tiefsten Inneren Nicht-Natur und – was schlagend im »absoluten Geist« zum Vorschein kommt – gegenüber der Natur das in sich selbst gründende allein selbständige Wesen.

In diesem ganz bestimmten Sinne hat für Hegel – der klar betont, dass der Gegensatz von Natur und Geist gemacht werden muss[45] – der Geist als Abstraktion von der Materie eine große Bedeutung. Ganz anders als für Hegel beweist für Marx das Angewiesensein auf die Abstraktion von der Materie nicht die alleinige Selbständigkeit des Geistes, sondern die der Materie. So wie Hegel Natur und Geist aufgreifen muss, sind sie aufgrund der von Hegel nur einseitig begriffenen gesellschaftlichen Arbeit überhaupt nicht mehr vermittelbar, so dass Hegel ihr Verhältnis zueinander als einen wirklichen Gegensatz behandeln muss.

Bleibt man einmal, was für den Vergleich Marx – Hegel ausreicht, bei diesem Beispiel, dann ist mit dem Geist als Nicht-Materie nur der Unterschied zwischen Geist und Materie erfasst. Ansonsten aber handelt es sich um ein Verhältnis unterschiedener Seiten, in dem sich, wenn auch in einer anderen, von Hegel nicht bewussten, durch die gesellschaftliche Arbeit bestimmten Weise Natur und Geist miteinander vermittelt sind, so dass sie etwas gemeinsam haben, sich einander ergänzen, einander verlangen. Da schon immer zwischen Natur und Geist eine Vermittlung existiert, entpuppt sich auch die Natur bzw. die Materie als das »reale Wesen« des als »Abstraktion der Materie« aufgefassten Geistes. Insofern hat hier eines der Extreme – die Natur, das Materielle – einen Vorrang vor dem anderen. Diese Vorrangstellung aber, und darauf kommt es entscheidend an, ist nicht mit der Vorrangstellung zu verwechseln, welche den mit der Differenz innerhalb der Existenz eines Wesens verwechselte Gegensatz von Natur und Geist auszeichnet, der das im absoluten Geist aufgelöste Fundamentalverhältnis der Hegelschen Philosophie ist. Fulda vermag diese beiden Weisen von Vorrangstellungen nicht auseinander zu halten, obgleich durch die Verwechslung des wirklichen Gegensatzes mit der Differenz innerhalb der Existenz eines Wesens nicht – wie bei der Behandlung des Gegensatzes von Natur und Geist als einem wirklichen Gegensatz – die Natur vor dem Geist, sondern umgekehrt der Geist vor der Natur die Vorrangstellung hat.

Wenn dagegen keine Vermittlung vorhanden ist, dann ist die Stellung der Extreme eine gleiche und auch keine Vorrangstellung des einen vor dem anderen gegeben. Dies wird nicht nur durch Marxens Beschreibung der Nicht-Vermittelbarkeit

[45] Vgl. G.W.F. Hegel, Enzyklopädie III, a.a.O., Bd. 10, S. 48; vgl. D. Wolf, Hegel und Marx, a.a.O., S. 50ff.

entgegengesetzter Wesen bestätigt, sondern auch dadurch, dass Marx besonders betont, dass bei der Verwechslung der Differenz innerhalb der Existenz eines Wesens mit dem wirklichen Gegensatz, die Hegel hinsichtlich des Gegensatzes von Natur und Geist vornimmt, die Stellung *keine* gleiche ist.

Fulda verwechselt die Vorrangstellung des »abstrakten Materialismus« vor dem Geist als dem »abstrakt gefassten Begriff« bzw. vor dem Geist als der »Abstraktion von der Natur« mit der Vorrangstellung, die ein Extrem vor dem anderen hat, weil der Gegensatz von Natur und Geist schon längst mit der Differenz innerhalb der Existenz eines Wesens verwechselt worden ist. Fulda ist es daher auch nicht mehr möglich zu erkennen, dass es bei dem Widerspruch zwischen Gebrauchswert und Wert um einen Zusammenhang zwischen der Differenz innerhalb der Existenz eines Wesens mit dem wirklichen Gegensatz geht, geschweige denn, dass er nachweisen könnte, warum dieser Zusammenhang aber gerade frei von der mystischen Verwechslung der Differenz innerhalb der Existenz eines Wesens mit dem wirklichen Gegensatz ist.

Das, was Marx auf Seite 293 in der »Kritik des Hegelschen Staatsrechts« unter Punkt 2 abhandelt, ist eine bestimmte Abstraktion von der Materie, welche zu einer Differenzierung des Materialismus in abstrakten Spiritualismus und abstrakten Materialismus führt. Dass Marx hier von der Differenz innerhalb der Existenz eines Wesens – des die Welt als Materie denkenden Materialismus – spricht, zeigt sich nicht nur darin, dass der abstrakte Spiritualismus abstrakter Materialismus ist, sondern auch darin, dass, wenn der abstrakte Materialismus sich als abstrakter Spiritualismus erweist, dieser nicht etwas selbständig für sich Existierendes ist, sondern eben der abstrakte Spiritualismus *»der Materie«*.[46] (Hervorhebung – D. W.)

So ist es auch nicht der abstrakte Spiritualismus als Abstraktion von der Materie, sondern die gegenüber der Materie verselbständigte Abstraktion, welche mit der Differenz innerhalb der Existenz eines Wesens verwechselt wird. Die verselbständigte Abstraktion ist der »als selbständig« und nicht »abstrakt« gefasste »Begriff«, wie es z.B. der Geist dann ist, wenn er als etwas Selbständiges ausgegeben wird. Die gegenüber der Materie verselbständigte Abstraktion hat also nicht nur als »*Abstraktion* von der Materie«[47] Bedeutung .

Der wirkliche Gegensatz ist für Marx vollkommen symmetrisch, und die Stellung der Extreme ist eine gleiche, sie »haben nichts miteinander gemein, sie verlangen einander nicht, sie ergänzen einander nicht« und schließlich erhält keins gegenüber dem anderen einen Vorrang; denn »das eine hat nicht in seinem eigenen Schoß die Sehnsucht, das Bedürfnis, die Antizipation des andern«.[48] Für Fulda verhalten sich die Glieder des wirklichen Gegensatzes bzw. die »Glieder des Ver-

---

[46] Kritik des Hegelschen Staatsrechts, MEW 1, a.a.O., S. 293.
[47] Ebd.
[48] Ebd., S. 292.

hältnisses, das der Ausdruck ›Widerspruch‹ bezeichnet, ... vollkommen symmetrisch« und dennoch hat für Fulda entgegen der Auffassung von Marx »keins von ihnen einen Vorrang vor dem andern«.[49]

In Übereinstimmung mit dem jungen Marx ergibt sich dann für Fulda, dass es für die Extreme als wirkliche Gegensätze, kein »Verhältnis zu einem Dritten (gibt), das sie in sich als eine harmonische Einheit aufhebt«, so dass sie »daher auch nicht miteinander vermittelt werden« können und einer solchen »Vermittlung auch nicht ... bedürfen«.[50]

Fulda bemerkt nicht, dass Marx die »Differenz innerhalb der Existenz eines Wesens« auf zweierlei Weise betrachtet, bevor er auf deren Verwechslung sowohl mit der »verselbständigten Abstraktion« wie auch mit dem »wirklichen Gegensatz« eingeht. Für diese einfache Differenz innerhalb der Existenz eines Wesens hält Marx als Erstes fest, dass sich solche Extreme wie Nordpol und Südpol, weibliches und männliches Geschlecht anziehen, wobei die Stellung der Extreme eine gleiche ist, so dass die Existenz von Nordpol und Südpol den Magnetismus ausmacht, während durch die Vereinigung von männlichem und weiblichem Geschlecht der »Mensch ... wird«.[51] Wie die Ausführungen über den abstrakten Materialismus und abstrakten Spiritualismus zeigen, enthält aber auch die Differenz innerhalb der Existenz eines Wesens die ungleiche Stellung der Extreme; denn, wie Marx am Beispiel des Verhältnisses von Geist und Materie zeigt, ist der »abstrakte Materialismus« das »reale Wesen« des »Geistes«.

Erst wenn »die *Differenz* innerhalb der Existenz *eines* Wesens ... teils mit der *verselbständigten* Abstraktion ..., teils mit dem *wirklichen* Gegensatz sich wechselseitig ausschließender Wesen ... verwechselt« wird, entsteht der Irrtum, »daß man« die »Vermittlung« der Extreme versucht. Vom wirklichen Gegensatz übernimmt man, dass ein Extrem gegenüber dem anderen ein selbständiges, ihm entgegengesetztes Wesen ist. Von der Differenz innerhalb der Existenz eines Wesens übernimmt man, dass dieses Extrem gegenüber dem anderen so den Vorrang hat, dass das andere »nicht die Bedeutung der wahren Wirklichkeit« hat. Der Vorrang, welchen das eine Extrem vor dem anderen hat, stammt also nicht, wie Fulda annimmt, aus dem wirklichen Gegensatz, sondern aus der Differenz innerhalb der Existenz eines Wesens. Dieser Vorrang, den das eine Extrem vor dem anderen hat, schlägt durch die »Verwechslung« so in »Vermittlung« um, dass das eine Extrem über das andere übergreift und auf diese Weise die Stellung der Extreme keine gleiche ist.

In einem wirklichen Gegensatz kann keins der Extreme über das andere übergreifen und sich in weiterentwickelter Gestalt zu dem Wesen emporschwingen,

[49] H.F. Fulda, Dialektik als Darstellungsmethode, a.a.O., S. 198.
[50] Ebd., S. 199.
[51] Kritik des Hegelschen Staatsrechts, MEW 1, a.a.O., S. 293.

welches sich über die zu seinen Momenten herabgesetzten Extreme mit sich selbst vermittelt. Diese Vermittlung gibt es für den jungen Marx nur aufgrund der Verwechslung der Differenz innerhalb der Existenz eines Wesens mit der verselbständigten Abstraktion und dem wirklichen Gegensatz sich wechselseitig ausschließender Wesen.

Wenn die Stellung der Extreme von Nordpol und Südpol eine gleiche ist, dann ließe sich – wie Fulda dies tut – vermuten, die Stellung der wirklichen Extreme von Pol und Nichtpol, bzw. von menschlichem und unmenschlichem Geschlecht sei eine ungleiche. Wenn dies so wäre, dann dürfte es sich aber nicht aus dem ergeben, was Marx über den abstrakten Materialismus und abstrakten Spiritualismus entwickelt; denn bei ihnen handelt es sich – da sich der vom abstrakten Spiritualismus gefasste Geist nur nach einer Seite hin als Nicht-Natur so zur Natur verhält wie der Nichtpol zum Pol – um die Differenz innerhalb der Existenz eines aus der Materie bzw. dem Geist bestehenden Wesens. Dass der abstrakte Spiritualismus den Geist zur Nicht-Natur hochstilisiert, widerspricht all dem, was der Geist selbst außer als gesellschaftlicher auch als Naturprozess ist.

Alles, was Marx über den wirklichen Gegensatz bzw. über dessen Extreme ausführt, spricht dafür, dass ihre Stellung eine gleiche ist; wie sonst sollen es zwei Wesen sein bzw. wie sonst sollen sie so entgegengesetzten Wesens sein, dass sie nichts miteinander gemein haben, jedes dem anderen gegenüber so selbständig ist, dass keins nach dem andern verlangt, sie sich nicht ergänzen und das eine in »seinem eigenen Schoß nicht die Sehnsucht, das Bedürfnis, die Antizipation des andern« hat?

Fuldas Interpretation besitzt die folgenden schwerwiegenden Mängel:

1. Fulda entgeht die Unterscheidung des wirklichen Gegensatzes von der Differenz innerhalb der Existenz eines Wesens, eine Unterscheidung, die Marx trifft, *bevor* er auf die Verwechslung der Differenz innerhalb der Existenz eines Wesens mit dem wirklichen Gegensatz eingeht. Dies zeigt sich daran, dass Fulda die ungleiche Stellung der Extreme dem wirklichen Gegensatz zuspricht. Marx dagegen weist sie für die Differenz innerhalb der Existenz eines Wesens nach, indem er am Beispiel des abstrakten Materialismus und abstrakten Spiritualismus auf die Abstraktion von der Materie eingeht und zu dem Schluss kommt, dass die Materie gegenüber dem als Abstraktion von ihr gefassten Geist das reale, allein selbständige Wesen ist. Mit der Abstraktion von der Materie hat man nicht, wie vielleicht die abstrakten Theoretiker vermuten, die Materie verlassen. Die als Geist gefasste Abstraktion von der Materie bzw. der Natur ist gerade kein mit ihr in vergleichbarer Weise selbständiges und ihr entgegengesetztes Wesen. Natur und Geist sind nicht »entgegengesetzten Wesens« bzw. nicht sich »wechselseitig ausschließende Wesen« und damit auch keine Extreme eines wirklichen Gegensatzes, die nichts miteinander gemeinsam haben, einander nicht verlangen, einander nicht ergänzen usw.

Aufgrund der Verwechslung des wirklichen Gegensatzes mit der Differenz innerhalb der Existenz eines Wesens kommt Fulda dazu, vom wirklichen Gegensatz zu behaupten, die Stellung der Extreme sei in ihm eine ungleiche und ein Extrem habe vor dem anderen Vorrang. Die Art, in der das eine Extrem (Materie) vor dem anderen Extrem (als Geist gefasste Abstraktion von der Materie) Vorrang hat, überträgt Fulda auf den »wirklichen Gegensatz«. Von diesem übernimmt er dann, dass es für die Extreme keine Vermittlung gibt, so dass er eine ungleiche Stellung der Extreme erhält und den Vorrang des einen Extrems vor dem anderen, der *frei von jeglicher Vermittlung ist.*

2. Da Fulda schon selbst eine Verwechslung der Differenz innerhalb der Existenz eines Wesens mit dem wirklichen Gegensatz vornimmt, entgeht ihm auch alles das, was Marx dann über den wirklichen Gegensatz und die Differenz innerhalb der Existenz eines Wesens sagt, wenn er ausdrücklich deren *Verwechslung* abhandelt.

Fulda verwischt einmal den Unterschied zwischen dem wirklichen Gegensatz und der Differenz innerhalb der Existenz eines Wesens, wie er für Marx besteht, bevor er die Verwechslung der Differenz innerhalb der Existenz eines Wesens mit dem wirklichen Gegensatz dargestellt hat; zum anderen verwischt Fulda den Unterschied zwischen der Darstellung des wirklichen Gegensatzes und der Differenz innerhalb der Existenz eines Wesens auf der einen Seite mit der darauf folgenden Darstellung ihrer Verwechslung auf der anderen. Daher entgeht Fulda der Sachverhalt, auf den alles bei einer Bestimmung des Verhältnisses von Marx zu Hegel ankommt, nämlich der Sachverhalt, dass es aufgrund der auch von Hegel praktizierten »Verwechslung« einen Vorrang des einen Extrems vor dem anderen gibt, der aber zugleich eine *Vermittlung* einschließt; denn der Vorrang ergibt sich im Zuge des Versuchs, zwischen überhaupt nicht bzw. nicht mehr vermittelbaren Extremen dennoch eine Vermittlung herzustellen.

Wie am absoluten Geist ersichtlich, avanciert eines der Extreme in weiterentwickelter Gestalt zu der die Gegensätze zusammenfassenden Mitte und zu dem Subjekt, dessen Momente nur diese Extreme sind, deren selbständige Voraussetzung es aufhebt, um sich durch diese Aufhebung als das allein Selbständige zu setzen. Wird die Differenz innerhalb der Existenz eines Wesens mit dem wirklichen Gegensatz verwechselt, dann werden in dem Extrem, das in weiterentwickelter Gestalt sowohl zu der beide Extreme zusammenfassenden Mitte wie auch zu dem mit sich selbst vermittelnden Subjekt wird, beide Extreme miteinander vermischt. Zum übergreifenden Subjekt eines Prozesses geworden, worin sich der absolute Geist in die Natur und in die durch den endlichen Geist bestimmte Menschenwelt entäußert, um zu sich selbst als zu dem allein selbständigen Wesen zurückzukehren, sind Natur und Geist miteinander vermischt; einerseits sind Natur und Geist unterschiedliche, dem absoluten Geist immanente Bestimmungen, andererseits werden sie als weltimmanente Gestaltungen des absoluten Geistes wie

Extreme eines wirklichen Gegensatzes behandelt. Dieser Gegensatz ist das Fundamentalverhältnis der Hegelschen Philosophie, das aus der historisch-spezifischen gesellschaftlichen Form der Arbeit zu erklären ist. »Hegel faßt überhaupt den *Schluß* als Mitte, als ein *mixtum compositum.* Man kann sagen, daß in seiner Entwicklung des Vernunftschlusses die ganze Transzendenz und der *mystische Dualismus* seines Systems zur Erscheinung kommt. Die *Mitte ist* das *hölzerne Eisen,* der *vertuschte* Gegensatz zwischen Allgemeinheit und Einzelnheit.«[52] (Hervorhebungen in den beiden letzten Sätzen – D. W.)

Da Fulda diese aus der Verwechslung der Differenz innerhalb der Existenz eines Wesens mit dem wirklichen Gegensatz ergebenden Konsequenzen nicht zu würdigen weiß bzw. sie einfach übergeht, macht er auch entscheidende Fehler bei der Interpretation des Hegelschen Widerspruchs und seiner Bewegungsformen.

Fulda vermag den Vorrang des einen Extrems vor dem anderen *nicht* mit der *Vermittlung* der Extreme zusammenzubringen und behauptet folglich, Hegels Gegensatz- bzw. Widerspruchskonzept zeichne sich dadurch aus, dass sich die Glieder vollkommen symmetrisch verhalten und keins einen Vorrang vor dem anderen hat – als habe nicht bereits der endliche Geist einen Vorrang vor der Natur. Indem Fulda den Vorrang eines Extrems vor dem anderen wegerklärt – er reserviert diesen Vorrang für die Extreme eines wirklichen Gegensatzes –, hebt er wie folgt auf die Vermittlung ab: »Wenn es sich um Momente des methodischen Gedankenfortschritts handelt, welche sich in der Einheit aufheben, die in ihrem Verhältnis bereits enthalten ist, gilt darüber hinaus von ihnen, daß sie von dieser *Einheit* aus, als dem *Dritten,* auch als *Momente seiner Selbstvermittlung* anzusprechen sind. Sie sind durch dies *Dritte* miteinander und mit sich *Vermittelte.*«[53] (Hervorhebungen – D. W.)

Da Fulda den Vorrang ohne Vermittlung und den Vorrang mit Vermittlung durcheinander wirft, kann er selbst nicht mehr Hegels Widerspruchskonzeption daraufhin untersuchen, ob die Vermittlung in ihrem mystisch-irrationalistischen und dualistischen Charakter durch die Verwechslung der Differenz innerhalb der Existenz eines Wesens mit dem wirklichen Gegensatz bedingt ist. Fulda setzt sich mit Hegels Vermittlung auseinander, ohne aber auf deren mystisch-irrationalistischen Charakter einzugehen, weil er nicht sieht, dass es bei der Verwechslung der Differenz innerhalb der Existenz eines Wesens mit dem wirklichen Gegensatz um den Vorrang des einen Extrems vor dem anderen geht, ein Vorrang, der zugleich eine Vermittlung darstellt. Fulda macht den Unterschied zwischen Marx und Hegel daran fest, dass es bei Hegel eine in unterschiedliche Formen sich auseinander legende Vermittlung gibt und es bei Marx eine solche Vermittlung nicht gibt. Fulda schließt wie Marx beim wirklichen Gegensatz die Vermittlung aus. Fulda lässt sich aber

[52] Ebd., S. 288.
[53] H.F. Fulda, Dialektik als Darstellungsmethode, a.a.O., S. 198.

nicht auf die Vermittlung ein, die auf der Verwechslung der Differenz innerhalb der Existenz eines Wesens mit dem wirklichen Gegensatz beruht. Marx dagegen tut dies ausdrücklich. Für den jungen Marx ist die Vermittlung ein um der Rationalität der Dialektik willen zu vermeidender Versuch, der, wenn er dennoch gemacht wird, zur Konstruktion von Vermittlungsformen führt, die ebenso viele Formen der Vermischungen der Extreme sind und einen mystisch-irrationalistischen Charakter besitzen.

Kapitel 2
Der Widerspruch zwischen dem Gebrauchswert und dem Wert der Waren als »Differenz innerhalb der Existenz eines Wesens«, welche den Charakter »eines wirklichen Gegensatzes« besitzt

1. Vorbemerkung

Dass sich Fulda bei seiner Kommentierung der »Kritik des Hegelschen Staatsrechts« in Widersprüche verstrickt, die seine Fehlinterpretationen des Hegelschen und Marxschen Gegensatzbegriffs dokumentieren, beruht auf seinem ebenso oberflächlichen wie verkehrten Verständnis der von Marx im »Kapital« dargestellten ökonomisch-gesellschaftlichen Prozesse, worin der Widerspruch zwischen dem Gebrauchswert und dem Wert gesetzt und gelöst wird. Fulda vermag nicht zu unterscheiden, was der Gegensatz von Gebrauchswert und Wert mit den beiden von Marx in der »Kritik des Hegelschen Staatsrechts« behandelnden Gegensätzen gemeinsam hat und was nicht. Die Schwierigkeit, an der Fulda scheitert, besteht darin, dass Marx im Verlauf seiner langjährigen Forschungen die bürgerliche Gesellschaft umfassender und tiefer erkennt als ihm dies im Jahre 1843 möglich war. Von allem, was dies betrifft, soll hier nur auf den Widerspruch zwischen dem Gebrauchswert und dem Wert eingegangen werden, soweit er in der Warenzirkulation gesetzt und soweit in dieser Formen geschaffen worden sind, worin er sich bewegt.

Was hat sich durch die Erkenntnis des Widerspruchs zwischen dem Gebrauchswert und dem Wert und durch die Erkenntnis seiner Bewegungsstruktur gegenüber dem geändert, was Marx in der »Kritik des Hegelschen Staatsrechts« über die Differenz innerhalb der Existenz eines Wesens, über den wirklichen Gegensatz und schließlich über die von Hegel vorgenommene Verwechslung beider dargelegt hat? Marx trennt in der »Kritik ...« den wirklichen Gegensatz sich wechselseitig ausschließender Wesen, wie den Gegensatz von Pol und Nichtpol, von dem »Unterschied eines *Wesens* auf seiner *höchsten Entwicklung*«, wo die Extreme (z.B. Nord und Süd) »entgegengesetzte Bestimmungen *eines* Wesens«[1] sind. In dem ersten

[1] Kritik des Hegelschen Staatsrechts, MEW 1, a.a.O., S. 293.

bzw. dem wirklichen Gegensatz verhalten sich die Extreme streng symmetrisch, ihre Stellung ist eine gleiche, so dass keines den Vorrang vor dem anderen hat, beide Extreme haben nichts gemeinsam: Sie »können nicht miteinander vermittelt werden« und aufgrund ihres »entgegengesetzten Wesens ... bedürfen« sie »auch keiner Vermittelung.«[2]

Auf den Seiten 292 bis 294 der »Kritik des Hegelschen Staatsrechts«, die hier in der Auseinandersetzung mit Fulda zur Diskussion stehen, spricht Marx ausdrücklich von *Vermittlung* nur im Hinblick auf die Verwechslung der Differenz innerhalb der Existenz eines Wesens mit dem wirklichen Gegensatz. Der Versuch der Vermittlung aber wird von Marx als ein Irrtum denunziert, der auf jener Verwechslung beruht.

Vermittlung steht für den jungen Marx für die zu bekämpfende Aufhebung eines wirklichen Gegensatzes in eine seine Extreme versöhnlich zusammenfassende, harmonische Einheit. Eine Vermittlung in diesem Sinne kann nur um den Preis einer mystisch-irrationalistischen Vermischung der Extreme zustande kommen, so wie Hegels »absoluter Geist«, der von Marx als ein »hölzernes Eisen« bezeichnet wird, weil er es ist, der sich in Natur und endlichen Geist, in sich selbst und in sein Gegenteil verdoppelt bzw. der sich – mit Hegels Worten – ebenso sehr in Natur und endlichen Geist entäußert, wie er aus beiden zu sich zurückkehrt.

In der » Kritik des Hegelschen Staatsrechts« besteht folgende Alternative: Entweder gibt es *keine* Vermittlung – dann liegt ein wirklicher Gegensatz vor, der eine rationale Struktur besitzt, die auch rational im Denken wiedergegeben werden kann; oder es *gibt* eine *Vermittlung*, der zufolge eins der Extreme des Gegensatzes so vor dem anderen den Vorrang hat, dass es über sich und das andere übergreift, und, wie der absolute Geist, in weiterentwickelter Gestalt die beide Gegensätze zusammenfassende Mitte ist – dann liegt ein Gegensatz vor, der kein wirklicher mehr ist und der auch keine rationale Struktur besitzt, die rational im Denken wiedergegeben werden könnte. Die entgegengesetzten Extreme werden mystisch-irrationalistisch miteinander vermischt, indem sie einmal als entgegengesetzte Wesen und ein andermal als entgegengesetzte Bestimmungen eines einzigen Wesens erscheinen.

Schreibt Fulda, dass die »Glieder ... einen *wirklichen* Gegensatz bilden, wenn die Darstellungsdialektik materialistisch sein soll«,[3] dann hat er vollkommen Recht, insofern der wirkliche Gegensatz es ist, der für die rationale Struktur eines Gegensatzes und dessen rationales Begreifen steht, das frei von dem Versuch ist, nicht mehr oder überhaupt nicht vermittelbare Extreme dennoch, und das heißt auf eine irrationalistisch-mystische Weise zu vermitteln.

Die auffallendste Veränderung, die Marx gegenüber der »Kritik des Hegelschen Staatsrechts« im Verlauf seiner Entwicklung am Begreifen der bürgerlichen Ge-

---

[2] Ebd., S. 292.

[3] Hans Friedrich Fulda, Dialektik als Darstellungsmethode im »Kapital« von Marx, in: ajatus, Heft 37, Helsinki 1978, S. 198.

sellschaft vornimmt, besteht aber darin, dass er mit dem Doppelcharakter der Arbeit den Widerspruch zwischen dem Gebrauchswert und dem Wert entdeckt und erkennt, dass dieser eine Bewegungsform findet, in der es eine *Vermittlung* der Gegensätze von Gebrauchswert und Wert gibt.

Wer die ökonomisch-gesellschaftlichen Prozesse, die durch die Ware, das Geld und das Kapital gekennzeichnet sind, nicht als ebenso viele Prozesse zu begreifen vermag, worin der Widerspruch zwischen dem Gebrauchswert und dem Wert sich »ebensosehr verwirklicht als löst«,[4] der wird von der folgenden Passage aus den »Grundrissen«, die durchaus Fuldas Kriterium der »loci classici«[5] der Interpretation erfüllen, sagen, Marx habe sie aus der Hegelschen »Philosophie«, die den »Lebensprozess des absoluten Geistes« nachdenkt, abgeschrieben:

»Es ist wichtig zu bemerken, daß der Reichtum als solcher, i.e. der bürgerliche Reichtum immer in der höchsten Potenz ausgedrückt ist, in dem Tauschwert, wo er als *Vermittler* gesetzt, als die Vermittlung der Extreme von Tauschwert und Gebrauchswert selbst. Diese *Mitte* (Hervorhebung – D. W.) erscheint immer als das vollendete *ökonomische* Verhältnis, weil es die *Gegensätze zusammenfaßt* (Hervorhebung – D. W.), und erscheint schließlich immer als eine *Einseitig Höhere Potenz* (Hervorhebung – D. W.) gegenüber den Extremen selbst; weil die Bewegung oder das Verhältnis, das als vermittelnd zwischen den Extremen *ursprünglich* erscheint, dialektisch dazu notwendig fortführt, daß es als *Vermittlung mit sich selbst* (Hervorhebung – D. W.) erscheint, als das *Subjekt, dessen Momente nur die Extreme sind, deren selbständige Voraussetzung es aufhebt, um sich durch ihre Aufhebung selbst als das allein Selbständige zu setzen.*«[6] (Hervorhebung – D. W.)

Diese Passage aus den »Grundrissen« spricht – hinsichtlich des Problems der Vermittlung – dem Hohn, was der junge Marx und Fulda über den wirklichen, vom jungen Marx favorisierten Gegensatz ausführen, wobei Fulda mit dem wirklichen Gegensatz auch den vom späten Marx im »Kapital« freigelegten Widerspruch zwischen dem Gebrauchswert und dem Wert meint. Fulda will – ohne den jungen vom späten Marx zu unterscheiden – der Kritik von Marx an Hegel gerecht werden, indem er diesem zugesteht, dass er den um der Rationalität des Denkens willen von Marx als Irrtum denunzierten Versuch der Vermittlung der Extreme eines wirklichen Gegensatzes vermeiden will.

Während für Fulda die Vermittlung selbst, so steht für Marx auch alles das, was für ihn mit dieser Vermittlung zusammenhängt – die ungleiche Stellung der Extreme, das Übergreifen des einen Extrems über das andere usw. –für eine idealistische Dialektik. Um der Rationalität der materialistischen Dialektik willen muss der Gegensatz in dem Sinne ein wirklicher sein, dass er frei von der Vermittlung der

---

[4] Das Kapital, MEW 23, a.a.O., S. 119.
[5] H.F. Fulda, Dialektik als Darstellungsmethode, a.a.O., S. 182.
[6] Karl Marx, Grundrisse, a.a.O., S. 237.

Extreme ist, es für ihn keine »Mitte« gibt, welche seine Extreme (die entgegengesetzten Extreme) »zusammenfasst«, und es schließlich kein Subjekt gibt, das sich mit sich selbst vermittelt, indem es die Extreme zu Momenten seiner selbst herabsetzt.

Der Widerspruch zwischen dem Gebrauchswert und dem Wert, wie er von Marx im »Kapital« entwickelt wird, ist viel komplexer als der wirkliche Gegensatz, auf den Marx in seiner »Kritik an Hegels Staatsrecht« eingeht. Dies kann zusammenfassend so ausgedrückt werden: Die Einheit des Gegensatzes von Gebrauchswert und Wert ist eine Differenz innerhalb der Existenz eines Wesens, wobei die Differenz zugleich den Charakter eines »wirklichen Gegensatzes« besitzt. Wie aus den folgenden Ausführungen ersichtlich wird, handelt es sich bei der Einheit des Gegensatzes von Gebrauchswert und Wert nicht um die vom jungen Marx zu recht als mystisch-irrationalistisch kritisierte *Verwechslung* der Differenz innerhalb der Existenz eines Wesens mit einem wirklichen Gegensatz.

Zunächst soll gezeigt werden, warum die Einheit des Gegensatzes von Gebrauchswert und Wert eine Differenz innerhalb der Existenz eines Wesens ist, um dann zu zeigen, in welcher Hinsicht Gebrauchswert und Wert zugleich Extreme eines »wirklichen Gegensatzes« sind, die »entgegengesetzten Wesens« sind und daher »keiner Vermittlung bedürfen«. Danach soll schließlich auch noch gezeigt werden, in welcher Hinsicht im Tauschwert oder der Wertform als der einfachsten Lösungsform des Widerspruchs zwischen dem Gebrauchswert und dem Wert die *Vermittlung* der Extreme von Gebrauchswert und Wert gesetzt ist, ohne dass beide mystisch-irrationalistisch miteinander vermischt werden.

2. Gebrauchswert und Wert als »Differenz innerhalb der Existenz eines Wesens«

Wenn man von jeglichem gesellschaftlichen Zusammenhang abstrahiert, behält man die einzelnen konkret-nützlichen Arbeiten übrig, welche die ihnen gemeinsame und daher allgemeine Eigenschaft besitzen, abstrakt-menschliche Arbeiten zu sein. Ein und dieselbe menschliche Arbeit ist in der einen Hinsicht eine konkret-nützliche und in einer anderen Hinsicht eine abstrakt-menschliche, insofern man darauf abhebt, dass jede menschliche Arbeit unabhängig von ihrem konkret-nützlichen Inhalt überhaupt eine Arbeit ist. Für die hier angesprochene und in Teil 1 dieser Untersuchung ausführlich behandelte Abstraktionsstufe[7] gilt also, dass die Differenz von konkret-nützlicher und abstrakt-menschlicher Arbeit eine Differenz innerhalb ein und desselben, aus der menschlichen Arbeit bestehenden »Wesens« ist.

[7] Vgl. Teil 1, Kapitel 1 der vorliegenden Untersuchung.

Berücksichtigt man nun den gesellschaftlichen Zusammenhang, worin die konkret-nützlichen Arbeiten von den Menschen verausgabt werden, ohne bereits seine historisch-spezifische Form einzubeziehen, dann zeigt sich, dass man an der einzelnen menschlichen Arbeit nicht nur zwei, sondern vier Seiten auseinander zu halten hat:

1. Jede menschliche Arbeit ist eine konkret-nützliche Arbeit.

2. Jede menschliche Arbeit besitzt die allgemeine Eigenschaft, abstrakt-menschliche Arbeit zu sein.

3. Indem jede menschliche Arbeit als aliquoter Teil der einer Gesellschaft insgesamt zur Verfügung stehenden Arbeit gesetzt ist, spielt jede einzelne menschliche Arbeit auch als *abstrakt-menschliche Arbeit eine gesellschaftliche Rolle.*

4. Der gesellschaftliche Zusammenhang, ohne den es gar keine menschliche Arbeit gibt, entscheidet darüber, in welcher Form sich die Menschen, sei es unbewusst, unbewusst-bewusst oder gar bewusst, ihre einzelnen konkret-nützlichen Arbeiten als gesellschaftlich verausgabte anerkennen. Solange noch von der historisch-spezifischen Form des gesellschaftlichen Zusammenhangs abgesehen wird, kann auch noch nichts über diese gesellschaftlich-allgemeine Form der konkret-nützlichen Arbeiten gesagt werden.

Der gesellschaftliche Zusammenhang, worin die Menschen ihre konkret-nützlichen Arbeiten verausgaben, ist nur eine Umschreibung für die gesellschaftliche Arbeit, in der sich die Menschen zueinander und zur Natur verhalten. Dass die Menschen sich zueinander verhalten, bedeutet stets, dass sie ihre einzelnen konkret-nützlichen Arbeiten verausgaben und diese wechselseitig als *gesellschaftlich* verausgabte anerkennen.

Zur gesellschaftlichen Arbeit gehört der gesellschaftliche Zusammenhang, worin die einzelnen konkret-nützlichen Arbeiten verausgabt werden und die Verausgabung der einzelnen Arbeiten selbst. Abgesehen davon, dass ohne gesellschaftlichen Zusammenhang auch keine konkret-nützliche Arbeit existiert, kann man an dieser das herausheben, was sie unter Abstraktion von dem gesellschaftlichen Zusammenhang ist, und von dem unterscheiden, was sie unter Einbeziehung dieses gesellschaftlichen Zusammenhangs, d.h. was sie als Glied einer gesellschaftlichen Arbeitsteilung ist, die eine historisch-spezifische Form besitzt. Der in oben dargelegtem Sinn von den konkret-nützlichen Arbeiten noch einmal zu unterscheidende gesellschaftliche Zusammenhang schlägt sich in jeder konkret-nützlichen Arbeit nieder (reflektiert sich in jeder einzelnen konkret-nützlichen Arbeit), indem sie als konkret-nützliche und abstrakt-menschliche Arbeit unterschiedliche gesellschaftliche Rollen spielen, sei es, dass die Arbeiten in einem vor-kapitalistischen Gemeinwesen in der konkret-nützlichen Form, in der sie verausgabt werden, auch die gesellschaftliche Form der Allgemeinheit besitzen, sei es, dass die abstrakt-menschliche Arbeit aufgrund der proportionellen Verteilung der Gesamtarbeit in jedem gesellschaftlichen Zusammenhang eine gesellschaftliche Rolle spielt, oder sei es schließlich, dass die abstrakt-menschliche Arbeit in einem kapitalistischen Gemeinwesen die außergewöhnliche Rolle der gesellschaftlich-allgemeinen Form der einzelnen konkret-nützlichen Arbeiten spielt.

Diese einzelnen menschlichen Arbeiten, in denen sich der gesellschaftliche Zusammenhang in der oben auseinander gesetzten Weise niedergeschlagen bzw. reflektiert hat, und nicht dieser Zusammenhang bzw. die gesellschaftliche Arbeit selbst sollen im Folgenden als das »Wesen« begriffen werden, um dessen Differenzierung es Marx in der Kritik an Hegels Staatsrecht geht.

Was auf der zweiten Abstraktionsstufe, auf der der gesellschaftliche Zusammenhang ohne seine historisch-spezifische Form berücksichtigt wird, hinzukommt, ist, dass die abstrakt-menschliche Arbeit nicht nur eine allgemeine Eigenschaft der konkret-nützlichen Arbeiten ist, sondern dass sie in dem gesellschaftlichen Zusammenhang eine gesellschaftliche Rolle spielt. Diese darf natürlich nicht überschätzt werden, da sie lediglich daher rührt, dass bei jeder Arbeit, die als aliquoter Teil der Gesamtarbeit gesetzt wird, auch von deren konkret-nützlichem Charakter abstrahiert wird.

Was die dritte Abstraktionsstufe anbelangt, auf der es um die Gemeinsamkeiten der vor-kapitalistischen Gemeinwesen geht, ändert sich hinsichtlich der gesellschaftlichen Rolle der abstrakt-menschlichen Arbeit nichts gegenüber dem, was sich auf der zweiten Abstraktionsstufe ergeben hat. Im Unterschied zur zweiten Abstraktionsstufe ist es jetzt aber möglich, etwas über den gesellschaftlich-allgemeinen Charakter der konkret-nützlichen Arbeit zu sagen. Da den unterschiedlichen vorkapitalistischen gesellschaftlichen Zusammenhängen sowohl gemeinsam ist, dass sie eine bestimmte Naturwüchsigkeit besitzen, wie sie auch den einzelnen Arbeiten vorausgesetzt sind, besteht der gesellschaftlich-allgemeine Charakter der einzelnen Arbeiten in der Form, in der sie als konkret-nützliche verausgabt werden.

Auf der vierten und hier als letzte zu betrachtenden Abstraktionsstufe geht es um die in ihrer historischen Spezifik durch das Kapitalverhältnis bestimmten bürgerlichen Gesellschaft, in der die Warenzirkulation allgemein vorherrscht. Ist diese der gesellschaftliche Zusammenhang, in dem die konkret-nützlichen Arbeiten den gesellschaftlich-allgemeinen Charakter erhalten, dann ist es die abstrakt-menschliche Arbeit, die diesen Charakter erhält, was gegenüber der vorangegangenen Abstraktionsstufe bedeutet, dass die konkret-nützlichen Arbeiten nicht als solche, sondern in der von ihnen verschiedenen Form der abstrakt-menschlichen Arbeiten als gesellschaftlich verausgabte anerkannt werden. In dem aus dem Austausch der Arbeitsprodukte bestehenden gesellschaftlichen Zusammenhang entscheidet dieser nach der Seite über den gesellschaftlich-allgemeinen Charakter der einzelnen konkret-nützlichen Arbeiten, nach der er ein gesellschaftliches Verhältnis von Sachen zueinander ist.

Als Verkörperungen der konkret-nützlichen Arbeiten sind die einzelnen Arbeitsprodukte voneinander verschieden, so wie die in ihnen steckenden konkret-nützlichen Arbeiten voneinander verschieden sind. Die Arbeitsprodukte sind untereinander als Verkörperungen der abstrakt-menschlichen Arbeit gleich, so wie die konkret-nützlichen Arbeiten untereinander in der Form der abstrakt-menschlichen Arbeit gleich sind. Wie man bei der abstrakt-menschlichen Arbeit von dem besonderen konkreten Inhalt jeder einzelnen Arbeit abstrahiert, so muss man auch bei den Arbeitsprodukten, insofern sie als Werte Vergegenständlichungen abstrakt-menschlicher Arbeit sind, von jeglichem stofflichen Inhalt abstrahieren. In der Hinsicht, in der die Arbeitsprodukte Werte sind, muss man von dem, was sie sachlich als Gebrauchswerte sind, abstrahieren, ohne von der Sachlichkeit selbst zu abstrahieren. In diesem Sinne bezeichnet Marx den Wert im »Kapital« als Arbeitsgallerte »bloße Gallerte unterschiedsloser menschlicher Arbeit«.[8] An den Arbeitsprodukten selbst muss sich nun außer ihrer unmittelbaren Existenz als Vergegenständlichungen der konkret-nützlichen Arbeit ausdrücken, dass deren gesellschaftlich-allgemeiner Charakter aus der abstrakt-menschlichen Arbeit besteht. In dieser Form werden die konkret-nützlichen Arbeiten im Austausch der Arbeitsprodukte einander gleichgesetzt. Wenn sich in dieser Weise an ihnen ausdrücken muss, dass die abstrakt-menschliche Arbeit die gesellschaftlich-allgemeine Form aller Arbeiten ist, dann muss sich dies *sachlich* ausdrücken. Als sachliche Ausdrücke der konkret-nützlichen Arbeit und als sachliche Ausdrücke der Form, in der die konkret-nützlichen Arbeiten den gesellschaftlich-allgemeinen Charakter besitzen, sind die Arbeitsprodukte Gebrauchswerte und Werte bzw. *Waren.* Der aus dem Austausch bestehende gesellschaftliche Zusammenhang in seiner Funktion, den gesellschaftlich-allgemeinen Charakter der Arbeiten herzustellen, schlägt sich so in den einzelnen Arbeiten nieder, dass diese auf eine zweifache, nämlich gegenständliche und nicht-gegenständliche Weise den Unterschied zwischen der konkret-nützlichen und abstrakt-menschlichen Arbeit als einen Unterschied zwischen ihrer gesellschaftlichen stofflichen Form und ihrer gesellschaftlich-allgemeinen Form enthält.

Wie die nicht-kapitalistischen Gemeinwesen zeigen, gehört es nicht notwendig zur abstrakt-menschlichen Arbeit, dass sie die gesellschaftlich-allgemeine Form der einzelnen Arbeiten ist. Daher ist es auch nicht immer notwendig, dass es bei dem Unterschied zwischen der konkret-nützlichen und der abstrakt-menschlichen Arbeit um den Unterschied zwischen der konkret-nützlichen Arbeit und dem gesellschaftlichen Zusammenhang geht, insofern dieser aufgrund seiner historisch-spezifischen Form über ihren gesellschaftlich-allgemeinen Charakter entscheidet. Dass dies in dem kapitalistischen Gemeinwesen der Fall ist, zeichnet diesen Unterschied derart als einen außergewöhnlichen aus, dass – worauf es jetzt noch nicht ankommt – mit ihm bereits die wirkliche Entgegensetzung von konkret-nützlicher und abstrakt-menschlicher Arbeit begonnen hat. Dafür, dass es sich bei diesem Unterschied um die »Differenz innerhalb der Existenz eines Wesens« handelt, ist

[8] Das Kapital, MEW 23, a.a.O., S. 52.

wichtig, dass die abstrakt-menschliche Arbeit aufgrund ihrer außergewöhnlichen Rolle im Vergleich mit der konkret-nützlichen Arbeit *keine* zweite »Sorte«[9] von Arbeit ist, die von der konkret-nützlichen Arbeit unabhängig und dieser gegenüber selbständig existiert; denn die »Differenz innerhalb der Existenz eines Wesens« ist damit gegeben, dass es ein und »*dieselbe* Arbeit« ist, die »verschieden und selbst« – worauf weiter unten eingegangen wird – »entgegengesetzt bestimmt ist, je nachdem sie auf den *Gebrauchswerth* der Waare als ihr *Produkt* oder auf den *Waaren-Werth* als ihren bloß *gegenständlichen* Ausdruck bezogen wird«.[10]

Auch auf allen oben behandelten Abstraktionsstufen, auf denen der gesellschaftliche Zusammenhang bzw. die Arbeit in ihrer Gesellschaftlichkeit einbezogen wird, gilt für eine einzelne menschliche Arbeit, egal, auf welche Weise sich der gesellschaftliche Zusammenhang jeweils in ihr reflektiert, dass die in ihr enthaltene Differenz zwischen der konkret-nützlichen und der abstrakt-menschlichen Arbeit eine »Differenz innerhalb der Existenz eines Wesens« ist.

3. Das Verhältnis von Gebrauchswert und Wert als ein »wirklicher Gegensatz«

Im Folgenden soll kurz auf dem Hintergrund von dem, was in dieser Untersuchung über die Ware und die Wertform entwickelt worden ist, gezeigt werden, in welcher Hinsicht das Verhältnis von Gebrauchswert und Wert, von konkret-nützlicher und abstrakt-menschlicher Arbeit den Charakter eines »wirklichen Gegensatzes« besitzt. Da der gesellschaftliche Zusammenhang aus dem Austausch der Arbeitsprodukte besteht, schlägt er sich so in der einzelnen Arbeit nieder, dass die abstrakt-menschliche Arbeit zur gesellschaftlich-allgemeinen Form der konkret-nützlichen Arbeit wird. So selbstverständlich es ist, dass die menschliche Arbeit zugleich konkret-nützliche und abstrakt-menschliche ist und dieser Unterschied entweder von einem theoretischen Betrachter in Gedanken festgehalten werden kann oder im Zuge der proportionellen Verteilung der Gesamtarbeit auf die einzelnen Arbeiten eine gesellschaftliche Rolle spielt, so außergewöhnlich ist es, dass der gesellschaftliche Zusammenhang in seiner historisch-spezifischen Form in der abstrakt-menschlichen Arbeit ausgedrückt ist, insofern diese zur gesellschaftlich-allgemeinen Form der konkret-nützlichen Arbeiten geworden ist. Dass die konkret-nützliche Arbeit in einem gesellschaftlichen Zusammenhang ihre gesellschaftlich-allgemeine Form erhält, ist nichts Besonderes, sondern stellt das in jedem Gemeinwesen zu lösende Grundproblem dar. Da die einzelnen Arbeiten von den Menschen stets in einem gesellschaftlichen Zusammenhang verausgabt werden, gibt es in jedem Gemein-

[9] Das Kapital, 1. Auflage, MEGA II/5, a.a.O., S. 26.
[10] Ebd., S. 26f.

wesen den Unterschied zwischen den einzelnen Arbeiten, die als konkret-nützliche immer zugleich abstrakt-menschliche Arbeiten sind, und ihrer aus dem gesellschaftlichen Zusammenhang selbst bestehenden Gesellschaftlichkeit.

Den Charakter eines »wirklichen Gegensatzes« erhält das Verhältnis von konkret-nützlicher zu abstrakt-menschlicher Arbeit nicht deswegen, weil beide als etwas Stofflich-Ungesellschaftliches und Gesellschaftlich-Allgemeines voneinander verschieden sind, sondern weil es nicht notwendig zur abstrakt-menschlichen Arbeit als einer Seite einer jeden einzelnen menschlichen Arbeit gehört, zur gesellschaftlich-allgemeinen Form der einzelnen Arbeiten zu werden. In dieser Bedeutung verhält sich die abstrakt-menschliche Arbeit zur konkret-nützlichen Arbeit auf eine völlig andere, nämlich den ganzen gesellschaftlichen Zusammenhang mitreflektierenden Weise zur konkret-nützlichen Arbeit. Das, was völlig anders ist, besteht darin, dass sich die konkret-nützliche und die abstrakt-menschliche Arbeit zueinander wie zwei verschiedene »Wesen« verhalten.

Die abstrakt-menschliche Arbeit wird als »Wesen« bezeichnet, weil sie gegenüber der konkret-nützlichen Arbeit die ihr sonst überhaupt nicht zukommende Rolle des Gesellschaftlich-Allgemeinen spielt, eine Rolle, die ihr eine Eigenständigkeit, Selbständigkeit gegenüber der konkret-nützlichen Arbeit gibt, die sonst nicht ihr selbst, sondern dem von ihr verschiedenen gesellschaftlichen Zusammenhang zukommt. Die konkret-nützliche und die abstrakt-menschliche Arbeit müssen sich so voneinander unterscheiden, wie sich sonst die einzelnen menschlichen Arbeiten – die jede für sich genommen konkret-nützliche und abstrakt-menschliche Arbeiten sind – von dem gesellschaftlichen Zusammenhang, in dem sie verausgabt werden, unterscheiden. Während der gesellschaftliche Zusammenhang schon immer selbständig existiert wie die in ihm verausgabten einzelnen Arbeiten, existiert die abstrakt-menschliche Arbeit in einem nicht aus dem Austausch der Arbeitsprodukte bestehenden gesellschaftlichen Zusammenhang niemals selbständig für sich; denn sie ist nur das, was übrig bleibt, wenn man bei der konkret-nützlichen Arbeit darauf abhebt, dass es sich bei dieser überhaupt um eine Arbeit handelt.

Da der gesellschaftliche Zusammenhang nur gegenüber den Arbeiten, die in ihm verausgabt werden, selbständig existiert und da die abstrakt-menschliche Arbeit den gesellschaftlichen Zusammenhang repräsentiert, indem sie zur gesellschaftlich-allgemeinen Form der einzelnen Arbeiten geworden ist, wird sie gezwungen, gegenüber der konkret-nützlichen Arbeit in der gleichen Selbständigkeit zu existieren, wie der gesellschaftliche Zusammenhang gegenüber den einzelnen menschlichen Arbeiten. Während der gesellschaftliche Zusammenhang als Existenzbedingung der einzelnen Arbeiten von vornherein selbständig existiert, muss die abstrakt-menschliche Arbeit, um selbständig zu existieren, sich gegenüber der konkret-nützlichen Arbeit *verselbständigen*, d.h. in ihrer durch den gesellschaftlich-allgemeinen Charakter gewonnenen Eigenständigkeit so selbständig gegenüber der konkret-nützlichen Arbeit existieren wie eine zweite »Sorte« Arbeit, obgleich sie keine solche ist. Dass sich die abstrakt-menschliche Arbeit als das eine »Wesen« zur konkret-nützlichen Arbeit als einem anderen »Wesen« verhält, bedeutet also: Die abstrakt-menschliche Arbeit unterscheidet sich als gesellschaftlich-allgemeine Form der einzelnen Arbeiten auf eine außergewöhnliche, gesellschaftliche Weise von der konkret-nützlichen Arbeit und gewinnt ihr gegenüber eine selbständige Existenz.

Wie die abstrakt-menschliche Arbeit selbständig existiert, ist durch den gesellschaftlichen Zusammenhang bestimmt, der dafür verantwortlich ist, dass sie überhaupt die gesellschaftlich-allgemeine Form der einzelnen Arbeiten ist. Dieser gesellschaftliche Zusammenhang besteht aus dem Austausch der Arbeitsprodukte, worin die abstrakt-menschliche Arbeit deswegen zur gesellschaftlich-allgemeinen Form der einzelnen Arbeiten wird, weil die als Gebrauchswerte voneinander verschiedenen Arbeitsprodukte untereinander als Arbeitsprodukte schlechthin, d.h. als Vergegenständlichungen der abstrakt-menschlichen Arbeit gleichgesetzt werden. Die gesellschaftliche Bedeutung der gesellschaftlich-allgemeinen Form der einzelnen konkret-nützlichen Arbeiten besitzt die abstrakt-menschliche Arbeit also nur als die »gesellschaftliche Substanz des Werts«. In welcher Weise die abstrakt-menschliche Arbeit als gesellschaftlich-allgemeine Form der Arbeiten selbständig gegenüber der konkret-nützlichen Arbeit existiert, ist dadurch festgelegt, dass sich die Arbeitsprodukte in ihrem Verhältnis zueinander sowohl als Gebrauchswerte wie auch als Werte darstellen müssen.

Da das einzelne Arbeitsprodukt in seiner Gegenständlichkeit unmittelbar nur die Vergegenständlichung der konkret-nützlichen Arbeit (Gebrauchswert) ist, erscheint an ihm nicht, dass es zugleich die Vergegenständlichung der abstrakt-menschlichen und in dieser Form gesellschaftlich-allgemeinen Arbeit (Wert) ist. Dadurch, dass die abstrakt-menschliche Arbeit als gesellschaftlich-allgemeine Form aller Arbeiten die »gesellschaftliche Substanz des Werts« ist, schreibt die Gegenständlichkeit des Werts ihr auch vor, wie sie im Unterschied zur konkret-nützlichen Arbeit gegenständlich zu existieren hat. Wie es keine abstrakt-menschliche Arbeit ohne konkret-nützliche Arbeit gibt, so gibt es auch keine Vergegenständlichung der abstrakt-menschlichen Arbeit ohne die Vergegenständlichung der konkret-nützlichen Arbeit. Wenn es daher um der Gesellschaftlichkeit des Werts bzw. der abstrakt-menschlichen Arbeit willen eine vom Gebrauchswert des Arbeitsprodukts selbst verschiedene gegenständliche Form geben muss, dann kann es sich bei dieser aber nur um den Gebrauchswert eines anderen Arbeitsprodukts handeln. In dem vom Gebrauchswert des Arbeitsprodukts verschiedenen Gebrauchswert eines anderen Arbeitsprodukts stellt sich der Wert als Vergegenständlichung der von der konkret-nützlichen Arbeit verschiedenen abstrakt-menschlichen und in dieser Form gesellschaftlich-allgemeinen Arbeit dar. Die abstrakt-menschliche Arbeit hat sich von der konkret-nützlichen Arbeit getrennt und existiert in Gestalt des Gebrauchswerts der zweiten Ware ebenso selbständig wie die konkret-nützliche Arbeit im Gebrauchswert der ersten Ware.

Die konkret-nützliche und die abstrakt-menschliche Arbeit haben als »Differenz innerhalb der Existenz« des aus ein und derselben Arbeit bestehenden »Wesens« den Charakter »entgegengesetzter Wesen« angenommen: Beide sind als geformter Naturstoff und gesellschaftliche Formbestimmtheit von verschiedener Qualität und existieren unabhängig voneinander und auf die gleiche selbständige Weise in Form zweier voneinander verschiedener Gebrauchswerte. Indem sich der Wert im Gebrauchswert der zweiten Ware darstellt und dieser gegenüber der ersten als Wert gilt, existiert in dem Verhältnis zweier Waren zueinander die abstrakt-menschliche Arbeit im Gebrauchswert der zweiten Ware genau so selbstständig wie die konkret-nützliche Arbeit im Gebrauchswert der ersten Ware.

Bisher konnte noch keine Rede davon sein, dass zwischen der konkret-nützlichen und der abstrakt-menschlichen Arbeit bzw. zwischen Gebrauchswert und Wert eine Vermittlung besteht; vielmehr sind sie »entgegengesetzten Wesens«, weil sie als unterschiedliche Qualitäten auf gleiche Weise selbständig existieren.

a) Gebrauchswert und Wert bzw. konkret-nützliche und abstrakt-menschliche Arbeit »haben nichts miteinander gemein«[11]:

Das die konkret-nützliche und die abstrakt-menschliche Arbeit und in dieser Form gesellschaftlich-allgemeine Arbeit verschiedener Qualität sind heißt, dass in dem Wert als etwas »rein Gesellschaftlichem« kein »Atom Naturstoff« eingeht. Als gesellschaftlich-allgemeine Form der Arbeiten ist die abstrakt-menschliche Arbeit nicht nur negativ die »nicht-konkret-nützliche Arbeit«, sondern positiv etwas Gesellschaftliches, das von den konkret-nützlichen Arbeiten verschieden ist und gleichzeitig mit diesen existiert.

b) Gebrauchswert und Wert bzw. konkret-nützliche Arbeit und abstrakt-menschliche Arbeit »verlangen einander nicht«:

Ohne den gesellschaftlichen Zusammenhang, worin die konkret-nützliche Arbeit sich als gesellschaftlich-allgemeine ausweisen muss, würde es sie überhaupt nicht geben. Wenn es in diesem Sinne keinen gesellschaftlichen Zusammenhang ohne die konkret-nützliche Arbeit und keine konkret-nützliche Arbeit ohne den gesellschaftlichen Zusammenhang gibt, dann könnte man sagen, beide würden »einander verlangen«. Ist die abstrakt-menschliche Arbeit zur gesellschaftlich-allgemeinen Form der konkret-nützlichen Arbeit geworden, dann »verlangen beide einander« in derselben Weise, wie sich der gesellschaftliche Zusammenhang und die einzelnen konkret-nützlichen Arbeiten »einander verlangen«. Über diese Selbstverständlichkeit hinaus, dass mit dem gesellschaftlichen Zusammenhang notwendig auch die konkret-nützlichen Arbeiten gegeben sind, gibt es aber nichts, was dazu berechtigt zu sagen, die konkret-nützliche und die abstrakt-menschliche Arbeit als Arbeit in gesellschaftlicher Form würden »einander verlangen«; denn vom Standpunkt der konkret-nützlichen Arbeit aus ist es vollkommen gleichgültig, in

[11] Kritik des Hegelschen Staatsrechts, MEW 1, a.a.O., S. 292.

welcher Form sie durch die historische Organisationsform des gesellschaftlichen Zusammenhangs den gesellschaftlich-allgemeinen Charakter besitzt. Es ist keinesfalls selbstverständlich, dass sich die konkret-nützliche und die abstrakt-menschliche Arbeit so »einander verlangen« wie die konkret-nützliche Arbeit und der gesellschaftliche Zusammenhang.

Hinsichtlich der konkret-nützlichen und der abstrakt-menschlichen Arbeit kann insofern davon gesprochen werden, dass sie »einander verlangen«, wenn man darunter versteht, dass jede menschliche Arbeit, egal in welcher konkret-nützlichen Form sie verausgabt wird, überhaupt eine Arbeit, d.h. eine abstrakt-menschliche Arbeit ist. Insofern die konkret-nützlichen Arbeiten stets in einem gesellschaftlichen Zusammenhang verausgabt werden, kann man von beiden sagen, dass sie »einander verlangen«.

Wenn die konkret-nützliche Arbeit aufgrund ihrer Verausgabung im gesellschaftlichen Zusammenhang eine allgemeine Form erhalten muss, dann kann aber nicht erwartet werden, dass diese Form aus der abstrakt-menschlichen Arbeit besteht. Die abstrakt-menschliche Arbeit wird erst durch einen historisch-spezifischen, nämlich aus dem Austausch der Arbeitsprodukte bestehenden gesellschaftlichen Zusammenhang zur gesellschaftlich-allgemeinen Form der Arbeiten und erst dann »verlangen sie einander«, so wie sich die konkret-nützliche Arbeit und der gesellschaftliche Zusammenhang »einander verlangen«. Konkret-nützliche und abstrakt-menschliche Arbeit »verlangen einander« nicht deswegen, weil beide unterschiedliche Seiten ein und derselben menschlichen Arbeit sind, sondern weil die abstrakt-menschliche Arbeit zur gesellschaftlich-allgemeinen Form der konkret-nützlichen Arbeit geworden ist.

Das, was für den gesellschaftlichen Zusammenhang und die konkret-nützlichen Arbeiten selbstverständlich ist, ist für die konkret-nützliche und die abstrakt-menschliche Arbeit so außergewöhnlich, dass die letztere von der ersteren »wegstrebt« und in einem besonderen Arbeitsprodukt eine ebenso gegenständliche wie selbständige Existenz annehmen muss. Die dem »wechselseitigen Verlangen« entgegenstehende »Fremdheit« besteht nicht darin, dass die konkret-nützliche Arbeit überhaupt im gesellschaftlichen Zusammenhang eine gesellschaftlich-allgemeine Form annehmen muss; vielmehr besteht diese »Fremdheit« darin, dass die konkret-nützliche Arbeit diese Form als abstrakt-menschliche Arbeit besitzt. Hierdurch kommt es dazu, dass die abstrakt-menschliche Arbeit in Form eines anderen Arbeitsprodukts existiert, wodurch sie gegenüber der konkret-nützlichen Arbeit eine Eigenständigkeit erhält, die der abstrakt-menschlichen Arbeit als einer allgemeinen Eigenschaft der konkret-nützlichen Arbeiten niemals zukommt, so dass sich das Gegenteil von dem abspielt, was das wechselseitige »einander verlangen« ausmacht.

c) Gebrauchswert und Wert bzw. konkret-nützliche und abstrakt-menschliche Arbeit »ergänzen einander nicht«:

Die einzelne konkret-nützliche Arbeit existiert nur, wenn sie in einem gesellschaftlichen Zusammenhang verausgabt worden ist, d.h. als aliquoter Teil der gesellschaftlichen Gesamtarbeit. Daher kann man sagen, sie existiert als menschliche Arbeit, die eineseits konkret-nützliche Arbeit ist und andrerseits unter Abstraktion von ihrem nützlichen Charakter abstrakt-menschliche bzw. Arbeit überhaupt ist. Wenn man hierbei überhaupt davon reden will, dass sich konkret-nützliche und abstrakt-menschliche Arbeit einander »ergänzen«, so ist es aber in keiner Weise notwendig, dass die konkret-nützliche Arbeit um eine abstrakt-menschliche Arbeit »ergänzt« wird, welche zugleich die gesellschaftlich-allgemeine Form der konkret-nützlichen Arbeit ist.

Konkret-nützliche und abstrakt-menschliche Arbeit »ergänzen« sich nur, insofern die konkret-nützliche Arbeit durch einen gesellschaftlichen Zusammenhang »ergänzt« ist, worin sie verausgabt wird. Wird die abstrakt-menschliche Arbeit zur gesellschaftlichen Form der konkret-nützlichen Arbeit, dann wird sie zu etwas, das mehr ist als die allgemeine Eigenschaft der konkret-nützlichen Arbeit. Die abstrakt-menschliche Arbeit wird zur konkret-nützlichen in ein anderes Verhältnis gebracht, als es dasjenige ist, von dem gesagt wurde, konkret-nützliche und abstrakt-menschliche Arbeit ergänzen einander. Der gesellschaftliche Zusammenhang »ergänzt« die einzelne menschliche Arbeit, die in ihm verausgabt wird so, dass dies nicht davon abhängt bzw. etwas damit zu tun hat, dass diese eine konkret-nützliche und abstrakt-menschliche ist. Wenn die abstrakt-menschliche Arbeit zur gesellschaftlich-allgemeinen Form der konkret-nützlichen Arbeit wird, so ist es immer noch der sich in der abstrakt-menschlichen Arbeit ausdrückende gesellschaftliche Zusammenhang, welcher die konkret-nützliche Arbeit »ergänzt«. In diesem Sinne könnte die abstrakt-menschliche Arbeit die konkret-nützliche nur dann »ergänzen«, wenn sie von Natur aus bzw. von sich aus unabhängig von dem gesellschaftlichen Zusammenhang die gesellschaftlich-allgemeine Form der konkret-nützlichen Arbeit ist. Da dies aber nicht der Fall ist, kann man auch nicht sagen, dass sich konkret-nützliche und die abstrakt-menschliche als die gesellschaftlich-allgemeine Form der Arbeit einander ergänzen.

d) Der Gebrauchswert und der Wert bzw. die konkret-nützliche und die abstrakt-menschliche Arbeit haben »nicht in« ihrem »eigenen Schoß die Sehnsucht, das Bedürfnis, die Antizipation des andern«.[12]

Da der Wert die *Vergegenständlichung* der abstrakt-menschlichen und in dieser Form gesellschaftlich-allgemeinen Arbeit ist, hat er nicht nur in seinem »eigenen Schoß die Sehnsucht« nach dem Gebrauchswert, sondern strebt ganz im Gegenteil von diesem weg, um eine von dem Gebrauchswert unabhängige, selbständige Existenz im Gebrauchswert eines anderen Arbeitsprodukts anzunehmen, worin er zwar so gegenständlich wie ein Gebrauchswert existiert, aber, da der Gebrauchswert nur

---

[12] Ebd.

als Verwirklichungsform der abstrakt-menschlichen Arbeit gilt, hat sie nicht aufgehört etwas rein »Gesellschaftliches« zu sein.

e) Als letztes Charakteristikum des von Marx in der Kritik an Hegels Staatsrecht behandelten »wirklichen Gegensatz« bleibt noch die »gleiche Stellung der Extreme« zu betrachten, eine Stellung, die bedeutet, dass keins der Extreme einen Vorrang vor dem anderen hat:

Nachdem nun einmal durch einen gesellschaftlichen Zusammenhang, der aus dem Austausch der Arbeitsprodukte besteht, der gesellschaftliche Zusammenhang bzw. der gesellschaftliche Charakter der Arbeit im Wert ausgedrückt ist, stehen sich Gebrauchswert und Wert gegenüber als Vergegenständlichung der konkret-nützlichen und Vergegenständlichung der abstrakt-menschlichen Arbeit, welche die Form ist, in der die konkret-nützliche Arbeit ihren gesellschaftlich-allgemeinen Charakter besitzt. Im Gebrauchswert und im Wert kommt also nicht mehr zum Ausdruck, als dass in jedem gesellschaftlichen Zusammenhang das Problem gelöst werden muss, dass die von den Menschen füreinander verausgabten konkret-nützlichen Arbeiten auch eine gesellschaftlich-allgemeine Form erhalten müssen bzw. von den Menschen wechselseitig als gesellschaftlich verausgabte anerkannt werden müssen. Diese gleiche Stellung der Extreme von Gebrauchswert und Wert wird auch noch dadurch unterstrichen, dass der Wert kraft seiner Gegenständlichkeit selbständig in derselben gegenständlichen Form existieren muss wie die konkret-nützliche Arbeit; denn indem sich der Wert im Gebrauchswert eines anderen Arbeitsprodukts bzw. einer anderen Ware darstellt, wird diese zur Erscheinungsform des Werts bzw. gilt diese nur als Verwirklichungsform der abstrakt-menschlichen Arbeit. Bei der gleichen Stellung der Extreme, die keinem von beiden einen Vorrang vor dem anderen gibt, muss berücksichtigt werden, dass der Gebrauchswert sich erst in der Konsumtion verwirklicht und er dieser Konsumtion durch den Austausch zugeführt wird, weil alle Waren »Nicht-Gebrauchswerte für ihre Besitzer. Gebrauchswerte für ihre Nicht-Besitzer«[13] sind. Die gleiche Stellung der Extreme, die bedeutet, dass keines einen Vorrang vor dem anderen hat, lässt sich dann wie folgt zusammenfassen: »Die Waren müssen sich ... als Werte realisieren, bevor sie sich als Gebrauchswerte realisieren können. Andrerseits müssen sie sich als Gebrauchswerte bewähren, bevor sie sich als Werte realisieren können. Denn die auf sie verausgabte menschliche Arbeit zählt nur, soweit sie in einer für andre nützlichen Form verausgabt ist. Ob sie andren nützlich, ihr Produkt daher fremde Bedürfnisse befriedigt, kann aber nur ihr Austausch beweisen.«[14]

Indem sich die Arbeit auf den Gebrauchswert als konkret-nützliche und auf den Wert als abstrakt-menschliche Arbeit bezieht, nimmt die Differenz innerhalb des aus der menschlichen Arbeit bestehenden Wesens den Charakter eines wirklichen

[13] Das Kapital, MEW 23, a.a.O., S. 100.
[14] Ebd., S. 100f.

Gegensatzes an, ohne dass sich die Differenz innerhalb der Existenz eines Wesens mit dem wirklichen Gegensatz vermischt. Die Differenz innerhalb der Existenz der menschlichen Arbeit nimmt den Charakter eines wirklichen Gegensatzes an, weil die abstrakt-menschliche Arbeit zur Arbeit in gesellschaftlich-allgemeiner Form geworden ist und als gesellschaftliche Substanz des Werts eine durch dessen »Gegenständlichkeit« vorgegebene gegenständliche Existenz annehmen muss. Zur Unterscheidung zweier Seiten, die mit innerer Notwendigkeit zusammengehören, kommt hierdurch ihre gleichgültige selbständige Existenz gegeneinander hinzu.

Dass die Differenz innerhalb der Existenz eines Wesens auf die oben dargelegte Weise den Charakter eines wirklichen Gegensatzes erhalten hat, bedeutet auch, dass sie einen *dualistischen* Charakter erhalten hat. Mit dem Wort »Dualismus« ist nicht einfach das Vorhandensein zweier unterschiedlicher Seiten der Arbeit gemeint, sondern die gleichzeitige Existenz der beiden Bestimmungen, welche als Grundlagen des Widerspruchs zwischen dem Gebrauchswert und dem Wert ausgewiesen worden sind. Marx konnte in seiner frühen Kritik an Hegel noch nicht wissen, dass die abstrakt-menschliche Arbeit unter bestimmten historischen Bedingungen zur gesellschaftlich-allgemeinen Form der Arbeiten wird und im Austausch der Arbeitsprodukte als einem gesellschaftlichen Verhältnis von Sachen zueinander auch eine sachliche, selbständige Existenz annehmen muss. Denn nur daher kommt es zu der Besonderheit, dass, wie im Geld als der selbständigen Existenz der abstrakt-menschlichen Arbeit, das Gesellschaftlich-Allgemeine als besondere Sache neben den besonderen verschiedenen Sachen existiert. »Es ist als ob neben und außer Löwen, Tigern, Hasen ... auch noch das *Thier* existirte«.[15]

Durch die sachliche Existenz der zur gesellschaftlich-allgemeinen Arbeit gewordenen abstrakt-menschlichen Arbeit bedingt, erhält die Differenz innerhalb der Existenz eines Wesens den Charakter eines wirklichen Gegensatzes. Ohne diese von bestimmten historischen Umständen abhängige Besonderheit gibt es auch hinsichtlich der gesellschaftlichen Arbeit insgesamt keinen »Dualismus des Wesens«. Insofern hatte Marx völlig Recht, wenn er kritisch gegen Hegel gewandt feststellte: »Es gibt keinen wirklichen Dualismus des *Wesens*.«[16] So ist auch, was der junge Marx noch nicht wissen konnte, der durch das Gegensatzverhältnis von Gebrauchswert und Wert bestimmte Dualismus der menschlichen Arbeit eine Eigentümlichkeit der »Differenz innerhalb der Existenz eines Wesens«, die historisch entstanden ist und die mit der praktischen Aufhebung des Kapitalverhältnisses auch wieder verschwindet.

Hegel dagegen macht den Dualismus des Wesens unter der Hand zu einer diesem ewig angehörenden Eigentümlichkeit. Hegel muss die gegeneinander verselbständigten und verkürzt begriffenen Seiten von Natur und Denken, die auf andere,

[15] Das Kapital, 1. Auflage, MEGA II/5, a.a.O., S. 37.
[16] Kritik des Hegelschen Staatsrechts, MEW 1, a.a.O., S. 294.

Hegel unbewusste Weise längst schon innerhalb der gesellschaftlichen Arbeit miteinander vermittelt sind, dennoch, d.h. nachträglich miteinander vermitteln. Daher stellt Hegel Natur und Geist einerseits als sich wechselseitig ausschließende Qualitäten selbständig gegenüber und entwickelt andererseits ihre Einheit, indem er eine der beiden Seiten, nämlich den Geist in Form des absoluten Geistes zu dem Wesen macht, wovon Natur und endlicher Geist nur unterschiedliche Daseinsformen sind.

Da der junge Marx sich nicht vorstellen konnte, dass die »Differenz innerhalb der Existenz eines Wesens« durchaus den Charakter eines »wirklichen Gegensatzes« annehmen kann, konnte er sich auch nicht vorstellen, dass es einen auf diese Weise komplexeren Gegensatz als den »wirklichen Gegensatz« gibt, der sich sogar auch noch dadurch auszeichnet, dass es eine *Vermittlung* der Extreme gibt, ohne dass diese auf eine mystisch-irrationalistische Weise miteinander vermischt werden. Sofern der Widerspruch zwischen dem Gebrauchswert und dem Wert nach der Seite betrachtet wurde, nach derer ein »wirklicher Gegensatz« ist, zeigt es sich, dass die Stellung der Extreme eine gleiche ist und keines der Extreme einen Vorrang vor dem anderen hat. Die aus dem Verhältnis zweier Waren zueinander bestehende einfachste Lösungsform des Widerspruchs zwischen dem Gebrauchswert und dem Wert zeigt aber nun, dass die Stellung der Extreme von Gebrauchswert und Wert *keine* gleiche bleibt und der Wert in der weiterentwickelten Form des Tauschwerts über den Gebrauchswert übergreift: Ohne die mystischen Verkehrungen, die Marx in den »Randglossen zu Adolf Wagners ›Lehrbuch der politischen Ökonomie‹« an Rodbertus' Interpretation des Gebrauchswerts, des Werts und des Tauschwerts kritisiert, d.h. ohne dass ein selbständig für sich existierender Wert sich in sich selbst und sein aus dem Gebrauchswert bestehendes eigenes Gegenteil verdoppelt, verhält es sich so, dass die im Tauschwert weiterentwickelte Seite des Werts über die andere, aus dem Gebrauchswert bestehende Seite übergreift; denn im Verhältnis zweier Waren zueinander stellt der Gebrauchswert der zweiten Ware gegenüber der ersten ihren Wert vor und befindet sich daher ihr gegenüber in der Form *unmittelbarer* Austauschbarkeit. Der Gebrauchswert der jeweils in Äquivalentform stehenden Ware ist im Unterschied zu den Gebrauchswerten aller anderen Waren als Existenzform des Werts der Waren eine Form, mit der man sich unmittelbar alle anderen Gebrauchswerte aneignen kann. Da die Lösung des der Ware immanenten Widerspruchs darin besteht, dass sich der Wert der ersten Ware im Gebrauchswert der zweiten darstellt, erhält dieser innerhalb des die Lösungsbewegung des Widerspruchs darstellenden Verhältnisses die ihm nicht als einem Ding mit physischen Eigenschaften zukommende Bedeutung der unmittelbaren Austauschbarkeit, welche die sofortige Umsetzbarkeit gegen jede andere Ware und damit gegen jeden anderen Gebrauchswert garantiert.

4. Die Vermittlung von Gebrauchswert und Wert in der Lösungsbewegung ihres Widerspruchs

Fulda deckt weder den reell existierenden Widerspruch auf noch vermag er das einfachste Verhältnis zweier Waren zueinander als dessen Lösungsbewegung zu begreifen. Daher entgeht ihm auch dieser für die Bewegungsstruktur der bürgerlichen Gesellschaft charakteristische Sachverhalt, dass eine der Seiten der gesellschaftlichen Arbeit durch das, was sie in der Lösungsbewegung des Widerspruchs zwischen Gebrauchswert und Wert wird, die Qualität einer über beide entgegengesetzte Seiten übergreifenden, sie zusammenfassenden Mitte erhält. Was für die einfachste Lösungsbewegung des Widerspruchs gilt, trifft auch für die auf sie folgende, schon komplexere Lösungsbewegung, nämlich für den doppelseitig-polarischen Gegensatz von Ware und Geld zu. In ihm hat sich der im Austausch gesetzte Widerspruch zwischen dem Gebrauchswert und dem Wert aller Waren gelöst. Wie das einfache Äquivalent im Verhältnis zweier Waren zueinander die Wertgestalt der ersten Ware ist, so bildet das allgemeine Äquivalent bzw. das Geld als die Wertgestalt aller Waren eine die *Gebrauchswerte und Werte der Waren zusammenfassende Mitte.* Da das Geld reell die allgemeine Wertgestalt aller Waren ist, befindet es sich in der Form der unmittelbaren Austauschbarkeit, so dass es gegen jede andere Ware, d.h. gegen jeden mit den anderen Waren gegebenen Gebrauchswert umsetzbar ist. Auf diese Weise sind im Geld als der Erscheinungsform des Werts in der Warenzirkulation die Extreme Gebrauchswert und Wert miteinander vermittelt, d.h. auf eine Weise, die nichts mit einer Vermischung von Gebrauchswert und Wert zu tun hat und als ein mystisches »hölzernes Eisen« zu denunzieren wäre.

Der doppelseitig-polarische Gegensatz, innerhalb dessen das Geld sich als die Gebrauchswert und Wert zusammenfassende Mitte erweist, ist die Bewegungsstruktur der ganzen, aus der Warenzirkulation bestehenden ökonomisch-gesellschaftlichen Wirklichkeit. Indem das Geld aufgrund seiner unmittelbaren Form der Austauschbarkeit gegenüber jedweder Ware die Wert und Gebrauchswert zusammenfassende Mitte ist, zeigt sich, dass die Stellung der Extreme keine gleiche ist, sondern dass eines sich so entwickelt, dass es über das andere übergreift. Diese Eigentümlichkeit der Bewegungsstruktur der bürgerlichen Gesellschaft als Lösungsbewegung des Widerspruchs zwischen dem Gebrauchswert und dem Wert der Waren findet seine vollendetste Ausprägung im Kapital, insofern sich in ihm der in der dritten Geldbestimmung eingeschlossene Widerspruch zwischen dem Gebrauchswert und dem Wert derart löst, dass es sich als das Subjekt erweist, das bald die Waren und Geldform annimmt und abstreift, sich in diesem Wechsel aber erhält. Das Kapital ist die die Extreme des doppelseitig-polarischen Gegensatzes von Ware und Geld zusammenfassende Mitte und hiermit zugleich der Prozess, in dem es von sich als Geld ausgeht, die Form der Ware annimmt und um den in der Produktion geschaffenen Mehrwert vermehrt, zu sich in Gestalt des Geldes zurückkehrt.

Das Kapital erweist sich nicht nur als die Gegensätze zusammenfassende Mitte, sondern auch als deren *prozessierende* Einheit, welche die ihr vorausgesetzten Extreme zu von ihm selbst geschaffene Voraussetzungen herabsetzt, um durch sie hindurch sich mit sich selbst zu vermitteln.

Während der junge Marx die Vermittlung ausdrücklich behandelt, indem er die Gründe für ihren irrationalen Charakter angibt, lässt Fulda die Vermittlung außer Acht. Für ihn gibt es diese nur in Hegels Konzeption des Widerspruchs. Angefangen von Marxens »Kritik an Hegels Staatsrecht« bis zum »Kapital« ist der Gegensatz für Fulda durch eine »Dysfunktionalität« involvierende »Instabilität« gekennzeichnet, die *auf andere Weise überwunden*«[17] (Hervorhebung – D. W.) wird. Wie die Vermittlung für den jungen Marx von dem wirklichen Gegensatz ausgeschlossen wird, so schließt Fulda die Vermittlung aus dem Gegensatzverhältnis von Gebrauchswert und Wert aus, indem er dies Verhältnis durch die »Instabilität« kennzeichnet, die auf »andere Weise« aufgehoben wird. Ohne diese Weise näher zu präzisieren, muss Fulda die nicht ohne die Vermittlung zu begreifende Gemeinsamkeit der Bewegungsstrukturen von absolutem Geist und Kapital beiseite schieben und, so verkürzt und verschwommen er sie auch immer wahrnimmt, in ihrer Bedeutung für die Bestimmung des Verhältnisses von materialistischer und idealistischer Dialektik herunterspielen.

Nicht nur die Passage aus den »Grundrissen«, sondern die Entwicklung des Gegensatzverhältnisses von Ware und Geld und des sich vermittels der Produktion über Ware und Geld mit sich selbst vermittelnden Kapitals als ebenso vielen Lösungsbewegungen des Widerspruchs zwischen dem Gebrauchswert und dem Wert der Waren beweisen in krassem Gegensatz zu dem, was Fulda behauptet, dass es für Marx eine Vermittlung für den Widerspruch zwischen dem Gebrauchswert und dem Wert gibt, indem dieser in denselben ökonomisch-gesellschaftlichen Prozessen, worin er gesetzt, auch gelöst wird. Somit gilt auch für den späten Marx, dass die Stellung der Extreme keine gleiche ist, eins den Vorrang vor dem anderen hat und es schließlich auch die ausdrücklich vom jungen Marx als mystisch-irrationalistisch denunzierte Vermittlung der entgegengesetzten Extreme gibt. Von all diesem hat Fulda Hegel nur die Vermittlung zugestanden, während in Wirklichkeit auch bei Hegel die beiden anderen Eigenschaften den Gegensatz (von Natur und Geist) auszeichnen.

Wenn Fulda eingangs mit den Worten zitiert wurde, der Begriff des Widerspruchs sei bei dem späten Marx ganz anders konzipiert, dann hat sich zunächst einmal genau das Gegenteil als richtig erwiesen: Es gibt nicht nur in Marxens und Hegels Widerspruchskonzeption eine Vermittlung, sondern darüber hinaus gibt es übereinstimmende und die Vermittlung enthaltende Bewegungsformen.

---

[17] H.F. Fulda, Dialektik als Darstellungsmethode, a.a.O., S. 198f.

Wenn die Veränderungen, die Marx im Laufe seiner wissenschaftlichen Entwicklung an dem Widerspruch vornimmt, sich auf die Gemeinsamkeit mit Hegels Konzeption der Vermittlung beziehen, dann bleiben – was den Vergleich des »Kapitals« mit der »Kritik des Hegelschen Staatsrechts« anbelangt – zwei Möglichkeiten: 1. Entweder hat Marx unter der Hand seine frühe Kritik an Hegel revidiert, so dass er selbst im »Kapital« die »Differenz innerhalb der Existenz eines Wesens« mit dem »wirklichen Gegensatz« verwechselt und dadurch den *Irrtum* begeht, überhaupt nicht miteinander vermittelbare Extreme dennoch zu vermitteln, was bedeuten würde, dass sie mystisch-irrationalistisch miteinander vermischt werden.

2. Oder der zusammen mit dem Doppelcharakter der Arbeit entdeckte Widerspruch zwischen dem Gebrauchswert und dem Wert und die unterschiedlichen Formen der Vermittlung enthaltenden Bewegungsformen als ebenso viele Lösungsbewegungen des Widerspruchs sind genau so rational und rational im Denken zu erfassen wie der jegliche Vermittlung von sich ausschließende wirkliche Gegensatz aus der »Kritik des Hegelschen Staatsrechts«. Ohne dass »die *Entschiedenheit wirklicher* Gegensätze ... ihre Entzündung zur Entscheidung des Kampfes, als etwas möglicherweise zu Verhinderndes oder Schädliches gedacht wird,« und ohne dass aufgrund der Verwechslung der »*Differenz* innerhalb der Existenz *eines* Wesens ... mit dem *wirklichen* Gegensatz«, dessen Extreme auf eine ebenso mystisch-dualistische wie irrationalistische Weise miteinander vermischt werden, gibt es für Marx in der durch das Kapital in ihrer historisch-spezifischen Form gekennzeichneten bürgerlichen Gesellschaft: eine *Vermittlung* der Extreme von Gebrauchswert und Wert bzw. eine *Mitte*, welche die Extreme eines Gegensatzes zusammenfasst, und schließlich eine *Vermittlung* des einen Extrems *mit sich selbst* dergestalt, dass dieses als *übergreifendes Subjekt* eines solchen Prozesses erscheint, worin es die durch den Gebrauchswert und den Wert bestimmten gegensätzlichen Formen von Ware und Geld »bald annimmt, bald abstreift, sich aber in diesem Wechsel erhält und ausreckt«.[18]

Bei einem Vergleich der Widerspruchskonzeptionen von Marx und Hegel kommt es also entscheidend darauf an, sowohl die Gemeinsamkeit herauszustellen als auch den in dieser steckenden verborgenen Unterschied. Beides zusammen erlaubt dann zu erfassen, inwiefern tatsächlich, wie Fulda sagt, der Begriff des Widerspruchs bei Marx ganz anders konzipiert ist. Gerade weil Fulda die um das Problem der Vermittlung der Extreme des Gegensatzes sich drehende Gemeinsamkeit nicht sieht und sie vorschnell »unter den Teppich kehrt«, dringt er erst gar nicht weit genug in die ökonomisch-gesellschaftlichen Prozesse vor, worin der Widerspruch zwischen dem Gebrauchswert und dem Wert gesetzt und gelöst wird, um den Unterschied zu erfassen.

---

[18] Kritik des Hegelschen Staatsrechts, MEW 1, a.a.O., S. 293 und Das Kapital, MEW 23, a.a.O., S. 169.

Dass es sich bei einer Untersuchung des Verhältnisses der Bewegungsstruktur von absolutem Geist und Kapital als ebenso vielen Lösungsbewegungen eines Widerspruchs um die Untersuchung einer Gemeinsamkeit und eines in dieser enthaltenen und verborgenen Unterschieds handelt, kommt auch allgemein in den Bemerkungen zum Ausdruck, die Marx nebenher zu seinem Verhältnis zu Hegel macht. So ist dies der Fall, wenn er den Hegelschen Widerspruch als »die Springquelle aller Dialektik«[19] bezeichnet oder wenn ihm nach einer langen Zeit der Abstinenz von der Hegelschen Philosophie über die ihm zufällig in die Hände gefallene »Logik« sagt, sie habe ihm große Dienste bei der Erforschung der inneren Struktur der bürgerlichen Gesellschaft geleistet.[20]

Aus dem, worum es bisher in dieser Untersuchung gegangen ist, geht hervor, dass gar kein Zweifel daran bestehen kann, dass für die materialistische Dialektik, insofern sie sich auf das Kapital als historisch-spezifische Organisationsform der gesellschaftlichen Arbeit und deren Darstellung bezieht, der Widerspruch in Gestalt des Widerspruchs zwischen dem Gebrauchswert und dem Wert die »Triebkraft« bzw. die »Springquelle« der Entwicklung der unterschiedlichen Formen des Werts als ebenso vielen gesellschaftlichen Formen der Arbeit ist. Bei dem einfachsten Verhältnis zweier Waren zueinander, dem im Austausch der einfach bestimmten Waren produzierten doppelseitig-polarischen Gegensatz von Ware und Geld, und schließlich bei dem Kapital in all seinen Formen, die ihm im Gesamtreproduktionsprozess der bürgerlichen Gesellschaft anschießen, handelt es sich um unterschiedlich entwickelte ökonomisch-gesellschaftliche Verhältnisse, deren Struktur damit gegeben ist, dass in ihnen auf unterschiedlich entwickelte Weise der Widerspruch zwischen dem Gebrauchswert und dem Wert gesetzt und gelöst wird. Ausgehend von der historisch-spezifischen Form der gesellschaftlichen Arbeit müssen die Bewegungsstrukturen von absolutem Geist und Kapital auf ihre Gemeinsamkeiten und auf den in ihnen eingeschlossenen Unterschied hin untersucht werden. Dann vermag man auch aus der falschen Alternative einer »Anwendungstheorie« herauszukommen, in der Marx und Hegel entweder gewaltsam voneinander getrennt werden, indem wirklich zwischen ihnen bestehende Gemeinsamkeiten konstruiert werden, die die Marxsche Theorie in die Hegelsche Philosophie zurückkatapultieren.

Wie die noch kommenden Ausführungen zeigen werden, insistiert Fulda aus einem für ihn guten Grund auf dieser im oben gemeinten Sinne nur gewaltsam zu nennenden Trennung von materialistischer und idealistischer Dialektik: Wenn näm-

[19] Das Kapital, MEW 23, a.a.O., S. 623, Fn. 41.

[20] »In der *Methode* des Bearbeitens hat es mir großen Dienst geleistet, daß ich by mere accident ... Hegels Logik wieder durchgeblättert hatte. Wenn je wieder Zeit für solche Arbeiten kommt, hätte ich große Lust, in zwei oder drei Druckbogen das *Rationelle* an der Methode, die H(egel) entdeckt, aber zugleich mystifiziert hat, dem gemeinen Menschenverstand zugänglich zu machen.« (Brief von Karl Marx an Friedrich Engels vom 14. Januar 1858, in: Briefe über das Kapital, Berlin 1954, S. 79)

lich in der bürgerlichen Gesellschaft keine aus dem Setzen und Lösen des Widerspruchs zwischen dem Gebrauchswert und dem Wert bestehende Bewegungsstruktur existiert, die in ihren Grundzügen mit der aus dem Setzen und Lösen des Widerspruchs zwischen der Natur und dem Geist bestehenden Bewegungsstruktur des absoluten Geistes übereinstimmt, dann fehlt das entscheidende Vermittlungsglied für die historisch-spezifische Form des von Hegel erzeugten Gegensatzes von Natur und Geist und damit für die von der historisch-spezifischen Form der gesellschaftlichen Arbeit ausgehende Erklärung der ganzen Hegelschen Philosophie.

Kapitel 3
Der »wesentliche Widerspruch« und der »Widerspruch der Erscheinung«

1. Die Bewegungsformen des Widerspruchs zwischen dem Gebrauchswert und dem Wert und die »Krise«

Aus seiner Auseinandersetzung mit dem jungen Marx ergibt sich für Fulda, dass auch für das »Kapital« die »Vermittlung des Vernunftschlusses« aus dem Gegensatz auszuschließen ist. Wer behaupten würde, dass es im »Kapital« um »Vermittlung« ginge, dem würde Fulda entgegenhalten, er betreibe eine unangemessene Angleichung Marxens an Hegel; denn Fulda sieht in der »Vermittlung« eine harmonische, den verkehrenden Schein der gesellschaftlichen Verhältnisse affirmative Einheit.

»Marx weist nur darauf hin, daß die Entwicklung der Ware die Widersprüche, die der Austauschprozeß einschließt, nicht aufhebe, aber die Form schaffe, worin sie sich bewegen können; und daß dies überhaupt die Methode sei, wodurch sich wirkliche Widersprüche lösen.«[1]

Hiermit weiß Fulda nichts anzufangen: »Der Satz könnte viel zu denken veranlassen.«[2] Um der Vermittlung im Sinne einer harmonischen Einheit und damit auch der partiellen Übereinstimmung der Bewegungsformen von absolutem Geist und Kapital aus dem Wege zu gehen, lässt sich Fulda überhaupt nicht mehr auf die Bewegungsformen ein, um genauer zu untersuchen, was es heißt, dass der Widerspruch zwischen dem Gebrauchswert und dem Wert sich derart löst, dass Formen geschaffen werden, worin er sich bewegen kann. Stattdessen überspringt Fulda das Aufdecken des Widerspruchs und das Schaffen von Bewegungsformen und geht auf einen Sachverhalt ein, der in den Bewegungsformen des Widerspruchs eingeschlossen ist, nämlich auf die Krise, die Fulda mit dem »Kollaps des Systems«[3] umschreibt.

»1. Die Darstellung eklatant werdender Widersprüche hat für Marx die Bedeutung, darauf aufmerksam zu machen, daß unter der Voraussetzung gewisser Inten-

[1] Hans Friedrich Fulda, Dialektik als Darstellungsmethode im »Kapital« von Marx, in: ajatus, Heft 37, Helsinki 1978, S. 215f.

[2] Ebd., S. 216.

[3] Ebd.

tionen oder Funktionen, die für ein gesellschaftliches System spezifisch sind, dieses System, soweit es begrifflich rekonstruiert wurde, zu kollabieren verdammt ist.

2. Der Aufweis einer Form, in der die Widersprüche sich bewegen können, hat den Sinn zu zeigen, wie das System durch weitere, in ihm enthaltene, institutionelle Bestandteile den Kollaps zunächst vermeidet. Auf diese Weise wird aufgedeckt, welche Motive die Existenz dieser Institution oder gesellschaftlichen Form tragen.«[4]

Unter l. schränkt Fulda die Bewegungsformen des Widerspruchs auf die Krise ein. Unter 2. gibt er eine Interpretation der Bewegungsformen, die in dem Sinne einseitig auf die Krise ausgerichtet ist, als ob die Bewegungsformen dazu dienen, den »Kollaps« zunächst zu vermeiden.

Anstatt zuerst zu entwickeln, was der doppelseitig-polarische Gegensatz und das Kapital als unterschiedlich entwickelte Lösungsbewegungen des Widerspruchs zwischen dem Gebrauchswert und dem Wert sind, hebt Fulda sofort darauf ab, die Funktionen namhaft zu machen, »die für Marx die Aufdeckung von Widersprüchen und Formen hat, in denen sich Widersprüche lösen«.[5] Zwischen dem Aufdecken der Widersprüche und seiner Bewegungsformen, in denen die »Vermittlung« enthalten ist, und dem Aufdecken der Krise besteht ein untrennbarer Zusammenhang, der sich überhaupt erst im Nachvollzug der Entwicklung des Widerspruchs und seiner Bewegungsformen erschließt.

Wenn oben gesagt wurde, Fulda folge dem jungen Marx darin, dass dieser sich gegen die Vermittlung als einer harmonischen, die wirkliche Gegensätzlichkeit vertuschenden Einheit wendet, dann denkt er auch, wie der junge Marx – allerdings ohne sich auf die entsprechende Stelle in Marxens »Kritik an Hegels Staatsrecht« zu beziehen –, an den »*wirklichen* Gegensatz«, der ein »kampfgerechter Gegensatz« bzw. ein »unversöhnlicher Widerspruch« zu sein hat.[6] Der junge Marx hat in seiner Kritik an Hegel als dessen Irrtum, der sich aus der Verwechslung der »*Differenz* innerhalb der Existenz *eines* Wesens ... mit dem *wirklichen* Gegensatz« ergibt, angegeben, dass »die *Entschiedenheit wirklicher* Gegensätze, ... ihre Entzündung zur Entscheidung des Kampfes als etwas ... zu Verhinderndes, Schädliches gedacht wird«.[7]

Oben haben sich zwei Bedingungen für den rationalen Charakter der materialistischen Dialektik ergeben:

1. Die Bewegungsformen des Widerspruchs schließen die Vermittlung der Extreme ein, ohne dass diese miteinander vermischt werden.

2. Die Bewegungsformen des Widerspruchs schließen »die *Entschiedenheit wirklicher* Gegensätze, ihre Bildung zu Extremen, ... ihre Entzündung zur Entscheidung des Kampfes« – kurz, die Krise ein.

---

[4] Ebd.

[5] Ebd.

[6] Ebd., S. 198 und Seite 199, Fn. 58.

[7] Kritik des Hegelschen Staatsrechts, MEW 1, a.a.O., S. 293.

Fulda kann nicht mehr mit dem Aufdecken des Widerspruchs und seinen Bewegungsformen anfangen als vage Hinweise auf die »Instabilität« involvierende »Dysfunktionalität« zu geben, womit er die Krise nur noch verschwommen und verkürzt erfasst; denn die Krise ist, was Fulda gar nicht bemerkt, ihrer Möglichkeit und Wirklichkeit nach in den Bewegungsformen des Widerspruchs zwischen dem Gebrauchswert und dem Wert eingeschlossen und folglich auch nur aus den Bewegungsformen des Widerspruchs zu begreifen.

Wie wichtig es ist, die Gemeinsamkeiten und die darin enthaltenen und verborgenen Unterschiede der Bewegungsstrukturen von absolutem Geist und Kapital herauszustellen, zeigt sich hinsichtlich der Bestimmung der Krise auf folgende Weise: Sowohl die rationale Struktur des Gegensatzes als auch seine »Entschiedenheit« und »Entzündung zur Entscheidung des Kampfes«, die beide vorher durch den Ausschluss der Vermittlung aus dem Gegensatz garantiert sein sollten, sind durch den Widerspruch in den Formen, in denen er sich bewegt, auf eine Weise gelöst, die nicht bedeutet, dass er aufgehoben ist im Sinne von »Abschaffen«. In den gegensätzlichen, sämtlichst durch den Gebrauchswert und den Wert bestimmten Formen, in denen sich der Widerspruch bewegt, ist der Widerspruch gegenwärtig bzw. bleibt er erhalten; denn um sich in Formen zu bewegen, die ebenso viele durch das Gegensatzverhältnis zum Gebrauchswert bedingte Formen des einen Extrems – des Werts – sind, muss der Widerspruch stets, d.h. unter den historisch gewordenen Bedingungen des Kapitalverhältnisses vorhanden sein: »Man sah, daß der Austauschprozeß der Waren widersprechende und einander ausschließende Beziehungen einschließt. Die Entwicklung der Ware *hebt* diese Widersprüche *nicht auf*, schafft aber die Form, worin sie sich bewegen können. Dies ist überhaupt die Methode, wodurch sich wirkliche Widersprüche lösen.«[8] (Hervorhebungen – D. W.)

Indem der den Waren innere Gegensatz als der äußere von Ware und Geld gesetzt wird, ist einmal der erste im zweiten erhalten und zum anderen der äußere Gegensatz selbst eine gegenüber dem inneren weiterentwickelte Gestalt des Gegensatzes bzw. des Widerspruchs. Im doppelseitig-polarischen Gegensatz von Waren und Geld erscheinen die Waren als Werte füreinander in der Form des Gebrauchswerts der ihnen selbständig gegenüberstehenden Geldware. Auf diese Weise hat sich die in jeder Ware durch die Gegenständlichkeit bedingte Verselbständigung des Werts gegenüber dem Gebrauchswert realisiert. Damit ein Warenbesitzer an den Gebrauchswert herankommt, der sein Bedürfnis befriedigt, muss er seine Ware erst als Wert realisieren, indem er sie gegen das Geld entäußert, das als allgemeine Wertgestalt der Waren gegen jegliche andere Ware umsetzbar ist, gleichgültig, welchen Gebrauchswert sie besitzt. So gehören im doppelseitig-polarischen Gegensatz bzw. in ihm als Prozess W–G–W Gebrauchswert und Wert mit innerer Notwendigkeit zusammen. Besteht der doppelseitig-polarische Gegensatz von Ware

[8] Das Kapital, MEW 23, a.a.O., S. 118.

und Geld als Lösungsbewegung des in den Waren eingeschlossenen Widerspruchs zwischen dem Gebrauchswert und dem Wert daraus, dass sich in ihm sowohl die innere notwendige Zusammengehörigkeit von Gebrauchswert und Wert wie auch deren gleichgültige selbständige Existenz gegeneinander realisiert hat, dann heißt dies nichts anderes, als dass der Widerspruch in ihm erhalten geblieben ist bzw. er selbst die weiterentwickelte Gestalt des Widerspruchs zwischen dem Gebrauchswert und dem Wert ist. Mit der Realisierung der inneren notwendigen Zusammengehörigkeit von Gebrauchswert und Wert und ihrer gleichgültigen selbständigen Existenz gegeneinander hat sich der »Austausch des eignen« und der »Eintausch des fremden Arbeitsprodukts in den Gegensatz von Verkauf und Kauf« gespalten. »Daß die selbständig einander gegenübertretenden Prozesse eine innere Einheit bilden, heißt ebensosehr, daß ihre innere Einheit sich in äußeren Gegensätzen bewegt.«[9] Marx bringt nun wie folgt unmissverständlich zum Ausdruck, dass hiermit der Widerspruch in dem doppelseitig-polarischen Gegensatz von Ware und Geld zugleich erhalten bleibt: »Geht die äußerliche Verselbständigung der innerlich Unselbständigen, weil einander ergänzenden, bis zu einem gewissen Punkt fort, so macht sich die Einheit gewaltsam geltend durch eine – Krise. Der der Ware immanente Gegensatz von Gebrauchswert und Wert, ... dieser immanente Widerspruch erhält in den Gegensätzen der Warenmetamorphose seine entwickelten Bewegungsformen. Diese Formen schließen daher die Möglichkeit, aber auch nur die Möglichkeit der Krisen ein. Die Entwicklung dieser Möglichkeit zur Wirklichkeit erfordert einen ganzen Umkreis von Verhältnissen, die vom Standpunkt der einfachen Warenzirkulation noch gar nicht existieren.«[10]

Da die Warenzirkulation nur die abstrakte Sphäre des bürgerlichen Gesamtreproduktionsprozesses ist und sie nur die formelle Vermittlung der vorausgesetzten, aus den Gebrauchswerten und den Werten bestehenden Extreme ist, die sie nicht selbst geschaffen hat, können die Gründe für die Verselbständigung der innerlich Unselbständigen nicht in ihr selbst, sondern im ganzen Reproduktionsprozess enthalten sein. »Verkauf und Kauf können auseinanderfallen. Sie sind also *Krise* potentia, und ihr Zusammenfallen bleibt immer kritisches Moment für die Ware. Sie können aber flüssig ineinander übergehen. Bleibt also, *daß abstrakteste Form der Krise* (und daher formelle Möglichkeit der Krise) die *Metamorphose der Ware* selbst ist, worin nur als entwickelte Bewegung der in der *Einheit der Ware eingeschloßne Widerspruch von Tauschwert und Gebrauchswert, weiter von Geld und Ware enthalten ist.* (letzte Hervorhebung – D. W.) Wodurch aber diese Möglichkeit der Krise zur Krise wird, ist nicht in dieser Form selbst enthalten; es ist nur darin enthalten, daß *die Form* für eine Krise da ist.«[11]

---

[9] Ebd., S. 127.
[10] Ebd., S. 127f.
[11] Theorien über den Mehrwert, MEW 26.2, a.a.O., S. 510.

Als würde die Übereinstimmung des doppelseitig-polarischen Gegensatzes als Lösungsbewegung des Widerspruchs zwischen der Natur und dem Geist auf der einen und dem Gebrauchswert und dem Wert auf der anderen Seite die »Entschiedenheit der Gegensätze«, ihre »Entzündung zur Entscheidung des Kampfes« verhindern, werden von Fulda die Bewegungsformen des Widerspruchs zwischen dem Gebrauchswert und dem Wert, angefangen von dem einfachsten Verhältnis zweier Waren, dem doppelseitig-polarischen Gegensatz von Ware und Geld bis zu dem über Ware und Geld sich mit sich selbst vermittelnden Kapital, geheimnistuerisch in ein nebulöses Dunkel gehüllt, als hätte Marx diese Bewegungsformen als ebenso viele Lösungsbewegungen des Widerspruchs zwischen dem Gebrauchswert und dem Wert nicht ausdrücklich entwickelt. Die Krise, mit der nichts anderes gemeint ist als die »*Entschiedenheit wirklicher* Gegensätze«, die »Entzündung zur Entscheidung des Kampfes«, ist auf unterschiedlich entwickelte Weise in den Bewegungsformen der bürgerlichen Gesellschaft eingeschlossen, welche ebenso viele Lösungsbewegungen des Widerspruchs zwischen dem Gebrauchswert und dem Wert sind.

Soweit Hegel Natur und Geist als wirkliche Gegensätze behandelt, zeichnet sich der Lebensprozess des absoluten Geistes als die Entfaltung und Vermittlung dieses Gegensatzes durch die »Entzündung zur Entscheidung des Kampfes« aus, der sich aber letztlich als ein halbherziges Scheingefecht entpuppt: Der »Kampf« dient dem über Natur und Geist übergreifenden absoluten Geist nur dazu, sich als das allein selbständige, die Welt konstituierende Wesen zu erweisen. »Die höchste Wahrheit, die Wahrheit als solche, ist die Auflösung des höchsten Gegensatzes und Widerspruchs. In ihr hat der Gegensatz von Freiheit und Notwendigkeit, von Geist und Natur, von Wissen und Gegenstand, Gesetz und Trieb, der Gegensatz und Widerspruch überhaupt, welche Form er auch annehmen möge, *als* Gegensatz und Widerspruch keine Geltung und Macht mehr.«[12]

Die Krise erschüttert als »Entschiedenheit der Gegensätze und Entzündung zur Entscheidung des Kampfes« solange die bürgerliche Gesellschaft, als dieser Kampf nicht die praktische Abschaffung des Widerspruchs zwischen dem Gebrauchswert und dem Wert und seiner Bewegungsformen ist: »Es handelt sich also nicht nur um eine Hegelsche ›negative Einheit‹ von zwei Seiten eines Gegensatzes, sondern um die materiell bedingte Vernichtung einer bisherigen materiell bedingten Daseinsweise der Individuen, mit welcher zugleich jener Gegensatz samt seiner Einheit verschwindet.«[13]

Wie auf die oben entwickelte Weise in den Bewegungsformen der Warenzirkulation die Krise der Möglichkeit nach eingeschlossen ist, so ist diese dann, wenn sie Wirklichkeit wird, in die gegenüber der Warenzirkulation weiterentwickelten Bewegungsformen des Widerspruchs zwischen dem Gebrauchswert und dem Wert,

---

[12] G.W.F. Hegel, Ästhetik, hg. von Friedrich Bassenge, Berlin/Weimar, 1976, S. 107.
[13] Die Deutsche Ideologie, MEW 3, a.a.O., S. 229.

die sämtlichst Bewegungsformen des Kapitals sind, eingeschlossen. Ist der Widerspruch zwischen dem Gebrauchswert und dem Wert im doppelseitig-polarischen Gegensatz von Ware und Geld enthalten, dann ist dies nicht nur die Bedingung dafür, dass in ihm die Krise der Möglichkeit nach eingeschlossen ist, sondern zuerst und zugleich auch die Bedingung dafür, dass er weiterhin die »Triebkraft«, die »Springquelle« der Entwicklung der Formen des Werts als ebenso vielen Formen der gesellschaftlichen Arbeit ist. So ist das Kapital die Lösungsbewegung des in dem gegen die Warenzirkulation verselbständigten Geld enthaltenen Widerspruchs zwischen dem Gebrauchswert und dem Wert. Dieser im »Geld als Geld« enthaltene Widerspruch zwischen dem Gebrauchswert und dem Wert, tritt zugleich als Widerspruch zwischen der Qualität und der Quantität des Geldes auf. Er findet, kurz gefasst, folgende Lösungsbewegung im Kapital: Durch den Akt des Kaufs und Verkaufs der Ware Arbeitskraft und den gegenständlichen Produktionsmitteln nimmt es von sich als Geld ausgehend die Form der Waren an. Als gegenständliches Mittel in der Produktion fungierend, dient es dann dazu, unbezahlte Mehrarbeit einzusaugen. Dann nimmt das Kapital wieder die Gestalt der Waren an und – um den produzierten Mehrwert vergrößert – kehrt es zu sich als Geld zurück. »In der Zirkulation G–W–G funktionieren dagegen beide, Ware und Geld, nur als verschiedne Existenzweisen des Werts selbst, das Geld seine allgemeine, die Ware seine besondre, sozusagen nur verkleidete Existenzweise. Er geht beständig aus der einen Form in die andre über, ohne sich in dieser Bewegung zu verlieren, und verwandelt sich so in ein automatische Subjekt. ... In der Tat aber wird der Wert hier das Subjekt eines Prozesses, worin er unter dem beständigen Wechsel der Formen von Geld und Ware seine Größe selbst verändert, sich als Mehrwert von sich selbst als ursprünglichem Wert abstößt, sich selbst verwertet. Denn die Bewegung, worin er Mehrwert zusetzt, ist seine eigne Bewegung, seine Verwertung, also Selbstverwertung.«[14]

Im Zuge der Lösung des im Geld als Geld enthaltenen Widerspruchs zwischen dem Gebrauchswert und dem Wert geht man in die Produktion zurück und stößt auf das historisch gewordene Verhältnis der Kapitalisten als den Eigentümern der Produktionsmittel auf der einen und der von den Produktionsmitteln getrennten Produzenten als ebenso vielen Eigentümern ihrer Arbeitskraft auf der anderen Seite. Dieses gegensätzliche Verhältnis der Produzenten als Personifikationen der lebendigen Arbeit und den Kapitalisten als Personifikationen der in Daseinsformen des Kapitals verwandelten Produktionsmittel ist überhaupt die Bedingung dafür, dass die Warenzirkulation allgemein vorherrscht.

Da alle gegenständlichen Bedingungen der Produktion – alle Waren, alle Produktionsmittel – als Vergegenständlichungen abstrakt-menschlicher und in dieser Form gesellschaftlich-allgemeiner Arbeit ebenso viele Daseinsformen des Kapi-

---

[14] Das Kapital, MEW 23, a.a.O., S. 168f.

tals sind, kann diesem als ihm entgegengesetzten Extrem nur die lebendige Arbeit selbst gegenüberstehen. »Der einzige Unterschied von der *vergegenständlichten* Arbeit ist die *nicht vergegenständlichte*, sondern sich noch vergegenständlichende, die *Arbeit* als Subjektivität. Oder die *vergegenständlichte*, d.h. als *räumlich vorhandne Arbeit* kann auch als *vergangne Arbeit* der *zeitlich vorhandnen* entgegengestellt werden. Soweit sie als zeitlich, als lebendig vorhanden sein soll, kann sie nur als *lebendiges Subjekt* vorhanden sein, in dem sie als Fähigkeit existiert, als Möglichkeit; als *Arbeiter* daher. Der einzige *Gebrauchswert* daher, der einen *Gegensatz* (Hervorhebung – D. W.) zum Kapital bilden kann, ist die *Arbeit* (und *zwar wertschaffende*, i.e. *produktive Arbeit*).«[15]

Der Kreislauf des Kapitals legt sich als Lösungsbewegung des Widerspruchs zwischen dem Gebrauchswert und dem Wert in das gleichzeitige Nach- und Nebeneinander des Geldkapitals, produktiven Kapitals und Warenkapitals auseinander. Mit den unterschiedlichen Stadien des Kreislaufs sind sowohl die Einheit als auch der Unterschied der verschiedenen Sphären der bürgerlichen Gesellschaft benannt. Die Sphäre der Produktion zeichnet sich als ein Stadium des Kreislaufs dadurch aus, dass in ihr als Einheit von Arbeits- und Verwertungsprozess das Geheimnis der Plusmacherei gelüftet wird. Als diese historisch-spezifische Form der Abpressung von Mehrarbeit ist der kapitalistische Produktionsprozess die »immanente Basis zu den Erscheinungen ..., die sich in den *Krisen* zeigen«.[16]

Wie in die Warenzirkulation als Möglichkeit die Krise eingeschlossen ist, insofern sie die Lösungsbewegung des Widerspruchs zwischen Gebrauchswert und Wert ist, so ist die Krise als wirkliche in die kapitalistische Produktion eingeschlossen, insofern in ihr der Widerspruch zwischen dem Gebrauchswert und dem Wert in der Form des Widerspruchs zwischen dem Arbeits- und Verwertungsprozess ebensosehr gesetzt wie stufenweise in der formellen und reellen Subsumtion des Arbeitsprozesses unter das Kapital gelöst wird. Nach der Warenzirkulation ist die Produktion im Gang der systematischen Darstellung die nächste Sphäre, für die, wie für alle Sphären, gezeigt werden muss: »Die einzelnen Momente, die sich also in diesen Krisen zusammenfassen, müssen also in jeder Sphäre der bürgerlichen Ökonomie hervortreten und entwickelt werden, und je weiter wir in ihr vordringen, müssen einerseits neue Bestimmungen dieses Widerstreits entwickelt, andererseits die abstrakteren Formen desselben als wiederkehrend und enthalten in den konkreteren nachgewiesen werden.«[17]

Wie innerhalb eines jeden Stadiums im Kreislauf des Kapitals der Widerspruch zwischen dem Gebrauchswert und dem Wert erhalten bleibt, indem mit der inneren notwendigen Zusammengehörigkeit auch die gleichgültige Selbständigkeit sich

---

[15] Karl Marx, Grundrisse, a.a.O., S. 183.
[16] Theorien über den Mehrwert, MEW 26.2, a.a.O., S. 492.
[17] Ebd., S. 510f.

realisiert hat, so ist der Widerspruch zwischen dem Gebrauchswert und dem Wert im Kreislauf des Kapitals enthalten, der seine allgemeine, entwickeltste Lösungsbewegung ist, insofern sich in ihr mit der inneren notwendigen Zusammengehörigkeit der Stadien auch deren gleichgültige selbständige Existenz gegeneinander realisiert hat. Gibt es nun, ausgehend vom Stadium der Produktion zu erfassende Gründe dafür, dass die »äußerliche Verselbständigung der innerlich unselbständigen, weil einander ergänzenden, bis zu einem gewissen Punkt fort(geht)«,[18] dann macht sich sowohl innerhalb eines Stadiums als auch innerhalb des Kreislaufs die Einheit von Gebrauchswert und Wert, von Ware und Geld, von Arbeits- und Verwertungsprozess und schließlich die Einheit aller Stadien selbst »gewaltsam geltend durch eine – Krise«.[19]

2. Betrachtung der Bewegungsform des Widerspruchs zwischen dem Gebrauchswert und dem Wert unter dem Aspekt des »wesentlichen Widerspruchs« und des »Widerspruchs der Erscheinung«. Eine Kritik an Peter Furth

In seinem Aufsatz »Arbeit, Teleologie, Hegelianismus«[20] geht Peter Furth auf den Zusammenhang ein, der zwischen den Bewegungsformen des Kapitals und dem Widerspruch besteht, wobei er sich auch mit dem Unterschied zwischen dem *»wesentlichen Widerspruch«* und dem von Hegel als die *»Einheit im Wesen«* aufgelösten *»Widerspruch der Erscheinung«*[21] auseinander setzt – ein Unterschied, der von Marx auf Basis seiner Ausführungen über den »wirklichen Gegensatz« und die Verwechslung der »Differenz innerhalb der Existenz eines Wesens« mit dem »wirklichen Gegensatz« gemacht wird. Ähnlich wie Fulda versucht Furth, das Problem zu lösen, wie der »wirkliche Gegensatz«, dessen Extreme verschiedenen Wesens und daher nicht miteinander vermittelbar sind, mit den Bewegungsformen des Kapitals zu vereinbaren ist.

Diese Bewegungsformen werden nach Furth von irgendwelchen, der Frankfurter Schule verpflichteten »Wesenslogikern des Kapitals« als Lösungsbewegungen des Widerspruchs zwischen dem Gebrauchswert und dem Wert ausgegeben. Mitten in seiner Kritik an den »Wesenslogikern« fragt Furth: »Denn, was bedeutet die Bestimmung des Kapitals als sich selbst verwertender Wert?« Furth kann sich zwei Antworten auf diese Frage vorstellen, in denen das Verhältnis der Verwertung des Werts zum Widerspruch alternativ aufgefasst wird: »Entweder bleibt man damit

---

[18] Das Kapital, MEW 23, a.a.O., S. 127f.

[19] Ebd., S. 128.

[20] Peter Furth, Arbeit, Teleologie, Hegelianismus, in: Dialektik. Beiträge zur Philosophie und Wissenschaften 2, Hegel: Perspektiven seiner Philosophie heute, Köln 1981, S. 99–121.

[21] Kritik des Hegelschen Staatsrechts, MEW 1, a.a.O., S. 295f.

bei der Bestimmung der Identität des Kapitals stehen, indem man den Widerspruch ausschließt oder faßt die Identität so, daß der Widerspruch nur in bestimmter, verkürzter Weise in den Blick kommen kann, nämlich nur unter dem Aspekt der Reproduktion der Identität des Kapitals.«[22] Von der Identität des Kapitals sagt Furth, dass es sich dabei um die Verwertung des Werts handelt, ohne dass er auf diese näher eingeht. Die Verwertung des Werts ist der Prozess, worin das Kapital als Geld von sich ausgeht und »unter dem beständigen Wechsel der Formen von Geld und Ware seine Größe selbst verändert, sich als Mehrwert von sich selbst als ursprünglichem Wert abstößt, sich selbst verwertet«.[23] Der sich verwertende Wert ist nichts anderes als der Kreislauf des Kapitals, worin es abwechselnd die Form des Geldes, der Ware, der Produktion, der Ware und schließlich wieder des Geldes annimmt. Dieser Kreislauf wiederum ist nichts anderes als die gegenüber dem doppelseitig-polarischen Gegensatz von Ware und Geld weiterentwickelte Lösungsbewegung des Widerspruchs zwischen dem Gebrauchswert und dem Wert. Die als Identität des Kapitals bestimmte Verwertung des Werts ist als Kreislauf des Kapitals die Lösungsbewegung des Widerspruchs zwischen dem Gebrauchswert und dem Wert. Wenn daher jemand – wie Furth sich das vorstellen kann – den Widerspruch von der Verwertung des Werts ausschließt, dann löst er die Verwertung des Werts in Luft auf.

Derjenige, der als »kritischer Wesenslogiker« den Widerspruch als Mittel zum Zweck der Reproduktion der Identität des Kapitals betrachtet, der bekommt den Widerspruch in den Blick, wenn auch auf verkürzte Weise. Ist das Kapital die Lösungsbewegung des Widerspruchs zwischen Gebrauchswert und Wert, dann versteht es sich von selbst, dass mit dem ständigen Setzen des Widerspruchs ebenso ständig die Bewegungsformen geschaffen werden, worin er sich bewegt. Wenn Furth in der Reproduktion der Identität des Kapitals etwas sieht, das zu kritisieren ist, dann denkt er daran, dass der Widerspruch als Triebkraft eines weiteren, gegen das Kapital selbst gerichteten geschichtlichen Prozesses lahmgelegt worden ist; denn die Triebkraft des Widerspruchs erschöpft sich in der Produktion und Reproduktion der die bürgerliche Gesellschaft in ihrer Entfremdung kennzeichnenden Verwertung des Werts als einer ewig gültigen, sich aus sich selbst heraus erhaltenden Bewegung. »Von der ›Wesenslogik‹ her sind also Verhältnisse der Entfremdung und der in ihnen waltende Widerspruch durchaus zu verstehen, aber gewissermaßen nur im Sinne befriedeter, in sich kreisender Entfremdung, als ein sich selbst reproduzierendes in sich abgeschlossenes System.«[24]

Wenn nun solche »›Wesenslogiker des Kapitals‹« wie Helmut Reichelt »ein gewisses Gefühl« hierfür haben, dann ist die propagierte »Einheit von Darstellung

[22] Peter Furth, Arbeit, Teleologie, Hegelianismus, a.a.O., S. 116.
[23] Das Kapital, MEW 23, a.a.O., S. 169.
[24] Peter Furth, Arbeit, Teleologie, Hegelianismus, a.a.O., S. 112.

und Kritik« allenfalls eine »immanente Kritik als die Selbstdarstellung« zwar »ausswegloser«, aber immerhin »*krisenhafter* (Hervorhebung – D. W.) Verhältnisse«.[25] Furth fragt nicht, weshalb denn die Verhältnisse krisenhaft sind, obgleich der Widerspruch sich doch in der Reproduktion der Identität des Kapitals und damit in der Reproduktion einer »befriedeten, in sich kreisenden Entfremdung« erschöpfen soll. Stattdessen hat er für die der Immanenz des Kapitals verhafteten »Wesenslogikern« nur einen Ausweg parat: »Oder muß, damit die Darstellung im Sinne materialistischer Dialektik von einer idealistischen Dialektik überhaupt noch zu unterscheiden ist, die Kritik von außen hinzukommen?«[26]

Furth übersieht wie Fulda den Doppelcharakter der Lösungsbewegungen des Widerspruchs zwischen dem Gebrauchswert und dem Wert. Dieser Doppelcharakter besteht darin, dass der Widerspruch zum einen die »Triebkraft« der Entwicklung der Wertformen ist, zum anderen, dass der Widerspruch in den Formen, worin er sich bewegt, erhalten bleibt. Dies ist die Bedingung für die Krise, die sich gegen die Bewegungsformen selbst bis zu ihrer praktischen Abschaffung hin richtet.

Dass man eine die Grundstrukturen betreffende Identität zwischen dem absoluten Geist und dem Kapital feststellen kann und diese für eine Bestimmung des Verhältnisses von materialistischer zu idealistischer Dialektik ernst nimmt, erscheint in Furths Kritik an den »Wesenlogikern« als Vorwand, um den Vorwurf des »Hegelianismus« zu erheben. Indem Furth nicht auslotet, wie weit die Gemeinsamkeit geht, hat er die in die Gemeinsamkeit eingeschlossenen Unterschiede, wenn überhaupt, dann in »verkürzter Weise im Blick«.

Die »Wesenslogiker des Kapitals«, die nach Furth den Widerspruch aus der Verwertung des Werts ausschließen oder ihn allenfalls zum Mittel für die Reproduktion der Identität der Verwertung des Werts herabsetzen, haben keine Ahnung von dem wirklichen Gegensatz, der für den jungen Marx für das einsteht, was er die »*Entschiedenheit wirklicher* Gegensätze«, die »Entzündung zur Entscheidung des Kampfes« nennt.

Furth glaubt nun, er sei im Unterschied zu den von ihm kritisierten »Wesenslogikern« dem Bannkreis der ewig in sich kreisenden Verwertung des Werts entronnen, ohne eine »Kritik von außen« heranzutragen: »Aber es ist ja gerade die Zurückführung der Identität des Kapitals auf den Widerspruch von Lohnarbeit und Kapital, die zum konkreten Begriff des Kapitals führt, das heißt zu einem Konkreten im dialektischen Sinn, nämlich dem Konkret-Allgemeinen.«[27]

Die Verwertung des Werts als Lösungsbewegung des Widerspruchs zwischen dem Gebrauchswert und dem Wert und damit zwischen der Qualität und Quantität des Geldes ist nicht erst noch auf den Widerspruch von Lohnarbeit und Kapital

[25] Ebd.
[26] Ebd.
[27] Ebd., S. 116.

zurückzuführen, vielmehr ist sie der gesellschaftliche Prozess, worin das Gegensatzverhältnis von Lohnarbeit und Kapital produziert und reproduziert wird. Furth legt mit der Rede von der »Identität des Kapitals« nahe, als könne man vom Kapital ohne Lohnarbeit reden und müsse zum anderen dann, wenn man aus der geschichtslosen Identität des Kapitals herauskommen will, auf die Lohnarbeit zurückgreifen. Diese wird dann dem Kapital gegenübergestellt, so dass beide als zwei voneinander verschiedene Wesen zu den wirklichen Extremen eines wirklichen Gegensatzes gemacht werden.

Das Zurückgehen von der in der Formel G–W–G' ausgedrückten Verwertung des Werts zu dem Verhältnis von Lohnarbeit und Kapital ist ein Vorgang innerhalb der die Bewegungsformen des Widerspruchs zwischen dem Gebrauchswert und dem Wert nachvollziehenden Darstellung, ein Vorgang, der das Verhältnis von Warenzirkulation und kapitalistischer Produktion betrifft. G–W–G' ist die aus der Verwertung des Werts bestehende Bewegungsform des Kapitals, wie sie innerhalb der Warenzirkulation erscheint und auch innerhalb der Warenzirkulation als Lösungsbewegung des in der dritten Geldbestimmung eingeschlossenen Widerspruchs zwischen dem Gebrauchswert und dem Wert entwickelt werden kann. Die innerhalb der Warenzirkulation erscheinende Verwertung des Werts schließt aber Bedingungen ein, die von der Warenzirkulation überhaupt nicht erfüllt werden können, so dass sie über sie hinaus auf einen ihr zugrunde liegenden Prozess, nämlich dem Produktionsprozess, verweisen. Dies handelt Marx ausführlich in dem zweiten Unterabschnitt des vierten Kapitels des »Kapital« unter der Überschrift »Widersprüche der allgemeinen Formel« ab, und er kommt zu dem Ergebnis: »Es hat sich gezeigt, daß der Mehrwert nicht aus der Zirkulation entspringen kann, weil bei seiner Bildung also etwas hinter ihrem Rücken vorgehn muß, das in ihr selbst unsichtbar ist.«[28]

Unabhängig vom Verhältnis Lohnarbeit und Kapital gibt es das Kapital als sich verwertenden Wert nur in einer bestimmten Hinsicht: Es gibt eine von der kapitalistischen Produktion verschiedene Sphäre – Warenzirkulation –, worin die Bewegungsform des sich verwertenden Werts so erscheint, dass noch etwas unsichtbar ist, was überhaupt die Bedingung ihrer Existenz ausmacht. Das Verhältnis von Lohnarbeit und Kapital, das selbst gegensätzlich ist, weil es das Verhältnis von Gebrauchswert und Wert enthält, ist nicht von der Verwertung des Werts als Lösungsbewegung des Widerspruchs zwischen Gebrauchswert und Wert getrennt, sondern ein integraler Bestandteil dieser Lösungsbewegung. Daher ist es auch nicht so, dass man das Verhältnis von Kapitalist und Lohnarbeiter, obgleich es als einmal historisch gewordenes Verhältnis unterstellt werden muss, von außen in die Darstellung einbringt; vielmehr stößt man auf dieses Verhältnis innerhalb des gedanklichen Nachvollzugs der ökonomisch-gesellschaftlichen Prozesse, worin der Wi-

[28] Das Kapital, MEW 23, a.a.O., S. 179.

derspruch zwischen dem Gebrauchswert und dem Wert der Waren ebenso sehr gesetzt wie gelöst wird. Und dies ist bereits innerhalb der Warenzirkulation selbst der Fall, was Marx im dritten Unterabschnitt des vierten Kapitels unter der Überschrift »Kauf und Verkauf der Arbeitskraft« darlegt. »Die Veränderung (Wertveränderung des Geldes – D. W.) muß sich also zutragen mit der Ware, die im ersten Akt G–W gekauft wird, aber nicht mit ihrem Wert, denn es werden Äquivalente ausgetauscht, die Ware wird zu ihrem Werte bezahlt. Die Veränderung kann also nur entspringen aus ihrem Gebrauchswert als solchem, d.h. aus ihrem Verbrauch. Um aus dem Verbrauch einer Ware Wert herauszuziehn, müßte unser Geldbesitzer so glücklich sein, *innerhalb der Zirkulationssphäre*, auf dem Markt, eine Ware zu *entdecken, deren Gebrauchswert selbst die eigentümliche Beschaffenheit besäße, Quelle von Wert zu sein*, deren wirklicher Verbrauch also selbst Vergegenständlichung von Arbeit wäre, daher Wertschöpfung. Und der Geldbesitzer *findet auf dem Markt* eine solche spezifische Ware vor – *das Arbeitsvermögen oder die Arbeitskraft* (Hervorhebungen – D. W.). ... Zur Verwandlung von Geld in Kapital muß der Geldbesitzer also den freien Arbeiter auf dem Warenmarkt vorfinden, frei in dem Doppelsinn, daß er als freie Person über seine Arbeitskraft als seine Ware verfügt, daß er andrerseits andre Waren nicht zu verkaufen hat, los und ledig, frei ist von allen zur Verwirklichung seiner Arbeitskraft nötigen Sachen. ... Der Konsumtionsprozeß der Arbeitskraft ist zugleich der Produktionsprozeß von Ware und von Mehrwert. Die Konsumtion der Arbeitskraft, gleich der Konsumtion jeder andren Ware, vollzieht sich außerhalb des Markts oder der Zirkulationssphäre. Diese geräuschvolle, auf der Oberfläche hausende und allen Augen zugängliche Sphäre verlassen wir daher, zusammen mit dem Geldbesitzer und Arbeitskraftbesitzer, um beiden nachzufolgen in die verborgne Stätte der Produktion, an deren Schwelle zu lesen steht: No admittance except on business. Hier wird sich zeigen, nicht nur wie *das Kapital produziert*, sondern auch wie *man es selbst produziert, das Kapital.* Das Geheimnis der Plusmacherei muß sich endlich enthüllen.«[29] (Hervorhebungen – D. W.)

Furth charakterisiert das Verhältnis von Lohnarbeit zu Kapital als einen »wesentlichen Widerspruch«,[30] den er wiederum gleichsetzt mit dem »wirklichen Gegensatz«, der für Marx in seiner »Kritik des Hegelschen Staatsrechts« auf den Unterschied der Wesen, zweier Wesen beruht, »die als ›entgegengesetzte Wesen wirkliche Extreme‹ sind und deshalb nicht ›miteinander zu vermitteln‹ sind«.[31] Dieser »Typ des Widerspruchs« ist es nun, der von den »Kapitallogikern« außer Acht gelassen wird: »Die Kapitallogiker setzen an die Stelle des wesentlichen Widerspruchs von Lohnarbeit und Kapital das strikt im Sinne der Hegelschen We-

[29] Ebd., S. 181, S. 183 und S. 189.
[30] Peter Furth, Arbeit, Teleologie, Hegelianismus, a.a.O., S. 116.
[31] Ebd., S. 117.

senslogik zu lesende Reflexionsverhältnis der Entgegensetzung von subjektiver Arbeit und ihrer verdinglichten Form als Wert und verkennen von daher den Typ des Widerspruchs, um den es bei einem konkreten Begriff des Kapitals und des mit ihm gesetzten Klassengegensatzes geht (und von dessen Verständnis alles für die materialistische Theorie der Dialektik abhängt).«[32]

Obwohl man aus Furths Formulierung selbst und dem Kontext, in dem sie steht, entnehmen darf, dass es an »der Entgegensetzung von subjektiver Arbeit und ihrer verdinglichten Form als Wert« liegt, wenn man sie »strikt im Sinne der Hegelschen Wesenslogik« als »Reflexionsverhältnis der Entgegensetzung« begreifen muss, soll dies Furth nicht vorgeworfen werden; vielmehr soll ihm entgegengehalten werden, dass die Fassung des Verhältnisses von Lohnarbeit und Kapital als Entgegensetzung von subjektiver Arbeit und ihrer verdinglichten Form als Wert nicht nur richtig ist, sondern auch beweist, dass eine Erklärung des Verhältnisses von Lohnarbeit und Kapital als »wesentlichen Widerspruch«, der »die Beziehung *zweier* entgegengesetzter Wesen ausdrückt«,[33] einseitig ist. Hierbei geht es nicht um die Charakterisierung des Verhältnisses von Lohnarbeit und Kapital als einem »wesentlichen Widerspruch«, sondern um dessen Gleichsetzung mit dem für den jungen Marx in seiner »Kritik an Hegels Staatsrecht« Vorbildcharakter besitzenden wirklichen Gegensatz, der auf dem Unterschied zweier Wesen beruht.

Da Furth um der »Entzündung zur Entscheidung des Kampfes« willen in dem Verhältnis von Lohnarbeit und Kapital einen »wirklichen Gegensatz« sieht, muss für ihn das Begreifen dieses Verhältnisses als Entgegensetzung von subjektiver Arbeit und ihrer verdinglichten Form als Wert falsch sein; denn bei dieser Entgegensetzung handelt es sich offensichtlich nicht um den »wirklichen Gegensatz«, dessen Extreme zwei voneinander verschiedene Wesen sind, sondern zunächst einmal um die »Differenz innerhalb der Existenz eines Wesens« – hier der Arbeit, die sich als subjektive in der verdinglichten Form als Wert gegenübersteht. Der Gegenbegriff zu subjektiv ist objektiv. Die objektiven Bedingungen, wie die Produktionsmittel, sind ebenso viele Bedingungen der Verwirklichung der von ihnen getrennten, im Arbeiter selbst verkörperten lebendigen Arbeit. Daher sind es zunächst einmal zwei unterschiedene Formen ein und derselben gesellschaftlichen Arbeit, die sich im Verhältnis von Lohnarbeit und Kapital gegenüberstehen. Als weiterentwickelte Gestalt des Werts, der die Vergegenständlichung der abstrakt-menschlichen und in dieser Form gesellschaftlich-allgemeinen Arbeit ist, ist das die lebendige Arbeit sich einverleibende Kapital die gesellschaftliche Einheit der Arbeit, während die Lohnarbeit getrennt von den als Erscheinungsweisen des Kapitals auftretenden Produktionsmitteln selbständig nur als das im Arbeiter selbst verkörperte Arbeitsvermögen existiert. Zwischen Kapital und Arbeit sind zwei Prozesse

[32] Ebd., S. 116.
[33] Ebd., S. 117.

zu unterscheiden: Einmal der den Produktionsprozess einleitende Akt des Kaufs und Verkaufs der Ware Arbeitskraft, worin der Unterschied zwischen Kapitalist und Arbeiter sich auf den der Warenzirkulation eigentümlichen, formellen Unterschied von Käufer und Verkäufer reduziert. Der zweite Prozess besteht aus dem Produktionsprozess als Einheit von Arbeits- und Verwertungsprozess, worin der Arbeitsprozess als Mittel zum Zweck des Verwertungsprozesses gesetzt ist. Hiermit realisiert sich das ganze Streben der kapitalistischen Produktion, »möglichst viel Surplusarbeit zu akkaparieren, also möglichst viel unmittelbare Arbeitszeit mit gegebnem Kapital zu materialisieren, sei es nun durch Verlängerung der Arbeitszeit, sei es durch Abkürzung der notwendigen Arbeitszeit, durch Entwicklung der Produktivkräfte der Arbeit, Anwendung von Kooperation, Teilung der Arbeit, Maschinerie etc., kurz, Produzieren auf großer Stufenleiter, also massenhaftes Produzieren. In dem Wesen der kapitalistischen Produktion liegt also Produktion ohne Rücksicht auf die Schranken des Markts.«[34]

Furth untersucht die Bewegungsformen des Kapitals als ebenso viele Lösungsbewegungen des Widerspruchs zwischen dem Gebrauchswert und dem Wert nicht einmal so weit, dass er den im Kreislauf des Kapitals gesetzten Unterschied zwischen der Warenzirkulation und der Produktion berücksichtigt; denn allein in der Warenzirkulation ist es so, dass die unterschiedlichen Seiten ein und derselben Arbeit – der subjektive, im Arbeiter personifizierte und der objektive, im Kapitalisten personifizierte Faktor – ein Verhältnis miteinander eingehen, das für sich genommen kein gegensätzliches, d.h. kein die Herrschaft der einen über die anderen ausdrückendes Verhältnis ist. Erst der Produktionsprozess als der zweite, auf den Kauf und Verkauf der Ware Arbeitskraft folgende Prozess, worin die im Arbeiter verkörperte lebendige Arbeit von den gegenständlichen Bedingungen der Arbeit, von denen sie getrennt ist, zusammengebracht wird, enthüllt sich das Verhältnis von Kapitalist und Lohnarbeit als ein gegensätzliches, auf der Ausbeutung der einen durch den anderen beruhendes Herrschafts-Knechtschafts-Verhältnis. »*Im Austausch zwischen Kapital und Arbeit ist der erste Akt ein Austausch, fällt ganz in die gewöhnliche Zirkulation*; *der zweite ist ein qualitativ vom Austausch verschiedner Prozeß, und ist nur by misuse, daß er überhaupt Austausch* irgendeiner Art genannt werden könnte. Er steht direkt dem Austausch gegenüber; wesentlich andre Kategorie.«[35]

Dass der Arbeiter in der Warenzirkulation seine Arbeitskraft als Ware verkauft und ihm der Kapitalist als Besitzer von Geld gegenüberstehen kann und sie kauft, ergibt sich nicht aus der Warenzirkulation selbst, sondern aus der ihr zugrunde liegenden Trennung der unmittelbaren Produzenten von den Produktionsmitteln. Indem die Arbeit die Form der Lohnarbeit und die gegenständlichen Bedingungen

---

[34] Theorien über den Mehrwert, MEW 26.2, a.a.O., S. 522.
[35] Karl Marx, Grundrisse, a.a.O., S. 186.

der Arbeit die Form des Kapitals angenommen haben, hat, was als geschichtlicher Prozess der Vergangenheit angehört, eine Scheidung der Produzenten von den Produktionsmitteln stattgefunden, eine Trennung des subjektiven vom objektiven Faktor der Arbeit, kurz eine Trennung von in der Arbeit notwendig zusammengehörenden Seiten. Es handelt sich hierbei nicht um eine Trennung und Verselbständigung der einen Seite der Arbeit gegen die andere, die etwa auf dem Unterschied von lebendiger, nicht gegenständlicher und toter, gegenständlicher Arbeit beruht. Das heißt, dieser letzte Unterschied besteht innerhalb der Arbeit in jeder Gesellschaftsformation, ohne dass eine Trennung und Verselbständigung der Seiten gegeneinander die Folge ist. Erst eine Gesellschaftsformation, worin alle ökonomisch-gesellschaftlichen Prozesse ebenso viele Prozesse sind, worin der Widerspruch zwischen dem Gebrauchswert und dem Wert gesetzt und gelöst ist, und worin alle Vergegenständlichungen der lebendigen Arbeit ebenso viele Daseinsformen des Kapitals bzw. des sich verwertenden Werts sind, stehen sich der subjektive und objektive Faktor der Arbeit voneinander getrennt und selbständig gegenüber, so dass der objektive Faktor dann die Herrschaft über den subjektiven ausübt, wenn beide im Produktionsprozess zusammengebracht werden.

Hiermit zeigt sich noch einmal, wie richtig es entgegen Furths Auffassung ist, die eine Seite des Gegensatzes von Lohnarbeit und Kapital – die Lohnarbeit als subjektive Arbeit zu begreifen. Die lebendige Arbeit, die der vergegenständlichten selbständig im Arbeiter verkörpert gegenübersteht, weil die gegenständliche Arbeit die Form des Kapitals angenommen hat, ist als die »*Nicht-vergegenständlichte Arbeit, negativ gefaßt* ... Als solche ist sie Nicht-Rohstoff, Nicht-Arbeitsinstrument, Nicht-Rohprodukt: ...(sondern) die ... von ihrer ganzen Objektivität getrennte Arbeit. Die lebendige als *Abstraktion* von diesen Momenten ihrer realen Wirklichkeit existierende Arbeit (ebenso Nicht-Wert); diese völlige Entblößung, aller Objektivität bare, rein subjektive Existenz der Arbeit. Die Arbeit als die *absolute Armut* ... als völliges Ausschließen des gegenständlichen Reichtums. ... *Nicht-vergegenständlichte Arbeit* ... *positiv* gefaßt, ... ist sie die ...ungegenständliche, i.e. *subjektive* (Hervorhebung – D. W.) Existenz der Arbeit selbst. Die Arbeit ... als Tätigkeit, *allgemeine Möglichkeit* des Reichtums«. Dieses Auseinanderfallen und sich feindliche Gegenüberstehen von Armut und Reichtum innerhalb der als Nicht-Kapital gesetzten Arbeit charakterisiert die spezifische Form der bürgerlichen Arbeit. »Es widerspricht sich also in keiner Weise, oder vielmehr der in jeder Weise sich widersprechende Satz, daß die Arbeit einerseits die *absolute Armut als Gegenstand*, andrerseits die *allgemeine Möglichkeit* des Reichtums als Subjekt und als Tätigkeit ist, bedingen sich wechselseitig und folgen aus dem Wesen der Arbeit, wie sie als Gegensatz, als gegensätzliches Dasein des Kapitals vom Kapital *vorausgesetzt* ist, und andrerseits ihrerseits das Kapital voraussetzt.«[36]

[36] Ebd., S. 203.

Was sich in der bürgerlichen Gesellschaft nicht geändert hat, ist, dass ein und dieselbe gesellschaftliche Arbeit stets in sich differenziert ist in konkret-nützliche und gesellschaftlich-allgemeine Arbeit, in die lebendige Arbeit als subjektiven Faktor und in die gegenständlichen Bedingungen der Arbeit als objektiven Faktor. Das, was sich in ihr aber geändert hat, ist zum einen, dass die abstrakt-menschliche Arbeit zur gesellschaftlich-allgemeinen Form der einzelnen konkret-nützlichen Arbeiten geworden ist, zum anderen, dass – obwohl es sich beim subjektiven und objektiven Faktor weiterhin um die Differenz innerhalb eines aus der Arbeit selbst bestehenden Wesens handelt – der subjektive, im Arbeiter verkörperte Faktor und der objektive, in den gegenständlichen Bedingungen verkörperte Faktor voneinander getrennt sind. Sie stehen sich feindlich gegenüber, weil alle Produkte und gegenständlichen Bedingungen der Arbeit ebenso viele Daseinsformen des sich verwertenden Werts sind. Die »Differenz innerhalb der Existenz eines Wesens« hat, ohne dass sie mystisch-irrationalistisch mit einem »wirklichen Gegensatz« verwechselt wird, den Charakter eines Gegensatzes angenommen. In ihm ist die »Entzündung zur Entscheidung des Kampfes« gesetzt, eines Kampfes, der nicht in irgendeiner, den Gegensatz verewigenden Einheit im Wesen, sondern in der praktischen Abschaffung des Widerspruch samt seiner Bewegungsformen endet.

Beim Verhältnis von Lohnarbeit und Kapital handelt es sich also um einen Gegensatz *innerhalb* der Arbeit, der innerhalb der Warenzirkulation selbst als solcher noch gar nicht vorhanden sein kann, sondern in ihr vielmehr unterstellt sein muss, insofern er die Bedingung dafür ist, dass es in der Warenzirkulation eine Ware wie die Arbeitskraft gibt, die unter allen Waren die einzige ist, die im Besitz des Arbeiters ist. Hinzu kommt auch noch, dass dieser Gegensatz innerhalb der Arbeit bzw. die Trennung der Arbeit von ihren Verwirklichungsbedingungen als historisch gewordenes Resultat unterstellt werden muss: »Im Werden des Kapitals kann dieser Zustand der Trennung nicht vom Kapital selbst produziert worden sein. Vielmehr umgekehrt zeigt sich, daß diese Trennung der Arbeit von ihren Verwirklichungsbedingungen eine wesentliche Voraussetzung für das Kapital ist. Der kapitalistische Produktions- und Reproduktionsprozeß erst verwandelt diese Voraussetzung in eine beständige Bedingung dieser Produktionsweise. Auf dieser Stufe der Entwicklung läßt sich diese Trennung der Arbeit von ihren Verwirklichungsbedingungen nur so bestimmen, daß sie offenbar kein Naturverhältnis ist, das den Arbeiter als bloßen Besitzer seines Arbeitsvermögens auf der einen Seite, den Geldbesitzer auf der anderen Seite produziert. Ist dieses Verhältnis kein ewiges, so hat es auch nicht anderen Produktionsweisen angehört. Es ist vielmehr als Voraussetzung des Kapitals selbst historisch gewordenes Verhältnis, hervorgegangen aus der Auflösung der feudalen Gesellschaftsordnung.«[37]

[37] Projektgruppe Entwicklung des Marxschen Systems. Grundrisse der Kritik der Politischen Ökonomie (Rohentwurf), Kommentar, Hamburg 1978, S. 73.

Zusammen mit dem Kapital als der konkretesten Lösungsbewegung zwischen dem Gebrauchswert und dem Wert den Gegensatz von Kapital und Lohnarbeit zu begreifen, heißt den Klassenkampf als Kampf zu begreifen, der zwischen den Personifikationen der lebendigen Arbeit auf der einen und den Personifikationen der gegenständlichen, in die Form des Kapitals gekleideten Verwirklichungsbedingungen der Arbeit auf der anderen Seite geführt wird.

Es wurde bereits gezeigt, dass der Gegensatz von Lohnarbeit und Kapital zunächst einmal kein Gegensatz nach dem Muster des »wirklichen Gegensatzes« ist, dessen Extreme für Furth – dem jungen Marx folgend – entgegengesetzten Wesens sind, weil der Gegensatz auf dem Unterschied zweier Wesen beruht. Was Furth nicht sieht, aber in den »Grundrissen« und im »Kapital« hätte sehen können, wird auch vom jungen Marx nicht gesehen, weil er die bürgerliche Gesellschaft noch nicht so weit in ihrer inneren Struktur erkannt hat wie in den beiden genannten Werken. In seiner »Kritik an Hegels Staatsrecht« schließt Marx den »wirklichen Gegensatz« und die »Differenz innerhalb der Existenz eines Wesens« voneinander aus. Wenn beide, wie das in Hegels Philosophie der Fall ist, zusammengedacht werden, dann handelt es sich um die als mystisch-irrationale Vermischung der Extreme zu kritisierende »Verwechslung der Differenz innerhalb der Existenz eines Wesens mit einem wirklichen Gegensatz«.

Was nun das Gegensatzverhältnis von Lohnarbeit und Kapital anbelangt, so darf man es nicht, wie Furth das tut, vorschnell nach dem Muster des vom jungen Marx favorisierten »wirklichen Gegensatz« denken. Man muss vielmehr zunächst einmal den unumstößlichen Tatbestand anerkennen, dass der Unterschied zwischen den Seiten ein Unterschied innerhalb der Existenz eines Wesens, nämlich der gesellschaftlichen Arbeit ist. Wodurch immer der Gegensatzcharakter hereinkommt, es handelt sich dann um einen Gegensatz in der Arbeit selbst. Der das historische Werden des Kapitals auszeichnende Scheidungsprozess der Produzenten von den Produktionsmitteln ist ein Scheidungsprozess der gesellschaftlichen Arbeit dergestalt, dass die lebendige Arbeit von ihren gegenständlichen Verwirklichungsbedingungen – den Arbeitsmitteln, dem Arbeitsgegenstand, den Rohstoffen usw. – getrennt wird. Hat dieser Scheidungsprozess sein Ende gefunden – was für die Darstellung der durch das Kapital in ihrer historischen Spezifik gekennzeichneten bürgerlichen Gesellschaft unterstellt werden muss –, dann stehen sich die nach wie vor mit innerer Notwendigkeit zusammengehörigen Faktoren bzw. der subjektive und der objektive Faktor der Arbeit als Gebrauchswert und Wert mit gleichgültiger Selbständigkeit gegenüber: Die lebendige, im Arbeiter verkörperte Arbeit ist der »Nicht-Wert, das Nicht-Kapital«. Sie steht dem Kapital, das in der gegenständlichen Form der Produktionsmittel existiert, als der einzig mögliche Gebrauchswert gegenüber. Dieser besteht daraus, für das Kapital als Quelle seiner Werterhaltung und Wertvermehrung zu dienen. Vermittelt über den Kauf und Verkauf der Ware Arbeitskraft, also vermittelt über ein durch die Trennung der beiden Faktoren der

Arbeit bestimmtes gesellschaftliches Verhältnis von Sachen wird die lebendige Arbeit mit den gegenständlichen Bedingungen zusammengebracht. Wie es keine abstrakt-menschliche Arbeit ohne konkret-nützliche, keinen Wert ohne Gebrauchswert gibt, so ist der kapitalistische Produktionsprozess Einheit von Arbeits- und Verwertungsprozess. Die gleichgültige Selbständigkeit des sich verwertenden Werts gegenüber dem Arbeitsprozess ist nun damit gegeben, dass der letztere als Mittel zum Zweck des ersten fungiert, so dass zwischen Arbeits- und Verwertungsprozess ein Widerspruch gesetzt ist. Dieser findet in der formellen und reellen Subsumtion des Arbeitsprozesses unter das Kapital eine Form, worin er sich ebenso sehr bewegt, wie er erhalten bleibt. Welche »Entwicklungsziele und Gesetze ... Proletariat und Bourgeoisie ... haben«,[38] muss, bezogen auf die gesamtgesellschaftliche Reproduktion ausgehend vom kapitalistischen Produktionsprozess begriffen werden, worin sich praktisch das durch den Widerspruch von Arbeits- und Verwertungsprozess gekennzeichnete Ausbeutungs- bzw. Herrschafts-Knechtschafts-Verhältnis realisiert.

»Die Kritischen Theoretiker des ›Kapital‹ aber legen nun alles Gewicht auf das Reproduktionsmoment im Widerspruch von Lohnarbeit und Kapital (auch in dessen realer Existenz als Klassengegensatz von Bourgeoisie und Proletariat), weil sie ihn offenbar als ›Widerspruch der Erscheinung‹ verstehen. Die Wahrnehmung, daß sich Lohnarbeit und Kapital, respektive Proletariat und Bourgeoisie, in bezug auf die Reproduktion der kapitalistischen Produktionsweise gegenseitig voraussetzen, bedeutet das Absehen davon, daß sie im Widerspruch dazu als ›wirkliche Extreme‹ nicht gemeinsame, sondern entgegengesetzte Entwicklungsziele und -gesetze haben und unterschiedliche Formen von Subjektivität und Gegenständlichkeit repräsentieren.« Wer »alles Gewicht auf das Reproduktionsmoment im Widerspruch von Lohnarbeit und Kapital« legt, und wer mit dem gegenseitigen Vorausgesetztsein der Extreme von ihnen als entgegengesetzte Wesen absieht, dem »kommt ... der kapitalistische Geschichtsprozeß nur unter dem Gesichtspunkt der Auflösung des Widerspruchs zur Einheit in den Blick und der Widerspruch nur als vom Kapital gesetzter und aufgehobener«.[39]

So wie die »Kapitallogiker« den Widerspruch zwischen Lohnarbeit und Kapital begreifen, verwandeln sie ihn nach Furth in den »Widerspruch der Erscheinung«, der sich wiederum in seiner Verdrehtheit dadurch auszeichnet, dass er von den »Kapitallogikern« so in das Kapital als seine Einheit aufgelöst wird, dass dieses ähnlich dem »absoluten Geist« ewig der Prozess ist, den Widerspruch zu setzen und aufzuheben. »Das heißt sie bewegen sich als Wesenslogiker wirklich und folgerichtig in der Hegelschen Widerspruchstheorie. Sie begreifen den erscheinenden Widerspruch nicht im Marxschen Sinne als Verwirklichung, als die Bewegungs-

[38] Peter Furth, Arbeit, Teleologie, Hegelianismus, a.a.O., S. 117.
[39] Ebd.

form eines wesentlichen Widerspruchs, sondern fassen ihn als gegensätzlichen, verkehrten Ausdruck des Wesens auf und stellen ihn als Unwesen der ›Einheit im Wesen‹ gegenüber.«[40]

In dem, was bisher über das Verhältnis von Lohnarbeit und Kapital ausgeführt worden ist, ist auch enthalten, warum und in welcher Weise sich beide Seiten gegenseitig voraussetzen, die eine nicht ohne die andere existiert. Obgleich die Produzenten von ihren Produktionsmitteln getrennt worden sind und sie als Personifikationen der lebendigen Arbeit den Kapitalisten als Personifikationen der in Daseinsformen des Kapitals verwandelten gegenständlichen Bedingungen der Arbeit gegenüberstehen, gehört die eine Seite so notwendig mit der anderen zusammen, wie die lebendige Arbeit und ihre Verwirklichungsbedingung. D.h. sie gehören so notwendig zusammen, wie es einen Produktionsprozess geben muss, auch wenn dieser als Einheit von Arbeits- und Verwertungsprozess nur die historisch-spezifische Form eines Produktionsprozesses ist. Das, was hier als »innere Notwendigkeit der Zusammengehörigen« bezeichnet wird, kann nicht deutlicher zum Ausdruck gebracht werden als in der bereits zitierten Stelle aus den »Grundrissen«, in der es sinngemäß heißt, dass der einzige Gebrauchswert, der dem Kapital als Wert gegensätzlich gegenüberstehen kann, die lebendige Arbeit selbst ist, welche die Quelle allen Werts ist. Wie der in den Waren enthaltene Widerspruch zwischen dem Gebrauchswert und dem Wert darin besteht, dass beide mit innerer Notwendigkeit zusammengehören und sich gleichzeitig gegeneinander verselbständigen, so kann man auch den Widerspruch zwischen Lohnarbeit und Kapital, zwischen lebendiger Arbeit und sich verwertendem Wert, zwischen Arbeits- und Verwertungsprozess nur daraus begreifen, dass die »Extreme« sowohl mit innerer Notwendigkeit zusammengehören als auch sich gleichzeitig gegeneinander verselbständigen.

Wenn Furth auf die Verselbständigung und Trennung der »Extreme« abhebt, um zu betonen, dass Proletariat und Bourgeoisie keine gemeinsamen, sondern »entgegengesetzte Entwicklungsziele und -gesetze« haben, dann macht er denselben Fehler wie angeblich seine Widersacher, indem er umgekehrt nun die andere Grundlage des Widerspruchs, die gleichgültige selbständige Existenz der Extreme gegen ihre innere notwendige Zusammengehörigkeit ausspielt. In allen Sphären der bürgerlichen Gesellschaft sind die sie kennzeichnenden Bewegungsformen des Widerspruchs zwischen dem Gebrauchswert und dem Wert sowohl zusammengehörige wie gegeneinander verselbständigte – kurz, gegensätzliche Formen, worin der Widerspruch erhalten bleibt, so dass es diese Bewegungsformen sind, von denen aus die entgegengesetzten Interessen und Entwicklungsziele von Bourgeoisie und Proletariat zu begreifen sind, wobei es von fundamentaler Bedeutung für den Klassenkampf ist, dass das Bewusstsein der Kontrahenten, genauer eines jeden der

[40] Ebd.

Kontrahenten für sich genommen, widersprüchlich ist. Wo bliebe sonst die »materielle Grundlage der Gesellschaft« oder die »Reihe materieller Existenzbedingungen, welche selbst wieder das naturwüchsige Produkt einer langen und qualvollen Entwicklungsgeschichte sind«?[41] An deren Ende hat erst die »Gestalt des gesellschaftlichen Lebensprozesses ... ihren mystischen Nebelschleier« abgestreift und ist das »Produkt frei vergesellschafteter Menschen«, das »unter deren bewußter, planmäßiger Kontrolle steht«.[42]

Und nun einige Bemerkungen zu der Gewichtung des »Reproduktionsmoments im Widerspruch von Lohnarbeit und Kapital«: Zunächst einmal kann man nicht genug Gewicht auf die Reproduktion des Kapitalverhältnisses als Verhältnis von Lohnarbeit und Kapital legen. Mit der in ihr enthaltenen Einsicht in die Reproduktion des Kapitalverhältnisses weist sich die Kritik der politischen Ökonomie als eine jegliche Fachökonomie übersteigende Wissenschaft von den menschlichen Lebensverhältnissen aus: »Endlich als Resultat des Produktions- und Verwertungsprozesses erscheint vor allem die Reproduktion und Neuproduktion des *Verhältnisses von Kapital und Arbeit selbst*, von *Kapitalist und Arbeiter*. Dies soziale Verhältnis, Produktionsverhältnis, erscheint in fact als ein noch wichtigeres Resultat des Prozesses als seine materiellen Resultate. Und zwar produziert innerhalb dieses Prozesses der Arbeiter sich selbst als Arbeitsvermögen und das ihm gegenüberstehende Kapital, wie andrerseits der Kapitalist sich produziert als Kapital und das ihm gegenüberstehende lebendige Arbeitsvermögen. Jedes reproduziert sich selbst, indem es sein Andres, seine Negation reproduziert. Der Kapitalist produziert die Arbeit als fremde; die Arbeit produziert das Produkt als fremdes. Der Kapitalist produziert den Arbeiter und der Arbeiter den Kapitalisten etc.«[43]

»Der kapitalistische Produktionsprozess *reproduziert* also durch seinen eignen Vorgang die Scheidung zwischen Arbeitskraft und Arbeitsbedingungen. Er *reproduziert* und *verewigt* damit die Exploitationsbedingungen des Arbeiters. Er zwingt beständig den Arbeiter zum Verkauf seiner Arbeitskraft, um zu leben, und befähigt ständig den Kapitalisten zu ihrem Kauf, um sich zu bereichern. Es ist nicht mehr der Zufall, welcher Kapitalist und Arbeiter als Käufer und Verkäufer einander auf dem Warenmarkt gegenüberstellt. Es ist die *Zwickmühle des Prozesses selbst*, die den einen stets als Verkäufer seiner Arbeitskraft auf den Warenmarkt zurückschleudert und sein eignes Produkt stets in das Kaufmittel des andren verwandelt. In der Tat gehört der Arbeiter dem Kapital, bevor er sich dem Kapitalisten verkauft. Seine ökonomische Hörigkeit ist zugleich vermittelt und zugleich versteckt durch die periodische Erneuerung seines Selbstverkaufs, dem Wechsel seiner individuellen Lohnherrn und Oszillation im Marktpreise der Arbeit. Der kapitalistische Produk-

[41] Das Kapital, MEW 23, a.a.O., S. 94.
[42] Ebd.
[43] Karl Marx, Grundrisse, a.a.O., S. 362.

tionsprozeß, im Zusammenhang betrachtet oder als *Reproduktionsprozeß*, produziert also nicht nur Ware, nicht nur Mehrwert, er *produziert und reproduziert das Kapitalverhältnis selbst* auf der einen Seite den Kapitalisten, auf der andren den Lohnarbeiter.«[44] (Hervorhebungen – D. W.)

Entgegen der Auffassung von Furth hat die Reproduktion des Kapitalverhältnisses überhaupt nichts mit einer ahistorischen Verewigung des Kapitalverhältnisses, mit einer versöhnlichen Aufweichung der Gegensätze zu tun, die das Resultat der Auflösung des Widerspruchs »zur Einheit im Wesen« ist; genauso wenig hat die Reproduktion des Kapitalverhältnisses etwas mit dem Absehen von den »entgegengesetzten Entwicklungszielen und –gesetzen« von Bourgeoisie und Proletariat zu tun. Vielmehr macht der Reproduktionsprozess des Kapitalverhältnisses erst nach allen Seiten deutlich, dass und wie die Menschen in ihrem Verhalten zueinander und zur Natur auf eine ihnen unbewusst-bewusste Weise ein über das gesellschaftliche Verhältnis von Sachen vermitteltes und darin verstecktes Herrschafts-Knechtschafts-Verhältnis schaffen. Die Verwertung des Werts ist nicht als etwas Abstrakt-Allgemeines deutbar, das dem Widerspruch von Lohnarbeit und Kapital als dem Konkret-Allgemeinen gegenübersteht. »Hat die Produktion kapitalistische Form, so die *Reproduktion*. Wie in der kapitalistischen Produktionsweise der Arbeitsprozeß nur als ein Mittel für den Verwertungsprozeß erscheint, so die Reproduktion nur als ein Mittel, den vorgeschoßnen Wert als Kapital zu reproduzieren, d.h. als *sich verwertenden Wert*.«[45] (Hervorhebungen – D. W.)

Ganz anders als Furth annimmt, kommt das Kapitalverhältnis durch seine Reproduktion nicht als »Widerspruch der Erscheinung« in den Blick, der in der Hegelschen Manier in die Einheit des Wesens aufgelöst wird, sondern durch die »bloße Wiederholung des Produktionsprozesses auf derselben Stufenleiter, drückt diese bloße Wiederholung oder Kontinuität dem Prozesse gewisse neue Charaktere auf oder löst vielmehr die Scheincharaktere seines nur vereinzelten Vorgangs auf«.[46]

Von diesen Scheincharakteren, die durch die Reproduktion des Produktionsprozesses aufgelöst werden, seien nur einige erwähnt: »Von gesellschaftlichem Standpunkt ist also die Arbeiterklasse, auch außerhalb des unmittelbaren Arbeitsprozesses, ebensosehr Zubehör des Kapitals als das tote Arbeitsinstrument. Selbst ihre individuelle Konsumtion ist innerhalb gewisser Grenzen nur ein Moment des Reproduktionsprozesses des Kapitals. Der Prozeß aber sorgt dafür, daß diese selbstbewußten Produktionsinstrumente nicht weglaufen, indem er ihr Produkt beständig von ihrem Pol zum Gegenpol des Kapitals entfernt.«[47] »Was aber anfangs nur Ausgangspunkt war, wird vermittelst der bloßen Kontinuität des Prozesses, der einfachen Reproduktion, stets aufs neue produziert und verewigt als eignes Resul-

---

[44] Das Kapital, MEW 23, a.a.O., S. 603f.
[45] Ebd., S. 591.
[46] Ebd., S. 592.
[47] Ebd., S. 598.

tat der kapitalistischen Produktion. Einerseits verwandelt der Produktionsprozeß fortwährend den stofflichen Reichtum in Kapital, in Verwertungs- und Genußmittel für den Kapitalisten. Andrerseits kommt der Arbeiter beständig aus dem Prozeß heraus, wie er in ihn eintrat – persönliche Quelle des Reichtums, aber entblößt von allen Mitteln, diesen Reichtum für sich zu verwirklichen. Da vor seinem Eintritt in den Prozeß seine eigne Arbeit ihm selbst entfremdet, dem Kapitalisten angeeignet und dem Kapital einverleibt ist, vergegenständlicht sie sich während des Prozesses beständig in fremdem Produkt. Da der Produktionsprozeß zugleich der Konsumtionsprozeß der Arbeitskraft durch den Kapitalisten, verwandelt sich das Produkt des Arbeiters nicht nur fortwährend in Ware, sondern in Kapital, Wert, der die wertschöpfende Kraft aussaugt, Lebensmittel, die Personen kaufen, Produktionsmittel, die den Produzenten anwenden. Der Arbeiter selbst produziert daher beständig den objektiven Reichtum als Kapital, ihm fremde, ihn beherrschende und ausbeutende Macht, und der Kapitalist produziert ebenso beständig die Arbeitskraft als subjektive, von ihren eignen Vergegenständlichungs- und Verwirklichungsmitteln getrennte, abstrakte, in der bloßen Leiblichkeit des Arbeiters existierende Reichtumsquelle, kurz den Arbeiter als Lohnarbeiter. Diese beständige Reproduktion oder Verewigung des Arbeiters ist das sine qua non der kapitalistischen Produktion.«[48]

Mit dem wirklichen Gegensatz des jungen Marx ist überhaupt nicht zu verstehen, dass die eine Seite der Arbeit in der Form des Werts und des Kapitals über die andere Seite in der Form des Gebrauchswerts und der lebendigen Arbeit übergreift und sie als Mittel zum Zweck herabsetzt, um sich als das allein Selbständige, die alles beherrschende gesellschaftliche Macht zu setzen. »Wir sahen im vierten Abschnitt bei Analyse der Produktion des relativen Mehrwerts: innerhalb des kapitalistischen Systems vollziehn sich alle Methoden zur Steigerung der gesellschaftlichen Produktivkraft der Arbeit auf Kosten des individuellen Arbeiters; alle Mittel zur Entwicklung der Produktion schlagen um in Beherrschungs- und Exploitationsmittel des Produzenten, verstümmeln den Arbeiter in einen Teilmenschen, entwürdigen ihn zum Anhängsel der Maschine, vernichten mit der Qual seiner Arbeit ihren Inhalt, entfremden ihm die geistigen Potenzen des Arbeitsprozesses im selben Maße, worin letzterem die Wissenschaft als selbständige Potenz einverleibt wird; sie verunstalten die Bedingungen, innerhalb deren er arbeitet, unterwerfen ihn während des Arbeitsprozesses der kleinlichst gehässigen Despotie, verwandeln seine Lebenszeit in Arbeitszeit, schleudern sein Weib und Kind unter das Juggernaut-Rad des Kapitals.«[49]

Wenn nach Furth die Kapitallogiker alles Gewicht auf die Produktion des Verhältnisses von Lohnarbeit und Kapital legen, dann ist das für ihn damit verbunden,

---

48 Ebd., S. 595f.
49 Ebd., S. 674.

dass sie diesen Widerspruch nicht nach dem Muster des »wirklichen Gegensatzes«, sondern ihn in der Weise des vom jungen Marx kritisierten »Widerspruchs der Erscheinung« begreifen, der zur »Einheit im Wesen« aufgelöst wird. Vorher hatte Furth darauf verwiesen, dass die Kapitallogiker die Verwertung des Werts als Identität des Kapitals einmal ohne den Widerspruch denken und zum anderen den Widerspruch verkürzt in den Blick bekommen, weil sie ihn nur als Mittel zum Zweck für die Herstellung dieser aus der Verwertung des Werts bestehenden Identität begreifen. Dies heißt jetzt, dass der kapitalistische Geschichtsprozess nur unter dem Aspekt der Auflösung des Widerspruchs betrachtet wird. Furth denkt sich das so, dass der Widerspruch, wenn er einmal eine Lösungsbewegung gefunden hat, als Triebkraft jeglicher weiteren geschichtlichen Entwicklung stillgestellt ist, so dass man der Immanenz einer in sich kreisenden, entfremdeten Welt für alle Zeiten verhaftet ist. Das Kapitalverhältnis (das Verhältnis von Lohnarbeit und Kapital) einmal als historisch gewordenes unterstellt, ist die Bedingung dafür, dass die Arbeitskraft zur Ware geworden ist, was wiederum die Bedingung dafür ist, dass alle Produkte die Warenform annehmen und die Warenzirkulation allgemein vorherrscht. Der im Geld als Geld gesetzte Widerspruch zwischen dem Gebrauchswert und dem Wert findet über den doppelseitig-polarischen Gegensatz von Ware und Geld hinaus eine das Verhältnis von Lohnarbeit und Kapital und die Produktion einschließende Lösungsbewegung.

Das Verhältnis von Lohnarbeit und Kapital, auf das man im Zuge der von der Warenzirkulation aus entwickelten Lösungsbewegung des Widerspruchs zwischen dem Gebrauchswert und dem Wert stößt, ist auch, wie bereits gezeigt wurde, das Resultat des kapitalistischen Produktionsprozesses, so dass es Anfangs- und Endpunkt der gesamtgesellschaftlichen Bewegung ist. Mit der Reproduktion des Kapitalverhältnisses entwickelt Marx, wie das Kapital produziert und wie es selbst produziert wird. Das Kapital ist einmal nach seiner wesentlichen Seite für die Menschen unbewusst ein sich ihnen gegenüber verselbständigender, sich im Rhythmus der Entfaltung und Vermittlung des Gegensatzes von Gebrauchswert und Wert entwickelnder gesellschaftlicher Prozess. Die Menschen haben ihre eigenen gesellschaftlichen Verhältnisse selbst geschaffen und tun dies unter den von ihnen geschaffenen Bedingungen stets aufs Neue. Auf das Kapital bezogen kann dies aber nur noch heißen, dass die Menschen durch die unbewusst geschaffenen Bedingungen das Gesetz des Handelns aus der Hand gegeben haben und als Personifikationen von Lohnarbeit und Kapital bewusst das ihnen unbewusste Bewegungsgesetz des Kapitals vollziehen. Erklärt man auf diese Weise wie das Kapital produziert und wie es selbst produziert wird, dann erklärt man auch, dass das Kapital ein ökonomisch-gesellschaftlicher Prozess ist, worin der Widerspruch zwischen dem Gebrauchswert und dem Wert ebenso sehr gesetzt wie gelöst wird. Furth dagegen schreibt, »den Kapitallogikern« käme »der Geschichtsprozess unter dem Gesichtspunkt der Auflösung des Widerspruchs zur Einheit in den Blick«. Dies sei damit gleichbedeutend, dass der Widerspruch vom Kapital gesetzt und aufgehoben wird. Hiermit meint Furth dann, dass der in die Einheit aufgelöste Widerspruch in dem Sinne ein »aufgehobener« ist, dass er seine Wirksamkeit verloren hat oder gar nicht mehr weiter besteht. Dagegen sei noch einmal betont, dass der Widerspruch zwischen dem Gebrauchswert und dem Wert in all seinen Lösungsbewegungen nicht nur erhalten bleibt, sondern dies auf eine Weise der Fall ist, in der er, in Krisen eklatierend, die Triebkraft der praktischen Abschaffung des Kapitals bzw. des Verhältnisses von Lohnarbeit und Kapital ist. Ohne diese objektiven, im Akkumulationsprozess sich zusammenfassenden ökonomisch-gesellschaftlichen Prozesse und ohne das durch sie notwendig werdende aktive Eingreifen der Menschen in die Verwertungslogik des Kapitals bzw. in den inneren Mechanismus des Akkumulationsprozesses ist kein Übergang zu einer höheren die geistigen, körperlichen, gesellschaftlichen Kräfte der Menschen entfaltenden Gesellschaftsformation möglich.

Der absolute Geist der Hegelschen Philosophie und das Kapital besitzen eine im Wesentlichen übereinstimmende Grundstruktur – was nicht nur der doppelseitig-polarische Gegensatz von Ware und Geld bzw. von Natur und Geist und das Kapital als über die Produktion vermittelte prozessierende Einheit von Ware und Geld bzw. der absolute Geist als über die »Schöpfung« vermittelte prozessierende Einheit von Natur und endlichem Geist beweisen. Man braucht deswegen aber nicht wie Furth den Unterschied außer Acht zu lassen, der darin besteht, dass bei Hegel alle Widersprüche zwischen Natur und Geist ebenso viele Widersprüche der Erscheinung sind, die er als Einheit im Wesen aufhebt. Als konkreteste Lösungsbewegung des Widerspruchs zwischen Natur und Geist ist der absolute Geist das A und O der Welt, das ewig sich entäußernde und ewig zu sich zurückkehrende Wesen.

Dass die Bewegungsformen des Widerspruchs zwischen Gebrauchswert und Wert als seine Lösungsbewegungen nicht das sind, was Furth in ihnen sieht – den Widerspruch absorbierende, harmonische Einheiten –, resümiert sich darin, dass in den Bewegungsformen die Krise im Sinne der »Entschiedenheit der Gegensätze und der Entzündung zur Entscheidung des Kampfes« enthalten ist, eines Kampfes, der sich um die Abschaffung des Verhältnisses von Lohnarbeit und Kapital dreht.

Sieht man einmal von Furths einseitig an den »wirklichen Gegensatz« orientierten Bestimmung des wesentlichen Widerspruchs ab, dann sind alle Bewegungsformen des Widerspruchs zwischen dem Gebrauchswert und dem Wert ebenso viele Reproduktionsformen des Verhältnisses von Kapital und Lohnarbeit; denn dieses ist sowohl die Voraussetzung wie auch das Resultat aller in der bürgerlichen Gesellschaft eingeschlossenen Formen des Widerspruchs zwischen dem Gebrauchswert und dem Wert und den gegensätzlichen Formen, worin er sich bewegt.

Furth beginnt seine Kritik an der Widerspruchskonzeption der »Wesenslogiker« mit dem Vorwurf, sie würden den Widerspruch zum einen von der Verwertung des Werts ausschließen und zum anderen dann, wenn sie ihn berücksichtigen, als Mittel zum Zweck für die Herstellung der Identität der Verwertung des Werts missbrauchen. Die »Wesenslogiker« würden die Identität des Kapitals nicht auf den Widerspruch von Lohnarbeit und Kapital zurückführen. Dies soll daran liegen, dass sie ihn nicht als »wesentlichen Widerspruch«, sondern als »Widerspruch der Erscheinung« begreifen, der – so kann man nur noch folgern – in der Verwertung des Werts zur Einheit im Wesen aufgehoben ist. Nun besteht aber zwischen dem »Widerspruch der Erscheinung« und zwischen dem »wesentlichen Widerspruch« nach Furth folgender Zusammenhang: Der »Widerspruch der Erscheinung« ist »im Marxschen Sinne als Verwirklichung, als die Bewegungsform eines wesentlichen Widerspruchs« zu fassen. Wenn es nun falsch ist, das Verhältnis von Kapital und Lohnarbeit als Widerspruch der Erscheinung zu begreifen, der sich in die Verwertung des Werts als die Einheit im Wesen aufhebt, und wenn schließlich das Verhältnis von Lohnarbeit und Kapital als wesentlicher Widerspruch in einem Widerspruch der Erscheinung seine Verwirklichung, seine Bewegungsform besitzt, dann muss man Furth fragen, welcher Widerspruch denn nun für ihn der Widerspruch der Erscheinung ist?

Anstatt selbst anzugeben, woraus denn bei ihm der erscheinende Widerspruch besteht, wirft Furth seinen Kontrahenten vor, sie würden das Verhältnis von Lohnarbeit und Kapital, das ein wesentlicher Widerspruch ist, verkehrt als erscheinenden Widerspruch begreifen, den sie als »gegensätzlichen, verkehrten Ausdruck des Wesens« auffassen und ihn »als Unwesen der ›Einheit im Wesen‹«[50] gegenüberstellen. Konnte man bisher noch vermuten die Einheit im Wesen, in die sich der Widerspruch der Erscheinung aufhebt, sei die Verwertung des Werts, wird man jetzt von Furth eines Besseren belehrt: Nachdem das Verhältnis von Lohnarbeit und Kapital von den »Wesenslogikern« zum »erscheinenden Widerspruch« gemacht worden ist, nimmt es den Charakter eines »Unwesens« an, dem eine Einheit im Wesen gegenübersteht, wobei die zwischen »Unwesen« und »Wesen« hin- und hergerissenen »Wesenslogiker« selbst noch nicht genau wissen, um welches »Wesen« es sich denn nun handelt: »Für sie als Kritiker kommt alles nur noch darauf an, welches ›Wesen‹ es ist, dessen Einheit dem Widerspruch der Erscheinung gegenübergestellt wird. Denn ihnen als kritischen Theoretikern der Entfremdung geht es um die Auflösung des Widerspruchs in die Einheit des Wesens.«

Nachdem nun die Verwertung des Werts weder für die »Einheit im Wesen« in Frage kommt, geschweige denn dafür, der »Widerspruch der Erscheinung« zu sein, und nachdem die »Wesenslogiker« den »wesentlichen Widerspruch« von Lohnarbeit und Kapital in den »Widerspruch der Erscheinung« verwandelt haben, hat Furth einen Platz gefunden, auf dem sich die noch ihrer Entdeckung harrenden »Wesen« tummeln können: Es »geht« den kritischen Theoretikern »nicht um die Widerspruchsbeherrschung, sondern um die Aufhebung des Widerspruchs in eine

[50] Peter Furth, Arbeit, Teleologie, Hegelianismus, a.a.O., S. 117.

wahrhafte, weil widerspruchsfreie Wirklichkeit«.[51] Die Quintessenz von Furths Kritik an den »Wesenslogikern« ist: Entweder gibt es eine »Widerspruchsbeherrschung«, die nichts anderes heißen kann als Beherrschung des Widerspruchs von Lohnarbeit und Kapital, oder man sucht die »Einheit im Wesen« und flüchtet zu diesem Zweck in eine »wahrhafte, weil widerspruchsfreie Wirklichkeit«.

Um den »wesentlichen Widerspruch« zu beherrschen, was das erklärte Ziel von Furth ist, muss dieser natürlich erhalten bleiben. Um der entgegengesetzten »Entwicklungsziele und -gesetze« der wirklichen Extreme des Gegensatzes von Proletariat und Bourgeoisie willen – kurz, um der materialistischen Dialektik willen muss der Widerspruch zwischen Lohnarbeit und Kapital bewahrt werden.

Auch wenn sich die »Wesenslogiker« vor der »Widerspruchsbeherrschung« drücken wollen, so ist ihnen dies, bei Lichte besehen, gar nicht gelungen; denn dem in der »widerspruchsfreien Wirklichkeit« beheimateten »Wesen« stellen sie ja einen »Widerspruch der Erscheinung« als »Unwesen« gegenüber, das aus dem Verhältnis von Lohnarbeit und Kapital besteht. Wie man diese letzte Ungereimtheit aus dem Weg zu räumen hat, verrät Furth nicht mehr. Nichtsdestoweniger aber hat er hierfür einen wichtigen Fingerzeig gegeben: Wie wäre es, wenn die »Wesenslogiker« Furth beim Wort nähmen und das Verhältnis von Lohnarbeit und Kapital für das hielten, was es für sie nach Furth als »Unwesen« sein sollte – nämlich für unwesentlich?

In welchem Sinne kann man davon reden, dass die »Identität des Kapitals« als Verwertung des Werts auf den Widerspruch von Lohnarbeit und Kapital zurückgeführt werden muss, worin Furth die eigentliche, der materialistischen Dialektik gerecht werdende Aufgabe sieht? Indem Furth die Verwertung des Werts auf den Widerspruch von Lohnarbeit und Kapital zurückführt, hat er beide schon immer unter der Hand voneinander getrennt, weil er die Verwertung des Werts als eine in sich kreisende, befriedete Welt der Entfremdung von der Sphäre der Lohnarbeit und des Kapitals abgrenzt. Gibt es im Gang der Darstellung des Kapitals einen Punkt, wo sich die Notwendigkeit zeigt, eine (scheinbar) selbständig existierende Verwertung des Werts auf das ihr zugrunde liegende Gegensatzverhältnis von Lohnarbeit und Kapital zurückzuführen? Oder anders formuliert: Wann erscheint die Selbstverwertung des Werts als ein »Widerspruch der Erscheinung«, dem »ein wesentlicher Widerspruch« zugrunde liegt?

Die Warenzirkulation für sich betrachtet, gibt es in ihr einen »Widerspruch der Erscheinung«, nämlich den doppelseitig-polarischen Gegensatz von Ware und Geld, der die Verwirklichungsform, die Bewegungsform des in den Waren eingeschlossenen wesentlichen Widerspruchs zwischen Gebrauchswert und Wert ist. In diesem Sinne liegt dem »Widerspruch der Erscheinung«, dem doppelseitig-polarischen Gegensatz, ein »wesentlicher Widerspruch«, der Widerspruch zwischen dem

[51] Ebd.

Gebrauchswert und Wert, zugrunde. Es wurde schon gezeigt, in welcher Weise der Widerspruch auf zweifache Weise in den Formen, in denen er sich bewegt, erhalten bleibt. Die eine Weise bezieht sich darauf, dass die Bewegungsform des Widerspruchs in die Krise eingeschlossen ist, was innerhalb der Warenzirkulation nur der Möglichkeit nach der Fall ist. Die zweite Weise, um die es hier gehen soll, bezieht sich auf den Widerspruch als »Springquelle«, als Triebkraft der Entwicklung der Formen des Werts als ebenso vielen Formen der gesellschaftlichen Arbeit. Hierbei ist wichtig zu berücksichtigen, dass zwischen dem wesentlichen Widerspruch und dem Widerspruch der Erscheinung kein Verhältnis von wahrhafter zu verkehrter Welt besteht, sondern es wird eine bereits in dem Widerspruch von Gebrauchswert und Wert eingeschlossene Verkehrung in der aus dem doppelseitig-polarischen Gegensatz von Ware und Geld bestehende Bewegungsform weiterentwickelt.

Ist das Kapitalverhältnis einmal historisch entstanden und wird es vermittels der Produktion ständig neu produziert und reproduziert, dann ist es auch sowohl die Voraussetzung wie das Resultat der sich als Lösungsbewegung des Widerspruchs zwischen dem Gebrauchswert und dem Wert entwickelnden Verwertung des Werts, so dass gesagt werden kann: Es liegt als wesentlicher Widerspruch der Verwertung des Werts als dem Widerspruch der Erscheinung zugrunde. In dem Verhältnis von Lohnarbeit und Kapital und der Verwertung des Werts, *wie sie in der Formel G–W–G' in der Warenzirkulation erscheint*, besteht weder ein Verhältnis von wahrhafter zu verkehrter Welt noch umgekehrt ein Verhältnis von verkehrter, als »Unwesen« zu deklarierender zu einer ihr entgegengesetzten heilen Welt. Vielmehr handelt es sich auch hier um Entwicklungsstufen innerhalb der sich in unterschiedliche Sphären auseinander legenden, durch die Formen des Werts gekennzeichneten »verkehrten Welt«. Die Warenzirkulation ist bereits für sich genommen ein über Sachen vermitteltes gesellschaftliches Verhältnis, worin den Menschen ihr eigener gesellschaftlicher Zusammenhang verborgen ist und sich die gesellschaftlichen Charaktere der Arbeit als natürliche Eigenschaften der Dinge darstellen. Das Verhältnis von Lohnarbeit und Kapital, auf das man beim Zurückgehen von der Warenzirkulation in die Produktion stößt, scheint in der Warenzirkulation nicht als das, was es als Herrschafts-Knechtschafts- bzw. Ausbeutungsverhältnis ist. Den entscheidenden Anteil daran, dass es sich so verhält, hat die Lohnform, welche den Zusammenhang von Warenzirkulation und Produktion ebenso sehr vermittelt wie verschleiert, insofern zum einen der Produktionsprozess durch den Akt des Kaufs und Verkaufs der Ware Arbeitskraft eingeleitet wird, zum anderen durch die Verwechslung der Arbeit mit der Arbeitskraft, die ganze Arbeit als bezahlte erscheint. Wenn man dies berücksichtigt, dann gilt bezogen auf das Verhältnis von Warenzirkulation zur Produktion bzw. bezogen auf das Verhältnis von der in der Warenzirkulation erscheinenden Verwertung des Werts als dem Widerspruch der Erscheinung und dem Verhältnis von Lohnarbeit und Kapital als dem zugrunde liegenden wesentlichen Widerspruch, dass der wesentliche Widerspruch im Widerspruch der Erscheinung eine ihn verkehrende Bewegungsform gefunden hat.

Mit der im absoluten Geist in ihr Ende hineinlaufenden Entfaltung und Vermittlung des Gegensatzes von Natur und Geist als Prozess seiner Auflösung macht Hegel das, von dem bereits der junge Marx sagt: »Hegels Hauptfehler besteht darin, daß er *den Widerspruch der Erscheinung* als *Einheit im Wesen, in der Idee* faßt, während er allerdings ein Tieferes zu seinem Wesen hat, nämlich einen *wesentlichen Widerspruch*«.[52]

Furth lässt sich nicht nur darüber aus, was denn für ihn in der ökonomisch-gesellschaftlichen Wirklichkeit der »Widerspruch der Erscheinung« ist, sondern er lässt auch außer Acht, was der »Widerspruch der Erscheinung« im »Lebensprozess des absoluten Geistes« ist. Bei Hegel fällt der »Widerspruch der Erscheinung« mit dem Gegensatz von Natur und Geist auf eine die ganze Hegelsche Philosophie prägenden Weise mit dem Widerspruch von Natur und Geist zusammen. Je nachdem, auf welcher Entwicklungsstufe sich der absolute Geist befindet, wird in unterschiedlicher Form der Widerspruch zwischen Natur und Geist gelöst. Die unterschiedlichen Formen dieses Widerspruchs und seiner ihn enthaltenden Lösungsbewegungen sind unterschiedliche Formen des »Widerspruchs der Erscheinung«. Der Widerspruch zwischen Natur und Geist ist es, von dem Marx sagt, dass Hegel ihn »als *Einheit im Wesen, in der Idee* faßt«. Der absolute Geist, in den Hegel den Gegensatz von Natur und Geist im Prozess seiner Entfaltung und Vermittlung auflöst, ist umgekehrt der Prozess, »den Gegensatz ewig zu produzieren und ewig zu versöhnen«.[53]

Hegel fängt an, den »Widerspruch der Erscheinung« zu erzeugen, wenn er sich in den Bestimmungen von »Arbeit« und »Tausch« mit der ökonomisch-gesellschaftlichen Struktur der bürgerlichen Gesellschaft auseinander setzt.[54] Die Extreme dieses Widerspruchs sind jeweils die bearbeitete und unbearbeitete Natur auf der einen und in »Arbeit« und »Tausch« sich entwickelnde Formen des menschlichen Bewusstseins auf der anderen Seite.

Da Marx von »Hegels Hauptfehler« im Zusammenhang mit seiner »Kritik an Hegels Staatsrecht« spricht, liegt es zunächst nahe, den »Widerspruch der Erscheinung« im Staat zu lokalisieren. Dies ist angesichts der Verdopplung von bürgerlicher Gesellschaft in bürgerliche Gesellschaft und Staat nicht falsch, weil in diesem Widersprüche der bürgerlichen Gesellschaft in politisch-rechtlicher Potenz produziert und reproduziert werden.

Die Art und Weise, in der Hegel den Staat und seinen Zusammenhang mit der bürgerlichen Gesellschaft begreift, ist aber längst vorbestimmt durch die Art und

---

[52] Kritik des Hegelschen Staatsrechts, MEW 1, a.a.O., S. 295f.

[53] G.W.F. Hegel, Vorlesungen über die Geschichte der Philosophie III, a.a.O., Bd. 20, S. 460.

[54] Vgl. D. Wolf, Hegels Theorie der bürgerlich Gesellschaft, a.a.O., Teil 2, S. 101ff.

Weise, in der er die bürgerliche Gesellschaft und damit für ihn unbewusst eine historisch-spezifische Organisationsform der gesellschaftlichen Arbeit begreift. Die Formen, die der Widerspruch der Erscheinung im Staat annimmt, sind weiterentwickelte Formen des »Widerspruchs der Erscheinung«, die Hegel in seiner Auseinandersetzung mit der bürgerlichen Gesellschaft geschaffen hat. Da die gesellschaftliche Arbeit als das Verhalten der Menschen zueinander und zur Natur, worin sich ihr Bewusstsein als Ausdruck dieses doppelten Verhaltens entwickelt, für den inneren Zusammenhang von Natur- und Menschengeschichte von grundlegender Bedeutung ist, hat das Schaffen von Formen des »Widerspruchs der Erscheinung« im Bereich der gesellschaftlichen Arbeit weitreichende Konsequenzen für Hegels Philosophie als einem um die Erkenntnis des inneren Zusammenhangs von Natur und Mensch bemühten Unternehmen. Die Entwicklung von der bürgerlichen Gesellschaft bis zu dem die Familie und die bürgerliche Gesellschaft übergreifenden Staat wird von Hegel als ein in der bürgerlichen Gesellschaft anfangender Prozess bestimmt, worin unterschiedliche Formen des Widerspruchs zwischen Natur und Geist ebenso sehr gesetzt wie gelöst werden. Hegel schreibt die »Rechtsphilosophie« in Anwendung der »Logik«, welche die im Medium des Denkens sich wiederholende Lebensgeschichte des absoluten Geistes ist, die aus der Entfaltung und Vermittlung des Gegensatzes von Natur und Geist (Geschichte) besteht.

In bürgerlicher Gesellschaft und Staat sind bei Hegel alle Formen des »Widerspruchs der Erscheinung« ebenso viele Formen des »Widerspruchs zwischen Natur und Geist«.

Dem »Widerspruch der Erscheinung« liegt ein »wesentlicher Widerspruch« zugrunde, den Hegel nicht kennt und auch Marx zur Zeit seiner »Kritik an Hegels Staatsrecht« noch vage mit der »Zerrissenheit der weltlichen Grundlage« umschreibt. Hinsichtlich der Unterscheidung der beiden Widersprüche muss daher Folgendes bedacht werden:

1. Innerhalb der gesellschaftlichen Arbeit ist z.B. der Widerspruch zwischen dem Gebrauchswert und dem Wert der in der Warenzirkulation enthaltene wesentliche Widerspruch, insofern diese zunächst für sich betrachtet wird. Der doppelseitig-polarische Gegensatz von Ware und Geld ist als Lösungsbewegung des Widerspruchs zwischen dem Gebrauchswert und dem Wert, worin er zugleich erhalten bleibt, der Widerspruch der Erscheinung.

Auf Basis des Widerspruchs zwischen Lohnarbeit und Kapital entwickelt sich der Widerspruch zwischen dem Gebrauchswert und dem Wert in der verwandelten Gestalt des Widerspruchs zwischen dem Arbeits- und Verwertungsprozess, der stufenweise in der formellen und reellen Subsumtion des Arbeitsprozesses unter den Verwertungsprozess gesetzt und gelöst wird. Bleibt der wesentliche Widerspruch im Widerspruch der Erscheinung erhalten, dann sind beide auch nicht voneinander zu trennen; vielmehr ist der Widerspruch der Erscheinung, worin der wesentliche Widerspruch gelöst ist, zugleich eine weiterentwickelte und damit verwandelte Form des wesentlichen Widerspruchs. Was der erscheinende Widerspruch eines wesentliches Widerspruchs ist, erweist sich daher im kapitalistischen Gesamtreproduktionsprozess als der wesentliche Widerspruch eines ihm gegenüber weiterentwickelten Widerspruchs der Erscheinung: So ist z.B. der doppelseitig-polarische Gegensatz von Ware und Geld als Lösungsbewegung des in den Waren eingeschlossenen Widerspruchs zwischen dem Gebrauchswert und dem Wert und damit als Widerspruch der Erscheinung zugleich ein wesentlicher Widerspruch, insofern in ihm – in dem sich gegen die Warenzirkulation verselbständigten Geld – ein Widerspruch zwischen dem Gebrauchswert und dem Wert eingeschlossen ist, der im Kapital als sich verwertendem Wert (G–W–G') eine Form erhält, worin er sich bewegt.

2. In seiner Auseinandersetzung mit der gesellschaftlichen Arbeit, die er unter dem Titel des »Systems der Bedürfnisse« in den Bestimmungen von »Arbeit« und »Tausch« zu begreifen versucht, erzeugt Hegel auch den aus dem Widerspruch zwischen Natur und Geist bestehenden, seine ganze Philosophie beherrschenden »Widerspruch der Erscheinung«.

Wenn es der Widerspruch zwischen Natur und Geist ist, von dem Marx sagt, dass ihn Hegel »als *Einheit im Wesen*« fasst, dann ergibt sich aus den oben gemachten Ausführungen, dass man bei Marx zwei Formen des »Widerspruchs der Erscheinung« unterscheiden muss: Was der Widerspruch der Erscheinung in seiner ersten Form ist, fällt mit dem zusammen, was er in dem oben bereits dargelegten Sinne innerhalb des kapitalistischen Gesamtreproduktionsprozesses ist. Wenn Marx sagt, »Hegels Hauptfehler« bestünde darin, »daß er den Widerspruch der Erscheinung als Einheit ... in der Idee faßt«, und wenn Hegel den Widerspruch der Erscheinung in seiner ersten Form nicht kennt, dann muss für Marx der Widerspruch der Erscheinung in seiner zweiten Form mit dem Widerspruch der Erscheinung zusammenfallen, den Hegel »als Einheit ... in der Idee faßt«, nämlich mit dem Widerspruch zwischen Natur und Geist. Ein und derselbe Widerspruch der Erscheinung ist es, den Hegel aus dem in die Welt sich entäußernden und aus dieser zu sich zurückkehrenden absoluten Geist und den Marx aus einem Hegel unbekannten »wesentlichen Widerspruch« erklärt, der unter bestimmten historisch gewordenen Bedingungen in der gesellschaftlichen Arbeit enthalten ist.

Sowohl hinsichtlich der reellen Existenz des Gegensatzes von Natur und Geschichte als auch hinsichtlich des im Zuge der gedanklichen Reproduktion der Wirklichkeit erzeugten Gegensatzes von Natur und Geist als einer mystisch-verdrehten Form des reell existierenden Gegensatzes von Natur und Geschichte begreift Marx die gegensätzliche Struktur der gesamten Wirklichkeit als das Resultat einer praktischen Auseinandersetzung mit der Natur, die auf historisch-spezifische Weise in ihrer Gesellschaftlichkeit durch die Formen des Werts gekennzeichnet ist.

Die Durchsetzungsform des inneren Zusammenhangs der Wirklichkeit ist nicht nur, von den einfachsten Verhältnissen angefangen bis hinauf zu den konkretesten, von gegensätzlicher Natur. Da die gesellschaftlichen Charaktere der Arbeit gegenständlich als Eigenschaften von Sachen erscheinen, liegt darüber hinaus ein Verkehrungsprozess vor. In den gegeneinander verselbständigten sachlichen Formen an der Oberfläche der bürgerlichen Gesellschaft wird zunehmend die innere, selbst gegensätzlich bestimmte Natur der gesellschaftlichen Verhältnisse und damit auch der innere Zusammenhang von Natur, Gesellschaft und Denken ausgelöscht.

Wer sich nun auf der Oberfläche der gesellschaftlichen Gesamtreproduktion bewegt, muss die gegensätzlichen Erscheinungsformen verkürzt begreifen. Dies geschieht in dem Maße, in dem er die Erscheinungen an der Oberfläche der gesellschaftlichen Gesamtreproduktion nicht *als gegensätzliche Erscheinungsformen zugrunde liegender gegensätzlicher Verhältnisse ableiten kann*. Der Widerspruch der Erscheinung (in seiner ersten Form) wird verkehrt begriffen, weil der wesentliche Widerspruch nicht nur im Widerspruch der Erscheinung seine ihn enthaltende Lösungsbewegung, d.h. in ihm seinen entwickelten Ausdruck besitzt, sondern zugleich darin seine sachlich bedingte Verdrehtheit soweit entwickelt ist, dass er ausgelöscht und nicht mehr als zugrunde liegender sichtbar ist.[55] Vermittelt darüber, dass die Gesellschaftlichkeit der Arbeit verkehrt als gesellschaftliche Eigenschaften von Dingen erscheint, löst Hegel die Gesellschaftlichkeit der Arbeit in ihrer verkürzt begriffenen Form in das Bewusstsein der Menschen auf und erklärt umgekehrt die Gesellschaftlichkeit der Dinge, so z.B. des Geldes aus der Beziehung der Menschen zueinander, insofern diese mit Bewusstsein begabte Wesen

---

[55] Was Hegel verborgen bleibt, ist nicht ein wahrhaftes widerspruchsfreies Wesen, das in einer ihm entgegegesetzten, verdrehten, verkehrten Weise erscheint, sondern ein selbst schon die Entfremdung der menschlichen Verhältnisse ausdrückendes Wesen, nämlich der Wert. Das Wesen, an dem keine Verkehrung festgemacht werden kann und auf das aber die Darstellung nicht rekurriert und auch nicht rekurrieren darf, wenn sie keinen außerhalb der gesellschaftlichen Verhältnisse selbst liegenden, ihnen äußerlichen Maßstab anlegen will, besteht aus den menschlichen Verhältnissen selbst bzw. dem Verhalten der Menschen zueinander und zur Natur. Die menschlichen Verhältnisse sind es, die, angefangen von der Ware und dem Geld bis zum Kapital, verkehrt erscheinen.
Man könnte nun annehmen, es reiche aus, von allen Formen des Wesens als ebenso vielen die menschlichenVerhältnisse verkehrenden Formen zu abstrahieren oder sie als etwas zu Vernachlässigendes zu betrachten, um jene als das wirkliche, wahrhafte Wesen übrig zu behalten. Wenn das Letztere auch eine gang und gäbe Manier ist, so ist sie deswegen falsch, weil die menschlichen Verhältnisse als Wesen stets in historisch-spezifischer Form auftreten. Bei einer gedanklichen Abstraktion von den Formen des Werts als Formen der Entfremdung bleibt nichts als das allen Gesellschaftsformationen gemeinsame Abstraktum der menschlichen Verhältnisse übrig, das als solches überhaupt nicht existiert. Im gesellschaftlichen Prozess der Abstreifung der Wertformen durch die praktische Abschaffung des Kapitalverhältnisses wird ein Übergang von der einen historischen Form der gesellschaftlichen Verhältnisse zu einer anderen bewerkstelligt, so dass jetzt nicht das rein für sich erscheint, was man durch die Abstraktion von den Wertformen als ebenso vielen Formen der gesellschaftlichen Arbeit erhalten zu haben glaubte. Es sei dahingestellt, auf welche Weise im Zuge der Auflösung des Kapitalverhältnisses neu entstehende ökonomisch-gesellschaftliche Verhältnisse unter der bewußten und planmäßigen Kontrolle aller Menschen stehen, welche die Produktionsmittel nicht mehr vermittelt über einen ihnen gegenüber sich verselbständigten Staat, sondern gemeinschaftlich nutzen – eins ist sicher: Es wird in ihnen keine Bewegungsform des Widerspruchs zwischen dem Gebrauchswert und dem Wert, kein Kapital als die konkreteste Lösungsbewegung dieses Widerspruchs, kein Gegensatzverhältnis von Lohnarbeit und Kapital geben.

sind. Hegel gibt das Geld im Sinne eines Zeichens als sachliche Daseinsweise einer in dieser Beziehung sich verwirklichenden allgemeinen Form des Geistes aus.[56] Der Gegensatz von Natur und Geist entsteht im Zuge eines verkehrten Begreifens der gesellschaftlichen Arbeit, worin Natur und Geschichte auf eine Hegel unbewusste Weise bereits miteinander vermittelt sind.

Mit dem Eindringen in diese Hegel unbewussten Vermittlungsregionen von Natur und Mensch würde man auch, wie Marx dies getan hat, erkennen, dass die Einheit von Natur und Geschichte unter den Bedingungen der bürgerlichen Produktionsweise eine durch diese bestimmte und damit historisch vergängliche *gegensätzliche* Durchsetzungsform besitzt. Die Ersatzvermittlung, die Hegel für diesen von ihm nicht erkannten Zusammenhang zwischen Mensch und Natur entwickeln muss, hat ihr philosophie-immanentes Fundament nicht in dem wesentlichen, die bürgerliche Gesellschaft in ihrer Struktur determinierenden Widerspruch, sondern in dessen verkehrt begriffener Erscheinungsform an der Oberfläche der bürgerlichen Gesellschaft bzw. in der verkehrt begriffenen ersten Form des Widerspruchs der Erscheinung.

Was Hegel also immer schon als Widerspruch der Erscheinung begreift, fällt nicht mit dem adäquaten Begreifen einer in der Wirklichkeit tatsächlich auftretenden Lösungsbewegung eines wesentlichen Widerspruchs zusammen. Hegel stellt z.B. in seiner Erklärung des Geldes unter Beweis, dass er den Widerspruch zwischen dem Gebrauchswert und dem Wert in seinen Bewegungsformen nicht selbst kennt, sondern dass er diese auf eine unbewusste Weise in der verdrehten Form des Widerspruchs zwischen den Warenbesitzern entwickelt, insofern diese an ihre körperliche Organisation gebundene *einzelne* und von dieser körperlichen Organisation freie, *allgemeine* Selbstbewusstseine sind.[57] Dem Widerspruch der Erscheinung in seiner zweiten Form liegt zwar in dem oben auseinander gesetzten Sinne ein wesentlicher Widerspruch zugrunde, er ist aber nicht mit dem Widerspruch der Erscheinung in seiner ersten Form, d.h. z.B. nicht mit dem doppelseitig-polarischen Gegensatz von Ware und Geld identisch, sondern besteht aus der verkehrten Art und Weise, in der dieser Gegensatz in Hegels Bewusstsein erscheint und von ihm als ein Letztes genommen werden muss, weil er – wenn überhaupt – nur auf verkürzte, unzulängliche Weise auf den wesentlichen Widerspruch zurückgeht.[58] Demzufolge endet seine tiefste Einsicht in die bürgerliche Gesellschaft beim Widerspruch zwischen den Warenbesitzern als einzelnen und als allgemeinen Selbstbewusstseinen, während sein weiteres Begreifen der gesamten Wirklichkeit in Form einer Ersatzvermittlung anfängt, die in der Auflösung dieses Gegensatzes in den absoluten Geist endet.

---

[56] Vgl. D. Wolf, Hegels Theorie der bürgerlich Gesellschaft, a.a.O., Teil 2, S. 101ff .
[57] Vgl. ebd., S. 135.
[58] Vgl. ebd., S. 101ff.

Obwohl Hegel unter den Philosophen derjenige ist, der sich am tiefsten und umfassendsten mit der ökonomisch-gesellschaftlichen Wirklichkeit auseinander gesetzt hat, bleibt er dennoch dem die menschlichen Verhältnisse sachlich verkehrenden Schein an der Oberfläche der bürgerlichen Gesellschaft verhaftet. Daher begreift er alle Formen des Widerspruchs der Erscheinung, worin der wesentliche Widerspruch zwischen dem Gebrauchswert und dem Wert nicht nur gelöst, sondern zugleich erhalten bleibt, in der idealistisch-verdrehten Form des Gegensatzes von Natur und Geist.

Wenn es eine Form des Widerspruchs der Erscheinung gibt, die für Marx und Hegel dieselbe ist, dann kommt hierin zum Ausdruck, dass es Marx im »Kapital« mit der Entwicklung der gesellschaftlichen Formen der Arbeit auch darum geht, wie diese von den Menschen in ihrem Verhalten zueinander geschaffen werden und in ihrem Bewusstsein erscheinen. Die unterschiedlichen Formen des Gegensatzes von Natur und Geist sind unterschiedliche Formen, in denen der erscheinende Widerspruch im Sinne der Bewegungsformen des wesentlichen Widerspruchs verkehrt im Bewusstsein der in die ökonomisch-gesellschaftliche Wirklichkeit verstrickten Menschen und im Bewusstsein der mit dem Begreifen der unterschiedlichsten Bereiche der Wirklichkeit beschäftigten Philosophen und Theoretiker erscheint

Wie dies im Einzelnen zu erklären ist, soll hier nicht weiterverfolgt werden. Soweit »Hegels Hauptfehler« hier erläutert wird, soll es hinsichtlich des wesentlichen Widerspruchs, hinsichtlich der beiden Formen des Widerspruchs der Erscheinung und schließlich hinsichtlich des absoluten Geistes als der konkretesten Lösungsbewegung des aus dem Widerspruch zwischen Natur und Geist bestehenden Widerspruchs der Erscheinung auf den folgenden Umschlag von Voraussetzung in Resultat und von Resultat in Voraussetzung ankommen. Dass Hegel den Widerspruch der Erscheinung als Einheit im Wesen begreift, heißt: Nach allen Seiten hin ist die Wirklichkeit von den einfachsten bis zu den entwickeltsten Formen hin ein Prozess, worin der Widerspruch zwischen Natur und Geist gesetzt und gelöst wird, d.h. worin der Gegensatz zwischen Natur und Geist ebenso sehr entfaltet wie vermittelt wird – ein Prozess, der im absoluten Geist als dem über alle Formen der Natur und des Geistes übergreifenden, ihnen gemeinsamen Dritten endet.

Der Gegensatz von Natur und Geist ist als Widerspruch der Erscheinung zunächst eine *Voraussetzung*, während der absolute Geist das *Resultat* des den Gegensatz auflösenden Prozesses ist. Hiermit ist innerhalb von Hegels Philosophie der erste Umschlag von Voraussetzung in Resultat gegeben; denn, wenn sich der Gegensatz im absoluten Geist auflöst, zeigt sich, dass es von Anfang an der absolute Geist auf jeder Seite des Gegensatzes von Natur und Geist mit sich selbst zu tun hatte: Der absolute Geist ist für alle Formen des Gegensatzes von Natur und Geist als ebenso vielen Formen des Widerspruchs der Erscheinung die Voraussetzung, insofern er es ist, der sich in Natur und endlichen Geist (Menschenwelt) entäußert und im Wege der Auflösung dieses Gegensatzes zu sich zurückkehrt. Nur weil der Gegensatz das Resultat des absoluten Geistes ist, ist dieser im absoluten Geist auflösbar: »Das ewige Leben ... ist, den Gegensatz ewig zu produzieren und ewig zu versöhnen«.[59] Der Gegensatz von Natur und Geist ist also in zweifacher Hinsicht als Voraussetzung zu betrachten: Einmal ist er für Hegel unbewusst die Voraussetzung seiner ganzen Philosophie, insofern Hegel diesen Gegensatz im Zuge des verkehrten Begreifens der gesellschaftlichen Arbeit erzeugt. Da der Gegensatz von Natur und Geist innerhalb von Hegels Philosophie immer schon das Resultat des absoluten Geistes, d.h. eine um seiner irdischen Existenz willen von diesem selbst geschaffene Voraussetzung ist, erscheint der Gegensatz von Natur und Geist nur für das verständige Bewusstsein als eine auf nichts anderes mehr zurückführbare Voraussetzung; denn das verständige Bewusstsein hat noch nicht gelernt, »auf dem Kopf zu gehen«, was ihm erlauben würde zu erkennen, dass es immer schon auf beiden Seiten des Gegensatzes um den absoluten Geist selbst geht.

Als verdrehte Auffassung von Lösungsbewegungen des wesentlichen Widerspruchs zwischen dem Gebrauchswert und dem Wert und damit als verdrehte Auffassung der gegensätzlichen Durchsetzungsformen des Mensch-Naturverhältnisses ist der aus der Einheit des Gegensatzes von Natur und Geist bestehende erscheinende Widerspruch stets das *Resultat* des wesentlichen Widerspruchs. Mit der Produktion und Reproduktion des Kapitalverhältnisses wird auch der wesentliche Widerspruch samt seiner Lösungsbewegung produziert und reproduziert. In den erscheinenden Formen, worin sich der wesentliche Widerspruch jeweils bewegt, sind – im Zusammenhang damit, dass die menschlichen Verhältnisse verkehrt als gesellschaftliche Verhältnisse der Sachen erscheinen – die vermittelnden Prozesse ausgelöscht.

Der Widerspruch der Erscheinung wird daher von den Menschen nur noch nach der Seite wahrgenommen, nach der er eine nicht mehr hinterfragbare *Voraussetzung* ist. Als diese Voraussetzung wird der Widerspruch der Erscheinung von Hegel (fragmentarisch auch von den in die gesellschaftlichen Verhältnisse involvierten Menschen) idealistisch verdreht in der entsprechenden Form des Gegensatzes von Natur (z.B. Gebrauchswerte als Stücke bearbeiteter Natur) und Geist (z.B. das Bewusstsein der Menschen als Warenbesitzer) begriffen.[60]

Marx bewegte sich zu Anfang seiner wissenschaftlichen Entwicklung wie Hegel im Horizont der bürgerlichen Wissenschaft, d.h. innerhalb der Einheit des Gegensatzes von Natur und Geschichte. Was sich dann im Verlauf seiner Mitarbeit an der ›Rheinischen Zeitung‹ anbahnte und vollends zum ersten Mal in der »Kritik an Hegels Staatsrecht« hervortrat, war die Erkenntnis, dass das verkehrte Begreifen des Staates und damit das verkehrte Begreifen der ganzen Wirklichkeit in der He-

[59] G.W.F. Hegel, Vorlesungen über die Geschichte der Philosophie III, a.a.O., Bd. 20, S. 460.
[60] Vgl. D. Wolf, Hegels Theorie der bürgerlichen Gesellschaft, a.a.O., S. 117ff.

gelschen »Logik« aus einem verkehrten Begreifen der bürgerlichen Gesellschaft hervorgeht.

Mit dem Rückgang zu dem »wesentlichen Widerspruch«, d.h. mit dem Rückgang zu dem Hegel verborgenen, in seiner Bewegungsstruktur durch die Lösungsbewegung des Widerspruchs zwischen dem Gebrauchswert und dem Wert bestimmten inneren Zusammenhang der gesellschaftlichen Arbeit, kann mit Marx folgende Frage beantwortet werden: Wie ist der Widerspruch der Erscheinung als *Resultat* des ihm zugrunde liegenden und von Hegel nicht wahrgenommenen, geschweige denn begriffenen wesentlichen Widerspruchs beschaffen, damit er zur *Voraussetzung* dafür wird, ihn so »als Einheit im Wesen, in der Idee« zu fassen, dass er umgekehrt in das Resultat dieses Wesens, dieser Idee verwandelt wird? Mit der Beantwortung dieser Frage wird nachgewiesen, wie es unter bestimmten historisch gewordenen Bedingungen zu der durch das Umschlagen von *Resultat* in *Voraussetzung* und von *Voraussetzung* in *Resultat* bestimmten Entwicklung einer aus dem Lebensprozess des absoluten Geistes bestehenden Ersatzvermittlung für die in der gesellschaftlichen Arbeit für Hegel unbewusst ihren Anfang nehmenden Vermittlung von Natur- und Menschengeschichte kommt. Die durch den Widerspruch zwischen dem Gebrauchswert und dem Wert in ihrer Widersprüchlichkeit gekennzeichneten ökonomisch-gesellschaftlichen Prozesse schlagen sich im Hinblick auf die ganze Wirklichkeit in der widersprüchlichen Beziehung zwischen Natur und Gesellschaft und im Hinblick auf Hegels Begreifen dieser Wirklichkeit im Gegensatz von Natur und Geist nieder. Daher kehren die Grundlagen des Widerspruchs zwischen dem Gebrauchswert und dem Wert in verwandelter Form sowohl als Grundlagen für den Widerspruch zwischen der Natur und der Gesellschaft wie auch als Grundlagen für den Widerspruch zwischen Natur und Geist wieder. Auf diesem Wege lässt sich erklären, warum Hegel mit dem absoluten Geist als der konkretesten Lösungsbewegung des Widerspruchs zwischen Natur und endlichem Geist die ganze Wirklichkeit in der Bewegungsstruktur denkt, die dem von ihm nicht erkannten Kapital als der konkretesten Lösungsbewegung des Widerspruchs zwischen dem Gebrauchswert und dem Wert eigentümlich ist. In groben Umrissen zeichnet sich mit dem oben angedeuteten Umschlag von »Voraussetzung« in »Resultat« und von »Resultat« in »Voraussetzung« die Komplexität des Vorgangs ab, den Marx mit den Begriffen der »Umkehrung«, der »Umstülpung«, des »vom-Kopf-auf-die-Füße-Stellens« der Hegelschen Philosophie umschrieben hat.

Anhang

Zur »unmittelbaren und vermittelten Gesellschaftlichkeit der Arbeit« Eine Kritik an Michael Theunissen und Ernst Michael Lange

1. Vorbemerkung

Am Ende seines Buches »Sein und Schein«[1] setzt sich Theunissen kritisch mit der Marxschen Theorie auseinander. Für ihn handelt es sich um die »Feststellung des Evidenten«, wenn er schreibt: »Marx' Sozialtheorie bricht in sich selbst zusammen, indem der Ausschluß des Anderen – des Anderen schlechthin, nicht nur des ganz Anderen – aus der Verwirklichung des Menschen ihm zu denken verbietet, was zu denken er sich vorgenommen hat – kommunikative Freiheit.«[2]

Was sich hinter diesen vielerlei »Anderen« verbirgt und welche Bedeutung ihnen für die »Verwirklichung des Menschen« zukommt, ergibt sich für Theunissen aus dem »Verhältnis von Unmittelbarkeit und Vermittlung«, das »Marx kaum weniger wichtig ... fand ... als Hegel«.[3] Theunissen rechnet es zur »Größe«[4] von Marx, dass dieser »im weiteren Gange seines Denkens« Feuerbachs »naiven Unmittelbarkeitspositivismus ... als Schein durchschaut hat.« Es gibt jedoch für Theunissen »*eine* Art von Unmittelbarkeit, an der die Geister sich scheiden«.[5] Hierbei denkt er an die »konkrete Selbstbeziehung«, die dann, wenn sie ohne das »Andere« zustande gebracht werden soll, eine »bloße Unmittelbarkeit«[6] ist, »welche die davon qualitativ verschiedene Unmittelbarkeit des Miteinander-Zusammengehens gerade verhindern würde«.[7] Diese zweite Unmittelbarkeit ist demnach von der ersten deswegen qualitativ verschieden, weil sie das Resultat einer Vermittlung durch das »Andere« ist. Das »Miteinander-Zusammengehen« der Menschen ist also nur zustande gekommen, weil die Menschen sich in ihrem Verhalten zueinander über ein

[1] Michael Theunissen, Sein und Schein. Die kritische Funktion der Hegelschen Logik, Frankfurt/Main 1980, S. 472–486.
[2] Ebd., S. 486.
[3] Ebd., S. 484.
[4] Ebd.
[5] Ebd., S. 484f.
[6] Ebd., S. 485.
[7] Ebd.

von ihnen verschiedenes »Anderes« mit sich selbst zusammenschließen. Da man sich an Hegel halten muss, um zu erfahren, dass die »konkrete Selbstbeziehung« nicht ohne das »Andere« möglich ist, versteht es sich auch von selbst, woraus dies »Andere« besteht – aus dem »Absoluten«. Während es für Theunissen von diesem »Absoluten« angefangen, vielerlei »Andere« gibt, welche die Rolle des vermittelnden »Anderen« spielen, geht Marx, die Unmittelbarkeit des »Miteinander-Zusammengehens« verfehlend, leer aus: »Marx ... glaubte dessen gewiß sein zu dürfen, daß das menschliche Individuum sich nur verwirklichen könne, wenn in seine Selbstbeziehung *nichts* eingeht, was nicht es selbst ist. *Jede* vermittelte Selbstbeziehung ist nach seinen Kriterien als entfremdende Fremdbeziehung zu entlarven.«[8] (Hervorhebungen – D. W.)

Da jedes Individuum sich auf sich selbst bezieht, indem es sich auf andere Individuen bezieht, und sich auf andere Individuen bezieht, indem es sich auf sich selbst bezieht, fällt es einem schwer, diese Behauptung von Theunissen so zu verstehen, als würde er Marx vorwerfen, dass auch ein anderes Individuum zu dem gehöre, was in die angeblich von Marx gedachte »Selbstbeziehung« eines Individuums nicht »eingeht«. In einer Fußnote des »Kapital« heißt es hierzu: »In gewisser Art geht's dem Menschen wie der Ware. Da er weder mit einem Spiegel auf die Welt kommt noch als Fichtescher Philosoph: Ich bin ich, bespiegelt sich der Mensch zuerst in einem andren Menschen. Erst durch die Beziehung auf den Menschen Paul als seinesgleichen bezieht sich der Mensch Peter auf sich selbst als Mensch. Damit gilt ihm aber auch der Paul mit Haut und Haaren, in seiner paulinischen Leiblichkeit, als Erscheinungsform des Genus Mensch.«[9]

Insofern ein Individuum auf ein anderes sich als seinesgleichen bezieht, wird das andere Individuum nicht aus der »Selbstbeziehung« des einen Individuums ausgeschlossen; da aber das andere Individuum immer auch ein »Anderes« ist, was das eine Individuum »nicht ... selbst ist«, legt Theunissen dem Leser nahe, sich vorzustellen, Marx schließe auch das andere Individuum von der Selbstbeziehung« aus. In der folgenden Kritik an Theunissen wird auf diese von ihm erzeugte Unsicherheit keine Rücksicht genommen. Auch wenn es vor allem um die vielerlei »Anderen« gehen soll, die von dem jeweils »anderen Individuum« verschieden sind, so soll vorausgesetzt werden, dass für Marx die »Selbstbeziehung eines Individuums« durch ein »anderes Individuum« vermittelt ist.

Theunissen macht den Ausschluss des »Anderen« dafür verantwortlich, dass Marx nicht in der Lage ist, »kommunikative Freiheit« zu denken. Diese ist für Theunissen eine »Intention«, die Marx' Kritik übersteigt und der auf dem »Boden« seines Denkens »keine Erfüllung zuteil wird«.[10]Wenn Marx in »Zur Judenfrage«

---

[8] Ebd.
[9] Das Kapital, MEW 23, a.a.O., S. 67, Fn. 18.
[10] Michael Theunissen, Sein und Schein, a.a.O., S. 486.

schreibt, dass es die bürgerliche Gesellschaft ist, die »jeden Menschen im andern Menschen nicht die *Verwirklichung*, sondern vielmehr die *Schranke* seiner Freiheit finden«[11] lässt, dann versteht dies Theunissen so, dass je kaum jemand »kommunikative Freiheit als *Handlungsziel* (Hervorhebung – D. W.) so klar ins Auge gefaßt ...«[12] hat wie Marx. Und wenn Marx nach Theunissens Meinung im »Kapital« »wie niemand sonst im Gefolge Hegels die reale Verquickung von Gleichgültigkeit und Herrschaft aufgedeckt hat«,[13] dann hat Marx trotzdem sein »Handlungsziel« nicht erreicht. Für Theunissen »vermag« Marx »kommunikative Freiheit nur noch *anzuzeigen* (Hervorhebung – D. W.), eben weil er sich selbst der Möglichkeit beraubt, die Verwirklichung der Freiheit jedes Menschen aus seinem Zusammengehen mit den anderen Menschen begreiflich zu machen«.[14]

2. »Unmittelbarkeit«, »Fremdbeziehung« und »entfremdende Fremdbeziehung«: Theunissens Deutung der historisch-spezifischen Form der gesellschaftlichen Vermittlung bei Marx als »Orientierung an der Norm einer Unmittelbarkeit«

In jeder Gesellschaftsformation setzen sich die Menschen innerhalb eines bestimmten gesellschaftlichen Zusammenhangs praktisch mit der Natur auseinander. Das Kapital ist als gesellschaftliche Einheit der Arbeit nur eine historisch-spezifische Form des Verhaltens der Menschen zueinander und zur Natur. »Wir haben gesehn, daß der kapitalistische Produktionsprozeß eine geschichtlich bestimmte Form des gesellschaftlichen Produktionsprozesses überhaupt ist. Dieser letztere ist sowohl Produktionsprozeß der materiellen Existenzbedingungen des menschlichen Lebens wie ein in spezifischen, historisch-ökonomischen Produktionsverhältnissen vor sich gehender, diese Produktionsverhältnisse selbst und damit die Träger dieses Prozesses, ihre materiellen Existenzbedingungen und ihre *gegenseitigen* Verhältnisse, d.h. ihre bestimmte ökonomische Gesellschaftsform produzierender und reproduzierender Prozeß. Das Ganze dieser Beziehungen, worin sich die Träger dieser Produktion *zur Natur und zueinander* befinden, worin sie produzieren, dies Ganze ist eben die Gesellschaft, nach ihrer ökonomischen Struktur betrachtet.«[15] (Hervorhebungen – D. W.)

Wenn der Mensch für Marx ein »Ensemble gesellschaftlicher Verhältnisse« ist, was einschließt, dass er ein natürliches, soziales und denkendes Wesen ist, dann lässt sich, vermittelt über die prinzipiell mit der bürgerlichen Gesellschaft möglich

---

[11] Karl Marx, Zur Judenfrage, in: MEW, Bd. 1, Berlin 1970, S. 365.
[12] Michael Theunissen, Sein und Schein, a.a.O., S. 486.
[13] Ebd.
[14] Ebd.
[15] Das Kapital III, MEW 25, a.a.O., S. 826f.

gewordene Einsicht in die gesellschaftliche Arbeit, allgemein, d.h. unabhängig von ihrer historisch-spezifischen Form sagen: Die Menschen haben immer schon in ihrem aus der gesellschaftlichen Arbeit bestehenden Verhalten zueinander und zur Natur damit begonnen, sich zu verwirklichen. Wie immer es im Einzelnen aussieht, dass sich der Mensch in der gesellschaftlichen Arbeit zu dem macht, was er ist, er macht dies nicht, ohne dass in »seine Selbstbeziehung« etwas »Anderes« eingeht, das nicht unmittelbar er selbst ist. Schon aus der allgemeinsten Charakterisierung der gesellschaftlichen Arbeit als dem Verhalten der Menschen zueinander und zur Natur ergibt sich, dass dies »Andere« aus anderen Menschen und aus der Natur besteht. Auf dieser abstrakt-allgemeinen Ebene lässt sich bereits ein Bedingungszusammenhang angeben zwischen der Auseinandersetzung mit der Natur, in der diese umgeformt wird, und der Entwicklung der gesellschaftlichen Verhältnisse, in denen diese Auseinandersetzung abläuft. Wenn man noch bedenkt, dass hierin die Entstehung des menschlichen Denkens eingeschlossen ist, das als Produkt der Gesellschaft zugleich ein an ein natürliches Organ, wie das Gehirn, gebundener Naturprozess ist, dann gilt: Das menschliche Individuum verwirklicht sich als natürliches, gesellschaftliches und denkendes Wesen nur dann, wenn in seine Selbstbeziehung all das eingeht, was es selbst unmittelbar nicht ist.

Es gibt für Marx überhaupt keine Unmittelbarkeit, geschweige denn, dass diese in Theunissens Sinne von Marx zu einer Norm erhoben würde, an der sich die Entwicklung der ökonomisch-gesellschaftlichen Verhältnisse zu orientieren habe und an der sie gemessen würde.

Was nun die durch das Kapital in ihrer historischen Spezifik gekennzeichnete bürgerliche Gesellschaft anbelangt, so bleibt Marx, wie Theunissen sagt, »allein die Kritik«, während sich die »sie übersteigende Intention« als untauglich erwiesen hat, weil sie auf dem »Boden« des Marxschen Denkens »keine Erfüllung« gefunden hat. Wenn Theunissen annimmt, Marx habe zusammen mit seiner Kritik eine sie »übersteigende Intention« gehabt, dann beweist dies, dass die »Kritik«, die Theunissen Marx gönnerhaft zugesteht, bei diesem etwas anderes als das ist, was sich Theunissen unter ihr vorzustellen vermag. In der bürgerlichen Gesellschaft als einer historisch-spezifischen Form der Organisation der gesellschaftlichen Arbeit geht es darum, wie diese von den Menschen in ihrem Verhalten zueinander und zur Natur geschaffen und gestaltet wird. In der durch die Entwicklung der Wertformen bestimmten historisch-spezifischen Form ist enthalten, dass die Menschen dies auf eine solche unbewusst-bewusste Weise tun, dass sie mit allem, was ihnen bewusst ist, den ihnen unbewusst bleibenden, aus den Lösungsbewegungen des Widerspruchs zwischen dem Gebrauchswert und dem Wert bestehenden Bewegungsformen zum Durchbruch verhelfen. Die Menschen machen sich in ihrem Verhalten zueinander und zur Natur – also in stets über ein »Anderes« vermittelnden Beziehungen – zu dem, was sie sind. Ihre eigenen ökonomisch-gesellschaftlichen Verhältnisse bestimmen in der historisch-spezifischen Form, in der sie von ihnen unbewusst-bewusst geschaffen wurden, wieweit und auf welche Weise sich die Menschen entwickelt haben, wie arm, wie reich sie sind, wie frei und unfrei usw.

In Marx' Selbstverständnis kann es somit überhaupt keine die kritische Darstellung der ökonomisch-gesellschaftlichen Verhältnisse »übersteigende Intention« geben, die auf dem Boden seines Denkens keine Erfüllung findet und auch keine die ökonomisch-gesellschaftlichen Verhältnisse »übersteigende Intention«, an der gemessen sich diese als solche erweisen, die kritisiert werden müssen. Dies Letztere hieße, Marx habe eine an die »kommunikative Freiheit« gebundene Heilserwartung, die zwar nicht auf dem »Boden« seines Denkens, aber in der bürgerlichen Gesellschaft ihre Erfüllung finden könnte. Einmal angenommen, Marx habe eine solche Heilserwartung, dann könnte Theunissen gegen ihn die folgenden drei Vorwürfe erheben:

1. Marx sei nicht in der Lage, so etwas wie kommunikative Freiheit zu denken.

2. Er habe die bürgerliche Gesellschaft nicht tief genug erkannt, um sie als geschichtlichen Ort der Erfüllung der Heilserwartungen auszuweisen, die an die »kommunikative Freiheit« geknüpft sind.

3. Marx habe zwar »wie niemand sonst im Gefolge Hegels« die bürgerliche Gesellschaft begriffen; da aber zwischen der bürgerlichen Gesellschaft und der »kommunikativen Freiheit« eine Kluft besteht, müsse die »kommunikative Freiheit« als Ideal der bürgerlichen Gesellschaft vorgehalten werden, um deutlich zu machen, was diese zu sein hätte, aber leider nicht ist.

Wenn Marx im Gefolge Hegels als dem Experten für die Vermittlung durch »das Andere« unvergleichlich weiter als Hegel in die ökonomisch-gesellschaftlichen Zusammenhänge der bürgerlichen Gesellschaft eingedrungen ist, dann sollte es Marx ein Leichtes sein, sich als Philosoph aufzuspielen und aus den Versatzstücken der Philosophie sich das zusammenzureimen, was Theunissen unter »kommunikativer Freiheit« versteht.

Marx hat sich vorgenommen, die ökonomische Struktur der bürgerlichen Gesellschaft darzustellen und zu zeigen, wie sich die Menschen zueinander und zur Natur in einer Weise verhalten, dass sie solche ökonomisch-gesellschaftlichen Verhältnisse schaffen und gestalten, die in ihrer historischen Spezifik durch das Kapital bestimmt sind. Da er sich gar nicht vorgenommen hat, »kommunikative Freiheit« zu denken, trifft keiner der drei Vorwürfe auf die »Kritik der Politischen Ökonomie« zu.

Für Marx ist es die bürgerliche Gesellschaft, die »jeden Menschen im andern Menschen nicht die *Verwirklichung*, sondern vielmehr die *Schranke* seiner Freiheit finden ... läßt«. Daher soll dieser Satz von dem her verstanden werden, was der späte Marx im »Kapital« über die bürgerliche Gesellschaft als einer historisch-spezifischen Organisationsform der gesellschaftlichen Arbeit ausführt. Für Theunissen besteht ohnehin zwischen dem jungen und dem späten Marx kein Unterschied, was die »kommunikative Freiheit« anbelangt. Diese soll der junge Marx als Handlungsziel ins Auge gefasst haben, während sie der späte Marx, der im Gefolge Hegels die reale Verquickung von Gleichgültigkeit und Herrschaft aufgedeckt hat, nur noch anzuzeigen vermag. Das Zusammengehen mit den anderen Menschen ist für Marx nicht Mittel zum Zweck für die Verwirklichung eines Ideals »kommunikativer Freiheit«, sondern was Freiheit ist, erklärt Marx aus der historisch-spezifischen Form des Zusammengehens mit den anderen Menschen.

Wenn für Marx jedes gesellschaftliche Verhältnis eine Vermittlung darstellt, indem die Menschen in ihrem Zusammengehen über die proportionelle Verteilung ihrer Gesamtarbeit und die Herstellung des gesellschaftlich-allgemeinen Charakters der Arbeiten entscheiden, es aber überhaupt kein gesellschaftliches Verhältnis an sich gibt, sondern stets nur in historisch-spezifischer Form existierende gesellschaftliche Verhältnisse, dann kann so etwas wie »Entfremdung« auch nur in der historisch-spezifischen Form der gesellschaftlichen Verhältnisse vorhanden sein und als solche auch nur aus ihnen erklärt werden. Also erst in einem gesellschaftlichen Verhältnis, das wie z.B. die Warenzirkulation in seiner historisch-spezifischen Form durch die Ware und das Geld bestimmt ist, kann es eine Vermittlung über »Anderes« geben, die als eine »entfremdende Fremdbeziehung zu entlarven« ist, aber nicht deswegen, weil eine spezifisch historisch-gesellschaftliche Form der Vermittlung vorliegt.

Die Vermittlung hat sich so verdoppelt, dass das Verhalten der Menschen zueinander und zur Natur (erste Vermittlung) noch einmal zugleich ein gesellschaftliches Verhältnis der Sachen ist (zweite Vermittlung). Der schon immer eine gesellschaftliche Vermittlung darstellende gesellschaftliche Kontakt der Menschen ist selbst noch einmal vermittelt durch den Austausch der Arbeitsprodukte. »Da die Produzenten erst in gesellschaftlichen Kontakt treten durch den Austausch ihrer Arbeitsprodukte, erscheinen auch die spezifisch gesellschaftlichen Charaktere ihrer Privatarbeiten erst innerhalb dieses Austauschs. Oder die Privatarbeiten betätigen sich in der Tat erst als Glieder der gesellschaftlichen Gesamtarbeit durch die Beziehungen, worin der Austausch die Arbeitsprodukte und vermittelst derselben die Produzenten versetzt.«[16] Die Entfremdung ist also mit dem Austausch der Arbeitsprodukte gegeben, worin diese in Waren und damit in Einheiten von Gebrauchswert und Wert verwandelt werden, wobei der Wert der gegenständliche Ausdruck der abstrakt-menschlichen und in dieser Form gesellschaftlich-allgemeinen Arbeit ist. Beim Wert und seinen entwickelten Formen bis zum Kapital hin geht es nicht um irgendeine Vermittlung durch »Gegenständliches«, sondern darum, dass ein gesellschaftliches Verhältnis von Menschen selbst die Form eines gesellschaftlichen Verhältnisses von Sachen angenommen hat, das so außerhalb der ökonomisch-gesellschaftlichen Wirklichkeit nicht existiert.

[16] Das Kapital, MEW 23, a.a.O., S. 87.

Wenn es in dem Verhältnis der Menschen zueinander und zur Natur immer auch um ein Verhalten geht, das über ein »Anderes vermittelt« ist, das etwas »Gegenständliches« ist, dann liegt deswegen überhaupt noch keine Entfremdung vor. In dem Verhalten der Menschen zueinander ist die Gegenständlichkeit eingeschlossen, insofern jeder andere Mensch für einen anderen auch ein gegenständliches Wesen von bestimmter körperlicher Organisation ist, so wie das Verhalten der Menschen zur Natur ein Verhalten zu etwas Gegenständlichem ist, das nicht nur keine »entfremdende Fremdbeziehung« ist, sondern unabhängig von der spezifischen gesellschaftlichen Form der gesellschaftlichen Verhältnisse als »Stoffwechselprozess des Menschen mit der Natur« eine ewig gültige Existenzgrundlage seines Lebens ist. Die Menschen beziehen sich auf die unberührte mit Hilfe von gegenständlichen Mitteln umgeformte Natur als etwas Gegenständlichem: All dies hat nichts mit einer »entfremdenden Fremdbeziehung« zu tun, es sei denn, man begreift im Sinne Hegels den Menschen als ein durch den Geist sich verwirklichendes Wesen, demgegenüber alles nicht aus dem Geist bestehende Gegenständliche eine entäußerte, fremde Gestalt seiner selbst ist, die er als Mittel zum Zweck seiner Selbsterhaltung benutzt.

Gerade Hegel, der Theunissens Mentor in Sachen »Vermittlung des Selbst durch Anderes« ist, setzt jede nicht-geistige gegenständliche Beziehung zu einer »entfremdenden Fremdbeziehung« herab. Hierdurch wird der Unterschied zwischen dem Geld als eine die Entfremdung der gesellschaftlichen Verhältnisse der Menschen bedeutende Gegenständlichkeit mit der bearbeiteten und unbearbeiteten Natur als einer Gegenständlichkeit ausgelöscht, die keine Entfremdung der gesellschaftlichen Verhältnisse der Menschen bedeutet. Dies hat zur Folge, dass die entfremdete, gesellschaftliche Form der Gegenständlichkeit ebenso als etwas ewig Gültiges ausgegeben wird, wie die aus der körperlichen Organisation der Menschen, den Arbeitsmitteln, den Produkten, der bearbeiteten und unbearbeiteten Natur bestehende Gegenständlichkeit. Das Geld ist für Hegel innerhalb des »Systems der Bedürfnisse« ebenso eine sachliche Daseinsweise des sich in die Selbstbewusstseine der Warenbesitzer auseinander legenden Geistes, wie zum Beispiel die Natur die gegenständliche Daseinsweise des sich entäußernden und zu sich zurückkehrenden absoluten Geistes ist.

Was die bürgerliche Gesellschaft als eine bestimmte historisch-gesellschaftliche Form des Zusammengehens der Menschen miteinander anbelangt, gibt es in ihr also nur ein besonderes »Anderes«, das in die »Selbstbeziehung« eines Individuums eingeht, wodurch diese eine »vermittelte Selbstbeziehung« ist, die als eine »entfremdende Fremdbeziehung« zu entlarven ist: Dies »Andere« ist der Wert und seine durch das Setzen und Lösen des Widerspruchs zwischen dem Gebrauchswert und dem Wert sich entwickelnden Formen wie das Geld, das Kapital usw.

Das, was sich hinter der »realen Verquickung von Gleichgültigkeit und Herrschaft« verbirgt, beginnt auf eine formelle Weise innerhalb der Warenzirkulation und realisiert sich vermittels des in der Warenzirkulation ablaufenden Kaufs und Verkaufs der Ware Arbeitskraft in der kapitalistischen Produktion. Durch das Herabsetzen des Arbeitsprozesses als Mittel zum Zweck der Verwertung des Werts entwickelt sich in der kapitalistischen Produktion die Verkehrung der gesellschaftlichen Verhältnisse in gesellschaftliche Verhältnisse der Sachen und die darin eingeschlossene Verkehrung von Subjekt und Objekt in Gestalt der Herrschaft der toten über die lebendige Arbeit weiter. Das Kapitalverhältnis ist ein über das gesellschaftliche Verhältnis der Sachen vermitteltes und zugleich darin verstecktes Herrschafts-Knechtschafts-Verhältnis.

Die Verkehrung von Subjekt und Objekt, die Herrschaft der toten über die lebendige Arbeit ergibt sich nicht daraus, dass die Produktionsmittel zum Beispiel in Gestalt der Maschinerie etwas Gegenständliches sind, sondern daraus, dass sie Daseinsformen des Kapitals sind und als Vergegenständlichungen abstrakt-menschlicher Arbeit als Mittel fungieren, um unbezahlte Mehrarbeit einzusaugen. »Aller kapitalistischen Produktion, soweit sie nicht nur Arbeitsprozeß, sondern zugleich Verwertungsprozeß des Kapitals, ist es gemeinsam, daß nicht der Arbeiter die Arbeitsbedingung, sondern umgekehrt die Arbeitsbedingung den Arbeiter anwendet, aber erst mit der Maschinerie erhält diese Verkehrung technisch handgreifliche Wirklichkeit. Durch seine Verwandlung in einen Automaten tritt das Arbeitsmittel während des Arbeitsprozesses selbst dem Arbeiter als Kapital gegenüber, als tote Arbeit, welche die lebendige Arbeitskraft beherrscht und aussaugt. Die Scheidung der geistigen Potenzen des Produktionsprozesses von der Handarbeit und die Verwandlung derselben in Mächte des Kapitals über die Arbeit vollendet sich, wie bereits früher angedeutet, in der auf Grundlage der Maschinerie aufgebauten großen Industrie. ... Die verselbständigte und entfremdete Gestalt, welche die kapitalistische Produktionsweise überhaupt den Arbeitsbedingungen und dem Arbeitsprodukt gegenüber dem Arbeiter gibt, entwickelt sich also mit der Maschinerie zum vollständigen Gegensatz. Daher mit ihr zum erstenmal die brutale Revolte des Arbeiters gegen das Arbeitsmittel. ... Es bedarf Zeit und Erfahrung, bevor der Arbeiter die Maschinerie von ihrer kapitalistischen Anwendung unterscheiden und daher seine Angriffe vom materiellen Produktionsmittel selbst auf dessen gesellschaftliche Exploitationsform übertragen lernt.«[17]

Nicht die Vermittlung durch irgendein »Anderes« ist die Ursache für eine »entfremdende Fremdbeziehung« bzw. für eine die Freiheit beschränkende Herrschaft der einen über die anderen Menschen, sondern nach Marx ist hierfür alles Gegenständliche nur verantwortlich, insofern es als Wert, Geld, Kapital usw. auf historisch-spezifische Weise etwas Gesellschaftliches ist.

Anstatt Marx zu unterstellen, er würde jede Vermittlung über ein »Anderes« als eine »entfremdende Fremdbeziehung« ausgeben, müsste Theunissen untersuchen,

[17] Ebd., S. 446, S. 455 und S. 452.

um was für ein »Anderes« es sich handelt, wenn das ohnehin schon eine Vermittlung darstellende Verhalten der Menschen zueinander und zur Natur eine »entfremdende Fremdbeziehung« ist.

Solange Theunissen nicht die Maschinerie als im Arbeitsprozess fungierendes Arbeitsmittel von seiner Funktion als Kapital unterscheidet, durch die es als Arbeitsmittel die »verselbständigte und entfremdete Gestalt« erhält, und solange er nicht beweist, dass diese Unterscheidung in Wirklichkeit nicht existiert, »bürdet« er mit seiner Rede von der »Orientierung an der Norm einer solchen Unmittelbarkeit« Marx »die Dummheit auf, nicht die kapitalistische Anwendung der Maschinerie zu bekämpfen, sondern die Maschinerie selbst«.[18]

Die kapitalistische Produktionsweise unterscheidet sich wesentlich von vorausgegangenen bornierten Produktionsweisen dadurch, dass sie auf Basis der Trennung der Produzenten von ihren Produktionsmitteln, d.h. auf Basis des Aufbrechens einer unmittelbaren Einheit zwischen Natur und Mensch den Arbeitsprozess als Mittel zum Zweck für die Verwertung des Werts herabsetzt. Der hierdurch entstandene Widerspruch zwischen dem Arbeits- und Verwertungsprozess löst sich, angefangen mit der Produktion des absoluten Mehrwerts bzw. der formellen Subsumtion des Arbeitsprozesses unter das Kapital grundlegend in der Produktion des relativen Mehrwerts bzw. der reellen Subsumtion des Arbeitsprozesses unter das Kapital. In der letzteren hat der Widerspruch zwischen dem Arbeits- und Verwertungsprozess die entwickeltste Bewegungsform gefunden, insofern sich die Verwertung des Werts die ihr adäquateste technologische, gesellschaftliche Gestalt des Arbeitsprozesses geschaffen hat. Einerseits bringt die Revolutionierung der Produktivkräfte bzw. der technologischen und gesellschaftlichen Gestalt des Arbeitsprozesses eine Entfaltung der gesellschaftlichen Potenzen der Arbeit mit sich als ebenso vielen materiellen und ideellen Voraussetzungen für eine allseitige Entfaltung der an Bedürfnissen, Eigenschaften und Beziehungen reicheren Menschen. Die Entfaltung der Potenzen der gesellschaftlichen Arbeit ist andererseits aber durch das Herabsetzen des Arbeitsprozesses als Mittel zum Zweck des Verwertungsprozesses bestimmt und damit durch die Realisierung des aus dem Verhältnis von Kapital und Lohnarbeit bestehenden Herrschafts-Knechtschafts-Verhältnisses bzw. durch die Realisierung der Herrschaft der toten über die lebendige Arbeit. Die gegensätzlichen Formen der Entfaltung der gesellschaftlichen Potenzen der Arbeit sind die materiellen und ideellen Voraussetzungen dafür, dass sich die allseitige Entfaltung der Individuen in der gegensätzlichen Form von Armut und Reichtum, von körperlicher und geistiger Arbeit, von Freiheit und Unfreiheit, von Gleichheit und Ungleichheit usw. bewegt.

Im Unterschied zu dem Ideal »kommunikativer Freiheit« existiert die Entfaltung des allseitig entwickelten Individuums, wenn auch in gegensätzlicher Form,

---

[18] Michael Theunissen, Sein und Schein, a.a.O., S. 485, Das Kapital, MEW 23, a.a.O., S 465.

so aber reell. Sofern sie sich unter dem Begriff der Universalität des Individuums zusammenfassen lässt, existiert sie also »nicht als gedachte oder eingebildete« und damit auch nicht, wie Theunissen will, als bloß »angezeigte«, »sondern als Universalität seiner realen und ideellen Beziehungen«.[19] Das »Handlungsziel« kann für Marx also nur aus dem Abstreifen der gegensätzlichen Formen der Entwicklung der gesellschaftlichen Potenzen der Arbeit, d.h. der Entwicklung der materiellen und ideellen Voraussetzungen für eine allseitige Entfaltung der Individuen sein, ein Abstreifen, das aus der praktischen Abschaffung der gegensätzlichen Form besteht, die selbst noch einmal durch die dem Kapital immanenten Widersprüche bedingt ist.

Ohne dass dies auch nur den geringsten systematischen Stellenwert für die Darstellung der bürgerlichen Gesellschaft besitzt, kann Marx in allergröbsten Umrissen eine andere qualitativ höher entwickelte Produktionsweise skizzieren, für die die kapitalistische nur eine Durchgangsstufe darstellt. Dies tut Marx, wenn er zu Zwecken der Illustration zum Beispiel auf den »Verein freier Menschen« verweist, »die mit gemeinschaftlichen Produktionsmitteln arbeiten und ihre vielen individuellen Arbeitskräfte selbstbewußt als eine gesellschaftliche Arbeitskraft verausgaben«.[20]

Oder wenn Marx, ausgehend von dem Zusammenhang zwischen der Unbewusstheit der Menschen über ihre eigenen gesellschaftlichen Verhältnisse und deren durch den Wert und seine Formen bedingte Verkehrung in gesellschaftliche Verhältnisse der Sachen, sagt: »Die Gestalt des gesellschaftlichen Lebensprozesses, d.h. des materiellen Produktionsprozesses, streift nur ihren mystischen Nebelschleier ab, sobald sie als Produkt frei vergesellschafteter Menschen unter deren bewußter planmäßiger Kontrolle steht. Dazu ist jedoch eine materielle Grundlage der Gesellschaft erheischt oder eine Reihe materieller Existenzbedingungen, welche selbst wieder das naturwüchsige Produkt einer langen und qualvollen Entwicklungsgeschichte sind.«[21]

Zu dem Satz, dass »jede vermittelte Selbstbeziehung nach ... (Marx') Kriterien als entfremdende Fremdbeziehung zu entlarven« sei, macht Theunissen folgende Fußnote: »Zu diesem Verbot der Vermittlung des Selbst durch Anderes gesellt sich eine weit weniger fragwürdige, aber mit der Stellung zu Unmittelbarkeit und Vermittlung zusammenhängende Maxime Rousseauisch-Kantischer Provenienz, deren fundamentale Bedeutung für die Marxsche Ökonomiekritik Ernst Michael Lange ... aufzeigt und die er ›Mediatisierungsverbot‹ nennt, die Maxime nämlich, ›daß es dem Menschen als produktivem, Zwecke verwirklichenden Wesen schlechthin unangemessen sei, zum Mittel gemacht zu werden‹.«[22]

19 Karl Marx, Grundrisse, a.a.O., S. 440.
20 Das Kapital, MEW 23, a.a.O., S. 92.
21 Ebd., S. 94.
22 M. Theunissen, Sein und Schein, a.a.O., S. 485, Fn. 2.

Die Sphäre der bürgerlichen Gesellschaft, in der die Menschen am meisten und grundlegend als produktive, Zwecke verwirklichende Wesen »zum Mittel gemacht« werden, ist die Sphäre des Produktionsprozesses. In diesem realisiert sich das aus der Lohnarbeit und dem Kapital bestehende Ausbeutungs- bzw. Herrschafts-Knechtschafts-Verhältnis in der Form der Herabsetzung des Arbeitsprozesses als Mittel zum Zweck der Verwertung. Vermittelt über ein gesellschaftliches Verhältnis von Sachen, worin sich die gesellschaftlichen Eigenschaften verkehrt als Eigenschaften von Dingen, von Produktionsmitteln darstellen, üben die einen Menschen als Personifizierungen der Verwertung des Werts – die Kapitalisten, die Herrschaft über andere Menschen als Personifikationen der lebendigen Arbeit – die Lohnarbeiter aus. Diese gibt es nur aufgrund des Scheidungsprozesses der Produzenten von den Produktionsmitteln, wodurch die Arbeitskraft selbst zur Ware geworden ist und damit alle gegenständlichen Bedingungen der Produktion und alle Produkte Warenform angenommen haben, so dass der gesamtgesellschaftliche Reproduktionsprozess aus dem Kreislauf des Kapitals als sich verwertendem Wert besteht und somit durch die Setzung und Lösung des Widerspruchs zwischen dem Gebrauchswert und dem Wert in seiner Struktur bestimmt ist.

Nur weil Marx nach Theunissen und Lange im Sinne einer idealistischen Hilfskonstruktion ein »Mediatisierungsverbot« erlassen haben soll, kommt er dazu, es nicht einfach hinzunehmen, dass der Mensch, in welcher Form auch immer, von anderen Menschen zum Mittel gemacht wird. Marx stellt aber keine Maxime Rousseauisch-Kantischer Provenienz auf und räsoniert auch nicht, losgelöst von der Wirklichkeit, in der die Menschen sich in der Produktion und Reproduktion ihres Lebens zueinander und zur Natur verhalten, über irgendwelche Mittel-Zweckrelationen zwischen den Menschen. Darzustellen, dass es »dem Menschen ... unangemessen sei, zum Mittel gemacht zu werden«, heißt daher für Marx, den kapitalistischen Produktionsprozess als Einheit von Arbeits- und Verwertungsprozess, d.h. als sich realisierendes Herrschafts-Knechtschafts-Verhältnis darzustellen.

Theunissen und Lange glauben, Marx kritisiere diese Bewegungsformen überflüssigerweise und damit vergeblich, weil sie den gar nicht zu kritisierenden Tatbestand einschliessen, dass es dem Menschen angemessen ist, zum Mittel gemacht zu werden.

Da Marx nun einmal keine Vermittlung durch »Anderes«, keine »Mediatisierung« wolle, sträube er sich dagegen, sich in die unvermeidliche Herabsetzung des Menschen zum Mittel zu fügen. Hätte Marx in der Verwertung des Werts nicht ein »Anderes« gesehen, das Ausdruck einer »entfremdenden Fremdbeziehung« ist, dann hätte er das, was sich im kapitalistischen Produktionsprozess abspielt, nicht so schrecklich gefunden, wo doch nichts anderes gemacht wird, als das, was den Menschen als produktivem, Zwecke verwirklichendem Wesen »schlechthin«[23] zu-

[23] Ebd.

kommt und folglich auch moralisch gerechtfertigt ist. Nur so ein herzensguter Mensch wie Marx, der nicht die harte, aber wahre Realität auszuhalten vermag und deswegen etwas gegen die »Mediatisierung« hat, hängt an einem solchen wirklichkeitsfremden, in seiner Unmittelbarkeit unausweisbaren Ideal, wie es die »Maxime« ist, einen anderen Menschen nicht zum Mittel zu machen. Im Namen der in »kommunikativer Freiheit« sich erfüllenden »Humanität« war Theunissen angetreten, vom absoluten Geist angefangen alles »Andere« in die »Selbstbeziehung« eines Individuums eingehen zu lassen, damit es sich in ihr verwirklichen könne. Hiermit fällt aber die Unterscheidung weg zwischen einem »Anderen«, das die durch es vermittelte Selbstbeziehung zu einer »entfremdenden Fremdbeziehung« macht, und einem »Anderen«, für das dies nicht zutrifft. Bei Hegels »absolutem Geist«, beim Staat, beim Kapital, beim Geld, bei der Ware kann es sich für Theunissen nur um solche »Andere« handeln, durch die die Selbstbeziehung eines Individuums vermittelt ist, ohne dass diese Selbstbeziehung eine »entfremdende Fremdbeziehung« ist. Vermittlung durch »Anderes« um jeden Preis, wobei Theunissen seinen »nicht-atheistischen Humanismus« hervorkehrend, an das »Absolute« im Sinne des die Hegelsche Philosophie dominierenden »absoluten Geistes« denkt, so lautet die Devise. Ein Preis, den nicht Theunissen selbst, es sei denn mit seinem »guten Gewissen«[24] bezahlen muss, sondern die »anderen«, die durch Staat, Kapital, Geld und Ware usw. »zum Mittel« gemacht werden.

3. E.M. Langes »Mediatisierungsverbot« und die Kritik der Politischen Ökonomie. Karl Marx als »Moralapostel«

Was man den Ausführungen Theunissens nicht unmittelbar entnehmen, sondern allenfalls erschließen kann, tritt in der »Mediatisierungskritik«, die Lange an Marx führt, deutlich hervor: Bei Marx handelt es sich bei der »Stellung zu Unmittelbarkeit und Vermittlung« um die Stellung zur unmittelbaren und vermittelten Gesellschaftlichkeit der Arbeit. Bei Lange heißt es: »Die Produktion wäre (bei einer bewussten und planmäßigen Organisation der gesellschaftlichen Arbeit – D. W.) gemeinschaftlich oder ›unmittelbar gesellschaftlich‹, die Vermittlung durch Gegenstände nach Marx entbehrlich. Als Verkehrung aber kann diese Vermittlung nur bezeichnet werden, wenn das Modell unmittelbarer Gesellschaftlichkeit der Arbeit als Norm ausgezeichnet wird.«[25]

Dass in einem »Verein freier Menschen« die Vermittlung durch Gegenstände entbehrlich ist, kann falsch und richtig sein, je nachdem, was man unter den Ge-

---

[24] Ebd., S. 485, Fn. 3.

[25] Ernst Michael Lange, Wertformanalyse, Geldkritik und die Konstruktion des Fetischismus bei Marx, in: Neue Hefte für Philosophie 1978, H. 13, S. 25.

genständen und damit unter der Vermittlung durch Gegenstände versteht. Falsch ist es zu sagen, die Vermittlung durch Gegenstände sei entbehrlich, wenn mit den Gegenständen die bearbeitete und unbearbeitete Natur, die Arbeitsmittel, die körperliche Organisation der Menschen usw. gemeint sind, d.h. zusammenfassend, wenn alle Gegenstände gemeint sind, mit denen die Menschen in ihrem Verhalten zueinander und zur Natur in jeder Gesellschaftsformation unabhängig von ihrer historisch-spezifischen Form umgehen. Richtig dagegen ist die Charakterisierung der Vermittlung der Gegenstände als eine verkehrte und daher »entbehrliche«, wenn die Gegenstände als Verkörperungen konkret-nützlicher Arbeit zugleich Verkörperungen abstrakt-menschlicher und in dieser Form gesellschaftlich-allgemeiner Arbeit sind, d.h. wenn die gesellschaftlichen Verhältnisse der Menschen als gesellschaftliche Verhältnisse der Sachen erscheinen, so dass diese den Menschen selbständig gegenüberstehen.

Ihre eigenen gesellschaftlichen Verhältnisse werden den Menschen als »Verhältnisse der Dinge unter sich«[26] zurückgespiegelt, so dass sie die gesellschaftlichen Charaktere der Arbeiten als gesellschaftliche Natureigenschaften der Gegenstände ausgeben.

Lange behauptet, als »Verkehrung« könne die »Vermittlung durch Gegenstände ... nur bezeichnet werden, wenn das Modell unmittelbarer Gesellschaftlichkeit der Arbeit als Norm ausgezeichnet wird«. Marx verwendet das Wort unmittelbar auf zweifache Weise: Einmal spricht er von unmittelbaren gesellschaftlichen Verhältnissen und zum anderen von der unmittelbaren Gesellschaftlichkeit der Arbeit. In der ersten Bedeutung wird das Wort »unmittelbar« neutral gebraucht, d.h. wenn von unmittelbaren gesellschaftlichen Verhältnissen gesprochen wird, wird dabei noch nichts über die historisch-spezifische Form dieses Zusammenhangs gesagt. In der zweiten Bedeutung, in der das Wort »unmittelbar« gebraucht wird, geht es gerade um die historisch-spezifische Form eines Gemeinwesens, d.h. lediglich um die Gemeinsamkeit aller vor-kapitalistischen Gemeinwesen, eine Gemeinsamkeit, die darin besteht, dass der gesellschaftliche Zusammenhang jeweils so strukturiert ist, dass die konkret-nützlichen Arbeiten zugleich Arbeiten in gesellschaftlich-allgemeiner Form sind.

Von Verkehrung der menschlichen Verhältnisse zu sprechen, hat für Lange nur Sinn, wenn man die Verkehrung auf die unmittelbare Gesellschaftlichkeit der Arbeit bezieht, d.h. wenn man die bürgerliche Gesellschaftsformation, die sich durch die gegenständliche Vermittlung auszeichnet, an einem »Verein freier Menschen« misst, der als Beispiel für eine Gesellschaftsformation steht, die sich durch die unmittelbare Gesellschaftlichkeit der Arbeit auszeichnet. Wichtig ist also, dass Lange nicht die erste Bedeutung des Wortes »unmittelbar« kennt, d.h. er die Verkehrung nicht auf die menschlichen Verhältnisse bezieht, mit denen überhaupt noch nichts

[26] Theorien über den Mehrwert, MEW 26.3, a.a.O., S. 127.

über die historische Spezifik einer Gesellschaftsformation ausgesagt ist, sondern dass er die Verkehrung auf eine durch die unmittelbare Gesellschaftlichkeit gekennzeichnete Gesellschaftsformation bezieht. Lange unterstellt Marx also, dass er hinsichtlich der bürgerlichen Gesellschaft aufgrund der gegenständlichen Vermittlung nur deswegen von einer Vermittlung spricht, weil die gegenständliche Vermittlung eine Verkehrung darstellt gegenüber der nicht-gegenständlichen Vermittlung einer Gesellschaftsformation, die sich durch die unmittelbare Gesellschaftlichkeit der Arbeit auszeichnet.

Bei Marx gibt es keine unmittelbare Gesellschaftlichkeit, die als Maßstab der Gesellschaftlichkeit der kapitalistischen Produktionsweise fungiert: Es kann überhaupt nicht die durch die unmittelbare Gesellschaftlichkeit der Arbeit sich auszeichnende Gesellschaftsformation sein, die in den gegenständlichen Vermittlungsprozessen der bürgerlichen Gesellschaft eine Verkehrung erfahren hätte. Die niemals unabhängig von der historisch-spezifischen Form existierenden gesellschaftlichen Verhältnisse der Menschen erscheinen in der bürgerlichen Gesellschaft verkehrt in der Form der gesellschaftlichen Verhältnisse der Sachen, so dass es die immer schon in den gesellschaftlichen Verhältnissen der Sachen erscheinenden menschlichen Verhältnisse sind, die – was zunächst einmal die Warenzirkulation anbelangt – die bürgerliche Gesellschaft als historisch-spezifische Gesellschaftsformation auszeichnen. Jede Gesellschaftsformation, die in ihrer historischen Spezifik durch die vermittelte oder unvermittelte Gesellschaftlichkeit der Arbeit gekennzeichnet ist, besteht immer aus den gesellschaftlichen Verhältnissen der Menschen bzw. aus dem Verhalten der Menschen zueinander und zur Natur. Die gesellschaftlichen Verhältnisse der Menschen kann man unabhängig von der reellen Existenz nur in Gedanken festhalten, während ihre reelle Existenz bedeutet, dass sie stets in einer historisch-spezifischen Form existieren, egal ob diese durch eine vermittelte oder unvermittelte Gesellschaftlichkeit der Arbeit gekennzeichnet ist. Mit den unmittelbar gesellschaftlichen Verhältnissen als den menschlichen Verhältnissen »schlechthin« ist überhaupt noch nichts über diese historisch-spezifische Form, d.h. überhaupt noch nichts über die vermittelte oder unvermittelte Gesellschaftlichkeit der Arbeit gesagt. Wenn man von den durch die unmittelbare Gesellschaftlichkeit der Arbeit gekennzeichneten gesellschaftlichen Verhältnissen alles weglässt, was diese unmittelbare Gesellschaftlichkeit konstituiert, erhält man die menschlichen Verhältnisse schlechthin. Dies ist auch der Fall, wenn man bei der vermittelten Gesellschaftlichkeit der Arbeit vom Wert und den Wertformen als ebenso vielen gesellschaftlichen Formen der Arbeit abstrahiert.

So wie die menschlichen Verhältnisse allen Gesellschaftsformationen gemeinsam sind, kann keine Rede davon sein, dass sie einmal von einer Verkehrung und dann ein andermal nicht von einer Verkehrung betroffen sind. Wann also kann von einer solchen Verkehrung gesprochen werden? Nur dann, wenn die gesellschaftlichen Verhältnisse der Menschen, die menschlichen Verhältnisse in einer von ihnen verschiedenen Form, nämlich in der Form eines gesellschaftlichen Verhältnisses von *Sachen* erscheinen.

Die Frage, ob es eine Verkehrung gibt oder nicht, ist erstens die Frage danach, ob es eine Verkehrung von menschlichen Verhältnissen gibt (von denen weder gesagt werden kann, sie seien vermittelt oder unmittelbar gesellschaftlich), ist zweitens die Frage danach, ob es einen Unterschied zwischen den menschlichen Verhältnissen und den gesellschaftlichen Verhältnissen von Sachen gibt, und ist schließlich drittens die Frage danach, ob es für die bürgerliche Gesellschaft zutrifft, dass in ihr die menschlichen Verhältnisse in der von ihnen verschiedenen Form des gesellschaftlichen Verhältnisses von Sachen auftreten. Wenn es keinen Unterschied zwischen den menschlichen Verhältnissen und den gesellschaftlichen Verhältnissen der Sachen gibt, dann gibt es auch keine Verkehrung. Wenn es aber einen Unterschied zwischen den menschlichen Verhältnissen und den gesellschaftlichen Verhältnissen von Sachen gibt, worin sie erscheinen, dann gibt es auch eine Verkehrung. Herrscht in einer Gesellschaftsformation das gesellschaftliche Verhältnis von Sachen allgemein vor, dann gibt es in ihr einen Unterschied zwischen den unmittelbar menschlichen Verhältnissen bzw. zwischen den gesellschaftlichen Verhältnissen (menschlichen Verhältnissen) und den gesellschaftlichen Verhältnissen von Sachen, und wenn jene in diesen erscheinen, dann erscheinen sie als etwas, das sie selbst nicht sind, d.h. sie erscheinen in einer sie verkehrenden Form.

Unter den Bedingungen des Austauschs treten die Menschen erst vermittels des gesellschaftlichen Verhältnisses der Sachen miteinander in gesellschaftlichen Kontakt, was gleichbedeutend damit ist, dass sich gegeneinander verselbständigte Privatproduzenten und damit gegeneinander verselbständigte Privatarbeiten gegenüberstehen, so dass der Austausch nichts anderes ist als die gesellschaftliche Beziehung der *Privatarbeiten* aufeinander. Wenn also mit dem Austausch die menschlichen Verhältnisse und die darin vorhandenen Beziehungen der Arbeiten aufeinander die Form der gesellschaftlichen Beziehungen der Privatarbeiten und die gesellschaftliche Beziehung der Privatproduzenten angenommen haben, (die von jeder historisch-spezifischen Form unabhängige Beziehung der Arbeiten aufeinander darf nicht mit der Form, die sie unter den Bedingungen des Austauschs angenommen hat, d.h. mit der gesellschaftlichen Beziehung der Privatarbeiten verwechselt werden), dann haben sie eine sie verkehrende Form angenommen, worin sie auch als solche nicht mehr sichtbar sind. Während die menschlichen Verhältnisse und die darin eingeschlossenen Beziehungen der Arbeiten aufeinander den Menschen nicht mehr als das erscheinen können, was sie sind, erscheinen ihnen aber die gesellschaftlichen Beziehungen der Privatarbeiten als das, was sie sind, nämlich als »sachliche Verhältnisse der Personen und gesellschaftliche Verhältnisse der Sachen«.[27]

---

[27] Das Kapital, MEW 23, a.a.O., S. 87.

Die menschlichen Verhältnisse und die darin eingeschlossenen Beziehungen der Arbeiten aufeinander erscheinen in einer sie verkehrenden, sie auslöschenden Form in der gesellschaftlichen Beziehung der Privatarbeiten. Damit erscheinen sie im Austausch nach der Seite, nach der dieser aus dem gesellschaftlichen Verhältnis der Sachen bzw. aus dem durch das gesellschaftliche Verhältnis der Sachen bestimmten Verhältnis der Personen, dem sachlichen Verhältnis der Personen zueinander besteht. Da die »unmittelbar gesellschaftlichen Verhältnisse der Personen in ihren Arbeiten selbst«[28] in den gesellschaftlichen Beziehungen der Privatarbeiten erscheinen, sind es nicht die ersteren, sondern die letzteren, welche den Personen als das erscheinen, was sie sind. Die Personen können die unmittelbar gesellschaftlichen Verhältnisse in ihren Arbeiten nicht mehr von den gesellschaftlichen Beziehungen der Privatarbeiten trennen, d.h. sie nehmen sie nicht als solche wahr, sondern immer schon in der Art und Weise, wie sie durch die gegenständliche Vermittlung über die Waren und das Geld usw. bestimmt sind. Die Reichweite des Bewusstseins der Personen bleibt durch das bestimmt, was sie als Personifikationen der Waren als Einheiten von Gebrauchswert und Wert oder des Geldes als der allgemeinen Wertgestalt aller Waren sind.

Oben wurde bereits darauf eingegangen, dass man von der historisch-spezifischen Form der Gesellschaftlichkeit, also von dem Wert und seinen verschiedenen Formen abstrahieren kann. Dann wird die Gesellschaftsformation nur unter dem Aspekt der gesellschaftlichen Verhältnisse schlechthin betrachtet, d.h. unter einem Aspekt, unter dem sie niemals reell existiert. Wird von den Wertformen als ebenso vielen Formen der gegenständlichen Vermittlung abgesehen, dann erhält man nicht die unmittelbaren gesellschaftlichen Verhältnisse der Menschen in ihren Arbeiten selbst im Sinne der unmittelbaren Gesellschaftlichkeit, durch die jeweils nur eine ganz bestimmte nicht-kapitalistische Gesellschaftsformation gekennzeichnet sein kann. Es bleibt nur das, was allen kapitalistischen und nicht-kapitalistischen Gesellschaftsformationen gemeinsam ist, übrig.

Die »negative Beurteilung der indirekten Vergesellschaftung und des in ihr angeblich implizierten Fetischismus« soll sich aus der »normativen Antizipation«[29] ergeben.

Da es diese aber aus den dargelegten Gründen überhaupt nicht gibt und Lange nichts vorzubringen weiß, womit er die »negative Beurteilung« der gegenständlichen Vermittlung entkräften könnte, liefert er anstelle einer Widerlegung der Marxschen Theorie den indirekten Beweis ihrer Gültigkeit.

Lange selbst ist es, der die Verkehrung aus der Konfrontation mit der unmittelbaren Gesellschaftlichkeit einer nicht-kapitalistischen Gesellschaftsformation zu erklären versucht:

---

[28] Ebd.

[29] E.M. Lange, Wertformanalyse ..., a.a.O., S. 26.

»Marx behauptet, für Warenproduzenten verschwinde der ›doppelte gesellschaftliche Charakter‹ ihrer Arbeiten, ihre materiale Nützlichkeit und ihre Tauschbarkeit nämlich, hinter ›den Formen, welche im praktischen Verkehr, im Produktenaustausch erscheinen ... ‹. D.h. die Nützlichkeit wird von der Tauschbarkeit verdrängt. Deshalb wurde ... formuliert, die Warenproduzenten täuschten sich ›prima facie nicht über den Charakter ihrer gesellschaftlichen Verhältnisse‹. Sie täuschen sich insofern, als sie die Verstehensmuster, die sich aus der Zirkulationssphäre nahelegen, verabsolutieren und damit die Gebrauchswertseite gesellschaftlicher Arbeitsteilung aus dem Blick verlieren und verdrängen. Der Waren- und Geldfetischismus ist nicht nur, aber auch ein Bewußtseinsphänomen.«[30]

Lange verstrickt sich in unauflösliche Widersprüche: Zunächst sagt er, für die Warenproduzenten verschwinde die materiale Nützlichkeit der Arbeiten und ihre Tauschbarkeit (wobei man noch korrigierend einfügen muss, dass nicht die Arbeiten, sondern die Arbeitsprodukte es sind, die getauscht werden) hinter den Formen, welche im Produktentausch erscheinen. Da die Tauschbarkeit der Arbeitsprodukte identisch ist mit ihrem Wert und mit den Formen, die der Wert im Austausch der Arbeitsprodukte annimmt, erkennt Lange, dass die Tauschbarkeit hinter der Tauschbarkeit verschwindet. Das Einzige, was verschwindet, ist das, was die Tauschbarkeit der Arbeitsprodukte konstituiert, nämlich der Tatbestand, dass der Wert die Vergegenständlichung der abstrakt-menschlichen und in dieser Form gesellschaftlich-allgemeinen Arbeit ist. Hiervon einmal abgesehen, ist es aber nicht die Tauschbarkeit, die verschwindet, die gerade in den Formen, die der Wert im Austausch annimmt, hervortritt und wie zum Beispiel im Geld auch von den Warenbesitzern als das genommen wird, was das Geld immer auch ist, nämlich als das schlechthin gegen alle andern Arbeitsprodukte austauschbare Arbeitsprodukt.

Kaum hat Lange die Tauschbarkeit der Produkte in den die Austauschbarkeit ausdrückenden Formen verschwinden lassen, dann ist es auf einmal nur noch »die Nützlichkeit«, die »von der Tauschbarkeit verdrängt« wird. Dies ist das Eigentliche, worum es ihm geht; denn jetzt ist auch nicht mehr die Rede davon, dass die Tauschbarkeit verdrängt würde, worin sich der gesellschaftliche Charakter der Arbeiten ausdrückt. Vielmehr täuschen sich jetzt die Produzenten nicht mehr »über den Charakter ihrer gesellschaftlichen Verhältnisse«, sondern, indem die Menschen die Verstehensmuster aus der Zirkulationssphäre verabsolutieren, täuschen sie sich über die *Gebrauchswertseite* der gesellschaftlichen Arbeitsteilung; denn diese ist es, die sie »aus dem Blick verlieren und verdrängen«.[31]

Lange reduziert den Warenfetisch – wohl in Anlehnung an Lukács – darauf, dass die Nützlichkeit, d.h. der konkret-nützliche Charakter der Arbeiten und der Gebrauchswert der Arbeitsprodukte von der Tauschbarkeit, d.h. vom Wert und sei-

[30] Ebd., S. 35, Fn. 74.
[31] Ebd.

nen Erscheinungsformen versteckt und verdrängt wird. Aber nicht einmal das vermag Lange im Einzelnen von der Ware aus als eine Einheit von Gebrauchswert und Wert zu erklären; vielmehr flüchtet er in inhaltlich von ihm überhaupt nicht bestimmte Verstehensmuster der Warenzirkulation, die, keiner weiß wie, verabsolutiert werden, wodurch »die Gebrauchswertseite der gesellschaftlichen Arbeitsteilung aus dem Blick« gerät.

Lange meint zunächst, Marx grenze die Verkehrung negativ von etwas Gesellschaftlichem ab, nämlich von der unmittelbaren Gesellschaftlichkeit der Arbeit. Insofern die Verkehrung nichts mit der unmittelbaren Gesellschaftlichkeit der Arbeit zu tun hat, hat Lange recht. Insofern die Verkehrung aber nichts mit der Gesellschaftlichkeit, d.h. mit den gesellschaftlichen Verhältnissen der Menschen zu tun haben soll, hat er unrecht.

Was den Gebrauchswert anbelangt, so heißt es bei Marx: »Das Gehirn der Privatproduzenten spiegelt diesen doppelten gesellschaftlichen Charakter ihrer Privatarbeiten nur wider in den Formen, welche im praktischen Verkehr, im Produktenaustausch erscheinen – *den gesellschaftlichen nützlichen Charakter* ihrer Privatarbeiten also in der Form, daß das Arbeitsprodukt *nützlich sein muß*, und zwar *für andre*«[32] (Hervorhebungen – D. W.). Hätten die Warenbesitzer kein Bewusstsein vom Gebrauchswert der Arbeitsprodukte, d.h. ein Bewusstsein davon, dass der Gebrauchswert ihrer eigenen Ware ihr Bedürfnis nicht befriedigt, und es der Gebrauchswert einer andern Ware ist, der ihr Bedürfnis befriedigt, dann gäbe es überhaupt keinen Austausch, geschweige denn eine im Tauschwert erscheinende Tauschbarkeit, welche den Gebrauchswert verdrängen könnte.

Und wie sieht es mit der anderen Seite, d.h. mit dem gesellschaftlich-allgemeinen Charakter der Arbeit aus? Der gesellschaftliche Charakter »der Gleichheit der verschiedenartigen Arbeiten« spiegelt sich im Gehirn der Privatproduzenten »in der Form des gemeinsamen Wertcharakters dieser materiell verschiedenen Dinge, der Arbeitsprodukte« wider. Wie bereits betont, behandeln die Warenbesitzer ihre Waren als etwas Austauschbares, als Nicht-Gebrauchswerte, ohne dass sie wissen, worin die Tauschbarkeit gründet, d.h. ohne zu wissen, was der Wert als Vergegenständlichung der abstrakt-menschlichen und in dieser Form gesellschaftlich-allgemeinen Arbeit ist. »Die Menschen beziehen also ihre Arbeitsprodukte nicht aufeinander als Werte, weil diese Sachen ihnen als bloß sachliche Hüllen gleichartig menschlicher Arbeit gelten. Umgekehrt. Indem sie ihre verschiedenartigen Produkte einander im Austausch als Werte gleichsetzen, setzen sie ihre verschiednen Arbeiten einander als menschliche Arbeit gleich. *Sie wissen das nicht*, aber sie tun es. Es steht daher dem Werte *nicht auf der Stirn geschrieben, was er ist.* Der Wert verwandelt vielmehr jedes Arbeitsprodukt in eine gesellschaftliche *Hieroglyphe.* ... Dagegen hat die Warenform und das Wertverhältnis der Arbeitsprodukte, worin

---

[32] Das Kapital, MEW 23, a.a.O., S. 88.

sie sich darstellt, mit ihrer physischen Natur und den daraus entspringenden dinglichen Beziehungen absolut nichts zu schaffen. Es ist nur das bestimmte *gesellschaftliche Verhältnis der Menschen selbst, welches hier für sie die phantasmagorische Form eines Verhältnisses von Dingen annimmt.*«[33] (Hervorhebungen – D. W.)

Sagt Marx, es ist der Gebrauchwert, von dem die Warenbesitzer ein Bewusstsein haben, dann sagt Lange, es ist der vom Gebrauchswert verschiedene Tauschwert, der den Warenbesitzern den Gebrauchswert verschleiert und zum Verschwinden bringt. Sagt Marx, es sind die menschlichen Verhältnisse, die für die Menschen die »phantasmagorische Form eines Verhältnisses von Dingen« annehmen, dann sagt Lange, es ist der Gebrauchswert bzw. die »Gebrauchswertseite der gesellschaftlichen Arbeitsteilung«, die von den Warenbesitzern nicht gesehen und verdrängt werde. Sagt Marx, es sind die gesellschaftlichen Verhältnisse, die in der Form des gesellschaftlichen Verhältnisses von Sachen verkehrt erscheinen, so dass jene von den Menschen mit einem Verhältnis der »Sachen unter sich« verwechselt werden, dann sagt Lange, dass sich die Warenproduzenten nicht über den »Charakter ihrer gesellschaftlichen Verhältnisse täuschen«.

Marx hatte ausdrücklich betont, dass es nicht die unmittelbar gesellschaftlichen Verhältnisse der Menschen in ihren Arbeiten sind, welche die Menschen als das nehmen, was sie sind, sondern dass es sich hierbei um die gesellschaftlichen Beziehungen der Privatarbeiten handelt, die für die Menschen als das erscheinen, was sie sind, nämlich als sachliche Verhältnisse der Personen und gesellschaftliche Verhältnisse der Sachen. Was die Warenbesitzer von ihren eigenen gesellschaftlichen Verhältnissen im Austausch erfassen, ist immer schon über das gesellschaftliche Verhältnis der Sachen vermittelt, so dass sie sich unbewusst zueinander als Personifikationen der den Austausch der Waren konstituierenden Faktoren von Gebrauchswert und Wert verhalten. Hierbei wissen die Warenbesitzer nicht, dass sie innerhalb der Warenzirkulation damit begonnen haben, die ihnen insgesamt zur Verfügung stehende Arbeit proportionell auf die einzelnen konkret-nützlichen Arbeiten zu verteilen und in Form der abstrakt-menschlichen Arbeit deren gesellschaftlich-allgemeinen Charakter herzustellen. Da die gesellschaftlichen Verhältnisse der Menschen, die menschlichen Verhältnisse, verkehrt als gesellschaftliche Verhältnisse von Sachen erscheinen, worin nicht mehr sichtbar ist, was der Wert ist, und da der Wert sich im Gebrauchswert einer anderen Ware darstellt, der hierdurch als Wert, als etwas Austauschbares gilt und folglich von den Menschen als »Verhältnisse der Sachen unter sich« genommen wird, täuschen sie sich über ihre eigenen gesellschaftlichen Verhältnisse. Sie täuschen sich also nicht, weil Marx ein Verbot der Vermittlung, ein »Mediatisierungsverbot« erlassen hätte, was darauf hinausliefe, er hätte die »Mediatisierung« bzw. die Vermittlung des gesellschaftlichen Stoff-

[33] Ebd., S. 88 und S. 86.

wechsels durch die Form des Werts der bürgerlichen Gesellschaft angedichtet, um sie hinterher unter dem anspruchsvollen Titel der Kritik »negativ beurteilen« zu können.

Nachdem Lange seine auf die unmittelbare Gesellschaftlichkeit abgestellte »Mediatisierungskritik« als die Quintessenz der »Kritik der Politischen Ökonomie« dargelegt hat, relativiert er: »Mit dem ›venetianischen Mönch Ortes‹ verfolgte er (Marx – D. W.) die Maxime: ›Statt unnütze Systeme für das Glück der Völker aufzustellen, will ich mich darauf beschränken, die Gründe ihres Unglücks zu untersuchen.‹ Aber um das Unglück der Völker als solches zu identifizieren, bedarf es *minimaler* Kriterien für das, was ihr Glück wäre. Diese minimalen Kriterien gibt das Modell der unmittelbaren Vergesellschaftung der Arbeit bei Marx an. Aber weil er es *nicht* als *normatives* in Anspruch nimmt und erörtert, kann er sich der Haltbarkeit der in ihm gemachten Anforderungen an die Weise der Vergesellschaftung nicht argumentativ versichern. Wenn die rekonstruierte Bindung des Modells an das Mediatisierungsverbot tatsächlich besteht, wird man sagen müssen, daß Marx schon mit seinen *minimalen Kriterien* für das, was das Glück der Völker wäre, *zu starke Restriktionen* auf die Weise der Vergesellschaftung legt.«[34] (Hervorhebungen – D. W.)

Langes Rechtfertigung des kapitalistischen Ausbeutungsverhältnisses als dem »zum-Mittel-gemacht-Werden« des Menschen zwingt ihn zu der »Behauptung«: »Nun ist aber das zum-Mittel-gemacht-Werden der Arbeit in der Lohnarbeit nur ein sehr folgenreicher *Spezialfall der Mediatisierung*, der in einer warenproduzierenden Gesellschaft alle unterliegen, insofern sie als Produzenten und Konsumenten von durch sie nicht kontrollierbaren Marktprozessen abhängig werden, ein Spezialfall, der auf der Eigentumslosigkeit (an Produktionsmitteln) der Arbeiter beruht.«[35] Zunächst bezieht sich Lange bei seiner Bestimmung des Zusammenhangs von Mediatisierung und Ausbeutung auf die Warenzirkulation, indem er noch einmal betont, dass es »auf der Ebene der Warenanalyse kein zwingendes Argument für die Unvermeidlichkeit der Partialisierung des Bewußtseins der Warenproduzenten durch den Fetischismus«[36] gebe. Ein »solches Argument« würde sich erst »rückwirkend ... aus der Kapitalanalyse«[37] ergeben.

Lange beginnt seine Ausführungen mit der Zurückweisung eines Vorwurfs, den A. Wildt gegen ihn erhoben habe.[38] Da das Fortbestehen der Ausbeutung davon abhängt, dass sie nicht allgemein, d.h. nicht von allen Mitgliedern der kapitalistischen Gesellschaft erkannt wird, sei der aus der Warenzirkulation entspringende Fetisch notwendig, da er es ist, der die Ausbeutung »verschleiere«. Wildt und Lan-

[34] E.M. Lange, Wertformanalyse ..., a.a.O., S. 41.
[35] Ebd., S. 37.
[36] Ebd., S. 37, Fn. 79.
[37] Ebd.
[38] Ebd.

ge stimmen darin überein, dass dem Warenfetisch innerhalb der Warenzirkulation selbst keine Bedeutung zukommt und Marx auch »kein zwingendes Argument« für die Unvermeidlichkeit der von Lange als Partialisierung des Bewusstseins bezeichneten Verkehrung des Bewusstseins durch den Warenfetisch geliefert habe. Wenn nun – worüber Lange nichts weiter ausführt – Wildt dem Warenfetisch dennoch eine Bedeutung zukommen lässt, insofern er die »Ausbeutung verschleiere«, so will Lange reinen Tisch machen und zeigen, dass sich rückwirkend aus der Kapitalanalyse kein Argument für die Verschleierung der Ausbeutung durch den Warenfetisch finden lässt. Wie immer Wildt sich vorstellen mag, dass der Warenfetisch in der Lage sein kann, das kapitalistische Ausbeutungsverhältnis zu verschleiern, Lange dagegen verweigert hierüber jegliche Auskunft. Und das aus gutem Grund:

Aus dem Warenfetisch allein, von dem alle Gesellschaftsformationen betroffen sind, soweit es in ihnen Warenzirkulation gibt, lässt sich auch nicht erklären, wieso er das kapitalistische Ausbeutungsverhältnis verschleiert. Erst wenn man berücksichtigt, dass die Warenzirkulation unter den Bedingungen allgemein vorherrscht, unter den die Arbeitskraft selbst zur Ware geworden ist und sich der Kauf und Verkauf der Ware Arbeitskraft innerhalb der Warenzirkulation abspielt, ergeben sich aus ihr Gründe für die Verschleierung des Ausbeutungsverhältnisses als ebenso viele Gründe dafür, dass der Wert der Arbeitskraft mit der Konsumtion der Arbeitskraft, der lebendigen Arbeit selbst verwechselt wird, so dass »Wert und Preis der Arbeitskraft in die Form des Arbeitslohns oder in Wert und Preis der Arbeit selbst«[39] verwandelt werden. »Auf dieser Erscheinungsform, die das wirkliche Verhältnis unsichtbar macht und grade sein Gegenteil zeigt, beruhn alle Rechtsvorstellungen des Arbeiters wie des Kapitalisten, alle Mystifikationen der kapitalistischen Produktionsweise, alle ihre Freiheitsillusionen, alle apologetischen Flausen der Vulgärökonomie.«[40] Lange stutzt sich die Lohnform so zurecht, dass sie für ihn kein Hinderungsgrund mehr ist, den von Wildt gegen ihn erhobenen Einwand zu entkräften, die Warenzirkulation und der aus ihr entspringende Fetischismus hätten nichts mit der Verschleierung des kapitalistischen Ausbeutungsverhältnisses zu tun.

»Dieser Einwand setzt voraus, daß die Ausbeutungsthese der unabhängige Faktor der Marxschen Kritik ist und daß sie *unabhängig* (Hervorhebung – D. W.) gerechtfertigt werden kann. Es ist aber schon vielfach darauf hingewiesen worden, daß diese These im Rahmen der Begrifflichkeit der Wertlehre keinen empirischen Gehalt hat. Denn, wenn Wert allein durch (abstrakte) Arbeit gebildet wird und Mehrwert Resultat eines verlängerten Wertbildungsprozesses ist ..., dann folgt logisch, daß Mehrwert allein durch Mehrarbeit gebildet wird – die Ausbeutungsthe-

---

[39] Das Kapital, MEW 23, a.a.O., S. 562.
[40] Ebd.

se, so verstanden, ist mithin analytisch im Rahmen der Wertlehre.«[41] Wenn das »Mittel« der Vermittlung, d.h. wenn das »Medium« der »Mediatisierung« aus dem Wert und seinen Erscheinungsformen besteht, dann hat Lange – von seiner »Begrifflichkeit« einmal abgesehen – insofern recht, als die Verwertung des Werts als entwickelte Bewegungsform des Widerspruchs zwischen dem Gebrauchswert und dem Wert der unabhängige Faktor gegenüber der Ausbeutung ist. Er übersieht dabei aber, dass die kapitalistische Ausbeutung und die Verwertung des Werts verschiedene Namen für ein und denselben Tatbestand sind. Die Verwertung des Werts ist mit dem allgemeinen Vorherrschen der Warenzirkulation gegeben ebenso wie das Verhältnis von Kapitalist und Arbeiter als Verhältnis von Käufer und Verkäufer. Nur wenn die Warenzirkulation allgemein vorherrscht, ist schließlich auch der Produktionsprozess die Einheit von Arbeits- und Verwertungsprozess, wobei der erstere als Mittel zum Zweck des letzteren fungiert, so dass die Produktionsmittel zu Daseinsweisen des Kapitels werden und dazu dienen, unbezahlte Mehrarbeit abzupressen.

Hierüber spricht Lange – wenn überhaupt – nur in folgenlosen oder die wirklichen Zusammenhänge auf den Kopf stellenden Andeutungen. Dies geht darauf zurück, dass er die Mediatisierung, die sowohl den Arbeiter wie den Kapitalisten »betrifft«, auf die Warenzirkulation bezieht, so dass im Grunde genommen für ihn die Entwicklung der Wertformen als eine Entwicklung ebenso vieler gegenständlicher Formen der gesellschaftlichen Vermittlung mit der Warenzirkulation zu Ende ist. Lange vermag gerade noch auf den »›Kauf und Verkauf der Arbeitskraft als Grundbedingung der kapitalistischen Produktion‹«[42] einzugehen. Für Marx ist das Kapital die alles beherrschende Macht der bürgerlichen Gesellschaft und einmal durch den Scheidungsprozess der Produzenten von den Produktionsmitteln entstanden, hängt es als ein über Sachen vermitteltes Herrschafts-Knechtschafts-Verhältnis von sich selbst und von den Menschen ab, die es unbewusst als Personifikationen der lebendigen und der toten Arbeit schaffen. Bedingt durch seinen widersprüchlichen, von Krisen erschütterten Lebensprozess haben es aber auch die Menschen in der Hand, das Kapital abzuschaffen. Wovon hängt denn nun für Lange die als »Ausbeutungsthese« existierende kapitalistische Form der Ausbeutung ab? Dass die »Ausbeutungsthese ... nicht die unabhängige Instanz innerhalb der Marxschen Kritik sein kann«, zeigt sich für Lange, »wenn man die Ausbeutungsthese von vordergründigen Mißverständnissen befreit«.[43]

Verfolgt man nun, wie Lange diese »Befreiung« vornimmt, fällt es einem schwer zu verstehen, warum er sich überhaupt mit dem Problem herumschlägt zu zeigen, dass die Ausbeutung keine unabhängige Instanz innerhalb der Marxschen Kritik

[41] E.M. Lange, Wertformanalyse ..., a.a.O., S. 37, Fn. 79.
[42] Ebd.
[43] Ebd.

ist; denn wie die für Langes »Begrifflichkeit« kennzeichnende Rede von der Ausbeutungsthese ankündigt, bleibt von der Ausbeutung selbst wenig übrig – letzten Endes gar nichts. Sollte jemand auf die Idee kommen, die Ausbeutung beruhe auf einer historisch-spezifischen Form der Erpressung von Mehrarbeit, dann kann sich dies tatsächlich nur um ein »vordergründiges Mißverständnis« handeln; denn »zunächst ist es wichtig zu realisieren, daß Marx Mehrarbeit für *unabschaffbar* (Hervorhebung – D. W.) hielt«.[44]

Da Lange vorher referiert, dass der Mehrwert »Resultat eines verlängerten Wertbildungsprozesses ist«, so dass »Mehrwert allein durch Mehrarbeit gebildet wird«, hat es zunächst den Anschein, er fasse die Mehrarbeit hier in ihrer historisch-spezifischen Form, wie sie von anderen historisch-spezifischen Formen verschieden ist. Verhielte es sich so, dann könnte er sich zu Recht auf Marx stützen: »Nur die Form, worin diese Mehrarbeit dem unmittelbaren Produzenten, dem Arbeiter, abgepreßt wird, unterscheidet die ökonomischen Gesellschaftsformationen, z.B. die Gesellschaft der Sklaverei von der der Lohnarbeit.«[45] Marx spricht davon, dass die Mehrarbeit »abgepreßt« wird. Bei den vor-kapitalistischen Gemeinwesen handelt es sich ebenso um Herrschafts-Knechtschafts-Verhältnisse wie in kapitalistischen Gemeinwesen, mit dem Unterschied, dass die einen unmittelbare persönliche Abhängigkeitsverhältnisse sind, hinter denen sich eine Abhängigkeit von Sachen verbirgt, während die anderen ein über Sachen vermitteltes Herrschafts-Knechtschafts-Verhältnis sind, worin sich die persönlichen Abhängigkeitsverhältnisse verbergen.

Von der Mehrarbeit, die wie die kapitalistische innerhalb eines Herrschafts-Knechtschafts-Verhältnisses abgepresst wird, zu sagen, Marx hielte sie für unabschaffbar, würde heißen, Marx hielte das Kapitalverhältnis für unabschaffbar. Mehrarbeit ist für Lange der Teil, der einer Gesellschaftsformation insgesamt zur Verfügung stehenden Arbeit, der von allen Mitgliedern des Gemeinwesens für die gemeinschaftlichen Reproduktionsbedingungen verausgabt werden muss. (Renten- und Altersversorgung, soziale Transfers usw.)

Er übersieht, dass der ganze hierfür aufzubringende Reichtum im kapitalistischen Produktionsprozess in Form der Mehrwert enthaltenden Waren produziert werden muss, d.h. in einem Produktionsprozess, worin sich gerade als Einheit von Arbeits- und Verwertungsprozess das kapitalistische Herrschafts-Knechtschafts-Verhältnis realisiert.

Lange bleibt zweierlei verborgen: Erstens, dass beide Teile zusammengenommen in den Waren vergegenständlicht sind, die die Kapitalisten in einem Produktionsprozess herstellen lassen, worin der Wert der Produktionsmittel dadurch erhalten wird, dass er auf die Arbeitsprodukte übertragen wird, d.h. in den Waren wieder erscheint. Zweitens, dass die Kapitalisten die Arbeitskraft und die Produkti-

---

[44] Ebd.

[45] Das Kapital, MEW 23, a.a.O., S. 231.

onsmittel insgesamt aus dem Mehrwert, d.h. aus der unbezahlt angeeigneten Arbeit der unmittelbaren Produzenten »bezahlen«, welche diese in Form der Zwangsarbeit verausgabt haben.

Weit weg von solchen Zusammenhängen bleibt von der historisch-spezifischen Form, in der im kapitalistischen Produktionsprozess Mehrarbeit abgepresst wird, nur übrig, dass »in jeder Gesellschaft ... die aktuell Arbeitsfähigen für die noch-nicht- und die nicht-mehr-Arbeitsfähigen ..., von allen Aufwendungen für öffentliche Güter und kollektiven Konsum abgesehen«,[46] mitarbeiten müssen. Was zunächst für Lange von der Ausbeutung übrig bleibt, ist, dass der »Anschein ... entsteht ..., als sei der Arbeiter, wenn auch nicht nach Standards der Warenproduktion, so doch nach *plausiblen Gerechtigkeitsvorstellungen unterbezahlt*«[47] (Hervorhebung – D. W.).

Wodurch entsteht nun dieser »Anschein«? Diese Frage beantwortet er mit einer Schlussfolgerung, die an Kühnheit ihresgleichen sucht: Marx analysiert »in Bd. 1 den kapitalistischen Produktionsprozeß ›als *vereinzelten* Vorgang‹ ..., also auch ›Kauf und Verkauf der Arbeitskraft als Grundbedingung der kapitalistischen Produktion‹ ... als Transaktion zwischen *einem* Kapitalisten und *einem* Arbeiter«[48] (Hervorhebungen – D. W.). Daraus, dass Marx im 1. Bd. den kapitalistischen Produktionsprozess bis zum 7. Abschnitt »als vereinzelten Vorgang«, d.h. nicht als Reproduktionsprozess analysiert, worin das Kapital in seinem Kreislauf in einem gleichzeitigen Nach- und Nebeneinander die Stadien von Produktion und Zirkulation durchläuft, folgert Lange, auch »der Kauf und Verkauf der Arbeitskraft« sei ein »vereinzelter Vorgang«, weil er sich zwischen einem einzelnen Kapitalisten und einem einzelnen Arbeiter abspielt. Hierdurch soll nun der »Anschein« entstehen, der Arbeiter sei »nach plausiblen Gerechtigkeitsvorstellungen unterbezahlt«.

Zunächst einmal ist es einfach falsch, dass Marx im ersten Band den kapitalistischen Produktionsprozess nur als »vereinzelten Vorgang« analysiert hat; vielmehr gilt: »Im I. Buch wurde der kapitalistische Produktionsprozeß *sowohl* als vereinzelter Vorgang *wie* als Reproduktionsprozeß analysiert: die Produktion des Mehrwerts und die Produktion des Kapitals selbst«[49] (Hervorhebungen – D. W.). Was Marx bei der Betrachtung des Reproduktionsprozesses unterstellt, ist der »Form- und Stoffwechsel, den das Kapital innerhalb der Zirkulationssphäre durchmacht ... Es wurde also unterstellt, daß der Kapitalist einerseits das Produkt zu seinem Wert verkauft, andrerseits innerhalb der Zirkulationssphäre die sachlichen Produktionsmittel vorfindet, um den Prozeß von neuem zu beginnen oder kontinuierlich fortzuführen. Der einzige Akt innerhalb der Zirkulationssphäre, wobei wir uns dort

[46] E.M. Lange, Wertformanalyse ..., a.a.O., S. 37, Fn. 79.
[47] Ebd.
[48] Ebd.
[49] Karl Marx, Das Kapital, 2. Band, in: MEW, Bd. 24, Berlin 1969, S. 352.

aufzuhalten hatten, war der Kauf und Verkauf der Arbeitskraft als Grundbedingung der kapitalistischen Produktion.«[50]

Um den Kauf und Verkauf der Ware Arbeitskraft geht es im Kapital immer dann, wenn es um den Zusammenhang von Warenzirkulation und Produktion geht, d.h. also im Übergang vom Geld ins Kapital und im Übergang von der Produktion in die Zirkulation, wo Marx nach der Darstellung des Geheimnisses der Plusmacherei entwickeln kann, inwiefern sie in der Lohnform ausgelöscht ist und verkehrt erscheint. Beide Übergänge gehören noch zur Betrachtung des kapitalistischen Produktionsprozesses als vereinzeltem Vorgang, wobei die Charakterisierung als »vereinzelt« nur bedeutet, dass von der Reproduktion abstrahiert wird. Dies hat überhaupt nichts damit zu tun, mit wieviel Arbeitern der Kapitalist einen Vertrag abschließt, wobei die Anzahl der Arbeiter von der Größe des Kapitals und seiner organischen Zusammensetzung abhängt. Es kann nur das Produkt assoziativer Zufallsdenkerei sein, wenn man aus dem Produktionsprozess als »vereinzeltem Vorgang« auf den Kauf und Verkauf der Arbeitskraft als eine Transaktion zwischen einem einzelnen Kapitalisten und einem einzelnen Arbeiter schließt, eine Transaktion, die es überhaupt nicht gibt, weil es dann das Kapital überhaupt nicht gäbe, das durch den Entwicklungsstand der Produktion bedingt, eine bestimmte Minimalgröße haben muss, von der die Anzahl der Arbeiter abhängt, die es anwenden muss, um sich zu verwerten.

Ebenso gilt: An der Stelle im zweiten Band des »Kapital«, auf die Lange sich bezieht, geht Marx auf den Kauf und Verkauf der Ware Arbeitskraft gerade dann ein, wenn er gar nicht mehr von der Produktion als vereinzeltem Vorgang spricht, sondern längst zur Reproduktion übergegangen ist. Von dieser sagt er, dass der Form- und Stoffwechsel, den das Kapital innerhalb der Zirkulationssphäre durchmacht, unterstellt ist, und der einzige Akt, auf den er im ersten Band bei der Darstellung der Reproduktion des Kapitals eingeht, der sich in der Zirkulationssphäre abspielende Kauf und Verkauf der Arbeitskraft ist.

Nun soll aus der Transaktion zwischen einem Kapitalisten und einem Arbeiter der Anschein entstehen, der letztere sei nach »plausiblen Gerechtigkeitsvorstellungen« unterbezahlt. Wenn Lange einschiebt, dies sei nicht der Fall, gemessen an den »Standards der Warenzirkulation«, dann verbirgt sich dahinter der rationale Sachverhalt, dass Marx unterstellt, dass der Arbeiter den Wert seiner Arbeitskraft erhält, so dass – die Warenzirkulation für sich genommen betrachtet – der Kauf und Verkauf der Ware Arbeitskraft sich nach den Gesetzen des Äquivalententauschs richtet. Wenn nun noch hinzukommt, dass der Wert der Arbeitskraft mit dem überhaupt nicht existierenden Wert der Arbeit verwechselt wird, und der Schein entsteht, die ganze Arbeit sei bezahlt, dann erweist sich die Lohnform als die Quelle der »Ge-

[50] Ebd., S. 352f.

rechtigkeitsvorstellung« einer »vollen Bezahlung«. Woher aus der Transaktion zwischen einem Kapitalisten und einem Arbeiter die plausible Gerechtigkeitsvorstellung einer Unterbezahlung entstehen soll, dürfte ein Geheimnis sein, in das nur Lange eingeweiht ist. Ohne sich darauf einzulassen, wie im gesamtgesellschaftlichen Reproduktionsprozess die Vorstellung der Ausbeutung, der Aneignung unbezahlter, fremder Mehrarbeit und die Vorstellung von der Lohnform als einer das Ausbeutungsverhältnis verkehrenden Form entsteht, begreift Lange seine »plausible Gerechtigkeitsvorstellung« als Anspruch auf den »vollen Arbeitsertrag«: »Diesem Anschein sitzt die lassalleanische Forderung nach dem ›Recht auf den vollen Arbeitsertrag‹ auf. Marx hat aber (vor allem in ›Zur Kritik des Gothaer Programms‹) nachdrücklich darauf hingewiesen, daß dieses Recht in keiner Gesellschaft verwirklicht werden kann.«[51]

Das Kapital ist seiner innersten Natur nach nichts anderes als eine historisch-spezifische Form der Abpressung von Mehrarbeit. Es wendet um seiner Verwertung willen nur dann lebendige Arbeit an, wenn diese zugleich als unbezahlte Mehrarbeit Mehrwert schafft. Daher versteht es sich von selbst, dass dieser Mehrwert verschwände, »schrumpfte ... der ganze Arbeitstag zusammen« auf die notwendige, die der Reproduktion der Arbeitskraft dienenden Arbeit. Dies ist »unter dem Regime des Kapitals unmöglich. Die Beseitigung der kapitalistischen Produktionsform erlaubt, den Arbeitstag auf die notwendige Arbeit zu beschränken. Jedoch würde die letztre, unter sonst gleichbleibenden Umständen, ihren Raum ausdehnen. Einerseits weil die Lebensbedingungen des Arbeiters reicher und seine Lebensansprüche größer. Andrerseits würde ein Teil der jetzigen Mehrarbeit zur notwendigen Arbeit zählen, nämlich die zur Erzielung eines gesellschaftlichen Reserve- und Akkumulationsfonds nötige Arbeit.«[52] Die Abschaffung der historisch-spezifischen Form der kapitalistischen Abpressung der Mehrarbeit, d.h. der Abpressung unbezahlter, fremder Arbeit, kann also nie heißen, dass überhaupt Mehrarbeit abgeschafft wird, wenn unter dieser ein Teil der Arbeit verstanden wird, der für die gemeinschaftlich zu nutzenden Reproduktionsbedingungen, die Reserve- und Assekuranzfonds usw., verausgabt werden muss. Lange reduziert die ganze kapitalistische Mehrarbeit auf diesen Teil und schließt daraus, dass die kapitalistische Form der Abpressung unbezahlter, fremder Mehrarbeit auch von Marx für unabschaffbar gehalten würde. Wer die kapitalistische Form der Mehrarbeit abschaffen will, der erhebt – einem falschen Anschein verhaftet – die Forderung nach dem Recht auf den vollen Arbeitsertrag. Er kämpft gegen Windmühlenflügel, weil er nicht erkannt hat, dass er etwas abschaffen will, was nicht abschaffbar ist, nämlich die für die gemeinschaftlich genutzten Fonds aufzuwendende Mehrarbeit. »Denn in jeder Gesellschaft müssen die aktuell Arbeitsfähigen für die noch-nicht-

[51] E.M. Lange, Wertformanalyse ..., a.a.O., S. 37, Fn. 79.
[52] Das Kapital, MEW 23, a.a.O., S. 552.

und nicht-mehr-Arbeitsfähigen mitarbeiten, von allen Aufwendungen für öffentliche Güter und kollektiven Konsum abgesehen.«[53]

Lange setzt Unterbezahlung mit Ausbeutung gleich, und da die ganze Arbeit ohnehin nicht bezahlt werden kann, erübrigt es sich von Ausbeutung zu reden. Nachdem Lange auf seine Weise die Ausbeutung als Unterbezahlung begriffen, und sich auf eine Ebene begeben hat, auf der von Ausbeutung überhaupt nicht mehr die Rede sein kann, schließt er: »Was Marx als Ausbeutung angreift ist demgemäß nicht irgendeine Unterbezahlung ...«[54] Nun könnte man meinen, das Problem der Ausbeutung sei hiermit erledigt. Aber dann macht Lange die Entdeckung, dass es doch noch etwas gibt, was mit dem Kapital als historisch-spezifischem Ausbeutungsverhältnis zusammenhängt, denn er fährt fort, dass das, was Marx als Ausbeutung angreift, die »private Usurpation kollektiver Entscheidungen durch die Produktionsmitteleigentümer (sei) – Entscheidungen darüber, was und wieviel investiert und produziert wird und wie über das gesellschaftliche Mehrprodukt verfügt wird«.[55] Wenn man diese allgemeinen Ausführungen noch um die Entscheidung der Produktionsmitteleigentümer über das »Wie« des Produzierens ergänzt und zu der kapitalistischen Form zählt, in der unbezahlte, fremde Mehrarbeit abgepresst wird, dann könnte man sie als allgemeinen, zusammenfassenden Ausdruck für das nehmen, was »Marx als Ausbeutung angreift«. Obwohl diese allgemeine Charakterisierung der Ausbeutung derjenigen Ausbeutung widerspricht, die Lange mit seiner »Unterbezahlungsthese« meint und die er mit seinem Ausflug in die allen Gesellschaftsformationen gemeinsame Mehrarbeit zum Verschwinden gebracht hat, beharrt Lange nicht nur auf seiner These, sondern weiß auch, wer an dem »Mißverständnis« schuld ist: »Marx ist an dem häufigen Mißverständnis der Ausbeutungsthese insofern nicht unschuldig, als er die das Mehrprodukt erzeugende Arbeit, wenn auch mit gehöriger Qualifizierung, ›unbezahlte Arbeit‹ nennt.«[56]

Lange spricht von einem Missverständnis hinsichtlich des Begriffs »unbezahlte Arbeit«, obwohl Marx hierauf ausdrücklich und unmissverständlich eingegangen ist: »Das Mißverständnis, wozu die Formel Unbezahlte Arbeit/Bezahlte Arbeit verleiten könnte, als zahle der Kapitalist die Arbeit und nicht die Arbeitskraft, fällt nach der früher gegebenen Entwicklung fort. Unbezahlte Arbeit/Bezahlte Arbeit ist nur populärer Ausdruck für Mehrarbeit/Notwendige Arbeit. Der Kapitalist zahlt den Wert, resp. davon abweichenden Preis der Arbeitskraft und erhält im Austausch die Verfügung über die lebendige Arbeitskraft selbst. Seine Nutznießung dieser Arbeitskraft zerfällt in zwei Perioden. Während der einen Periode produziert der Arbeiter nur einen Wert = Wert seiner Arbeitskraft, also nur ein Äquiva-

[53] E.M. Lange, Wertformanalyse ..., a.a.O., S. 37, Fn. 79.
[54] Ebd.
[55] Ebd.
[56] Ebd.

lent. Für den vorgeschoßnen Preis der Arbeitskraft erhält so der Kapitalist ein Produkt vom selben Preis. Es ist, als ob er das Produkt fertig auf dem Markt gekauft hätte. In der Periode der Mehrarbeit dagegen bildet die Nutznießung der Arbeitskraft Wert für den Kapitalisten, ohne ihn einen Wertersatz zu kosten. Er hat diese Flüssigmachung der Arbeitskraft umsonst. In *diesem* Sinn kann die Mehrarbeit *unbezahlte Arbeit heißen*.«[57] (Hervorhebungen – D. W.)

Wenn Lange nach der allgemeinen und zutreffenden Charakteristik der Ausbeutung vom Mehrprodukt spricht, dann meint er konkret – wieder auf die ahistorische Ebene des allen Gemeinwesen Gemeinsamen zurückfallend – die von allen Mitgliedern des Gemeinwesens gemeinsam genutzten Produkte und mit der »unbezahlten Arbeit« die Mehrarbeit, die sich in diesen Produkten vergegenständlicht.

Nachdem oben referiert wurde, was es nach Marx mit der Verwendung des Begriffs »unbezahlte Arbeit« auf sich hat, sei betrachtet, wie »diese Redeweise ... auch ihren guten Sinn im Rahmen« der Marxschen »Darstellung (hat). Diese entlehnt ... ›den Maßstab der Gesellschaftlichkeit‹ zunächst den von ihr dargestellten Verhältnissen. Der Maßstab der Gesellschaftlichkeit in der Warenproduktion aber besagt, daß jeder Einzelne ›nur für sich und keiner für den andren‹ sorgen müsse. ... Dieser Maßstab also verschleiert sowohl die allgemeine Notwendigkeit der Mehrarbeit als auch insbesondere, daß ihre kapitalistische Form die Produktionsmitteleigentümer systematisch privilegiert.«[58]

Zunächst einmal ist das Problem der kapitalistischen Form der Abpressung der Mehrarbeit und ihrer Verschleierung sowohl ein Problem des kapitalistischen Produktionsprozesses als auch ein Problem seines Zusammenhangs mit der Warenzirkulation. Wenn jemand den die menschlichen Verhältnisse verkehrenden Erscheinungsformen des Werts in der Warenzirkulation aufsitzt und die daraus entspringenden Vorstellungen zum Maßstab für den gesamten gesellschaftlichen Reproduktionsprozess macht, dann ist dieser zwar aus den ökonomisch-gesellschaftlichen Verhältnissen selbst hervorgegangen, ist aber nicht mit dem Maßstab zu verwechseln, den Marx als einen aus der inneren Natur der Produktionsweise entspringenden für deren Darstellung beansprucht. Zu dieser Darstellung gehört es gerade, jenen aus der Warenzirkulation hervorgehenden Maßstab als einen verkehrten nachzuweisen, der aus Vorstellungen besteht, die einzig und allein in der Warenzirkulation, d.h. in dem Formwechsel der Waren ihre reale Basis haben, welcher den gesellschaftlichen Stoffwechsel vermittelt. »Die Sphäre der Zirkulation oder des Warenaustausches, innerhalb deren Schranken Kauf und Verkauf der Arbeitskraft sich bewegt, war in der Tat ein wahres Eden der angebornen Menschenrechte. Was allein hier herrscht, ist Freiheit, Gleichheit, Eigentum und Bentham. Freiheit! Denn Käufer und Verkäufer einer Ware, z.B. der Arbeitskraft,

[57] Das Kapital, MEW 23, a.a.O., S. 556.
[58] E.M. Lange, Wertformanalyse ..., a.a.O., S. 37f., Fn. 79.

sind nur durch ihren freien Willen bestimmt. Sie kontrahieren als freie, rechtlich ebenbürtige Personen. Der Kontrakt ist das Endresultat, worin sich ihre Willen einen gemeinsamen Rechtsausdruck geben. Gleichheit! Denn sie beziehen sich nur als Warenbesitzer aufeinander und tauschen Äquivalent für Äquivalent. Eigentum! Denn jeder verfügt nur über das Seine. Bentham! Denn jedem von beiden ist es nur *um sich zu tun*. Die einzige Macht, die sie zusammen und in ein Verhältnis bringt, ist die ihres *Eigennutzes, ihres Sondervorteils, ihrer Privatinteressen. Und eben weil so jeder nur für sich und keiner für den andren kehrt*, vollbringen alle, infolge einer prästabilierten Harmonie der Dinge oder unter den Auspizien einer allpfiffigen Vorsehung, nur das Werk ihres wechselseitigen Vorteils, des Gemeinnutzens, des Gesamtinteresses.

Beim Scheiden von dieser Sphäre der einfachen Zirkulation oder des Warenaustausches, woraus der Freihändler vulgaris Anschauungen, Begriffe und *Maßstab für sein Urteil über die Gesellschaft des Kapitals und der Lohnarbeit entlehnt*, verwandelt sich, so scheint es, schon in etwas die Physiognomie unsrer dramatis personae. Der ehemalige Geldbesitzer schreitet voran als Kapitalist, der Arbeitskraftbesitzer folgt ihm nach als sein Arbeiter; der eine bedeutungsvoll schmunzelnd und geschäftseifrig, der andre scheu, widerstrebsam, wie jemand, der seine eigne Haut zu Markt getragen und nun nichts andres zu erwarten hat als die – Gerberei.«[59] (Hervorhebungen – D. W.)

Aus dem, »woraus der Freihändler vulgaris Anschauungen, Begriffe und Maßstab für sein Urteil über die Gesellschaft des Kapitals und der Lohnarbeit entlehnt«, nimmt sich Lange das, was er für die Erklärung der Verschleierung der Mehrarbeit braucht, die für ihn in der oben dargelegten Weise überhaupt nichts mehr mit der Lohnarbeit bzw. mit der im kapitalistischen Produktionsprozess abgepressten unbezahlten Mehrarbeit zu tun hat. Denn, wenn jemand zum Maßstab für die Gesellschaft des Kapitals macht, dass jeder »einzelne nur für sich und keiner für den andern sorgen müsse«, dann sieht er auch nicht mehr, dass »in jeder Gesellschaft die aktuell Arbeitsfähigen für die noch-nicht- und die nicht-mehr-Arbeitsfähigen mitarbeiten (müssen), von allen Aufwendungen für öffentliche Güter und kollektivem Konsum abgesehen.«

Gab es oben das Problem, wie aus der Transaktion zwischen einem einzelnen Kapitalisten und seinem Arbeiter die plausible Gerechtigkeitsvorstellung der Unterbezahlung entstehen soll, so braucht man sich jetzt darüber keine Gedanken mehr zu machen; denn zu einer solchen Vorstellung, die sich an dem Ideal des »vollen Arbeitsertrags« bzw. an der Bezahlung der ganzen verausgabten Arbeit orientiert, kann es jetzt nicht mehr kommen: Denn die allgemeine Notwendigkeit der Mehrarbeit ist durch die zum Maßstab der ganzen Gesellschaft erhobene »Macht des Eigennutzes« verschleiert. Wenn Lange dann noch hinzufügt, dass »auch ins-

---

[59] Das Kapital, MEW 23, a.a.O., S. 189ff.

besondere« die »kapitalistische Form ... der Mehrarbeit« die systematische Privilegierung der Produktionsmitteleigentümer verschleiert, dann widerspricht er sich selbst.

Obwohl er vorher auch von den Arbeitern gesprochen hat, denen die allgemeine Notwendigkeit der Mehrarbeit verschleiert ist, schreibt Lange anschließend, um endlich zu der ökonomisch-gesellschaftlichen Form zu kommen, welche das auf der Erpressung unbezahlter, fremder Mehrarbeit beruhende kapitalistische Ausbeutungsverhältnis verschleiert: »Auch den Arbeitern selbst erscheint nach Marx ›alle Arbeit ... als bezahlte Arbeit‹ vermöge der Verschleierung durch die Lohnform.«[60] Da das Problem der Verschleierung aber schon gelöst ist, erwartet man auch keine tief schürfenden Analysen mehr über das Verhältnis von Warenzirkulation und kapitalistischer Produktion und welche Rolle hierbei und beim »Umschlag des Aneignungsgesetzes« die Lohnform spielt. Aber überrascht ist man dennoch, wenn Lange seine Leser in ein neues »Zeitalter« führt. Denn, dass durch die Lohnform alle Arbeit als bezahlte erscheint, »dürfte aber im Zeitalter der Lohnstreifen, die Steuern und Sozialabgaben gesondert ausweisen, nicht mehr richtig sein«.[61]

Lange glaubt, wenn auf dem Lohnstreifen »Steuern und Sozialabgaben gesondert ausgewiesen« werden, dann sei dies der Beweis dafür, dass auf ihnen der Unterschied zwischen dem Wert der Arbeitskraft und dem imaginären Ausdruck des Werts der Arbeit erscheint, so dass nun der Lohnstreifen für niemanden mehr den Anschein erweckt, die ganze Arbeit sei bezahlt. Es wiederholt sich hier, was Lange bisher über die Beseitigung des von Marx selbst verschuldeten »Mißverständnisses« entwickelt hat: Notwendige und damit »unbezahlte Arbeit« besteht für ihn aus dem, was »jeder einzelne nur für sich« und nicht »für den anderen« aufbringen muss. Was Lange hier mit Hilfe der aus der Warenzirkulation hervorspringenden Vorstellungen des Eigennutzes als notwendige Arbeit deklariert, ist nichts anderes als der Teil des gesamten Lohnes (des Bruttolohnes), der gemeinhin als Geldlohn bezeichnet wird, der für die Befriedigung der individuellen und familiären Bedürfnisse verwandt wird. Die Mehrarbeit, die vor dem »Zeitalter der Lohnstreifen« noch durch den aus der Warenzirkulation entnommenen und aus dem Eigennutz bestehenden Maßstab der Gesellschaftlichkeit verschleiert wurde und jetzt vor aller Augen sichtbar auf dem Lohnstreifen ausgewiesen ist, ist die Arbeit, die aufgebracht worden sein muss, um ein gegenständliches Äquivalent für die »Steuern und Sozialabgaben« zu schaffen. Diese Mehrarbeit, die für Lange hauptsächlich für die »noch-nicht- und die nicht-mehr-Arbeitsfähigen« verausgabt werden muss, ist die Arbeit, die ein Äquivalent für den Teil des Lohnes schaffen muss, der aus dem Soziallohn besteht. Das, was Lange als »für andere« zu verausgabende Mehrarbeit ausgibt, ist der größte Teil des vom Geldlohn verschiedenen Lohns, der un-

60 E.M. Lange, Wertformanalyse ..., a.a.O., S. 37f., Fn. 79.
61 Ebd. S. 38, Fn. 79.

ter die Lohnarbeiter des Kapitals selbst umverteilt wird, während der Rest weiterverteilt wird an solche Personen, die außerhalb des Verhältnisses von Lohnarbeit und Kapital stehen. Ohne hier näher darauf einzugehen, woraus der Soziallohn im Einzelnen besteht und wie groß der Teil der Lohnsteuer ist, mit dem die Lohnarbeiter des Kapitals für allgemeine Reproduktionsbedingungen aufkommen, die noch nicht einmal ganz von ihnen selbst benutzt werden, soll es hier in der Auseinandersetzung mit Lange ausreichen Folgendes festzuhalten: Der Soziallohn geht im Großen und Ganzen in den Wert der Arbeitskraft ein, dessen Größe das Resultat des gegen das Kapital geführten gewerkschaftlichen Kampfes um die Minimalbedingungen der Reproduktion der Arbeitskraft ist. Ein Teil der Lohnsteuern wird für Reproduktionsbedingungen verwandt, die für die Lohnarbeiter nicht nur nicht von Nutzen sind, sondern im Gegenteil ihren Interessen zuwiderlaufen. Obgleich jener Teil einen Abzug vom Lohn darstellt, geht er also nicht in den Wert der Arbeitskraft ein. Was die Sozialbeiträge anbelangt, so geht sowohl der Teil, der direkt vom Lohn abgezogen wird, als auch der Teil, den die Kapitalisten an die Sozialversicherungen abführen müssen, in den Wert der Arbeitskraft ein. Dieser zweite Teil der Sozialbeiträge stellt einen Abzug vom Bruttolohn des Arbeiters und keinen Abzug vom Mehrwert dar.

Wenn nun mit dem Soziallohn alles das in den Wert der Arbeitskraft eingeht, was Lange als Mehrarbeit ausgibt, und dem Arbeiter der Wert der Arbeitskraft bezahlt wird, dann offenbart die Lohnform im »Zeitalter des Lohnstreifens« gar nicht, wie Lange will, dass es immer eine unbezahlte Mehrarbeit gibt, sondern im Gegenteil die Lohnform offenbart das, was nach Lange wirklich so ist, nämlich dass gerade die ganze Arbeit bezahlt ist. Denn würde Lange seine Rede von der »kapitalistischen Form«, von der »Notwendigkeit der Mehrarbeit« ernst nehmen, dann müsste auf dem die unbezahlte Mehrarbeit offenbarenden Lohnstreifen nicht nur der sich in Geld- und Soziallohn differenzierende Wert der Arbeitskraft, sondern auch der Mehrwert aufgeführt werden; denn während die im Wert der Arbeitskraft vergegenständlichte notwendige Arbeit »bezahlt« wird, wird die in der Form der Zwangsarbeit abgepresste, sich im Mehrwert vergegenständlichende Arbeit nicht »bezahlt«.

Das »Zeitalter der Lohnstreifen« hat der Menschheit keine neue Lohnform beschert, sondern vielmehr einen Theoretiker, der nicht zwischen der notwendigen und der Mehrarbeit, nicht zwischen der Arbeitskraft und der lebendigen Arbeit, zwischen dem Wert der Arbeitskraft und dem Mehrwert, zwischen dem Arbeitslohn und dem Profit zu unterscheiden vermag, und der schließlich aus dem in schweren Kämpfen dem Kapital abgerungenen, aus dem Soziallohn bestehenden Teil des Werts der Arbeitskraft – also aus einem Teil der *notwendigen, bezahlten* Arbeit – die *unbezahlte, mehrwertschaffende* Arbeit macht. Würde ein Kapitalist sich praktisch so verhalten, wie sich das Lange theoretisch vorstellt, dann käme für den Kapitalisten vor allem eins aus dem Produktionsprozess heraus – sein Bankrott.

Obwohl Lange »die Ausbeutungsthese« auf seine Weise so »von Missverständlichkeit befreit« hat, dass es in der bürgerlichen Gesellschaft keine Ausbeutung mehr geben kann, hält er an ihr fest:

»Die Ausbeutungsthese ... ist bei Marx nur ein aus verständlichen Propagandarücksichten besonders herausgestellter Spezialfall der allgemeineren Mediatisierungskritik.« Hierfür gibt Lange nun eine Begründung, die so überzeugend ist, dass man allen Unsinn vergessen möchte, den er über den Zusammenhang von Mediatisierung und Ausbeutung erzählt hat; »Marx hat nämlich immer betont, daß sowohl Bourgeoisie als auch Proletarier entfremdet seien – wenn sich auch erstere im Unterschied zu letzteren in ihrer Entfremdung wohl fühlen sollen.«[62] Diese Gemeinsamkeit zwischen dem Bourgeois und dem Proletarier, die nur von einem kleinen Unterschied getrübt wird, ist es, auf der die Vormachtstellung der von Lange als Chimäre entlarvten »Mediatisierungskritik« beruht: »Aber nur die Mediatisierungskritik, nicht die Ausbeutungsthese, betrifft auch die Bourgeoisie.«[63]

Dass man von der Mediatisierung, d.h. von der gegenständlichen und damit historisch-spezifischen Form der Vermittlung nichts zu halten hat, daran hat Lange keinen Zweifel aufkommen lassen. Die Mediatisierung ist für Lange eine überflüssige Restringierung des menschlichen Zusammenlebens, und auch Marx hat nach Lange nur insofern etwas gegen sie, als sie ihm im Verhältnis zur unmittelbaren Gesellschaftlichkeit eines überhaupt noch nicht existierenden Gemeinwesens als eine Verkehrung erscheint. Und wenn die mit schweren Missverständnissen zum Verschwinden gebrachte Ausbeutungsthese dennoch eine Existenzberechtigung als folgenreicher Spezialfall der Mediatisierungskritik hat, dann kann man folgenden Schluss ziehen: Die Mediatisierungskritik ist eine Kritik an der bürgerlichen Gesellschaft, die ihren Anspruch nicht einzulösen vermag, weil das aus Ware, Geld und Kapital bestehende Medium, das Marx kritisiert, das Lebenselixier der bürgerlichen Gesellschaft als einer hochentwickelten Industriegesellschaft ist. Wenn nun die Ausbeutung nur ein Spezialfall der allgemeineren Mediatisierungskritik ist und dieser ihr gegenüber den abhängigen Faktor darstellt, dann folgt zwingend, dass die Ausbeutung so notwendig ist wie die Mediatisierung: So ohnmächtig Marx' Kritik an der Mediatisierung, ebenso ohnmächtig und überflüssig ist Marx' Kritik an der Ausbeutung. Die Ausbeutung zeichnet sich vor der Mediatisierung dadurch aus, dass Marx jene im Unterschied zu dieser für nicht abschaffbar gehalten hat, was wiederum darauf beruht, dass Lange nachgewiesen hat, dass es aufgrund der Existenz des Soziallohnes überhaupt keine Ausbeutung gibt.

Wenn es nicht am sich verwertenden Wert und damit nicht an dem im kapitalistischen Produktionsprozess als Einheit von Arbeits- und Verwertungsprozess sich realisierten Ausbeutungsverhältnis liegt, dass der Mensch in der ökonomisch-ge-

---

[62] Ebd.

[63] Ebd.

sellschaftlichen Wirklichkeit sich selbst zum Mittel macht oder zum Mittel gemacht wird, dann kann dies nur an Folgendem liegen:

1. an dem »Menschen als produktivem und Zwecke verwirklichendem Wesen *schlechthin*«[64] (Hervorhebung – D. W.). Die Verwertung des Werts erklärt sich so aus dem Menschen schlechthin, wie Adam Smith den Austausch der Arbeitsprodukte und damit die ihnen zugrunde liegende historisch-spezifische Form der gesellschaftlichen Arbeitsteilung aus der Natur des Menschen, nämlich aus seinem »Hang zum Tauschen«[65] erklärt, anstatt ihn als Produkt einer gesellschaftlichen Entwicklung zu begreifen.

2. Eine weiterentwickelte Variante der Erklärung der Verwertung des Werts als eine ewig gültige Mediatisierungsform besteht darin, das Mittel-zum-Zweck-Machen des Menschen in der Produktion aus der großen Industrie, der Maschinerie selbst zu erklären. Um dies zu tun, braucht man nur von der kapitalistischen Form der Anwendung der Maschinerie abzusehen und zu vergessen, dass der als Mittel zum Zweck der Verwertung des Werts herabgesetzte Arbeitsprozess seine technologische, gesellschaftliche Gestalt durch die Rückwirkung erhält, welche die Verwertung des Werts auf ihn ausübt.

Indem man sich auf die inhaltliche Seite des Arbeitsprozesses bezieht, ohne diesen bewusst unabhängig von der historisch-spezifischen Form fixiert zu haben, wird der Arbeitsprozess in seiner veränderten Gestalt, die er als in historisch-spezifischen Verhältnissen ablaufender erfährt, so behandelt, wie er von Marx nur an einer bestimmten Stelle des »Kapital« inhaltlich als zwischen Mensch und Natur ablaufender Herstellungsprozess von Gebrauchswerten behandelt wird. Die sich auf die technologische und gesellschaftliche Organisation des Arbeitsprozesses beziehenden Veränderungen werden in eine ihm nicht gerecht werdende, zu kurz greifende Form gekleidet, da sie bloß aufgegriffen und nicht aus der in der Verwertung des Werts gegebenen historisch-spezifischen Formbestimmtheit der Arbeit erklärt werden. Indem alles dasjenige, was dieser historisch-spezifischen Form geschuldet ist, als dem Arbeitsprozess als ahistorischem, zwischen Mensch und Natur ablaufendem Prozess abgeleitet wird, behält es die Weihe des ewig Gültigen, die allein diesem seiner »allgemeine(n) Natur«[66] nach betrachteten Arbeitsprozess zukommt. »Soweit sie (die bürgerlichen Ökonomen – D. W.) das Kapital als ewiges Produktionsverhältnis darstellen, lösen sie es auf in die allgemeinen Verhältnisse der Arbeit zu ihren materiellen Bedingungen, die jeder Produktionsweise gemein sind und nichts vom spezifischen Charakter des Kapitals enthalten.«[67]

Indem »die Ökonomen beständig die bestimmte spezifische Form, worin diese Dinge Kapital sind, mit ihrer Eigenschaft als Dinge und als einfache Momente

[64] Ebd., S. 31.
[65] Ebd., S. 30.
[66] Das Kapital, MEW 23, a.a.O., S. 192.
[67] Theorien über den Mehrwert, MEW 26.3, a.a.O., S. 261.

jedes Arbeitsprozesses«[68] zusammenwerfen, »rechtfertigen« sie »die *spezifisch gesellschaftliche Form*, i.e. die *kapitalistische Form*, worin das Verhältnis von Arbeit und Arbeitsbedingungen sich verkehrt, so daß nicht der Arbeiter die Bedingungen, sondern die Bedingungen den Arbeiter anwenden, auch *technologisch*«.[69]

4. Theunissens Kritik an Marx' Religionskritik

Nun noch einmal zurück zu Theunissen, d.h. zu seiner Kritik an Marx' Religionskritik. Während es sich für Feuerbachs »naiven Unmittelbarkeitspositivismus« von selbst zu verstehen scheint, dass er an der Religion Kritik übt, wirft Theunissen Marx dagegen vor, er habe es unterlassen, die Religionskritik zu revidieren und sie »allzu unreflektiert übernommen«, obwohl er später Feuerbachs »naiven Unmittelbarkeitspositivismus« überwunden hat. So wie dieser für die Religionskritik verantwortlich ist, so muss die Religionskritik in Anerkennung der Religion umschlagen, wenn jemand die Stellung von Unmittelbarkeit und Vermittlung im »Miteinander-Zusammengehen« adäquat begreift und der Vermittlung den ihr gebührenden Platz zuweist, denn ohne sie kann die »kommunikative Freiheit als Handlungsziel« nicht erreicht werden.

Nun hat aber Marx nach der Überwindung des Feuerbachschen »naiven Unmittelbarkeitspositivismus« die Religionskritik nicht revidiert, sondern im Gegenteil auf eine in höchstem Maße reflektierte Weise an ihr festgehalten. Theunissen kann Marx jetzt ein inkonsequentes Denken vorwerfen oder die Überwindung des »naiven Unmittelbarkeitspositivismus« Feuerbachs ist nicht vollständig geglückt. Theunissen hat sich für die zweite Alternative entschieden:

Er nimmt an: »Marx ... glaubte dessen gewiß sein zu dürfen, daß das menschliche Individuum sich nur verwirklichen könne, wenn in seine Selbstbeziehung nichts eingeht, was nicht es selbst ist. Jede vermittelte Selbstbeziehung ist nach seinen Kriterien als entfremdende Fremdbeziehung zu entlarven.«[70] Dennoch darf man dies alles nicht so genau nehmen; denn in einer der Religionskritik gewidmeten Fußnote plädiert Theunissen für die erste Alternative: »Da es darum geht zu sehen, daß Marx seine Annahme nicht guten Gewissens, sondern nur im Widerstreit mit seiner eigenen Intention machen kann, sei als Beispiel eine Stelle aus derselben Schrift angeführt, in welcher der im folgenden zitierte Text steht. In *Zur Judenfrage* (1843) erklärt Marx, ›daß der Mensch, selbst wenn er durch die Vermittlung des Staats sich als Atheisten proklamiert, ... immer noch religiös befangen bleibt, eben weil er sich nur auf einem Umweg, weil er nur durch ein Medium sich selbst aner-

[68] Ebd.

[69] Ebd., S. 271.

[70] M. Theunissen, Sein und Schein, a.a.O., S. 485.

kennt‹. Der Staat ist hier, wie die Formulierung zeigt, nur als Fall des Anderen überhaupt gemeint, das als ›ein Medium‹ von Selbstbeziehung fungiert. Aufgrund solcher Mediatisierung und allein schon aufgrund ihrer ist die Religion für Marx, wie er dann in *Zur Kritik der Hegelschen Rechtsphilosophie* sagt, ›das Selbstbewußtsein und das Selbstgefühl des Menschen, der sich selbst entweder noch nicht erworben oder schon wieder verloren hat.«[71]

Theunissen gefällt diese Alternative, weil er mit ihrer Hilfe die Religion als Maßstab einführen kann, den man bei der Analyse der ökonomisch-gesellschaftlichen Verhältnisse anlegen muss.

Religionskritik ist ein Beweis für die mehr oder minder weitgehende Befangenheit in einem Unmittelbarkeitspositivismus, während die Anerkennung der Religion der Beweis dafür ist, dass man den richtigen Begriff von Vermittlung hat, mit dem auch die ökonomisch-gesellschaftlichen Verhältnisse richtig begriffen werden können.

Wenn Theunissen meint, der Staat sei nur als ein »Fall des Andern überhaupt« zu verstehen, dann ist dies ebenso falsch wie die Behauptung, dies »zeigten« die Marxschen »Formulierungen«. Dagegen ist der Staat für Marx ein in einer historisch-spezifischen Form auftretendes »Anderes«, nämlich eine durch die gesellschaftliche Form der Produktion und Reproduktion des Lebens bedingte und eine materielle, ökonomische Existenz besitzende »ideologische Macht über den Menschen«.[72] Marx sagt, dass jemand, der den Staat zum Atheisten proklamiert, dennoch religiös befangen bleibt, »weil er sich nur auf einem Umweg, ... nur durch ein Medium sich selbst anerkennt«.[73]

Dies stimmt grundsätzlich mit der Einschätzung des Staates überein, die auch der späte Marx gibt. Für die vor-kapitalistischen Gesellschaften und für die bürgerliche Gesellschaft und schließlich, eingeschränkt auch für Übergangsgesellschaften, sind der Staat und die ökonomisch-gesellschaftlichen Verhältnisse, die sich in ihm ausdrücken, »Machwerke« des Denkens und Handelns der Menschen, von denen sie beherrscht werden.

Da sich Theunissen, ausgehend von »Zur Judenfrage« und seiner Kritik an Marx, auf die bürgerliche Gesellschaft bezieht, muss mit Marx unterstellt werden, dass der bürgerliche Staat ein ebenso historisch-spezifisch »Anderes« bzw. historisch-spezifisches Medium der Selbstbeziehung ist, wie es die Ware, das Geld, das Kapital usw. als ebenso viele, den Staat bedingende historisch-gesellschaftliche Formen der Produktion sind. Daher kann der Staat ebenso wie die Ware, das Geld, das Kapital usw. überhaupt nicht als ein »Fall des Andern überhaupt« gemeint sein.

---

[71] Ebd., S. 485, Fn. 3.

[72] Friedrich Engels, Ludwig Feuerbach und der Ausgang der klassischen deutschen Philosophie, in: MEW, Bd. 21, Berlin 1969, S. 302.

[73] Zitiert nach: M. Theunissen, Sein und Schein, a.a.O., S. 485, Fn. 3

Die Menschen schaffen in ihrem Verhalten zueinander und zur Natur solche gesellschaftlichen Verhältnisse, die in gesellschaftlichen Verhältnissen von Sachen erscheinen und damit auch für die Menschen die Form des »Verhältnisses von Sachen unter sich« annehmen. Von den auf diese Weise sich ihnen gegenüber verselbständigenden Verhältnissen werden die Menschen auch noch in ihrem bewussten Tun beherrscht. Als Personifikationen von Ware und Geld, von lebendiger Arbeit und Kapital vollstrecken die Menschen die ihnen unbewusst bleibenden und hinter der sachlichen Hülle ihrer gesellschaftlichen Verhältnissen verborgenen Bewegungsgesetze. Dieses Beherrschtsein des Menschen in der kapitalistischen Produktion »vom Machwerk seiner eignen Hand«[74] ist ebenso sehr die Überwindung des »naiven«, die Gesellschaftlichkeit der Arbeit außer Acht lassenden »Unmittelbarkeitspositivismus Feuerbachs« wie die reflektiert weiterentwickelte Grundlage von dessen Religionskritik. Über die Warenzirkulation, worin »das bestimmte gesellschaftliche Verhältnis der Menschen selbst ... für sie die phantasmagorische Form eines Verhältnisses von Dingen annimmt«, sagt Marx: »Um daher eine Analogie zu finden, müssen wir in die Nebelregion der religiösen Welt flüchten. Hier scheinen die Produkte des menschlichen Kopfes mit eignem Leben begabte, untereinander und mit den Menschen in Verhältnis stehende selbständige Gestalten. So in der Warenwelt die Produkte der menschlichen Hand. Dies nenne ich den Fetischismus, der den Arbeitsprodukten anklebt, sobald sie als Waren produziert werden, und der daher von der Warenproduktion unzertrennlich ist.«[75] Wie für die Warenzirkulation, so gilt für die ganze, in ihrer historischen Spezifik durch das Kapital bestimmte bürgerliche Gesellschaft: »Wie der Mensch in der Religion vom Machwerk seines eignen Kopfes, so wird er in der kapitalistischen Produktion vom Machwerk seiner eignen Hand beherrscht.«[76]

Auf dem Hintergrund des notwendigen Zusammenhangs von bürgerlicher Gesellschaft und Staat bzw. der Verdopplung der bürgerlichen Gesellschaft in bürgerliche Gesellschaft und Staat gilt: »Der Mensch, selbst wenn er durch die Vermittlung des Staats« und durch die Vermittlung der Ware, des Geldes, des Kapitals usw. »sich als Atheisten proklamiert, d.h. wenn er den Staat«, die Ware, das Geld, das Kapital »zum Atheisten proklamiert, (bleibt er) immer noch religiös befangen ..., eben weil er sich nur auf einem Umweg, ... durch ein Medium sich selbst anerkennt«.[77] Nur aufgrund »solcher Mediatisierung«, d.h. nur aufgrund einer *historisch-spezifischen Form der Mediatisierung* und nicht schon aufgrund einer »Mediatisierung« überhaupt »ist die Religion für Marx, wie er dann in ›Zur Kritik der

[74] Das Kapital, MEW 23, a.a.O., S. 649.
[75] Ebd., S. 86f.
[76] Ebd., S. 649.
[77] Karl Marx, Zur Judenfrage, in MEW 1, Berlin 1956, S. 353, und M. Theunissen, Sein und Schein, a.a.O., S. 485, Fn. 3.

Hegelschen Rechtsphilosophie‹ (1843/1844) sagt, ›das Selbstbewußtsein und das Selbstgefühl des Menschen, der sich selbst entweder noch nicht erworben oder schon wieder verloren hat‹.«[78]

Es wurde oben darauf eingegangen, dass Theunissen Marx eine Inkonsequenz des Denkens vorwirft, weil die Religionskritik im Widerstreit mit seiner eigenen Intention liege. Wenn Theunissen hiermit die Religion als Maßstab einführen will, den man an die ökonomisch-gesellschaftlichen Verhältnisse anzulegen hat, um sie als ein bestimmtes Zusammengehen der Menschen begreifen zu können, dann heißt das: Staat, Ware, Geld, Kapital machen zusammengenommen das »Andere« aus, das man um der »kommunikativen Freiheit« willen nicht aus der Selbstbeziehung des sich verwirklichenden Individuums ausschließen darf. Die Religion ist die Norm für alle Formen der Vermittlung, auch für die gegenständliche Vermittlung, welche die bürgerliche Gesellschaft kennzeichnet. Alle ökonomisch-gesellschaftlichen Formen als ebenso viele Formen des Werts, welche die Verkehrung der menschlichen Verhältnisse in gesellschaftliche Verhältnisse der Sachen und die Verkehrung von Subjekt und Objekt ausdrücken, werden zusammen mit der aus ihnen entspringenden Religion des Alltagslebens heilig gesprochen.

Es ist das Verdienst von Theunissen als einem Repräsentanten der hegelianisierenden Theologie, den Zusammenhang zwischen der bürgerlichen Gesellschaft auf der einen und dem Staat und der Religion auf der andern Seite als einen notwendigen zu behandeln, so dass er faktisch die Entscheidung über die Religionskritik in die bürgerliche Gesellschaft verlegt, d.h. dorthin, wo sie gefällt wird. Marx hat nicht alles »Andere« aus dem Verhalten der Menschen zueinander und zur Natur ausgeschlossen. Vielmehr hat er nur ein solches »Andere« wie die Ware, das Geld, das Kapital usw., als historisch-spezifische Formen dieses »Anderen« begriffen, durch die das Zusammengehen der Menschen in einer historisch-vergänglichen Gesellschaftsformation eine »entfremdete Fremdbeziehung« ist.

»Daß im ganzen Werk von Marx kein einziger Satz sich findet, der ein einigermaßen plausibles Argument für die Annahme jener Unmittelbarkeit enthielte, bestärkt den Verdacht ihrer Unausweisbarkeit.«[79] Im ganzen Werk von Marx kann sich kein einziger solcher Satz finden; denn – »Vermittlung muß natürlich stattfinden«.[80]

[78] Zitiert nach: M. Theunissen, Sein und Schein, a.a.O., S. 485, Fn. 3.
[79] Ebd., S. 485.
[80] Karl Marx, Grundrisse, a.a.O., S. 88.

Literaturverzeichnis

I. Schriften von Marx und Engels

Karl Marx, Grundrisse der Kritik der politischen Ökonomie (Rohentwurf) 1857-1858, Berlin 1953.

Karl Marx, Friedrich Engels Werke (MEW), Berlin 1956ff.

Karl Marx, Friedrich Engels: Gesamtausgabe (MEGA), Berlin 1975-2001.

Briefe über das Kapital, Berlin 1954.

II. Schriften anderer Autoren

Autorenkollektiv, G. Lukács, Verdinglichung und Klassenbewusstsein, Berlin 1975

Hans-Georg Backhaus, Dialektik der Wertform. Untersuchungen zur marxschen Ökonomiekritik, Freiburg 1997.

Werner Becker, Kritik der Marxschen Wertlehre, Hamburg 1972,

Lucio Colletti, Marxismus und Dialektik, in: Marxismus und Dialektik, Frankfurt/Main–Berlin–Wien 1977, S. 5-41.

Hans Friedrich Fulda, Dialektik als Darstellungsmethode im »Kapital« von Marx, in: ajatus, H. 37, Helsinki 1978, Yearbook of the Philosophical Society of Finland, S. 180-216.

Ders. Unzulängliche Bemerkungen zur Dialektik, in: Seminar: Dialektik in der Philosophie Hegels, Hg. Rolf-Peter Horstmann, Frankfurt/Main 1978, S. 33-69.

Peter Furth, Arbeit, Teleologie, Hegelianismus, in: Dialektik. Beiträge zur Philosophie und Wissenschaften 2, Hegel: Perspektiven seiner Philosophie heute, Köln 1981, S. 99–121.

Gerhard Göhler, Die Reduktion der Dialektik durch Marx: Strukturveränderungen der dialektischen Entwicklung in der Kritik der Politischen Ökonomie, Stuttgart 1980.

Jürgen Habermas, Theorie des kommunikativen Handelns, Bd. 1 u. 2, Frankfurt/Main 1981.

Georg Wilhelm Friedrich Hegel, Wissenschaft der Logik, I, II, in: G.W.F. Hegel, Werke in 20 Bänden, Bd. 5-6, Theorie Werkausgabe, Frankfurt/Main 1969.

Ders. Enzyklopädie der philosophischen Wissenschaften I, II, III, in: G.W.F. Hegel, Bd. 8-10, Theorie Werkausgabe, Frankfurt/Main 1970.

Ders., Vorlesungen über die Geschichte der Philosophie III, in: G.W.F. Hegel, Bd. 20, Theorie Werkausgabe, Frankfurt/Main 1971.

Ders. Ästhetik, Hg. von Friedrich Bassenge, Berlin/Weimar, 1976.
Dieter Henrich, Hegel im Kontext, Frankfurt/Main 1972.
Ernst Michael Lange, Wertformanalyse, Geldkritik und die Konstruktion des Fetischismus bei Marx, in: Neue Hefte für Philosophie, Heft 13, Marx' Methodologie, Göttingen 1978, S. 1–46.
Georg Lohmann, Gesellschaftskritik und normativer Maßstab. Überlegungen zu Marx, in: Arbeit, Handlung, Normativität, Hg. von A. Honneth und U. Jaeggi, Frankfurt/Main 1980.
Georg Lukács, Geschichte und Klassenbewusstsein, Neuwied und Berlin 1968
Projektgruppe: Entwicklung des Marxschen Systems, Das Kapitel vom Geld, Berlin 1973.
Dies., Entwicklung des Marxschen Systems, Grundrisse der Kritik der Politischen Ökonomie (Rohentwurf), Kommentar, Hamburg 1978.
Projekt Klassenanalyse, Oberfläche und Staat, Berlin 1974.
Helmut Reichelt, Zur logischen Struktur des Kapital-Begriffs bei Karl Marx, Frankfurt/Main 1970.
Sozialistische Studiengruppen (SOST), »Marxsche Krisentheorie«, Hamburg 1983
Michael Theunissen, Sein und Schein. Die kritische Funktion der Hegelschen Logik, Frankfurt/Main 1980.
Dieter Wolf, Hegel und Marx. Zur Bewegungsstruktur des absoluten Geistes und des Kapitals, Hamburg 1979.
Dieter Wolf, Hegels Theorie der bürgerlichen Gesellschaft. Eine materialistische Kritik, Hamburg 1980.

Notizen

Notizen